1949 年 2 月，於中共中央臨時駐地河北省平山縣西柏坡村。左起：周恩來、譚震林、鄧小平、饒漱石，背立者爲任弼時。

1952 年 12 月，中共中央書記處擴大會議後合影。前排左起：李富春、周恩來、朱德、毛澤東、高崗、劉少奇、陳毅；中排左起：聶榮臻、鄧子恢、陳雲、鄧小平、林彪、饒漱石；後排左起：習仲勳、賀龍、薄一波、彭德懷、劉伯承。其時，高崗在中共黨內地位如日中天，有取代劉少奇而成爲第二把手之勢。

中海西岸有高閣南向，爲紫光閣。始建於明代。清聖祖康熙每於仲秋集三旗侍衛大臣校射於此，並宴賜群臣。1949年後曾爲中共國務會議場所，劉少奇、周恩來先後入此辦公。有聯云：「干羽雨階崇禮樂，車書萬里集冠裳。」

中海東北岸上蕉園內之萬善殿。有聯云：「萬象證圓通，金輪妙轉；三乘皈定慧，華海長涵。」

中海延慶樓。有聯云：「晝永花香醺似醉，雨收天色碧於藍。」

中海萬字廊，左側圍牆內爲春藕齋，相傳爲清代后妃秘戲處。民初曾爲袁世凱政府國務會議室。 1949 年後爲中共中央書記處會議廳，及毛澤東等中央領導人的舞廳。有聯云：「林薄濃蔭藏別院，汀洲新水漲前津。」

中海水雲榭。乾隆御製水雲榭詩云：「雲無心出岫，水不捨長流。雲水相連處，蒼茫數點鷗。坐席生煙雲，石欄俯秋水。空明是我心，何如漆園史。」

中海靜園，曾爲清光緒帝珍妃居所， 1953 年後由毛澤東夫人江青入住。有聯云：「月地雲階，別向華林開靜境；屏山鏡水，時從芳徑探幽踪。」

南海瀛台牣魚亭。

京華風雲錄（卷二）：西苑風月

京夫子 著

目次

第一章　雪國紅梅

高崗主政東北，實行粗線條領導，只管大事，不拘小節，大刀闊斧，令行禁止，賞罰分明，充分展現出他的領袖天才。短短三、五年內，他就把個戰亂頻仍、土匪如麻、民生凋敝的關東大地，治理得有模有樣：農村完成土改，城市恢復生產，境內肅清匪患。正是工農商學兵，行行上軌道；農林漁牧副，連年獲豐收。

時值東北地區從長達半個世紀的軍閥混戰、日寇奴役、國共內戰的煉獄中解脫出來，進入了和平安定、經濟復甦的歲月。白山黑水，資源豐富。肥得流油的黑土地，打下個木樁都會長芽抽枝的黑土地啊，只要讓老百姓靠自己的雙手過上安生日子，東北大地就是物競天華，林茂糧豐。糧食、軍火、人力、物力，先源源不絕地支援了全國的解放戰爭，後源源不絕地支撐著抗美援朝戰爭。

這一切，東北老百姓感謝誰？過去謝皇上，如今感謝高主席。高主席的畫像掛滿了機關學校，大小會場。許多人不知道有毛澤東，只知道有高崗。高崗就是共產黨：東北人民政府主席，東北局第一書記，東北軍區司令員兼政委。名副其實的「東北王」。東北多順民，順民誠實安份。因之在東三省城鄉的幹部大會上，群衆集會上，有人自發地高呼「高主席萬歲」的口號，也就不足爲怪了。起初，高崗還懂利害，批評過幾回，指示不能呼他萬歲，只能呼毛主席萬歲。他還開玩笑說：我高崗至多只是個「八千歲」、「九千歲」，全黨全軍只有毛澤東一人是「萬歲」。

可是對於東北幹部群衆來說，毛澤東在關內，在北京，天高皇帝遠。高主席卻天天報紙、廣播、文件上見，政聲卓著，有口皆碑，耳熟能詳。後來就是高崗自己，對下面的人再呼他萬歲時，也聽之任之了。認爲是人民群衆對共產黨、對人民政府的感情。至多只對左右苦笑：我個陝北漢子，哪能萬歲？歷史上，陝北地方的名人，一個貂嬋，一個李自成，都不是萬歲的料。紅軍時期出了個劉志丹，也戰死了。其實高崗內心裡，自視很高，雄心很大。他認定共產黨內，論領導才幹，統帥能力，除了毛澤東，就數他高崗了。其餘劉少奇靠賣嘴皮吹牛拍馬，周恩來靠攬事幹活婆婆媽媽，朱德靠老資格有名無實，都不算老幾。我高崗在東北有人呼萬歲，算是有了基根；日後到了北京，能不能萬歲？憑了跟毛潤芝的特殊關係，完全有這可能。當然是在毛潤芝之後，那才是眞正的萬歲萬萬歲了。昔愛新覺羅氏從東北進關建立大清王朝，統治全國兩百多年，東三省還眞是個吉祥福地呢。

高崗還是個既會工作，又會娛樂的人。抓工作，他是拚命三郎，可以連續幾天幾晚不睡，一桿子插到底，大處著眼，小處著手，既轟轟烈烈，又扎扎實實。志願軍入朝作戰後，他坐鎭瀋陽，執掌後勤總供應，實際上也是總監軍。五大戰役的構想，最初是由他向彭德懷提出，經毛澤東批准之後迅即執行，把聯合國派遣軍打了個措手不及暈頭轉向，從而使戰事在朝鮮中部的三八線上膠著下來的。

高崗的部屬們都說，在高主席領導下幹事，有職有權，權責清楚，你不用前龍後虎，左瞻右顧，步步請示，時時匯報。高主席不管過程，甚至不管手段，只管你達成目的。他把自己的工作方法總結爲十六個字：大權獨攬，小權分散，萬馬奔騰，一馬當先。他的這十六字訣很受毛澤東主席的讚賞，稱他有王者氣象。或許，這也確是他比周恩來、劉少奇們高明之處。周、劉辦事，愼小謹微，處處設防，責令下屬層層請示，隨時報告，唯恐越出雷池一步。

休息娛樂，高崗也是個多面手。他精力過人，興趣廣泛：打獵，釣魚，下棋，玩牌，跳舞，觀劇，到東北後又學會了溜冰。他擅長快速溜冰，一口氣能溜上十大圈四千公尺。當然，他最爲偏好的，又是跟年輕女子交往。自古英雄戀美女，美女慕英雄。美女可助他消除疲勞，保持鬥志長盛不衰。又說盜亦有道。他依東北方言稱之爲「幹」，並有幾條原則：自己下屬的妻女不「幹」，地主資本家的小妾不「幹」，社會名流的後代不「幹」，少數民族的女子不「幹」，曾爲妓女烟花者不「幹」。他畢竟是位共產黨的高級幹部，領袖人物。此事不宜張揚，只宜相機行事，不留後患。幾年來，他先後「幹」過一些農村出身、面目姣好的女兵，事後都安排她們進了軍區的醫院或學校學習、工作；他「幹」得更多的是那些流散在東北各地的白俄姑娘。白俄女子，金髮碧眼，性事開放，只要你給金條、銀圓。解放戰爭期間，東北野戰軍林彪麾下的戰將黃永勝、蕭華、李作鵬、皮定鈞等人，每逢打了勝仗休假，就一定要回到哈爾濱跳舞，「幹」白俄姑娘，視爲對他們戰績的一項獎賞。高崗長時間「幹」白俄女子，因爲對方是客居東北地方的僑民，因之不會惹出政治上的麻煩。有的小洋婆子還對他甚爲依戀，曾提出欲長期留在他身邊。他則越「幹」精神越旺盛，身體越強壯。均由他的保衛局局長兼衛隊隊長趙德俊替他物色挑選，密室藏嬌，打點銀錢，迎來送往。

高崗夫人李力群，老家陝北米脂縣，是爲東漢美女貂嬋故里。當年在延安，李力群也是抗日軍政大學數得上的美貌女生，後來因落馬受傷，身體垮了下來。高崗倒是福星高照，出入槍林彈雨，無傷無痛、身壯如牛，權慾性慾都屬一流。特別是主政東北之後，高崗百事順遂，聲譽日高，名位日重。李力群是個聰明的女人，退而求其次：只要保持夫妻名分，不過問高麻子在外邊的事。不然東北領袖，衆目睽睽，後院起火的鬧將起來，也是影響不好的。

於是夫妻之間達成默契。革命勝利了，共產黨得了江山，坐了天下。毛潤芝一再告誡黨內幹部不要當家庭改組派，娶小婆娘，要保持艱苦樸素、艱苦奮鬥的好傳統。這一點，高崗是心領神會了。潤芝兄本人就是全黨全軍的好榜樣，明明跟藍蘋沒有了感情，都睡不到一間屋子了，卻也不便辦理脫離手續。或許這是種更爲高明的感情選擇：既保住了家室名分，又得到了行動自由，國色天香，美人常新，何樂不爲？像劉少奇那樣就很愚笨，名正言順的娶了個小他二十三歲的王光美，拴牢在一棵樹上，縱然是四圍美女如雲，群花爭艷，也只好強作正人君子，目不側視了。

高崗事事學習毛潤芝，而不會去效法劉少奇。他是在一個極其偶然的場合見到孟虹，驚爲天人的。那是一九五一年歲末，高崗領著保衛局局長兼衛隊隊長趙德俊一干人馬，去到吉林省省會長春視察工作。他拒絕入住省委替他精心安排的原僞滿洲國皇帝溥儀的皇宮，而下榻原東北軍閥張作霖的行館。此行館亦曾是日本關東軍總司令及蘇聯佔領軍總司令的官邸，比那大而不當的僞皇宮豪華而舒適。照例白天大會作報告，小會聽匯報，晚上跳舞，看文藝演出。一天晚餐後，他婉謝了地方大員們的陪同，只帶了兩名貼身警衛，輕車便服，來到長春醫學院溜冰場活動筋骨，輕鬆輕鬆。作爲領袖人物，他常有這類出人意表的突發之舉。只有他的心腹趙德俊心裡有數，高主席對當地主人派來值夜服伺的那兩名傻妞兒不滿意，屁事不懂，連個二人轉都不會。

這晚上也是合當有事。剛進冰場，還沒換上冰鞋，高主席就被場上一名身著大紅上衣、舞姿優美的女孩兒吸引住了。那女孩身條高俊，長髮披肩，如一團火焰，在旋轉著，騰跳著，做出各種高難度的冰上動作。使得場上的許多溜冰客，都忘了滑行，而駐足相望，彷彿在看一場精彩的表演。

高崗目光如炬，臉膛泛紅，身子開始發燥，彷彿有股熱浪在翻滾突騰。首長的這特殊表情，被心腹趙德俊看在眼裡，便俯在他耳邊請示：高總，要不要上去跟那女孩兒搭訕搭訕？高崗眼珠子都未轉動一下，只是一聲暗怒：混蛋，還問？快上！

可是趙德俊遲了一步。待他上場，還沒來得及吱溜到位，人家女孩兒已經一旋身，一陣風似地溜向對面那道門洞，取下冰鞋出場去了。

眞正的驚鴻一瞥。高主席懊惱得頓了頓腳，雖然沒有罵人，勉強下場溜了幾圈，就再無興致，草草收場了。回到下榻的官邸，整晚都沒有給趙德俊好臉色。

趙德俊也是陝北橫山人，小紅軍出身，機警勇敢，兼有一身好武功，好槍法。高崗一手把他從一名偵察班班長，選拔到身邊來做貼身警衛的。都十六年過去了，如今趙德俊已是一名正師級幹部，高崗手下的「五虎上將」之一。他忠心耿耿，不沾煙酒，不近女色，三十出頭不肯娶親。高崗也曾關心過自己這位心腹愛將成家的事。他卻說：高總！生俺父母，栽培俺是您！俺這百十斤早交給革命了。俺要有了拖累，咋做警衛？俺決心一輩子做光棍，鐵下心來跟著您！

的確，十幾年來，沒有趙德俊辦不來的事，取不來的物，接不來的人。高崗有幾次面臨暗殺陰謀，都被趙德俊和手下的好漢們化險爲夷。趙德俊對高主席來說，如今是須臾離不得的了。人說東北局內，高主席有五大心腹人物，亦被私下裡讚爲「五虎上將」的：張秀山，東北局第二書記兼東北軍區副司令員；張明遠，東北軍區副司令員兼後勤部部長；馬洪，東北人民政府秘書長兼財經委員；郭鋒，東北局組織部部長；趙德俊，東北局政治保衛處處長兼高主席衛隊隊長。應當說，在「五虎上將」中，趙德俊的官階最低。但對高主席個人來說，趙德俊卻是最得力、最可信賴的了。

第二天一早，趙德俊向高主席告了半天假。高崗點了點頭，仿佛明白自己的衛隊長要幹什麼去。趙德俊中午一時才趕回來，安排高主席午膳。高崗有個飲食習慣，不是特殊場合，喜歡單獨用餐，很少接受屬下的宴請。在瀋陽家中，他喜歡宴客，而從不到別人家赴宴。這一點，他也很像自己的恩師毛澤東，喜歡在菊香書屋家中宴請劉、朱、周、董、林等等老同事，而從未到過劉、朱、周等人家中赴宴。領袖宴請，具有賜宴性質，是一種權力、身分的象徵。

高崗好吃好喝，講究飲食進補。由一名老中醫領著三名廚師，負責將白山黑水出產的山參、熊掌、鹿茸、鹿鞭、雪蚧、鱘魚等等大補之物，按時按量，美味美烹，加入他的日常菜譜、飲品中去。且每次用膳之前，必由趙德俊以一副銀筷、一副象牙筷插入每道佳饌、湯品，測無異色之後再上。這天中午，趙德俊摒退了所有的衛士和服務人員，邊陪著高主席用膳，邊一板一眼地匯報：

高總，那女子的情況基本上摸清了，名叫孟虹，二十一歲，未婚，長春醫學院三年級學生。聰明好學，不但本科成績好，還愛讀古詩文。課餘擅長跳舞、游泳、溜冰。身高一米六九，體重一百市斤。無疾病，無男友，不吸煙——東北婦女多吸煙。但不是黨團員。缺點是爲人高傲，虛榮心很強，小資產階級情調，看不起工農出身的同學，有人說她心大，非高枝不攀，非大官不嫁……

混蛋！你就是不說我關心的事。高崗用筷子指著趙隊長，笑罵道：她長相怎樣啊？不漂亮，她的優缺點，於我來說不等於零？

趙德俊恭敬地笑了笑，繼續輕聲報告：我仔細看了。趁她們課間休息，她和幾個女生在球坪上玩球……是，是！我講，我講，她是個俊妞，絕對是！我敢以黨性和腦袋擔保，在高總所見過的女子中，是頭號的俊！沒得說的了，增一分嫌肥，減一分嫌瘦，手長腳長，奶子中等，但很堅挺……

高崗又笑罵了起來：你小子！奶子中等，但很堅挺，什麼意思？是不是犯紀律了？

趙德俊忙說：哪敢？俺只是從她的運動服外頭看出來的！他們醫學院給她取了個外號，叫什麼現世「鳥藏」……俺不懂，什麼現世「鳥藏」……鳥，自然是藏在褲襠裡不是？

不是「鳥藏」！是貂嬋！人家一定是把她比作東漢美女貂嬋……我幾次送你進軍區文化補習學校，你都坐不住，跑了回來。說下去，倒要看你都了解到了多少有用的材料。

好好，高總，俺沒文化，俺口粗，俺筆頭不行記性行。孟虹，漢族，一九三〇年一月出生於遼寧省大連市一個中醫家庭。祖上世代行醫，肯幫助窮人。祖籍山東，有說是儒家二聖孟子的後代。高總，什麼是二聖？難道還有一聖、大聖？小人書上的孫猴子，不就叫齊天大聖？

高崗不耐煩地揮了揮手：廢話！你小子，連這也不懂，還敢和我貧嘴！孔、孟都是山東人，孔夫子爲儒家第一聖人，孟夫子爲儒家第二聖人嘛。歷史上有孟母三遷的掌故。看來他們姓孟的是喜歡遷移，有一支脈跨過渤海到遼東半島上來了。算了，咱不考古，管她是不是孟夫子的第幾十代孫。以後倒是可以考慮推荐她老爸當一名政協委員什麼的。你說下去。

是！高總。孟虹祖父名叫孟懷民，「九一八」鬼子侵佔東北那年才去世。據說活了九十八歲。孟懷民年輕時候信奉佛教，精通佛醫；中年之後改信天主教，又學洋醫，是那時遼寧地方四大名醫之一。他娶妻三房，大房是漢族，無生養；二房是滿族，生了三個女兒；三房是個白俄女子，洋俊妞，起初在孟家做護士的，說是老毛子皇族後代，十月革命後，她娘家人就被列寧同志趕到西伯利亞，後流落到咱東北地方來的。這白俄女子倒是給孟家生了個寶貝兒子，就是孟虹的父親。孟虹父親名叫孟學林，一九〇四年生，自小習醫，醫道高明，有氣節，日僞時期，孟學林改名換姓，全家遷回關內，在秦皇島市開了間雜貨店謀生，就爲的不替鬼子、漢奸醫病。鬼子投降後，他才帶著家小回到大連老家，重新行醫。孟學林平日不問政治，專心醫道。沒有加入過政治性團體。大連市解放後，我們軍管會的同志敬重他的名望，想請他出來做事，他卻說：官有官道，醫有醫德，井水不犯河水……。

高崗筷子一放，眼睛一瞪：廢話！你從哪裡搜集來了這麼些陳芝麻爛穀子？不得要領。我想了解的是孟虹本人的情況。

趙德俊跟隨高主席十幾年，他摸得準首長的脾性，嘴上不耐煩，心裡頭卻愛聽詳細的匯報。特別是對於他相中的女性的材料，總是越詳盡越好。高總，以上都是從孟虹同志的檔案袋附件材料裡了解到的。快了，快了，就要說到孟虹本人了。孟學林娶妻一名，恩愛至今。妻子是名高麗美人，給孟家生下二男六女，稱爲六朵金花，以三女孟虹最爲出色。孟學林夫婦教育子女有方，八名兒女都上學讀書，成績優秀。其中又以三女孟虹最有出息、志向，也最被父母寵愛。街坊們都說，要是大清朝不倒，像孟三妹這樣才藝雙絕的人兒，早被選進宮裡去了，當上了后妃都不一定。又說孟三妹貴人貴相，活脫脫就是西施再世，貂嬋轉生……

趙德俊這回不稱貂嬋做「鳥藏」了。高崗目光炯炯，不覺渾身又燥熱了起來。他喝下一小碗雪蚧參鬚湯，壓了壓心火，才興致勃勃地說：小趙，很好，你掌握的材料算詳細。你知道嗎？孟虹爲什麼能長這麼好？這裡邊有個血緣問題。孟虹身上，有三個民族的血緣嘛。在生物學上，稱爲雜交優勢。

趙德俊順著高主席的語氣說：對對，她是雜種，是個雜種。

高崗又眼睛一瞪：放屁！粗俗。雜交優勢就是雜交優勢，誰說是雜種？她祖父娶的是白俄美人，生下她父親孟學林，是第一代雜交優勢；她父親孟學林娶了高麗美人，生下孟虹，是第二代雜交優勢。這樣，孟虹身上，就結合了白俄、漢人、高麗人的生理優勢。你想想，孟虹不正是有著白種女子高眺挺俊的身條，長胳膊長腿的，又有著咱們漢族女子的黑眼睛、黑頭髮、白嫩細膩的皮膚，再加上高麗女子的婀娜和嫵媚。看來，三個族裔的優勢，小孟虹都佔全了……。

趙德俊自小習武，對女色從不大有興趣，也總不大開竅：高總，俺不懂，要單是個白俄種，或單是個高麗種，怎麼就不行了呢？

高崗瞇縫上眼睛，品著飯後必飲的一杯保健中醫生爲他配製、浸泡的鹿血酒，繼續回味、發表自己關於女人的見地：你想想，要是血緣純淨的白俄女子，她們雖有挺拔的身材，高聳的乳房，潔白的膚色，但大多皮膚比較粗糙，寒毛也比較長，不少白俄女子還有狐臭。再漂亮的人兒，一有狐臭，就全完了，提不起興趣了。你還記得嗎？有兩回，你替我接回來的白俄女子，樣子滿行的，可我沒留下過夜，就打發走了。因爲衣服沒脫下，狐臭滿屋子，怎麼行？我們漢族女子哪，黑眼睛黑頭髮，膚色細嫩，也少有狐臭，可就是天生一雙又粗又短的腿，身材不胖就矮，且多數人胸脯扁平；高麗女子的優缺點跟咱漢人女子差不多，突出的優點是人家氣質上更嫵媚，也更善解人意。突出的缺點是高麗女子多爲小眼睛、單眼皮。

趙德俊聽得不住地點頭：高總，俺說眞格的，俺服你，俺最服你了。你不論談政治，談軍事，談文敎，談工業、農業、商業，包括現刻談女人，都有獨到的見地。大首長這些年來我也算見得不少了，大約除了北京毛主席，其餘，就沒人比得上你了。

高崗嘿嘿笑著，忽然臉一沉，做了個打住的手勢：行了行了，別替我吹喇叭了。你知道，我最討嫌人溜鬚拍馬，阿諛奉承。幹革命，幹事業，就是要來過硬的，動眞格的，不是寫幾篇理論文章，耍耍嘴皮！我可以告訴你，現在北京咱毛主席身邊，就有不少這種人物。慢慢的，毛主席也把他們一個個看清了，心裡有數了。要不然，毛主席在全國六大中央局裡的第一把手裡，單單把我老高安排進了政治局？還把我老高提拔爲中央人民政府副主席？連政務院總理周恩來都只當了一名政府委員哪。就因爲我高崗是個幹事業的人！對黨對領袖有貢獻，加上忠心耿耿，從無二心！

高崗望著趙德俊，心腹是心腹，是否話也說多了？立即話題一轉：不過，話又說回來囉，我用郭鋒同志做咱東北局的組織部部長，是用對人了，他是替我辦成了一件大事，立下大功了。

趙德俊摸不準高主席爲什麼要突然表揚起郭矮子來。他平日並不把那個笑面虎郭矮子放在眼裡。郭矮子在組織部門大批安排自己的親信，下面反映很不好。趙德俊還替下面轉呈過告狀信呢。

高崗彷彿看出了趙德俊的小心眼，就又嘿嘿笑了：小趙，你這就又不懂了吧，郭鋒任組織部長，替咱東北局完成了一項大的人事工程。什麼人事工程？就是咱東北局屬下一百多萬黨、政、軍、工、文、教、衛人員，包括大專院校學生，自上而下建立起了一套完整的檔案系統。黨政一體，每人一個袋袋，分級管理。要了解某人的情況，一個電話，調閱該人的檔案袋，就一目了然了。咱東北局是率先學習蘇聯老大哥，檔案制度化、系統化。咱東北局的經驗，毛主席已表揚了，馬上要在全國推廣。人事檔案工程，很了不起啊，郭鋒有才幹，今後還要大才大用。

高崗說這話時，敏銳地捕捉到了趙德俊臉上掠過的幾絲絲不以爲然。頓時起了疑心，卻仍不動聲色地問：對了，小趙，你還沒有告訴我，你是怎麼得到孟虹家族的這詳細資料的？她一名醫學院學生的人事檔案袋裡，能裝有這許多東西？

趙德俊面露得色，又不失恭敬地報告：高總，郭鋒部長的人事檔案工程裡，孟虹只有一份表格而已……這也正是我還沒有來得及向你匯報的。你還記得我們政保局的那個蕭延堡，小胖子嗎？也是咱陝北過來的，也給你做過衛士，後來提了正營級。去年他要求下基層工作，還是你親自批准的，你知道他去了哪？就是這長春醫學院，當了院黨委人事科科長。是我交代過他一份特殊、額外的保密任務：醫學院女生多，如發現有絕色，就替高總留意，先做好該女生詳細的家庭背景調查，但不能露馬跡。小胖子很忠心，很盡職，沒想到，這回眞用上了。上午我見了小胖子，他說他很想首長……。

高崗想起了自己那名心愛的貼身衛士蕭延堡，臉上竟是有點兒微微泛紅了，心裡也是陡地一熱。原來高崗自聽信了長白山老道長所傳授的秘方秘術，就染上了一種特殊的癖好，爲強腎健身，鎖陽固本，定期從自己挑選出來的小衛士身上，吸吮精液，數載不歇。他相信此術具奇效，使得他精力旺盛，異於常人。有時爲朝鮮戰事吃緊，忙碌幾天幾夜不睡，也不知疲乏。有時性興大發，一晚上連「幹」四名白俄女子，雄風依舊。那四名白俄女子竟像被打敗了似地向他告饒……有次進京開會，潤芝大哥找他個別談心，問他如何紅光滿面，英氣勃發？他含蓄的告上了長白山老道長的此一秘術。毛澤東嗬嗬笑了：什麼秘術？從前我們湘潭鄉下的煤窰裡，那些窰工白天下洞、晚上出洞都不穿衣褲，睡覺也一樣，一間大草篷，光赤條條睡下幾十號人，有的傢伙就趁人家睡死了，那東西起來了，就爬到人家身上吸「寶」，說是可以長命百歲呢。我看也是迷信呢。何況要從人身上去弄，也麻煩呢，影響不好呢……潤芝大哥倒是沒有批評他，只是不大感興趣而已。後來幾次進京開會，潤芝大哥照例要請他到菊香書屋個別交談，留飯，談各方面情況，卻再沒談起過這事。他也不便提起。

高崗這回倒是真心感激自己這位鐵心的衛隊隊長了。他拉住趙德俊的手說：小趙，你常常有我料想不到的優點、功勞……你知道，我官做得再大，也得有你相隨。你也離不開我，打都打不走。好了，不說這些了。男人和男人，上級和下級，也是有緣份、情份的呢。今中午就談到這裡吧。下午散會後，早點安排晚餐，之後去滑冰場。重會小貂嬋，就看你趙隊長的了。

是！高總！保證配合首長，完成任務！

趙德俊「虎」地站直身子，雙腳後跟一碰，舉手行禮，亮出他剽悍的軍人英姿。

第二章　溫泉水滑

連著兩個晚上，女生孟虹都沒有在溜冰場上露面。趙德俊看著高主席那有些尷尬又坐立不安的樣子，都替首長急眼了：高總！甭客氣了，咱派車去把她載了，直接送到賓館得了！

焦急歸焦急，高崗卻不像趙德俊少年氣盛，而沉穩得住：小趙，有句俗話說，心急等不得豆子爛。東北地方三件寶，大豆、人參、烏拉草。世上事，欲速則不達囉。這是辯證法。強扭的瓜不甜。這回，我們一定不要有半點勉強。對女子，我好像越來越認真了。「幹」的太泛，終歸不好。若能相對穩定一個時期呢？

趙德俊沒想到那麼多，只是想完成任務，輕聲咕噥著：高總，我們也不要一晚一晚的在這裡乾等。你不是常說，守株待兔，不思進取，最沒出息……。

高崗目光如炬。只有經驗老道的獵手，才有這種尖銳、冷靜、堅定的目光。許多事，他也不便對自己的心腹說的。東北局內，早有人為了他高某人「幹」年輕女子的事，向中央寫過告狀信。中央辦公廳裡有消息透給了他。他沒把這事放在心上，也沒去查處那寫告狀信的人。想以此當英雄，對不起，還偏不給他機會。中央領導無人提及過他高崗在東北行為不檢點的事。除了潤芝大哥，誰還能動他一指頭？就算劉少奇、周恩來們有那個心機，也沒那個時機，不會挑起這類雞毛蒜皮的麻紗來的。

高崗說：小趙，你這傢伙跟了我十幾二十年了，還是個老毛病，老路數，遇上個目標，就要正面衝鋒直取，還沒有學會一點迂迴作戰，側後包抄？今晚不成，你可以再去找找小胖子，摸清情況。但要告訴小胖子，他個政工科長，也不要直接出面，不宜顯山露水。有青年團組織嘛。

當天晚上，趙德俊就摸回來情況，報告高總：女生孟虹，連續三年申請入團，未獲批准，正跟系裡的團支部書記鬧情緒。那團支部書記是個調幹生，貪戀孟虹美貌，暗中苦追兩年。可人家孟虹哪裡把他個副連級幹部放在眼裡？公事私事攪在一起，鬧的難解難分。孟虹這兩個晚上，躲在宿舍裡哭鼻子……我已經向小胖子交代了，明個晚上，一定授意團組織，動員幾名女生，把孟虹同學拉到溜冰場上去。小胖子也悄悄跟我提了提，他想見見老首長。

高主席眉頭上的疙瘩解開了，一時高興得笑罵開來：操雞巴蛋！什嗎東西，團支部書記，豆大個職務，也要以權謀私。算了，甭理他，不值得跟他計較……孟虹啦，不錯不錯，政治上靠攏組織，思想上追求進步，感情上潔身自好，有志氣，有出息嘛！可就是，人家要求入團，申請三年不批准，太過分了。團組織小人當道，院黨委官僚主義。你記下了，事情過後，給這裡省委打個招呼，醫學院黨委須加強領導，把小胖子提上去。但這事不能告訴小胖子本人。你只替我傳句話，這次就不要來見我了，日後機會多的是。

趙德俊領命，臨退出書房又問：高總，要不要把值班護士傳進來，先洩洩火什麼的？

高崗揮了揮手：去去去！你沒長眼睛啊，這裡一大堆文件等著審批。

爲了消消身上的焦躁之氣，第二天一早，高崗就讓趙德俊通知省軍區的幾位頭頭，陪他到長春南郊的猩猩峽打獵。他提著獵槍在山石間騰跳自如，身手矯捷，一下子把省軍區幾位比他年輕十來歲的司令員、政委甩出去老遠。高崗雖然身居高位，卻仍是苦苦得，樂樂得，愛運動，愛玩槍射靶。不玩則已，每玩必定滿身大汗，痛快淋漓。他射靶很少去靶場，而是打獵打靶一路玩。各類槍枝都打得準，舉手就扣，幾乎看不到他瞄準。他不像朱德、彭德懷、林彪、劉伯承、陳毅他們，率雄兵百萬，自己卻很少摸槍。毛潤芝、劉少奇、周恩來他們，就更是高高在上不摸槍了。毛潤芝講過，槍由下面的人摸，他管著摸槍的人。印象中，賀龍也是喜歡玩槍的，常練靶，出手快，打得準。但他不大看得起賀龍，拉杆子出身，除了資格老，戰無大戰功，政無大政績，在綏遠熱河一帶抗戰八年，連支像樣的隊伍都沒拉得起，比傅作義差遠了。也是毛潤芝對他賀鬍子有戒心，抗戰勝利後把他手下的人馬一分爲二，一半劃歸了彭德懷的西北野戰軍，一半劃歸了聶榮臻的華北野戰軍，讓他當了光桿司令。

這天，高崗的收穫是一頭獐子，一隻山羊，都是他親手命中。下午回到長春官邸，吃了朝鮮式燒烤獐子肉，泡了個熱水澡，呼呼睡了一覺。晚餐時，趙德俊報告說：冰場的事，都安排妥了，可以見到小貂嬋了。高崗興致好，食慾旺，目光炯炯，印堂放亮。

果然，當晚長春醫學院冰場上，比平日多了許多女生，一派銀鈴般的笑嚷聲。高崗身著溜冰服，戴著羊絨帽，把眉眼壓得低低，領著趙德俊悄悄下場。似乎誰都沒有注意到，現刻有大人物與民同樂。他們自顧自地溜了兩大圈，忽然場子裡響起了音樂：圓舞曲〈藍色多瑙河〉，就見幾位身著素色服裝的女生，簇擁著一位紅衣麗人出現在冰場南口。一時場燈大亮，並有一束追光打在那紅衣麗人身上。紅衣麗人並不怯場，隨著圓舞曲，緩緩悠悠、雙臂如翅地斜行起來……那柔軟的身姿，時而單腿平滑，手臂如水波擺動；時而雙足輕點，如仙鶴引頸；時而旋空騰躍，如牝鹿戲偶……看台上有人鼓掌。高崗卻是癡望著，眼睛都花了：小丫養的！絕了，眞叫絕了。世上果眞有這等女子，正如那句古詩說的，一顧傾人城，再顧傾人國了。趙德俊獵取目標心切，幾次欲滑上前去有所動作，都被高崗以眼神制止住了。他要先享眼福，欣賞個夠。直到那紅衣麗人盡情玩了一刻來鐘，場燈暗下，樂曲停止，將要離場時分，趙德俊不再等首長示意，便吱溜一下衝了上去。高崗貓下身子緊緊相隨。刹那間，小趙滑到了人面前，使出壞招，裝著躬身欲拾起冰面上的什麼東西，右腿卻大幅度朝外一斜，只聽得哎喲一聲，就把那紅衣麗人帶倒在地……。

這時紅衣麗人的同伴們早已出場。高崗倒是眞的急了，貓腰探臂，把那女子從冰面上一抄，就抄了起來，說：對不起，是剛才那小伙子一個不小心，把妳帶倒了！受傷沒有？有哪兒疼？

紅衣麗人花容失色，秀眉緊蹙。被人當衆摟在臂中，她很不舒服。好在長春地方民風淳樸，衆人便是看在眼裡，也認作出手相助，而不會往壞處想的。她正要求人將自己放下，忽然眼睛一亮，這個為救助她而把她摟在了懷裡的中年漢子，好面善啊，在哪兒見過？

高崗竟是一臉慈愛的焦急，邊抱著女子往場邊溜去，邊說：妳腳傷了沒有？妳很疼，是不是？給妳治傷要緊，我有醫生。

女子溫香軟玉，臉蛋又紅又白，警覺地睜著兩汪清泉似的眼睛：同志，請放下我吧！我好像認得你的，可又叫不出名字。

高崗哪裡捨得放下，卻也彷彿遲疑了一下，才輕聲說：我姓高，從瀋陽來的……小聲點，小聲點。我看還是讓我的保健醫生給妳做個診斷？

女子驚喜參半，眼波欲流：你是高主席？天，高主席……難怪，我是在報紙上、書刊上看多了你的照片……怎麼會哪？我不是在做夢吧？許多人都想見你……你眞的就是高主席？

高崗心頭一熱，雙臂緊了緊，卻明知故問：我是高崗，人民的勤務員……妳哪？叫什麼名字？

女子臉上那警覺、疑慮之色消失了，代之滿面嬌羞：我？名叫孟虹，孟子的孟，彩虹的虹，醫學院的學生……高主席，把我放下吧，我太沉……。

不沉，妳一點不沉，小孟虹……我也可以告訴妳，我要找一個像妳一樣的女孩子，找到很多年，很多年了呢！妳不信？

高崗以十足眞誠的口吻說出的這句話，小孟虹聽了很感動，很受用。她緋紅了臉蛋，明眸大眼裡溢出了淚花，彷彿爲了避開那灼灼逼人的目光，她頭一歪，臉蛋埋進了那強健有力的臂膀裡。

在冰場出口處換鞋時，高崗不得不把小孟虹先放下，之後蹲在地上，親自替其脫下冰鞋。小孟虹忍著疼痛：不可以，不可以的……。

方才把她撞倒的那「愣小子」，歲數也不小了，這時在旁說：是我不小心，對不起你。我要等著首長給處分。隨首長去驗驗傷吧！我們首長可會心疼人了。如果要請假，我會給你們學院掛電話，一切不成問題。

對於這個動作粗魯的人，小孟虹卻沒有好氣：還說呢，都是你……可我明天上午還有解剖課，下午還有考試呢。

高崗又雙手一抄，又把小孟虹抄在了自己粗壯的臂彎裡。趙德俊大大咧咧的跟在後邊，笑嘻嘻地說：放心，誤不了妳功課的。女同學，妳也是行了大運呢，不是我撞倒了妳，這麼著，能遇上我們高主席？要在平日，誰能有這麼好的運氣？

小孟虹任由高崗抱著，沒有吱聲。她渾身都有些哆嗦，怕冷似的蜷縮著，也分不清是因爲慌亂，還是出於激動。她仍然處於惶恐驚懼之中，不知道自己該怎麼辦。是跟了高主席走？還是要求將她送回學校宿舍？她已經二十一歲了，正處在青春的成熟期，心理生理都時有躁動，時有渴求。因爲讀醫科，理性上對男女之事已知之甚詳……。跟著高主席去驗腿傷，意味著什麼？她自小讀過不少言情小說，熟知那些帝王將相和平民美女的浪漫故事，漢武帝和王明妃、唐玄宗和楊玉環，宋太祖千里送京娘……她身子溫軟如綿，被高主席抱進了一輛等候在溜冰場外的黑色大轎車。

高主席的轎車進了一座有軍人守衛的大鐵門，裡面是座大園子。轎車繼續繞行了一會，來到了一座圓柱高聳、門廊寬闊的建築物前。門口舖著紅地毯，站崗的軍人朝臥車行舉手禮。車子並不停下，一直開進內花園北面的一座燈火通明的洋房暖閣裡。還沒下車，聰明的孟虹就猜想到了，那圓柱高聳的大建築，大約是高主席的隨員們辦公、值班的地方，而這座精緻的洋樓，才是高主席的住處。

兩位身著白大褂女護士模樣的人，來給高主席開車門。高主席已經自個兒下了車，示意女護士先扶持他的小客人。孟虹的左腳脖子是有一陣陣鑽心的疼痛，幾乎不能沾地。經過大廳時，她留意到了，牆上掛著兩幅大油畫像，第一幅她猜出來，是早先的大軍閥張作霖；第二幅則是一位胸前滿是勳章的蘇聯元帥。

護士把她攙扶到裡面的一間客室裡，在一張豹皮長沙發上坐下，替她脫下大衣，掛進壁櫥裡，又把她受傷的腿平擱在對面的軟椅裡，才悄然退下。這房間色調溫柔，連四牆上的壁燈都透著淡紅的暖色，好舒適的。只聽一個女服務員在門道裡向誰報告：首長，游泳池的水換好了，水溫攝氏三十八度，含硫量百分之五……是高主席在囑咐：還是改用大浴盆吧，我的小客人腳崴了，沒法子游。

說話間，高主席親手端著兩大杯冒熱氣的煉乳進來了，先將一杯遞在孟虹手裡，才陪著坐下，並嘣嘣地喝著：小孟，別客氣，先喝了，暖暖身子。我的醫生年紀較大，睡得早……如果不是疼得很厲害，就先叫我的護士長給看看？護士長也是從陝北跟了我來的，十多年了，很有經驗的。

孟虹很感動。高主席這麼大個人物，沒有一點架子，平易近人，和藹可親，竟像自己的父兄。她連忙點點頭，溫順得像頭小羊羔。

正說著，先前見過的那位年約三十幾歲的女護士，托著一疊浴巾浴衣進來了。高崗介紹說：來來，妳們二位認識一下，這位是楊護士長，叫楊大姐好啦；這位是小孟，叫小妹妹好啦。護士長，妳先處理一下小孟的腳傷，之後送她去浴室。好，回頭見。

楊護士長笑笑微微，什麼也沒問，就把孟虹的傷腿挪到了她自己的膝頭上，輕輕按了按已經有些紅腫的腳脖子，又一手掐了她小腿上的一處穴位，揉了兩揉，未見傷者大喊大叫，仍是什麼話都沒說，只從浴巾底下抽出一片巴掌大的黑色膏藥來，揭去封皮，貼了下去，再以防水紗帶紮牢實了。

說來也是奇特，孟虹但覺得這膏藥清涼得灼人皮膚似的，她渾身不由的打了個冷噤，但疼痛立刻減去了大半。

護士長這才開了口，陝北口音，柔和好聽：小妹子，傷筋動骨一百天，你運氣，只是崴了腳筋哩，不過也要休息十來天才能下地……來來，我先扶妳去洗個澡，寬寬衣。

孟虹周身暖和了過來。那楊大姐還真看不出，有力氣著哩，一手托著大疊浴巾浴衣，另一手竟是半攙半提了她，出到走廊，進到一間雪白雪亮、熱氣氤氳的大浴室。孟虹哪裡見過這般明亮寬大、纖塵不染的浴室?那可容數人同浴的浴盆裡，翻湧著微波細浪，那水質，清澈得發藍，像是從長白山頂上的天池直接引來的呢。

楊大姐給她寬衣解帶時，她忽地羞紅了臉。楊大姐的雙手溫存地順著她滑膩的肩頭，乳房，纖腰滑將下去，她感到一陣暈眩。那雙手竟在她兩腿間停住了，撥弄著，漫不經心地說：天爺，我是個女人，都要眼饞了……天設地造，眞是少有。還是個閨女吧？舒服嗎？那好那好，來來，躺下去，躺下去。水溫三十八度，也可以調到四十度，合適吧？妳會出一身微汗。我再替妳拿捏拿捏，看看，還害羞……奶子都發脹了吧？對了，我不就擱了。這條貼了膏藥的腳脖子，最好擱在盆沿上……小妹子，先泡忽兒，盡量放鬆，這裡最安全。妳這手邊有個呼鈴，妳一碰，我就會回來……

小孟虹赤身裸體，躺在玉液瓊漿般的浴盆裡。她已經不慌神了，只是有些癡迷地目送著楊大姐離去。她的雙手眞奇妙，使自已嚐到了一種從未有過的快樂刺激。她仍然不相信眼前發生的這一切是眞實的。只覺得是在夢幻中，喚醒了渾身火燎般的生命慾望。

高主席身著潔白浴衣快步進來時，她還是嚇了一跳，差點驚叫起來。她浸泡在清澈如鏡、纖毫畢現的浴水裡，媽呀，這可怎麼好呀？高主席終歸是個大男人呀。她閉上了眼睛，只好聽天由命。

高主席呢，倒是很有風度地在浴盆前的白瓷磚地面上盤腿坐了下來，和藹地說：小孟，沒事，沒事的。妳現在眞是閉月羞花、沉魚落雁哩……咱這回做君子，說話算話，只看妳，不動妳，好嗎？

已經到了這地方，這地步……說不定是自己嚮往已久、企盼已久了的，還有什麼可說的？不知在哪本書上讀到過：與其平庸一生，不如燦爛一時。那就任其燦爛一時吧。說不定燦爛也可能長久呢。

小孟虹胡亂地想到這裡，偷偷啓開眼角，瞄了一眼這位坐在浴盆前的大人物，這個打聲呵啾都能使東北大地患上感冒的高主席。高主席仍在癡癡的盯住自己看個不夠，看個不夠。他那濃眉下的目光裡，彷彿並沒有淫邪。他那滿臉上淺淺的麻點，也不難看，甚至還增添出一股英武之氣。是的，高主席是很英武，很年輕哩。難怪很多女子，大約也和自己一樣，做夢都想到他的身邊來，卻是不能夠呢。

孟虹躺在溫熱適度的清波裡，第二次張開眼睛來時，已經不那麼害臊了。她忽然間望到，高主席雖是仍在癡癡的盯住自己，眼睛裡卻像噙有幾星淚花似的……高主席難受了？我讓他難受了？她嚇了一跳，不由得想去碰那隻傳呼鈴，她的手卻被高主席的手捏住了。高主席的手很燙人。

怎麼啦？我的樣子不雅？……一時，小孟虹就像頭受驚的小鹿，在水裡翻動了一下，搖碎一幅精美清澈的裸體圖畫。

高崗仍是盤腿坐著，掏出手帕揉揉眼裡，之後晃著手說：別動，別動！小孟，剛才我是有些眼睛發辣。自十八歲參加革命，拉隊伍，二十多年在槍砲縫裡躥，從沒像今天這麼軟弱過……妳知道嗎？見到妳，我就開始覺得自己軟弱，心裡又酸又甜，又辣又苦，什麼滋味都攪到了一起。我高某本是個粗人，大碗喝酒，大塊吃肉，心腸鐵硬。毛澤東說過我，要不是有了共產黨，我就是條綠林好漢，又一個李自成、張獻忠式人物。因爲共產黨，我才成了陝北紅軍領袖。可以告訴你，我對自己所看中的女子，很少斯文過。不知道爲什麼，就這次見到妳，我忽然變了心事，好像已經找了妳很多年了，不知妳在哪裡……才「幹」了那麼多混賬女子。不不，不是她們混賬。要不是共產黨，我肯定三妻四妾。我承認，我好江山，也好美色……小孟，我說這些，把妳嚇著了吧？是我的眞心話。妳知道嗎，妳現刻正在使頑石點頭，粗俗淨潔……告訴我，是誰給取了這麼好的名字：孟虹。

孟虹聽著高崗這番話，不覺的深受感動，又覺得不可思議。在東北老百姓的心目中，高崗原是革命的化身，是呼風喚雨、叱咤風雲的大英雄，是運籌帷幄、決勝千里的總司令。不用說，國內外的敵人則會把他看作殺人不眨眼的魔王，踏著山一樣的屍骨登上寶座的共匪大頭目……他怎麼可能是現刻這樣，是個心地坦誠、好色不淫的中年漢子呢？他問我什麼來著？啊，他問我的名字……，孟虹這名字也好嗎？我自己老覺著一般化。是父親取的名字，說是母親懷上我的時候，夢到了天上的彩虹。因此還沒有出世，就替我取了這名字。其實我在兄妹中排行老三，家裡人都喊我三妹的。

高主席仍是沒個夠、沒個完地盯住她看：不尋常，太好了，就像那書上說的，有彩虹入懷，懷上了妳……三妹，三妹這名字也很好，更親切。我以後就喊妳做三妹，孟三妹。記住，除了妳家人，加上我，不許別的人再叫妳做三妹……水還熱著，來，不要怕，躺著不動，我來給妳擦擦身子。實話告訴妳吧，我現在的感覺，就像個年長的父兄，要給年幼的妹妹洗身子。我一點邪念沒有……毛潤芝要我讀的那唐詩上怎麼說的？溫泉水滑洗凝脂……他娘的那是帝王生活，人家可會玩樂、受用呢。對對，先擦擦妳露在外邊的這條腿。敷上我那特效膏藥，不大疼了吧？這藥膏有來歷。是一九四五年冬天，我奉黨中央和毛主席的命令，和林彪一起率延安十萬幹部出陝北，經內蒙草原，搶佔東北。當時叫做「背靠蘇聯，獨霸東北」。在大草原上一座喇嘛廟裡過夜時，我和主持老喇嘛聊天時，那老主持給我看了相，說我臉上有王者氣象，就送了我十帖專治跌打的神膏。第二天被林彪要去了五帖。後來同行的彭眞、陳雲他們都想要，我再沒給。這次給妳用的，是最後一帖。我的護士長還不捨得哪。有神效吧？上前年我曾派人去那大草原尋找那老主持，想接他到瀋陽來住。但幾千里的大草原上，我派去的人如大海撈針，連那喇嘛廟都沒找到，大約毀於戰火了。

孟虹聽得有趣，已經不再膽怯。高主席則撫著她的腿肚、腳掌，自顧自說：這腳掌還是放開了的好，叫天足吧？過去咱陝北老家，女子自小纏足，三寸金蓮，最是惹男人的邪火……好好，咱先不說這個。三妹，大大給妳擦擦背。什麼叫大大？咱老家稱父親做大大。也有的女子稱自己的情人叫大大，小女子喜歡大男人，那是亂著呢……。對了，說起這洗身擦背，我本人還有個特別的經歷。妳知道嗎？一九三五年七月裡吧，毛潤芝、張聞天、周恩來、彭德懷率領中央紅軍先遣支隊，只一千多號人馬，被國民黨的大軍追到了陝北。很艱難啊，都要無路可走了，準備越過寧夏沙漠，一路到外蒙和蘇聯國境去，組織流亡政府。那時，我們陝北紅軍加上徐海東的部隊，共有近三萬人馬。劉志丹是司令，我是政委。我說：迎接中央紅軍！鬧共產，幹革命，還分人多人少？紅軍不迎紅軍，還迎誰？先把我們的糧食、銀圓送過去救急！徐海東眞是條漢子，毛潤芝派人問他借五千銀圓，他把自己的家底子八千銀圓統統送上了，令到毛潤芝他們好感動。咱陝北紅軍跟紅四方面軍的張國燾他們相比（當時張國燾手下有四萬多人，想一口吃掉中央紅軍，奪取黨中央領導權），眞有天地之別。可妳知道嗎？當時我還沒有跟毛潤芝他們見過面，不知道他們南方漢子咋個長相。不久，毛潤芝帶了警衛員來看我，我卻不早不晚，害瘧子發寒熱，起不來床。毛潤芝夠義氣，頭回見面，就命警衛員打來熱水，動手替我擦身子，連著幾天都這樣。他還一定要替我一天幾次的倒便盆。我的警衛員都感動得落淚，偷偷對我說：政委，咱中國，只怕日後會是這個湖南老表的天下。我服了毛潤芝，病好後，我拉著他的手，和他結拜了兄弟！妳不相信吧？當然現在不能提這個了，我們當時是眞拜了天地，喝了雞血酒，發了誓願的：有難同當，有苦同吃，有福同享……這是黨內機密，很少有人知道的……小三妹啊，我今天給妳擦澡，不求男女之歡，只想與妳結拜爲兄妹，眞的，我們結拜個兄妹……。

這時，是小孟虹聽得臉上桃花帶露了，感動不已了。她本是個情種，多愁善感的壓抑了多年，滿腔的熱烈與騷動，開始尋找發洩。她被高主席的雙手撫著，早已柔欲無骨，身子都要被化掉了。她忍不住抓住高主席的手，癡迷地說：大大，我也叫你大大！結拜不敢，反正今後，你讓幹啥都行……。

好好，三妹，三妹，我今天也是奇了呢，這麼穩得住，沉得住氣……。妳呀，既已來到我的身邊，就一切都有我呢。妳知道嗎？妳是我的貂嬋。東漢那個美女貂嬋，是我們陝北米脂人呢。想起來了？好好，不要叫人，我來抱起妳，用這大浴巾捂住，把我小貂嬋捂乾。

高主席身上的浴衣早敞開了。溫香軟玉，小孟虹整個身子蜷縮進到他懷裡。他的手摘住了兩粒鮮紅鮮嫩的櫻桃。正在這時，浴室外間門口，忽然傳來一名女服務員的聲音：報告首長，北京電話，是毛主席找您……

高崗身子一挺，說了聲知道了，我接！便一手仍摟住孟虹，一手從那嵌在牆洞裡的電話機上取過話筒：我是高崗。是主席嗎？你好！主席最近身體怎樣？還沒有休息？我也還沒有啊。什麼？劉少奇和華北局下令山西省委砍掉二十萬個初級農業社？對，是豈有此理！膽大妄爲，太霸道了。他們要幹什麼？想幹什麼？主席，不是我信口開河，劉少奇、薄一波、劉瀾濤這些人進城之後，共產黨員的氣味越來越少了。他們根本不想幹社會主義，一心要幹資本主義。有的人娶了大資本家的小姐做老婆，屁股也坐到大資產階級一邊去了！什麼鞏固新民主主義新秩序，什麼保護和發展私有經濟，我看統統是放屁！主席，你說得對，他們是倒行逆施，想走回頭路。但是主席我請求你，不要太過生氣了，不要傷了身體。我來出面和他們辯論！我高崗提了腦袋跟著你。對，對，是不能依了他們那一套。依了他們就是依了大資產階級，那我們共產黨和國民黨，新社會和舊社會，就沒有區別了。還有主席身邊的那個大管家，愛和稀泥，不是我說得難聽，是個老牌機會主義，誰贏了他跟誰，二、三十年一貫制，跟主席離心離德……好好，好，我不說這麼多了，我擁護主席，能講團結的，還是要儘量團結……我舉雙手，就是要分階段、分步驟、有計畫地來消滅資產階級，消滅所有形式的私有制。當然政策和策略可以靈活些，但主攻方向不能變。所以少奇同志批評我東北局推行集體農莊試點，我就堅決頂了回去！對對，太對了，集體化是農業的唯一出路……

電話打了半個多小時。小孟虹靜靜地躺在高主席懷裡，大氣都不敢出。高主席是和毛主席最貼心啊。放下電話，高主席臉泛紅光，渾身躁熱了起來，把小孟虹像翻玩具似的一下子翻到了他的正面來。小孟虹以雙手抵了抵他毛茸茸的寬厚胸脯，大著膽子問：

大大，大大，我想問一句話……。

小貂嬋，小三妹，妳什麼都可以問。好好，就跨在我這兒。

哪我、我就問了，大大，你的夫人哪？

啊，三妹，妳問這個啊。妳知道，共產黨不興稱夫人，是稱愛人。咱陝西地方，喊婆姨。咱有婆姨，受過傷，身體垮了，分房已多年，只剩下個名分。她早就不管我個人的感情生活。這個答覆，妳覺得可以嗎？

大大，只要她不管人，人也就不會管她……我以後，還要返回學校嗎？我還沒有畢業哪。

就看妳自己啦。我可以讓妳提前畢業，來做我的保健醫生。妳的行政組織關係，也可以保留在你們醫學院的附屬醫院。這樣，妳就天天留在了我身邊。

大大，可以這樣嗎？醫學院那邊會同意嗎？

小貂嬋，小傻瓜，我叫秘書給學校去個電話，他們就會把妳的畢業證書送上來。小事一件。

大大，你神通廣大……我還有個小意見，你以後不要稱我小貂嬋……

爲什麼？貂嬋不好？是囉！三妹是個賽貂嬋囉。

才不是哪，才不是哪。我是你的保健醫生，不是你的舞女，不可以送人的。

老子才捨不得啊！聽說妳舞跳得不錯，小貂嬋喲！

還叫，還叫……大大呀，如果我算貂嬋，哪麼誰算王允，誰算呂布，誰算董卓？大大，你想過沒有？

高崗一時語塞，動作卻大了起來。的確，他不是王允，也不是呂布……誰是董卓？也沒有董卓……

小孟虹輕聲叫起：大大，大大，甭急，甭急呀，不行啊，不行啊，人這還是頭一回的，痛呀，大大，你停停，你輕點，痛呀……

不遲不早的，偏在這時浴室外間門口，又有值班護士在報告：首長，首長！瀋陽來了電話，請您馬上掛回去，是彭總回到了瀋陽，一下火車就到了您家裡，說有緊急軍情……。

高崗頂不耐煩地回了一句：知道了！妳讓趙德俊去代我回個電話，問彭總好！報告彭總，今天太晚了，明天一早趕回去見他！

說罷，高崗性氣大起，再君子不起了，兇悍畢露，貪饞無比，臉膛上的每一粒痲點都泛出紅光：小三妹，小夢夢，心尖尖，咱幹了妳，今後不再幹別人！心尖尖，一心一意只幹妳一人……。妳咬咬牙，過了這頭一關，俺就眞成妳的親大大……。

第三章　高崗縱談諸神事

如花美眷，似水流年。

瀋陽北郊。原東北軍閥張作霖「大帥府」，高牆深院，綠樹掩映，如今是東北人民政府主席高崗的辦公室兼宿舍。共產黨領導人摒棄了「官邸」、「公館」、「府第」之類的稱謂，而樸素地一律稱爲「宿舍」，起碼在名分上保持住了官兵一致、幹群一致的革命傳統。至於「宿舍」內部，屋宇之高闊，設備之奢華，花園之廣大，亭、台、廊、榭、山、石、橋、湖之秀美，則屬黨和國家的絕密了。

可以這麼說吧，保健醫生孟虹，是東北局機關大院內最早獲知高崗主席有喬遷之喜的。一天晚上舞會散場後，她依例進到高主席的保健室，爲高主席做每晚必不可少的保健按摩。一般都是先按摩，後娛樂的。這天卻進到內室就被高主席摟住了，說有好事相告，又讓她先猜，看看她猜不猜得出個眉目。孟虹從高主席的懷裡掙脫出來，飛快地在一張十行紙上寫下一溜小字：出自幽谷，遷於喬木——

句出《詩經·小雅》。喜得高主席笑罵：三妹！妳眞是個鬼精靈！老子總是幹妳個不夠……接下來，三下五除二，就把她剝光了。高主席總是作風粗獷，行爲勇猛，內衣都不知被他撕掉多少件了。

三妹，眞叫妳猜中了。我剛接到毛主席電話，要調我進北京，當中央經濟計畫委員會主席……那是個多高的職位呀？你都早是中央人民政府的副主席了。你說過，周總理還只是中央人民政府的一名委員哪。

小孟虹玉體橫陳，醉眼嫵媚，嬌羞迷人。自有了小孟虹，一年來，高崗再沒有派趙德俊去哈爾濱、牡丹江接送白俄妞了，也再也沒碰過軍區文工團、護校的那些女兵，且無數次的對孟虹說：三妹，妳是老天爺送給我的一份大禮囉！也是有了妳之後才明白，女子跟女子相比，原來有這麼大的差別。難怪那個什麼唐皇帝要三千寵愛在一身了。在女人裡，楊貴妃和我小三妹都可以打一百分。

每當高主席說了這話，孟虹就會像醉了似的，把臉蛋埋進他毛茸茸強壯的胸膛上，小雞啄米似的，啄下來一個一個唇印：又亂打比方哩！我可不要做楊貴妃，馬嵬坡，嚇人哩……我，還不都是你調教出來的？起初，我可是啥樣都不懂，只知道疼，只怕會死在你手裡呢。後來才知道，疼過之後，那叫舒服……說著，就會小嘴嘴含住高主席那黑硬乳頭，一動不動了，令到高主席消魂。高主席就又會虎豹下山似的重振雄風。好在採行了長白山老道傳授的秘術，長固不漏的，不然再壯的身子也叫三妹給掏空了。三妹總是嬌喘微微，浪叫浪喊，弱不勝力地求饒：高司令，高書記，高主席，高政委，高大大，親大大，饒了三妹，饒下三妹啊，三妹不成了啊，三妹要死了啊……。

三妹眞是浪，浪得花樣翻新，妖艷百出。每回都使高主席獲致一種強者戰勝弱者的滿足。也是攻無不克，戰無不勝。當然，他心裡也有數：三妹表面上柔弱，實際上也是不可戰勝的。三妹能量大著，吸起人來可厲害呢。

高主席忘情地說：我是英雄，妳是美人，英雄美人，無所謂勝負、輸贏。

不依不依，大大還沒有回答人的問題：中央經濟計畫委員會主席，是個多高的職位？還高得過中央政府副主席？

孟虹發覺高主席朝床頭櫃那兒瞄了一眼，知道首長想吸煙，忙探出身子，伸出手臂取過一支香煙來，先放進自己嘴裡，打上火燃上，才遞在首長嘴裡。這也是三妹善解人意，最讓高主席憐愛的地方。他使的這洋打火機，純金，嵌有一粒紅寶石，還是史達林同志送的紀念物呢。

高主席欲仰坐起來。孟虹連忙替他墊上兩個大枕頭。高主席的習慣：不吸烟，不扯重要話題：三妹，小傻蛋，來躺在我這裡。躺好了，我來告訴妳，權力和美女，是古往今來政治家的必需品。也許妳會說，這不大像共產黨人的話，不符合馬列主義。實際的情形是，把馬列主義宣傳得佛經樣的乾淨，是陳伯達、胡喬木那些書呆子理論家幹的，騙下面的！革命本身，從來是個充滿暴力、流血、計謀的事情，只有目的，沒有手段的。就是爲達目的，要不擇手段。從古至今，勝者王侯敗者寇，是非眞理，正義非正義，包括歷史在內，都是由勝者來決斷、來書寫的。我這樣說，把妳嚇著了吧？跟你們在教科書上學的，大不相同吧？我今天跟妳說的是眞話，眞話常常是黑話。世界上有這個黨那個黨，但妳看看這個「黨」字的下半截，就是個「黑」字！我這意思妳明白了吧？至於革命領袖們的個人愛好、情趣、私生活，則完全是另外的事。馬克思、恩格斯、列寧、史達林，都各有情婦，而且不只一個，妳知道嗎？相信嗎？我原先也不知道。三次訪問蘇聯，加上跟蘇聯專家們的長期接觸，才知道的。老毛子的幹部無論官階多高，人人都是酒桶，三、五杯白酒灌下去，就現原形，什麼雞巴屁事都會抖出來……。比方說，最偉大的馬克思的情婦，就是自己家裡那漂亮的小保母。馬克思和夫人燕妮、小保母，去世後就合葬在英國倫敦的一座公墓裡。無產階級的導師連同夫人、情人，都襟懷寬闊，生前死後都不分離，不像咱中國人男的女的都爭風吃醋……三妹，大大扯遠了點，是不是？告訴妳一點革命領袖們的私生活，是想讓妳不要覺得委屈。妳沒說過，對，妳是沒說過。但我知道妳心裡有委屈。也知道妳心裡打得開，書讀得多，眼界寬闊。可以說，在私生活方面，沒有一位領袖是那麼乾淨的。當然，本人也不例外。但自有了妳，我開始乾淨了。所以妳不要委屈。

我？剛被你破了身那陣委屈過，又愛又恨，覺得名不正，言不順……如今早習慣了，把身子交給了你，敬你愛你，離不開你了。我也不在乎什麼名分不名分了。只要不離開你，讓我幹什麼都成。有時，我都覺著，自己的身子就是爲親大大生的，親大大每回都能讓我快活到要死要活呢。

不說了，不說了，小三妹，心尖尖，妳也每回讓大大要死要活呢，大大的也是爲我三妹長的呢。有時，還眞怕把妳給幹傷了，幹死了呢。自有了妳，大大就再沒幹個別人了。白俄女子還要付錢。也怕染病。妳當我的保健醫生，供給制，省心多了呢，也可避免流言蜚語。放心，我不能沒有了妳。

親大大，可我老是怕你的愛人李力群……。她也是延安來的老幹部，配了警衛員的。要是趁你不在家，她想著法子整人，我可是沒命了呢。大大呀，這才是我的心病。

小三妹，小傻蛋！大大都和你講過不下一百回，保證過一百次了。李力群如今只是我名分上的婆姨。我們早談好了，她要保名分，保這名分帶來的享受、榮譽，她就不要干涉我的事。不然她滾蛋。我高某人從來講得出、做得出。我至多在中央受到一個口頭上的勸告、批評。這層利害，她早懂了。她不蠢。她和妳，一損俱損，一榮俱榮。所以三妹子，你早就安全了，還擔什麼心？

孟虹仰起臉盤，燦爛一笑，彷彿整個保健室都更爲光亮了：大大，親大大，你說呀，說下去呀，三妹還要聽，還要聽……。毛主席哪？還有朱總司令、劉副主席、周總理他們哪？也都如你說的那樣，明的暗的？嘻嘻，羞羞哩。

小壞蛋，先別逗。我們還是再歇歇，再說說話。今日個就是想和妳多說些話。毛主席啊，潤芝大哥詩人氣質，浪漫著啊。名分上的婚姻已有四次，相好過的，聽說沒得數。這幾年我每回去中南海開會，他都要請我到春藕齋跳舞。娘的，到了春藕齋，才開眼界，明白什麼叫萬紫千紅。潤芝大哥和我結拜了的，就不多說他了……。朱老總嚒，別看他厚道老成、德高望重的樣子，參加革命前是雲南軍閥，滇軍旅長，娶有七房姨太太，還抽大菸。後來上了井崗山，才看上小他二十五歲的女紅軍康克清，康克清那時才十六歲。劉少奇老奸巨滑，平日道貌岸然，已結婚五次，第二個婆娘還是名蘇聯女子。在中央領導人中，就他一人娶過洋婆子。他現在的婆娘王光美，小他二十三歲，天津大資產階級家庭出身。他那傢伙，眞夠本了……至於周恩來，周總理，最講衣著風度的，倒是髮妻一個，鄧大姐。但乾女兒有三十幾個。前不久有人告訴我，他早把自己的乾女兒孫維世當情婦了。孫維世算得個亂世佳人，兩年前在莫斯科，跟毛潤芝黏上了，同床共枕兩個月，鬧得毛想和江青離婚，中央主席家室不安寧。又是因爲周恩來夫婦從中作梗，硬是把乾女兒嫁給了名演員金山。潤芝兒也是啞巴吃黃連，有情人不能成眷屬。還有我的朋友林老總，一身槍傷，半條性命，想風流也不成；另一位朋友彭老總，倒是眞乾淨，因爲是個性無能，哈哈……。對了，小三妹，妳要記住，我說的這些事，都屬於黨和國家的重要機密。不是我嚇唬妳，妳要傳出去了，小腦袋可能被搬家的……。

看你，看你，盡嚇人，我不依，我不依……。孟虹受了大委屈似的，眼波盈盈。

三妹，三妹，好了好了，一句話就把妳給嚇住了，妳也太嬌弱了。對了，大大還沒有回答妳的問題呢。妳笑一笑！那句唐詩怎麼說來著？回眸一笑百媚生，六宮粉黛無顏色！對不對？這些年來，潤芝大哥要求我讀一點古詩文，努力做到文武兼備……這麼說吧？四九年中央人民政府成立時，毛潤芝提名我出任六位副主席之一，名義上我高了周恩來一頭，因爲周只是一名政府委員兼政務院總理，而政務院只是中央政府屬下的辦事機關。但周恩來這人不簡單，愛攬事，又會辦事，他通過攬事、辦事所取得的實權，把我們這些位在他上面的副主席都架空了。毛潤芝倒是一直在防著他，限制他，但又不能不用他去辦理國家的日常事務。我嘛，名爲中央政府副主席，實職卻是在東北，黨政軍民一手抓……。這回不同了，東北虎進京，要跨出關鍵的一步了。

大大，這回的不同在哪兒？孟虹明白，高主席此時無所顧忌的和自己談政治，談權力，也是一種思考方式，正需要自己這麼個忠誠的小聽衆，女崇拜者。

這回嚒，是毛潤芝出了高招。也只有他有這種大智大謀。爲防備周恩來權力架空他，先來了個釜底抽薪，新成立一個中央經濟計畫委員會，級別與政務院平行，專責國家經濟。政務院不管經濟，今後只能管管外交、文教、體育、衛生，十成去掉七成，你說慘不慘？這事，毛潤芝鼓搗了大半年，政治局開會議了多次，劉少奇、周恩來想拖住不辦。結果毛潤芝一不做，二不休，親自擬定文件，開列任命名單，給辦下來了。他們誰也擋不住。任命我當「經濟內閣」主席，我下面的委員們呢，妳聽著：陳雲、彭德懷、林彪、鄧小平、彭眞、鄧子恢、李富春、饒漱石、陳毅、劉伯承、薄一波……。都是黨內最重要的人物吧？從這些委員名單裡，妳就可以知道「經濟內閣」的地位了。毛潤芝通過這件事，也是向全黨全國傳出了他的新意向：他實際上已選定我做他的政治接班人。

太棒了，大大，恭喜你，要做全國的領導人……。可我還是不明白，毛主席爲什麼這樣重用你、提拔你呢？大大，你不要生氣啊？孟虹面若羞花，身如白玉，一付天眞無邪的嫵媚。

問得好，妳問得好。毛潤芝啊，他不能不用我嚒。有些事，特別是歷史上的事，小三妹，妳太年輕，又是局外人，很難了解的囉……妳知道嗎？陝北救中央這話，最初是毛潤芝講出來的，當年大會小會的不知講過多少次。是我作爲陝北根據地的領導人，提議他不要再講了的。這是歷史。我是眞心佩服毛潤芝的。黨中央在陝北十二年，我是他最忠心、最信賴的人。我也認準了，共產黨只有由毛潤芝來領導才行，其餘什麼王明、秦邦憲、李立三、張聞天、周恩來統統不行嘛！他信賴我，我忠誠他，替他爭了氣。明白吧？陝北十二年，我把陝甘寧邊區經營成模範邊區，黨中央的大本營。黨中央是從陝北走向華北，走向全中國。一九四五年春上在延安召開「七大」，選舉中央政治局，我越過了彭德懷、林彪、彭眞、陳毅、劉伯承這些人，進入了政治局。只有十一名政治局委員，我排在第六，年紀最輕。董必武年紀最大，說我後生可畏，前程無量。一九四五年冬，中央提出「獨霸東北」，毛潤芝把我擺到了東北。林彪管前線，我管地方黨政。兩三年時間，我又把東北經營成了我黨我軍進兵全國的戰略物資大後方，是東北的小米、高粱、大豆、小麥，供應了大部分的人民解放軍部隊……。這是很關鍵的。我的作用，毛潤芝心知肚明。隨後全國分爲六大行政區，其他西北、西南、華東、華北、中南，都組成軍政委員會，唯我在東北組成東北人民政府，以中央人民政府副主席的名義，兼任東北人民政府主席。我早高過他們囉。抗美援朝，前線是彭老總掛帥，後方是我老高統籌……。

高崗一支一支地吸著香菸，一杯一杯地喝著濃茶，滔滔不絕地自歌自頌：

這就是歷史，三妹妳該明白了吧？我是眞正的擁毛派，鐵桿兄弟。毛潤芝對其他的中央負責人，包括朱、劉、周，都是近而不親，話到七分、八分就打止。獨對我高某人無話不談。妳不知道啊，他大我一輪，十二歲，當年就稱我爲「把弟」。毛潤芝還把幹革命稱爲「耍碼頭」，很講江湖義氣的。只是劉少奇、陳伯達、胡喬木這些人幫他理論化、主義化了。那時，我每次從前線繞回到延安，毛潤芝都要留我在他的楊家嶺大窯裡住兩宿，上一個暖坑，談大事小事，也談女人。這妳不敢相信了吧？

潤芝說，高司令，能談女人的，我只有你一個。賀胡子也愛談，但粗俗，有匪氣，談不對味。少奇、恩來更不行，心裡一套，口上一套，假斯文。這妳不知道吧？他說他喜歡嬌小的女子，不喜歡高頭大馬。也不喜歡處女。他和楊開慧、賀子貞的頭一晚，都很麻煩，很費事。弄藍蘋就沒有費什麼事。藍蘋啊，門戶開放，令他長驅直入。對，就這麼說的，長驅直入。他問我是不是這樣？我說不同的，我是個陝北漢子，喜歡原裝原套，喜歡開苞見紅。俺陝北地方漢子娶婆姨，頭天晚上不見紅，就會記恨、賤看婆姨一輩子……。潤芝兄說農民意識，落後呢，湖南鄉下也很普遍，有時還出人命呢。

高崗說，毛潤芝還從文字上、方言土語上來討論咱中國人的性文化、性意識。妳又不敢相信了吧？毛潤芝古書讀得多，讀得精，朱、劉、周、任、李、王、張、董，誰都比不上。政治局會議上，只要他一番引經據典，或是即席背誦出一篇古文來，其他人就傻了眼，乾瞪眼，不服也服了。妳又不知道了吧？毛潤芝說，中國之大，漢滿蒙回，關裡關外，江南江北，各有各俗，各說各話。就拿兩性關係來說，我們湖南人稱搞，你們陝西人稱幹，河南人稱日，山東人稱搗，四川人稱屌，東北人更乾脆，稱爲操。北平城裡人就比較講技術了，稱爲弄。江浙一帶自來花柳繁榮，溫柔富貴，也假斯文多了，稱爲玩、狎。廣東一帶開埠較早，稱爲丟。這個丟字卻不是外來的，它來自客家人保存下來的古漢語的口語。正如廣東人稱喝茶爲飲茶，就文言多了。英文叫什麼？查了字典，也有雅俗之別，雅的稱爲「喇嘸」，俗的稱爲「伐克」，……還是湖南人、陝西人、河南人、山東人、東北人的搞、幹、日、搗、操來得痛快，有力度氣派。高大麻子，彭老總稱你爲高大麻子，是不是這樣的啊？

說著，高崗也哈哈大笑了起來：三妹，小傻蛋，我再說個事，妳可能又不敢相信。毛潤芝老兄湖南鄉下的這個「搞」字，正被大量引用到黨內文件、政治報告中來，也就是任用到我們的政治生活中來了。比如：搞革命，搞鬥爭，搞土改，搞生產，搞農業，搞工業，搞教育，搞文化，搞衛生，搞運動……。今後，我們新中國一定是「搞」字當頭，「搞」字滿天飛囉！哈哈哈……。

看你！看你！只顧自己開心，老不正經，就不管人了……。我不依，不依，就是不依……。

孟虹一發嗲聲，撒嬌撒賤，高主席就緩過神來了：三妹子，好好的，又怎麼了？誰說不管妳了？你進京做九千歲，我咋樣辦？留在瀋陽替你守離宮？

哈哈！三妹子，鬼精靈，妳以爲老子離得開你？一星期不幹你能行？當然也是要調妳去北京的……。不過喲，北京不比咱瀋陽，中南海不比咱東北局大院。那裡睜眼閉眼都是大人物，說不定那些看門的灑水的，煮水燒飯的，都是老紅軍哩。朱德的馬伕都是正師級呢。在咱東北局大院，本主席一人說了算，誰也不敢說個不字。當然，這大院裡也有幾個周、劉的人馬，不時給周、劉送密報，告老子的陰狀。老子宰相肚子能撐船，就是不戳穿，看它幾條泥鰍能掀得起嗎風浪！你理會了，他就來勁啦，值得嗎？不值。這就是政治。要算賬就哪天找他們的主子算總的去，小打小鬧咱不幹。到了北京，進了中南海，就是毛潤芝一人說了算。那是皇上住的地方，皇上一言九鼎，乾綱獨斷。咱在東北局這一套，得讓路，得緩行呢。新官到任，人家眼睛睜得大大的，咱應當注意些了。小三妹，心尖尖，妳說是不是啊？因此上，我考慮，調你進北京，先不安排妳在我身邊工作了，避避嫌，免得招人耳目。先安排妳到衛生部去。衛生部名下有個中央首長保健局，又叫中南海醫療服務室，仍舊當妳的保健醫生。我要找妳，還不是我的秘書一個電話？只要進了我的保健室，就天王老子都管不著了。

去北京？進中南海？大大，我要去，我要去！孟虹扭動著身子，又撒起嬌來了。

高崗繼續說，三妹子，妳這麼個年紀，這麼個人才，到了中南海首長醫務室工作，就每星期都有機會去春藕齋跳舞，認識周恩來、劉少奇、朱老總這些人物了。我敢擔保，周恩來會喜歡妳，此人有風度，最善於和女孩子打交道。他還會把妳介紹給毛潤芝。討毛潤芝歡心，如今也是他的重要工作。我想毛潤芝一定會看中妳，召妳進豐澤園服務的。妳不是能背很多的古詩文嗎？正投潤芝兄所好。三妹子，心尖尖，有你到毛潤芝身邊了解他日常的言談舉止，喜怒哀樂，我就放心了。只是有一條，妳千萬記牢了，無論對劉、周、朱，尤其是對毛潤芝，任何時候都不能透露妳我的關係。潤芝兄最是多疑，他要求他身邊的男女工作人員，背景清白、乾淨。這事嚒，很重大，妳可以先考慮考慮，再告訴我幹還是不幹。不幹，就只好留妳在瀋陽了，我還兼任著這裡的幾個一把手，不時要回來住住的。

孟虹嘟著粉嫩的腮幫，噘起紅潤的小嘴，不說話了。她彷彿懂得些厲害，不是可以鬧著玩的。鬧不好，粉身碎骨，小命就沒了。可又想，只要有高主席護著自己，憑了高主席和毛主席的把兄把弟關係，也不至於有多大的危險吧？這事要好好想想，要好好想想。

對了！差點把個正事給忘了……。高崗望著嬌艷欲滴的孟虹，忽地腦門一拍：三妹子，妳腦瓜靈，替大大想想，這回北京上任，咱該給主席送份什麼禮？大大好犯難，總也沒有想到一件適合的。

孟虹從自己的思緒中回過神來，看著高主席犯難的樣子，一時竟有點兒幸災樂禍似的：你個一人之下，萬人之上的大人物，也有棘手的事兒……。可不是，九千歲給萬歲爺送禮，的確大費周章的。都說毛主席簡樸得像個農民，身上是補釘衣，腳下是布鞋。吃糙米飯，喝酸辣湯。上床捨不得穿睡衣睡褲，像農民一樣光膀子光身。平日就愛吃個紅燒豬肉。說是毛主席最恨幹部送禮，鋪張浪費。如此這般，自然不能考慮東北的特產熊掌、山參、長白玉、興安嶺水晶石之類了。對了！毛主席是大文人，浪漫詩人，應當送咱東北出土的文物字畫，又珍貴，又不俗……。

送文物字畫？不行不行。高崗一聽，連連搖頭，再說日本鬼子奴役我東三省十五年，憑什麼值錢一點的，早他媽的偷運到他小日本去了。去年瀋陽市想建個博物館，都愁著沒啥像伙好擺放。字畫，字畫嘛，倒是個適當之物。三妹子，妳知道，字畫也不能是古代的，古代的屬於文物，是國家財產，同樣不能以私人名義送潤芝兄的，犯著大忌呢。

有了，大大！孟虹忽然小鹿地歡聲跳起，坐到了高崗身上：大大不是在習字嗎？字無百日功，你的魏碑體已有功力，何不自己來寫一幅中堂？既廉潔，又新意，又體現出你對他的忠心！

高崗沒想到孟虹竟會給他想出這麼個絕招來，喜得摟緊了，狠狠親幾口：小三妹，小冤家，妳眞是我的小諸葛……。太好了，就依妳所說，寫一幅中堂。潤芝兄定會高興的。既出人意表，又有文化氣質。在我黨的領導人中，還從沒人寫過中堂送他呢。小三妹，小諸葛，再給大大想一想，寫個什麼好？總不能寫句口號「毛主席萬歲」，或是「東方紅，太陽升，中國出了毛澤東……」什麼的。

孟虹笑了起來：太俗太俗，喊喊，唱唱可以，寫上去就太一般化，溜鬚拍馬……。

高崗說：對，歌功頌德，但不能溜鬚……。妳讀的古書不少，想想有啥現成句子沒有？

孟虹又春心蕩漾，將日見豐滿的乳房貼在了高主席臉上。高主席沒像平日那樣張嘴含住那兩粒紅櫻桃，只是雙手握住了她的蛇一樣柔軟的纖腰。孟虹粉面如花，眼波欲流，說：哎呀，大大，想的人頭都大了，疼了……。你先說說，俺是不是單單金玉其外，以貌悅人？

高崗見小賤人還跟他耍小心眼，恨得又狠狠親上一口：小冤家，老子都尊妳為小諸葛，女諸葛了，還不行？老子日後更是離不開妳了。妳確是金玉其外，錦繡其中！

金玉其外，錦繡其中。孟虹被誇得高興了，腦子裡一亮，小時候父親教過的一段古文句子就冒出來了。她先不吱聲，而是探出身子，從床頭櫃上取過紙和鉛筆，刷刷地寫了下來：

天稱其高者，以無不覆；地稱其廣者，以無不載；日月稱其明者，以無不照；江海稱其大者，以無不容。

——高崗習字，錄曹植〈求通親親表〉句，請恩師潤芝主席賜正

第四章　春藕齋舞會

孟虹隻身進北京，比高崗舉家喬遷早了四個來月。她的調入單位為中央人民政府衛生部高幹醫療保健局，調出單位為吉林省醫學院長春附屬第二醫院。也是高大麻子辦事點子多，老謀深算，當初安排孟虹做自己的保健醫生時，把她的行政關係、人事檔案留在了醫學院。該學院由高崗昔日的貼心警衛員蕭延堡升任黨、政一把手，首長的這類不便言說的事，自是心領神會，悉心辦理了。因之東北人民政府人事局向中央人事部門上報有關孟虹的檔案資料裡，便略去了孟虹曾任高崗同志保健醫生一節。吉林醫學院黨委的政治審查鑑定為：孟虹，中共黨員，學生成分，出身城市貧民，其父是位具民族氣節、愛國情操老中醫，家族歷史清白，無殺、關、管親友，無港台海外關係；本人思想進步，品行良好，業務出色，專長西醫內科，自學中醫針灸，工作細緻耐心，是優秀的青年醫務人才。東北局組織部意見：經核實，吉林醫學院黨組織對該員所作政治鑑定準確無誤。

孟虹的新工作單位雖然名為衛生部高幹醫療保健局，其實卻是中南海醫務處第一室，隸屬於中央辦公廳，衛生部只是業務指導而已。因之她都沒用去衛生部報到，而直接進了這座風光如畫、古蹟遍地又神秘兮兮的皇家大林園。按老輩子的說法是進了宮。宮裡的規矩大，紀律嚴，禁忌多。殿宇重閣，金碧輝煌，亭台水榭，風月無邊。初來乍到，她如同進了迷魂陣一般，眼花撩亂，分不清東西南北，是人間還是天堂。只覺得水面多過地面，綠樹掩映殿堂。兩座湖泊稱為中海、南海，湖光粼粼，碧波漾漾。湖中有島，島上有奇花異石，雕樑畫棟。傍湖四周的綠蔭裡，一座座大宮院套著一座座小庭院，院中有院，園內有園。花木深處，數不清的磚石甬道，曲徑遊廊，漢白玉小橋，各通勝境。這裡的每一大小建築物，都是歷史遺產，珍稀文物。那些隨處可見的匾額、楹聯、碑刻，也都是歷朝皇上的手蹟，原樣保存，絲毫無損。把舊世界打個落花流水，唯皇家氣象源遠流長。黨和國家的主要領導人，分別入住在過去皇上、皇子、太后、嬪妃們的宮院裡，連宮院名稱都照舊使用，如毛主席住的豐澤園，朱總司令住的含和堂，劉副主席住的福祿居，周總理的西華廳，彭老總住的永福堂……等等。因而整座中南海園林內，崗哨重重，到處隱蔽著保鏢衛士們機警的身影。

政務院副總理李富春的夫人蔡暢，人稱蔡大姐，曾隨李富春在東北局工作多年。一天蔡大姐來到醫療服務處取藥，見到新來的白衣天使孟虹，好個清麗耀眼的人兒，便拉住閒聊：

小同志，叫什麼名字？哪裡人呀？原先是哪個單位的？

孟虹不認識蔡暢，只知道凡到這裡來看病問醫的都是中央級的大人物，便恭恭敬敬地報告首長：

俺叫孟虹，老家大連，吉林醫學院來的……。

蔡暢高興了：東北來的？太好了，那裡的大豆、小米養人哩，大連更是個出美人兒的地方……。妳認得你們高主席嗎？

高崗主席？孟虹眼睛亮了亮，但立即想到了什麼，便搖頭笑笑：從報紙相片上見到、認識哩……。咱東北老百姓都認識他，尊敬他哩。

是啊，高崗同志在東北人民心中的威信很高啦，主席都常誇他嚒！蔡暢大姐爽朗地笑著，自我介紹：我叫蔡暢，和妳一樣，也是單名，叫起來順口，是不是？小孟醫生，我和李富春同志在東北住過五年，我們可以算半個老鄉喲！

孟虹臉一紅，眼睛都睜大了：蔡暢，眼前這位中年婦女，就是李富春夫人？當年和周總理、李副總理他們一起到法國勤工儉學的女革命家蔡暢？

多大年紀了？

二十二歲。

搞對象了嗎？

孟虹飛紅了臉蛋，大大方方地晃了晃頭。她知道蔡大姐也是湖南人，也是「搞」字當頭，口頭語。要是東北人當領袖，「操」字當頭，開口就問人「操對象了嗎」，哪不羞死人了？

好，很好。二十二歲就進中南海當大夫，要在過去，就算御醫了呢，有出息，有出息。

首長過獎。我剛大學畢業，缺少臨床經驗。

說起行醫經驗，蔡暢大姐當即給孟虹講了個笑話：說是一次閻王爺患了病，遍請陰間名醫，久治不癒。閻王爺沒法子，只好命夜叉到陽間來找名醫。於是夜叉來到陽間，見到了兩位醫生，一位身後跟著大群冤魂，哭哭嚷嚷不肯離去，顯然都是被他誤診致死了的，尋他申冤索命哩；而另一位醫生的身後卻只有一名冤魂相隨，夜叉想，他只誤診死了一個病人，醫道一定高明。於是便把那位醫生捉了，送到閻王爺面前。閻王爺很有心計，翻了翻生死簿，勃然大怒，喝道：好大的膽子！他生平只給一人治過病，就把那人治死了！還想給我來治病？

說罷，蔡暢大姐哈哈大笑，引得醫務處的其他醫生、護士都笑了。孟虹卻是想笑又不敢笑。她懂得這笑話是用來編派新醫生的。笑過之後，蔡暢大姐再又拉住孟虹的手說：好了，好了，經驗嚒，都是從無到有，從少到多，靠日積月累。滴水成河，粒米成籮啊。再說，你們這裡也不會誤診我們這些老同志，只管管傷風咳嗽、頭痛腦熱嚒。眞有了病，住協和醫院去嚒！

孟虹連連點著頭。蔡暢大姐忽然放低了聲音問：小孟醫生，妳晚上不值班吧？哪好，晚上我帶妳去春藕齋跳舞，認識幾個大人物。講不定主席、總司令、少奇、總理他們都能見到，妳不相信？

看來，頭回見面，蔡暢大姐就喜歡上了這個東北來的小妹子，外貌清純、待人靦覥、性情溫順。

孟虹是在中南海工作了幾個月才弄清楚，春藕齋在豐澤園以西，南海西北、中海西南，有碧水瀠洄，形成蓮池。蓮池上畫廊曲折，連通四岸，爲卍型，稱卍廊，亦稱萬字廊。是整座中南海園林內，瀛台之外，風光最爲綺麗之處。春藕齋傍萬字廊北岸上築有戲台，是大清母后慈禧觀賞昆曲、京劇的地方。也有人悄悄說，更早些年代，春藕齋是皇上與嬪妃們的秘戲處。何謂秘戲處？孟虹就只能半猜半蒙了，大約就是皇上和嬪妃們的性遊戲罷。若說這種遊戲，高主席可會把玩。想起在長春、瀋陽的那些深宅大院裡，高主席不知從哪來找來一本《素女經》，一本《秘戲圖》，一本《春宮冊》，一本《玉房指要》，按著那上面所描繪的三十六種招式，領著她一一擺弄過，消魂過。那些時刻，高主席可眞是那山中虎，水中龍，相信就是二十幾歲的小伙子，都沒人能比得上他的身手。每回都是她孟虹先敗下陣來，求親大大饒命，他才肯放炮息兵呢。高主席還讓她定期服用一種不知從那位道士、高僧那兒弄來的藥丸，以免她受孕，影響了體態身形。

春藕齋在民國初年袁世凱執政時，已改建成既可開會辦公，又可跳舞娛樂的場所。一九四九年夏季中共中央領導機關入駐中南海後，春藕齋沿襲舊用，白天開會，晚上放電影或是歌舞演出，周末跳舞。毛、朱、劉、周等無產階級革命家們摟著年輕美貌的女演員、女護士們翩翩起舞，早在延安時就養成習慣的，稱爲「換換腦子，活動筋骨」，亦是一項妙可的革命傳統。只有彭德懷一身土氣，滿腦袋高粱花子，每次從前線回來，對中央頭頭們一人摟一個小女子踏著音樂、扭著屁股、走著各種奇怪的步子，大不順眼。人家告訴他，這是交誼舞。他說：一男一女，腿挨腿，胸貼胸，乾脆叫性交舞算了，這種資產階級、貴族老爺的爛玩藝，敗壞革命風紀！

晚八時，蔡暢大姐領著小孟虹來到春藕齋入口處，門衛向蔡暢行舉手禮，連入場券都不收；對孟虹則既收驗入場券又查看工作證後才放行。場內有軍樂隊在演奏舞曲。已有少數幾對老少配在走步似的緩緩跳著。舞場四周，散坐著一個個花枝招展的文工團女演員們。都在小聲說話，左右觀望。大約也都如孟虹一樣，神情興奮且緊張。原來中央領導人物們還沒有進場呢。

蔡暢大姐領著孟虹在門左側的一張雙人沙發上坐下。當即有服務員送上來兩杯花茶。蔡大姐親切地鼓勵著說：放輕鬆些，臉上要有笑容。等會領導人進來，可不喜歡舞伴緊張兮兮，沒見過世面似的。妳要有信心，妳的笑容很甜美。妳今晚的衣著很得體，高貴但不奢華，淡妝也化得恰到好處……。小孟，我敢說，妳今晚上會冠壓群芳，獨領風騷的。

正著說，就見陳毅、賀龍、李富春、鄧子恢、饒漱石、習仲勳等領導人，說說笑笑進來了。場子裡響起了一派掌聲。樂隊也增大了音量，演奏起新的曲子。孟虹望著這一個個人物，都是開國元勳，共和國的大功臣啊，過去只能在報紙上、書本上讀到他們的故事，看到他們的照片。特別是賀龍和陳毅，更是大名鼎鼎的傳奇英雄。奇怪的是，他們都沒有帶上自己的夫人。

陳毅眼睛尖，挺著個胖肚皮，朝蔡暢這邊快步走來，一口四川官話又響又亮：蔡暢同志，你旁邊這個妹子好搶眼啊，老孔雀身邊是隻小鳳凰囉，哈哈哈……。

蔡暢拉著孟虹起身相迎：陳老總！你把張茜同志留在上海，自己放單飛？來來，介紹一下，這位是孟虹同志，醫務處醫生。陳老總我就不介紹了，三野司令，上海市長，名滿天下，威鎮東南。

陳毅哈哈大笑：我說蔡暢，妳還不曉得我老陳這點斤兩？老油子一個，大錯誤不斷，小錯誤常犯，檢討常寫，革命照幹！哈哈哈哈……。小妹子，頭次見面，唐突唐突，包涵包涵。

孟虹臉蛋紅了紅，一時有些兒心慌，恭敬地喊了聲首長。

陳毅眼睛放亮，向孟虹伸出右臂：來來來，小孟醫生，陪我跳一曲，肯不肯賞光？

蔡暢輕輕觸了觸孟虹後腰。孟虹落落大方地挽住了陳老總的手臂，走向舞池。舞池內，但見賀龍、李富春、鄧子恢、饒漱石等領導人，已摟著各自的小舞伴，跳將起來了。

陳毅大胖個頭，他左手握住孟虹的右手，右臂卻將孟虹的纖腰摟得緊緊，讓她的身子緊貼住他的大肚皮。孟虹的左臂勾在他寬肩上，一時還眞有些兒不習慣。好在陳老總的舞步頗爲稔熟，跳得笨重但還算自如。舞場上的燈光稍稍暗了下來。一個更使孟虹不習慣的動作出現了：陳老總閉上眼睛，沉醉到樂曲舞步之中似的，那粗糙的臉孔，朝孟虹粉嫩的臉蛋上貼下來，貼住了。孟虹又不敢推開或背過臉去，再難受也只能忍著。還傳過來陣陣菸味酒味，口也很臭。沒想到那麼受人尊敬的陳老總，廣庭大衆之中竟是這種舞德……好在他的腮幫子還刮得乾淨，否則鬍鬚扎人，就更令人不堪……。

他不如高崗。在瀋陽的東北局機關，也常舉行舞會。高崗主席也常請她跳舞。但在公開的舞場裡，高主席總是表現得彬彬有禮，君子風範。只有進了高主席的私人保健室，剩下兩人時，高主席才會熱烈、放縱、洶湧澎湃。他會狂吻得她喘不過氣來。他們脫光了衣物，相摟著跳舞。之後在地板上，沙發上，椅子上，甚至在辦公桌上高潮迭起，大汗淋漓，死去活來。……被陳老總緊緊摟著，貼著，孟虹想念高主席。高主席最疼她，她最愛高主席。高主席待她恩深義重。自有了她，高主席再沒有碰過別的女人。她有直覺，她眞相信。要有半月一月兩人沒見面，高主席就會從晚上愛她到早上，十來個小時波翻浪滾，不疲不累。一流的漢子，一流的手段。高主席自己也說，作爲男女之情，我們兩人無論力度、時間，都達到了最高層次，最高境界。她的醫學知識，使她堅信了此說。她對高主席感恩不盡。爲了高主席，她願赴湯蹈火，義無反顧。她覺得身上發熱發潮，軟軟款款，不能自主了似的……。又快一個月沒有見到高主席了。在北京，眞不如瀋陽方便。恁什麼事，想幹就幹。

樂曲停了，陳老總才放開孟虹。但仍捏住她的手，朝蔡暢大姐走回。她臉蛋燒的厲害，但決不是因爲害羞。陳老總仍是粗喉大嗓地說：完璧歸趙！完璧歸趙！和小孟跳舞，一大享受。格老子要是年輕十歲，一定把她娶到手！

蔡暢大姐打趣說：張茜同志可是新四軍的大美人啊，也比你小出二十多歲，老總還不知足？

陳毅見李富春在對面向他招手，便邊走邊說：知足知足。小孟同志，開句玩笑，莫見怪囉！

當下一支舞曲又起時，孟虹不等到有人來邀請，就先去了洗手間，洗手洗臉，重新補了補淡妝。這春藕齋的服務眞周到，女洗手間裡還擺放著化妝品、口紅、胭脂、面霜、定妝粉，樣樣齊備，專爲年輕女孩兒們預備的。不知爲什麼，孟虹忽然想哭，但又不敢哭。在公開的舞會上，她還是頭次被人這麼身貼身、臉貼臉的摟抱過。把人當尤物，當玩物呢。還好她虛榮心重，思想上放得開，感情上是個浪漫主義者。在洗手間裡待了一會兒，她就平靜下來了：還想哭呢！傻子！你個大連普通市民人家的女兒，進了中南海工作，能見到這麼多大人物，決定全中國老百姓命運的中央領導人，是千幸萬幸呢！多少條件不比你差的女子，想來趟北京都不容易呢。

孟虹從洗手間出來時，全場大放光明，鼓樂大作，樂隊演奏湖南民歌《瀏陽河》。所有的人都起立鼓掌。原來是黨中央的四位領導人：毛主席，劉副主席，朱總司令，周總理，加上北京市委書記兼市長彭眞等進場了。一時，孟虹也像那些女文工團員們一樣，激動地拍著巴掌。毛主席步履穩健，親切地微笑著，朝大家擺著雙手，撥開前面的什麼障礙物似的，示意大家停止鼓掌，繼續跳舞。他身後的劉副主席、朱總司令、周總理等，則跟各自熟悉的文工團員握手打招呼。很快的，周總理的四周便圍上了一大圈女演員，爭著邀請總理跳舞。周總理看了一眼前邊的毛主席，立即告誡說：妳們先不要來邀我，妳們去邀毛主席，快去快去，都到毛主席身邊去，妳們今天的任務是陪毛主席跳舞。

因蔡暢領著孟虹坐在背門的一側，暫時沒被發現似的，正好可以看到花團錦簇的女文工團員們，一隻隻彩蝶似的，圍著中央領導人轉。

毛主席、劉副主席、朱總司令、周總理四位，很快被女文工團員們拉進舞池，踏著陝北民歌《繡金匾》的明快節奏，跳起了快三步：一綉領袖毛主席，您是人民的好領導；二綉朱德總司令，您是人民的老英雄；三綉敬愛周總理，全心全意爲人民……。這支陝北民歌，由著名演員郭蘭英演唱，其時正風行全國。奇怪的是「金匾」不綉黨的第二號人物劉少奇，當然也沒繡陝北英雄高主席了。

爲了表示對毛、劉、朱、周的尊敬，春藕齋已有不成文的習慣，只要四巨頭在由女伴們陪著跳舞，其餘人物就不下舞池，只坐在四周聊天、喝茶，抽菸。女文工團員們則遵照周總理的吩咐，輪流上場為毛主席伴舞。毛主席每跳半圈，便由一名新人上去替換，替換得敏捷自然，不使舞步中斷。毛主席本人也很滿意眼前麗人常新。因之跳完一支曲子，往往要替換五至六名演員。

「金匾」綉完，四巨頭牽著女伴們的手下到場邊的一張張沙發上休息。茶几上擺著香菸、茶水、糖果。接下來的曲子是慢四步《解放區的天是明朗的天》，由彭眞、陳毅、賀龍、李富春、饒漱石、習仲勳等人下場去跳。又有女演員邀請周總理跳舞。周總理禮貌地說：下一支，我來請妳跳，好不好？原來他正在左顧右盼。他發現了遠處的蔡暢，以及蔡暢身邊的那隻小鳳凰。

周恩來站起身子，對那些圍著他的女文工團員們說：對不起，我要暫時離開一下。說罷就快步繞過場子，朝蔡暢這邊走來。

蔡暢見了，忙拉起孟虹迎上去：總理，你走慢點！難怪穎超說，有時你的警衛員都跟不上。

周恩來先握了握蔡暢的手：近來可好？聽小超說你患了場感冒，見好了吧？如今條件好了，可要保重身體，注意休息囉！

蔡暢親熱地拍拍周恩來的手背：謝謝關心，你呀，要關心的事太多啦！最應當注意休息的，是你自己。我是被富春逼著小病大養。這不，來春藕齋看跳舞，還請了小孟醫生來陪著。來來，介紹一下，這是醫務處新來的醫生，名叫孟虹。她在大學裡學的是西醫，卻還自學了中醫針灸，中西結合。

周恩來盯住孟虹，目光熠熠放亮：孟虹！好一位年輕的天使。醫生護士，都是我們的白衣天使……。周恩來轉而握住了孟虹的雙手：很好，中西結合，相互學習，取長補短，正是毛主席最近對醫療衛生工作的指示。小孟同志，妳率先落實了毛主席的指示呢。來來，我把妳去介紹給毛主席。

孟虹十分激動。雖然是第一次見到總理，但短短數語，她已感到了總理的溫暖關懷，和藹可親了。她心裡也極想去見毛主席，但又有些兒怕怕的：主席哪，就好比是過去的皇上哪。她抓住周總理的手，顫著聲音說：總理，我想先陪您跳舞……。

周恩來深邃機智的目光裡透出含蓄的愛意，轉過臉去對蔡暢說了聲：大姐，小孟同志頭一回邀請我，不能不答應啊？來來，小孟，《解放區的天是明朗的天》還剩一半，我們把它跳完吧！

周恩來風度儒雅，舞步瀟灑。他輕輕攏住孟虹。孟虹很快就適應了，感到和諧、輕快、自如。令她特別感動的是，總理很尊重舞伴，總是禮貌地保持著適當的距離，避免彼此身子的那怕是十分輕微的碰觸。比起陳毅的那惡俗的舞德來，眞有天壤之別了。

小同志，喜歡在中海南工作嗎？對你們年輕人來說，是不是有太多的禁忌？

我很喜歡。能爲這麼多大人物服務，感到很幸運，很幸福哩。

妳這是客氣話吧？我們這些所謂的大人物，也是各有各的脾氣和毛病，有時甚至是難於伺候的。你們要敢於提意見，反應情況，不管是誰。對事不對人。當然，有時也要請你們多體諒、理解和包涵呢。我們許多老同志戰爭年代受過傷，九死一生過來的。

聽著總理這話，孟虹周身感到溫暖，一種父輩的慈愛所給予兒女們的那種溫暖。

小同志，怎麼不說話？我先前一眼看到妳，就像認識妳似的。我們是不是在哪裡見過啊？

孟虹笑了，笑得燦爛嫵媚：是嗎？總理，都說你記憶力驚人哩。但我要說，我這是第一次見到您……。當然，從報紙、雜誌上見到您的相片，就早了。應當是我認識您，您不認識我呢。

看看，妳這笑容，多甜美，多迷人……對了，我想起來了，妳是像我的一位多年的助手，我們外交部的龔澎同志。簡直就是一個模子裡出來的！以後我介紹妳跟她相識，一位很優秀、很有學養的女同志。當然，她已經三十幾歲，兩個孩子的媽媽。妳比她更顯清麗、鮮亮……。對不起，我這是當面奉承妳了。不過，當面稱讚一位女性的容貌，不是俗氣，而是一種尊重囉。

不知為什麼，孟虹有些暈暈乎乎，身子都要被融化了似的。她是太易動情了。眞是個情種。而周總理，則是那種接觸一、兩次就可以被愛上的男子。

對了，蔡大姐說妳的專業是西醫，又自學了中醫，是不是妳祖上有什麼家傳啊？

是，總理。我家祖輩都在大連行醫。針灸推拿，是父親從小就教給我們六姐妹的。中醫家庭，耳濡目染啦。

很好，很好。祖傳名醫，懸壺濟世。妳家裡有六姐妹？六朵金花？妳排行第幾？

孟虹點點頭，溫順地回答：是老三，我的兩個姐姐叫我三妹，三個妹妹都叫我三姐哩！

周恩來笑了：孟三妹，好稱呼呢。妳的聲音很柔美。我要問問，妳的針灸技術如何啊？

孟虹咬咬嘴唇，也忍不住笑了：不敢稱高明啦……我是自十二歲起，開始替爸爸的病人扎針。六姐妹中，爸爸講我扎的穴位最準、效果最好。我嘛，喜歡戴高帽，聽表揚，每天放了學就往父親的診所跑。所以高中畢業，父親就硬要我報考醫學院。我本想進中文系或藝術系的……。

周恩來喜滋滋地認眞聽著：眞羨慕你們這代人，能有個和平安定的環境來唸書，並且興趣廣泛。

孟虹涓涓細流般說著自己的父母，自己的學業。她畢竟城府不深。

舞曲完畢，周恩來仍拉住小孟虹的手：謝謝妳！孟三妹，妳跳得很好，比那些受過專業訓練的人還強。難得妳身隨意轉，配合默契。走走，我領妳去見見主席。主席最近患了風痛症，吃了幾位醫生開的方子都不大管用，正要找一位靠得住的針灸師呢。

周恩來拉著小孟虹來到毛澤東面前時，毛澤東正在跟身邊的幾名女文工團員說笑。只好站著稍等一會兒。孟虹也正可有點時間來鎭靜一下情緒。眼前這位寬額亮目、臉色紅潤、談笑風生的偉人，就是被人稱爲大救星、歡呼萬歲萬萬歲的毛主席啊。

毛澤東轉過臉來，先看到周恩來，後看到孟虹。毛澤東眼睛放亮了，古典美婦式雙眼皮一眨不眨，專注地把孟虹從頭到腳、從腳到頭看了兩三個來回，引得那一個個如花似玉的文工團員們也難掩驚艷、妒恨之色。毛澤東嚥了嚥喉結，終於問：

恩來啊，你是不是去了趟西天瑤池，把王母娘娘身邊的仙女給帶回來了啊？北方有美人，傲世而獨立……有情芍藥含春淚，無力薔薇卧曉枝呢！

周恩來輕鬆地笑了：主席，她叫孟虹，孟夫子的孟，彩虹的虹。我們的年輕醫生，學的是西醫，但懂中醫，懂針灸。

毛澤東不耐煩地揮揮手，眼睛仍是一動不動地盯住孟虹，看個不夠似的。孟虹身後有女子在輕聲議論：主席被迷住了吧？主席可從來沒這樣子看過我們……。

恩來啊，你是做總理的，總是那麼實際，又是西醫，又是中醫，又是針灸的。對這個小孟啊，先不要那樣世俗，那樣實際呢！有唐詩云：天上碧桃和露種，日邊紅杏倚雲栽，芙蓉生在秋江上，不向東風怨未開；又云：似共東風別有因，絳羅高捲不勝春。若教解語應傾國，任是無情也動人。芍藥與君爲近侍，芙蓉何處避芳塵？可憐韓令成功後，辜負穠華過一身。……小孟，妳是何方神聖啊？

孟虹先是被毛主席看得羞紅了臉，再又見毛主席背誦出兩首唐詩來讚喻自己——她知道前一首是高蟾的《下第後上永崇高侍郎》，後一首是羅隱的《牡丹花》。特別是後一首，毛主席把她喻爲百花之王，冠壓群芳。一時，她內心的竊喜難以名狀，於是整個兒更顯容光煥發，美艷迷人。她都忘了回答毛主席的問話。

還是周總理代她回答：主席，小孟是大連人，吉林醫學院畢業，家庭是祖傳中醫。她剛調到我們中南海醫療服務處工作不久。

毛澤東又不耐煩地朝周恩來揮了揮手。顯然，他是想和小孟虹會話，而不是由人代答。他眼睛仍在上下打量著孟虹，逕自說著：孟虹？好名字呢，不俗，有意境。初次見面，彼此還生疏呢。不要緊，在一個大園子裡住著，很快就會相熟的。我就先送妳一句話吧：豐容靚飾，光明漢宮。怎麼樣？

周恩來在孟虹耳邊輕輕提醒：快謝謝主席，主席誇獎妳呢。

孟虹心裡明白，這是毛主席對自己的長相作了極高的評價，卻又不知道該不該感謝，如何來感謝。

毛澤東從沙發上站立起來，看了四周的那些女文工團員們一眼，六宮粉黛無顏色似的，將目光重新落回到孟虹身上：豐容靚飾，光明漢宮……典出何處？恩來，你記不起來了吧？

周恩來的確不知道典出何處。但他腦子轉得快：主席大約是指的漢代的趙飛燕，或是王昭君吧？

毛澤東笑嘀嘀的：你算對了一半……好了好了，今天不說這個了。來來，光明漢宮者，我請妳跳支曲子吧！恩來，你替我去招呼一聲樂隊，請他們先來一曲《漢宮秋月》，再來一曲《陽關三疊》……。

第五章　西山晴雪

十一月三日，毛澤東在中央書記處會議上提出：共產黨鬧革命，第一革封建主義的命，第二革帝國主義的命，第三革資本主義、資產階級的命。現在頭兩個命我們算革得差不多了，剩下第三個命，還要不要革啊？你們心裡怎麼想的？妥協讓步，互敬互愛，握手言歡，稱兄道弟，長期共存？那我們共產黨就不應該再叫共產黨了，改名爲社會民主黨，考茨基黨，伯恩斯坦黨好了，甚至稱爲工黨都可以。你們誰有這個膽量和氣魄啊？本主席今天旗幟鮮明，替本黨正名：要消滅資產階級，包括消滅資本主義的工商業。要共他們的產。當然可以考慮分步驟，分期分批來共產，一是要消滅，二是消滅之前，還要先扶它一下。豬和羊，總是要先加加膘，肥一點再宰，油水大。

會上無人附和。周恩來、劉少奇心中有數，毛澤東的鋒芒是指向他們兩人的。毛提出現在就著手消滅資產階級及資本主義工商業，事關整體經濟戰略轉變，連很少過問經濟事務的老好人朱總司令都張目結舌，周、劉二人更是無所適從了。周恩來意圖緩和一下氣氛，提出是否先議議朝鮮戰局，前不久彭老總又返回前線親臨協調指揮，中朝聯軍和美李匪軍在三八線上甘嶺一帶進行激戰，雙方都擺上了好幾個軍的精銳。這一仗若不打好，停戰談判就又要被拖下去了；還有，他也想在會上匯報一下政務院和財政部擬在新年元旦日起推行新稅制的問題……。

毛澤東卻無興趣扯什麼朝鮮戰事，南轅北轍，牛頭不對馬嘴。大家不想替本黨正名，散會！

隨後，北京下了入冬以來的頭場早雪，一時間天地皆白，好個冰雕玉砌、萬象晶瑩的銀色世界。毛澤東讓田家英通知楊尚昆，並轉劉少奇、周恩來、朱德，他要上香山住些日子，讀讀馬克思的《經濟學手稿》，兼由中醫師治治風痛症。可能元旦也在山上過了，中直機關的新年團拜，請劉、周、朱三位主持，云云。

當中辦主任楊尚昆來西花廳告知此事時，周恩來把楊主任請到後院書房裡，才問起：是不是要帶那個叫孟虹的女醫生去啊？

楊尚昆點點頭：這事除了藍蘋，誰都不便過問，也不敢過問。他點誰的名，我就通知誰。

周恩來若有所思地擺擺手：藍蘋又到蘇聯治病去了……。但願這回，不要再鬧。盡鬧這種後院風波，影響不好。好快啊，春藕舞會相識，還不到一星期，就要上香山住到一起。尙昆，孟虹同志的檔案你看過了嗎？我們對她的過去了解太少。我主要是從主席的安全角度來考慮，此事大意不得啊。

楊尚昆報告總理，他看過孟虹的檔案，很完整，也很單純，才二十二歲嘛，哪年哪月在哪兒上學，都清清楚楚，有證明人，看不出什麼疑點。只是我有點想法，這女醫生那麼絕色，我們西苑內已有人私下裡稱她爲第一美女，卻是從東北局推荐來的，這裡邊有不有什麼名堂？不敢說。

周恩來抬了抬眉頭：會嗎？的確不是一般的漂亮。我第一眼看去，就吃一驚。眉眼氣度頗像龔澎，但艷麗妖嬈，更勝龔澎一籌。我這辦公室裡幾個年輕秘書，沒病去看病，回來相互議論，說孟醫生活脫脫就是位現代貂蟬，國色天香。一位女秘書見他們不嚴肅，反映到我這裡，被我狠狠克了他們一頓：普通幹部去領導人的醫療處看病，是違紀行爲，一人一份書面檢討；再去，紀律處分。不然，人家以爲我這總理辦公室的人，可以鬧得特殊化……。不過，尙昆啊，關於孟虹同志的情況，我有個提議，中辦有不有必要派人到東北局去調查核實一下？工作做細些，做在前頭，以防萬一嘛。畢竟，東北解放時，她已經是一名大學生了嘛。

楊尙昆是個老實人，聽了周總理的提議，面露難色：很不好辦，總理你知道，高崗同志領導下的東北局，一統天下，如今誰都碰不得，誰碰誰觸霉頭。前不久少奇同志關於全國農村工作有個講話，批評了幾句東北地區推行蘇式集體農莊試點，是犯了左傾急躁幼稚病。結果被高崗同志告到主席那裡。主席支持高崗同志，批評少奇的講話右傾，發出的講話稿要收回，搞得少奇同志很被動……。何況這回，我們要是背著主席去調查孟虹，是越不過東北局組織部門的。一旦被主席察覺，追查下來，更是誰都吃不消。

周恩來點點頭，表示知道了，此事到此爲止，大家好自爲之吧。

楊尙昆臨要告辭，又猶猶豫豫地說：除非動用中央調查部系統，才可做到不著痕跡。

周恩來兩手一攤，苦笑道：殺雞用牛刀，不可以的，不可以的。再說李克農同志自去年夏天起就長住朝鮮開城，主持我與美軍停戰談判。現在中調部主事的孔原同志，倒也是老熟人，老朋友……可是尙昆你知道嗎？中調部自去年起，已直接從主席那兒領任務，由主席親自指揮。

久違了，雙清別墅！

毛澤東領著孟虹一行，冒著風雪乘車來到香山雙清別墅。他興致極高，稍事安頓，即命令衛士們去替他剷雪開道，要去看雲亭觀雪景。衛士長十分作難：從別墅到看雲亭，是一條數百公尺的山間小道，兩旁有多處懸崖峭壁。小道上積雪盈尺，又結有暗冰，萬一有個閃失，如何得了？可毛主席的指示，又不能不執行……。

衛士長沒法，只好偷偷給中央辦公廳主任掛電話，要求中央出面勸阻，敦請主席等雪停之後再外出觀景。楊尙昆接到電話，不敢作主，連忙報告周總理。周恩來當即指示：警衛部隊應遵照主席吩囑，立即出動剷雪，清理道路；至於是否同意主席外出至看雲亭賞雪，聽侯中央通知。周恩來本想立即親自跑一趟香山，安排有關事項，並實地勘查那段山路，做下各種標記，以確保主席安全萬無一失。但一想到小孟醫生也在那裡，說不定正熱乎著呢，主席一定不高興自己闖了去，便打消此念，而掛電話與少奇同志商量。少奇同志當機立斷，找到朱總司令，商議出中央書記處意見：爲主席安全計，在天氣及道路情況好轉之前，要求主席以在雙清別墅前院迴廊及亭台上賞雪爲宜。

毛澤東聽衛士長轉達的中央書記處電話紀錄，十分光火，怒斥道：我這裡事無巨細，你們都要向人家請示報告？人家放個屁都是香的，你們都要奉爲聖旨，我的話就作不得數了？

衛士長被喝斥得低下頭，不敢吱聲。不吱聲也不行，主席會更惱怒，誤認你是以沉默來對抗他，只得低聲辯解：確實是風雪過大，路況不明……。

比當年紅軍長征過雪山還難嗎？

報告主席，保證您的安全，是黨中央交給我們的任務，要對黨和國家負責任。因爲您是中央主席，您並不完全屬於您自己……。

毛澤東怒目圓瞪：混見邏輯，豈有此理！毛澤東不屬於毛澤東自己？屬於你們誰？

報告主席，您屬於全黨、全軍、全國人民……。中央警衛條例上，就是這麼說的。

毛澤東聽這一說，愣了愣，倒是轉怒爲笑了：好哇，原來我早被你們共產了，屬於國營經濟，公共財物，全民所有了！是不是唐僧肉啊？每人分一塊，你們好長生不老啊？

在毛澤東身邊工作的人員明白，只要毛主席一開玩笑，就大事可化小，小事可化了。衛士長立即討他歡心地說：我已問過了氣象台，明天會雪停轉晴，我們一定清出道路，一起陪主席去賞雪景。

毛澤東釋懷地揮揮手：今天就依了你們。通知警衛部隊，明天一早出動剷雪，你們也去，我這裡留一、兩個值班的就行了。山上有個觀景台，叫做西山晴雪。聽清楚了？明天下午我去那裡看雪。

衛士長連忙稱是。轉過身，卻暗自吐了吐舌頭：我的媽，從雙清到看雲亭不過數百公尺，到山頂那西山晴雪，可是有好幾公里遠，我們兩百來號人馬肯定不夠，還得請山下的駐軍也出動才行……。

當日晚膳後，毛澤東打發走了其餘的工作人員，只留下小孟醫生陪他。整座別墅早已生火燒暖道，室內溫暖如春，身上只要穿件薄毛衣即行。毛澤東已換上寬鬆的睡服，仰坐在沙發躺椅上，靜靜地看著旁邊的孟虹。孟虹一襲絲絨連衣裙外罩了件白大褂，正在整理她帶來的那隻保健藥箱，準備給主席做第一次針灸。屋子裡只剩下自己陪伴著偉大的毛主席，她既興奮又緊張，胸口都砰砰跳著呢。

毛主席朝她招招手：光明漢宮者，坐到我邊上來，脫去妳那職業性的白大褂吧，我們現在可以好好說說話了。

孟虹溫順地除去白大褂，身上那凸凹有致魅力四射的優美曲線，立時顯現無遺。毛澤東又印堂放亮、雙目放電似地盯住了她。孟虹小鳥依人地在毛主席的斜對過坐下。選擇此一角度的位置坐下，正是她的聰明之處：便利毛主席近距離、近效果地審視她，欣賞她，著迷她。

毛澤東再次肯定說：豐容靚飾，不假不假，況且妳是無飾也靚，清水出芙蓉，天然去矯飾。

孟虹燦然一笑，忽然款款地說：主席，您引用的是不是《漢書》上的話？那是人家漢元帝初次見到明妃王昭君的印象呢。您用來誇我，一是承當不起，二來也不盡準確的吧？

毛澤東張了張嘴，難掩臉上驚訝之色：嗬喲，這麼講來，妳還是讀過《漢書》的囉？那天在春藕齋，我猜少奇、恩來他們都不知道這個出處呢。漢元帝是個頭號官僚主義者，宮中嬪妃只知道一個趙飛燕，不知還有王昭君。史載他的後宮兩萬人，連看都看不過來，只好由宮廷畫師毛延壽一一描了像去給他過目。他也是上了毛延壽的當呢。我那個本家憑一技之長，竟敢在宮中大行賄賂，也是造皇帝老子的反呢，哪個妃子送的禮重，就把哪個妃子畫得好看些，讓皇帝看上，召去寵幸，犯有欺君之罪呢。王昭君是我們楚人，古代楚人講風骨，不肯向毛延壽行賄，毛延壽就把她畫得很一般，被漢元帝漏過了。及至北方的匈奴派使者來求親，以息邊患。王昭君出於民族大義，也是出於自己在宮中受到冷遇的不滿，而主動請求出塞和番。很快得到批准。及至和親當日，漢元帝召見匈奴可汗與王昭君兩人，見到王昭君時才大吃一驚，相見恨晚，並悔之晚矣！只好說了豐容靚飾，光明漢宮……。作爲一國之君，他首先應當杜絕宮廷內部的貪瀆之風。對了，妳說這話形諸於妳，有何不妥？

孟虹一臉笑笑盈盈，聲音柔和如水，溫言軟語，彷彿是用眼睛說出來的：主席，現今國家在您的領導下，完成了統一大業，內蒙古作爲我們國家的一個省區，也是黨委當家哩，蒙漢通婚已是常情，不需要再派人去大漠和親了呢！

毛澤東拍了拍巴掌：講得好，講得好！不過，外蒙古早獨立出去了，還剩下個台灣省沒有拿回來……眞是想不到，妳這麼個年紀，又是學醫的，倒像個讀過些古籍的女秀才呢，是不是？

孟虹面帶羞赧：不敢說讀過多少……，父親是個老中醫，自小就要求我們兄妹多讀書，尤其對我，更是嚴格。父親說，做一名中醫，一定要讀些古籍，熟習經典。自古文醫同道啦。

毛澤東點著頭：有道理，有道理。可不可以說說，妳都讀過哪些？

孟虹臉龐兒粉紅粉嫩，眼波欲流，扳著纖纖玉指說：從《三字經》、《千家詩》啓蒙，之後是《孟子》、《論語》、《大學》、《中庸》，之後是五經……都是在父親的指教下，囫圇吞棗，十成懂個一、兩成。《易經》、《春秋》則完全不懂。最喜歡讀的還是詩、詞、賦，小說野史……父親曾經要我讀《資治通鑑》。可我只是跳看讀的，比如跳過了春秋戰國，以一本《東周列國志》代替了；也跳過了三國、魏晉，用一部《三國演義》代替了。讀的亂七八糟，也可以說什麼都沒讀過。後來考上了大學，學的是西醫，功課重，考試、實驗多，課餘又貪玩，溜冰啦，跳舞啦，游泳啦，就完全放棄了。原先讀過的一點古籍，如今也都交還給我父親去了。

毛澤東笑了起來，讚許地望著眼前的這位絕色人兒，很久都沒說話。他覺得這個小孟虹頗誠實，既沒吹噓，也沒謙虛。自己從來討嫌四書五經，偏重於詩詞文賦……。良久，他吟哦出兩句古詩來：書卷多情似故人，晨昏憂樂每相親……書卷多情似故人，晨昏憂樂每相親……。

孟虹見主席反反復復吟哦著這兩句明朝于謙的《觀書》，並眼睛盯住自己，心中頓悟，便抿嘴一笑，接了下去：眼前直下三千字，胸次全無一點塵。活水源流隨處滿，東風花柳逐時新。金鞍玉勒尋芳客，未信我廬別有春。……主席，我沒有背錯吧？

毛澤東笑著捏住了孟虹的小手，旋即又吟出兩句來：吾愛孟夫子，風流天下聞……之後就停住。

孟虹會意，且是容易，便把李太白的這首贈孟浩然接了下去：紅顏棄軒冕，白首臥松雲。醉月頻中聖，迷花不事君。高山安可仰，徒此揖清芬！

孟虹背詩，毛澤東擊節：吾愛孟夫子，吾愛孟夫子……妳姓孟，以後我就稱妳做孟夫子，如何？

主席，不是七尺鬚眉，如何能稱夫子？

夫子者，尊稱也。孔子爲孔夫子，孟子爲孟夫子，關雲長爲關夫子，朱熹爲朱夫子……。以後妳不要再喊什麼主席了，就喊毛夫子。孟夫子對毛夫子，男女平等啊。來來，不要鴻溝，不要楚河漢界，坐過來啊。

主席，您眞會開玩笑……，我這樣坐？您的腿不是疼嚒？您再考我詩詞，看看我會多少……

妳坐在上面就不疼了，溫香軟玉，靈丹妙藥呢。詩詞以後再考。先文後武，文武兼備呢。

主席，慢點兒「武」吧？我先替您扎扎針……。

喊毛夫子。妳就改不了口？好好好，不急不急，我依妳，慢點就慢點。在我們湖南鄉下，男女行事，也叫做打針哩，聽著不雅吧？

不雅。打針？媽呀，形象倒是形象，難聽也是難聽。毛……夫子，人家癢癢哩，癢癢哩。不哩，不哩，不哩……疼呀，疼呀……。還是喊主席……疼呀慢些兒呀，媽呀……。

人面桃花相映紅。眞像棵含羞草……。可不可以告訴我，妳過去，有不有過什麼經歷的？

我？眞是的……。您呀，這時刻還問人……我要說沒有，您也不肯相信。要是說了，您又會笑話的……。除非您先給個說法。

好好，我對妳實行三不主義，第一不笑話，第二不計較，第三不重提。此話一次性了結，如何？

看您，看您……不許笑話我啊？要說什麼經驗，也是間接的，從我父母親那兒來的……。我是不是在犯傻呀？褻瀆自己的雙親……。傻就傻，反正就說給您聽，只說給您一人聽……，我十三、四歲時候，身體發育很快，起了很大的變化。又讀了《紅樓夢》、《三言》、《二拍》、《古今小說》，那些才子佳人，尼姑道士的，亂著呢，都行了些啥好事兒？那時還是日僞時期，父親因不肯給鬼子和漢奸們治病，全家搬到了關內秦皇島市住，隱姓埋名，開了間小雜貨鋪度日。那房屋是上居下鋪，木板結構。那時三個妹妹還沒有出世。我和兩個姐姐的住房跟父母的住房只隔了一層薄板。父母房裡的響動清清楚楚。我的兩個姐姐比我貪睡，睡覺死沉死沉，屬於那種大炮都轟不醒的人。獨我自小睡覺很驚醒。常在半夜醒來，就聽見父母房裡像在打架似的，翻上翻下，床板樓板一起響，很凶哩。嚇得我想叫又不敢叫，想哭也不敢哭。可第二天一早起來，見父母親都是笑瞇瞇的，全然不像打鬧過的樣子。不久，一個又一個小妹妹出世了，我才明白，父母親是在做小妹妹了。有一回，我替父母打掃屋子，無意中從他們枕頭底下翻出來一本古版圖畫書。我偷偷拿出來，一個人偷看了好多天，看得心驚肉跳……。都是男女行事的各種招式，都記在腦子裡了，就像刻在印板上一樣……。您別笑話啊，我開始在意念裡，揣摸著那些事……。但一見到男人，就害怕，就臉紅臉臊的不行，跟人握握手都渾身發麻……。我這人呀，從小被人誇著，寵著，怎麼怎麼長得好，聰明，是棵仙草似的。慢慢的，自己也愛美，臭美，有了很強的虛榮心。反正自己這身子，一定要給了自己最尊敬、崇拜的英雄人物……。我也真是好運氣，年初中央衛生部到吉林醫學院挑選年輕醫務人員，很順利就被選上了。這不，不但進了北京，還進了中南海，還到了您的身邊。

這麼看來，人和人，眞還是有某種緣分囉……。比如我和妳，不是緣分，普天之下，幾億人口，怎麼就能碰到一起了呢？

說話間，毛澤東已經完了事，得到了滿足。他仍撫著孟虹柔嫩芬芳、香汗微微的身子。孟虹也是一副滿足的樣子，心裡卻在想：這主席比那主席，差遠了。高主席一次能折騰兩三個小時，讓人欲生欲死；毛主席卻至多只有三、四分鐘，做的不如說的，也是理論的巨人，行動的矮子哩，嘻嘻……。

妳笑什麼？毛澤東側過肥重的身子來看著她。

我笑這男女之事，怎麼就能讓人這麼快活……。

孟虹趕緊掩飾，解釋。

妳不是處子，城池很易攻破的……。放心，我不喜歡處子，那太費事。我這人啊，生平最怕在小事上糾纏，也常常處理不好一些小事。

孟虹原以爲偉大的人物不會提及這類話題。她的初夜，已在一年前給了高主席。好在她預備有說詞，也是高主席早就提醒過她的：

您呀，也喜歡問這個……。就告訴您吧，我自小除了喜歡閱讀，最喜歡跳舞、溜冰、游泳，加上自由體操……，十七歲高三那年，一次從雙桿上摔下來，腿根撞在木桿上了，很疼。走路都邁不開腿，還是女同學揹回宿舍的。脫下來一看，嚇一大跳，全紅了。那女同學還幸災樂禍：膜都破了，以後……，那時我們已讀了生理衛生學，懂得這個。進醫學院後，就更明白了，從事強體力勞動，劇烈的體育運動，都可使女性的處女膜破裂，這是醫學常識哩。以處女膜是否破損來衡量女性是否貞潔，並不客觀，也不公平。況且在醫學技術先進的法國、德國、日本，處女膜是可以手術再造的……。

毛澤東微笑著點點頭，孟夫子可眞是個學醫的……。他很快合上了眼睛，之後鼾聲大作。

翌日，雪停放晴。

孟虹貪玩，又不怕冷，一早起來，就在院子裡堆雪人。她堆得很仔細，很投入。花了大半個上午，堆成四尊與常人大小相若的雪像，模樣兒卻都像古人。值班衛士和護士，都不知道孟醫生爲何有此雅興。仔細看看呢，還能分出是三文一武。那位武者，手持一柄大刀，威風凜凜的。四個古裝雪人之側，孟虹又堆了一大一小兩個雪人，似是大者爲男，小者爲女，不知是什麼用意。

毛澤東一覺睡到中午。衛士聽到傳呼鈴響，連忙泡上大杯濃茶及當日的幾份主要報紙送進去。毛澤東的習慣，每天中午睡醒後，並不立時下床，而由衛士在他床頭墊上兩隻特製的大枕頭，扶他坐起來，邊喝濃茶邊翻閱報紙上的重要文章，往往花上兩個小時。這天，他卻沒翻報紙，而對衛士說：去把孟醫生請來，給我做針灸，其他人一律不要打攪。

衛士們嚴格執行著一項服務紀律，不聽到主席臥房或書房的傳喚鈴響，一律不准入內。日常出入，也要求他們當聾子、啞子，不該他們看的、聽的，一律不看、不聽。偶爾接觸到了，也應守口如瓶，只當沒看到、聽到，嚴守黨和國家的最高機密。因之主席找人談話、議事、辦事，工作人員都要自動退避，否則，將受到黨紀、軍紀嚴懲。

孟虹回到毛澤東卧室時，因剛脫去皮帽、大衣，頭上還冒著熱氣，臉蛋和雙手卻凍得紅紅的。毛澤東一看心疼了，年輕人就是精力旺盛，一早就出去踏雪賞玩了：快來快來，先給妳暖和暖和……我要多謝妳呢，很久沒睡這麼香了，昨晚上是陰陽調和，周公之禮，人倫順暢呢。

主席，我剛去堆了雪人，手腳冷，會凍著您哪？

不怕不怕，我火性大，正好讓妳給清涼清涼……。妳堆了雪人？都堆得像誰啊？

先不告訴您……。一忽兒我陪您去看，您說是誰他們就是誰。

嗬嗬嗬，孟夫子，妳還很頑皮……。艷色天下重，西施寧久微？……

雲翻雨覆，顛鸞倒鳳，又折騰了近半個小時，毛澤東才放開小孟虹。小孟虹先到洗手間穿戴整齊，重新勻了淡妝，才煞有介事地提了那隻根本沒有啓開過的保健藥箱，走了出去。

又過了一個鐘頭，毛澤東才由一名衛士加一名護士扶著，仍靠在床頭坐好，以溫熱的毛巾替他擦臉、擦身子，穿上襯衣，將他兩條腿移至床沿下，套上褲子、襪子、鞋子，扶他離床站立，替他繫上褲帶，之後扣好褲扣。每當衛士單腿跪地，替他扣褲扣時，他都要說上一兩句笑話之類：是不宜搞美國式門戶開放，大張著口，大不禮貌囉。

他的這套起居習慣，自離了陝北，進入河北那年就養成了。他還不到六十歲，身體無大疾病，走路虎步龍行，威風凜凜，卻不再屑於自己料理穿衣扣扣這類日常瑣事。

毛澤東的早餐在中午一時。一碗小米粥，幾隻白麵饃饃，一碟益陽皮蛋，一碟湘潭腐乳，一碟青辣椒炒臘肉，一碟辣泡白菜。他的早餐就是這幾樣，百吃不厭。由孟虹陪著，兩人邊吃邊說笑。服務人員都嚴守紀律，心照不宣：年輕美麗的女醫生，已經不單單是醫生了。是什麼呢？大約連毛、孟二位自己也不清楚。這類事，在偉大領袖身邊，是見多不怪了。

衛士長進來報告：通往西山晴雪的道路已經清掃，撒上了細沙石，吉普車可以慢慢開上去。

毛澤東看了看手錶：好好，你們去準備，大家馬上出發。

上車前，孟虹陪著毛主席，先看了她堆的六尊雪人。毛澤東一看就明白了，一一指點出來：嗬喲！好傢伙，這是孔夫子，這是孟夫子，這是朱夫子，這是大刀關夫子！我說的對不對？你我昨晚上談論夫子名事，今天一早妳就塑出雪像……旁邊這一大一小兩個現代人，就說不出來了，是誰呀？

孟虹踮起腳尖，夠到他耳朵跟前，悄悄說：那個大的胖的是您，小的瘦的是我呀！

毛澤東哈哈大笑，眼淚都笑出來了：老夫子，少夫子，雙清六個雪夫子……。

孟虹趕快遞上自己的小手絹去，讓毛主席自己動手擦去笑淚。

吉普車小心翼翼，花了將近半個鐘頭，才在曲折的山道上爬完了三、四公里。幾處急彎險崖，警衛部隊的官兵們都是手挽著手，於懸崖邊組成人牆，以確保偉大領袖的座車安全。

毛澤東由衛士長和孟虹一左一右的扶持著，站上西山晴雪觀景台。遠近山林，如玉柱崢嶸，如雪蓮盛開，如銀蛇飛舞，如冰河浩蕩。……毛澤東俯視著腳下的冰雪景觀，興致勃勃地要求身邊的衛士和醫生護士，每人背誦出一首咏雪詩來。

毛澤東自己領頭，背一首明人李攀龍的〈杪秋登太華山絕頂〉：

縹緲眞探白帝宮，
三峰此日為誰雄？
蒼龍半掛秦川雨，
石馬長嘶漢苑風。
地敞中原秋色重，
天開萬里夕陽紅。
平生突兀看人意，
容爾深知造化功。

幾名貼身衛士不懂此詩意境，請主席解釋。毛澤東說，都講明清無好詩，這就是一首，很有一點李白的豪放遺風。講的是登上了華山之巔，鳥瞰中原大地，極目萬里晴空，於一俯一仰之間，大自然對我們展現出無邊的秋色和夕陽落照的壯觀啊。蒼龍半掛秦川雨，石馬長嘶漢苑風。地敞中原秋色重，天開萬里夕陽紅！多好的句子，把華山景色寫活了，也寫絕了！

孟虹年輕好勝，差點就說：人家的這首七律，咏的是秋色而不是雪景呀。但她吐了吐舌頭，終歸沒敢說出來。毛澤東彷佛看在了眼裡，點了她的將：小孟醫生，都講妳是個女秀才，背一首？

孟虹想了想，背出一首唐人高駢的絕句《對雪》：

六出飛花入戶時，
坐看青竹變瓊枝。
如今好上高樓望，
蓋盡人間惡歧路。

毛澤東說：好，好：大雪覆地，把許多醜惡的東西都掩蓋住了，天地變得清潔。但不是徹底的唯物主義。醜惡的東西或許可以被暫時掩蓋住，但事物的矛盾是掩蓋不住，總是要爆發的。掩蓋得愈久，以後的爆發愈猛烈……。下面，誰接下去？

衛士長平日也喜歡讀讀詩詞，但他只背出了李白的兩句：

燕山雪花大如席，
片片吹落軒轅台……

毛澤東高興地晃晃手：李白的這首《北放行》，就這兩句是精華，背不全，不要緊。

接著一位男醫生背誦了一首唐人齊己的《早梅》，還有人背了一首岑參的《趙將軍歌》。

夕陽西墜，朔風勁吹。香山頂上，真正的滴水成冰，天寒地凍。衛士長怕主席受寒，催促說：現在這山上是零下十幾度，風又大，您的腿也不宜久站。我們回雙清吧？晚了，也怕路上結暗冰。

幾位服務員也說：戰士們都還守在那些急彎陡崖上哪。

毛澤東卻充耳不聞，依然流連雪景，無意下山。孟虹聰明，跟衛士長交換了一個眼色，便說：主席啊，我來最後背一首壓軸的，就下山，如何？

毛澤東點點頭，他太喜歡這個俏麗的才女、醫生了。

孟虹說：我先不介紹這首詞的作者。詞名〈沁園春·咏雪〉，我相信，這是古往今來，在所有的咏雪詩詞中，最爲不朽之作：

北國風光，千里冰封，萬里雪飄。看長城內外，惟餘莽莽；大河上下，頓失滔滔。山舞銀蛇，原馳蠟象，欲與天公試比高。須晴日，看紅妝素裡，分外妖嬈！

毛澤東驕矜地微笑著，見小孟虹停住了，便問：還有下闋哪？

於是孟虹又朗聲誦道：

江山如此多嬌，引無數英雄競折腰。惜秦皇漢武，略輸文彩；唐宗宋祖，稍遜風騷。一代天驕，成吉思汗，只識彎弓射大雕。俱往矣，數風流人物，還看今朝！

對於孟虹銀鈴般的朗誦，毛澤東含笑不語，很有一點情比李杜，詞比蘇辛的得意。然而，在毛澤東身邊工作的衛士、服務人員，多爲小學文化，自然難知此詞爲誰人所作，只是齊聲叫好助興，唯求早點下山而已。孟虹差點就要叫喊出來：詩人近在眼前呀！但被毛澤東以眼神所止。此女非凡女也。

在回程的吉普車上，毛澤東捏住孟虹的小手問：孟夫子啊，本人的大作，進城後再沒有公開發表過，所以連我身邊的年輕工作人員都沒有讀到。妳年紀跟他們相若，又是怎麼知道的？

孟虹說：記得是日本鬼子投降那年，父親領著我們全家遷回大連。一天，父親拿著一張《南滿日報》，搖頭晃腦唸給我們全家人聽的。我那時才十五歲。父親唸了兩遍，我就背下來了。父親含著眼淚說：三妹兒，咱中國又出偉人了，今後的天下非此人莫屬。

毛澤東撫著身邊的小孟虹，面帶得色，嗬嗬笑著：妳爺老子倒是有點先見之明啊。日後若去大連，可以和他見一面，聽聽老先生關於中醫中藥工作的意見。妳父親高壽啊？長我多少歲？

孟虹忽然紅了臉，想了想，才說：我最小的妹妹今年十二歲……。父親今年應是四十八歲……。

毛澤東掐指算了算：四十八歲，應當是一九〇四年的，屬龍，小我十一歲囉，我屬蛇。

第六章 彭德懷闖禁地

毛澤東自上香山賞雪，住進雙清別墅讀書兼治風痛症後，每天除了批閱軍委專送的朝鮮戰報、各地軍情要編，其餘黨、政日常文件、報告，他一律不看不問。周恩來幾次電話，要求上山向他請示匯報工作，他都婉言相拒：我就清靜個十天半月都不行？你管政務院，朱總司令管軍委，少奇管書記處，早就分工明確，何勞你上山？本主席權力全面下放，你們還不放心？

這期間於毛澤東來說，眞正稱得上公務活動的，只是兩次題詞。十一月二十日，爲康藏公路康定至昌都段通車題詞：「爲了幫助各兄弟民族，不怕困難，努力築路！」十二月八日，爲第二屆全國衛生工作會議題詞：「動員起來，講究衛生，減少疾病，提高健康水平，粉碎敵人的細菌戰爭！」

兩次題詞皆爲大白話，毫無文彩可言。他所謂的「細菌戰爭」，是指美軍在朝鮮戰場失利之際，竟冒天下之大不韙使用起細菌武器，後因引起國際輿論的震驚及強烈譴責而停止。

其時周恩來、薄一波多次主持全國財稅工作座談會，決定自一九五三年一月一日起，推行新的全國統一稅制。爲了增加國家財政收入，新稅制將取消對國營工商業、合作工商業的種種稅務減免優惠，與私營工商業按同一標準向國家上繳稅利，這本是件天經地義的事。新中國剛成立時，爲了扶植、支持白手起家的國營工商業、合作工商業，而採行了一系列稅務減免優惠措施。現在國營工商業已在經濟上站穩了腳跟，並有了相當的規模，理當向國家繳稅了。若繼續在稅制上輕國營、重私營的收繳下去，於情於理都說不過去，況且也給國營工商業留下了許多偷稅、漏稅的可乘之隙。

財政部長薄一波想的比較簡單。毛澤東也很器重山西漢子會理財。幾百年前我們中國的第一家銀行（古稱錢莊）就是由山西人創辦起來的，以銀票（紙幣）代替元寶在市面上流通，開了金融風氣之先。薄一波平日是喜歡跑豐澤園，直接向毛澤東匯報工作的。這次主席上了香山，卻連電話都打不進去了。他請示周總理說：我看徵收財稅這麼具體的事務性政策，毛主席也不一定感興趣，就算向他匯報了，也會聽得索然無味，不耐煩。主席多次說過，他本人大半輩子有一個東西從來不沾：錢。

周恩來考慮問題，卻比薄一波多繞了幾道彎彎。國營工商業和合作工商業，屬於社會主義和半社會主義性質，都是四九年進城後，從軍隊裡抽調大批善於理財的幹部，轉業到地方去籌辦、組建起來的。在某種意義上說，這也是黨營經濟啊。明年一月一日起，實行新稅制，倘若這些同志打著社會主義的旗子，代表國營工商業和合作工商業的利益鬧將起來，怎麼辦？但眼下的情況是：中央政府主席不想過問此事，幾次電話裡，連嘴都插不上。好在少奇、朱總司令都是同意實行新稅制的，主席辦公室的幾位大秀才如陳伯達、胡喬木、田家英他們也未提出不同看法，事情也只好這麼辦了。

正巧這天，國防部長彭德懷風風火火地從朝鮮前線趕回北京，先到中南海豐澤園，沒有找到毛澤東，便直奔西花廳找周恩來：上甘嶺戰況十萬火急！此一役勝負，決定我與美方和談命運。現美軍以強於我軍的兵力、火力，加上空中優勢，連續奪去了幾座戰略高地。我上甘嶺部隊日夜與敵人血戰，拚刺刀，有的連隊甚至營級單位撤換下來時，只剩下十幾名傷員，其餘全部壯烈犧牲。有的師級單位只剩下七、八百人了，怎麼堅持得住？人家美帝國主義在戰場上不是紙老虎，是眞老虎、鐵老虎！現在應該把九兵團撤下來，把三兵團頂上去。可是上兵團級單位，必須由老毛批准。我給老毛拍了多封電報，他一封也沒回。他人不在豐澤園，也不在新六所。老毛人在哪裡？人在哪裡？

周恩來只得告訴：主席在香山雙清別墅讀書、療病，這段時間少奇和他也見不到人。

彭德懷腳一頓：老子闖了去！去搬兵！朝鮮戰局好不容易打得美國佬願意坐下來和談。丟了上甘嶺，和談又泡湯。

周恩來點著頭，尊敬地望著彭德懷：彭總，你急，我理解。我不反對去找主席。但你火氣不要太大……不然找著了，也會吵架。我還是先給你掛個電話，打個招呼吧？

彭德懷一晃手：不麻煩，不麻煩了！先打電話，人家要是讓小衛士、小護士說：睡下了，等醒來再說吧，怎麼辦？老毛睡覺，如今成了天下第一號大事。我就闖了去，他不見也得見！戰爭年代，他哪有現在這許多臭毛病，臭規矩！

周恩來說：也好，也好。老總，你喝了這杯茶吧？息息火。你是太辛苦了，又是幾天幾晚沒闔過眼了吧？看你眼睛都紅腫了，身上也有股子硝烟味……我和薄一波同志也有個事，想請你趁便向主席轉達，只一句話：關於新稅制，盼主席抽時間聽我們一次匯報。

彭德懷站起身子，邊走邊說：知道了，知道了。轉告，替你們轉告。

自毛澤東入住雙清別墅後，本已部分開放給市民遊覽的香山公園，又整個兒成爲軍事禁區，未獲得特殊批准的任何車輛人員，包括中央黨、政、軍機關車輛人員在內，一律禁止進入了。

彭德懷的座車在香山公園東門外被中央警衛團的官兵截住。彭德懷的警衛員跳下車，訓斥擋路的士兵說：這是國防部長彭總要去見主席，朝鮮前線有緊急軍情要報告，你們敢阻擋？

警衛團的一名幹部模樣的人說：對不起，我們沒有接到裡面的電話通知，依據保衛條例，誰的車子也不能進入。這樣吧，我掛電話進去請示一下……。

正爭辯著，彭德懷站在了那警衛幹部面前：你認得我嗎？你才當了幾天兵？吃了幾天糧？老子帶部隊上井崗山的時候，你小子還沒有出世吧？

警衛幹部一看的確是彭總，立即雙腳一併，舉手行禮：是！首長好！

彭德懷威嚴地一揮手：你們在場的警衛人員，現在聽我口令：列隊集合！成雙行！立——正！向右看——齊！向前——看！向後——轉！齊步——走！

國防部長，威鎮三軍的彭總司令一番口號，立即把中央警衛團的二十幾名大門值日人員指揮得服服貼貼。還沒等他們反應過來，彭德懷已經上了車，直奔雙清別墅了。值日軍官趕快往裡面打電話，通知毛主席的衛士長：快報告主席，彭總坐車闖進來了，我們阻擋不住。

毛澤東的確又在接受才女、醫生小孟虹的針灸治療。通往保健室、臥室的一層層朱漆房門緊閉著，誰也不敢去驚動的。衛士長接了電話，也無可奈何。但他是尊重彭總的，連毛主席都多次說過：彭總是我黨我軍的大英雄。我志願軍在朝鮮戰場連續取得五次戰役勝利那陣子，毛主席還特意重寫了他一九三五年夏天初到陝北時的一首絕句，給衛士、服務人員們傳看：「山高路險坑深，敵軍縱橫馳騁，誰敢橫刀立馬，唯我彭大將軍！」

衛士長懂事知禮，趕忙站立在雙清別墅門口，迎接彭總。彭德懷一下車，衛士長已站在車前行舉手禮。彭德懷還了一個注目禮，說：小黎，你們可是到處設禁宮哪。我有急事，必須馬上見當家的。

衛士長領著彭總往院內會客室走，一邊為難地說：彭總，你先稍為休息一下，我立即進去通報。來人，給彭總上茶上點心。

彭德懷只得在古香古色、宮廷陳設的會客室裡坐下。衛士長轉身朝裡面去了。彭德懷從一個面目清秀的女服務員手裡接過香茶，也不怕燙，三口兩口的就喝乾了，還以手指探進杯內，把茶葉摳出來，倒進嘴裡去嚼著。這點，女服務員倒是看慣了，毛主席也喜歡喝乾茶水嚼茶葉。看來湖南的首長們都有這習慣。當女服務員上第二杯茶時，彭德懷已不那麼渴了，問道：

小鬼，哪裡人?多大年紀?參軍幾年了?

女服務員回答：報告首長，俺老家山東烟台，二十了，參軍兩年多一點……。

妳知道老毛患了什麼病？病得重不重？

首長，俺不知道，俺眞的不知道……，首長。

那妳每天見得到他嗎？他總能走動走動吧？

能，出去賞雪……，俺一天能見兩三次，端茶送水的。別的，俺不知道，眞的不知道，首長。

彭德懷心裡有數：老毛的規矩大，要求身邊的工作人員當「三子」：瞎子、啞子、聾子，不當看的不看，不當說的不說，不當聽的不聽。一句話，活工具，娘的，要求服務人員當他的活工具。

他不再問什麼，大口大口的呑下幾塊宮式點心，都沒有吃出什麼滋味。他心急火燎地朝那通往裡間的門廊張望。過了一刻，才見衛士長愁眉苦眼的回來了：

報告彭總，對不起您，咱完不成任務，主席確是睡下了……。

彭德懷騰地一下站起身來，紅著眼睛、粗著嗓門問：睡下了就不能喊醒？我有緊急軍情！我是回來搬兵！

衛士長趕快擋住通往內院的門廊口：彭總，稍等等，稍等等，……。主席過年就是六十花甲的人了。他現在最困難的是兩件事，一是睡不著覺，二是拉不出尿……。主席自己也這麼說。

彭德懷越聽越火，越火越急：我看都是你們給慣的！每天拉出去跑五千米，出幾身臭汗，看他睡不睡得著！天天吃那麼營養，又香又辣又油膩，當然拉不出。像前線戰士那樣，每天吃粗糧，咬生蘿蔔、生大葱，看他拉不拉得出！你閃開，我沒有功夫和你們囉嗦！

說著，彭德懷胳膊一揮，衛士長畢竟不敢強行阻擋，只好跟在他身後，哀求著：彭總，不行呀，您不能闖去呀，我們要受處分的呀！

彭德懷返身站定，恰似一尊怒目金剛：住口！朝鮮前線每時每刻，都有整排、整連的部隊被敵人炸死、吃掉！你們只是受個處分而已，哪個損失大？再講，老毛要處分也是先處分我，還輪不上你！

彭德懷大步流星地來到裡院毛澤東的保健室門口。在門外值勤的衛士連忙向彭總行禮，身子卻死死堵住了房門，這是最後一道崗哨了。

彭德懷低吼一聲：閃開——！

吼罷，便如同入無人境之地，一頭闖了過去。衛士到底不敢攔腰抱住這位三軍副總司令，只好和衛士長眼睜睜的看著他奪門而入，卻礙於嚴格的紀律，不敢跟進。

彭德懷還是沒有見到毛澤東，只覺得這保健室隔音效果好，真安靜，暖氣也燒得他娘的像過三伏天。他逕直朝前走去，推開一道虛掩著的門，卻不禁「啊——」的一聲倒退出來，並且背過了身子。

原來他看到的，竟是一幅活的春宮圖：他娘的老毛赤身裸體仰躺在大床上，雙腿上倒真的扎著無數根銀針，每根銀針頂上都熏著艾香，烟霧裊裊的，是在做針灸治療。問題是那如花似玉的年輕女醫生，身上也是一絲不掛，寸縷不著……老毛的兩隻大爪子正捏住人家的奶子耍，摘櫻桃哪！

那女醫生也「哎呀」一聲驚叫，扯過大毛巾掩住前胸，身子一閃，美人魚般溜進屏風後邊去了。

彭德懷腦子裡也是驚鴻一瞥，覺得這美人兒有點眼熟似的，在哪裡見過？春藕齋舞場？還是東北局高大麻子府上？娘的，革命勝利了，口口聲聲不做皇帝，卻一個個玩起後宮來了。不是後宮的後宮，不是嬪妃的嬪妃，不是宮女的宮女。

毛澤東躺在床上，只聽到兩聲驚叫，並沒有見到闖進來的人。但憑直覺，他知道是彭德懷來了。此種行徑，只有彭德懷幹得出來。他依舊躺在床上不動，只拉過被單遮了遮愈來愈發福的肚腹：是不是老彭啊？既然到了，就請進來囉！

彭德懷說不上氣憤，也說不上好笑，倒是撞見了人家這種男女場合，依湖南鄉下人的習俗，是要感到晦氣不潔的。他站在門口回答：

是我老彭。從朝鮮回來搬兵。上甘嶺快守不住了。三兵團的兩個軍，傷亡重大。美帝國主義跟我拚老命了。我整營、整團的部隊被吃掉。給你拍了幾封電報沒回音……。沒辦法，只好闖來了。

毛澤東仰在床上，朝彭德懷招招手：軍情緊急啊，情有可原，我不責備你。不是擺了三個兵團上去，受你指揮嘛？怎麼還不夠？我看了電報，覺得你還有人馬可以機動。沒想到這麼緊急……。你在外間等等也好。我讓醫生來拔了針，再起來談。

這回是彭德懷覺得有些過意不去了：是有三個兵團，一個擺在西線，一個擺在東線，一個擺在中線的上甘嶺地區，都是沒法子機動的。你就在床上寫個手令，三兵團下，九兵團上，我去辦就行了。

毛澤東卻笑著晃晃手：看你火燒屁股急的！大老遠的跑回來了，又闖進來了，我總得聽你談談前線的事嘛，留你吃個便飯嘛。去去，外間稍候。我也要起來方便、方便了。

彭德懷只得遵命，把房門虛掩上，回到外間坐下。這保健室實際上也是個客廳，只是靠裡牆的一側多了一張鋪著白布單的枱子而已。行宮，娘的，就是個從前的行宮囉。現在這作派，和他娘的過去的皇帝老子，也差不到哪裡去了。當然要是在從前，自己闖到這地方來，是會被砍頭了。

又約摸過了半個小時，毛澤東才披著件浴衣，光著腿，踏著雙拖鞋，出來陪彭德懷坐下。在外面守候著的衛士長，聽到傳喚鈴，才敢進來上茶、上水果、上點心。而那位如花似玉的女醫生，這時倒是衣著整齊，人模狗樣，提著她的針灸護箱，臉蛋紅紅豔豔的，低著頭一路柳腰款擺的出去了。

毛澤東讓茶讓點心。彭德懷卻實在坐不住：老毛，請先寫個手令吧，我在北京多耽擱一分鐘，前線就會多犧牲許多戰士……。

毛澤東點點頭：也好，也好。我也不要寫了，小黎，給周總理掛電話，並讓總理知會高崗同志，傳我的命令：駐長白山整休的九兵團，立即渡江返朝，把上甘嶺地區的三兵團替換下來。我一定要拿下上甘嶺一役，以達成以戰逼和的戰略目標。

衛士長在小本子上記下毛主席的原話，複述一遍，立即返身出去，傳達命令去了。

毛澤東燃起一支菸來吸著。他本要讓老彭一支，但想起老彭不吸菸，便作罷了。說起來也是，周恩來也不吸菸，但每逢看到他欲吸菸，便會立即躬身給他打火。高崗是既替他打火也陪他吸菸。只有這個彭德懷，印象中從來沒有替他打過火。

怎麼樣？老鄉，這下子可以坐得住了吧？你啊，年歲也不小了，和少奇、恩來、康生同齡吧？還是那個急性子，躁脾氣。你知道不知道？我們的一些軍長，兵團司令員，都被你罵怕了，背後稱你為彭老虎哪。三十八軍的梁興初，四十一軍的曾思玉，都被你吼哭過？你還想對人家執行軍法處分？

彭德懷不禁一愣，腦子裡才反應過來：老毛厲害，隻字不提剛才的不快，卻繞了個多大的彎子，來對付人啊。服了，服了，在黨內誰都不是老毛的對手。彭德懷喝著茶，又往嘴裡塞了塊點心。他自昨天天黑從朝鮮一路往回趕，還沒有來得及正經吃一頓飯。這會子肚子裡是在造反了。他說：

老毛，對高級將領，我是有批評，也有表揚。而且從來罵官不罵兵。入朝作戰第一次戰役，沒有完成原定的殲敵任務，是因為十三兵團梁興初的三十八軍沒有按時到達作戰位置。他下邊擔任突襲任務的一名師長名叫楊大易，被敵人散佈的「黑人團」的謠言嚇住了，而丟失了戰機。戰役結束總結時，我表揚了其他完成任務好、立了戰功的幾位軍長、政委，吼了梁興初，罵三十八軍誤了事，枉稱為王牌軍。梁興初還犟嘴，我真火了，命令軍法處長抓他去關禁閉，以示懲戒。十三兵團司令員鄧華誤會了，以為我要殺一儆百，趕快喊刀下留人！你說荒唐不荒唐？我姓彭的脾氣再暴躁，也不可能下令槍決一個主力軍的軍長大人啊！

毛澤東哈哈大笑：好個老彭啊，真是有你的喲！哪後來呢？

彭德懷見毛澤東大笑了，心頭也輕鬆多了：第二次戰役，就是岸英犧牲的那一役，三十八軍爭了氣，立了大功，派出一支偵察部隊化裝成南朝鮮偽軍，一天一夜深入敵後一百五十里，搶佔三里所，偷襲龍源里，炸斷了臨津江大橋，切斷敵人退路，從而一舉殲滅了美第八集團軍第二師和第二十五師，取得入朝作戰的最大戰績。加上東線的宋時輪兵團，西線的楊得志兵團都取得了大捷，此役之後，美國侵略軍全面後撤，戰線就基本上在三十八線上固定下來。三十八軍大捷，我立即發去電報，呼「三十八軍萬歲」，「萬歲軍」大約就是這麼叫出來的。梁興初他們自然對我沒有意見了囉。

毛澤東再問：曾思玉哪？過去也是能打的嘛。

彭德懷說：有的人，在國內戰爭表現不錯，算一員戰將。可一出國，跟炮火、裝備優於我軍的敵人幹起來，就縮手縮腳，那個謹慎小心喲！有回我就吼了他：曾思玉！你是來打美帝的，還是來當小媳婦的？你的部隊再不按命令、按時間抵達戰位，貽誤戰機，放跑了敵人，你自己提了腦袋來見我！當然是句罵人的話，恨鐵不成鋼嘛。他自己怎麼可能提了腦袋來見嘛？吼了幾次，後來倒也有了長進……罵歸罵，我還是喜歡他們的，他們也不大計較我的態度。罵過了就好了，從不往心裡去。鄧華、楊得志、韓先楚、洪學智、楊勇、梁興初、秦基偉、傅崇碧，是我志願軍八隻猛虎。其中傅崇碧在軍級指揮員中年紀最輕，資歷也最淺，但智勇雙全。鐵原血戰，敢打敢拚，英勇無敵，真是一支鐵軍啊。我說他小子前程無量，但要居功不傲，虛心學習。

毛澤東又笑了，連連點著頭，彷彿也受了感染和感動。彭老總帶兵，如父如兄，知兵知將。打是疼，罵是愛啊。在這方面，彭德懷確是我軍第一人。不是彭德懷的赫赫威名，換了別人，也是難以統御那些來自四大山頭、四大野戰軍的龍虎將軍們囉。

毛澤東留小同鄉彭德懷吃晚飯，喝紹興狀元紅酒。毛澤東請客，照例是一大盤燉得肥肥爛爛的肘子，一盤紅辣椒炒湖南臘肉，一盤豆豉辣椒薑片蒸煙燻魚，再加一盤青菜，一大碗酸辣湯。主食是白米飯。彭德懷從來伙食粗淡，喜好青菜豆腐之類。他對自己的炊事員作了種種限制。因此炊事員也很少給他製作大魚大肉。他邊陪毛澤東喝酒，談著上甘嶺的戰事，邊看著毛澤東日漸肥碩的身體，眞想勸勸：老毛啊，你不如周恩來他們講究，吃的也的確不是什麼山珍海味貴重東西；可就是太油膩，太辛辣了，又胃口好，運動少，還能有不失眠、不便秘的？難怪你的服務人員都說你如今爲兩件事發愁，睡不著，拉不出啊。

不知不覺的，彭德懷談起了我志願軍跟美軍在上甘嶺地區打坑道戰，地道戰，敵、我雙方都打紅了眼睛。我第三兵團以四萬五千人打美李軍六萬多人，他們還有炮火、空中優勢。有的山頭被敵人拿下了，佔領了，可我們的小股部隊留在了地道裡，日夜出擊。糧食給養送不上去，水源也被敵人的機槍火力封死，幹部戰士們甚至相互解了小便來止渴……渴死餓死，也要跟敵人周旋，志願軍不出孬種！有的山頭陣地，等增援部隊上去時，才發現剩下幾名重傷號在堅守著，有的抬到半路上才嚥氣。但敵人在戰術方面不如我們靈活多變，他們動不動就搞集團衝鋒，漫山遍野往上爬。我們往往一兩挺重機槍，等他們爬近了才掃射，一掃一大片。因此總的傷亡方面，這回敵人比我軍慘重得多。他們的指揮官都是軍校畢業，打戰按戰例規則；我們的指揮官是游擊大學畢業的，打戰沒規矩，怎麼有利怎麼打。老毛啊，你不知道，美軍的炮彈在上甘嶺地區是日日夜夜下傾盆大雨，想把我軍炸光炸跑。我上前沿看過，山上是寸草不生，連塊石頭都找不見了，炸出來一層巖灰，足有三、四十公分厚！三兵團十五軍軍長秦基偉眞是條鐵漢子，他的指揮所就在前沿坑道裡，對著步話機調兵遣將，喉嚨都喊出了血，眼睛熬成兩個深洞，整個人就像煤籠裡出來的。我幾次要換他下來，他不肯，他說，彭總！我死也要死在上甘嶺，這回你就依了我，我們一定守得住，犧牲再大，也要把美帝國主義打趴下！

毛澤東聽得眼睛發紅：曉得了，曉得了，朝鮮戰場，比過去打日本，打老蔣，要慘烈得多了……。我看了戰報，出了兩個偉大的戰士，一個邱少雲，一個黃繼光。邱少雲是在總攻前夕的前沿陣地上，被敵人的燃燒彈燒著了，爲了不暴露大部隊的埋伏線，他直到被活活燒死，都沒有動彈一下；黃繼光是爲了讓戰友衝上去奪下敵人的陣地，以身體去堵住了敵人地堡裡的機槍眼……，驚天地，泣鬼神啊！這場戰爭，確是打出了我中國人民的志氣和威風！新中國基本上是一國之力，跟整個西方帝國主義陣營作戰。所以，不論我們付出多大代價，這場戰爭都是値得的。你彭老總是我們的大英雄囉。對了，秦基偉是紅四方面軍出身的吧？湖北黃安人。黃安戰將多，董必武、李先念的老鄉嘛。這一戰下來，你就不再去朝鮮了，叫楊尙昆替你在中南海找個小院子住。大家住一起，好商量工作。

彭德懷滿腦子都是朝鮮戰事。他告辭毛澤東後，於當天晚上趕回朝鮮前線指揮所。匆忙中，他忘記了周恩來的囑托——關於新稅制，須請毛澤東聽一次匯報。

當天晚上，女醫生孟虹又被傳喚進來陪伴主席休息時，毛澤東發現小孟虹哭紅了眼睛，彷彿這才記起來中午被彭老總闖見的尷尬事。小孟虹也是有意哭紅了眼睛給毛主席看，要嬌鬥氣。大人物關心大事，小人物關心小事。孟虹最擔心的是自己被彭總認出來：那是在瀋陽高主席府上，和高主席一起，陪彭總吃過一次飯的呀。但從毛主席對她溫存依舊、玩娛依舊來看，又可斷定，彭總並未對毛主席提及她。也就是說，匆忙中，彭總並未認出她。於是她趁著主席在床上興致正高時，嗲聲說：你呀你呀，中午我是魂都嚇掉啦。那麼多人保衛著，你休息的地方，怎麼就讓人一路闖進來了呀？

毛澤東愣了愣，即以手掩了她的小嘴巴。

翌日中午，毛澤東一覺醒來，見孟虹早已收拾乾淨出去了，便按鈴把衛士長傳進來，沉著臉說：立即通知羅瑞卿、謝富治、汪東興三人上山，一刻也不准他們耽誤，我有事找他們談！

命令如山倒。下午三時，毛澤東洗漱、吃喝完畢。負責中央政治保衛工作的公安部長羅瑞卿、第一副部長謝富治、中央警衛團團長兼政委汪東興三人，已經在雙清別墅前院接見廳裡恭候了。

毛澤東進來時，三人連忙起立，敬禮，之後伸出手去。毛澤東卻不耐煩地晃晃手，示意他們坐下，而沒有跟他們握手，劈面就說：

三位大人，黨中央把領袖們的保衛工作交給你們了，也就是把生命安危交給你們了。可你們高官厚祿，錦衣玉食，知道昨天香山發生了什麼事情嗎？羅長子，你知道不知道？

羅瑞卿連忙起立：聽衛士長說過了。彭老總無視中央紀律，擅自闖進來，並直接闖進了主席的寢室。這是無法無天的行為。建議政治局給他處分。防人之心不可無。不然，此例一開，貞不得了！

毛澤東臉塊發白，很快轉青，勃然大怒，手指頭直戳了過來，大聲痛斥：羅瑞卿！我要處分的是你！還有謝、汪兩位！老彭找我報告朝鮮緊急軍情，這件事情本身沒有錯。不管怎樣，老彭現在都是大功臣，大英雄！而你們哪？你們是幹什麼吃的？你們是怎樣做保衛工作、怎麼執行中央交給你們的任務的？我今天不是說彭德懷同志。我是說，中央主席的住處，睏覺的屋子，中央警衛團那麼多人在層層把守，怎麼讓一輛車、一個人一路闖進來了？彭德懷是我的老同事加老同志，對我沒有二心。要是出了個李德懷、張德懷，怎麼辦？也這麼一路闖進來？你，你們還敢犟嘴！

對自己的親信下屬，毛澤東很少這樣盛怒，這樣大發雷霆過。羅瑞卿、謝富治、汪東興三人雖然都是身經百戰的老紅軍，羅、謝還曾是著名將領，大兵團司令，此刻卻被嚇住了，都罰站地站立著，低下頭，不敢出聲。

毛澤東繼續怒斥：你們都成啞巴啦？你們為什麼不說話？

羅瑞卿個子高，微微抬起眼睛，恭敬地看一眼毛澤東：主席，您批評得對，是我們三人工作失職，尤其是我犯了嚴重過失。我們一定深刻檢查，吸取教訓，保證今後，不再發生這一類的事。

謝富治、汪東興也低聲說：主席，羅部長的檢討，也是我們的檢討……。

下屬檢討了，毛澤東的氣頓時消滅了不少：你們每回都是深刻檢討，堅決不改啊。你們查過沒有，是誰告訴彭德懷同志我住在香山的？

羅瑞卿說：報告主席，上山之前，我打電話問過總理了。總理說，是他告訴老彭的。朝鮮戰爭，十萬火急，總理講他不敢不告訴囉。

毛澤東從烟盒裡摳出一支雲菸，手指仍在發抖。汪東興連忙給主席打上火。毛澤東深深吸下兩口，臉上氣色漸次平和下來：有的人一貫四面討好，八方玲瓏啊……。好了，好了，你們都坐下來，都抽菸、喝茶。我火也發了，罵也罵了，氣也出了。請你們來，主要還是要同你們商議一下，今後的保衛工作啊。三位以為如何？

風暴過去，羅瑞卿臉上有了微笑，謝富治、汪東興臉上也有了笑意。三人之中，羅瑞卿資格最老，軍階也最高，並好讀書，素有儒將之稱，還是由他先匯報：

主席呀，我早就想提議，中央應當列出幾條律令來了。比如：第一，任何人要見中央領導同志，包括領導人之間要見面，都必須事先電話通知，並徵得對方同意，嚴禁擅自闖去；第二，無論任何人，強闖主席住地，警衛人員有權對他採取強制性措施；第三，中南海內，禁止非保衛工作人員攜帶武器或家藏武器；第四，中央主席召開重要會議，中央警衛局幹部，有權對出席會議者進行檢查，除文件夾之外的一切物品，不准攜帶進場……。

不等羅瑞卿第五、第六的說下去，毛澤東笑了起來：羅長子，你這是要在中南海裡幹什麼？搞蓋世太保那一套？矯枉過正，形左實右囉！幾十年的老同志了，都是一條戰壕裡共過生死來的，誰還不了解誰？相互間搞那麼多清規戒律做什麼，一點同志情誼都不講了？一個眞正的馬列主義者，是既要講原則，又要講靈活性的！領導人家裡不許有私人槍枝這一條，你能做到？賀龍、高崗都喜歡玩槍，你們不也喜歡玩槍？何況有的還是紀念品嚒，朱總司令家裡就有好幾件這種紀念品，你能去禁止、收繳、取締？你們還是代表中央，起草個東西，叫做「注意事項」，提幾點建議、要求之類，大家客客氣氣的，相互提醒提醒，小心謹愼，防止玩槍走火傷人之類，等等。這事，你們去找恩來請示、商量吧。讓他出面辦，明白吧？他比誰都強。這叫與人爲善，外鬆內緊，懂不懂？你們呀，一個個也都四十出頭、五十挨邊了吧？打了二十幾年戰，進了京城，卻腦筋總不夠用……。

等毛澤東主席指示完，謝富治才匯報說：

主席，中南海內外，相應的幾個制度，是要趕快建立、健全起來。

毛澤東問：什麼制度呀？

謝富治說：一個是秘書制度，政治局委員、副總理以上的領導人，都配備有機要秘書、警衛秘書、文字秘書、生活秘書，這些秘書都來自各個部門，應當由中央辦公廳秘書局統一管起來，平日分散工作，但一月半月，應集中起來過一次組織生活，交流工作心得，匯報思想動態；二個是保母制度，中央領導人家裡的保母，都由中辦機關事務局物色、培訓、派出，機關事務局也應統一管理，一月半月的，把她們集中起來過組織生活，交流服務心得；三個是警衛制度，中央領導人家裡的警衛班、排，由中辦警衛局派出並管理，他們不是私人保鏢，而是直接對黨中央負責……。

毛澤東笑了：好了好了，這類東廠西廠事，你們看著辦吧。

第七章　孟虹下山　高崗上山

說話間已是十二月下旬。

毛澤東的風痛症經過一個多月的針灸治療，疼痛消除。雪晴的日子，他每天都外出，由小孟虹陪著在山道上散步一至兩個小時。深山古寺，鳥鳴林幽，泉咽危石，日冷青松。眞是優哉閑哉，有美女詩書相伴，無黨政事務纏身，的確過了一段如仙如佛的日子。

高崗進京履新，要求上山拜望，毛澤東很痛快就答應了。

不知出於什麼念頭，高崗上山的前一天，毛澤東忽然打發小孟虹下山，仍回中南海醫療服務處上班。面對國色天香，他是玩而不迷，不昏。他最看不起南唐李後主，幾首淫詞艷句固是做得不錯，卻因終日宮樂歌舞，亡國之音，果眞傾國傾城。

小孟虹很有些兒依依不捨。毛澤東撫慰著說：妳不過先回一步。我也很快回去的。一個園子裡住著，見面還不容易？我也會想妳的。來來來，我給妳錄一首唐詩，聊表心意吧！

孟虹自是燦然歡笑，波光晶瑩。毛主席的字，是眞正的墨寶，勝如從前皇上的御筆，對她是最好的獎賞了，以後還可能成爲珍貴文物哩。

於是孟虹幫著展紙研墨。毛澤東都不用翻看《全唐詩》，就袖子一捲，邊口中吟誦，邊揮舞狼毫，鐵畫銀鈎地錄下李商隱一首七言絕句《嫦娥》：

雲母屛風燭影深，長河漸落曉星沉。嫦娥應悔偷靈藥，碧海青天夜夜心。

——錄唐人李玉山句，贈小孟夫子

毛澤東一九五二年歲末

孟虹拍手叫好：主席呀，我可沒有偷靈藥，跑到廣寒宮裡去啦，而是夜夜伴隨敬愛的領袖……。

毛澤東高興了，重新提筆：好，再給妳寫一首王維的《西施詠》：

艶色天下重，西施寧久微？朝爲越溪女，暮作吳宮妃。賤日豈殊重？貴來方悟稀。邀人傅香粉，不自著羅衣。君寵益驕態，君憐無是非。當時浣沙伴，莫得同車歸。持謝鄰家子，效顰安可希？

——錄王右丞五言古詩《西施詠》，再贈小孟夫子

毛澤東一九五二年歲末

孟虹下山，高崗上山。孟虹當然不會知道，是因爲高主席上山她才下山。

高崗是毛澤東主席此次入住雙清別墅後，唯一一位獲准前來探望的黨政負責人。衛士長也深知高崗和毛主席的特殊親密關係。高崗被直接領到別墅內院毛澤東的書房兼臥室裡。敬禮、握手、寒暄之後，高崗展開了他帶給主席的禮物：他本人以魏碑體書寫的一幅中堂。

毛澤東滿面笑容，連聲說好：這回你不送我長白山人參、雪蚧、鹿鞭之類的俗物了，而送我一幅中堂？高大麻子也雅起來了，很好，很好。你這魏碑還寫得像回事嘛。你是有才幹，學啥像啥。我來唸唸：天稱其高者，以無不覆；地稱其廣者，以無不載；日月稱其明者，以無不照；江海稱其大者，以無不容。——高崗習字，錄曹植《求通親親表》，頌恩師潤芝主席。

毛澤東唸罷，卻不再稱好，而是沉吟著，似乎沒有了表情，很難看出他的喜好。

高崗有點摸不著毛主席的意向了，小心地問：主席，是不是有錯別字？請指點出來……。

毛澤東坐回到藤椅裡，掏出一支菸來塞到嘴角，朝高崗呶了呶嘴。他知道高崗也是名老菸槍，命其自己動手呢。高崗先不忙取菸，而從口袋裡取出個拇指大、黃晶晶外型像手槍的打火機，咔嚓一下擰出火苗，替主席點菸。

毛澤東望著那小巧的打火機，笑了笑：高大麻子，都講你愛玩槍，連打火機都像，走火入魔了？

高崗也燃上一支，才說：旅順口一位將軍送的，十四K金的呢，主席喜歡的話，我留給主席了。

毛澤東說：你還是自己留著吧。我這大半輩子不沾錢，更不沾金銀之類，今後也不會。你的這幅字我收下，可沒法子掛出來啊。起碼在我有生之年，是不能掛的囉。捧的越高，摔的越重，是個辯證法呢。你的盛情，我心領了。我也送一句古人的話吧！是《後漢書‧張衡傳》裡的句子：不患位之不尊，而患德之不崇；不恥祿之不夥，而恥知之不博。

高崗臉塊通紅，一粒粒麻點卻凸顯出白芝麻色來。他趕忙說：主席，你是偉大的謙虛囉。你總是對自己高標準，嚴要求，確是全黨全軍的表率和楷模！主席，請你把剛才那句《後漢書》上的話寫給我，我去裱起來，擺在辦公桌上，做我的座右銘，時刻警惕自己，戒驕戒躁，謙虛謹愼，好嗎？

毛澤東不耐煩地晃了晃手：以後再給你寫吧！位尊而德不崇，祿夥而知不博，甚至尸位素餐，是我們許多共產黨幹部，特別是中、高級幹部的通病囉！

話是這麼說，毛澤東心裡還是眞喜歡高大麻子的。恨的是他政治上欠缺周恩來式陰柔圓熟，劉少奇式縝密老到，總是脫不掉身上的那股子山大王氣息，鋒芒畢露，不加掩飾。高崗是塊璞，還需要時間來打磨啊。劉、周同是一八九八年的，比毛本人小五歲，是同代人。高崗卻比他毛澤東小出整整一輪，可算個小老弟，也可以算是後生晚輩囉。最難得的，是高崗對自己的絕對忠誠。此一本質上的優點，是誰都比不了的。因之兩人之間，幾乎可以無話不說，無事不議。

毛澤東對高崗說開了正事：中央準備明年召開黨的「八大」和第一屆全國人大。籌備工作已交由少奇、恩來他們去辦了。這些情況，你都是知道的。上山一個多月，我是以讀書、療病爲名，閉門謝客，思考問題——黨政體制，國家機器。現在體制上是有點混亂，何止是一國三公，政出多門！單是中央人民政府屬下，有政務院和國家經計委兩大執行機關，恩來和你各領風騷。國家經計委被稱爲

「經濟內閣」，但和政務院又難脫離關係。加上恩來資格老，人緣好，中央政府的部長們一個個都投效到他門下去了。你到中央來，只怕一年兩載的也難以施展開拳腳。怎麼辦呢？中央政治研究室陳伯達他們提出一個方案，學習蘇聯老大哥，搞部長會議主席制，對內對外，統一國家行政，以取代目前的中央政府及屬下的兩大執行機構。如果是這樣，誰來做部長會議主席？我是肯定不做的，本人向來厭於繁縟政務。高大麻子啊，你在東三省幹的不錯，腦子好使，你先來給我參謀參謀，如何？

高崗盡力克制住內心的狂喜，保持住臉上的冷靜表情。毛澤東確是向他透出來一個前所未有的意向和信息。主席根本不提周恩來和劉少奇，是欲以自己來取代周恩來，做部長會議主席……。太好太好太好了，不忙不忙不忙。高崗嗞嗞地吸着菸，蹙着眉頭，做出一副沉思的樣子。不要直奔目標，要先來個迂迴作戰。主席對周恩來一直存有戒心，是早年在江西蘇區結下的樑子。對，就先來說說政務院的事兒。對症下藥。政務院搞了個總黨組，周恩來自任書記……對，就先說這個。

高崗吸菸，又凶又快。高崗懂得抓要害，打蛇打七吋。

毛澤東卻慢條斯理，一支尚未吸完，他第三支已經上口：主席啊，有個事，一直想向你匯報，但一直沒有找着機會……。

毛澤東問：什麼事？現在不就是機會？少奇、恩來多次提出上山來談工作，我都沒讓他們來嘛。

高崗說：今年年初，恩來在他的政務院內，成立了一個總黨組，周恩來親任總黨組書記，收羅中央政府各部、委、辦第一把手做黨組成員，每月開會幾次，決定國家大事。這算什麼搞法？是不是黨內有黨？還是想另立中央？政務院只是一個辦事機構嘛，怎麼獨立建黨組？把中央主席置於何地？

毛澤東臉上毫無表情，良久，方說：政務院總黨組幹事會，是少奇代表中央書記處批准的，倒是知會過我，沒有反對。人要表演，先給演出機會嘛。無非是把我這個中央主席架空，他們大行分散主義、獨立主義嘛。就算他們學當年張國燾，另立中央，又有什麼了不起？紅軍是要跟我走的嘛。

高崗揚了揚眉頭。這回又把準了毛老兄的脈，戳準了他的痛點。知毛者，我老高也。

高崗將座下的藤椅朝毛澤東身邊移了移：

主席，許多迹象證明，人家是從大處遠處着眼，近處小處着手，把中央權力，一點一點朝自己手裡撲囉。不是有個成語，叫做日積月累，水滴石穿嗎？

毛澤東沉靜的臉開始泛紅，目光也頓時銳厲逼人：是的，你提得及時。這事，我已不舒服多時，忍着沒有發作。這回，我要來個防患於未然，當機立斷。過兩天回城，下道通知，責成政務院總黨組解散。中央人民政府各部、委、辦，只對中央政府主席負責，而不是對執行機構的總理負責。

高崗拍了巴掌：主席一傢伙就抓住了七寸、要害了。他娘的，誰也甭想要弄我們主席。我們黨和國家以及軍隊，只有一位主席，一位統帥，這個觀念、這個組織原則任何時候不能變，鐵澆銅鑄！這話，我可以在下次的政治局會議上提出來，請大家討論。

毛澤東和高崗，是同聲相應，同氣相求，同明相見，同志相從了。毛澤東信賴地望著高崗，說：有個事，我可以告訴你。上個月三號，書記處開了次擴大會議，鄧子恢、李富春、薄一波、彭眞、習仲勳諸位都列席了。陳雲、鄧小平本也要出席的，但陳雲養病，小平則來京報了到，又返回西南局交代工作去了。會上，我提出一個經濟戰略轉變問題，一是要提前結束新民主主義，全面轉向社會主義，工業、農業、商業，各行各業都應全面地轉向社會主義；二是要消滅資產階級，消滅資本主義工商業，工商業應盡快社會主義化。我說了好一通。你猜猜什麼局面？會上竟是好半天沒人吭聲，好像我是外星球來的，我的話他們聽不懂。後來我只好一名一名的點將，要求他們談談各自的看法。第一個是劉少奇。少奇他首先表示贊同，說是從戰略眼光來看，是要全面轉向社會主義。只是在現階段，還是要先允許幹一段新民主主義，發展城鄉經濟，把基礎打結實些，再全面轉向社會主義。少奇這是釜底抽薪，抽象肯定，具體否定嘛；第二個是恩來，他主張經濟問題，要愼重，剛剛有了點起色，恐怕還經不起大的折騰，還是應該分階段、按步驟來進行！你聽清楚了吧？好傢伙，我身邊這一左一右，也可以說是左膀右臂，就給我吃了個軟釘子。剩下的人，也都覺得他們比較穩妥，都附和。本主席進城後頭次嘗到了被人家否定的滋味囉。看來，相當數量的共產黨人，尤其是黨的高級幹部，對資產階級，包括對資本主義的工商業，都是溫情脈脈，依戀得很！對於全面轉向社會主義，則意興闌珊，興趣缺缺……。三日晚上的會後，我決定離開一段時日，躲開他們，上山來思考一些問題。剛好不幾天下了場早雪，我就來這裡賞雪、療病了。高大痲子，對這事，你有什麼高見啊？

高崗臉膛紅紅的，早義憤得不行了似的：主席！我眞搞不懂，一些號稱共產黨員的人，不搞社會主義，是幹什麼吃的！不行，不能依了他們，依了他們，咱的革命等於白幹了。

毛澤東高興了，說：好！總算還有個高崗願與我並肩作戰。相信小平、彭眞、饒漱石、柯慶施等人也會支持我。你講講，我現在該拿了身邊的兩位左丞右相怎麼辦啊，怎麼辦？

高崗明白毛澤東主席指的是周恩來和劉少奇。他頭一昂，決然地說：主席，你不能被人架空，大權旁落……我說點意見吧。我在東北局主持會議，決定事情，也不是事事順手，總有掣肘的。但我事先有個估算，今天討論的這件事，誰們會贊同，誰們會反對？大家看風色，沉默時，我也搞點名。但我先點那些可能贊同的人發言，而不考慮什麼資歷、職務順序。幾個贊同的發言下來，不就訂下了調子？即便有反對的聲音，也難掀起風浪了。所以東北局開會，沒有什麼事情通不過的。

毛澤東嗬嗬笑了起來：你是東北王嘛。東北爲王，你說了算嘛。到了中央，情況就大不一樣了。人家凡事都給你安排下一個順序，讓你就範嚒。

高崗說：主席，要打破順序。革命是講不得順序的。有時連秩序都要破。若講秩序，就不會有共產黨。若講順序，那麼恐怕現在還是由王明、秦邦憲、張聞天、周恩來他們當家啦！

毛澤東雙手巴掌在藤椅扶手上重重一拍：講得好，講得透徹！高大麻子，本人領教了。這次上山，就是著重考慮的這個問題，打破順序秩序，對黨政體制來個大的改變，動次大的手術……。我的想法，現在暫時只和你先通通氣，也先聽聽你的意見。實行部長會議主席制，取代目前的中央人民政府及其兩大執行機構，我本人的職務也虛起來，叫做退出一線，退居二線，類似過去的攝政王。但本人無意攝政，只想騰出時間精力多研究些戰略理論方面的問題。誰來做部長會議主席哪？你、陳雲、鄧小平、彭眞，都算人選吧！恩來我考慮安排他去管政協，搞統戰，兼外事工作，國際統戰嘛。少奇則去搞議會，當全國人大委員長。這哼哈二將，……這樣安排妥當不妥當？黨內通得過、通不過啊？

高崗手頭的菸蒂朝菸灰缸裡一擰，彷彿已經身負大任了似的，說：主席，中央的事，還不是你一句話？當初不安排恩來任中央人民政府副主席，只讓他以中央政府委員兼政務院總理，黨內黨外不也很鬧騰了一陣？那時我正在吉林鄉下搞土改反霸，聽了這事，就想：恩來呀，也眞是太聰明了，自己不便出面，而任由上下左右的人替他出面，咱主席肯定一眼洞穿……。後來，果然還讓我說中了。

毛澤東又不厭煩地晃了晃手：你不要扯那麼遠了。舊事不提。我只問你，除了不說你自己，陳雲、小平、彭眞三位，你怎樣看法？

高崗平日心高氣傲，此時卻也不敢貿然評論這三位人物。陳雲懂經濟，資格又老，但身體差，爲人太硬，缺乏親和力；鄧小平、彭眞二位，可就是毛澤東的心腹愛將了，眞正能幹事、能支撐江山的人。他們跟毛澤東的關係雖然還不能跟自己相比，可以無話不談，但也是感恩戴德，相當親密的了。

這回高崗倒是認眞想了想。他腦子的確靈泛好使，很快就想出道道來了，令到毛澤東讚賞：主席呀，我就直話直說了吧！陳雲同志資格老，威望高，有經濟頭腦，原則性也很強。他在東北局做過我的副手，從不計較名位，是我很敬重的一位老同志。他的不足之處嘛，就是做人太過嚴肅，一天到晚板著個臉孔，陰沉沉的。我們東北局的同志私下裡相問：你們看到陳雲同志笑過嗎？都說沒有，像個賣牛肉的。他身體也不大好，近年來不是一直在養病，沒大上班嗎？

毛澤東想起陳雲日常板起臉孔那樣子，聽高崗說他像個賣牛肉的，便笑了起來：是囉，是囉。下次政治局開會，若又見到他板起臉孔賣牛肉，就要問問他，陳大人，是不是大家都欠你三百錢啊？

毛澤東的幽默，引得高崗哈哈大笑。也只有高崗敢於在他老毛面前，如此放肆地大笑。

毛澤東自己也嗬嗬嗬笑個不停。之後，又問：小平、彭眞二位哪？

高崗停住笑：人才，人才。主席是伯樂，識千里駒囉。中央對於小平同志的安排，我也要斗膽說上一句。說不中，算我沒說，請主席批評。反正只有你和我兩人……，主席不是安排少奇同志去搞議會，做全國人大委員長嗎？矮個子卻是全才，黨務、政務、軍務都是把好手，很難得的，不正可以派他取代少奇，主持中央書記處嗎？有他主持中央書記處，主席才可以放心啊。

聽人談話輕易不點頭的毛澤東，這時頻頻點頭：你高大麻子倒是給矮個子安排了一個適當的位置。書記處可以考慮設立個總書記的職務……。還剩下彭眞，彭騆子，怎麼樣？

高崗繼續胸有成竹地說：彭騆子雖然也是老華北局出來的，但他對少奇同志，好像一直有點敬而遠之。記得延安整風之前，他就跟我私下談過，在黨內，他打心眼裡佩服的領導人，只有毛澤東同志，其他人都只配做助手。他不像薄一波、劉瀾濤、安子文那些老華北局的人，對少奇同志奉若神明，言聽計從。彭騆子是緊跟主席的……，主席把彭騆子擺在北京市，任市委第一書記兼市長，是塊好鋼放到了刀刃上。從來天子腳下，樞機要地，京畿拱衛，最是重要！別人的位置都可以移動，就是彭騆子這位置，輕易動不得的。

要在別的場合，換了別的人，在毛澤東面前這樣妄議黨的高級幹部，毛澤東肯定要予以批評甚至痛斥了。別人誰敢？也只有高崗了。毛澤東眼睛盯住高崗，看了好幾眼，才說，你跟了我這麼些年，總算對幹部有個通盤的考慮了。今後，你對少奇、恩來有看法，可以去找他們本人直接談，也可以在政治局會議上談。但我不是要你代表誰，你只代表你自己。同志式，相互批評，相互勉勵嘛，還是要與人爲善，搞五湖四海……。嘀嘀嘀，你看你看，王婆賣瓜，自賣自誇。數來數去，適合做部長會議主席的人選，不就只剩下你高大麻子一個了？

高崗不知是按捺不住內心的竊喜，還是被毛澤東點破了心事，頓成紅面關公，臉上那星星點點的白麻粒，又全都惹眼地顯現了出來。他嚥下一口唾沫，結巴了一下，才表白說：……是主席叫我談談看法嘛，我才掏肝掏肺的掏出來。其實適合做部長會議主席的，還有彭總、林總二位。至於我本人，如果主席和中央把這副擔子撂給我，我會勇敢承擔，努力學習，隨時請教主席，全力以赴的。

不知道爲什麼，對於高崗提到彭德懷、林彪二位時，毛澤東臉上彷彿掠過一絲不悅。毛澤東看了看手錶，笑了笑說：高大麻子，快開飯了啊，我有貴州茅台招待你。你是菸槍加酒桶。暫時談到這裡吧。記住，今天的談話，只有你、我兩人，再沒有第三位。中央重要人事，我一個人也不能完全作主，還有個書記處和政治局嘛。你要是透了出去，到時候我可不認賬，那你就會吃不了，兜著走的啊。今日北京城，可不是往昔的延安，眞正的藏龍臥虎棲鳳，同時也魚龍混雜，烏鴉想充鳳凰的囉。

對於毛澤東這告誡，高崗只感到一陣微微的涼意，竟沒大往心裡去。他的陝北漢子的粗獷性情，或稱爲二桿子脾性，畢竟不像多數南方人那樣細緻，工於心計。他屬於感情外露，粗粗拉拉，不拘小節，大刀闊斧的那一類。

星期日。還有三天就是一九五三年新年元旦。

孟虹本日不值班。她中飯後出中南海北門，一路小心謹愼，折向東，過金鰲玉蝀橋，北海南門，沿故宮北沿上的筒子河河堤，見神武門與景山公園南門對峙。過北長街北口，北河沿北口，一直走到王府井大街北口，折向南，總怕有好幾里地了吧？幸而大冬天的，頭巾圍脖大衣，身上穿的臃腫，並不惹人注目的。在煤渣胡同拐角的一家小雜貨店裡，她問掌櫃的借了電話，試著撥了高大大府上的某個號碼。其時北京街頭還沒有裝設公用電話。她知道大大一家是十一月初遷來北京的，住東交民巷八號院。正巧她隨主席上了香山。已有三個來月沒有跟大大見上面了，夜裡做夢都想。

電話竟通了，是高大大的貼心警衛接的：我是三妹呀，大大在嗎？太好了，太巧啦。是呀，好久不見了，去請大大，快去……大大！我是三妹，你三妹呀！想，咋不想？三妹咋能不想大大呀？

電話那頭，大大也是興奮之極，大約渾身都躁熱。孟虹都想得出來他那猴急的樣子。大大告訴她，正巧晚上家裡有舞會，都是東北局的老同事……。妳來參加舞會。都三個月啦，快熬不住啦……。

孟虹權衡利弊，頗爲猶豫：大大，人多，三妹出不得衆吧？

電話裡，高崗當然明白她的意思。也是他本人替三妹立下的規矩，比如不能在中南海內給他打電話，不能一起出席舞會，盡量避免公開的接觸，甚至應盡量避免跟東北局調北京的熟人往來，等等。但高崗自上香山與毛澤東主席促膝長談，毛主席向他透出意欲以他取代周、劉的強烈信息之後，也就有些躊躇滿志，忘乎所以了：不礙事，不礙事。妳是東北來的，到東北人圈子裡跳個舞，有什麼大驚小怪的？……對了，今下午我沒有會議。妳人在哪？王府井和煤渣胡同拐角地方？好，妳站住不動，立即派車來接妳。記住，還是在瀋陽用的那輛黑色吉姆。妳見到吉姆就上，別的什麼都不要問。

五分鐘後，果然一輛黑色鋥亮的轎車來接走了孟虹。轎車司機什麼也沒說，她也什麼也沒問。車窗上掛著淺紫色的簾子，裡面看得到外面，外面看不到裡面的。不一會兒，車子便進了一座門口設有雙崗的大院。大院裡古柏森森，冬青夾道，湖水結成冰甲，長廊蜿蜒前行，另是一番風景。車子直駛進後院一排古色古香的宮式建築前。孟虹下了車，即有一名她認識的小衛士來引領她，進了雕梁畫棟的朱漆門廊，小衛士只說了一句：首長在保密室等著。

又過一進跨院，小衛士才在一道有人守衛的垂著呢絨簾子的中門停住：妳自格進去吧，還有門廊，朝右拐，第三扇門就是。

進了中門，果然又是鋪著紅地毯的廊子，清靜得眞是掉下根針都聽得見。剛向右一拐，孟虹就被那雙她熟悉的粗壯胳膊抱了起來，進了也不知道是第幾扇門。她被放到了一張大床上。三下兩下，高大大就把她穿的戴的，剝殼雞蛋似剝光褪淨了。

大大，大大，三個多月不見，也不先說說話兒……。

三妹，三妹，老子什麼都顧不得了，老子餓急了！

俺不信。你到哪，不都有人陪？花花朵朵的，少得了？

妳立刻知道。老子爲了妳，誰都看不上了，只好拚命工作，熬夜。進京之前，走了多少地方，處理了多少事務……。三妹！

果然，大大一反往常，搗騰幾下，就完事了。他是攢了很多。

孟虹哭了，使勁咬住大大寬厚的肩頭：大呀，大呀，俺信了……。看把你餓成這樣，饞得像個小孩……。大呀，大呀，俺想替你生個娃兒……。

高大大平靜下來，扯上薄單子蓋上：傻瓜說傻話。大大對妳，是一片眞心呀。先前，老子幹過就算。自遇上妳，就不行，他娘的還專上了，只此一家，別無分店……。小傻瓜，妳應當高興啦！

高興，高興！俺也只是想大大……，有時都睡不著覺……羞人哩，羞人哩。

知道，還不知道妳？餵不飽的小饞貓……。對了，那個人怎麼樣？我估摸，妳是陪他在山上了。不然我進京快兩月，怎麼連個電話都沒有。可我去了，妳卻連個影兒也不見？

俺下山快十天了。不知道大大會上山。也不知道他爲啥突然讓我下山。俺只能服從命令。

他怎麼樣啊？哪些方面？包括所有方面。

俺說實話吧……，他學問眞大，諸子百家、漢賦、唐詩、宋詞，讀的那個熟啊，張口就來，提筆就寫，你們誰都比不上……。除了看文件，就是讀古籍。只是沒見他讀馬列的書。俺麻起膽子問過他。他說只讀本國的經典，外有的經典，另有一班子人在替他讀……。這個，這個啊，他就不如大大了。眞的不如。他只顧自己，不管對方。時間也短，也不肯洗身上……大大呀，俺還是離不得你，你卻把三妹推到了一個好爲難的地方……。現在，俺自格倒是覺著，俺是有點像貂嬋了。

胡說！小傻瓜。妳是爲了大大啊，大大爲了日後咱倆天長地久……。什麼貂嬋不貂嬋，大大成事了，還是只專妳一個的。來來，大大又行了。

看你看你……，不動不動，先歇歇。你還沒有說說，你上山的事兒。

老子帶兵出身，還是要先放炮。幹痛快，打勝這一役再說。娘的——

大大，又這麼快？從前可沒這樣過。

老子還不是爲了妳？好了好了，稍息。我送的那幅中堂，他不大喜歡，說掛不出去。反而送了我《後漢書》上的話，什麼不患位之不高，而患德之不崇，不患祿之不夥，而患知之不博……來勸戒、警喻我。妳和他一起住了近兩月，怎麼看法？

他是講原則，也廉潔，吃的穿的用的，都很簡單，比大大差遠了。作爲最高領袖，他顯見是個生活節儉的。但好大喜功，喜歡聽好話（不能太露骨、太俗氣），不喜歡有人唱反腔，這點上，在你們兩位骨子裡，是一樣的……。大大，俺這樣說，你不會生氣吧？因此依我看，大大的那幅中堂，他表面上不悅，內心裡是接納的。當然掛不掛得出來，又是另外一回事，他不能不考慮到各種因素。

小丫頭，大大今後不能稱妳小傻瓜了。三妹，妳是個聰明絕頂的人兒，……有妳接近他，常在他身邊轉悠，大大就好比多了一雙眼睛呢。

大大，你還說俺不是貂蟬呢！大大既是王允，又是呂布呢。

胡說！絕對不許胡說。那要犯大錯誤，掉腦袋的！……心兒肝兒，妳還要委屈幾年，等大大成了事，再來專妳，扶正妳。

大大，俺不懂，你都到了中央，人說你跟總理都平起平坐了。論級別，你是中央政府副主席，總理只是一名政府委員，你名分上還高他半級呢。當然，我們醫務處的人私下裡議論，政府的實權還是在總理手裡，總理說了算。大大，你說你還要成什麼事？

三妹，我看妳不是犯傻，就是明知故問。這事，老子不信妳心裡不是鏡子般靈亮著。

大大，論語上說：知之爲知之，不知爲不知啦！

好啦好啦。老子就給妳交個底，也好讓妳心裡踏實些……。他有意讓我取代劉、周，昇到第二把交椅。中央人民政府連同政務院、國家經計委一古腦取消，權力統歸部長會議主席，他考慮由我出任……明白了吧？他百年之後，這天下不就是咱的了？這事，我只告訴了妳。妳要藏不住，透了出去，落到了劉、周他們手裡，老子可不便出面救妳。

大大，你好像又行了。都吃了些啥子大補偏方？你比他強哩！他一晚上頂多兩回，還叫什麼短途突擊……。你不要嚇唬人，好不好？到時我捨身成仁，成全你，行不行？

第八章　豐澤園元旦茶會

周恩來得知毛澤東主席已經返回豐澤園，兩次掛電話過去，都是衛士長小黎接的：報告總理，主席有點累，正在休息呢；報告總理，主席讓轉告，明天下午懷仁堂新年團拜，有事見面說吧。

周在西苑裡住著，要見毛澤東主席，竟是有些兒難了。周恩來心裡很不踏實。他實在想不起來什麼時候又惹得主席不高興、不滿意了。上香山住了近兩月，一直不讓去匯報工作。回來了，從西苑聽到豐澤園，步行只有十來分鐘，也不讓立即去見。可是爲明天全國實行新稅制的事，他是非見主席不可的啊。政務院《關於稅制若干修正及實行日期的通知》，已經下發到全國各省市財經委員會去了，爲此，還召開了北京工商界知名人士座談會，聽取反映和意見；並特別替《人民日報》準備了一篇元旦社論——〈努力推行修正了的稅制〉，財政部長薄一波多次修改，自己最後審定，明天一早就見報……。這麼一件涉及面甚廣的事，毛澤東主席卻一次也沒有聽取過匯報。政務院及財政部曾多次呈送簡報、匯報材料，也不知他看過沒有？多半沒有看過，不然總有幾句電報式簡潔批示轉回來的。

直接闖了去？對，這就去。一天之隔，就算另一年了。今年的事，還是今年匯報，不能留到明年。已經遲誤了，很被動了……。過去在延安，在西柏坡，領導人之間見面商量問題，相互都是直接走去敲窰洞門的，何曾需要事先電話聯繫——往往本人不接電話，要通過衛士或秘書，獲得同意才能見面啊。自搬進中南海，不過是分別在一座座小院大院裡住著，規矩卻越來越多，越來越大了囉。

周恩來出西花廳，快步向東，過紫光閣下小樹林，上小坡，下小坡，一路風快地走到中海西岸上，在知春亭前右轉，順著堤岸人行道南行，卻在游泳池旁站下了。兩次電話，主席都不答腔，不允諾去見，現在直接走了去，好不好？這不成了逼迫主席聽自己匯報工作？明天要在全國實施的政策，今天才趕來報告，不是強迫主席接受既成事實？主席會吃你這一套？他要是發起火來，是什麼難聽的話都會吼出來，且是當著那麼些衛士、工作人員的面，也不管你下不下得來台……。

還是不去為好。去是不智。對了，前些天，公安部長羅瑞卿他們不是起草了一個《關於中央機關政治保衛工作的若干意見》，既詳盡，又縝密，送給他修改、審批。為這事，他專門找羅瑞卿談過一次，問為什麼要起草這麼個東西，為什麼要對中央領導人之間見面作那麼些煩瑣規定。羅長子才把上個月，他和謝富治、汪東興被召到香山，為彭老總強闖雙清別墅的事，三人遭主席痛斥的內情說了出來。噢，原來是這樣，很好，很好，我找時間和少奇、總司令他們議議，聽聽意見，再簽發吧！你問以什麼名義發文？公安部的名義？有點僭越？政務院的名義也不妥，用中央軍委又太大，不對口。我跟尙昆商量一下，中直機關內部，還是用中央辦公廳的名義比較好……唉！這個天不怕、地不怕的彭老總啊，看樣子，他那次也根本沒有替自己捎上話……自己現在闖到豐澤園去，不正犯著大禁忌？

他正欲轉身往回走，卻見高崗同志挾著個公文包，從豐澤園北小門上出來，看樣子要回他的西樓辦公室去。毛主席不肯聽自己匯報工作，卻有時間一再召見高崗，眞正的親疏分明了。說來有趣，西樓本爲中央書記處辦公樓，劉少奇的辦公室在二樓，高崗的辦公室卻被安排在三樓，正好在劉少奇頭頂上，木地板，有時移動椅子的聲音都聽得見。一次少奇同志開玩笑：高主席，你可要講衛生，不要在我頭頂上拉屎拉尿啊。不過高崗一般都是在東交民巷八號院家裡辦公，很少使用西樓三層上的辦公室，日常只是放放文件或會議間隙小憩。

高崗眼尖，已經看到了他。他只得快步迎上，伸出手去：高崗同志！家裡都安頓好了？眞是羡慕你，總是這麼紅光滿面，健壯如牛。小超還在問你夫人李力群呢，說什麼時候去拜望你們呢。

高崗緊緊握住周恩來的手，一臉躊躇志得的笑容：謝謝穎超大姐。花子搬家三大挑，力群一直在瞎忙……。總理啊，你是再忙，也忙不掉你的瀟灑氣度，還有時間來這堤岸上散步寬心啊？

周恩來聽高大麻子話中帶話，但一點不減他的熱情語氣：這不？三點半在紫光閣有個在京民主人士迎新茶會，書記處委託我出面講幾句。你知道，我是個連軸轉，幾分鐘間隙，辦不了別的事，到岸邊來走走，歇歇腦子。高主席，有你走馬上任就好了，中央政府經濟計畫一大攤子，二十幾個部、委、辦、直屬局交給你，我在政務院，只管管外事，統戰，以及文、教、衛、體，就輕鬆多囉！

高崗晃晃手：總理，你可不能這麼著說話。在中央，我是個新手，兩眼一抹黑。用陝北鄉下話說，是房無一間，牲無一頭，地無一垧。經計委雖說算個跟政務院平行的機構，那只是個名分囉。工交財貿二十幾個部、局級單位的負責人，有事沒事，還不都得往你那裡跑？我老高是個粗人，沒有幾刷子，是難攬這個活啊。今後，萬事全仗總理多提攜、多關照。

周恩來心裡一驚，馬上想到，一定是主席給他放下話、交下底兒了，臉上卻紋絲未變，仍是親切爽朗的笑容：高崗同志，你這一說，恩來就無地自容了。你知道，我是個守紀律的人，中央既已明確分工，今後財政經濟建設計畫方面的工作，自然是由你全面總負責。我多次向主席提出，高崗同志過去在陝甘寧邊區，近些年在東北地區，工農商學，黨政財文，行行都幹得出色，為奪取全國勝利作出了大貢獻，年紀又輕，是位全才，調到中央來做經計委主席，正是大才大用囉。我講這話的時候，少奇、總司令他們都在場，可以作證。你放心，過了元旦，我會在政務院總黨組幹事會議上，宣布一條紀律，今後凡財經計畫方面的事，一律歸口高主席管，不要再來找我。你看這樣，好不好？

高崗看著周恩來，發現周的目光與他的語氣一樣的誠懇，看來周對自己是畏懼加禮讓，心裡不禁有些釋然和飄飄然了。這次，是高崗伸出手去，跟周恩來緊緊相握：總理，還是那句話，今後有仗你多提攜、多幫助，總理還是總理啊。

周恩來語調輕鬆：要說提攜、幫助，也是相互的吧！我是癡長了你七、八歲，但論精力、才幹，確是大不如你啊。這不是謙虛，是真心話。高主席還是高主席啊。

分手時，高崗熱情地邀請周恩來：元月三日晚八時，在東交民巷八號家中有個小型舞會，請總理和鄧大姐一定賞光、一定賞光！

周恩來當即高興地答應下了。從游泳池牆下往紫光閣方向走回時，周恩來心裡有些壓抑，也很有些感嘆：這個高崗啊，年輕氣盛，抓權攬權，到了飛揚拔扈的地步，卻又不知中南海的海水深淺……。可主席那樣器重他，信任他，看來，高大麻子是想做中南海的新主人了。也不一定，前面的路長著哪。從來爬得高，摔得重。只是今後要跟這樣一個人物共事，會相當棘手。且先忍讓著吧，避過鋒刃再說。看來還是少奇那句關於辦公室的玩笑話來得機敏：要講衛生，不要在我頭上拉屎撒尿啊。

一九五三年元月一日下午三時，在懷仁堂大會議廳，中共中央、中央人民政府、全國政協、中央軍委四家聯合舉行新年團拜。四大機構一千餘名局（師）級以上幹部，在大廳裡圍站成兩大圈。第一圈內，毛澤東打破順序，把高崗叫到自己身邊，雙雙挺立。於是毛的右首爲宋慶齡、張瀾、李濟深、黃炎培、陳叔通、龍雲、張治中、章士釗、傅作義、邵力子、章伯鈞、史良、章乃器、羅隆基、郭沫若、李德全等等；高崗的左首則爲朱德、劉少奇、周恩來、董必武、林伯渠、李富春、饒漱石、彭眞、鄧子恢、鄧小平、李立三、薄一波、習仲勳、聶榮臻等等。其實儀式很簡單，先由軍樂團演奏《祖國頌》。軍樂聲中，行集體三鞠躬禮，恭賀新年新氣象，團結進步，身體健康。接下來相互握手致意，皆大歡喜。最後是與黨和國家領導人照相。

儀式結束，有文藝演出。毛澤東特意走到民主黨派領袖們面前，向宋慶齡、李濟深、張瀾、張治中、龍雲、傅作義等人，一一拱手爲禮，並說：請各位看節目，我就失陪了，等過春節時，再來給各位拜年。宋慶齡、張瀾、李濟深等紛紛向毛澤東還禮不及。他們雖然不了解中共中央權力核心的內情，但從近年來的種種跡象看，尤其是從今天領導人的排位來看，彷彿正在發生著某種微妙的變化。

毛澤東轉過身去，對恭候在身邊的戰友們點名說：高崗、少奇、朱總、恩來、董老、林老、彭眞、小平、子恢、富春、漱石、一波諸位，隨我到豐澤園喝杯清茶，聊聊天，如何？

周恩來立即高興地響應：走走走！主席請客，這就去，這就去！

劉少奇邊往外走，邊不失時機地拉住了高崗的手：高崗同志，家都安好了？聽說東交民巷八號院很寬敞？很好很好，比擠在中南海好。我也是盡瞎忙，還沒有來得及到你家裡去拜望。

高崗親切地拍拍劉少奇的手背：少奇同志太客氣了，你協助主席主持中央日常工作，確是太辛苦了。噢，怎麼沒見王光美同志來團拜？

劉少奇輕輕將手鬆開來。他很不習慣高崗跟人握手的動作，總是雙手齊來，使勁又大，像要把手掌握住似的。他從容地從制服口袋裡摸出一包大前門來，先讓一支給高崗：你也沒帶李力群同志來啊，級別不夠嘛。這下子好了，你來走馬上任，協助主席工作，我肩上的擔子至少可卸掉一半囉。

高崗看不上劉少奇的大前門，而掏出自己的大中華來：來來，抽我這個。我到中央來是主持財經計畫的，只怕分擔不了你的重任。

劉少奇沒接高崗的大中華，仍抽自己的大前門：我還是習慣大前門。你知道，我家裡孩子多，連保母、奶媽十幾口人吃飯，所以抽不起大中華。也是怕上癮。這人的嗜好，上去容易下來難。能上能下，說說容易，做起來就不是那麼簡單了。

高崗聽劉少奇這一說，心裡很不舒服，也就再沒接他的茬，而轉身和李富春說起東北局某個人的事去了。在中央領導人中，他最討厭的就是劉少奇，也深知劉少奇貌似忠厚，清廉正直，其實相當奸詐，理論上、組織上都很有一套，比周恩來更不好對付，令到毛澤東主席都常常拿他沒有辦法。幾次去東北視察，也專挑東北局的碴子。今後第一個要扳倒的就是這傢伙，真該打他進第十八層地獄。

中共領袖們一路說笑著到了豐澤園北小門。

周恩來快步搶先進到北院通報：藍蘋呀！藍蘋呀！客人來了，客人來了，共是十二位。元旦大節，妳個女主人，要好好招待大家啊。

藍蘋前些天才從蘇聯療養回來，已恭候在客廳門口。她化了淡妝，一身列寧裝，別有一種風韻。

客廳裡，服務人員已作了準備，煮好了香茶，圍著一張長桌安放下十多張藤椅。桌上擺著炒瓜子、五香花生米、柿餅、紅棗、南桔、蜜柑等。還有幾聽罐裝中華牌香菸。客廳一側，燒著一隻紅紅的炭爐，有長鐵皮管子將炭氣通往戶外，既取暖，又煮開水。

領袖們一一圍桌入座。毛澤東再次拉高崗坐到自己旁邊。劉少奇、周恩來等人心裡直犯嘀咕，但臉上卻也都看不出什麼來。

毛澤東舉起茶杯：各位老同事，本人不善飲，以茶代酒，舉行個新年茶叙，大家要是不嫌簡慢，就請先乾了這一杯，如何？

大家都笑了起來，各自乾了杯中的茶水。幸而茶水不是很燙，但清香撲鼻。周恩來卻跟江青坐在牆下一張雙人沙發裡，低聲交談著什麼，很投機似的。

過了一會，毛澤東溫和地發話說：藍蘋呀，妳和工作人員都退下去吧！我們是茶叙，邊喝邊叙，商談工作，根據紀律，妳是不能旁聽的。

江青只得悻悻地站起，卻又不甚情願似的：新年大節的，請了大家來，總得有個人端茶送水啊。

毛澤東揮揮手：下去下去，端茶送水也用不到妳。座中各位，誰年歲最小？

周恩來坐回到朱德身邊那爲他空著的椅子上來：小平、高崗二位啊。我記得小平是一九〇四年的，比高崗同志還長一歲吧？

小個子鄧小平腦子靈活，反應迅速，立即領會了毛主席的意圖，站起來說：我來我來，藍蘋和服務員都下去了，我當茶博士，保證茶水供應，不鬧旱災！

說罷，鄧小平就快步走去，掩上了南、北兩扇門。

大家又都笑了起來。只有高崗貪嘴，又吸菸，又吃瓜果。

毛澤東看了周恩來一眼，漸次收斂起臉上的笑容：本人既作了茶叙主人，就先說兩句開場白。開門見山，單刀直入，就從政務院的什麼總黨組幹事會說起。少奇同志，恩來的那個政務院總黨組成立的時候，是你代表中央書記處核准的吧？

周恩來見毛澤東突然提出政務院總黨組幹事會來，一時心裡打鼓，六神無主，不知哪兒出了差錯。但他臉上表情仍然十分謙恭平靜，悉心聆聽。

劉少奇也是心裡一驚，預感到要有什麼事情發生了，但事先一點跡象都沒有。他旋即看了四周的老同事、老戰友們一眼，只見多數人臉上茫然，不知所以。唯坐在毛主席身旁的高崗同志，臉帶慍色，像在幫毛主席壓陣助威似的。

劉少奇轉而坦然地說：是的，政務院總黨組幹事會於一年前成立，我代表書記處同意的。恩來說，工作聯會性質，爲了方便辦事，群策群力。記得成立之初，報主席審閱過。是不是現在出了什麼問題了？請主席指出來，我們去改正……。

毛澤東的臉已經拉下來了：本人是畫過圈圈，至今認賬。可是少奇、恩來二位，對於你們搞的這個機構，下面意見很大，反應很不好啊。有的甚至質疑，在中南海內，在黨中央內部，黨內組黨，什麼意思？難道不是在向黨中央鬧獨立？搞分庭抗禮？過去，我曾經說過國民黨及其蔣總裁：黨外無黨，帝王思想，黨內無派，千奇百怪。要是說，恩來的政務院總黨組幹事會也是在搞什麼小派別，不一定準確，但政務院搞分散主義，有獨立意識，總不算冤枉吧？

高崗插話：主席剛才指出的，很及時，切中要害。我要補充幾句，關於政務院總黨組的問題，第一，它違反了一九四九年九月第一屆全國政協第一次會議通過的《中央人民政府組織法（草案）》。

政務院既為中央人民政府屬下的一個辦事機構，並非一級政府，怎樣需要成立一個單獨的黨組？第二，中央人民政府屬下，共有三十幾個部、委、辦，以及直屬局單位。這些部、委、辦的第一把手都出任政務院總黨組成員，而由恩來親任總黨組書記。總黨組每月開會數次，決策國家行政要務。這一來，中央人民政府外交部，就變成政務院外交部了，中央人民政府公安部，就變成政務院公安部了。依此類推，其他所有的部、委、辦、直屬局，也都成為了政務院下面的辦事機構！中央人民政府還剩下個什麼？實際上是被取代了，只剩下塊牌子，一個空殼殼！第三，也是最嚴重的一點，不管是不是恩來同志本人的意願，政務院總理，實際上已經權力架空了中央人民政府的主席和六位副主席。

高崗的插話，比毛澤東說的更具體，更有理有據，擊中要害。高大麻子厲害呀，不可小覷呀，難怪毛主席那樣器重他，一路破格提攜他，重用他。這回，周恩來確是遇上了一位眞正的對手囉。

周恩來如同遭受了一場突然襲擊，一時滿頭冷汗。一向能言善辯的語言大師，竟然語塞，一次又一次的掏出手絹來擦臉上頸上的汗水，一副申辯無詞、還手無力的樣子，也眞叫可憐。

毛澤東環視著老戰友，老同事們，想看看大家的反應。大家卻是你看看我，我看看你。沒想到新年第一天，一向人緣甚好的周恩來總理就遇上了這麼大的麻煩，不是開門紅，簡直是開門黑了。

沉默了一會，還是劉少奇開了口：我擁護主席的指示，贊同高崗同志的批評。這事，首先是我要負第一份的責任。是我在文件上簽的字嘛。我沒有預見到主席和高崗同志剛才指出的這些問題，的確很嚴重，架空中央主席權力、違反中央人民政府組織法，是大原則問題，絕對不能允許存在的。恩來哪，我看你也不是存心要這麼做，要跟中央鬧什麼獨立性，但要承認這錯誤，這後果。所以，你呀也不要出汗了，我們執行主席指示，來個快刀斬亂麻，解鈴還得繫鈴人，由你本人出面，明後天就發個文字通知，把你那個政務院總黨組幹事會解散、撤銷，痛痛快快，說撤銷就撤銷，不拖泥帶水，你想通了沒有？主席，高崗同志，還有在座的各位，這事就這樣處理了，有沒有不同的意見？

毛澤東臉上露出些許笑意。朱德、李富春、鄧子恢、鄧小平、彭眞等人紛紛點頭，表示贊同劉少奇的意見。只見饒漱石豎起了右手巴掌，直到毛澤東發現他要求發言，他才把巴掌放下。

毛澤東說：漱石同志，你是組織部部長，新官上任總有三把火，有什麼高見呀？請講講。

饒漱石先看毛主席、高主席，之後望著周恩來說：我只有一句話，建議解散政務院總黨組幹事會的同時，主要責任者應當挖挖他頭腦裡思想路線、組織路線方面的問題。

高崗很欣賞饒漱石的建議，連連點頭：我同意，恩來同志對自己的問題應當有個交代，引以爲鑒，對全黨高級幹部都有好處。

毛澤東沉默不語。飯要一口一口吃，路要一步一步走，對於周恩來的事，不應逞一時之快，操之過急。因之，他對周恩來是否應當寫出書面檢討，乃至在某種範圍內作出檢討，未有明確的態度。

坐在對面的董必武朝劉少奇搖了搖頭。董必武湖北黃安人，一八八六年生，與朱德同齡，他是一九二一年中共第一次代表會宣佈中共成立的十二名正式代表之一，毛澤東則是陪同湖南代表何叔衡而列席了會議而已。因之董必武是中共眞正的開山祖師爺了。

劉少奇會意,以手臂輕輕碰了碰朱德總司令。他的這個小動作誰也沒發覺。朱總司令德高望重,每到這種場合,總是笑瞇瞇的,像尊笑面佛,樂於當和事佬:潤芝兄,還有高副主席,恩來這次的工作失誤,被中央及時發覺、糾正,他本人談談認識,我看啊,大家就可以高抬貴手了。畢竟他是我們之中做事最多、最辛苦的人,沒有功勞有苦勞,沒有苦勞有疲勞囉,至於什麼路線問題,就不要扯那麼高了吧?路線路線,一扯一大串,恩來這次的事,也還扯不出一大串來吧?

毛澤東見朱德倚老賣老,給周恩來找台階下,也就樂得做個順水人情。他笑了起來:玉階兄有長者風!白玉為階,恩來可下。本人同意,恩來這些年來,確是沒有功勞有苦勞,沒有苦勞有疲勞。路線路線,一扯一大串。至理之言。是不能隨便扯出一大串啊。那些李立三、王明等人犯過的錯誤,我們要引以為鑒。不過,組織部長的建議,亦非空穴來風,保護積極性,暫時不肯定,如何?

大家都跟着毛澤東笑了,之後目光集中到周恩來身上來。但見周恩來眼淚汪汪,咬住牙,拚着力氣不讓眼淚流出來,一時也就囁囁嚅嚅的說不出話。

小個子鄧小平一直不停地忙着往各位的茶杯裡續水。當他來到周恩來側後添水時,發覺周恩來的兩隻手都在微微顫抖,便低聲說了句:拿得起,放得下,講幾句交代過去嘛。

想不到毛澤東耳朵尖,高崗眼睛亮,竟發現了。毛澤東問:小平同志,你在和恩來講嚒子悄悄話?有話大聲講吵!

鄧小平機警,提着水壺直了直身子,坦然回答:兩位主席,是恩來的手在發抖,我提醒他杯子端穩，莫叫滾水燙了。

毛澤東奇怪地左右看了看：兩位主席？哪來的兩位主席？他目光落到高崗身上，才嗬嗬笑了：對對對，我忘記身邊還有個高主席啊，東北王高主席！

高崗一下子臉膛通紅，白痲粒星星點點。他帶點惱怒地說：小平同志的玩笑，開得過火了。中央只有一位主席，這是原則問題。

鄧小平並不答腔，只是笑着給大家續水。李富春悄悄對彭眞說：又一個厲害角色，不動聲色，舉重若輕，出其不意，又畫龍點睛……都集中到中央來了囉。

這時，周恩來已經調整好了自己的情緒，舉了舉手，之後站起來發言：我擁護主席的決策，接受少奇、高崗、漱石三位的批評。漱石同志要求我從思想路線和組織路線的高度來認識問題，本人認爲並不是上綱上線，而是的確應當如此。本人在黨的歷史上，幾次跟著錯誤路線跑，執行錯誤路線很賣力，給黨的事業造成過損失。自延安整風以來，我一直不敢忘記自己所犯過的路線錯誤。同時，我也承認，自己是個守紀律、肯賣力氣的人，對於黨中央是忠誠的，從沒有生過二心。黨中央正確我正確，黨中央犯錯我犯錯，幾十年一貫制，我恭恭正正、老老實實承認此一點。關於這次的政務院總黨組幹事會的事，當初的確是爲了便利工作，集思廣益，以收群策群力之效，而沒有想及其他。今天主席和高崗同志及時指出了問題的要害，是黨內組黨，架空中央人民政府，架空中央主席權力，起到了以政務院取代中央人民政府的惡果，違反了《中央人民政府組織法》，……我確是嚇了一跳，感到心情委屈。也毫無思想準備。經少奇、總司令、漱石以及在座同志們的批評、教育，我才認識到問題的嚴重性。我願意沉痛檢討，深刻反省。今天回去，我會立即擬出一個書面通知，發給政務院總黨組幹事會的每一個成員，宣布總黨組幹事會解散，機構撤銷，今後此一工作方式不復存在。並且，爲此事，我願接受中央書記處和政治局的任何紀律處分，絕無怨氣、怨言。

這也是周恩來做人的特點，每次作檢討，都是全線崩潰式，一泄到底，不給自己留餘地，也就不給對手留空隙。他檢討之後，也不會立即坐下，就那麼罰站似的站立著，彷彿進行自我懲戒。他的這一手，往往使得那些對他意見頗大的人，都覺得他的檢討過分了，可以對他高抬貴手了。若還再揪住不放，他的同情者就有可能群起，替他抱不平了。

果然，善於掌握政治火候的毛澤東發話了：恩來呀，坐下，請坐下。你不坐下，我和少奇、總司令、高崗以及諸位，就都要陪著你站起來，以罰站的姿勢來繼續今天的茶敘了。

毛澤東的幽默談吐，又把大家逗笑了。

周恩來恭敬地向毛主席點點頭，確是像個誠懇認錯的人那樣，規規矩矩坐下來。

毛澤東繼續說：政務院總黨組幹事會的事，恩來同意立即解散，也作了個口頭上的、算得上深刻的檢討，我看事情就到此爲止。什麼書面檢查之類，就免了。重要的是高崗同志提到的，全黨高級幹部均應引以爲鑒。今天是一九五三年的頭一天，開張發市，開門大吉。我們下面還是來扯扯今年要辦的幾件大事吧？少奇，你是主持日常工作的，要辦哪些大事，先說個大概？

劉少奇注意到高崗臉上的不悅，但毛澤東既已定下調子，量他不敢在會上重掀風浪。劉少奇清了清嗓子，條理清晰地扳著指頭說：一九五三年，全黨全國的幾件大事，一是要開始執行第一個五年計畫，全面展開國民經濟建設；二是籌備召開黨的第八次全國代表大會。一九四五年黨的七大至今，已經過去了八年，形勢已經發生了根本性轉變，我們從打江山到坐江山，從革命戰爭到和平建設，全黨每一個黨員都要適應新情況，學習新本領，中央也要調整機構，所以召開新的黨代大會，不能再拖延了；三是籌備召開第一屆全國人民代表大會，包括起草中華人民共和國憲法，選舉中華人民共和國主席，以及組成全國人大常委會，作為國家的最高權力機關和立法機關；四是調整中央政府機構及其領導人員，統一國家行政；五是結束朝鮮戰爭。一俟朝鮮和平談判簽約，我志願軍部隊即行分批撤回國內，幹部轉業，士兵復員，投入和平建設。主席，一九五三年，中央抓這五件大事，是去年十月份政治局擴大會議上確定下來的。看看，大家還有什麼補充的？

除了毛澤東之外，其餘人都在各自的記事本上把劉少奇所列舉的本年度五件大事記錄下來。

毛澤東手指答答地敲敲桌沿，提醒大家，他要講話了：五裡抽一，我先抽出一件來談談。也是敏感話題，葫蘆瓜先找硬的掐。關於中央政府機構調整，大家都要動點腦筋。現在是中央人民政府下面兩條腿，一是恩來的政務院，一是高崗的國家經濟計畫委員會。人無兩腿不行，中央政府兩大機構卻是職能含混，界線不清，人事上也有許多重疊。這就給官僚主義、分散主義、文牘主義提供了溫床，辦事拖拉，相互扯皮，推卸責任、公文旅行等等。這種狀況不能繼續下去了。我的兩位秘書陳伯達、田家英主持的中央政治研究室，前些時候提出一個構想，即我們可不可以效法老大哥，以部長會議制度來統一國家行政？我想也許可行。老大哥那邊，是一國三公，中央一級三大領導機構；蘇共中央，最高蘇維埃，部長會議。我們可以搞一國五公，五大領導機關：中共中央，全國人大，部長會議，中央軍委，全國政協。當然，有了全國人大作爲國家最高領導機關，全國政協就虛起來了，主要職能就要轉向養士、諮詢和統戰了，可以議政，但不參政。一國五公，說到底，作爲國家行政，最重要的還是部長會議，類似西方國家的內閣制。那麼，由誰來做部長會議主席呢？哪些人做副主席呢？

劉少奇插話：當然還是由黨中央主席兼部長會議主席，不可以考慮其他人選。

高崗插話：新憲法將規定，中華人民共和國元首爲國家主席，毛主席應是當然的國家元首，而不應考慮有其他人選。

毛澤東這時也向劉少奇做了個斷然否定的手勢：不，我絕不可能任此職，做此事。少奇你想拖垮我、累死我呀？我不上那個當。（衆笑）司馬昭之心，路人皆知。（衆笑）我建議少奇你也不要做這個主席。那句諺語怎麼講的？不是那金剛鑽，不攬那瓷器活。（衆笑）恩來和你同齡。總司令更不是熬夜、打疲勞仗之人。本人的想法正好和你們相反，我日後在國家事務上位置，有如全國政協，也要虛起來，只議政，不參政，好不好？退出一線，留守二線，多鑽點理論，多思考一些戰略方面的問題。當然不是歸隱林泉，吟風弄月，野鶴閑雲。至於高崗同志的提議，說了等於沒說，國家主席要由全國人民代表大會全體代表投票表決，選出誰算誰，高崗你打不了包票。（衆笑）那麼，誰來做這個部長會議主席？我想，還是讓更年輕一點、精力更充沛一點的同志上場吧。我們年紀稍大的，就在後面看著，扶著，不讓他跌跤子。這裡，我提三個人選供醞釀，但不可以外傳。有言在先，中央人事，誰傳誰走路，決不姑息。哪三個？一個高崗，一個小平，一個彭眞。籮裡挑瓜，三裡挑一，如何？

毛澤東的話，又使與會者大出意表，驚愕不已。高崗除外。看來，毛澤東是執意要排除周恩來了。一時間，一位位人物，表情都木木的，沉默著。被毛澤東點到的高崗、鄧小平、彭眞三人，更是保持著莊重的矜持。

毛澤東看了周恩來一眼。周恩來在黨內，向以謙虛禮讓、不爭名位著稱，他應該採取主動，表明自己無意做什麼部長會議主席啊。可此刻，他卻一反往常，不主動附議，而裝作無事人似的，只顧低了頭喝茶，嗑瓜子，避免跟毛澤東的目光相遇。

高崗倒是想發言，但被毛澤東以威嚴的目光所制止。

少奇，新年大吉，不開啞吧會，你向來主見多，談談你的高見？毛澤東又點將了。

劉少奇放下茶杯，掏出一支大前門來，含在嘴裡，並不點火，說：是個大事囉，沒有來得及做認眞的思考……。主席說的統一國家行政，一國五公，很重要，切中時弊。黨，議會，政府，軍委，政協，五大家，條理清晰。黨領導一切，沒的說；議會管立法，管行政任免；政府管施政，執政，具體辦事；軍委管軍隊；政協搞統戰。五大機構中，政府是政權實體，施一國之政，其重要性毋庸置疑。至於叫什麼名字，我看倒不是主要的。名字只是個符號。考慮到我們國家的語言習慣，文化習慣，我建議不一定叫它做部長會議。從俄語翻譯過來的機構名稱，人民群衆易鬧誤會，以爲它是個政府官員開會的地方什麼的，也易跟全國人民代表大會搞混，……我們也不宜稱什麼內閣。國民黨政府稱爲行政院，跑到台灣去了。記得清末民初，曾經稱爲國務總理大臣，可不可以考慮，稱爲國務院？

所有的與會者，包括毛澤東、高崗在內，心裡都不能不佩服劉少奇的才識卓著，思維縝密。劉少奇外表樸實得像個辦事員，不大起眼，肚子裡卻有眞貨色，談話論事，確有過人之處。

朱德、董必武、鄧子恢、李富春等人頻頻點頭：國務院好，國務院名字好，中國政府嘛，還是要有中國文字的特點，唸起來順口，寫出來好看。

從毛澤東的表情看，也是中意這一名稱的。但他並不公開表示贊同，而環視一周，問：高主席、恩來、小平、彭眞、漱石、一波你們諸位哪，有何高見？名稱可以多提幾個，看看還有沒有比部長會議、國務院更好的？

高崗被毛澤東戲稱爲「高主席」，有些尷尬地說：國務院這一名稱是可以考慮。但稱爲部長會議，也無不可。一來體現集體領導，二來和老大哥名稱統一，便於打交道。第三，我們是社會主義陣營的重要成員，外交上是一邊倒，大部分社會主義的兄弟國家，都採用的這一政府名稱啦。

高崗的理由實在牽強。周恩來本不想開口，這時他已看清了絕大多數同事的意向，而針鋒相對地說：這好像和我們的外交方針扯不上必然的聯繫吧？中蘇友好團結的實質，怎麼在於一個名字呢？部長會議是師哲他們幾位俄語專家意譯過來的，算舶來品，不大符合我們的語言文字習慣，不如國務院這一名稱有中國味道，叫起來響亮。當然，究竟用哪個名字，最後由主席定吧。

高崗臉都紅了，白麻粒星星點點。毛澤東看在眼裡，擔心高崗脾氣直爽急躁，跟周恩來口角起來，便接過話頭道：暫且給少奇請一功，取名之功。部長會議，恩來說是舶來品，有點挖苦吧？存疑，存疑。到底採用什麼名稱，不要匆忙訂下，但也不能由我一人裁奪。我不是皇上，不搞專制啊……。當然，如果稱國務院，就只能稱總理，不能稱主席了，有點可惜，是不是？少奇，誰來做部長會議主席或國務院總理，你也一併說說吧？

毛澤東發現一支大前門菸一直含在劉少奇嘴角，未及點火，便親自擦亮一根火柴，點了過去。劉少奇慌不忙的接火。高崗一臉妒意。大約也是從此刻起，才明確感到，劉少奇才是他的頭號對手。毛澤東還很看重劉少奇，對周恩來則早已興趣缺缺。因之扳倒周恩來比扳倒劉少奇，要容易得多。

劉少奇連聲稱謝：主席剛才提到的三位，的確都是年富力強、才幹超群……如果考慮到過渡，循序漸進，我建議，第一屆國務院總理或稱爲部長會議主席的，還是恩來比較合適。三位人選，是不是可以從副職做起？副職也可以排個第一、第二、第三嘛。恩來算個領班，做滿第一屆，就交下去……。

毛澤東有時候簡直拿劉少奇沒辦法，奈何不得。只要劉少奇一發言，就會被他主導了議題走向，並得到廣泛的認同。

這時高崗、周恩來都表示要發言。毛澤東發現高崗印堂紅亮、眼睛圓睜，知他心裡很焦急——毛澤東很不欣賞他的這類表現，急功近利，心氣浮躁，不是個成熟的政治家應有的風範嘛。

毛澤東說：恩來，謙謙君子，你談談？

周恩來以他一向遇事不驚、沉著應變的輕鬆口吻說：我不是當著少奇同志的面說好聽的，少奇確是主席的左臂右膀，別人難以企及。但我不能同意他提議的第一屆國務院總理人選。事實證明我已經不適宜做此事，不要叫我一錯再錯了。我擁護主席的意見，在高、鄧、彭三位年輕些的同志中，選出一位來。比如高崗同志，以他過去在陝甘寧、近幾年在東北地區的政績，我覺得主席是具戰略眼光的。只是不要稱部長會議主席爲好，中央出兩個主席，容易搞混淆嘛。不如一個主席，一個總理，上下有別，定位明確。小平同志也是頂適合的人選，辦事舉重若輕，案無隔夜公文，黨政軍事都拿得起放得下，是位全才。彭眞同志也是位難得的幹才，適合主持全面工作的。至於我本人，建議中央分派我去政協，我覺得自己還是比較適合跟民主黨派、知識分子交交朋友，做做統戰方面的工作。

毛澤東瞇縫起眼睛，認眞傾聽、品味著周恩來的發言。紹興師爺眞是位語言天才啊，聽上去像在擁護自己，卻處處埋下伏筆。比如把少奇稱作本人的左膀右臂，那麼我自己的左膀右臂哪裡去了？離了劉少奇我就不成人形了？比如把劉少奇提出由他出任第一屆國務院總理，稱爲「提議」，把我提出的三個人選，則稱爲「意見」！「提議」何其莊重，「意見」何其輕淺。只有一點可取，中央是不能搞兩個主席，搞成雙主席制，大謬……。

高崗卻是個粗線條，身上不脫江湖氣，聽了周恩來的「謙讓」之詞，便心裡竊喜：政協算個屁，空有虛名而已，統戰工作更是與權力核心挨不上邊。於是面帶喜色說：不光是統戰，外事也是恩來同志的拿手戲！懂英、法、德、日、俄五種外語的中央負責人，目前黨內只有你一位啊。

毛澤東望望高崗這個馬大哈，言不由衷地笑笑說：外事工作，非周莫屬。只此一家，別無分店。外長一職，恩來是無論如何推辭不掉的。

對面，鄧小平和彭眞二位在低聲交談，嘀嘀咕咕。毛澤東注意到了：鄧政委，有話大聲講。我還沒有聽到你的高見哪。

鄧小平坐正了身子：好，我講兩句，方才和彭眞同志打商量，我們以爲，從大區上來的同志，缺乏抓全局、全面工作的經驗，不宜一步到位，還是從副手做起，分兩步、甚至三步到位，比較穩當！

高崗的臉拉了下來。這個鄧矮子，怎麼能說這個話？要不是毛主席一路破格提拔你，若按著劉少奇的論資排輩，你一名普通的「七大」中央委員，今天做得到二野政委、西南局第一書記？不過，矮個子也只能代表他自己和彭眞。高某人自一九四九年新中國成立那天起，就是中央人民政府的副主席，名分上早就高過了周恩來。再以目前的實際職位，周是政務院總理，他是國家經計委主席，同是中央政府屬下兩大平行機構的第一把手，現在要統一國家行政，改稱部長會議也好，國務院也好，周恩來不行了，輪也該輪到他高崗了。這麼簡單、明瞭的問題，還用得著討論來、討論去的？

高崗高昂著頭，他的這番心事，如同寫在了他的麻臉上，人們一眼就能讀出來。

對於鄧小平的意見，毛澤東仍是瞇縫著眼睛，未示可否。這時周恩來又舉了舉手，要求發言。毛澤東不知在思考什麼問題，未注意到周恩來的手勢。劉少奇在旁提醒說：

主席，恩來先頭的發言，被大家插斷了，他好像還想講幾句。

毛澤東睜開眼睛，彷彿從思緒深處緩過神來：好好，話要講完，願聽端詳。

周恩來打開手上的記事小本，看了兩眼之後闔上，說：去年十月份董必武同志就講了，調各大區主要負責人進京，加強中央政府的領導力量，是五馬進京，一馬當先，高崗要請客！高崗同志還沒有請客哪。我還要加上一句，萬馬奔騰，萬象更新！一馬當先當然是指高崗同志，擔任了國家經計委主席。還有四馬，鄧小平、鄧子恢、饒漱石、習仲勳也都是國家經計委委員，但行政職務上的分工還沒有宣布過。此事書記處早已議決了。今天，除習仲勳同志外，其他人都在座，我建議趁這個機會宣布了，新的一年，大家分頭把工作抓起來，新年新氣象，開創新局面。

毛澤東望著周恩來笑笑，彷彿比較滿意他今天的表現：好，好，恩來務實，建議很好。中央政府機構合併、人事調整的事，一下子也難於弄好。一九五三年的第一天，少奇，你就代表中央，也是代表我這個兩邊掛職的空頭主席，做個宣佈吧。之後再來研究別的事情。

高崗見毛澤東不讓他代表中央宣佈此一意義重大的人事任免，而讓劉少奇來宣布，心裡眞不是滋味，但又不便發作。潤芝兄啊，做事優柔寡斷，兩邊搖擺，今後不大力促你一把，怕是不行囉。

劉少奇翻閱著記事本，笑了笑說：文件已經做好了，只差主席最後簽字發出了。中央通知的主要內容是，在中央政府機構完成統合調整，新的人事任命沒有醞釀成熟之前，對政務院的領導班子，輪入新鮮血液，增強幹部配備，並作出以下分工：周恩來總理分管外事工作，高崗、李富春負責全局經濟計畫和八個工業部門的工作；鄧小平任政務院副總理，分管鐵路、公路、航運、航空、郵電五個部、局的工作；董必武、彭眞、羅瑞卿分管司法、檢察、公安戰線的工作；陳雲、薄一波、曾山、葉季壯分管財政、金融、貿易戰線的工作；鄧子恢分管農業、林業、牧業、漁業、水利、農村互助合作；彭德懷分管國防、軍工；饒漱石分管組織人事、勞動工資；習仲勳分管文教、體育、衛生並兼任政務院秘書長。以上歸口分工，都直接向中央人民政府主席或中央人民政府主席所指定、委託的副主席負責任。當然，政務院總理也有責任協助中央政府主席做些綜合平衡、部門協調方面的工作……。

劉少奇宣布完畢，請示毛澤東：主席，我能記住的，就是這些了。有不準確的，請指示，補充。

毛澤東點點頭：少奇記性不差，大致上，就是這些內容了。大家以爲如何？如果沒有新的意見，就各位一起鼓掌，好嘛？

儘管多數人對政務院領導班子的充實、分工，心裡無不驚訝，但仍然熱烈鼓掌，表示一致擁護。尤其是周恩來，更是感到毛澤東主席對自己越來越疏遠、冷淡了。中央書記處原先討論這次分工時，強調了政務院總理的綜合、協調職能，現在卻放到無足輕重的位置去了。可憐周恩來，名義上仍是政務院總理，實際上的權力卻被分割乾淨，只剩下外交部部長一項實職了。

掌聲落定。毛澤東看了看手錶，忽然說：恩來啊，你替我去找找藍蘋，問問廚房裡準備了些什麼？今天過節，我要請各位吃便飯。回頭把徐老、吳老、謝老①也都請來，大家熱鬧熱鬧囉。

① 徐爲徐特立，吳爲吳玉章，謝爲謝覺哉，加上董必武，林伯渠，稱爲中共五老。

第九章　西花廳使出撒手鐧

豐澤園的元旦晚宴上，周恩來表現出了非凡的酒量，向座中每一位都敬上一杯茅台。往往是對方抿一口，他乾一杯。第一杯借花獻佛敬了主人毛澤東，第二杯敬了女主人江青，接下來依次敬了徐老、吳老、謝老、董老、林老、朱總司令、劉少奇、高崗、李富春、鄧子恢、鄧小平、饒漱石、薄一波諸位。他還特意多敬了高崗一次。高崗善飲，也回敬了他兩次，都是痛痛快快的一仰脖子乾杯亮底。

毛澤東嘖嘖連聲地感嘆：恩來以一人之力，對付我們十五位，眞海量啊！洛甫告訴過我，長征路上，紅軍第一次路過貴州茅台鎭，恩來一次乾了二十四杯陳年茅台不醉，也算得上一次創紀錄了吧！我就不行，只能喝個狀元紅……。

高崗忽然說：我們總理還有項紀錄，每逢患感冒，就讓服務員熱茅台酒燙腳，據說很有效用。

毛澤東一臉驚訝：恩來果有此事？如此奢侈國家名酒，不可取啊。

舉座皆驚。又都覺得高大麻子這人不地道，欺侮周恩來欺到了這份上。

周恩來深看了高崗一眼，神情相當尷尬：是的，我承認，是位老中醫推荐的土方子，試過一兩回，雖然有效，考慮到太浪費，就停止了。高主席眞是消息靈通囉，很少有人知道的……。來來，爲這個，我要再敬你一杯，今後我們都要珍惜茅台！

朱德、劉少奇兩人吃喝得差不多了，離席站在窗邊吸菸。

朱德悄悄對劉少奇說：麻子出口傷人，心術不正。

劉少奇悄悄對朱德說：麻子到中央，日子難太平。恩來今晚上是借酒澆愁，非醉倒不可。

這時，一向不能喝酒的中央組織部部長饒漱石也向周恩來敬酒，笑嘻嘻地提出喝個雙喜，乾兩杯：喝在肚裡，比燙腳踏實啊。

周恩來並不在意，像是沒有聽見饒漱石的挑釁似的：饒部長，你也敢和我乾茅台？眞是半道上殺出個程咬金了。來來來，難得你挑戰，卻之不恭，乾就乾，雙喜就雙喜。

矮個子鄧小平也來湊趣，一手端了杯子，一手挾了兩隻酒瓶，繞到他們面前說：好好，我來做個評判。總理，你杯裡剩下不多了，先換了我這杯滿的，沒動過的……。

結果，周恩來喝下的是一杯白水，不動聲色。鄧小平再以兩支酒瓶給周恩來、饒漱石二人滿上，神不知、鬼不覺的，周恩來杯裡倒的是白水，饒漱石杯裡倒的是眞茅台。周恩來會意，立即抓住饒漱石不放：饒政委，來而不往非禮也，我也應當回敬你個雙喜囉！上兩回去華東局，陳毅、柯慶施都能喝，就你討饒。來來來，小平同志，給我們滿酒、滿酒，難得饒政委今晚上豪興囉！

於是，周恩來又喝下兩杯白水，饒漱石則又被迫灌下了兩杯茅台。緊接著，鄧小平自己也上陣，把兩支酒瓶交給周恩來做評判，再拉著饒漱石灌上兩杯。

當晚，饒漱石是被衛士抱上汽車的，回家後又嘔又吐，忙壞了保健醫生和護士。也是周、鄧聯手，略施小計，就把他給擺平了。

周恩來卻又是奇蹟般的沒醉。他步行回西花廳，李富春、鄧子恢提出要送他，他揮揮手：不用。你們以為我醉了？我還沒有盡興。之後一邊走一邊吟誦著李太白的《將進酒》……人生得意須盡歡，莫使金樽空對月！天生我材必有用，千金散盡還復來……。鐘鼓饌玉不足貴，但願長醉不長醒！古來聖賢皆寂寞，唯有飲者留其名……。唯有飲者留其名……。

回到西花廳後院書房，時間還早。他關上書房門，習慣性地坐在辦公台前，想批閱幾份文件。眼淚卻不受管束，再忍不住了，斷線珠子似的，刷刷刷滴落下來。他作著無聲的飲泣。長歌當哭，他真要放聲大哭一場卻不能。家裡有值班衛士、秘書和醫生護士。衛士隸屬於中央警衛局，秘書隸屬於中辦秘書局，醫生護士隸屬於中央高幹醫療保健局，他們不單是替領導人服務，還要對各自的派出單位黨組織負責，定期匯報工作。因此他周恩來貴為政務院總理，在家哭鼻子都要注意到政治影響，顧及黨的形象，領袖威望，中央的團結和諧。也不能去驚動了夫人小超。……逼人太甚，他們逼人太甚，欺人太甚！搞突然襲擊，對，就是突然襲擊，令到他毫無轉圜的餘地，撤銷了他的政務院總黨組幹事會還不夠，又通過一紙口頭任命，削掉了他作爲政務院總理的大部分權力，今後他的實職只是一名外交部部長，中央四十幾個部、委、辦、直屬局，最後只給他剩下個外交部……。

政務院總黨組幹事會，是一年前經中央批准成立的，經政治局討論、書記處議決，文件批示，手續齊備，怎麼是黨內組黨？怎麼能算作鬧獨立，搞分散主義？只差沒有指我效法張國燾另立中央了！再說，政務院的哪一項重要決策，沒有報請中央主席審批？有時爲了一項政策的實施，跑三、五次豐澤園都見不到人；政務院近三年來的工作，又有哪一時不是在中央人民政府領導下進行的？怎麼是妄圖以政務院取代中央人民政府？自己又怎麼架空了中央主席的權力？政務院總黨組幹事會，是黨的組織，怎麼扯得上違反了中央人民政府組織法？如果政務院內不成立黨組，豈不又可以說是妄圖擺脫黨的領導和監督，妄圖以政代黨？罪名就更大了啊！冤枉，天大的冤枉。欲加之罪，何患無詞？

這下子好了，中央出了兩個主席，看看這戲怎麼唱下去了。有戲看，還有好戲看。……高大麻子你一方諸侯好混，到中央來稱王，你還早了點，也嫩了點。……既然有我周恩來今天敗走華容道，也就會有你高崗明白走麥城。不信等著瞧。你新官上任，雄心勃勃，趾高氣昂，鋒芒畢露。但你起碼已犯下兩大禁忌：一是你以爲毛潤芝這人好伺候，好應付，好相處；一是你以爲少奇和我這些人無足輕重，是麵糰，可以任你捏扁圓。你不行，高麻子，作爲一名政治家，你還欠著火候，差得遠，差得太遠。……你要是個懂禮貌、懂深淺、懂厲害、懂尊卑，好共事、好說話、好商量、好往來的人，作爲革命同志，我本可以扶你一把，教你一些從政的道理，傳你一些處世的心得，勸你收斂鋒芒，謙恭廉讓、廣結善緣，籠絡人事，物色賢能，上下溝通，爲你日後眞正能接上毛潤芝的班，打下堅實的基礎。可是你不行，你太淺薄，太逞能，在東北稱王稱霸慣了，升到中央來，急功近利，飛揚跋扈，四面樹敵，你恨不能立馬取代我，取代劉少奇，爬到黨的第二位領導人的高位，你以爲捧住了一個人，就有了一切，就所向披靡，你錯了，第一步就大錯特錯了。可以說，你還根本不認識毛潤芝。你跟他親近了近二十年，可你仍然是個睜眼瞎子。毛潤芝是那麼簡單，能輕易被你認識？從來都是他利用人，而很少爲人所利用。你卻急欲利用毛潤芝，眞是權迷心竅，鬼迷你心竅了！現在是毛潤芝效法劉邦、朱元璋，加強中央集權，統一全國軍政。調六大區負責人進京，是效法古代帝國削藩，你連這都不懂？五馬進京，一馬當先，毛潤芝出於對你的偏愛，也是江湖義氣，暫時把你擺得比別人都高，你以爲別人都那麼服氣？除了臣服於毛潤芝，還要臣服於你？不想看你表演的孰優孰劣？不想看你攀高跌重？有幾個人會跟你鞍前馬後的拍馬溜鬚？大約也只有一個饒漱石，臭味相投……。

想到這些，周恩來眼裡的淚水乾了。腳下也彷彿有一股暖氣回流。他不覺地掏出一小串自己親手保存著的鎖匙來，挑出其中一片，旋開一個平日很少啓用的抽屜。抽屜裡躺有一疊疊卷宗。他抽出最底下的一卷。卷宗封皮上不著一字，裡邊卻夾著十來份材料，都是中央調查部以各種方式分派到東北的人員，揭發高崗在東北的種種惡行。每份材料他都認眞批閱過，並夾有各種記號及隨時可以抽去的小紙條。他對其中的三份材料特別重視：一份是東北局黨校兩名黨員揭發高崗誘姦女戰士、女護士，花錢姦淫白俄女子，從青年衛士身上吸吮精液以強壯身體等流氓行徑；二是東北人民政府外事處一位幹部，揭發高崗無視黨紀國法，經常私自與蘇方人員接觸，談論黨中央人事機密，對毛澤東、劉少奇、朱德、周恩來等領導人說三道四，妄加評議；第三份是鞍山鋼鐵廠黨委一位負責人，揭發高崗目無黨中央、毛主席，在群衆集會上公然接受「高主席萬歲」的口號。在幹部會議上，則多次妄議毛主席只會打戰，只會古詩文，不懂經濟，不懂工業，不懂建設。而他高崗是既懂軍事，又懂經濟，懂工業，懂建設，是全面之材，短短幾年時間，把東北地區建設成爲全國的戰略大後方……。

夠了！夠了！老兄，你們快要派上用場了！周恩來合上白皮卷宗，輕輕拍打幾下，重新鎖回抽屜裡去。這些材料，都是老部下李克農、孔原的那個系統，幾年來陸續匯集到他這裡來的。爲免擴散、丟失，他親自保存著。幾十年來黨內鬥爭的經驗告訴他，這類材料，平時不用，形同廢紙，一旦啓用，則每一頁都如同一片寒光閃閃的利刃。對了，前天還有人交來一份最新的材料：去年十二月二十七日（星期日）中午二時，一位相貌相當美麗的女青年，在王府井大街與煤渣胡同拐角的雜貨舖借用電話，接話的號碼是東交民巷八號。幾分鐘後，一輛黑色吉姆轎車，接走了那名行踪詭秘的女青年。

周恩來明白，這材料來自王府井大街與煤渣胡同拐角雜貨舖的「老闆」。那是分佈在北京城區衆多的中央調查部屬下的「工作點」中的一個。「相貌相當美麗的女青年」，被接去了東交民巷八號院，是誰？會不會是她？天呀！

書房門被嗒嗒敲響了。周恩來起身，快步去開門。門外站著小超，小超身後是值班秘書和衛士。

小超並不進門，而是問：你沒事兒吧？我們以爲你又喝醉了，回來半天都沒有動靜。

周恩來一如往常，笑笑微微：我這不是好好的，能有什麼事？你們呀，就好做杞人之憂！

小超說：沒事就好，就算我們杞人憂天，多費心了。對了，高主席愛人李力群同志來電話，邀我們三號晚上去她家跳舞，說是老高一再囑咐了。……我是從不跳舞的，你嘛，工作需要，還是去走一走，打個照面。都說高主席進京，前程無量，你們今後要天天打交道的。

周恩來點點頭：是啊，知道了。你不跳舞，也要找時間看看李力群。……三號晚上我是一定會去的。還有什麼事？趁晒勁還沒上來，我還要看幾份材料。

小超伸出手指，在他胸口上點了一點：慢點下逐客令。我們不會闖進你這「白虎堂」裡去的！

鄧穎超把周恩來這書房兼機要室笑稱爲「白虎堂」，是因爲裡面的黨、政、軍情機密太多，他很少讓工作人員進入，夫人鄧穎超則從不進入。他每次離開，也總是親自把房門上鎖。只有兩片鎖匙，他自己掌握一片，另一片則由他的警衛秘書保管。他說：這麼做，也只防君子，不防小人。能進入他這書房來談工作的，只有少數中央機關的負責人。民主黨派的領導人，則哪怕是中央人民政府的副主席張瀾、李濟深，政務院副總理黃炎培等人，都進不了這西花廳後院，只能在前院會客廳見面。

周恩來問：還有什麼要吩咐的？

鄧穎超說：尙昆來了，人家在前院客廳裡等著你酒醒呢！對了，還有一個孔原。

周恩來臉孔板了一板：你們呀，眞不懂事，怎麼能讓尙昆在前院坐等？中辦主任豈是一位閑人？

快請快請，直接到我書房來。再有，告訴孔原同志，我跟尙昆同志先談，之後再請他來談。

楊尙昆進到周恩來的書房時，周恩來臉帶歉意地伸出手去：聽說你來了一會啦？我這裡的人一個個都是死心眼，以爲我每喝必醉。

楊尙昆說：哪裡哪裡，頂多坐了三分鐘。正好孔原同志也來了，順便聊了聊。是少奇同志路過我門口，跟我談了談。你們今天在主席那裡聚會的情形，並要我來看看你。少奇同志讓轉告，他很敬佩你的涵養，幾十年來在黨內能上能下，能高能低，任勞任怨，從不計較個人得失。

周恩來自是心領神會了：謝謝少奇同志，也謝謝你，尙昆。少奇同志是過奬了。恩來不才，但總是願意接受黨中央的考驗的。服從組織，遵守紀律，一切從黨的利益出發。至於工作上的錯誤，一經主席和中央指出，恩來總是堅決改正，從不含糊的。

不知爲什麼，楊尙昆好像有心事似的，面帶愁容：總理，少奇同志已經給我說了個大概。……有的事，我也不應當插嘴。但有個情況，我必須向你反映，中央警衛局的負責人匯報，他們派去東交民巷八號院執行中央首長警衛任務的人，都被退回來了，根本沒讓進那院門。人家說，高主席從東北局帶來了全套人馬，就不勞駕中央警衛局的人員了。

周恩來並不驚訝，只是平靜地問：那怎麼可以？自四九年進城，中央就立下規定，中央領導人的住所由警衛局統一警衛，原來從部隊或地方帶來的人馬，除留下一名貼身衛士，其餘統統退回原單位去。高主席進京，怎麼就可以另來一套呢？

楊尙昆攤開雙手，一臉苦笑。

周恩來又問：既然出了特殊例子，你們爲什麼不報告主席？

楊尙昆連連搖頭：總理，這類事怎麼可以去麻煩主席？只怕我話沒說完，他就會發脾氣，往外趕人，什麼屁事，都來找他，豈有此理！

周恩來點點頭：對對，這種事的確不應去麻煩主席，況且主席對高崗同志又是那麼的器重和信任。……羅部長、謝副部長怎麼說？他們二位是公安戰線的龍頭，也負責黨中央的內部保衛工作的。

楊尙昆說：就是羅瑞卿、謝富治兩位找我說這事的，他們讓向中央反映反映。

周恩來這才眼睛亮了亮：少奇同志和總司令知道這事嗎？

楊尙昆說：我報告了，總司令只是苦笑，少奇同志也是什麼話都沒說。

周恩來說：那好，此事按下不表。東交民巷八號院，就先讓他東北局的人馬自己去保衛吧。記住，東交民巷八號院圍牆外邊的事，就是中央警衛局的職責範圍了。……還有，這兩份文件稿子，是你轉上來的，一份叫《關於中央機關政治保衛工作的若干意見》，一份叫《關於中央首長身邊工作人員定期集中學習的規定》，你自己看過了嗎？我不明白，羅瑞卿、謝富治他們爲什麼要搞這麼兩個稿子？中央領導人都是幾十年的老戰友、老同志了，平日見個面還要設那麼多清規戒律？朱總司令他們打了幾十年戰，家裡有幾把手槍也是紀念品，還要逐戶登記？另外，在領導人家裡服務的保母、醫生、護士、秘書、衛士，都要定期歸口集中學習，交流心得，是什麼意思，會引起誤會喲！這些人員到底是組織上派來替首長家裡服務、照顧生活的？還是兼著別的任務？大家進了城，住進了中南海，就來搞這一套，像什麼話？成什麼體統？實話告訴你，尙昆，我現在在家發脾氣都有所顧忌！

楊尙昆很少見周恩來說話這麼尖銳，詞鋒激烈。知他是心情壓抑，不吐不快，又怕他越說越走題，趕快插斷說：總理，你的這個意思，我也問過羅瑞卿、謝富治二位。他們說，他們也很困難，不得已而爲之。特別是上回彭老總回來搬兵，闖了主席在香山的住地。兩份文件還是個稿子嘛，總理心細，可以把它修改得周全些，避免好像我們也在搞東廠、西廠、錦衣衛之類的機構嘛。

周恩來拍拍兩份文件稿：按我的意見，根本用不著搞這類東西，光明正大，坦誠相向，有什麼不好？退回去，不用了。

楊尙昆笑了笑，晃晃手：那恐怕不行，總理，聽說是主席授意的……。

周恩來身子一震，臉一白，彷彿省悟、警覺到了什麼，立即坐正了：我也是想，羅、謝二位挖空心思做這文章幹什麼？到底是主席授意。……也好也好，把大家的生活規範一下也好，家裡家外一個樣，共產黨員襟懷坦白，光明磊落。……尙昆啊，這兩個文件稿子，誠如你說，文字上是要仔細斟酌，要強調，在領導同志身邊工作的人員，是革命事業的重要組成部分，是服務，而不是其他。對領導同志負責和對黨中央負責，是高度的統一，是同一事物的兩面，不存在任何分歧。……但分寸很難把握，弄不好就織成一張網，把每個人都網了進去。……好好，我們不談這個了。

周恩來望著楊尙昆，拍了拍腦門：對了，差點忘了一件要緊的事……。去年十月，羅瑞卿提出從華北軍區劃出三個師，組建公安軍，歸公安部直接指揮，去應付那些不便出動野戰軍的突然事變，他說他已直接口頭請示過主席，我就在他的報告上批了同意，但要求他一定要將報告送主席過目，並同時知會國防部長彭老總。這事，不知主席和彭老總有什麼意見下來沒有？

楊尙昆也拍了拍腦門，說：是有這事。報告是我送給主席的，大約一直壓在主席那裡。

周恩來眉頭一蹙：這個羅長子，辦事也性急，聽講他已經把三個師的部隊劃出來了，幸而還沒有離開原駐地的營房，不然事情就麻煩了。羅長子要是再問此事，要他直接去找主席……尙昆啊，今晚上我多喝了幾杯，你、我的談話，到此爲止。個人情緒上頭的話，都不作數，不出此門，好不好？

楊尙昆站起來，一手緊緊跟周恩來總理相握，一手指了指自己的胸口，才告辭了出去。

中央調查部常務副部長孔原進到周恩來的書房時，周恩來已完全調整好了自己的情緒。本來進城不久，毛澤東已將中央調查部收歸自己直接指揮，以牢牢掌控住這個至關重要的黨內情報系統。後來發覺中調部的業務也是千頭萬緒，十分繁瑣乏味，技術性又強，就不勝煩擾，一度考慮將其與公安部合併，由羅瑞卿、謝富治二人統一指揮；想想又覺得不妥，即使是對自己最親信的下屬，也應留下一個可以制衡的部門嘛。集警、情大權於一身，就又可能出現明代魏忠賢、淸代鰲拜式的人物嘛。幾經權衡，毛澤東便又重頒指示，自己只管大事、要案，日常工作，則仍歸中調部的老領導人周恩來過問。是「過問」而不是「指揮」，二者之間的微妙，有關人員自然是心領神會了。

孔原亦是黨內的情報高手，其知名度與周恩來另兩名老下屬李克農、潘漢年相仿。他今晚是應約來向周總理匯報一件具體業務，因之進門寒暄之後，就打開保密夾說：老領導，關於去年十二月二十七日中午，在王府井大街與煤渣胡同拐角雜貨店借用電話的那名女青年，已經查出來了，名叫孟虹，是醫療服務處的醫生，二十二歲，未婚，黨員，去年六月從吉林醫學院附屬醫院調入……。

周恩來手一擺，打斷了孔原例行公事的匯報：謝謝，查清楚了就好，果然是她。你手下的人沒有去驚動她本人吧？

孔原說：沒有，我敢保證，她本人毫無察覺。

周恩來說：很好。我已調閱過她的檔案，經歷很單純，就那麼幾條嘛。她當天借用過電話後，不是有輛黑色吉姆車接走了嚒。她去了哪裡，什麼時候離開的？什麼時候返回中南海她的單身宿舍的？

孔原繼續匯報：黑色吉姆車是高崗同志的專車，接她進了東交民巷八號院，高崗同志家裡。待了大約八個小時。當日晚上，高崗家裡有個小型舞會。晚上十時，由另一輛東交民巷八號院工作人員使用的吉普車，直接送她回到中南海南長街口，從警衛局門口進入，門衛驗了她的出入證，有記錄。……老領導，我心裡有個疑點，可不可以談談？

周恩來笑了：小孔呀，你也是上海地下黨中央特科出來的吧？都跟了我二、三十年了，你還有什麼話不可以在我面前說的？

孔原神情稍帶困惑地問：調查孟虹醫生，涉及到兩位黨中央領導人。……一旦主席或高崗同志知道了，過問起來，我怎麼交代？

周恩來眼睛緊盯住自己的老下級：怎麼會有這種可能呢？奇怪了，我看是你自己把問題想偏了。……把孟醫生的情況，特別是來龍去脈搞清楚，正是爲著主席和高崗同志二位領導人的安全！你不想想，一個年輕女醫生，又長那麼漂亮，我的幾個年輕秘書私下裡稱她爲西苑貂嬋，現在竟然周旋在黨中央兩位主席之間，你覺得情況正常嗎？就以去年十二月二十七日一天爲例，她非親非故的，進入東交民巷八號院長達八個小時，幹什麼去了？我還可以告訴你，在這之前，她剛陪主席在香山雙清別墅待了一個半月。……她的行止，難道還不可疑，還不應當引起我們的警惕嗎？當然，我絕對不是說她就一定會是個什麼什麼人。說實在的，在春藕齋我和她跳過舞，聊過天，知道她是位中西結合的醫務人才，懂針灸、推拿之後，把她介紹給主席，去治療主席的風痛症的。但看了你們下面報上來的材料，她出入東交民巷八號院，我才覺得有必要對她的情況做進一步的了解。……本來嚒，從東北來京工作，去拜望東北局的老首長，也不是什麼可疑問的。但我問過她認不認識高主席，她爲什麼要說只是從東北的報紙、雜誌的照片上認識？年紀輕輕的，爲什麼要撒這個謊話呢？這個美人兒到底有什麼來歷？毛主席委託我繼續過問你們中調部的業務，我就不能不有這份責任心啊。

一席話，說得孔原口服心服：老領導，明白了。下一步怎麼走？孟虹的檔案很完整，也相當單純、看不出什麼破綻。

周恩來揚了揚眉頭：檔案是死的，人可是活蹦亂跳，甚至可能是長袖善舞的囉。她是一九三〇年出生的吧？那麼一九四五年日本投降，她十五、六歲了吧？一九四八年東北全境解放時，她已經十

八、九歲，考入長春醫學院了。那所醫學院可有來歷囉，上世紀中葉由美國傳教士創辦，後被俄國人接管，日僞時期一度是爲僞滿洲國皇家醫學院，一九四五年被國民黨吉林省政府接管，一九四八年底才轉到我們手裡。對於這樣一個單位培養出來的高材生，我們可以掉以輕心嚒？沒事，大家放心，皆大歡喜。一旦有事，以她現在周旋於中央兩位主要領導人之間的這環境機遇，眞叫人不寒而慄呢。

孔原彷彿這才明白了孟虹此人的危險性，警覺地瞪圓了眼睛：那不行！得給她個什麼「事故」，讓她到醫院治療一段，暫時中斷她與豐澤園、東交民巷八號院之間的來往。待我們調查落實她確是淸白無辜之後，再讓她回來正常上班。

周恩來深望一眼孔原，隨即搖了搖頭：不可取、不可取，那麼個美好的人兒，受得了這個？搞不好弄巧成拙。……小孔呀，不到萬不得已，不可走極端。我看還是先到東北去，把孟虹醫生的履歷實地落實一下，看看有無疑點，沒有，最好，大家心裡踏實了。但要注意，千萬不能去驚動東北局人事部門，包括吉林省委和長春醫學院。否則，事情就弄砸了。具體怎麼進行，就看你們的神通了。

孔原站起身子，向老領導周總理表示：明白了，保證萬無一失，完成任務。這個月底，我正好要去瀋陽主持一個保密工作座談會，親自去辦一下，老領導儘可放心。

第一〇章　東交民巷八號院

高崗城府不深，工計不精，處事粗泛。對於周恩來，他是太過輕看，失於估算了，以為在毛澤東主席的龍虎之威面前，周恩來不堪一擊，乖乖就範。

一月三日晚九時，政務院總理周恩來出席過文化界知名人士新年招待會，沒有返回西花廳，直接趕往東交民巷八號院。高崗家裡的舞會已經開始好半天了。高崗夫人李力群一直守候在客廳門口，她知道總理很忙，但一定會依約前來。周恩來一行下車時，李力群立即進舞場宣佈：大家停停，大家停停，總理來了，總理來了！宣佈過後，李力群旋又返回門外，挽住了周恩來的手臂：歡迎，總理，歡迎，老高也一直在等著，擔心你太忙，會爽約呢。

周恩來則一邊走一邊表示歉意：對不起，力群同志，眞的對不起妳和高主席。我遲到了，讓你們久等。小超問妳好，她不跳舞，改天再來拜望妳和高主席……

高崗放開舞伴，大大咧咧迎了上來，帶頭鼓掌以示歡迎。改作舞廳的大客廳響起熱烈的掌聲。周恩來一手拉住高崗，一手拉住李力群，大聲說：繼續跳，大家繼續跳！音樂不要停！不要因爲我這個遲到者影響了大家的舞興。我還要先和高主席聊幾句工作。

領導人見面先聊幾句工作，也是一種形式主義，並無實際上的意義。聊的也不是什麼工作，而是你的大客廳眞寬大，紅木地板，高吊燈，夠氣派，平日宴客，周末和節假日跳舞，再合適不過；住在中南海就沒這個方便，那些小四合院都是小格局，小庭院，採光也不好，白天都要開燈……等等。

很快，高崗陪著周恩來走出小會客室，來到舞廳。立即有好些位女孩子擁到他們身邊來，操著東北口音要爲總理伴舞。周恩來禮貌周到地請女主人李力群跳第一支曲子。沒有樂隊，是留聲機播放的蘇聯歌曲《紅梅花開》。第二支曲子仍是蘇聯歌曲《卡秋莎》，周恩來請一位東北籍的女同志跳。周恩來跳舞，舞步瀟灑，姿態高雅，早已是中央機關女工作人員心目中的最佳男舞伴了。說是一次在北京飯店舞會，他見華東局來的陳毅司令員摟住一位女文工團員，臉子身子都緊緊貼在一起，像貼餅子似的，舞相實在不雅，他不顧陳毅的面子，當場發了脾氣：陳老總！胡鬧台！跳舞就是跳舞，不是其他！我們都要尊重女同志嘛！也是尊重自己嘛！

第二支曲子快到尾聲時，周恩來正跟舞伴邊舞邊聊天，忽然瞥見了奇特的一景：燈光昏暗的廊柱角落，高崗同志正緊摟住自己的女舞伴熱吻。……那女子的倩影好眼熟，孟虹？對，沒錯，是美人兒孟虹！天啊，他們是老熟人，甚至是舊情人了？這樣放浪形骸，不注意影響。……

周恩來只瞥了一眼，就不再往那角落看。心裡卻像倒了一罐五味汁，且夾雜著一種竊喜：好，好，好戲在後頭。眞的出了個現代貂蟬了。可惜了，這麼一位有學問專長，怎麼看怎麼漂亮的人兒，混迹在兩位主席之間。……不過，或許是自己看走了眼？是另一個模樣兒像小孟虹的女孩子？高大麻子，你是享過幾年豔福來的囉，遼寧的大連，吉林的延吉，黑龍江的牡丹江，都是出美女的地方啊。

一支舞曲下來不過五分來鐘。第四支曲子，周恩來是跟自己的一位女秘書跳的。他交代說：曲子完了，我先走一步。你們留下來，不然一大班子人，目標太大，遲來早走，掃大家的興，不禮貌。

第四支曲子一完，周恩來就不動聲色地走到李力群身邊：眞是對不起，我又要先走，還有個小型匯報會在等著。……我就不驚動高主席了。謝謝，謝謝。我還會來的，還會來的。有空，也請去西花廳走走，小超也老在唸叨著妳。

說罷，周恩來快步向門口走去。還是有人報告了高主席：總理要走了。高崗立即趕到門口挽留：大總理啊，好不容易把你盼來了，才跳了四支曲子，就又要走？

周恩來仍是跟高崗拉了拉手，臉上卻有了些涼意：高主席，我失陪了，還有個小會。說實話吧，剛犯了錯誤，主席和你還有其他同志們雖然讓我過了關，但心裡總是不踏實，所以玩起來也是興致不高。我不像你，進了北京，如坐春風，事事如意。……請包涵，我下次再來！主席的思想，你比我領會得深，吃得透徹，今後要多多關照，多多幫助啊。

周恩來聲音很輕，誠懇謙和。高崗卻掩住嘴，以免哈哈大笑：總理同志哥，你那點屁事算啥子？

要是我老高，早丟到他娘的外婆老家去了！放心，主席面前，能替你說上話的時候，我會說話的。

周恩來九時四十分離開東交民巷八號院，在座車上微微笑了一路。他現在可以斷定，高大痲子不懂政治，又熱衷於權力，如此下作，走出了一步絕棋。是他自己把自己推到了懸崖邊上。當然，還要等著瞧，膿包要讓它自己穿。……等孔原從東北回來，情況就瞭若指掌了。

饒漱石十時半來到東交民巷八號院。饒漱石應約比彭德懷、林彪二位早到半小時。舞會已經結束，高崗盡了舞興，還不失時機地把小孟虹拉到保密室去「短途突擊」了一次，才放走了。

高崗把中組部部長讓進自己的書房。他和饒漱石早就是知根知底、無話不談的摯友。服務員來上了茶，掩上房門退出後，高崗才說了一個小時之前，周恩來來跳舞時誠惶誠恐的可憐相。當然，他也知道，周可能是在他面前演戲，裝孫子。此人是從太上老君的丹爐裡出來的，從來不那麼簡單。

饒漱石說：對了，是隻老狐狸，詭計多端，又最善於隱蔽、打扮自己！不然，他怎麼能從一次又一次的黨內鬥爭中混下來？眞正的過五關、斬六將了。我們千萬不可輕心，被他的假相所迷惑。

饒漱石長高崗兩歲，高崗私下裡稱之爲饒哥。饒漱石則無論公私場合，都尊稱高崗爲高主席，並已認定：只有高主席才是毛澤東的權力繼承者，其他人都不配。比如周恩來，歷史上屢犯錯誤，是個老牌機會主義者；比如劉少奇，歷史上多次被捕出獄，諸多疑點。像高主席和他饒漱石，從未被捕過，革命履歷淸淸白白，過硬。

兩人敬菸，對火，嚼核桃仁。高崗問：饒哥，你在電話裡，說有事情要單獨談談，什麼好事啊？

饒漱石神秘地笑笑，臉塊湊近來，放低聲音了，才說：我到中組部上任，不瞞你說，頭件事，就是查閱了除毛主席、高主席二位之外的其他中央領導人的檔案資料，以及敵偽報紙上的有關剪報。安子文那王八羔子，竟說調閱中央負責同志的檔案資料要報劉少奇批准。去他的！安子文是劉少奇安插在中組部裡的一條狗，他本人就是一九三六年從國民黨北平軍人反省院的狗洞裡爬出來的，這個誰不知道？對不起，我直接找到主席那裡，主席說了話：你是中組部長，什麼材料你都可以看嘛，還要哪個王爺來批准？高主席，許多事，過去忙於戰爭，道聽途說，模模糊糊，現在才有時間、有機會了解詳情了。今天我想對你講的，是從歷史上的暗殺事件，來看周恩來的僞君子嘴臉！高崗又驚又喜：饒哥，太好了。你知道，我參加革命後一直在陝甘寧邊區，後又去了東北，對白區地下鬥爭的情況，眞是知道得少而又少，正好你來給我補上一課。周恩來一向風度儒雅，還搞過暗殺？

饒漱石胸有成竹，緩緩吐出一線煙霧來：豈只是搞過，人家還是我們黨在瞿秋白、向忠發、李立三等人的三次左傾錯誤路線時期，黨內搞暗殺的開山師爺，行家裡手。一九二七年四月蔣介石叛變革命，對我黨黨員施行白色恐怖，力圖趕盡殺絕。八月一日，周恩來策反國民革命軍賀龍第二十軍成功，舉行南昌起義，之後領部隊南下廣東汕頭，以圖佔領出海口建立根據地，但很快被廣東軍閥陳濟棠擊潰，只剩下朱德、陳毅率領一小支人馬突出重圍，東進粵北，北上湘南，翌年與毛主席的井崗山紅軍會師。賀龍逃回湘西老家，重起爐灶。周恩來、葉挺、聶榮臻則解散部隊，丟盔棄甲，乘漁船逃到香港，後轉往上海。所以說，周恩來在歷史上當過逃兵，並不是冤枉他。

高崗𠺕𠺕地吸著菸，一臉不屑：這些，倒是聽他本人在延安整風時有所交代。

饒漱石說：延安整風，新四軍是派陳毅參加的，我留在軍部主持工作，只是讀了些內部通訊。但下面的情況，周恩來恐怕沒有向組織交代清楚。一九二八年初，周恩來從香港潛回上海後，在地下黨中央任軍委書記，他創立了中央特科，組織了一支地下武裝「紅槍隊」，專門暗殺敵人政要，並執行革命紀律，處決叛徒。以紅色恐怖對付蔣介石的白色恐怖。中央特科及紅槍隊由周恩來直接指揮，特科的負責人還有趙容（康生）、陳雲、陳賡等。紅槍隊的隊長則是工人出身的顧順章，曾爲蘇聯駐華首席顧問鮑羅廷的私人衛隊隊長。鮑羅廷在廣州國共第一次合作時期當過蔣介石的老師，這些就不說了。顧順章好武藝，好槍法，膂力過人，實際上是名上海灘的流氓把式，混進了革命隊伍。

饒漱石說：一九二九年八月二十四日晚上，在上海西郊新聞路一幢小樓裡，地下黨軍委會正召開秘密會議，出席者有政治局委員兼農委書記彭湃，軍委負責人楊殷，軍委委員兼江蘇省委委員顏昌頤，軍委兵運部負責人刑士貞，軍委秘書白鑫。周恩來因半道上得到警告，臨時改變主意，未能出席。會議開始不久，大批國民黨憲兵包圍了小樓，彭湃等七人全部被捕，並很快報經南京蔣介石批准，執行槍決。周恩來率領紅槍隊，決定效法古代綠林豪傑劫法場。爲劫法場，紅槍隊須加強火力，經上海黑道朋友牽線，從一位法國商人手中購得幾十支嶄新的勃朗寧手槍和數千發子彈。刑場設在上海南郊的龍華。周恩來事先設法將武器運到了龍華附近的一家照相館。紅槍隊的好漢們人人都是神槍手，當日化裝成小販、車伕、相士等，混進了法場，並趁圍觀的人群混亂之際，從照相館內一人取到一支手槍。刑車開過來了，紅槍隊員們手中的槍枝卻未能打響！眼睜睜看著彭湃等四人被槍決。原因很簡單，新勃朗寧手槍上的保護脂都未被擦掉……此次事件的叛徒爲周恩來的親信、軍委秘書白鑫。不久，紅槍隊員奉周恩來命令，把叛徒白鑫從國民黨憲兵的嚴密保護網裡暗殺掉了。歷史卻留下了許多疑點：其他出席會議者均被一網打盡，爲什麼單剩下主持會議的周恩來，能在赴會途中得到密報而逃脫？周恩來和叛徒白鑫之間究竟是何種關係？關於劫法場的手槍未能打響，指揮者周恩來後來對組織檢討說，是因爲太年輕，缺乏經驗。……這實在難以搪塞過去。他曾經兩次隨蔣介石東征，任國民革命軍第一軍黨代表兼總政治部主任；蔣叛變前夕，周恩來領導了兩次上海工人武裝起義，接著又領導了八一南昌起義，以及轉戰贛南、粵東北等等，堪稱一名沙場幹將了，怎麼還能說得上缺乏經驗？

高崗氣憤地說：白區地下黨就盡鬧這種烏七八糟的事情。那時的總書記向忠發，就是在一家妓院裡嫖妓時，被國民黨特務抓走，叛變了革命的嘛！

饒漱石說：周恩來那時有句名言，爲了革命事業，不惜當妓女。一九三一年四月中旬，上海中央特科負責人、紅槍隊隊長顧順章，奉命秘密護送張國燾、陳昌浩兩人從上海返回鄂豫皖蘇區根據地。完成任務後，顧順章於四月二十四日轉道武漢時，也是在一家妓院裡被國民黨特務抓獲，他立即向蔣介石自首，供出了我地下黨中央機關的秘密地址及領導人物的住址。黨中央機關及領導人面臨被一網打盡的危險。在這千鈞一髮之際，國民黨特務從武漢把顧順章的招供以絕密電報方式發給南京的中央組織部調查科時，電報卻落在了潛伏在該科的我地下黨員錢壯飛手裡。錢壯飛立即通知了陳賡、李克農。陳、李立即報告了周恩來。周恩來、陳雲立即組織了地下黨中央機關及其人員的大轉移。由於顧順章的家屬住在普陀區一所花園洋房，周恩來懷疑顧的家屬也知道黨的機密，於五月初的一天後半夜，親自帶領陳雲、康生、鄧穎超、陳賡、李克農等幾十名中央特科人員，並買通了該區的黑道組織作外圍策應，包圍顧的住所，突然闖入，以斧頭、匕首、錘子、鐵鍬等工具（因為不能放槍），將顧全家連同保母、保鏢十幾口人，一個不剩的殺死，十幾具屍體都掩埋在顧家後園裡……。

高崗聽得眼睛都睜大了：天爺！周恩來還這麼凶殘過？他從來都是一副有學問、好修養，儒雅斯文、和藹可親的模樣啊！還有那個人人尊敬的鄧大姐。……連孩子都沒有放過？都下得了手？真虧他們做得出！老子爺們根據地拉隊伍，在戰場上跟敵人爭高下，拚本事，決勝負！老子贏也贏得光明正大，輸也輸得黑白分明！冤有頭，債有主，老子在陝北，在東北，從來嚴令部下不得濫殺無辜。從來沒有搞過他們在白區的這些下流行徑。什麼東西，什麼玩藝！老子噁心，看不起！

饒漱石繼續說：周恩來、康生們的暗殺活動，給黨的形象、聲譽帶來極其惡劣的影響，使得當時一些同情我們的左傾人士、知識分子都對我們側目，敬鬼神而遠之。國民黨的報紙、雜誌更是鋪天蓋地般天天追踪報導顧順章全家「失踪」案。不久，參加此次暗殺行動的中央特科人員王世德被捕叛變，供出了埋屍地點，帶領國民黨偵辦人員去掘屍。於是，所有的報紙、電台又天天刊登掘屍照片和消息。形象之醜惡，殘忍，令普通市民都齒寒，視我黨地下工作人員為匪類。地下黨中央在上海待不下去了，經莫斯科共黨國際執行局指示，才陸續遷入江西蘇區。……看看，這幾份是一九三一年十一月二十九日同一天的上海申報、時報、民國日報、時事新報上刊登的「顧順章懸賞緝拿殺人凶手周恩來等緊要啓事」。高主席，報紙太舊了，我來唸給你聽：

敬啓者，順章於民國十三年受革命潮流之激動，誤入共黨歧途，數年來參與機密。鑒於該黨倒行逆施，黑幕重重，與本人參加革命之初衷，大相違背，不忍糜爛國家，禍害民衆，乃於本年四月間自動脫離共黨，向黨國當局悔過自新。從此閉門讀書，以求學識之長進。對於共黨任何人，從未加以陷害。蓋順章只有主義之鬥爭，並無個人仇恨之心理，此亦政治家應有之態度。孰意共黨首要周恩來、趙容等竟親肆毒手，將余全家骨肉及遠近戚友等十餘人，悉行慘殺，而順章岳母之私款七千餘元及價值三千餘元之田產單據，亦被劫奪以去。似此殘酷獸行，絕滅人道，實爲空前罕有之慘案。噩耗傳來，痛不欲生。現已承蒙國民政府懸賞兩萬元，嚴緝該犯等依法究辦外，順章特另行懸賞緝究，以慰冤魂。有人能將該犯周恩來、趙容等捕獲解案，順章當賞洋三千元，或通風報信，因而捕獲者，賞洋二千元。儲款以待，決不食言。伏祈公鑒。顧順章謹啓。通訊處（南京）奇望街郵局信箱八號。

高崗聽罷，往腳邊的痰盂啐了一口：顧順章這種叛徒是死有餘辜，但地下黨中央機關及人員既已安全轉移，周恩來爲什麼還要拿他全家十幾口人的性命出氣？這是什麼樣的心理？

饒漱石說：高主席，還有這份，是一九三一年一月十一日上海《申報》刊登的〈王世德脫離共產黨緊要聲明〉，我也唸給你聽聽：

鄙人於民國十六年加入共黨。近兩年來充任該黨中央特殊工作。因見於該黨之倒行逆施，貽害社會，而復慘無人道，自相殘殺，乃於前月向國民黨悔過自新，從此脫離共黨，謹此聲明。再者，上月轟動一時的上海掘屍案，其告密之人名李龍章者，實即鄙人之化名。因該慘案確爲共黨首要周恩來、趙容所爲，而鄙人亦爲當時參加殺埋之一份子，自向黨國當局悔過自新後，即將該黨此宗殺人藏屍滅跡之秘密殘酷行爲，悉行指出，故有此次駭人聽聞之掘屍案發現。特此附帶聲明，使各界人士得以充分明瞭共黨之罪惡……。

雖說事情已經過去了二十餘年，高崗仍然聽得怒不可遏，拍著茶几罵道：他們和黑社會、青紅幫有什麼區別？卑鄙、無恥！他們只能敗壞黨的名聲，敗壞革命事業！饒哥，我們怎麼能夠與這種人共事？而且還想騎在我們頭上作威作福。我看從白區地下黨出來的，大都不乾不淨，沒有幾個好東西！

饒漱石笑笑說：高主席，我就敬服你的爲人，堂堂正正，光明磊落，嫉惡如仇。

高崗問：他們的暗殺活動，一直搞到什麼時候才停止下來的？

饒漱石說：顧順章一家滅門案，引起了當時指導和幫助我黨革命活動的共產國際執行局的憤怒，下令立即停止暗殺，指示上海地下黨中央機關立即轉移到江西蘇區去領導武裝鬥爭，爭取一省數省的勝利。我當時是中華全國總工會黨團書記，被派駐在莫斯科。記得共產國際東方部給中共中央的指示信還特別舉出，列寧同志的哥哥曾經是位暗殺主義者，幾次行刺沙皇未果。而列寧同志是堅決反對暗殺活動的，認爲只有整個地、徹底地推翻舊俄國家機器，並建立起有效的工農蘇維埃政權，才是革命的正途。後來我回到江西中央蘇區，才知道紅軍領導人毛澤東同志也是執行列寧主義路線，嘲笑暗殺恐怖活動的：就算你們有本事把蔣委員長幹掉了，又能有多大用處？國民黨組織還在，各級國民政府還在，數百萬中央軍、警察、憲兵還在，幹掉了姓蔣的，還有姓江的，姓何的，姓李的，姓張的，你能幹得完？成事不足，敗事有餘！江山是打出來的，戰場上見高下，槍桿子裡面出政權！

高崗摸了一把下頷：噢——，原來主席這句名言，還有這麼具體的針對性。劉少奇那時也是反對建立根據地，進行武裝鬥爭的，一九二七年四月他在漢口，就曾經下令武漢工人糾察隊交槍，……我不打斷你，饒哥你接著講周恩來的歷史。

饒漱石說：周恩來一九三一年底離開上海，三二年初進入江西中央蘇區，就排擠掉了毛主席的正確領導，跟著王明、秦邦憲跑，批毛主席的右傾機會主義，富農路線，甚至停止毛主席的黨籍，叫毛主席坐冷板櫈。所以周恩來是個什麼貨色，相信毛主席是心裡有數的……。

高崗陰著臉，聽饒漱石說完，才下決心似的咬了咬牙：饒哥，我看我們要趁熱打鐵，促毛主席一把，解決周恩來問題。周恩來今年肯定流年不利，舊的痳煩沒完，新的痳煩又到。你知道嗎？山東分局書記向明同志今天下午來電話，問我新稅制的事。他說山東全省新稅制實行不到三天，城鄉物價飛漲，出現搶購風潮，人心浮動，市場一片混亂。……我告訴向明，要他立即給毛主席寫信，用電報發，反映眞實情況。實行新稅制，完全是周恩來、薄一波二人所爲，黨中央肯定沒有研究，毛主席不知道，我這個國家經計委主席也不知道！饒哥，這回咱等著瞧吧，各省區一告狀，市場混亂引起社會動盪，毛主席肯定要動雷霆之怒，他周恩來又有好戲看了！

正說著，高崗的衛隊長趙德俊快步進來報告：彭總、林總到了！彭總說，他下午才下的火車，晚上就趕來吃消夜。

高崗、饒漱石立即起身，朝門廳外迎去：快請，快請，兩位打天下的大功臣，大英雄！

彭德懷和林彪，一胖一瘦，一強壯一病弱，一粗聲大氣，一沉靜寡言的比肩而進。彭德懷先跟饒漱石打了聲招呼，之後問高崗：麻子老弟，半夜請客，有啥子好招待的？

高崗則先跟林彪拉手問候，之後回答彭德懷：彭總！我這裡是大後方嘛。東北老鄉前天托人送來一對熊掌，聽說你今天回來，林總身體也好轉了，才叫廚房做下了。還有大連鮑魚燉湯，魚和熊掌兼得。正好饒哥也在，我們四人共享囉。

林彪臉色蒼白，在小客廳沙發上落座，才說：謝謝高主席不吃獨食，還記得我這個老同事。熊掌、鮑魚大補，彭總、饒部長受得起，我卻消受不得，給碗小米粥就可以了。還有，請各位照顧病號，不要當我的面抽菸，行不行啊？

彭德懷也是不抽菸的，笑著說：此項命令請高司令、饒政委執行。

高崗對林彪這種戰功赫赫的將領，一向敬重且能遷就：遵命遵命。我們邊吃邊談，如何？

林彪今晚情緒頗佳，難得地笑了一笑：還是請高主席先談一半，吃起熊掌來才心安理得囉！

彭德懷哈哈大笑：大痲子！你和主席那樣親近，一對熊掌，你至少進貢一隻嘛。他最近身體也欠安，服務員又年輕漂亮，說不定正需要這個。

高崗正色道：送過，吃了批評，以後就不敢了。主席那軟硬不吃的脾氣，你們又不是不知道，平日最討嫌人家送東西。

林彪說：你送古版圖書，包括秘戲圖，他准收。熊掌類嘛，送藍蘋嘛，那婆娘可懂得享受。

饒漱石說：還是林總知根知底。我也聽說，藍蘋對飲食的講究，水平不在周、葉之下。葉劍英在華南局書記任上，天天命粵菜名廚做山海珍席，被陶鑄參了一本，毛主席警戒他不要學慈禧太后嘛。

衛士進來上茶，給林彪上的是白開水。常來常往的首長客人，習性也都熟習了。

高崗又聽饒漱石提到周恩來，忽然想起一件事，便問彭德懷：彭總，周恩來批准羅瑞卿從華北軍區劃出三個整編師，成立公安軍，被主席駁回了，你個國防部長，說說怎麼個事？

彭德懷瞪了瞪眼睛，說：這事周、羅辦的不合程序，是先斬後奏。老毛問我怎麼辦？我知道他是要我充炮筒子。我講不可以，我們不能事事學習老大哥，除了紅軍部隊，還搞什麼內務部隊，克格勃。我們不搞第二武裝，軍事要統一，不然容易出痲煩。老毛問，可也不能讓解放軍去執行公安、警察的任務呀？我講，可以搞一支公安部隊，維持社會治安。但這支部隊應由中央軍委統一領導，而不應交由公安部部長去指揮。老毛同意照我的意見辦理。我這做國防部長、主持軍委日常工作的，不又得罪一回人了？老毛還說，恩來這人也奇怪，平日小心謹慎，可讓羅瑞卿成立公安軍這麼大的事，卻敢拍板批准。不知恩來是怎麼想的？老彭，羅長子你不大喜歡吧？我卻是信得過的。這回我依你不依他。另外，你、我以軍委主席副主席名義擬道命令：今後，凡在首都地區調動一個連的部隊，須報軍委主席批准，調動一個排的部隊，須報軍委主持日常工作的副主席批准；凡在首都以外地區，調動師以上單位部隊，須報軍委主席批准，調動團以下單位部隊，須報軍委主持日常工作的副主席批准。有違者，不管地位再高，資歷再老，一律軍法處置，決不姑息。

林彪抬手搔了搔光凸凸的頭皮，言簡意賅地說：還是主席厲害呀，有了槍桿子才有一切，丟了槍桿子也就丟失一切。

饒漱石眼睛裡有些冒火似的：我看周恩來也厲害，什麼權都攬，這回又差點攬到了軍警大權。

彭德懷和林彪不約而同的看了中組部部長一眼。他們和饒漱石交往不深，但知道不是盞省油的燈。饒為什麼恨周恩來？高、彭、林倒都心中有數，就因為周恩來是華東軍區司令員兼上海市市長陳毅的大靠山，而饒和陳毅則自新四軍起，一個政委，一個司令員，鬧得水火不容，結怨很深。且回回都是政委整司令員，司令員卻沒有被整趴下。

彭德懷若有所思，望著高崗：高崗高崗，站得高，看的遠。你經常接近老毛，老毛也最信得過你，有什麼新動向，新精神，可不要把我們蒙在鼓裡，多少透給我們一點子啊？

高崗習慣性伸手去茶几上取香菸，但一看坐在對面的林彪，就自覺地縮回了手，轉而捧起了茶杯：朝鮮大局已定，彭老總心情愉快嘍！今晚上請你們三位老朋友來，就是要交流交流，相互通通氣嚒。今年中央要辦幾件大事，我想你們已經知道了的：一是要開始第一個五年計畫經濟建設；二是要召開黨的「八大」；三是要召開第一屆全國人大；四是要調整國家行政機構及其領導人選。從去年下半年起，毛主席就考慮到要統一國家行政。也就是說，打算把中央人民政府屬下的政務院和國家經計委合併，成立蘇聯老大哥式部長會議，作爲國家的最高行政機關。這期間，主席個別找我談過多次，徵詢誰出任部長會議主席？他沒有提到周恩來。前天，元旦新年團拜後，主席在菊香書屋家裡主持了一個茶叙，實際上是個書記處擴大會。彭總沒回來，林總請病休，饒哥參加了。主席開門見山，首先嚴厲批評了政務院搞獨立主義，分散主義，黨內組黨，架空中央政府和中央主席權力。主席下令解散政務院總黨組幹事會，不解散，就連政務院一起滾蛋。周恩來當場做了沉痛檢討，請求處分。接下來，主席在會上提出以部長會議主席制，取代中央人民政府及屬下的政務院和國家經計委。關於部長會議主席，他提了三個人選，第一名是我，第二名是鄧小平，第三名是彭眞。……劉少奇在會上打橫炮，提出部長會議主席制不符合我們中國的語言習慣，不如改稱國務院，頭頭仍稱總理。有董老等人附和。不管怎樣，看來主席這回是下了決心，要把周恩來擺到全國政協去了。我提出來，外交部部長一職，還是周恩來同志莫屬。情況就是這樣。我把這個情況給彭總、林總通氣，也算匯報吧。

高崗話一落音，饒漱石即補充說：主席的意向很明確，是要由高主席出任部長會議主席一職。本來嘛，既然周恩來不行了，以高主席在中央人民政府裡的職位，輪也該輪到高主席了。

彭德懷、林彪二位連連點頭。彭德懷爽快地說：小高，主席叫你幹，你就放手幹好了。我這個國防部長可以在下面支持你嘛。

林彪也說：主席要誰幹，誰就幹，這是黨內的規矩。高兄上任，照顧病號就行。

高崗感激地望了彭德懷、林彪、饒漱石各一眼，繼續說：毛主席常找我個別談話，也是徵詢意見。我都趁便提出了看法，我們的天下是軍隊打出來的，軍隊裡文武人才濟濟。可是現在在中央黨、政部門掌實權的，大部分是白區地下黨出身。包括少奇、恩來在內，他們網羅了多少白區幹部啊，陳雲、薄一波、彭眞、劉瀾濤、康生、安子文、蔣南翔、李克農、潘漢年。……所以少奇、恩來二位現在是能一呼百應。而眞正爲我們黨打天下，立下過大功勞的，彭總、林總、劉總、徐總、葉總、賀總，還有羅榮桓、栗裕、張雲逸、徐東海、許光達、蕭勁光等等，等等，這些年都是養病的養病，掛名的掛名，實際上都是在坐冷板凳……主席當然不高興我說這些，他有他的難處。但現在，看來是下了決心，要趁這次中央機構調整，有所改變了。

林彪陰沉著臉說：狡兔死，走狗烹，飛鳥盡，良弓藏嘛！

彭德懷沒有吭聲。因爲他覺得毛澤東還是重用他的。

饒漱石說：只有由高主席主持國家大政，才能處事以公，一碗水端平。

這時，高崗的衛士長進來報告：消夜已準備好了，請首長們入席。

林彪忽然陰陽怪氣地問：我的黃粱熟了沒有？

第一一章　高崗凌駕西花廳

雪上加霜，周恩來最擔心的情勢——新稅制引發全國各地的強烈反彈，如同險風惡浪，朝他撲面而來。

一月八日，毛澤東收到山東分局第一書記、山東人民政府副主席向明等三人的聯名電報信。信頗長，首先匯報了自元月一日起山東全省城鄉實行新稅制後，引起市場混亂，物價飛漲，謠言四起等嚴重情況，之後問：我們眞不懂，新稅制爲什麼要在全民所有制和私人工商業之間劃等號？如果這樣，社會主義的國營企業怎麼能夠得到鼓勵和發展？資本主義的企業從新稅制裡得到了鼓勵更加得意忘形，這樣社會主義還要不要實現？所以，我們認爲圍繞新稅制的實行，是一場尖銳的路線鬥爭。

毛澤東以紅鉛筆把上述一段劃上道道，批上一句話：此爲畫龍點睛之筆，關鍵要害之處。並順手批改了幾處詞語不當。但他沒有像往常那樣，把此一信件批轉書記處成員傳閱。他要放一放，聽聽各地的反映再拿主意。

一月九日，上海市委給毛澤東送來了專遞快件。所謂專遞快件，有如過去朝代的「日行六百里加急」，只是不用驛馬，而改用空軍飛機罷了。毛澤東一看，就知道是陳毅的筆跡。這個陳老總，爲什麼不署名？信中尖銳地指出：新稅制在地方同志毫無準備的情況下匆忙出籠，使整個上海市場出現了物價上漲、各界群衆蜂擁搶購商品、私商停止公私合營而等待觀望，就連黨政機關的領導同志也是思想混亂，給人民群衆的生活造成了極大的困難。我們希望黨中央、政務院重新考慮這一稅制辦法。

毛澤東苦笑了笑：陳老總你自己也思想混亂啊，怎麼把黨中央和政務院相提並論？政務院算老幾？和黨中央並列的應當是中央人民政府啊。

一月十一日，東北人民政府財經委員會的一封告狀信，送達毛澤東手裡。信中揭發：周恩來、薄一波等人在炮製新稅制時，對工人同志的意見避而不聽，對國營企業的困難和要求，則置之不理甚至採取了幸災樂禍的態度。但他們卻對資本家的看法奉若神明。報載他們專門召集了北京市的私營工商業知名人士座談，徵詢意見，並一再地表示要「認眞考慮」。果然現在他們以實際行動表現出來了。仔細地剖析一下新稅制，它的任何一條都對資本家們帶來極大的好處，而對國營企業和人民的利益增加了很大的困難。所以，我們斷言：新稅制是周恩來和薄一波等人向資產階級妥協投降的產物！

對於東北人民政府的這封信，毛澤東仔細讀了三遍，卻沒有做下任何記號。一時覺得它很對自己的胃口，一時又覺得它有些越位、出格，越俎代庖吧，給周、薄兩人做了政治結論。恩來啊，你究竟想幹些什麼？去年秋天，你不把我這個中央軍委主席放在眼裡，擅自批准羅瑞卿擺脫國防部，成立公安軍，幸而被彭德懷打了回票，事後本人寬宏大量，沒有處分你；今年新歲伊始，你又不把我這個中央人民政府主席放在眼裡，不請示，不報告，擅自和薄一波在全國推行新稅制！現在全國各地的告狀信都到了我這裡，犯了衆怒，我看你怎麼收場？到時候，只怕我想幫你的忙，都幫不上囉！

一月十三日，北京市委第一書記兼市長彭眞，給毛澤東打來電話，請示說：鑒於市場混亂，物價波動，人心不安，應當暫時停止執行新稅制。爲什麼財政部要匆匆忙忙推行新稅制呢？我看制定者的指導思想就不對頭。我聽薄一波講過，「三反」、「五反」後，私營企業在生產經營上有困難，應適當扶持一下，而在稅收上把他們和國營企業區別對待，勢必擠了他們。資本家躺倒了，對經濟發展很不利，云云。現在看來，總理和財政部都是採納了他的意見。

毛澤東聽著彭眞的電話，壓抑了好些天的無名火，終於發作了出來，憤恨地桌子一拍：這兩個混帳東西！他們不是想把中國逐步過渡到社會主義去，而是想拉向右轉，把中國過渡到資本主義去！事涉全局、方向的大事，竟敢不和我商量，也不開會研究，就擅自發表法規性文件，這不是無法無天，要搞獨立王國又是幹什麼？

正在值班室處理文件的毛辦主任胡喬木，聽毛澤東大發雷霆，不知出了什麼事，立即約了主席的愛人藍蘋，一起來到毛澤東的書房，見主席已經放下電話，仍然滿臉怒容，坐在藤椅裡生氣。

毛澤東見二人進來，劈面就問：政務院公佈新稅制，恩來、一波事先有過請示、報告之類嗎？

胡喬木、藍蘋幾乎是異口同聲回答：沒有。我們是從元旦那天的《人民日報》上看到的。

毛澤東眼睛逼住胡喬木：眞的沒有？他們是霸王硬上弓，一意孤行？

胡喬木遲疑了一下，回答：沒有收到過正式的請示報告，只是收到過一般性的「工作簡報」。這種「工作簡報」，三十幾個部、委、辦機關各辦了一份，每旬一期，每月共有一百來期，實在讀不過來……我在中央辦公廳那邊也看到了各地打來的許多急電，反映新稅制所引發的各種困難和問題。我也是奇怪，這麼重大的事情，我們這些在主席身邊工作的人，事先竟毫不知情。

毛澤東咬了咬嘴唇：你們算老幾？連我這個中央主席，人家都沒有放在眼裡！你們現在看到了吧？我元旦那天批評有人架空中央，搞獨立王國，不是空穴來風了吧？有朝一日我患了病或是退了休，他們不把我鞭屍揚灰，才怪呢！

藍蘋卻暗自替周恩來捏著一把汗，而從旁勸解說：老闆，別生這麼大的氣，傷了身子。……是不是先派人調查一下，把情況摸清楚再說？

毛澤東瞋了婆娘藍蘋一眼，彷彿在責怪她這種時候還在替周恩來打圓場。他把目光轉向胡喬木：北喬，你替我找到高崗，我有話問他。

胡喬木立即撥通了高崗家裡的保密電話，把話筒遞給毛主席。他和藍蘋本欲退出，毛澤東卻示意他們留下：是高崗嗎？現在和你談個事。……我身體還好，只是睡不著啊。北京這個千年古都，西苑這個皇家園林，陰氣重，鬼魂多，不好住嘛！我問你，你身爲國家經計委主席，知不知道政務院推行新稅制的事情啊？什麼？你也是從《人民日報》上讀到的消息？事前毫無所知？從沒有開會討論過？豈有此理！人家不把我這個中央人民政府主席放在眼裡，更不會把你這個國家經計委主席放在眼裡了。聽著，現在我委派你去找周恩來大人談話，讓他把情況向你匯報清楚，你再來給我匯報！對，是我委派你去找他談話，你是中央政府副主席，他是政府委員兼政務院總理，他有什麼了不起？他既然目中無我，我們也可以目中無他！當然，我委派你去，還是要作同志式交談，不要劍拔弩張……。

毛澤東在電話裡發作了好一會，彷彿氣靜了些。放下話筒，見胡喬木、藍蘋仍在等候他的指示，便嘆了口氣，說：好吧，接受藍蘋的提議，就派你們二位下去摸摸情況。北喬你去財政部，藍蘋化個名，以中辦調研員的名義，去稅務總局。注意保密。你們去召集有關的座談會，只帶耳朵聽，免開尊口，作好紀錄，明白不明白？另外，你們不許給周、薄二人通風報信，去表示什麼關心、愛護！這是工作紀律。這次我倒要看看，死了張屠夫，我們吃不吃活毛豬！

高崗放下電話，興奮得手腳都有些微微顫抖。受毛澤東主席委託，以中央人民政府副主席名義，找政務院總理周恩來個別談話，聽周恩來匯報工作；而且是讓匯報在全國各地惹下大亂子，遭到強烈反對的新稅制問題。

不過，高崗還是做了幾個深呼吸，平穩住了自己的躁動情緒，並很快想好了自己應持的態度、分寸。既是毛主席的重託，意義不同尋常，自己就不能太過愛憎分明，而應心平氣和，不親不疏，不亢不卑，少說多聽。畢竟不是自己個人與周恩來有什麼意氣之爭，而是以毛、高為一方，以劉、周為另一方的黨內路線之爭，是建設社會主義的中國與建設資本主義的中國之爭。當然，黨內問題嘛，最好能以批評與自我批評、包括思想批判的方式來解決，不必鬧到你死我活、圖窮匕首見。

高崗叫通了中南海西花廳的電話。周恩來一聽是高主席受毛主席委託，代表主席找自己談話，連忙恭敬地說：高主席啊，有時間，有時間的，我知道事情很重要，不然主席也不會勞動你出面的。我馬上到你辦公室來。……你現在是在東交民巷八號？還是在西樓辦公室？

高崗覺得還是自己跑一趟西花廳比較好。得理也饒人，姿態放低些，免得日後遭人議論，留下話柄。看來自己取代周恩來只是早晚的事。何況自己還從沒有到訪過西花廳呢。他不禁想起來一句成語：「不入虎穴，安得虎子？」倒要看看，堂堂政務院總理大人的住處連同辦公室，是個啥模樣，適不適合日後自己入住。……同時，他耍了個心眼，答應周恩來，一小時後到西花廳見。

高崗卻提前半小時，到中南海西北角的西花廳院外下了車。正好遇上鄧穎超在院門口送客。客人是中央調查部副部長孔原。孔原見了高主席，趕忙上前握手致候，臉上表情不大自然，甚至有些尷尬。高崗大大咧咧的，只當沒有察覺，跟孔原拉了拉手，就放過了，轉身去同鄧大姐握手，問好。鄧大姐欲傳工作人員去後院書房通知周恩來，卻被高崗止住了：大姐，不可以，不可以。總理那麼忙，早聽說工作節目是以五分鐘為一單元安排的。我是特意提前了半小時，來看看大姐，順帶參觀西花廳嘛，李力群也一直叨唸著要來拜望的。

鄧穎超見高崗說的熱情，便拉了高崗的手，進了院門。前院不甚寬闊，青磚鋪地，面南一溜廊房，是接待室，警衛值班室，秘書值班室，會客廳，文印室。靠西牆是一條通往後院的甬道，兩旁植有半人高的冬青灌木，修剪得兩堵綠色的矮牆似的。矮牆上積雪成冰，頂著兩長條白色玉冠。過一座月洞門，景物豁然開闊，見一方數畝大小蓮池，環池植有榆柳、梅花。幾樹寒梅，傲寒怒放。梅花叢中有一小亭，連著廊榭，大約是爲賞梅所設。廊榭倒也雕梁畫棟，只是油彩斑駁，失修已久。

高崗被鄧穎超領著，說說笑笑，繞池一周。高崗見池中沒有結冰，只是左一堆右一堆的盡是些汙濁積雪，知道池中未曾注水，到了夏天，大約也不會有荷葉荷花了。鄧穎超看到高主席臉上的疑惑，解釋說：自四九年九月我們搬進來，恩來就沒讓往這池裡注水，原先的荷花也早就枯沒了。工作人員也提過意見。但恩來說，西花廳是辦公的地方，兼做住家，不能再收拾成花園了。你們不想想，那麼大個池子，又不和中海、北海相通，要多少自來水才能注滿？還要經常換水，不然臭水一塘，滋生蚊蟲，是不是？免了這項浪費吧！你們要欣賞蓮池荷花景色，可以散步到春藕齋萬字廊一帶去！靠西牆這塊空地，我以後還想蓋個會議廳，請部長們來開會議事，大家圖個近便。

高崗隨著鄧大姐步上一條北向甬道，行二十幾步，進過廳，便是後院了。後院是座典型的四合院，北房五開間，南房五開間，加上東西廂房，四向都有走廊相連。北房的東頭兩間加過廳的隔牆打通，爲周恩來的辦公室兼機要室，西頭兩間爲周恩來、鄧穎超的臥室；南房的西頭兩間改建成廚房，過廳及東頭兩間則爲餐室和會客室；西廂房共六間爲藏書室和貯物室；東廂房六間則分別爲保健醫生值班室，保健護士值班室，秘書辦公室等，有過廳與東面的政務院辦公廳大院相通。但只有辦公廳的主任、副主任、秘書長、副秘書長等少數負責人可以走這道門。

鄧穎超介紹說，西花廳就是這個樣子啦，高主席知道，東邊的那座大院子，有二、三十個房間的，做了政務院辦公廳。恩來說，國家還窮，就這麼對付吧，不能興土木去蓋什麼政府辦公大樓。比起過去延安蹲窯洞，還有西柏坡的那些小院子，這裡已經是夠氣派，也夠寬敞的了。

兩人正說著，周恩來已經得到值班人員的報告，快步走出書房，搶前幾步，跟高崗同志緊緊握手，一面埋怨鄧穎超：小超也太不懂事了！高主席到了，竟不馬上通知我，雖說是二十多年的老朋友、老同事了，不會見外。但小超你知道嗎？高主席是受主席的重托，要聽我匯報工作來的。

一時，鄧穎超臉上有些掛不住。高崗連忙說：恩來同志，是我不讓大姐報告的。我提前到了，也是受李力群同志的委託，先來拜見大姐，並參觀你們的院子來了。

周恩來親熱地拉住高崗的手，進了自己的書房。鄧穎超送至書房門外停下：高主席，我就失陪了。根據紀律，我是從不進他這白虎堂的！

高崗哈哈大笑：白虎堂？大姐取了個好名字。《水滸傳》裡，不是有一章林教頭誤入白虎堂？

周恩來也是哈哈大笑：高主席，我可不是高俅囉！都是小超瞎說，我這書房裡哪有什麼兵符？

等他們笑過，鄧穎超問：高主席，你是頭一回來西花廳，你們談完工作，吃了便飯再走吧？回頭我叫車子去把李力群同志也接過來。

高崗卻連連晃手：今天不可以，改天再領情。記得在延安時，吃過你們家的紅燒獅子頭，恩來親自下廚燒的，印象很深刻。今天我和恩來談完，還馬上要去向主席匯報交差的。

鄧穎超離去，周恩來請高崗坐下。立即有服務員進來敬上龍井茶。高崗注意到，周恩來的這辦公書房，雖然緊靠著中南海北圍牆，採光不太好，甚至隱隱聽得到院牆外文津街上汽車開過的聲音，但的確夠寬敞，長方形，一頭安放著大辦公桌，靠東牆一長溜文件櫃、書架；另一頭卻擺了張乒乓球枱，靠牆一排摺疊椅。工作累了，可以由秘書陪著打打球，既休息，又鍛鍊身體。遇有多位部長來談工作，乒乓球枱中間的隔網一撤，幾把椅子一擺，可又變成會議桌用。融工作、休息、鍛鍊於一室，一物多用，周恩來確有他的過人之處呢。

周恩來隨手從書櫃底層取出一瓶茅台酒，並兩隻高腳杯：高主席，難得你來我這裡一回，我們先喝一小杯吧！我知道你是英雄海量。當然，今天我們只喝一小杯。

高崗手捧熱茶，笑著搖搖頭：恩來同志！你還有在辦公室喝酒的習慣？老毛子、老大哥他們才來這一套。我倒是想吸菸。聽說你這辦公室有塊「請勿吸菸」的告示牌，怎麼不見了？

周恩來忙說：高主席，你是稀客，可以吸，可以吸。是有塊告示牌，聽說你要來，我把它拿掉了。來來來，給你點火。主席吸菸，我也是常常給他點火的。

高崗燃上烟，嘶嘶地猛吸上兩口，才說：我們談工作吧！你知道，主席派我來，想聽你談談。有關內容，你心裡有數了吧？

周恩來見高崗竟是一副居高臨下、王命在身的嘴臉，心裡不禁泛起一陣厭惡。他轉過身去，把酒瓶、酒杯放回書櫃去，掩好櫃門，回轉身子來時，臉膛微微泛紅，眼睛也已是濕濕的，聲音也有些發啞：高主席，主席是派你來了解新稅制的事？主席發了很大的脾氣？高主席，你要一如既往，幫助我、指教我啊！我比你癡長了七歲，政治上卻遠不如你成熟。……特別是今年，我周恩來是流年不利，一再犯錯，給黨的事業帶來嚴重損失啊！中央辦公廳楊主任他們，把各地的告狀信、電報、動態反映，及時通報了我，我是如坐針氈啊。高主席，你可要高抬貴手，拉一把，幫一把啊。

高崗見周恩來竟是換了一個人似的，一路說開來，已是臉色蒼白，額頭冒汗，嘴唇哆嗦，眼睛含淚，語帶哭腔。一時，心裡有些兒憐憫。看來，周恩來是個明白人，政治生涯已經進入死巷。……轉而想想，又覺得不對，周恩來的這副表情，也來得太快，太富於表演性了。說變就變，眞有如川劇演員的舞台絕招「變臉」。此人絕不簡單，歷史一再證明，他是很難被弄垮而下台的。聽講他十幾歲在天津南開中學讀書時，就是個出色的演員，還是男扮女裝，走的梅蘭芳路線。

任周恩來高主席長、高主席短的說千道萬，高崗不爲所動，卻語帶雙關地說：恩來同志！過去戰爭年代，國共談判的艱難時刻，你都能臨危不懼，歷險不驚；今天是和平時期，就算工作中出了什麼大的偏差，總不致掉腦袋吧？何況事情也還沒有弄清楚，更應頭腦清醒，實事求是，冷靜對待嘛！

周恩來抬起了淚眼，以手絹揩著。高崗的話，無異於政治訓示。他一副欲辯無言、疲乏無力的樣子，企望高主席進一步的指示。

高崗不吃他這一套，直截了當地說：恩來同志，從年齡到資歷，你都是老大哥。你知道，我這趟來得不輕鬆，受主席指派，來聽你談談新稅制的來龍去脈。放心，我也不記筆記，不作評議，聽過之後，回去向主席做個口頭匯報，就算交差。我們痛痛快快，竹筒倒豆子，有啥說啥，好不好？

周恩來放下手絹，喝口茶潤潤喉嗓，才說：高主席，你知道，我是一向敬重你、服從你的。你是中央政府副主席，我是政府委員，就算不是主席派你來，我一名中央政府委員，也有責任向你匯報工作的。……我承認，新稅制的事，是我和薄一波辦得匆忙、冒失，給中央闖下大禍了。我要負首要的責任。事情源起去年六月，財政部長薄一波幾次找我訴苦，說國家財政吃力，入不敷出，辦事捉襟見肘。三年朝鮮戰爭，傾盡全國財力。我說，那就遵照主席的有關指示，開源節流吧。薄一波說，節流無多少文章可做，從中央到地方，幹部基本上還是供給制、半供給制，每個月只給那麼幾十斤大米，再加上那麼十來塊錢的零花錢，中高級幹部也只有個中灶、小灶之別，日子已是夠清苦的了，還能榨出多少油水來？只有開源一途可行。高主席，你長時間擔任東北人民政府主席，政府的財政收入，不就主要指望個稅收和貿易盈餘？薄一波和我，於是就在稅收上動開了腦筋。也是一波同志，山西漢子會理財。他提出來，一九五〇年，國家爲了扶助社會主義性質的國營工商業和半社會主義性質的合作工商業，連續頒發了多個文件，給予各種免稅、減稅的優惠。自然，國家的稅收就落到了全國城鄉的民族資本家企業及私營工商業者頭上。高主席你知道，一場「三反」、「五反」下來，雖然懲辦了不法資本家，可也難免波及到私營工商業者。如果再在他們頭上徵收重稅，必然導致一些工廠商店關閉，工人失業，引發經濟全面性萎縮，會給國家帶來災難性後果。另一方面，據薄一波他們調查研究，各地的國營工商業和合作工商業，普遍存在躦國家政策空子的現象，利用國家給予他們的各種稅利減免優惠，嚴重偷稅漏稅。單是商品批發稅一項，經他們把商品批發給私營工商業者，每年就漏掉了國家的十幾個億，卡了國家的脖子。錢，他們不是用來搞了職工福利，就是蓋了樓堂館所。所以薄一波他們提出來，國營工商業和合作工商業已經站穩了腳跟，並發展到了相當的規模，營利相當龐大，再不能讓他們躦政策空子，變著法子偷稅漏稅了，肥了小集體，損害了國家的整體利益。應當也讓他們對國家財政有所貢獻，統一全國稅率，實行公、私工商業一體收稅。

聽到這裡，高崗忍不住點了點頭，並插話：你說的情況，我在東北地區早有發現，沒想到其他地區這麼嚴重。對不起，誰敢在我眼皮底下搗鬼，我立即給他降職處分，直至開除公職，決不姑息。

周恩來繼續說：高主席是黨內公認的全才，尤其是理財能手嘛。我敢說，除高主席和中南區的鄧子恢、西南區的鄧小平少數負責同志，其他大區和省市的負責人，大都是財經馬大哈，只會認個國營、私營概念，對具體的經濟業務，知之甚少啊。……，去年九月，我同意薄一波召開了全國各省市財政廳長、稅務局長會議，醞釀稅制改革。財政廳長、稅務局長們倒是很快統一了認識，從各省市抽調一批幹員，組成專門小組，討論方案，起草文件。因是部屬業務會議，按規定，只向中央辦公廳報備，而不須經政治局審批。去年十一月初，文件起草出來了。當時，我的確想到過，應當向高主席匯報此事。但我記得你十月份搬家，十一月初出席了政治局會議，又匆匆忙趕回東北交代工作去了。我和薄一波也想到應向主席直接匯報。但你知道，主席去年十一月上旬上香山療養，除了彭總、高主席去看望過他，其他人他一個也不肯見。每次電話裡也不願多談。我不是抱怨主席，這是實際情況。彭總那次回來搬兵，自己闖去的，鬧得不太好，高主席聽說了吧？就是那次，也是托了彭總帶話，請他轉告主席，新稅制的事，我想向主席作一次專題匯報。可是，彭總見了主席，只顧了談朝鮮戰局，和主席商量調兵遣將，忘了我的托付。……到了十二月份，文件幾經討論、修改，定名為《政務院關於稅制若干修正及實行日期的通知》，同時為《人民日報》準備了一篇社論《努力推行修正了的稅制》。財政部提出，為了防止走漏消息，下面做手腳，新稅制應當機立斷，於新年元旦在全國實行。我同意，簽了字，所以文件和社論均在十二月三十一日同一天見報。現在闖了禍，我要擔頭一份責任。

高崗聽完周恩來的說明，心情頗為複雜。說實話，從理性上、國家大局上講，他是同意周恩來、薄一波在稅制問題上所採取的新措施。就是換了自己，也會如周、薄他們一樣做。一國之下，長期存在兩種稅制，肥小損大，敗壞風紀，是怎麼也說不過去的。況且，隨著國家社會主義建設的發展，國營工商業、合作工商業在國民經濟成分中的比例越來越大，直至佔主導地位，國家不向它們徵稅，反而要國家政策養肥它們，國家的錢從哪裡來？那麼，周、薄二人錯在哪兒呢？錯在工作方法上？好心辦壞事？官僚主義，不經廣泛討論，深入調查研究，粗枝大葉，輕率上馬？但這一來，周恩來不就又可以輕鬆過關了？這算哪樣回事？不可以，不可以。也不符合主席的要求。對了！周恩來這次的錯誤，要害之處，仍是兩點：一是暴露了他支持愛護資本主義工商業而打壓社會主義國營工商業的路線實質，二是他依然目無黨中央，目無政治局，目無中央主席，又一次架空中央主席權力，搞他的分散主義、獨立王國！他的這種錯誤是一貫的，系統的，不容置疑，無可原諒。

周恩來見高崗聽過自己的匯報，一直在悶頭吸菸，不肯表態，便說：高主席，新稅制的來龍去脈，就是上面我向你報告的這些了。請你給我以批評、教育啊。

高崗聽周恩來貌似謙恭，卻話裡有話，眞是死豬不怕開水燙。想了想，菸頭一掐，直爽地說：恩來同志，你太客氣了。什麼批評教育，實不敢當。不過關於新稅制，你和薄一波在長達三個多月的時間裡，從頭到尾沒有向黨中央、向中央主席匯報過，恐怕不大說得過去吧？去年下半年，政治局、書記處開過多少次碰頭會？沒有聽你說起這事嘛。就算主席去年十一月上旬上香山療養，不大見面，電話裡也不願多說，但你可以寫封信嘛！主席對於黨、政、軍的負責人給他的信件，從來都是認眞批閱，及時批轉的嘛。再說我高某人，中央於去年八月份就宣佈爲國家經濟計畫委員會主席，主管中央政府財經事務；我不過忙於工作交接，北京、瀋陽兩地來回多了幾趟，你、我也經常見面，但直到今天我受主席委託來拜訪你爲止，你也從來沒有提到過新稅制的事嘛！這說明了什麼？確是有人目無黨中央，要瞞著中央自己幹嘛！至少，是先斬後奏，造成局面，分庭抗禮嘛！對了，你和薄一波是不是向少奇同志報告過？如果是這樣，就是少奇同志沒有及時和主席通氣，也應分擔部分責任了。

十麻九怪，高崗絕頂聰明，話鋒一轉，把劉少奇捎帶了進來。

一時，周恩來又額頭冒汗，眼眶泛紅了。他最擔心的正是這項罪名，目無黨中央，目無中央主席，架空主席權力，與中央分庭抗禮！幸而高大麻子把劉少奇也牽扯了進來。……不管高大麻子的用心如何，此時此刻，多有一人來分擔責任，於他周恩來也是比較有利：高主席，我知道，這次的錯誤涉及全局，十分嚴重，我十分痛心，願意接受中央和主席的任何處分。至於少奇同志，我看就不要牽扯進來了。雖說去年十一月，我找他匯報過一次。他是主持中央日常工作的，也實在是太忙了，同時抓著幾件大事：籌備黨的「八大」，籌備第一屆全國人大，主持全國農業合作化運動，更重要的，是他領著田家英一班秀才，天天加班加點，做《毛澤東選集》第四卷的編輯、出版工作。……那天，少奇同志沒有聽完我和薄一波的匯報，就苦笑著打斷了我們：這麼具體的經濟事務，你們找有關同志去商量著辦吧！新的稅制正式公佈實施之前，最好開一些座談會，儘可能廣泛地徵求各方面的意見。

高崗看了看手錶，覺得談話差不多了，站起身子，伸手向周恩來告辭，並主動去開了北牆上的兩扇窗戶，放出滿屋子的烟霧。

高崗沒讓去驚動鄧穎超大姐。周恩來一直送高崗到西花廳外院門口，並堅持著親自替高主席拉開座車側後門，讓高主席入座。之後就站在那兒，目送著高主席的座車離去。

周恩來回到內院書房，深深吐出一口惡濁氣。他明白事情一刻都延誤不得了，按響了傳呼鈴。值班秘書聞聲而入。他讓立即通知兩個人來見，第一個羅青長，第二個薄一波。羅青長自重慶時代就在他手下工作，是他一手提拔起來的青年幹部，現任政務院辦公廳副秘書長兼中央調查部秘書長。

羅青長進來時，周恩來親自去掩好房門，親自泡上一杯茶，才返回大書桌，打開抽屜鎖，從中拿出一個卷宗的幾份材料，給過目。羅青長吃了一驚：高主席？

周恩來平靜地說：是東北地區的一些幹部、黨員，向中央反映高崗同志的不檢點行爲，壓在我這裡好久了。其中涉及他妄自非議毛主席、非議中央人事，私自與蘇方人員搞非正常接觸，洩漏黨的機密等問題。現在少奇同志主持籌備黨的「八大」和第一屆全國人大，考慮黨和國家的重要人事安排，不能不對中央機關的負責同志進行一次新的考察。除主席外，包括少奇同志、高崗同志和我本人在內，都要毫無例外的接受黨中央的考察。這事，我想來想去，只有派你去東北一趟最可靠、適合。你先去鞍山，後去長春，哈爾濱。利用中調部內部渠道，一定不要去驚動了東北局和東北人民政府。記住，此事，你只向我負責，除此沒有第二人。

羅青長知道，事關重大，弄不好是會腦袋搬家的。老首長是出於對自己的絕對信任，才把如此絕密、重大的任務交給自己。不過，他還是問了：孔原副部長不是剛從東北回來嗎？也是您的老下級呀，爲什麼不交他順道辦了？東北地區，他比我熟悉呀。

周恩來臉一沉：他？免提了。有的人現在是腳踩兩條船了。月初，我讓他去長春醫院調查一名女醫生的情況，他竟然回來告訴我，無從查起！你道是誰？就是高幹醫務處那個孟虹，人稱小貂蟬的。此人有來歷，已經鑽到主席身邊去了，你說危險不危險？這次，你一併去了解清楚……。

第一二章　伴君如伴虎

出西花廳，高崗本欲直接去菊香書屋。車子駛近靜園南門，他看一眼手錶，已近晚餐時間，變了主意，囑咐司機出中南海，先回東交民巷八號院。他熟悉潤芝大哥脾性，晚餐席間，往往是一天之中心情最好的時刻，美食當前，跟人有說有笑，葷素咸宜。而且人多眼雜，也不便交談工作。向潤芝大哥匯報工作，特別是涉及人事機密等敏感話題，最好的時間是晚上十一時後。那時，潤芝大哥舞也跳過了，或是泳也游過了，人也見過、玩過了，可以專心一意的考慮工作了。

這一回，潤芝大哥委託自己找周恩來談話，實在是關係重大。一個最明顯的動向，是潤芝大哥下了決心，要以他高崗取代周恩來。潤芝大哥對於周恩來，實在是忍無可忍了。同時，潤芝大哥也是給了劉少奇一個強烈信息，黨中央主席之下的一切負責人的地位，都不是鐵交椅，都是可以替換的。用潤芝大哥的話來說，少了哪個張屠夫，我們也不至於吃活毛豬。

今下午找周恩來談話，高崗的得意之筆，是順手牽羊，把劉少奇給牽扯了進來。周、薄二人搞新稅制，目無黨中央，目無毛主席，劉少奇也是合謀者。前台表演是周恩來、薄一波，後台指揮卻是劉少奇。可不是嗎？周恩來、薄一波推行新稅制，實施什麼公、私一體平等納稅，目的在於保護資產階級，保護全國大大小小的資本家、私營工商業者的利益。他們為什麼要這樣幹？執行的什麼路線？他們自覺不自覺，執行劉少奇的右傾機會主義，什麼現階段要鼓勵民族資產階級開工廠，辦實業，繁榮經濟，發展生產力，鞏固新民主主義新階段、新秩序，以阻止、拖延我們實行社會主義！

太好了，太好了，終於找到周恩來、薄一波們犯錯誤的思想理論根源、政治路線根源了。妙耶妙耶，老高呀，眞有你的！難怪有人說，一般人的十個腦瓜也不及高主席的一個腦瓜好使，姥姥的……高崗想到此處，自我陶醉、自我愉悅不已，差點就要叫出聲來，自我表彰一番了。

晚餐時，高崗胃口很好。連乾三杯雪蚧壯陽酒。趁他夫人李力群離席時，衛隊隊長趙德俊連忙趨前，在他耳邊說：高總，三妹來電話，想明後天來見您。高崗問：她沒說什麼事？趙德俊說，三妹大約用的是街上的電話，聲音吵嘈，不便多講。只說明天晚飯後，她還會出來打電話。高崗點點頭：告訴三妹，若沒有要緊的情況匯報，等我忙過這兩天，再安排她來會會吧。就說大大也很記掛她。

晚十一時，高崗來到菊香書屋。身著睡衣、面帶倦容的毛澤東半仰半躺在沙發上，也未起身，只是抬手朝旁邊的藤圍椅指了指，示意他坐下來說話。毛澤東對自己最親信的人，是從來不拘禮儀小節的。高崗卻有某種直覺，嗅聞到一種特定的溫馨肉感氣息似的。他斷定三妹剛剛離去，潤芝大哥才會如此渾身疲乏，衣冠不整。對了，沙發上，潤芝大哥的腿邊，那方繡有黃玫瑰手絹，不正是三妹遺下的嗎？說起來，那黃玫瑰手絹還是去年八月，饒哥特意請人在蘇州繡製的，共是兩打，專門孝敬給他的。他則將其中的一打轉送給了三妹，三妹喜之不盡。……三妹，大大對你，眞是忍痛割愛啊。

高崗給潤芝大哥打火點菸，自己也吸上一支。又捎帶著拉過大毛巾，連同那方黃玫瑰小手絹，替潤芝大哥蓋上那裸露在外的雙腿。

毛澤東問：找過恩來了？他都向你匯報了些什麼？

高崗盡量以平穩的口吻，將周恩來有關新稅制來龍去脈的陳述，頗為客觀地復述了一遍。

毛澤東點點頭：下午，我也派人分頭到財政部、稅務總局去開了座談會。他們帶回來的情況，和你所了解的，大致上差不多。你自己哪？對於恩來這次在新稅制上所犯下的錯誤，有什麼高見？

高崗胸有成竹，嚥嚥地吸口菸，做出認眞思考的樣子，之後放緩了語氣說：我認為，恩來這次在新稅制上所暴露出來的問題，有他的一貫性，連續性，而不是偶然的工作失誤，疏忽大意。我為什麼這樣看？有兩個支撐點。一、自四九年進城以來，他出任中央人民政府政務院總理一職後，在一系列重大政務上不請示、不報告，大鬧獨立性，以致發展到妄以政務院取代中央人民政府，同黨中央搞分庭抗禮。比如，他支持少奇同志的資本家剝削有功論，支持少奇同志提出的鞏固新民主主義新階段、新秩序，支持少奇同志去年七月的春藕齋講話，擅自批准羅長子成立公安軍，擅自在政務院內成立什麼總黨組，自任書記，直至這次，他又擅自伙同薄一波頒發新稅制，根本無視政治局，無視中央主席。實際上，是又一次表明他架空中央主席權力並企圖取而代之。二、我認爲，周恩來同志所以有這麼大的膽略，敢於架空中央主席，主要因爲他以爲找到了大靠山，以及大靠山所提出並推行的那條保護資產階級、保護全國大大小小資本家利益的路線。所以我說，周恩來只是在前台表演而已。

毛澤東動了動靠在大枕頭上的頭顱，瞇縫起他古典美女式大眼睛，認眞地聽著，微微有些吃驚的問：他的後台？劉克思？問題越扯越大了。……先不要扯上少奇吧，也可以先放過他架空本主席。架空就架空，只要腦袋不掉，就沒有什麼了不起。你還是就事論事，先談談新稅制問題的實質在哪裡？

高崗見毛澤東不願將周恩來的問題扯上劉少奇，心裡甚是失望，卻又不便表露出來：新稅制問題的實質在於阻撓我們實行社會主義，損害工人、農民利益，損害國營工商業和合作工商業的利益，而保護資產階級、資本家利益。所以說，新稅制的問題是幹不幹社會主義的大是大非問題。

毛澤東苦笑了笑：很尖銳，也很擊中要害。不過，我還是想知道一下，舊的稅制，是不是眞有大的弊病？比如有人借國家的政策優惠而瞞稅、偷稅、逃稅，使國家財政蒙受損失，等等。

高崗有時也確是吃不透潤芝大哥的「聖意」。潤芝大哥聽人匯報、談話，絕不讓人左右了他的思路，主導了他的意向，以至越俎代庖地替他作出某些結論。這種人容易犯上，再能幹也難於獲得他的信任和重用。因之，高崗也常常警惕著自己的言行，千萬不可冒犯了潤芝大哥胸中的「禁地」。

毛澤東見高崗只顧抽菸，一時沒有回答，便問：怎麼啦？本來口若懸河，突然斷流了？

高崗笑了笑，忙說：一九五〇年、五一年，國家財委和政務院，是連續發了多個政策性文件，規定國家給予社會主義性質的國營工商業和半社會主義性質的合作工商業以種種稅務優惠，促其迅速發展。現在看來，這些優惠政策是正確的，及時的，並且必需繼續執行下去。短短三年時間，我們的國營工商業和合作工商業已經發展到相當規模，取得了巨大的成績，就是最好的證明。當然，在下邊，也的確有些國營企業和合作企業的負責人，利用國家給的優惠政策，不顧國家整體利益，而瞞稅、偷稅、逃稅，是嚴重的違法亂紀行爲，應當受到懲罰。新稅制卻不去懲辦那些違法者，不是有啥問題解決啥問題，而是走極端，一鍋涮，不分青紅皀白，不管社會主義、資本主義，而搞什麼公、私稅制一律平等！好比潑洗澡水，把我們個社會主義的新生兒一起潑掉了。我們是共產黨國家，工農當家作主，罪惡的資本主義怎麼能和我新生的社會主義鬧平等？這不是公開搞階級投降，又是什麼？爲什麼新稅制才頒行了十多天，就鬧得全國市場混亂，物價飛漲，人心浮動？根子就在這裡了。

毛澤東點點頭：言之成理。不過我還是想知道，本黨執政，各級政府再節省開支，也總是要錢花的。……國家給國營工商業和合作工商業的稅務優惠，減稅、免稅等等，也總要有個完結的時候。你覺得定在什麼時候完結比較合適呢？它們也該給國家財政作貢獻呢。

高崗腦子轉得快，想了一想，即說：應在國營工商業和合作工商業對私營資本家工商業佔有壓倒性優勢的時候，比方說佔有百分之七十以上優勢，資本家經濟在整個國民經濟中不能興風作浪了，才可停止這些政策優惠。在此之前，我們要政治和經濟一齊下手，限制資本主義工商業的發展，而不是去保護和幫助它發展。我想，這也正是主席，還有我，跟少奇、恩來他們在思想路線的分歧點。當然，隨著國營工商業、合作工商業的逐年發展壯大，他們也應對國家財政作出貢獻。可以避開稅務優惠政策，而另行規定辦法，讓它們向國家上繳利潤嘛。這樣，限制了資本家經濟，又鼓勵了國營和合作經濟，又增加了國家財政收入，三全其美嘛。

毛澤東讚許地笑了：高大麻子，還是你的點子多！嗬嗬嗬，恩來、一波他們就是黔驢技窮，想不到這一招。看來，本人力主你調京出任國家經計委主席，主持國家財政大計，是沒有選錯人囉。我算又當了一回伯樂。……我知道，現在財權旁落，還被他們把持著，沒有到你手裡。不要緊，我讓中央書記處發個通知。召開一次全國財經會議，由你和恩來主持，讓恩來、薄一波作檢討，再決定給他們處分。如此一來，天下財政，不就和政務院脫鉤，統歸國家經計委和高主席了嗎？

毛澤東一錘定音，高崗興奮得滿臉通紅，白麻粒點點，滿天星。

這時，毛辦機要秘書給送進來一封密件。

毛澤東親自啓開膠條封口，取出展閱。原來是西苑電話總機的通話紀錄：一、本日下午六時三十五分至五十五分，五號與薄一波通話二十分鐘，談新稅制，五號說，主席動了怒，新稅制文件要被宣佈作廢。今後政務院和財政部做事，還有什麼信譽？講話誰還肯聽？保不住了，肯定要作廢。你我失面子事小，財政一團糟事大。薄一波說：不行不行，先拖住吧，能拖多久算多久，不然今年就會出現大筆赤字，誰來填還？責任，處分，由我一人向中央承擔，一定要保住總理，你頂多算個官僚主義，處事不周。等等；二、本日下午七時零五分至十五分，五號與二號通話十分鐘，報告新稅制惹下大麻煩，五號請求二號找主席談談，勸主席息怒，聽聽各方面意見再做決定，否則會引發今年財政大脫節，許多工程項目要下馬。二號則要五號直接找主席匯報，先認錯，請求紀律處分，涉及全局性大事務，不請示，不報告，鬧分散主義，確是嚴重的違紀行爲。自請處分，越快越好，化被動爲主動。

毛澤東閱罷，氣得眼睛發烏，將密件朝地下一擲：看看，他們背著我，在幹些什麼？商量對策，丟卒保帥，以退爲進，搞攻守同盟！薄一波也眞是條好漢呢，欲死保伍豪，把問題一肩挑呢。

高崗見潤芝大哥勃然動怒，迅即掃了一眼落在地板上的那頁保密箋，才明白是怎麼回事了。原來住在西苑裡的中央主要負責同志，爲了警衛保密，防特防刺客的需要，均以一個數字做代號。由於毛澤東不願意要「一號」虛名，「一號」便給了陳雲。「二號」爲劉少奇，「三號」爲毛澤東，「四號」爲朱德，「五號」爲周恩來，「六號」爲彭德懷，「七號」爲鄧小平，等等。有趣的是，周恩來早在他南開中學參加秘密學社啓蒙社時，也被編爲「五號」，故二、三十年代在上海領導黨的地下武裝中央特科及紅槍隊時，化名爲「伍豪」，取的便是「五號」的諧音。因此他是個老「五號」了。至於西苑電話總機的偵聽設備是怎麼來的，高崗就不得而知，且有點不寒而慄了。慶幸自己好歹沒有住進西苑，否則自己家裡的電話，不論是外面打進的，還是裡面打出的，就都要被人偵聽得清清楚楚了。也是虧了三妹行事愼謹，每次都離開西苑，走出老遠，到街上商店裡借電話打給自己。……東交民巷家裡共有兩紅四黑六部機子，會不會也被人弄了手腳啊？不可不防。回頭敎趙德俊認眞查查，以免窩裡反。……有個成語叫什麼來著？禍起蕭牆，對對，是叫禍起蕭牆。

毛澤東見高崗出神地望著地板上的紙片不吭聲，便說：你可以撿起來看看，看看他們在搞些什麼名堂嘛。之後拿它點火，我們各吸一支菸。

高崗這才俯身撿起地上的密箋，迅速看了一遍，仍不禁砰然心跳：主席現在可以明察到，我說的周在前台表演，劉在後頭指揮，不是冤枉他們的吧？也是虧了主席，早作預防，瞭若指掌。

說罷，高崗將密箋卷成小筒點上火，與潤芝大哥對菸。他知道，這類東西要隨看隨燒的。

毛澤東吸著菸，淡淡地說：設備是羅長子從老大哥那邊弄來的。在書記處內部，也不是什麼秘密，便於光明正大，彼此監督嘛。當然，我也下了命令，此設備只對中央主席負責，任何人不得插手。高大麻子呀，我坐了西苑這頭把交椅，不能不有些相應的措施呀。若還出了野心家、陰謀家，本人的腦袋，不定那個早上就被人搬了家。……對了，你對財政部長薄一波這條山西好漢，有何看法？

高崗見問，立即意識到，薄一波歷史上的那些事，正是劉、周們的薄弱環節，一個缺口。他故作輕鬆地說：主席呀，你要我談談薄一波，我就又要在你面前議論黨的高層人事了。就像那老戲文上說的，你先恕我無罪吧。

毛澤東笑了，也詼諧地說：好，朕先恕你無罪。……又是我徵求你的看法，就不算違紀。而且你、我的一些談話，也絕不允許出我這書房門的。

高崗需要的正是潤芝大哥替他打包票。也是再次當面說明了他是潤芝大哥最可信賴的人。終於到了搬開劉少奇、周恩來這兩塊前進路上的大石頭的時候了。

他說：主席呀，說起這個山西漢子，我可要重提一九三六年他從國民黨北平軍人反省院的狗洞裡爬出來的那樁舊案。中組部長饒漱石同志最近也向我提起，他最近通讀完了黨的大軍區級以上高幹的檔案，很感憂慮，一些歷史上有過變節行爲的人物，正在受到中央的信任，被安排在黨、政、軍各級要害部門。特別是一九三六年華北局從北平軍人反省院弄出來的六十一位同志，爲頭的就是薄一波、安子文、劉瀾濤，個個塡寫了「反共聲明」。……這難道還不算白紙黑字的變節行爲？主席可能還記得，爲這事，我和彭德懷、林彪等同志，曾在黨的「七大」上提案，反對歷史上有過汙點的同志進入中央委員會。可是，我們的提案被當時主持大會人事安排工作的少奇同志否定了。記得當時主席還找我談過，要我顧全大局，心胸開闊，承認在特殊的歷史條件下，黨組織所採行的某些特殊措施。我和彭總、林總都服從了主席的決定。但此事，我至今心有疙瘩。饒部長也有看法，說少奇同志包下這批人，視作親信，都安插到了要害崗位上：薄一波現爲中央財委副主任兼中央人民政府財政部長；安子文同志跟少奇同志的關係更是非同尋常，他歷史上三次被捕，三次出獄，實在疑問一大堆，卻被安排爲中央組織部排名第一的副部長；劉瀾濤則是華北局第一書記……可是，在當時的北平軍人反省院的被捕黨員中，也有硬骨，就是不肯塡寫反共聲明，堅持革命氣節，敢把國民黨牢底坐穿的好同志。

高崗說的正氣凜然。毛澤東有些動容了：請問尊姓大名？

高崗答：劉格平同志。可是對於這麼一位意志堅定，對黨忠貞的好幹部，負責全黨組織工作的少奇同志，卻處處予以排斥、打擊，橫挑鼻子豎挑眼，左右看不慣，而把他排擠出中央，發落到邊遠的寧夏自治區去做一名政府主席，在自治區黨委內也只是個二把手。

毛澤東凝著眉頭，忽然語鋒一轉：你和饒漱石常見面，談論黨內人事？

高崗聽這一問，心裡不淨，也有些窩火，但又不敢發作：主席啊，漱石和我不常見面。他可是個好同志啊，歷史上乾淨，沒有被捕過。我不是說被捕過的同志就都是變節分子。但白紙黑紙塡寫過反共聲明，登過敵僞報紙的人，的確不宜重用，尤其不宜安排在黨、政、軍要害部門啊。

毛澤東仍然不露深淺地問：這是你和中央組織部長的共同看法了？饒漱石既有這麼多的憂慮，爲什麼不來和我直接談？

高崗豁出去了：漱石同志說，他是想找主席單獨匯報的。但他害怕少奇。少奇是中央書記處分管幹部、黨務的，他不敢越過少奇直接找主席。而且安子文每天都盯在身邊，他怕遭到打擊、報復。

毛澤東的臉膛又漲紅了，神情焦躁地指著高崗說：你替我轉告饒漱石，他要怕打擊報復丟烏紗帽，就趁早回華東局休息去！眞是豈有此理，黨中央組織部長不敢來找黨中央主席，豈有此理！小高啊，是不是有人織下了一張羅網，把你、我，包括饒漱石們，都網在裡頭了？

高崗說：所以我想提醒主席，長痛不如短痛，召開一次中央全會或黨的組織工作會議，重新處理原華北局六十一人出獄案，純潔黨組織，也就斷了某些人的羽翼，實在是我們黨的一項當務之急。

毛澤東沉默了，悶頭吸菸，彷彿在掂量著高崗建言的份量。一方面，他心裡是認同高崗的，地下黨出身的中高級幹部中，不少人歷史上是有些不太光彩、不好見人的東西有待分期分批落實、清理；

另一方面，如果現在重提黨的「七大」已經有過共識的原華北局六十一人出獄問題，勢必大動干戈，大施手術，且會把負責處理過此事的劉少奇、周恩來、張聞天、陳雲、彭眞、柯慶施、王稼祥、葉劍英、陶鑄等一批人物都推到對立面去，弄不好中央會分裂，黨會分裂，局勢不可收拾。……事情都過去十六、七年了。一九三六年，華北局勢危急。我華北中央局有六十一名重要幹部被關押在北平軍人反省院。國民黨當局出於民族大義，願在日本鬼子侵佔北平前夕，放掉這批人士，條件是每人塡寫一份「反共聲明」，算是例行手續。當時華北局的組織部長柯慶施立即報告給華北局書記劉少奇，主張營救這批同志出獄。劉少奇火速電告了在延安的中央總書記張聞天，張聞天知會了軍委主席毛澤東，紅軍總司令朱德，還有周恩來、任弼時等人。經得大家同意，即批准了華北局劉少奇、柯慶施的提議，允獄中同志速辦手續歸隊，脫離虎口。有關的責任，概由中央承擔。隨後，以此方式出獄的，還有關押在山西的彭眞、關押在南京的陶鑄等人……此事，毛澤東當時是點過頭，同意救人要緊，但事後心存芥蔕，像辦了一件違心的事似的。痲煩還在於，毛澤東的另兩名心腹大將，受過劉少奇壓抑而與劉少奇面和心不和的柯慶施、彭眞，他藉以在黨內制衡劉少奇的，也捲在了裡頭。還有中南局的陶鑄也不大賣劉少奇的賬。眞是盤根錯節，你中有我，我中有你了。

高崗吸菸，向來兇、快。毛澤東一支未完，他已擰下三個菸蒂了。騰騰菸霧中，毛澤東仰起臉來苦笑著說：高大人，天下事，從來急，天地轉，光陰迫。……可是六十一人出獄的案子，觸一髮而動全身，目前尚不可爲啊。還是等肅反審幹運動，再一併處理吧。歷史上一團亂痲，剪不斷，理還亂。

今天本是找你來談新稅制和周恩來的問題，你卻扯出劉少奇一大批人物來，離題了，離題了。

高崗還欲爭辯，毛澤東不耐煩地揮了揮手，止住了：這次不動劉少奇。他撐著黨的半邊天哪。籌備黨的「八大」，全國第一屆人大，調整中央政府機構，主編本人的選集第四卷，都離不開他。你高大麻子有本事拱動他，可以去試試，本人樂觀其成。告訴你啊，文武之道，一張一馳。凡事欲速則不達。我早就要你每天安排一點時間，讀讀《資治通鑑》。遇事心氣浮躁，看來還是沒能讀得進去。北宋大學士蘇軾有篇《晁錯論》，你不知道吧？我背一段你聽：「昔者晁錯盡忠爲漢，謀弱山東之諸侯。山東諸侯並起，以誅錯爲名。而天子不之察，以錯爲之說。天下悲錯之以忠受禍，不知錯有以取之也。古之立大事者，不惟有超世之才，亦必有堅忍不拔之志。」高大人啊，你聽懂聽不懂？

高崗行伍出身，文化淺陋，一名無師自通的實幹家而已，倒是十分坦率：我半懂不懂。……主席是把我比做晁錯，不要被誅，是不是？

毛澤東點點頭，面諭自己這位志大才疏、敢拚敢幹的愛徒：晁錯何許人也？西漢潁川人（今河南禹縣），是個學問家，文章家，可謂滿腹經綸，學富九車，通曉文獻典籍。在文帝和景帝二朝都做過大官。尤以多謀善辯得到景帝器重，寵信冠於九卿，朝廷法令多出他手。他堅持「重本抑末」，類似我們今天的獎勵國營經濟，限制私有經濟。又建議逐步削奪諸侯國封地，以鞏固中央集權，都得到文帝採納。我們去年下半年把全國六大區的一、二把手都調進北京來工作，也就是這個意思吧。晁錯卻因此遭到諸王侯的反對和仇恨。西元前一五四年，吳、楚等七個諸侯國以誅晁錯、清君側爲名起兵叛亂，西漢王朝形勢不妙。而在長安朝廷中的晁錯的政敵們乘機群起報復，紛紛奏請景帝殺晁錯以安天下。景帝沒能保護住晁錯，被迫宣旨斬晁錯於長安東市。所以東坡居士告誡後世、包括你我曰：古之立大事者，不惟有超世之才，亦必有堅忍不拔之志。這意思，你現在明白了沒有？

高崗聽毛主席講畢這則歷史掌故，心裡很是激動。他騰地站立起來說：主席，我從來敬你為兄長、老師，你一向待我如子弟手足，為了黨，為了你，我甘願做個現世晁錯，不怕坐牢，殺頭！

毛澤東笑了：賜坐，賜坐，不要熱血沸騰，豪情萬丈嘛。我不是景帝，也不願你當晁錯啊。況且，六大區的諸侯王都進了京，封地已削，不會以清君側為名，起兵作反了嘛。況且，沒有本軍委主席的命令，他們豈敢動我的子弟兵？

正說笑著，菊香書屋的值班衛士長敲了敲房門，之後進來報告：主席，高總，東交民巷的趙隊長來了，說有緊急事情，要立即報告高總。

高崗面露不悅，這個趙德俊真不懂事，竟來打攪主席和我的談話？為什麼不可以打電話來？

毛澤東心情正好，遂揮了揮手：去吧，一定是你後院起火。看看什麼事？回來通報我。

高崗離去。毛澤東仍仰在沙發上，即有保健護士進來給他做腿部按摩。因記著高崗會馬上返回，還要繼續談話，而沒讓護士替他做深層服務。

果然，高崗只出去了三、五分鐘，即又匆匆趕回。毛澤東見他有點心神不定，便問：什麼急事？一定要立刻來面告你？

高崗臉一紅，口直心快地說：我從來沒有事情要瞞主席。是瀋陽東北局政保部給我發來一封密電，說中央調查部副部長孔原同志，趁本月初赴瀋陽開會之便，背著東北局，偷偷跑到鞍山、長春等地去微服私訪，說是密查我在東北工作時的反毛主席言論！

毛澤東收斂起笑容，瞪起眼睛問：你在東北反對過我？誰派他去搞這種秘密活動的？放心，我會派人查清楚。你和你們東北局，都要裝做被蒙在鼓裡，絕對不許插手此事，這是紀律。

高崗一時有些目瞪口呆，像被人兜頭潑了一桶冷水：主席！這是放暗箭，搞陰謀，離間主席和我的師生關係！孔原是周恩來的親信。周竟然動用中調部系統來對付我，來清君側！這是在黨內搞特務政治，搞封建王朝東廠、西廠那一套！老子帶兵出身，光明正大打江山，從來噁心這一套！我可以剖開胸膛給主席看，我高某人是一片忠誠，肝腦塗地的！不行！我嚥不下這口氣。這次主席若不替我作主，我在北京難以待下去，允許我回東北吧，我還是去替主席守北大門，看他敢來動我一根毫毛！

高崗氣急，說話完全亂了章法，而且說得很難聽，無形中把毛澤東也捎帶了進去。「在黨內搞特務政治、東廠西廠」這類渾話，都是當著毛澤東主席的面說得的？

毛澤東很看不上高崗的這種表現，草莽英雄，農民領袖，氣量窄小。今後怎麼擔負大任啊？遂批評說：你呀，怎麼還是陝北帶兵時的那個二桿子脾氣啊？你反不反我，我本人還不清楚？你急什麼？原來周恩來和你，你和周恩來，兩個早就鬥上了。也好，膿疱遲早要戳穿。你卻還想多樹敵，把劉少奇也捎帶上。但我要告訴你，今後再不許說「在黨內搞特務政治」這類渾話。看在往昔交情份上，下不為例。我還要告訴你，以我對人的觀察，你不是周的對手，更不是劉的對手。我都不敢小看了他們，你千萬不要高估了自己。你還沒有參加黨、參加紅軍的年月，周已經是黨的軍委書記和中央特科的創始人了，劉也已經當了北方局書記。幾十年來，他們帶出來多少人馬？比你個東北王那區區「五虎上將」，兵多將廣到哪裡去了！今天先談到這裡吧。我還會委託你處理新稅制問題。一次戰役，只能選定一個目標。信不信由你。這一回，劉，我還是要保、要用的。權力不可能都交託給一個人，也擔負不起嘛。我給你交這個底。到時候，不要怪我言之不預。

高崗離去時悔恨交加，好好的一場談話，被自己一時衝動冒失，給砸了。姥姥的！自己畢竟疏於工計，疏於韜誨啊。

高崗剛走，毛澤東的衛士長小黎即進來報告：今晚上，總理來過三次電話了，說主席還沒有休息的話，想過來匯報工作，並做檢討。

毛澤東臉一昂：什麼總理不總理，今後你們一律給我稱同志！你去回個電話，告訴他，我累了，休息了，兩條腿還是不舒服，想到南方去養養病。有話，明後天到書記處和政治局會議上見面說吧。還有，你給謝富治同志家裡掛個電話，通知他立即來見我，一刻也不准耽擱。

說罷，毛澤東揮手促小黎替他去辦事，忽又想起什麼，於是緩緩起身，踱至書案前，親自勻了勻墨汁，扯過一張十行紙，卻許久都沒有落筆。他心頭感到一陣空寂、失落，對高崗甚是失望啊，哪裡具備無產階級革命家的博大襟懷，從容氣度囉？難道也要應了《三國》上的那句警語：蜀中無良將，廖化作先鋒了？不，不，本黨人才濟濟，群英薈萃。統御全局的人物，除了高崗、劉少奇，尙有鄧小平、彭眞、柯慶施諸人啊。

毛澤東心情平靜了些，稍加思索，揮毫寫道——

高、周、鄧、陳、薄：

新稅制事，中央既未討論，對各中央局、分局、省市委亦未下達通知，匆促發表，毫無準備。此事似已在全國引起波動，不但上海、北京兩處而已，究應如何處理，請你們研究，由高崗同志匯總報我。此事我看報始知，我看了不大懂，無怪向明等人不大懂。究竟新制與舊稅制比較利害各如何？何以因稅制而引起物價如此波動？請令主管機關條舉告我。

中央宜在近期召開一次全國財經會議，由國家經計委主持？一總解決財經權責混亂諸事。

毛澤東一九五三年一月十五日

毛澤東剛放下狼毫，負責黨中央機關政治保衛工作的公安部第一副部長謝富治就趕到了。謝富治身子筆挺，向毛主席行舉手禮。毛澤東笑了：兵貴神速，謝政委神速①啊。

謝富治報告：我正好在警衛局開會，立馬過來了。

---

① 謝富治原爲華北野戰軍著名的「陳賡、謝富治兵團」政治委員。

毛澤東示意謝富治坐下後，說：深夜把你召來，有一事相問，周恩來本月初密派中調部孔原去東北調查高崗同志的什麼反毛言論，你知道嗎？

謝富治報告：這事知道。總理對我打過招呼的，說少奇同志主持籌備黨的「八大」，考慮領導班子問題，東北地區有幾封告狀信，需派人去查實一下。後來孔原同志本人也跟我說了，除非主席親自下命令，他實在不願幹這類事。我向羅部長通報了。羅部長說，既然事涉主席，我們也落實一下吧。

毛澤東饒有興味地問：你們落實得怎樣？高崗果有反我的言行嗎？

謝富治報告：我們通過地方黨委，把高崗同志在鞍山、大連、長春的多次講話錄音調來了。東北地區蘇聯老大哥留下的設備比關內多，也先進。我親自聽了錄音，倒沒聽出啥出格的，高崗同志是個粗線條人物，大大咧咧的，講話口氣也很大，無非是教育幹部，要努力讀書，認眞學習，不要吃戰爭年代那點老本，現在和平時期搞建設，就要懂經濟。不要說你們，就連我們的毛主席，是位偉大的戰略家、理論家，有大學問，可也不大懂經濟，也要從頭學起嘛……等等。所以，我和羅部長都覺得不算什麼問題，事情就告一段落了。羅部長說，既然沒事，也就不必驚動主席了，更不能傳出去。

毛澤東鬆了一口氣，他還是沒有看錯高崗的。他忽然臉一沉：謝政委！你替我轉告羅長子，今後除了我本人有命令，任何人都不能動用中調部系統和你們中央政保系統，來對付黨內同事。這是鐵的紀律，誰敢犯這一條，無論地位再高，資格再老，功勞再大，我都請他進功德林②！說話算話。

謝富治騰地站直身子，雙腳跟一併：主席放心，我們堅決執行命令！

毛澤東笑了：好了好了，暫時也還沒有出什麼亂子，我們也沒有誤會高崗同志嘛。說句陝北老農的話吧，有你和羅長子替我看院子，我在豐澤園睡得落覺啊。……我說看院子，謝政委不見怪吧？

謝富治仍然身子站得筆挺：不見怪，我的責任就是替主席守好場院，不讓野狗鑽進來！

毛澤東哈哈大笑：講得好，講得好。……隨即過來拉住謝富治的手，來來，不要這麼嚴肅嘛。走走，我請你吃消夜，看看廚房裡替我們弄下好吃的沒有？我記得，你也能吃辣。在井岡山時候，我就笑話過秦邦憲，越能吃辣子的人，才越會幹革命！秦邦憲很不服氣……。

② 功德林，位於北京德勝門外，爲一座清代留下的著名監獄，關押過末代皇帝溥儀等。

第一三章　盯住了美人兒孟虹

周恩來派機要秘書專送劉少奇一封短簡，只一句話：少奇同志，可否忙裡抽閑，允見面一談？

劉少奇望著周恩來的機要秘書笑了：總理比我更忙啊。一個園子裡住著，見面何難？還要我寫回條？說著，他本能地拿起電話，欲與周恩來在電話裡談談，見機要秘書沒走，才忽然想起了什麼，便沒有叫號，放下了。隨即扯過一張便箋，也寫下一句話：恩來同志，若屬急事，可即來談。

說不清是什麼時候起，住在西苑裡的大人物們，已不約而同地自律，不在電話上交談敏感話題。

位於中海西南角的甲樓，是劉少奇一家入住中南海後的第二個住處。一九五〇年，爲解決幾位領導人的住所，建造了幾所西式二層小樓，甲樓住了劉少奇一家，乙樓住了朱德一家，丙樓住了楊尙昆一家，等等。甲樓鄰近毛澤東的菊香書屋，但規格比菊香書屋低出許多。一樓房間有秘書值班室、會客室、幾個孩子的宿舍、廚房、餐室等。但許多時候，劉少奇全家人都在懷仁堂後的第一食堂就餐，生活很有規律。那時在第一食堂就餐的還有朱德一家，董必武一家，彭德懷一家，陳雲一家，楊尙昆一家，後又加入鄧小平一家。每家一席，也無所謂特灶、小灶、中灶了。不像毛澤東一家，菊香書屋北院廚房爲特灶，毛澤東、江靑專用，不是逢年過節，不允許孩子們入席；菊香書屋南院有中灶食堂，供孩子們和工作人員享用。

甲樓二樓房間闊大，樓道東頭一間爲會議室，可舉行二、三十人的小型會議。會議室再往裡，是劉少奇、王光美的臥室、洗漱室等；樓道西頭第一間爲王光美辦公室，第二間爲劉少奇的書房兼辦公室，甚寬大。這辦公室的特別之處是西牆上開有四扇落地門，門上方有四扇窗戶。出門是個大陽台，可供散步休息。惜乎當日施工簡陋，門窗密封不好，冬天透風，服務員掛上四床厚毯子禦寒，劉少奇需穿著棉衣、棉褲、棉鞋工作。夏季則太陽直射，從中午到日落，劉少奇常常穿著背心辦公，仍然汗流浹背。劉少奇稱他的辦公室爲「冬涼夏暖室」，卻不肯搬換。他的艱苦樸素、節儉自奉，在中央領導層是出了名的。那時，位於懷仁堂東南側的福祿居，還由中央人民政府秘書長林伯渠一家住著。

周恩來進到劉少奇辦公室時，見少奇同志頭戴棉帽、身著棉襖在工作，室內涼颼颼的，忍不住說：少奇同志，在中南海我算個管家的，尙昆向我反映多次，想請你換個暖和點的院子住，你不肯。想把甲樓裝修一下，你也不答應。你和光美同志，還有幾個小孩，會凍出毛病來囉！聽說孩子腳上都長凍瘡了？

劉少奇卻無意談這個：比起江西蘇區蹲草棚，延安住窯洞，不是好多了？條件好一點的院子，還是先安排老同志住吧。朝鮮戰爭還未完全結束，國家建設剛剛起步，我一家能住上這二層小樓，已很知足。……你派機要秘書送信來，是有要緊的情事想談談啊？

王光美進來給周總理上茶，見總理身上只穿了件呢制服，便從門背後取下一件軍大衣給披上，之後帶上房門退出去了。周恩來連聲道謝，望著王光美的背影對少奇同志說：難怪朱老總、董老、林老他們，常稱讚光美是位賢媳婦，賢內助，眞難得。……你代表中央，正在籌備兩個大會，加上主編毛選第四卷，忙得每天工作十五、六個小時。但有幾件事，我不能不向你匯報。

劉少奇知道周恩來有絕密要事相告。他抽出一支大前門香菸，看了看周恩來，又放下了。周恩來見少奇同志是在尊重自己不吸菸的習慣，連忙拾起書案上的火柴，擦亮，給點上：少奇同志，我周恩來近來是流年不利，連著犯下一連串錯誤，辜負了主席的信任，你的愛護、幫助。尤其這次新稅制問題，我是眞正的痛心疾首，後悔不已，請求中央給我以紀律處分。而且，看主席的意向，我得準備辭去政務院總理這個職務。……少奇同志，你是知道的，我參加黨以來，一直大錯誤、小過失不斷，但我從未計較過個人的名位、得失的……。

劉少奇吸著菸，點著頭。他明白，關於中央新的人事安排，周恩來是套他的底來了。劉少奇倒是覺得，不管恩來這人，錯誤缺點幾車皮，卻是一位好說話、好共事的人，安於職分，沒有野心，因此也用不到十分防範的。烟霧中，他停了好一會，也彷彿權衡、琢磨了好一會，才說：

爲新稅制的事，主席給政治局寫了信，發了脾氣。你有辭去政務院總理的思想準備，是好的。主席也早透出了這層意思，讓你去管政協，搞統戰；我去搞議會，管立法。高崗同志搞部長會議，主持國家行政大計。……你若眞的提出辭職，接任人是現成的囉。我可以坦率的告訴你，對這位現成的接任人，許多同志都不表示樂觀。我這裡也聽到不少反映。他的心太大，權慾太盛，個人生活很不檢點。總司令、董必武、陳雲、小平、富春、彭眞、子恢他們都有這個感覺。當然，也有一小批人跟他跑，主要是一批軍隊裡的同志，比如主席的那位小同鄉①，四野的那個長病號②，我的兩位老同事饒漱石、柯慶施，以及徐向前、徐海東、許光達、張明遠、張秀山等等。也是人多勢衆啊。據說他還多次在主席面前重提老華北局六十一人出獄案，想藉此把我也拱下台，眞是獅口大張，貪得無厭。黨的「七大」早作了決議的事，他都要搞翻案，算歷史舊帳，居心叵測，不可不防哪，恩來。

聽劉少奇的這席話，周恩來心裡堵著的一團硬結，頓時化解。沒想到面對高大麻子的步步進逼，少奇同志和自己是利害一致，休戚相關呢。一時，他覺得自己強壯了許多。只要取得少奇同志的默契，整個事情就有了迴旋的餘地，亦是大的轉機。他盡量不表露出內心的喜悅，仍保持著一副憂心忡忡的樣子。他更知道，此時此刻，劉少奇想聽他說些什麼：

少奇同志，我們相識三十年，在一起共事也超過二十年了，我非常感謝你歷來對我的愛護和幫

① 指彭德懷，與毛澤東同爲湖南湘潭縣人。
② 指林彪，一九四九年後長期養病。

助。我覺得，我們作爲一名正直、忠誠的黨的高級幹部，必須尊重歷史。黨的「七大」上確立下來的一切，都不宜輕易變動。不然，很容易被野心者所利用，蹭中央的空子。歷史不容改變。尤其像一九三六年，北方局經黨中央批准，允許當時被關押在北平軍人反省院中的薄一波、劉瀾濤、安子文、楊獻珍等六十一位同志塡表出獄這件事，涉及全黨組織人事問題，當不得兒戲的。我相信主席是淸醒的，不會去理睬「東北王」挑撥離間。但坦率的講，另一件事，就是由「東北王」出任部長會議主席，如果主席執意這麼幹，就恐怕誰都阻擋不住了。這也是我們黨「七大」以來的規矩，黨和軍隊最重要的決策，主席有最後的定奪之權。

劉少奇聽周恩來講到他堅決反對重提一九三六年北方局的舊案，臉上本有了笑意，但聽到無法阻止高崗出任部長會議主席，頓時眼裡冒出了火星子似的：不盡然吧？就算主席提名，也總還要在書記處會議、政治局會議上徵求一下意見，通過一下吧？到時候，你、我不好開口，還有總司令、董必武、林伯渠他們嘛。總不至不讓大家說話吧？我的意見你淸楚，政治局元旦茶會上就提過了，我們不一定用部長會議這個翻譯名詞，可以稱爲國務院嘛。第一任總理，也還是由你來過渡比較合適。主席要提拔新人，可以放到第二任、第三任去嘛。

周恩來見黨的第二把手、分管組織人事的少奇同志，在新的部長會議主席（或稱國務院總理）人選一事上，態度是如此明確、堅定，他那本已消沉多時的心情，眞如那句舊詩所說的：山窮水盡疑無路，柳暗花明又一村了。

劉少奇盯一眼書案上一疊疊文稿。周恩來當然明白少奇同志的意思。但他雙手捧住茶杯，並未起動。顯然，還有更重要的話待說。

劉少奇說：我的意思呀，你本人應當有信心些，不用考慮什麼辭職不辭職的事。若你自己提出來，被人順水推舟，我和其他同志就說不上話了。每天的工作堆積如山，誰能保證沒有失誤？當然，這僅僅是我個人的考慮，不代表中央。我倒是覺得，你也可以去找總司令和董老、林老他們幾位前輩商量商量嘛。對了，你派機要秘書送條子來，我才明白了，今後有些敏感的事，還是當面講好些。

周恩來見劉少奇在他危難之時，如此推心置腹，關懷備至，不禁大受感動：少奇同志，還有個更重要、更棘手的事，我不能不報告你……。

劉少奇警覺地瞪了瞪眼睛：什麼事啊？

周恩來說：少奇同志見過醫療服務處的那個叫孟虹的女醫生嗎？最漂亮、最搶眼的那個。我那辦公室的幾位男秘書私下裡稱她爲「小貂蟬」，被我狠狠批評過。

劉少奇拍了拍腦門：我很少光顧醫療服務處。光美兼做了我的護士，又是半個醫生。是不是在春藕齋陪主席跳舞的？唉唉，陪主席跳舞的女孩子太多了，個個花枝招展，眼花撩亂的，我也分不清她們誰是誰。叫孟虹？她有情況？

周恩來說：說起來，起初在春藕齋，還是蔡暢大姐介紹給我，我再介紹給主席的。因爲這孟虹長春醫學院畢業，卻家傳中醫推拿、針灸。去年十一月主席帶她上了香山，陪住了近兩個月。當時對她並未產生懷疑。主席嚒，詩人氣質，喜歡漂亮女孩子，早不算什麼稀奇事。上月三日晚上，高崗同志家舉行新年舞會，邀我去參加。我無意中看到，孟虹和高崗同志在光線不好的角落，有很不雅觀的動作。他們顯見是老交情了。孟虹沒有出來見我。可她向我說過，她不認識高主席。第二天我問了中辦楊尙昆。他說孟虹的檔案完整，單純，是直接從長春醫學院附屬醫院調來的。跟著，中調部孔原去瀋陽開會，我讓他用中調部系統密查一下孟虹的來歷。他回來向我匯報，竟說無從查起。腳踩兩條船，怕惹事上身了。對不起，我最近派我手下的羅青長去查明了：孟虹醫學院未畢業，就被高崗選中，當了他的私人保健醫生，一天也沒到長春醫學院附屬醫院上過班。……事情妙就妙在這裡了，孟虹是隱瞞了自己的某段重要經歷，被安插到毛澤東主席身邊來的！

劉少奇聽得嘴巴都闔不攏，伸手抹了一把臉，也沒能抹掉滿臉的驚詫：孟虹外號小貂蟬？很好很好，眞是個現代貂蟬。誰算王允？誰算董卓？誰算呂布？荒唐，眞他娘的荒唐……。

周恩來笑笑說：我也沒想到高麻子出此下策，下作之至。他哪裡像個共產黨人？哪裡有一點子無產階級革命家的氣味啊。

劉少奇面帶冷笑，再又抽出一支大前門來，含在嘴裡。周恩來又十分殷勤地擦亮火柴給他點菸。劉少奇愜意地嘶嘶吸一口，吞下去，好一會才吐出幾縷青烟來：恩來啊，我眞佩服你，還是你的中央特科管用囉。這可拿住高麻子的七吋了。但一定不能傳出去，等節骨眼上再派用場！太好了，太好了。恩來啊，不管怎麼說，第一任國務院總理，或者稱部長會議主席，非你莫屬了。他高麻子，對不起，連邊都挨不著了。我敢說，只此一著，他就輸定了。沒想到他會這麼愚蠢，下流。搬起石頭砸自己的腳。也是機關算盡太聰明，反誤了卿卿性命！《紅樓夢》裡是不是這麼說的？

周恩來卻還有自己的擔憂：少奇同志，前天政治局會議，主席不是宣佈過一條紀律？今後未經他批准，誰也不能動用中調部系統。所以，羅青長密查出來的材料，還有個怎樣使用的問題。

劉少奇點點頭：是了，犯著禁忌。主席還和我個別打了招呼，說得更明確，今後誰也不准利用中調部系統搞情報，來對付黨內同志。誰搞誰走人，決不留情。他沒有指名道姓。但你這個中央特科創始人難辭其咎。……對了，恩來，你何不找羅瑞卿或是謝富治二位，他們負責中央政治保衛工作，又是主席最信任的將領。你只要提醒一句：孟虹常跟主席出入，為主席安全考慮，應重新審核一下她的來歷。其餘的，一個字也不提。文章由羅、謝去做嘛。

周恩來笑了：少奇同志一語指點，令我茅塞頓開。羅瑞卿過去在太行山根據地，跟彭總頂得厲害。進城後，主席用他做公安部長，意思是多重的。去年為了建立公安軍的事，主席本已點過頭的，後來主席卻依了彭總，否定了他的主張，我夾在裡頭挨批評。但主席是很信任他的。……辦這事，不如只用謝富治。在中央政保系統，小謝的責任更具體、更機密些。我會給他講清楚，孟虹的事，涉及主席安全，還有東北局等等。只應由他親自派人去查實，絕對不可透出風聲。

星期六下午下班後，孟虹披厚頭巾，戴大口罩，穿軍大衣，推自行車出西苑北門，後上車從文津街折向西，經西安門街，西四北街，再折向阜成門大街，到三里河，進了東北人民政府駐京辦事處大院。這裡已是東北局的天下。高主席的衛隊隊長趙德俊兼著辦事處主任，直接對高主席負責。每逢星期六，辦事處都有專車送舞伴去東交民巷八號院。也是高主席親自吩咐的，由三妹自行先騎車到辦事處，再由辦事處派車專送。返回亦是，先回辦事處，再自己騎車返回西苑宿舍。東北籍的幹部，周末到東北人民政府駐京辦事處看望老鄉，天經地義，誰都挑不出岔兒來的。

東交民巷八號院，高主席周末跳舞，休息換腦子，活動筋骨，是衆所周知的了。這晚上，高主席只在舞會上露了個面，便一切交由夫人李力群去應酬、打點，自己退到後院保健室，與三妹「叙話」來了。一陣龍威虎猛、香汗淋漓之後，三妹枕著大大的粗胳膊，溫言軟語，說開了大大關心的話兒：

老夫子心情不好哩，常發脾氣，罵人。這一段罵得最多的是薄一波、周總理。又不讓他們去見，去匯報。聽人悄悄議論，說是爲了什麼新稅制的事，周總理可能辭職下台哩，還說大大你會接任哩！也不知今後稱大大是高主席還是高總理呢。

高崗翻身坐起，手臂仍然擁住三妹：眞的？西苑裡傳出姓周的要辭職的風聲了？不奇怪，不奇怪，他早就該識相，該知趣，走出這一步了。主席也早就放了話，要分派他去管政協，搞統戰了。快說說，你的老夫子那邊，還有些什麼消息？

三妹這妖精，像個貼麵餅似的貼在親大大身上，火一般熱烈，水一般柔順：還有，老夫子私下和我說，他想到南方去養一段時間的病，也是散散心。自一九三四年長征北上後，整二十年了，他還沒有回過南方呢。老夫子說，想過了春節就走，會帶上我，去武漢，順長江下南京。在南京、杭州兩地都住住。可又說，他一走，中央這一攤子怎麼辦？新稅制之類的爛事一大堆，他放不下心……。

高崗一聽，忽然滿面紅光，興奮得渾身都抖擻了起來：三妹，太好了，太好了，這可是個重大的消息！主席還沒有給我和劉、周、朱打招呼呢，卻先對妳說了，太好了！謝謝三妹子，親親三妹子！

三妹卻不能理解，老夫子要去南方，大大為何這般高興，撿了個啥寶物似的。

大大看出她臉上的疑惑，便說：小傻瓜！老夫子離京，就要委託一位領導人主持中央日常工作。……過去，他去重慶談判，去莫斯科訪問，他都委託劉少奇主持中央日常工作。劉少奇這個二把手的權力，就是這麼委託出來的。眼下正在籌備黨的「八大」和第一屆全國人大，要推出新的中央領導班子，可是個關鍵年頭呢！我估計，老夫子春節後南巡，他可能不再單是委託劉少奇一人主持中央日常工作。……這事，我要儘快找漱石、彭總、林總幾位商量一下，提出一個主席離京期間中央日常工作實行輪值制的方案來。……太重要，這個太重要了！還有什麼？小傻瓜，你給大大竹筒倒豆子。

三妹嬌嗔地猴在大大耳邊上，說：大大呀，你把我派到那進出不便、身不由人的大園子裡去，老夫子又不時的召人……好為難我呀，弄到來見大大一面都不易，還擔著風險。……老夫子時喜時怒的，很難伺候。我心裡總是怕怕……怕出什麼漏子。

高崗一口接一口的親著三妹，邊親邊問：主席他最近罵了什麼人沒有？或是誇了什麼人沒有？

三妹說：我也不是天天、時時都在他身邊。倒是聽他訓斥過兩個人。

高崗又來神了：都訓了誰？怎麼訓的？

三妹說：一個是什麼中央調查部的李部長，一個是山東分局來的向明。

高崗說：中調部部長叫李克農，剛從朝鮮板門店談判回來，周恩來的老下級；向明同志是山東分局書記，江青老家的父母官，我的老朋友。

三妹說：兩次訓人，好像都和大大有些關係的。……不急嘛，大大聽著啦。訓李部長那次，是在春藕齋舞廳休息室，我和另外兩個文工團的女孩子一邊替他做肩部按摩，一邊陪著他說笑。他卻突然讓人把正在跳舞的李部長傳進來，劈面就問：李眼鏡，中調部的前身是什麼？李部長說，報告主席，是延安時期的中央社會情報部，部長是康生同志，我是他的副手，「七大」之後才改成現在的名字，職能不變。老夫子又問：社會情報部的前身哪？李部長說：報告主席，前身是中央特別行動科，一九二八年在上海由總理創立的。老夫子說：這個我知道，恩來是你們的老上司，祖師爺嘛！現在我再一次向你宣布工作紀律，今後中調部只對中央主席負責，其他任何人不經我授權，都不能指揮你們，尤其是不能讓人利用去搞黨內同志的情報，誰搞誰進功德林！上回，是誰派孔原去東北鞍山、長春等地密查什麼的？李部長一聽，臉都紅了：報告主席，我剛回來，孔原副部長向我匯報了這件事，但他沒有說出是誰派他去的。我的確不知道。而且孔原說，他到瀋陽除了開會，並沒有去辦別的事，他也覺得，事涉中央領導人之間的疑難，所以不便辦理，就回來了。老夫子本來緊繃著的臉塊，這時有了笑意：是嘛，孔原年紀輕，資格老，還是有黨性、有覺悟，講原則的嘛！你回去代我表揚他。你說你不知道是誰向他授命的，不全是眞話吧？你不知道，我可是知道的呀！好了好了，不爲難你，繼續跳舞去吧。……大大，你說，老夫子有多厲害呀。我眞是旣敬他，又怕他。

高崗抽出右臂，在床頭櫃上取過一支大中華，讓三妹給打上火：是有人想朝大大的背後捅刀子。只是這回沒能捅得上，讓主席發現了，向他們發出警告了。大大行得正，立得穩，不怕影子斜。……姥姥的！媽拉個巴子，有他沒我，有我沒他，走著瞧。……還有，老夫子爲啥要訓向明同志？

三妹說：那天呀，也是湊巧，我剛從食堂吃過晚飯回宿舍，醫務處的值班頭兒就跑來通知我，讓帶上藥箱針灸用品，馬上去菊香書屋主席那裡。我進到老夫子的書房，老夫子還在隔壁餐室裡和人說說笑笑，相連的那扇房門也沒關上。江靑不停地向客人讓菜勸酒。主客本來都很高興很融洽的。老夫子向客人談到了大大，說大大懂經濟，能抓全面工作，政治上也很堅定。就是那個叫向明的，說話中氣十足，忽然說：在中央領導同志中，眞正忠於主席的就數高崗同志！主席選他做助手和接班人，是我們黨興旺發達的標誌。老夫子問：何以見得？你也是一方諸侯了，少奇、恩來、潄石、彭眞、柯慶施，還有陳毅，都對你很器重嘛，你爲什麼單單提出高崗同志？那個向明大約多喝了幾杯，正在興頭上，說著說著就走嘴了：主席啊，我這幾年抽空看了些命相典籍，多少懂了一點易理。我們濟南有個算命先生，人稱「鬼谷後人」，他說他遊瀋陽時給高崗同志看過相，他說高崗臉上紫微高照，印堂放光，有天子氣象，今後必主一國之政，貴不可言。……這話，我沒敢告訴高副主席本人。但我觀察多年，高副主席一直緊跟你，處處照你的指示辦事，全力擁戴你在全黨全軍的崇高威望。所以，我認爲他是你最好的權力接班人。有他接你的印，主席就可以放心了，我們黨和國家的事業，才能沿著主席的思想路線繼續前進！老夫子聽著聽著，臉色越來越難看，忽然厲聲喝道：向明同志，你還算共產黨人嗎？在你眼裡，我是皇上，高崗是太子了？你是不是想封個異性王呀？那個向明一見老夫子變了臉，動了氣，趕快認錯，承認自己多喝了幾杯，胡亂說話，背離了黨性原則，應當受到處分，受到黨紀處分！女主人江青這時插言相勸：向明呀，今晚你是多喝了點，說話沒準頭。……不過你是在我家裡做客，飯桌上的話，談不到處分的，老闆，你說是不是呀？老夫子嗯了一聲，氣氛緩和了一些：知道錯了就好，我們可以一筆勾銷。作爲共產黨人，還是負責幹部，不信馬列，而信麻衣柳莊、打卦算命、封建迷信？不是別有用心，就是黨性不純！向明同志，你是山東人，認識高崗才幾年？我認得比你早呢，快二十年了，還不知道他年輕有爲，本事了得？問題在於，他的本事是在長期的革命鬥爭中鍛鍊出來的，不是什麼紫微高照、天上掉下來的！所以我不贊成你們幫他的倒忙，相信他本人也不會同意你們幫他的倒忙。共產黨人啊，應當襟懷磊落，即便是對黨的高層人事安排有想法、建言，可以公開提出來嘛，何必拐彎抹角，旁敲側擊、偷偷摸摸囉！

高崗聽到這裡，兩手放開了三妹，警覺地坐直了身子：這個山東大漢，可是給我闖禍囉！老毛本來就多心，好疑，說我頭上有天子氣這號渾話，不正犯著大禁忌？很容易引起老毛對我的誤會。……老毛對他最信任的人，也都存有戒心的。向明呀向明，難怪你回濟南不來辭行，原來有這檔子事。

……三妹，大大還眞虧了有你這個耳目。

三妹又欠身替大大取菸、點火：我看那個向明呀，好像和老夫子、和江青都很親近的。向明告辭時，老夫子只送到院子裡，江青卻是一路送了出去的。

高崗說：山東人嚒。向明是經江青介紹給主席的。主席也對他有好感。去年還特意委託他挑選了十八名山東青年，做警衛員。主席說，山東好漢忠誠正直仗義，最靠得住。……這次，主席是特意召他來京匯報新稅制問題的。本來是整周恩來、薄一波的材料，卻給我闖禍，惹主席疑心。

三妹又偎到了大大毛茸茸的胸膛上，面若鮮桃，眼波若流，卻雙眉緊蹙：大大呀，有句話，在我心裡存了許久了，不知當說不當說？

高崗手撫著三妹的乳溝、雙峰，來回上下：三妹，你是有心事呢。大大面前，有啥不能說的？

三妹說：大大呀，你叫我好爲難啦……讓人去伺奉老夫子，又讓人打聽些事兒來告訴你，我總覺得大不妥，易出事呢。……先前提到大人物背著老夫子，利用中調部系統去東北地方密查什麼事，萬一人家密查出來，我做過大大的私人保健醫生，是大大一手安插到老夫子身邊去的，就壞事了。我丟了小命事小，影響了大大的前程，可就事大。……我說大大呀，何不趁現在事兒還沒有穿幫，給我安排個退路，比如回東北去什麼的。要想退步抽身早，何必臨難悔當初。……大大，你說是不是呀。

高崗臉色有些泛白，額頭上沁出一層細細的汗珠子。他忽然感到一種說不出的沮喪和疲憊：三妹，大大這麼喜歡你，看重你，就是你常常能和大大想到一起，說到一起。……自去年十一月初搬家進京，三個月時間，說實在的，大大已經很累很累了。妳不知道，如今西苑裡正是龍騰虎躍，加上獅子、豹子、狐狸，一個個武藝高強，身手不凡。大大和他們打交道，橫的豎的，上面下面，有多難。

老子眞懷念戰爭年代，那時的人際關係要簡單得多，誰會帶兵，誰會號令群衆，誰會組織後勤供應，誰就能打勝仗，立大功，創建起兵強馬壯、幅員廣大的革命根據地。可進入和平時期，特別是進入西苑這先時的皇家禁地，那些手無寸功，甚至從敵人狗洞裡爬出來的傢伙，一個個投靠各自的老主子，成了大紅人。他們的最大本領就是結黨營私，爭權奪利。幹革命不是憑業績，而是憑關係，憑手腕……妳不知道，大大在西苑是個單幹戶，外來戶啊。政務院是周恩來的山頭，書記處是劉少奇的地盤，他們手下各有一班人馬，抱團得緊，也排外得緊。……主席也不是沒有察覺，不時痛斥他們的分散主義，獨立主義，卻又遲遲不下決心動大的組織手術。……主席所以器重我、信任我，也是爲了用我來打破劉、周們的山頭主義。三妹呀，有時大大眞想退回東北局去，還是關外好哪。在東北局，東北人民政府，東北軍區，三大家是一家，由大大一人說了幹，幹了算，多明瞭，多簡單，多痛快。可現在，被卡在這不上不下的位置上，已是身不由己了。好比過河卒子，有進無退了。

說到這裡，高崗眼裡泛起了淚光。但他不會流出淚水。陝北漢子脾性剛強，寧折不彎，從未有人見他流過眼淚。三妹也是頭次見到大大流露出內心的虛弱一面，鐵打的漢子肉長的心，不由得心悸了：大大，大大，大大！好好生生的，你怎麼啦？不說了，不說了，我替大大做事，通風報信兒，陪大大取樂兒，都是自覺自願。爲了大大，我什麼都敢做，什麼都敢當，大大！

高崗雙手捧起了三妹鮮嫩如花的臉蛋，眼睛裡的淚光不見了，一如往常地目光如炬，攝人心魂：三妹，聽著！妳說到的難處，大大也不是沒有想過。妳的險境也是大大的險境。大大眞有些後悔把妳弄到西苑這個是非窩子裡來。特別是我知道姓周的動用中調部的人馬，到東北去密查什麼我的「反毛言行」之後……悔當初，沒有把妳留在瀋陽替我守「大帥府」，每月回去和妳相聚一回。如今說這個，也晚了。這麼著！大大做事大大擔，快刀斬亂麻，大大明兒個就出面，去報告主席，女醫生孟虹，就是我高崗爲了方便主席治療痛風症，設法安排到主席身邊來的！因怕引起誤會，遲至現在說明。現在向主席坦白交代，任由主席發落處理。但我和孟虹，都是對主席一片至誠，赤膽忠心！

孟虹的眼睛波光晶瑩，如兩泓清泉。大大眞是個敢作敢爲、頂天立地的大英雄。她激動得渾身顫抖：大大呀，你敢擔當，三妹擔當不起呀，影響了大大的前程咋辦？我眞恨死了姓周的了，文質彬彬，人面獸心。……大大，乾脆由我本人了結這事算了，一了百了，乾乾淨淨，不留下任何把柄。

高崗聽懂了三妹的意思，登時大怒，以手掌捂住了那迷人的紅唇皓齒：胡說些什麼？老子眞想揍妳！揍妳個沒出息的東西。……傻瓜，小傻瓜，大大不罵妳，大大是心疼妳。大大十八歲起掖了腦袋幹革命，拉桿子，出生入死，什麼樣的險境沒闖過？今天這點子屁事，還能自亂陣腳？妳放心，我主意已定，搶在劉、周的前頭，主動去向主席說個淸白。最多把你發落回東北，把我也發落回東北，老子正求之不得！對了，事不宜遲，妳明天就給衛生部高幹保健局寫假條，就說父親病了，要回大連家中探望。悄悄請准了假，我讓趙隊長派專人送妳回瀋陽。只要回到了東北局，妳再請病假，躲起來讀書去。劉、周的手再長，也夠不著妳了。

第一四章　高崗密會「五虎將」

轉眼過了春節。毛澤東決定南巡，親自圈定女醫生孟虹隨行。孟虹的事，高崗已主動向毛主席作了「坦白交代」，承認小孟當過自己的保健醫生。因見她中、西醫皆通，尤精推拿針灸，考慮到主席治療痛風症的需要，才暗中推荐，安排進中南海醫務處來的。此事，雖然出於對主席的忠心，但做得不正大光明，願接受中央的紀律處分，云云。

毛澤東初時感到震怒，聽完高崗的坦白交代，倒是難得地釋懷了：是有些無聊糟糕呢！幸而你自己主動說清楚了，否則後果嚴重。你說出於對我治療的關心，人家不會這麼看呢！看在你、我二十年的患難之交，革命友情份上，我可以不同你計較，不過一名漂亮女子，先和你睏過覺，再來和我睏覺，有什麼了不起？敵人不是天天罵我們共產共妻？只要不是派來卧底的！況且，小孟夫子從未在我面前弄過是非，很懂事一個人兒，又懂古典詩詞，能說笑到一起，我是真心喜歡的。這事，就說到這裡爲止。你和孟虹今後不再見面，不衛生呢，做不做得到？

天大一件事，這麼輕鬆過關，高崗差點雙膝一屈跪下去。潤芝大哥待自己，眞正的恩深義重。

負責毛澤東首次南巡安全保衛工作的公安部部長羅瑞卿，中央辦公廳主任楊尙昆二人，卻把孟虹的名字從隨行人員名單中劃掉了，安排了另一名針灸師替主席治病。他們跑到毛澤東面前去解釋，爭辯，要求主席先冷置孟虹一段時間，考驗、觀察嘛。毛澤東拗不過兩位對他忠心耿耿的護衛大臣，只好讓了步：第一，孟虹仍留中南海醫務處工作，一切如常；第二，她的情況我已清楚，不要找她談話，搞什麼政治審查；第三，她今後不再出入東交民巷八號。

毛澤東適時地保護了高崗和孟虹，阻止了周恩來、劉少奇可能採取的後續行動。毛澤東看得清楚，如不加以阻止，周、劉一定會搞臭高崗，也就要傷害到自己的顏面。

出巡前夕，毛澤東召集政治局擴大會議。「七大」選出的十一名政治局成員，任弼時已去世，張聞天出使莫斯科，陳雲、王明請病假，實到八人：毛澤東、朱德、劉少奇、周恩來、高崗、林伯渠、董必武。列席成員爲彭德懷、鄧小平、彭眞、李富春、饒漱石、鄧子恢，工作人員楊尙昆、田家英。

毛澤東開宗明旨：進京三年多，一直忙忙碌碌，去過東北和蘇聯，還沒有回過江南。如果從一九三四年長征北上抗日之時算起，本人有整整二十年沒有回過南方了。人生能有幾個二十年？況且年事漸高，身體不適，經常痛風，夜夜夢江南啊。眼下呢，朝鮮戰局基本穩定，國內經濟建設也開始上軌道。書記處幾位老朋友體諒我，准我回江南一遊。這次如無大事，我會在南方多住些日子。邊療養，邊讀書，邊調查研究。中央這個攤子，就有勞諸位了。以往，我每逢出門，都委託少奇同志代爲主事。這回出行，是按老章程辦哪？還是也考慮到少奇的擔子太重，又是籌備「八大」、第一屆人大，又是主編本人的著作第四卷，等等，莫要把他累垮了，可否試行一下三人或四人的輪值制？

這是毛澤東第一次提出他離京期間，黨中央領導實行輪值制。一時，政治局成員們都感到新鮮、突然，也就證實了大家早已心照不宣的預感。毛主席對他身邊的主要助手不滿意，急欲進行某種調整。對此最爲敏感的又是劉少奇、周恩來、高崗三位，他們幾乎要同時表示看法。毛澤東用目光止住了高崗，怕高崗沉不住氣率先放炮，引起大家的反感。毛澤東一如往常，像個大家長似的，一個一個點名發言：總司令啊，你是長者，談談高見？

朱德笑笑微微，像個彌勒佛似的：可以，可以，兩種方式都可以，不就是批個文件，主持個會議麼？現在電話、電報都很方便，反正大事還是要請潤芝拿主意。

毛澤東笑了：總司令大好人一個，兩種法子都贊成，說了也等於沒說，比我們懂得養尊納福呢。

大家跟著輕鬆地笑了起來。

毛澤東和劉少奇同時各自在嘴裡含上一枝菸。劉少奇搶先給毛澤東打火。毛澤東禮尙往來，也給劉少奇點上火：少奇啊，輪到你了，你是當事人。我的第二個法子，是出於對你的照顧，怕累壞了你，光美要尋我打官司囉。

大家又笑起來。劉少奇歷來避嫌疑，回答得很乾脆：我讚同主席提出的第二個法子，搞輪值制吧，發揮一下集體領導的功能嘛。我看政治局委員，在主席離京期間，可以輪流坐班，抓抓全局性工作，也是鍛鍊幹部嘛。

毛澤東吸著菸，眼睛瞇縫起來：輪流坐莊，一天一換，群龍無首。恩來，你說呢？

周恩來心裡雪亮：一搞輪值制，雖然肯定有自己的份，但也肯定會有高崗。善者不來，來者不善啊。一旦形成制度，今後想改變，就難了。因此，他語調誠懇地說：「七大」以來，主席有過幾次重要的外出，頭次是一九四五年八月和九月，去重慶談判，離開延安四十五天；二次是一九四七年三月胡宗南大軍進攻延安，中央班子分成兩撥人馬；三次是四九年底主席出訪蘇聯，後又視察東北，離京三個多月……都是委託少奇同志主持中央日常工作。少奇同志兢兢業業，工作出色，沒有辜負主席的重託。這在全黨已成習慣。我看這次，也不要輕易改變了，還是實行主席講的第一種方式比較穩妥。

也眞是拿這個恩來沒辦法。他講起話來，總是滴水不漏，有理有據，別人很難反駁呢。毛澤東見到高崗拉下了臉，有些坐不住似的。心急火燎，你想扶他，也不知扶不扶得起呢，還弄了個小孟來卧底。……又見彭德懷和鄧小平兩個交頭接耳，不知在談論什麼，遂問：老彭啊，國防部長閣下，你和小平有什麼話，能不能大聲點，我們都聽聽？

彭德懷登時臉一沉，欲分辯。倒是鄧小平輕鬆地說：主席，我來向大家作交代。方才我們兩個是開了小差。彭總從朝鮮前線給我帶回來兩盒戰利品，繳獲的美軍撲克牌，他曉得我愛打橋牌。我向他表示謝意，誇了兩句那撲克牌質量不錯，燙了塑膠，防水防濕。

毛澤東哈哈大笑：好了好了，我這裡黨政大事，你那裡娛樂消遣，會中有會，各投所好，互不相擾。……彭老總，你是位革命的清教徒，一不抽菸、二不喝酒、三不打牌。發表一點高見如何？

彭德懷臉色平靜下來，笑笑說：老毛是當家的，想叫我放炮。放就放。當家的要出門，家裡誰來主事？我看不是什麼大事。不就是總司令說的批個文件，召集個會議麼？眼下的一件大事，還是那個新稅制問題。各地反應很大，老毛也給政治局寫了信。鬧騰了個把月，怎麼沒有下文？究竟是繼續執行，還是暫停執行？中央也沒有一個明確的指示，下面不好做事呢，幹部罵娘呢。

毛澤東、劉少奇、周恩來見彭德懷講話跑題，節外生枝地又提出新稅制問題來，臉上都呈現不悅之色。唯高崗、饒漱石激賞地看他一眼。其餘人則保持沉默。

劉少奇見無人接彭德懷的茬，怕沉默久了主席不耐煩，恩來太尷尬，只得出面解釋說：老彭啊，上個月主席給政治局寫了那封信後，開過兩次會議，對新稅制作了專門討論。你因去了朝鮮，沒有出席。大約回來也沒有看到簡報。會上，恩來，薄一波作了深刻檢討，請求中央給他們處分。主席提議，四月份召開一次全國財經會議，來徹底檢討新稅制問題，並指定會議由國家經計委高崗同志主持。情況就是這樣，向你通報一下。現在，我們還是回到原來的議題，主席想聽聽你的高見哪。

彭德懷說：那就算我官僚主義了。關於當家的出門……那我又放炮了，我同意少奇先前提到的，試試輪值制吧，多培養一點人才抓全局性工作，鍛鍊幹部嘛。當然，既然是管家主事，也不能大家一人輪一天的來。我看就由少奇、恩來、高崗三位輪值。三馬拉車嘛！

毛澤東撫了撫掌，看大家一眼，見無異議，便說：三馬拉車，老彭這一炮不算空放。我同意試行少奇、恩來、高崗輪值制。三位也要既有分工，又有合作，少奇側重黨務，恩來側重文教衛體加上外事，高崗側重全盤經濟、工農商貿。全局性工作，建議三位每人輪值一周，輪流倒換。重大的事情，你們最好還是先和我通氣打招呼，不要再犯恩來的分散主義和獨立主義，事情就這麼定了。總之，有勞各位同心協力，團結共事。以便本人在南方安心讀書養病，調查研究等。對了，還有個重要事，爲了管好我們這個已經擁有八百萬黨員的執政黨，除了書記處四位書記之外，還想增加一名中央秘書長。這個職務，本主席提議由鄧小平來擔任，各位以爲如何？此人小我十一歲，精力充沛，辦事果決，人家忙得焦頭爛額，他卻案無隔夜公文，晚上打橋牌，是可忍，孰不可忍哉，不能輕放了他！

毛澤東幽默地話鋒一轉，轉出另一項重要人事任命來。當即多數人鼓掌，表示贊同。只有鄧小平站起來說：主席，你這個任命太突然。我調到中央不到半年，政務院分工我管交通、郵政，工作剛入門，又加新擔子，吃不消的。何況，黨務工作，由少奇同志抓得有條有理，不需要增加人手。

毛澤東說：看看，都說鄧政委處理事情，舉重若輕，現在卻和我討價還價，算怎麼回事？你就不看看少奇累得早生華髮，背脊都佝僂了？

劉少奇說：小平同志，我看你就不要推託了。就算幫我一個忙，當個黨務方面的助手嘛。中央秘書長這個職務，記得你在上海地下黨中央期間就擔任過，現在不過是重拾舊業，車輕路熟嘛。

毛澤東說：少奇講得好。你給少奇當助手，也就是給我當助手嘛。服從組織安排，有需要的話，工作上你可以對我直接負責。總司令，少奇，還有諸位，事情就這麼定了吧！請鼓掌通過。

會場上響起一派熱烈的掌聲。劉少奇隨後宣佈，主席建國以來第一次回南方，我們一定要抓好安全保密工作。書記處決定，由公安部長羅瑞卿，中央辦公廳主任楊尙昆二位，率中央警衛團第一中隊，全程陪同主席南巡。

高崗更有信心了。事情明擺著，潤芝兄四兩撥千斤，中央實行劉、周、高三人輪值制，是進一步把他高崗擺到全黨全國的領導崗位上來了。自己取代周恩來已是呼之欲出，指日可待。更妙的是，潤芝大哥任命鄧小平爲中央秘書長一職，無形中削去了劉少奇一半的黨務權力。可見，潤芝大哥對劉少奇也是有所防備，有所限制了。

形勢大好，但不可以掉以輕心，忘乎所以。劉少奇、周恩來二人，不會那麼乖乖放權，乖乖就範的。他們一定會暗中勾結，或者說早已暗中聯手，全力對付他高崗了。好險啊，幸而自己採取了主動，及時把孟虹的事向潤芝大哥作了「坦白交代」，取得了潤芝大哥的諒解。否則，只此一事，被劉、周二位咬住不放，打開缺口，深揭狠挖，他高崗可就眞要一敗塗地，聲名狼藉了。

「宜將剩勇追窮寇，不可沽名學霸王」，潤芝大哥一九四九年五月二十日欣聞解放軍佔領南京，寫下了著名的詩篇。現在，確是到了他高崗「不可沽名爲霸王」的時刻了。跟周、劉的權力較量，決戰，已迫在眼前。必須群策群力，方可衆志成城。

毛澤東離京南巡的第三天，又是一個星期六晚上，東交民巷八號院照常舉行舞會。仍是一批東北局調京工作的老同志及其年輕女眷們。那位艷光四射的女醫生孟虹沒有到場。高主席匆匆來舞廳露了個面，跳了兩支曲子，就到後院召集「五虎將」會議。前院跳舞，後院開會，便於混淆視線，掩護目標。號稱東北局「五虎將」爲：東北軍區副司令員張明遠，副政委兼後勤部部長張秀山，國家經計委副秘書長馬洪（原東北人民政府秘書長），中央組織部副部長郭鋒（原東北局組織部部長），高崗辦公室主任兼衛隊隊長趙德俊。

高崗對這五名自己最親信的心腹大將，採用的仍是往常那邊吃喝邊議事的「會議形式」。酒席上面，弟兄們容易信誓旦旦，肝膽相照，暢所欲言。高崗舉起盛滿長白山人參酒的杯子，先向張秀山、張明遠二位說：歡迎二張兄弟來京相聚。有你們二位坐鎮東北，我這個在北京的東北軍區司令員兼政委，睡得落覺啊。這杯酒，先要敬你們二位！說罷，一仰脖子，乾了杯。接下來，高崗親自給二張添酒：馬洪和郭鋒，是兩位才子，算是我的文韜。二張加上小趙都是帶兵的，算是我的武略。文韜武略，是打江山，坐江山最重要的兩手，所以你們是我的左臂右膀，缺一不可。

張明遠、張秀山都是十幾歲跟隨高崗在陝北根據地一路打拚出來的，可說是生死與共的老上下級了，見高主席這樣看重他們，早已起身舉杯，忙不迭地向敬愛的老首長高主席回敬、乾杯。

高崗招呼二位坐下，並頒酒令，今晚上兄弟相聚，不來虛禮，誰也不准起立了。接著，他散給每人一支大中華，邊抽邊喝邊吃邊說：雖然弟兄只有五位，可也文武齊備啊。

幾杯人參酒落肚，張明遠、張秀山激動地說：高大哥，我們自一九二九年參加革命那日起，就跟著你打天下，是你一手栽培提拔的。還是那句老話，高大哥指向哪搭，咱兄弟打向哪搭，沒二話！

高崗豪氣地說：我也還是那句老話，我和五位兄弟，有福同享，有難同當！今天兄弟相聚，是有要緊的事相商。你們知道，每到緊要關頭，我總是要先和你們打招呼，聽聽你們的意見。

張秀山、張明遠等五人聽高大哥有大事相商，不約而同地停了杯盞，睜大了眼睛，認眞聆聽。馬洪、郭鋒二位掏出了筆記本，準備記下要點。

高崗說：不要筆記。我下面的話，各位只能記在心頭，關在嘴裡，上不告父老，下不告妻兒，不能露出半點去的！兄弟同志哥，我們黨的事業，又到了關鍵時刻。主席年紀已大，身體不好，害有痛風症，去年還中過風，口吐白沫，不省人事。這是黨的絕密。因此許多事，主席處理起來，往往力不從心。他對他的兩名助手，一個劉，一個周，也越來越不滿意，不放心。劉出身破落地主階級，周出身沒落官僚資本家家庭。他們身上自小打著剝削階級的烙印。不像我和各位，出身貧苦，跟一切剝削階級是生死對頭。四九年革命勝利後，他們兩人都不想幹社會主義，一而再、再而三地變著法子，甚至頒佈政策、法令來保護資本主義和資產階級。毛主席已動過幾次雷霆之怒。劉、周口頭上作檢討，實際上堅持不改。直到今年初，周和薄背著中央，背著主席，實行什麼新稅制，叫做什麼公私稅制平等，引起全國波動。再一次露出他們反社會主義，護資本主義的馬腳，毛主席已對他們完全失望，所以只好考慮組織手術了。主席去年八月調六大區負責人進京，特別是委任本人當國家經計委主席，就是為這次的組織大手術做準備。前幾日，主席離京前夕召集了一次政治局擴大會議，宣布了兩項關鍵性的人事任命。現在還沒有在省軍級以上高級幹部中傳達。一是從現在起，凡主席離京，不再委託劉少奇主持中央日常工作，而由我和劉少奇、周恩來三人輪值，叫做三馬拉車。大家明白主席這深意了吧？這也是一個過渡性安排，今後是我來做主席的第一助手，主持中央的日常工作。主席已經向劉、周打過招呼，要安排劉去搞議會，周去管政協；二是任命鄧小平任黨中央秘書長，直接向中央主席負責。你看看，主席這一任命，不是削去了一大半劉手裡的黨務組織權力？所以劉、周這兩塊石頭，中央是一定要搬掉的！還有，主席和政治局已經決定，四月份召開全國財經會議，由國家經計委主持，我致開幕詞，清算周、薄在新稅制上的錯誤。我相信這次會議後，周就下台了。主席已明確指示，中央人民政府屬下兩大機構合併，由我出任部長會議主席一職。以上是形勢的光明面，大好面。

郭鋒聽到這裡，激動地輕輕呼了一句：高主席萬歲！

高崗怕其他人也跟著呼喊，被大好形勢衝昏了頭腦，連忙做了個制止的手勢：任何時候，都不要喊這類愚蠢的口號，老子從來不相信毬的八千歲、九千歲、萬歲。兄弟同志哥，形勢還有另一面，陰暗一面，嚴峻一面。弄不好，殺頭，進班房。各位東北局大人，你們知道不知道？上個月，周恩來兩次密令中央調查部的人，到鞍山、長春、哈爾濱等地密查我的所謂反毛言論？你說他猖狂不猖狂？大膽不大膽？可是對於此事，我們東北局的同志，包括在座的多數同志，都毫無察覺吧？都在睡覺吧？幸好還有趙德俊的保衛系統還在替我做耳目。對不起，我把周恩來的陰謀活動直接向主席告發。之後周恩來說是奉了劉少奇的指示，籌備「八大」須對所有的高級幹部做一次新的審查。理由多麼的冠冕堂皇！毛主席及時制止了他們的秘密活動，指示今後任何人，沒有他的批准，都不能利用中央調查部系統來對付黨內同志。他老人家更不相信我高崗會有什麼反毛言論。

除了趙德俊，張秀山、張明遠、馬洪、郭鋒四人，都睜圓了眼睛，又驚訝，又氣憤。張明遠一拍桌子站起來：無恥！卑鄙！眞是知人知面不知心！過去，我還把劉、周當作領袖人物來尊敬，愛戴，原來是人面獸心！高主席，只要你下命令，叫咱幹啥都行！

張秀山也跟著站起，兩眼冒出火星：姓周的平日人模狗樣，溫文爾雅，原來是搞情報、玩陰謀的老手！他要敢碰咱高主席一指頭，咱決計饒不了他！有他沒咱，有咱沒他！

高崗兩手巴掌朝下壓了壓，請二張坐下：來來，我和各位互敬一杯，互敬一杯！越是在這個時候，我們越要頭腦冷靜，正確估計形勢，分析敵我利弊。其實，劉也好，周也好，就是那麼兩下子嘛。小馬，你是我們的小諸葛，你說哪？

「五虎將」之中，只有馬洪是大學生出身，讀書最多，年紀最輕，頭腦也最靈活，二十幾歲就在高崗手下當了東北人民政府秘書長，東北局政治研究室主任。他恭敬地望著高主席說：我認爲，有的事情我們應立即著手，早作準備。一旦中央有事，譬如主席身體不行了，不能管事了，除了高主席，誰也撐不起咱國家這個大攤子。我們的革命是怎麼成功的？靠武裝鬥爭打拚出來的！過去有句話，陝北救中央，高主席謙虛，不讓說了。但陝北根據地，的確是使得我們黨取得革命勝利的大本營，延安是我們黨的偉大搖籃。文韜武略，文武雙全的領袖人物，只有毛主席和高主席兩位。劉少奇算什麼？有多大本領？多大貢獻？過去領導白區地下黨，完全走的右傾機會主義路線，白白送掉了許多革命同志的性命。早就有人說他是靠呼口號，喊萬歲，編毛選起家。四九年後由他主持黨務，指導經濟工作，屁股完全坐到他岳父老子那樣的大資本家一邊去了，一味地保護私有經濟，根本不想搞社會主義！我們要盡快把他四九年以來的一系列反社會主義，保護資本主義的言論要點整理出來，到時候用他自己的炮彈去擊中他，就比什麼都有效！

張秀山接著說：劉少奇不行，周恩來更不行！他一九二七年起就在地下黨中央任軍委書記，沒有打過一次像樣的仗，是個常敗將軍。領導南昌起義，把部隊拉到廣東沿海，結果全軍覆滅，只有朱總、陳總帶出了一小支部隊。周恩來坐漁船逃到了香港，說他是革命逃兵，一點也沒有冤枉他。他從香港潛回上海，投靠瞿秋白，投靠李立三，投靠王明、秦邦憲，反正是誰都投靠。王明把他派到江西蘇區，奪了毛主席的兵權，導致我們黨丟失了江西蘇區。……歷史在在說明了，他幹革命、指揮軍隊不行，搞情報，搞陰謀行！四九年進城後，他又和劉少奇勾連在一起，保護資本主義，資產階級利益，阻擋社會主義……所以我作爲一名軍人，堅決擁護毛主席和高主席，絕不能讓劉、周得逞。

張明遠插話說：我看，一旦主席重病，我們就要安排一支部隊，把毛主席接到東北去保護起來，給他老人家精心治病。高主席坐鎮北京，指揮全局，誰敢動手腳，就幹他個毬！

好一會沒有插上話的郭鋒，這時接著說：饒部長和我已經研究過了劉、周的檔案和有關材料。他們二人在歷史上都有許多疑點。長期從事白區地下工作的人，大多不乾不淨。周的社會關係特別複雜，除了當過逃兵，他一九二八年至一九三二年年底赴井崗山之前，整整五年時間，在上海地下黨的活動，他的履歷表上許多月份幹了什麼事都交代得很含糊，他和上海青紅幫頭子杜月笙、黃金榮關係很深。曾經被捕過，怎麼逃脫的，交代不清楚，也沒有證人；再說劉少奇，歷史上三次被捕，一九二五年在長沙被捕，一九二七年在武漢被捕，一九二九年在大連被捕。都是怎麼出來的？出賣過同志沒有？交代不清楚。饒部長知道他第三次被捕的情況。他向當時的東北軍閥張學良自首，供出了南滿地下黨名單，張學良才放了他。他回到上海，後才去了江西蘇區根據地。……所以，我們單是抓住劉、周的歷史問題，就可以做出大文章來！

高崗聽著聽著，喜孜孜地望著自己的「五虎將」，很滿意。今後都可以委以大任，獨當一面。張明遠可以當總參謀長，張秀山可以當總政治部主任或總後勤部長，郭鋒可以任中央秘書長，馬洪可以任部長會議副主席兼財政部長，趙德俊可以當中央警衛局局長兼北京衛戍區司令。……他請大家盡情地喝，盡情地抽，盡情地說。直到大家獻計獻策盡了興，高崗才總結性地說：

各位兄弟同志，我們都是從延安出來的，彼此知根知柢，都是十幾二十年的老兄弟，情同手足哪。今天我向你們交了底，交了心。你們也向我交了底，交了心。依目前的形勢，在我們這方面，可以說是利多弊小，形勢大好，前程光明。在劉、周方面，可以說是利小弊大，形勢不妙，前途黯淡。但我們萬萬不可輕視對手，麻痺大意。主席就親口對我說了，不可輕看劉、周，並擔心我不是劉、周的對手。但我向主席表了決心，只要有主席撐腰，我姓高的就敢打敢衝，捨得一身剮，敢把劉、周拉下馬！我還要告訴各位的是，我們不是孤軍作戰，我們有一大批後備輔助力量。饒哥是中央組織部長，和郭鋒一起，牢牢掌控著黨的組工大權；彭總和我也是至交，他很看不起劉、周的，時機成熟，國防部長肯定跟我走，並助我一臂之力的。軍隊的指揮權是關鍵。還有林總，我多年的老搭檔，他也是從來不服氣劉、周的；還有華東局的柯慶施，對劉少奇恨之入骨，延安整風時，曾被劉少奇關進窯洞黑牢兩年整，險些被殺害，後來還是江青同志發現問題，報告了主席，把柯慶施救出來，並委以重任的。另外，上海市的陳毅也不買劉少奇的賬。其他，北京市的彭眞、中南局的陶鑄，也都對劉少奇有看法，關係大不融洽的。……想想看，全國六大行政區，東北、西北、華東、中南，起碼有四大行政區的領導人，跟他劉少奇尿不到一個壺裡去！他劉少奇在黨內，軍內有多少基礎？毛主席吹口氣，也能把他給吹塌了，傢伙挺不起來了！

高崗粗俗的話語，把「五虎將」都逗笑了。

高崗繼續說：主席帶兵，講究戰略上藐視敵人，戰術上重視敵人。我們要打好當前與劉、周的這一役，也得貫徹主席的戰爭思想，戰略方針。下面，我具體來談談我們應做的準備，文武兩手，雙管齊下。先談武的一手。只要毛主席還健在，這一手用上的可能性很小。周調動不了軍隊，劉更是連門都沒有。但我們仍要預作準備，以防萬一，此一重任，要落到二張身上。十三兵團三十八軍，不是回國內休整了嗎？這是林總四野的老主力。抗美援朝又成了彭總志願軍的主力，彭總稱之爲萬歲軍。回國後又歸我東北軍區管轄了。三十八軍的編制比其他軍大出許多，十萬人馬，裝備精良。我記得它的營地擺在山海關外的葫蘆島一線，離北京只有三、四天路程。二張的任務，就是代表東北軍區司令部，也是代表我，和他們的軍長、副軍長、政委、副政委、參謀長、政治部主任等一班人拉好關係，生活上、政治上關心他們，不要分上下級，而要像親兄弟。平日什麼敏感的話題都不要提。一旦北京有事，我聯合彭總、林總一聲令下，他們即可開進關內，赴京勤王，保衛毛主席，保衛黨中央！

張秀山，張明遠同時起立，齊聲回答：高主席，我們堅決服從命令，保證完成任務！

高崗笑容滿面：坐下坐下。二十幾年老兄弟了，用不到客氣。武的一手，還有一樣，由小趙負責，在東北軍區保衛部名下，訓練一個特種營，五百名好漢，從身高、體能、槍法、拳腳擒拿，十八般武藝，都是最出色的。士兵享受正排待遇，班長享受正連待遇，排長享受營級待遇，一路推上去。此事，嚴格保密。五百壯士訓練好，隨時準備擔負特殊使命。以上，是武的一手。文的一手，由郭鋒在饒部長領導下，查清楚劉、周二人骯髒歷史，備用；由馬洪整理出劉、周二人，自一九四九年進京以來，一系列反對毛主席，阻擋社會主義，保護資本家、資產階級的言論和行徑。周還有一系列架空中央人民政府，架空中央主席的問題。郭鋒挖歷史問題，馬洪整他們的現行材料。各位兄弟同志哥，工作要分頭抓緊，爭分搶秒，齊頭並進。這次一定要搶在他們前頭，打他姥姥個措手不及。

第一五章　善惡只在一念間

一九五三年二月十六日，亦即農曆大年初三日，毛澤東在公安部長羅瑞卿、中共中央辦公廳主任楊尚昆一行人陪同下，乘坐專列火車抵達武漢，入住武昌東湖賓館，受到湖北省委書記王任重、武漢市委書記張平化等人恭謹而周全的接待。十七、十八兩日遊覽珞珈山、蛇山、黃鶴樓、龜山等文化風景區，眺望了即將動工的武漢長江大橋地勢，數度被群衆發現、圍觀，高呼萬歲。

二十日晚上，毛澤東一行乘海軍軍艦離武漢，順長江而下，爲海軍題詞：我們一定要建立強大的海軍。二十一日凌晨過九江，背誦唐人白樂天《琵琶行》。二十二日抵達原中華民國首都南京，有江蘇省委書記柯慶施、上海市市長陳毅等往迎。晚上入住原蔣委員長官邸。晚宴後，豪興大發，書四年前舊作〈七律人民解放軍占領南京〉送柯慶施：

鍾山風雨起蒼黃，

百萬雄師過大江。
虎踞龍盤今勝昔，
天翻地覆慨而慷。
宜將勝勇追窮寇，
不可沽名學霸王。
天若有情天亦老，
人間正道是滄桑。

柯慶施得了偉大領袖的墨寶，高興得手舞足蹈。陳毅不幹，也要毛主席手書一幅。毛澤東提筆稍一沉吟，即書下唐人李義山吟金陵七絕〈咏史〉相贈：

北湖南埭水漫漫，
一片降旗百尺竿。
三百年間同曉夢，
鍾山何處有龍盤？

並附言曰：昔諸葛亮論金陵地形云，鍾阜龍盤，石城虎踞，眞帝王之宅也。此言大謬。東吳、東晉及宋、齊、梁、陳六朝建都此地，五十年一興衰，皆短命王朝也。後明太祖朱元璋設國都，也只一代三十年，即被其子燕王奪嫡，遷去北京。近孫、蔣定都亦不過三十餘年。帝王之宅何在？唯一片降幡出石頭罷了。

毛澤東此行，確似過去帝王出巡，所到之處，封江封路，車船迴避，禁衛森然。重見闊別二十年的江南風物，確是心如潮湧，感慨良多。二十幾年前，他在江西井崗山上扯起義旗，搞武裝割據，被世人罵作叛黨亂匪，後有朱德等人入夥。便是在共產黨裡，紅軍內部，他也屢受王明、秦邦憲、周恩來們排擠打擊，好些年抬不起頭、伸不直腰呢！世局如棋。二十年河東，二十年河西。今日他毛澤東卻是以全黨全軍全國最高領袖身分，巡行江南來了。人人都戀江南好，物華天寶，鍾靈毓秀，富貴溫柔。難怪北人楊堅、楊廣父子，滿人康熙、乾隆，做了皇帝之後，都要年復一年的南巡囉。……此行唯一遺憾，是未能攜帶孟虹隨行。雖說各地都有年輕美貌的女文工團員陪他跳舞，卻是誰也代替不了小孟夫子的詞色品貌，風情萬種。

身處南方的毛澤東未能了解的是，中央警衛局雖然遵照他的三點指示，沒有對留置在北京西苑內的孟虹進行政治審查，卻對她的人身自由作出了嚴格的規定：未經批准，不得離開西苑，不得往外打電話，不得接受親友到訪。一句話，不得跟東交民巷八號院以及東北局駐京機構有任何聯繫。

孟虹請假回大連探望父母的報告送上去後，也遲遲沒有批下。她問過醫療服務處的領導。領導說他們作不了主，要等中辦的批覆。一天她大著膽子去問了中辦一位平日對她甚表關愛的頭頭。那頭頭這次卻耍起了官腔：小孟啊，妳怕是找錯地方囉，我們這裡只管正部級以上高幹的請假事項呢，你一名普通醫務人員，我們怎麼管得著？

她成了皮球，被人踢上踢下。問題卡在了哪兒？雖說仍是天天到醫療服務處上班，但過去那些熟悉的、隨處可見的親切微笑不見了，人人都對她擺出了公事公辦嚴肅面孔。更奇怪的是，她所開出的藥方，都要經主管業務的領導審核，才能到藥房取藥。平日排著隊兒輪候她做針灸治療的首長們，也都改找別的大夫。她的診室裡門可羅雀。連一向總是見面拉手稱她爲「小妹子」的蔡暢老大姐，有兩回來打針、取藥，也只是淡淡地點點頭，像是從未認識過似的。

聰慧的孟虹明白了：自高大大向毛主席坦誠了她曾經做過他的私人保健醫生之後，毛主席雖未動怒，「秘密」卻在西苑高層悄悄流傳開來。她已失去行動自由，形同遭到軟禁。四周都佈滿了警惕的眼睛。爲此，她暗暗恨上了政務院總理周恩來。一切皆因周恩來從中作祟，私派中調部的人員去東北密查她和高大大的事。那麼大一個人物，年紀上也足可以做自己的父輩，卻不肯放過一名普通的醫務人員，何苦來？打狗欺主，堂堂政務院總理，是把孟虹當成高大大跟前的一隻小狗來打了。

孟虹還有個預感，周恩來不會就此罷手而輕易放過了她。不定還會親自出面找她談話，以便從她口裡掏東西，好進一步打擊高大大。她恨殺了姓周的。姓周的是大大的剋星。大大是她的恩人，姓周的是她的仇人。想起如今見不著面的大大，她就想哭：大大啊，你曉得三妹是在怎樣惦記你嗎？你曉得如今三妹的一舉一動都被人監視、跟踪，如同囚徒嗎？連人都不許見，連電話都不許打。三妹總算嚐到了禁宮的滋味了。難怪《紅樓夢》裡寫賈貴妃回大觀園省親，見到賈母、王夫人就哭泣：誰教當初把孩兒送到了那不得見人的去處。……不過大大，你甭擔心，三妹會替你爭氣，三妹會對得起你。

若還周總理出面，找三妹談話，要求交代問題，三妹絕不會說出半句對大大不利的話；若還他找三妹談話，也做做針灸什麼的，那就太好了，天賜良機了。三妹就要違了醫德醫道，甘冒殺身之禍，替大大做一回俠女。是的，做一回俠女。《戰國策》裡〈唐且不辱使命〉一文怎麼說來著？「夫專諸之刺王僚也，彗星襲月；聶政之刺韓傀也，白虹貫日；要離之刺慶忌也，蒼鷹擊於殿上。此三子者，皆布衣之士也，懷怒未發，休祲降於天，與臣而將四矣。若士必怒，伏屍二人，流血五步，天下縞素，今日是也……。」

三妹倒是用不到伏屍二人，流血五步。只須一根銀針下去，就可以扎癱了他，扎廢了他！量小非君子，無毒不丈夫。為了大大，三妹要做一回女丈夫。不過，如此一來，會不會禍及大大？人家會不會栽誣大大是主謀？不會，不會。自毛主席春節之前決定南巡後，自己跟大大再沒有見過面，連電話都沒有打過。他們查不到任何證據的。大大從未授意她有朝一日相機施辣手，除仇家。也跟大連老家的父母姐妹無涉。完全是三妹的個人行為。三妹做事三妹當，誰都不牽扯。三妹可以事先留下遺書，認自己一時失手，錯扎了穴位，癱瘓了尊敬的領導人，鑄成死罪，無顏活在這世上。

想著這些，孟虹想哭。但沒敢哭出聲。西苑是個哭都不能出聲的地方。哭都怕被人發現，會被人匯報了上去，會有人來關注你為什麼哭，為誰人哭？……媽呀！我這是怎麼啦？她忽然嚇出了一身大汗，像做了場噩夢，驚醒了轉來：這算哪回事？神經出了毛病？竟然想去做女刺客，對人下手？三妹啊三妹，你怕是憂憤過甚，想入非非，走火入魔了！不可以，絕對不可以。他們領導人之間，那些恩恩怨怨，渾渾濁濁，你一名年輕女醫生，怎麼弄的清楚？怎麼可以攪和了進去？誠然，自己在感情上是一邊倒，屬於高大大的。但自己爲什麼要恨上了周恩來總理？幾個月來，各種場合，見到周總理，總怕有十多次吧？每次，周總理都要特意在自己面前停了一下，親切地問上幾句：小孟醫生，工作和生活都習慣了嗎？有什麼困難沒有？父母都在大連？沒請他們來北京玩玩？有什麼事需要幫忙的話，你可以給我辦公室打電話，等等。周總理總是那麼和靄親切，平易近人，如父如兄。這一點，他比大大還強哩。大大是粗粗拉拉，熱情如火，總是帶著一股大男人主義的霸道氣。

她不能理解，高大大和周總理，周總理和高大大，爲什麼要在毛主席面前爭寵，搞得針尖對麥芒似的，勢不兩立，水火難容？是毛主席利用高大大，來對付周總理？取代周總理？還是高大大也要利用毛主席？是啦是啦，高大大是一心要攀到黨內第二把手的高位。高大大對自己也說過多次，毛主席早示意他，不但要讓他越過周總理，還要越過劉副主席呢！偏偏周總理和劉副主席又都不是簡單的人物，不是誰想取代、誰想越過，就可以輕易被取代、被越過的！天哪，眞是高處不勝寒了。……孟虹越想越害怕，身發冷、心打顫，不敢往下想了。唯一的乞望，是自己早日請准假，離開北京，離開西苑這藏龍臥虎、龍爭虎鬥的皇家園林兇險地，回東北老家探望父母去。只要出了山海關，就是大大的地盤了，就可以請長病假，住進一個誰也找不著的地方去，死也不回北京這千年古都來了。

孟虹轉了念頭。說不定周總理還眞是她唯一可以求助，會給予她關懷、愛護的領導人。她卻沒法子給總理辦公室打電話。妳一個普通工作人員，憑什麼給黨和國家領導人打電話？妳連西苑總機一關都過不了。妳敢拿起電話說：我要五號？她知道總理的代號為五號。人家總機接線生一定問：妳是誰？哪個單位？你能說，我是孟虹，有事要見總理？說不定電話被切斷一刻鐘、半小時後，即有中央警衛局的人來找你談話，看看你是否精神正常？或是看看你是否有不良動機？

也是心到神知。不兩天，就見到鄧穎超來醫務處取藥。孟虹正想迎上去，鄧媽媽卻逕自朝她走來了，親熱地拉住她的手說：小孟同志吧？我們在主席那兒見過的。總理也常在家裡提到妳。昨兒個還對我說，有時間去看看小孟吧，名醫後代，又年輕又懂事又有學問，讓人憐愛呢。有什麼事，請她直接來西花廳談談。

聽鄧媽媽這一說，孟虹眼裡已溢滿了淚水。她抓住時機說：俺是有件事，想請總理和鄧媽媽關心。……可俺不敢打電話，總理那樣忙，怕總機不肯轉……。

鄧媽媽見醫務處人員出出進進，不便說話，就把孟虹拉到走廊拐角的一張雙人沙發上坐下來，才問：什麼事啊？急不急？妳比我們女兒維世還小一輪吧？可不可以先告訴我，我再代妳轉告總理？

孟虹竭力抑止住內心的激動，不讓眼淚流出，而顫著聲音說：鄧媽媽，我有一年半時間沒有見到爸爸媽媽了。他們年紀大了，體弱多病，連來了好幾封信，想我回去一次，見一面……我寫了請假探親報告，快一個月了，都沒批下來，醫務處推給中辦，中辦推給醫務處，不知究竟卡在了哪兒……。

鄧媽媽撫著孟虹的肩頭，安慰說：就這麼個事，讓妳不開心了？不難，不難。按說，他也用不到管這麼具體的事。但總理喜歡照顧人，特別是他熟悉的。對了，聽說妳還是位針灸高手？近些天，總理老嚷肩背疼。我勸他注意休息，他又不肯聽，每天一坐五、六個小時，聽人匯報、批閱文件，還有不肩背疼的？這樣吧，我回去安排一下，明天妳替他做做針灸治療，好嗎？妳等電話好啦。

孟虹小鳥依人，半偎在鄧媽媽懷裡，楚楚可憐的樣子。

鄧媽媽離開後，孟虹渾身上下都暖融融的。她臉上又恢復了平日那高雅而恬靜的笑容。對她疏遠、冷淡了十來天的醫務處的同事們，見總理夫人拉住她親親熱熱的說了好一會的話兒，也都領味出來什麼奧妙似的，又一個個向她綻現了笑意，點頭的點頭，問好的問好，好似什麼都沒有發生過。

下午，孟虹一直等候著鄧媽媽的電話。直到下班前一刻，醫務處一位領導才笑微微的來通知她：明天上午九時半，有車子來接，替首長做治療。領導沒有告訴她是去給哪位領導做治療。根據工作紀律，她也不准事前打聽。當然她心裡有數，還差點兒要問：西花廳走著就能去，還用車子來接？

整個晚上，孟虹思緒萬千，轉輾難眠。她有個強烈的感覺，明天將是決定她命運的日子，決定她今後是身處樊籠？還是重獲自由。古人說，留得五湖明月在，何愁無處下金鈎，她多麼嚮往海闊天空、自由自在的生活。想笑就大聲笑，想哭就大聲哭，想唱就放開歌喉。用不到左顧右盼，前龍後虎，處處小心。整個西苑，殿宇輝煌，亭台入畫，湖光明媚，卻是一座把人禁錮在裡邊的大鳥籠。

……之後，她好不容易睡著了，卻又噩夢婆娑：一會是高大大抱住了她，衣服都沒顧上脫，就幹上了那事兒。幹的正歡著，突然闖進一隊士兵來，就當著大大的面，連話問都沒問，把她提貓兒狗兒似的提走了。……一會是毛主席脫光了，躺在那兒，讓她做全身按摩。她正做的香汗淋漓，氣喘咻咻。毛主席那肥碩的身軀忽地一個鯉魚打挺坐了起來，抓住她的雙手，以那又亮又硬的湘潭土腔喝問：哪個把妳派來的？妳算貂蟬？我算董卓？誰是呂布？誰是王司徒?!瞎了你們的狗眼！敢對本主席施美人計，你們吃了豹子膽，喪心病狂。……一會兒是敬愛的周總理，給他做肩背部針灸，卻不肯俯下身子去臥著，只肯坐在一張四方櫈上，光著上半截身子，胸前還掩了塊大毛巾。總理身子不胖，但肌肉還算結實。總理和她有說有笑，兄長一樣和靄，父輩一樣慈祥。她卻忽然失手，將一支長長的銀針朝總理的脊椎骨中段壽堂穴上扎了下去，扎得很深很深。壽堂穴爲針灸禁區，一旦扎中，不死也癱。總理撲通一聲朝前栽了下去！鄧媽媽趕來了，乾女兒孫維世趕來了，外交部大美人龔澎趕來了，衛士長趕來了。人人都大叫捉奸細，捉刺客！她旋即被人按倒在地，被戴上了手銬腳鐐……。

孟虹嚇醒過來時，天已大亮，渾身如同泡在水裡一般，連床單都被她汗透了。她慌忙爬起來，宿舍裡四處掃一眼，窗外邊有不有人影兒？她掀起床單看看床腳下，有不有人在臥著？她最擔心自己做夢時大喊大叫了，被人聽去了。大喊大叫了嗎？被人聽去了嗎？她能問誰？誰能告訴？

上午九點半，一輛黑色吉姆轎車，來醫務處接走孟虹。中年司機面帶笑容，什麼都沒有說。她也什麼都沒有問。她熟悉這種蘇式高級防彈轎車，外表笨一點，裡邊卻挺寬敞、舒適。眞皮座椅，高級音響，冬天暖氣，夏天冷氣。高大大也有一輛。高大大說過，史達林同志給咱中國黨的五位最高領導人毛、高、朱、劉、周，每人送了一輛。她早在瀋陽就坐慣了高大大的那一輛了。主席的那輛去年底在香山時也陪坐過。周總理的這輛，今天是頭一回坐。

吉姆車載著孟虹出了西苑北門，折向西南疾馳。孟虹忽然心裡一陣冷噤：天呀，這是要去哪兒？難道是秘密逮捕？把我關到城外監獄去？轉而想想，又不像。要抓我這樣一個小人物，還用得著鄧媽媽出面？還用得著周總理的專車？荒唐！這些日子我總是疑神疑鬼？心慌慌，意亂亂……。

中年司機大約從後視鏡看到了她的神色，便漫不經心地說了一句：孟大夫，我送妳去西郊新六所，總理昨晚兒在那裡召集會議，留下來過夜。這事，妳回到西苑不要對人提起。

孟虹的心情舒展開來。透過醬紫色的絲質窗簾，她看到大街兩旁的車流、人流，間中夾有馬車、人力車，張家口外來的駱駝隊。已經上了西長安大道。之後是復興門、木樨地、公主墳，一路西去。她想唱歌。她好久沒有唱歌了。湧現嘴邊來的，竟然不是平日最熟悉的〈綉金匾〉、〈南泥灣〉，而是一支小時候父親教的、早已忘記了的〈漢宮秋月〉昭君怨。她噎住了，猛省到不能唱這曲子。現刻唱出來，屬於情緒不健康。幾乎所有在西苑裡工作的人，都能自覺地隨時調控好自己的情緒。

轎車拐進一條小街。在一道並不顯眼的大門前，車子減速。站崗的士兵只望了望車牌號碼，即致禮放行，直是認車不認人了。原來進了一座大園子。道旁滿是修剪得齊齊整整的冬青矮牆，矮牆內是無數的水杉、雪松以及光禿著枝杈的各色花木，唯那依依垂掛著的楊柳枝條上，已經佈滿了綠豆色的葉芽。樹叢裡掩映著一棟棟西式小樓。轎車停在了叫做「四號院」的院門口。大約是聽到了汽車聲，院子裡有位穿軍裝的年輕人迎了出來，替孟虹拉開車門：孟大夫，請。總理已經起床了，在等著。來來，我來拿這保健箱，挺沉的哪。

孟虹早聽說過這座新式園林叫新六所，是一九四九年三月末黨中央機關遷至西郊香山、尚未搬入城內西苑之前，替中央五大書記蓋的住處，毛、朱、劉、周、任一人一棟，加上工作人員值班樓，共是六棟。任弼時去世後，「五號院」分配給了高崗。但聽說高大大只是來看了看，並未入住過。

孟虹被領進門廳，換了雙軟底拖鞋，上環形曲梯，走過一道門廊。那年輕軍人快步向前，輕輕敲了敲一扇大玻璃門，朗聲報告：總理，客人到了。

那個孟虹所熟悉的江浙口音普通話傳了出來：是小孟嗎？請進！請進來。

門開了，原來是一間陽光明亮的大辦公室。幾乎整個南牆都是大玻璃窗，窗下擺著幾大盆枝葉肥碩的植物。其餘東、北、西三面靠牆擠滿了書架。一張有單人床那麼寬長的大書案擺在稍近南牆的屋中央位置上。書案對面放有五把籐椅，看來是給那些前來匯報情況、請示工作的負責同志準備的。

周總理放下手頭正在批閱的文件，站起身來，繞過大書案，向孟虹伸出了他那具特殊標誌似的永遠半曲著的右臂：小孟啊，許多日子不見了，妳好像又清麗了些？當醫生的人，不要光顧了替別人保健，也要注意自己的健康嘛。

孟虹雙手捧住了周總理的右掌，頓時心裡翻起一陣熱浪。原先對總理的一點防範，甚至記恨，一見到他本人慈祥的面孔，親切的話語，就煙消雲散，如同冰塊見了太陽一樣。

請坐，請坐。小李呀，替孟大夫泡一壺陳老總送的碧螺春來！小孟，妳稍坐坐。一份急件，還剩下兩頁，我先看完。那茶几上有今天的報紙，妳隨便翻翻……。

孟虹見總理這麼忙，也眞有點坐不住。這四號院，這大書房，好靜啊，連輕輕翻動報紙的聲音，都像吵吵巨響。不一會，那叫小李的青年軍人以托盤托來一隻青花茶壺，兩隻青花茶杯、茶盤，擺放在茶几上。周總理已將一疊文件裝入個大牛皮紙信袋，親自貼上封口，遞給小李：交値班室，立即專送書記處少奇同志辦公室。

小李退出後，周總理轉過來，拉一張籐椅坐到了孟虹的斜對面，先替她倒上一杯清香撲鼻的熱茶，再給自己也倒上一杯，才說：小孟啊，到了我這裡，妳可不要拘束囉。這些日子，一直在忙，沒有見到妳，但心裡記掛著，怕妳心情不愉快，甚至有煩惱，是不是？我才叫小超去醫務處取藥時，順道看看妳。還眞叫我猜對了。小超回來說，妳好像有心事，有困難，想讓我幫助？

孟虹眼睛波光瑩瑩，面若凝脂，微微泛紅，差點梨花滴露：謝謝鄧媽媽，謝謝好總理。總理這樣忙，我原不該來打擾您……。

周恩來盯住眼前的這位絕色人兒，身上禁不住有些兒燥熱：看看，見外了不是？總理只是個職務，分工不同而已。正如妳是位保健醫生一樣，都是革命工作，無所謂上下輕重的。忙是應當的。常爲大事忙，有時也爲小事忙，盡量兼顧。況且大事，不也是由一件件小事所組成？

幾句平易親切的話，孟虹聽得有如醍醐灌頂，一時顧盼生輝，神彩俊秀。她想說幾句什麼，竟是紅唇囁嚅，未能說出。

周總理慈愛的目光一直罩住了她：記得我們在春藕齋頭次見面、跳舞，妳就告訴過我，妳的乳名叫三妹……好，我今天也還是叫妳做三妹。妳可不可以先告訴我，妳近來遇到了什麼不愉快的事？需要我幫點什麼忙？喝茶，喝茶。妳放鬆些，不要擔心我的時間。我為妳留出了兩個小時。當然，等一會還要請妳替我做做肩背部治療。今天是元宵節，妳忘了吧？本來想請妳吃中飯，可中午一點，政務院有個民主黨派知名人士的元宵茶會，我不能不去露個面。我這裡有炸好的元宵，回頭妳帶兩盒回去。……三妹，先說說妳的事吧。在我這裡，什麼話都可以說，傳不出去的。對年輕同志，我一向的原則，能保護的，盡量保護，不讓有關部門為難他們。誰都年輕過，誰就那麼十全十美？沒有的事！

孟虹整個心身都被一股熱浪奔襲著似的，差點兒就要不由自主的撲上去，撲到如父如兄的總理懷抱裡去，去哭訴個痛快，把什麼都傾倒出來。她甚至有一種強烈的衝動和願望，欲委身於這男人，只要他需要。……她抓住了他的手，見他有所遲疑似的，但一點責備的神色都沒有。她終於抑止住了內心的衝動，只是含著淚光，顫著聲音說：總理，謝謝您，真的好感謝。…俺是有個難處，要總理給我關懷。這個月初，我給醫務處領導交了假條，要求回大連去探望父母。我已經一年半沒有見到父母親了。他們都年紀大了，身體不好。但一個月都過去了，醫務處說是中辦沒有批下來。我大著膽子去問了中辦一位副主任。人家說，中央辦公廳只管正部級以上高幹的病事假什麼的，管不到普通工作人員的。我就像一隻皮球，被踢上踢下了……。

周總理笑了起來，隨即又收斂起笑容，嚴肅地說：我看他們是官僚主義。大幹部犯大官僚主義，小幹部犯小官僚主義。怎麼可以相互推諉呢？三妹，這事好辦。我來替妳催一下。探望父母，天經地義。當然妳的情況有點特殊。我想醫務處和中央辦公廳，都是擔心主席那邊隨時可能傳喚妳。我看，我看呀，最近准妳的假，回去半個月，應無問題。

孟虹臉上綻開了笑靨，眼含春波無邊風月，面如芙蓉爭艷群芳。總理還以為她不知道毛主席去了南方，要保守秘密呢。其實主席在元旦過後不久，就對她說了春天遊江南。她一時又有些暈眩，把持不住自己了。她伸出纖纖玉指，去抓住了總理的雙臂：謝謝，真的，太謝謝啦，好總理……。

這回，總理也把持不住自己了，移近身來，把絕色人兒摟在了懷裡，熱吻了起來。孟虹的手觸到了什麼，輕輕撫著，顫著聲音說：好人，我要讓你快活，我要替你品簫兒……品簫兒……。

總理是個任何時候、任何情況下都十分警覺的人。他彷彿聽到窗外有走動的聲音，立即放開了，站起身子，拉了拉衣襟，回到原先的座位上去：謝謝，謝謝，來日方長……請假的事，我替妳去辦。但妳一定要按時回來。免得主席問我要人時，我交不出妳來。再說說，妳還有什麼不愉快的事兒？

孟虹理了理有些散亂的秀髮。眞眞佩服面前這位偉人的機警和自制能力。她咬了咬嘴唇，不無羞澀地低下了頭，稍稍緩了一會，才說：總理，俺就什麼都對您說了吧！自這個月初起，醫務處就向我宣佈了工作紀律和生活紀律，說是根據警衛局的要求，在未接到新的通知前，規定我行動不得離開西苑，不得往外打電話，不得會見親朋戚友。我的活動範圍被限定在單身宿舍、醫務處、職工食堂三個地方。這使我感到自己如同罪人，被軟禁了似的，一舉一動都有人監護……。

周總理滿臉上的笑意消失了，蹙起了粗黑的眉頭，很爲驚訝，卻轉換成一種公事公辦的口吻說：有這事？都是誰搞的？太不像話了。在西苑，我還是個當家管事的嘛！怎麼可以對一位年輕同志來這一套？一定替妳查清楚！不過，三妹啊，聽說妳進北京之前，做過高崗同志的私人保健醫生？原先組織上並不清楚呢。好在高崗同志已主動向主席交代了，主席表示了諒解。……這事，我相信高崗同志確是出於對主席健康的關心。只是在人事手續上，有些含混、疏忽罷了。妳可以放心，據我所知，主席已作了指示，要保護妳，並要求高崗同志和妳不再碰面，說不衛生呢。如此而已。

孟虹羞慚的滿臉緋紅，其狀似無地自容。周恩來就又進一步說：三妹啊，爲長遠計，我想提醒妳寫個材料，把妳這幾年的工作、生活情況列舉清楚，算是對組織上有個交代。材料直接交給我，我來替妳保存，絕不外傳。只是用於防患未然。以後主席再提此事，我也好替妳說話，替妳解釋疑難。

一時，孟虹像隻被咬傷的小鹿，痛得美麗的臉盤都扭曲了，變醜了。她好半天說不出話……她心裡生出了厭惡，直想吐，想哭……這就是她所景仰的人，甚至願意隨時委身的人？竟然要求她寫交代材料，好把自己牢牢掌握在手中？把自己當成他要挾高大大的人質？表面上大慈大悲，憐香惜玉，實際上大奸似忠，典型的僞君子。也太看輕、看賤我孟虹了。再不濟，也要活得像個人，不能像條狗。……忽地，孟虹仰起臉蛋來，毫無懼色地問：總理，可不可以告訴一下，高主席怎樣了，人在哪？

周恩來心裡一驚：好個孟三妹，說起如此尷尬、難堪的事，竟是滿不在乎，毫無悔意？還敢問起她的老情人！此女非凡女也。遂平靜地說：當然可以告訴妳，現在中央日常工作實行少奇、高崗和我三人輪值制。高崗同志剛值了一星期班，回瀋陽去了。……小孟呀，我是眞心爲妳好。讓妳寫份材料的事，妳考慮成熟了再說吧。有句話，我還得說一下，這次妳若獲准假期回大連探望父母，在瀋陽就不要下車了，不要再和高崗同志約會了。對妳，對高崗同志，都不好。會出事的！人都說我周恩來關心女孩子，愛護女孩子，乾女兒一大群。我眞不願見到一些年輕美好的生命，捲進某種漩渦裡，到時候想拔都拔不出。好了，我的話，只能說到這一步了，再說就是犯紀律、犯錯誤了。來來來，有勞妳妙手回春，替我肩背上扎幾針，燒燒艾葉……。

孟虹心裡一塊石頭落地。原來高大大仍受毛主席信任，仍是主持中央日常工作的三位領導人之一。只要高大大好，就是一輩子見不上，也心甘情願。當然，孟虹也早留心到了，今天周總理提到高大大時，不再像往時那樣一口一聲尊稱「高主席」，而改稱「高崗同志」，這其中有了微妙的變化。

孟虹朝辦公室東南牆角上一張長沙發看了一眼，說：總理，你俯臥到那張沙發上去？先給您做做肩、背部按摩，鬆弛鬆弛肌肉筋絡，再做針灸，效果會更好。也可以先讓你睡著了，更舒暢……。說罷，孟虹站起身子，大大方方拉起了周總理的手，向那長沙發走去。隨後，兩人面對面的站住，四目交匯一刻，誰都沒有將目光移開。之後孟虹整理藥箱用品，總理自己動手解開衣扣，一粒一粒，不緊不慢。脫了中山裝，脫了薄毛衣，脫了襯衫汗衫。做肩背部治療，赤裸了上半身即可。

總理是位很合作的人。他安安靜靜地俯臥在沙發上。孟虹只在他肩上，背上掐、捏、推、搡、撓、切了兩三個來回，他就睡著了。他是太疲累，缺乏睡眠，所以很易入睡。他和主席不同，主席總要和人折騰半天，直至精疲力竭，才能入睡。他的睡相很好看，像個孩子。可他爲什麼要提讓自己寫材料那些令人反感的話？或許眞出於好心，而無惡意？他的肌肉白皙，不胖，也不瘦。是那種保養得很好的中年漢子。這方面他比主席強。主席渾身都是脂肪，平躺在那兒肚腹上也凸出個圓丘。

孟虹拉過一張大毛巾，替總理蓋住腰背。在取出銀針、艾葉球、火柴、酒精藥棉時，她的手指有些穩不住似的微微顫抖。她的眼睛也不由自主地瞄著他腰椎上的壽堂穴……她心裡好一陣慌亂。神不守舍，向來爲醫家大忌。她清晰地記起昨夜夢中的情景。或許，現刻，眞的是千載難逢的機會？爲了大大，應該下手？一針下去，製造出一項震驚全中國，甚至全世界的大醫療事故？

她以酒精藥棉在總理肩背穴位上輕輕揉著，藉以平靜自己的心境。忽然，她覺得身後有呼吸之聲。對了，這地方，這時刻，她身後無人注意著，才怪呢。她慢慢的轉身，說不吃驚，還是吃了一驚：原來是鄧媽媽帶著一名神色高傲的年輕女子，早站在了她身後。

鄧媽媽一如往常那樣慈祥地微笑著。年輕女子卻不冷不熱地輕聲自我介紹：孫維世……孟大夫，妳給我爸爸催眠了？

第一六章　劉周聯手　後發制人

本周輪值主持中央日常工作的少奇同志，收到周恩來轉上的我駐蘇大使張聞天從莫斯科發來的絕密電報：蘇聯黨和人民的偉大領袖、紅軍最高統帥、國際共運的英明導師史達林同志病危，建議黨中央和中央人民政府及早做好相關的準備。

劉少奇吩咐立即將電報轉發時在南京休息的毛澤東主席，之後叫上夫人王光美，步行前往西花廳，找周恩來商談應變事宜。周恩來頗感意外，少奇同志過去很少步行來西花廳的，正要趕去相迎，見少奇、光美二位已由小超陪著，進了後院門。

周恩來上前與劉少奇握手：少奇同志，還有光美，歡迎歡迎，裡邊請！裡邊請！

劉少奇知道鄧穎超從不進周恩來的「白虎堂」，遂對王光美說：我和恩來談我們的，妳和鄧大姐談你們的。鄧大姐是我們黨內的女中豪傑，妳要好好向她學習。

鄧穎超拉著王光美的手，邊走邊說：光美呀，是我要向妳學習，恩來要向少奇同志學習啦。都說你們是西苑裡的模範夫妻哩。八個孩子、三位老人的大家庭，和和睦睦，艱苦樸素，大人小孩都穿補丁衣服，令人敬慕。恩來不抽煙，但他常說，中央領導人中，誰不抽個大中華？只有少奇同志抽大前門。大中華五角一包，大前門一角五分一包嘛……。

周恩來把少奇同志讓進辦公室，立即有衛士送上茶水、煙灰缸、火柴等。劉少奇說：我要尊重你不吸煙的習慣，臨時戒煙。周恩來卻連忙從櫃子裡拿出一聽罐裝大中華來：難得你來一次，破例破例，為你準備著呢。

劉少奇呵呵笑著，仍從自己口袋裡掏出一盒大前門：你那高檔品留著招待別人，我抽這個習慣了。家裡老小十幾口人吃飯，還虧了光美精打細算。煙癮如官癮，不能像我們那位同志，一心向上。

周恩來明白他指的是高崗。遂想起來了，昨天收到一份「密件」，正要交少奇同志看看呢。

這時，劉少奇才說明來意：光美幾次嚷著要來看望鄧大姐，而且硬要我陪著來。正好有兩件事要和你商量，說來就來了，事先也沒有和你的秘書打個招呼……張聞天的電報，你先看過了？史達林同志今年七十四歲了，這次的病大約是有危險性了。洛甫建議得對，我們是要預作一些準備。電報已轉發去南京主席那裡。還沒有指示回來。高崗同志回了瀋陽，只好我們兩個先商量一下了。

周恩來連連點頭，邊答話邊在一個本子上記上幾條：這事確有它的緊迫性。我駐蘇使館隨時可能拍回新的電報，報告史達林同志去見馬克思的噩耗。影響不單是社會主義陣營國家，同時也是全球性大新聞，加上百多個國家的兄弟黨或地下組織。我的意見，第一，敦請毛主席提前結束南巡，近日內返回北京；第二，指示陳伯達、胡喬木、田家英、吳冷西等秀才，預先撰寫好我黨中央、中央人民政府、全國政協致蘇共中央、部長會議、最高蘇維埃的訃電，替《人民日報》準備一篇悼念性社論，代主席草擬一篇紀念文章，準備一些介紹史達林生平功績的圖片等；第三，我陸、海、空三軍應立即進入戰備狀態，以防止帝國主義趁機發動新的侵略戰爭甚至第三次世界大戰，請彭德懷同志命令我駐朝作戰部隊，加緊練兵，百倍警惕，隨時挫敗美帝國主義破壞停戰談判、重燃戰火的陰謀。當然軍事方面的命令，應經毛主席親自核准；第四，以中央名義發文，向全黨地（師）級以上高級幹部通報史達林同志病情，警惕國內外敵人的破壞、搗亂。文件內容可口頭傳達至縣（團）級；第五，籌組我黨、政、軍代表團，隨時準備赴莫斯科參加悼念活動及出席追悼大會。如果主席不便率團前去，我提議少奇同志任代表團團長，高崗同志任副團長，彭德懷、李富春、張聞天、陳伯達任團員。

劉少奇吸著菸，以讚賞的目光看著周恩來：很好，很好，大致上就是這麼幾條了。所以我一直堅持認為，中央政府裡不能沒有你。任何模模糊糊、一團亂麻似的事務，只要到了你面前，就可變得清晰具體，條理分明。率團的事，估計主席不會去。你去？還是我去？等主席回來定吧。

周恩來謙遜地說：少奇同志過獎了。恩來只會辦點具體事務，大政方針，還是靠主席和你決策。……若主席決定由你代表他去莫斯科，高崗同志任副團長，怎麼樣？記得一九四九年七、八月間，你第一次帶團秘密訪蘇，高崗是成員，好像鬧得不大愉快，以至他提前回國？

提到高崗，一向注重修養的劉少奇眼睛冒出了火星子似的：我看這次他就不要同行了。主席覺得他分量夠，乾脆讓他當團長嘛。如果我去，寧願帶饒漱石。對這位新四軍老同事、老下級，我要做到仁至義盡。儘管他近幾年來對我搞了不少地下動作。我眞不願看到他跟著別人一條黑道走下去。

周恩來說：少奇同志的襟懷，就是塊石頭也應被感動啊。有時，我也眞不能理解少數人，我們黨經過近三十年的流血奮鬥，犧牲了兩千萬的革命烈士，才建立起了自己的政權。照主席的話說，我們這些人，都是革命隊伍裡死剩下來的，眞正的倖存者。有的人，進城後職位一再升遷，可以說都做到頂，都通天了，卻還不滿足，總想著往前擠，包括把你、我都擠掉！眞是人心叵測，慾壑難塡啊。

劉少奇聽周恩來這一說，感到兩人確是同心相應，同聲相和了：恩來啊，這也是我今天來找你，要當面談談的另一件事。高大痲子他們幾個，認定今年召開黨的「八大」和第一屆全國人大，重組中央政府機構，是他們更上一層樓，拿下黨和國家最高權力的大好時機。爲了搬掉你、我兩塊他們前進路上的石頭，已經進行了一系列的非組織活動。近月來，華東、中南、西南、華北幾個大區，都有同志憂心忡忡地向我反映：少奇同志，這算哪回事？你是黨內的第二把手，我們卻陸續收到了一本小冊子，題爲《關於劉少奇的簡歷和他歷史上所犯的右傾錯誤》，目的當然是要把你的形象搞黑，名聲搞臭！據看過這本小冊子的同志推測，材料是從我的個人檔案中抄來，加油添醋，增枝加葉拼湊而成，並附上了我多次受到主席批評的內部講話，也是掐頭去尾，斷章取義。……可我本人，至今沒有看到過這本寶貴的小冊子，聽說長達幾十頁。我向人要過，可人家不給，怕惹我生氣，傷了身體。人家只告訴我，小冊子出自中央組織部門，大有來頭呢。我問了安子文，他在中組部副部長中排名第一嘛，竟然什麼都不知道，被蒙在了鼓裡。安子文說，此事肯定是從東北局調來的那位副部長郭鋒一夥幹的，他是高崗手下的「五虎將」之一。哪麼，究竟是誰授意郭鋒他們編印出這種小冊子來中傷我，誣陷我？單單是高、饒二位？或者再加上彭、林？還有沒有？他們這種明目張膽的非組織活動，手段之卑劣，爲我們黨自成立以來所未有！難道他們是要孤注一擲，不計後果？

周恩來沉下臉來，聽劉少奇激憤地把話說完，才接言道：少奇同志，關於小冊子，我剛收到一本。當然不是從中組部來的。因爲那小冊子被嚴格限制在他們所信任的大區以上領導幹部中傳閱，據說還編了號，要定期收回，所以我托人搞了個摘抄本。我看，小冊子就是高、饒二位密令郭鋒他們編印的，不會是主席授意。彭、林二位不一定參與其事。尤其是彭總，爲人一身正氣。你不別懷疑到主席頭上。至多，是高、饒二位自以爲領會了主席的某種意向，自作聰明加自作多情。搬起石頭砸自己的腳，我相信他們會自食惡果。

劉少奇眼睛裡又冒出了火星子：饒漱石這個傢伙！過去，我在新四軍、華東局是怎樣信任、提拔他的?!當了我的面，總是一口一聲老首長，老領導，尊敬的不得了。連見了光美都要行禮致敬。他在新四軍、華東局裡整陳毅同志，陳毅同志到延安向主席告狀，我還替他撐腰，找台階下。陳毅也因此對我有些看法。……眞是知人知面不知心。我這大半輩子怎麼淨和一些魔鬼、小人打交道！

周恩來說：革命隊伍內部，也不是君子國，魚龍混雜，泥沙俱下嘛。不過忠誠、正直的同志還是佔絕大多數，奸佞小人總是個別少數。

劉少奇明白自己的話太過偏激了：恩來呀，你是智多星，遇事比較客觀、冷靜，我有時候就急躁一些。你替我出出主意，此情此景，我如何應對？

周恩來謙恭地微笑著：少奇同志什麼大風大浪沒有經見過？這次的只算個中南海裡的暗涌罷了，連波浪都談不上。當然，暗涌常常比波浪更具殺傷力。聽講有經驗的漁民出海，只怕涌，不怕浪。

劉少奇說：我知道，這次是本人自黨的「七大」以來所面臨的一次嚴峻的挑戰。他們想把我逼入死角，之後消滅掉。

周恩來說：少奇同志不要把情況想的那麼嚴重。我看呀，最關鍵的，還是你必須重新獲得主席的信任。你在四九年進城以後的多次講話，如到天津講「資本家剝削有功」，「工人需要你們剝削，剝削得越多越好」，還有去年講的「鞏固新民主主義新秩序」，不主張大張旗鼓搞社會主義，等等，就很令主席反感，容易被人抓住辮子。主席每次對你的嚴肅批評是及時的，正確的，我是擁護的。在這些方面，建議你不妨向高崗、饒漱石同志讓點步，認認錯，因爲他們是在爲主席幫腔嘛，狐假虎威嘛。目前，我們還不宜和他們攤牌。你本人對小冊子的事要忍耐，繼續佯裝不知，根本不要提及。讓人家先表演嘛，表演得越充分越好。看到小偷的爪子伸出來了，不要匆忙去捉。要等到他偷了你的錢包，贓證俱在，再把他捉住嘛。他們雄心勃勃，志在奪下黨內第二把手的高位，讓他們伸爪子嘛。別看主席現在信任他們，但同時也會防範他們的。他們壞事做過頭了，主席就會警覺了。一派掌權，絕非領袖之福。主席熟讀史籍，還不明白這個？我們先不出牌，而應誘使對手攤牌，我們做挨打者，受害者，不還手。創造條件，讓他們盡情暴露。黨內的大多數同志就會同情我們，形成輿論，支持我們。他們先發制人，我們後發制人。我們攤牌前，一定要爭取到主席的諒解，事屬萬不得已，至少是默認吧。那時，黨內同志們群起而攻之，……不知道我這個建議，可不可以供少奇同志做些參考……。

劉少奇甚是感動與感激，一路點著頭：恩來啊，與你一席話，也是勝讀十年書嘍。放心，我不會輕易發作、出牌的。我只是擔心他們造成既成局面，逼主席表態，強迫我接受。你剛才說的這些，對我有很大的啓發、教益。我也有個建議，你在黨內比我更有人緣，是否可以煩請你出面，找下面這些同志談談，做做工作，不知道你方便不方便？

周恩來說：什麼建議？什麼方便不方便？人家要拱倒的是我們兩個嘛，或是雙槍齊下，一次到位；或各個擊破，分兩步走。反正他們是要走下去的。有高某人在中央，大家就不得安寧的。

劉少奇說：還是你看問題透徹。我的意思，陳雲、李富春、彭德懷、林彪、陳毅、柯慶施、賀龍、葉劍英、聶榮臻、鄧小平、劉伯承、習仲勳、賀龍、陶鑄他們，可能都已經收讀了那個小冊子。除彭老總、林彪、柯慶施三位外，其他同志，你可否私下裡給打個招呼，或是聽聽他們的意見？我相信，黨內絕大多數的高級幹部，都不想中央出亂子，都要維護團結一致的局面，不會贊同他們搞陰謀、搞分裂的！除非主席一邊倒，大家只好服從。一旦出現那種局面，就黨無寧日，國無寧日了。

劉少奇最擔憂的，也正是周恩來最擔憂的。

周恩來說：那個局面的出現，可能性不很大吧？總要顧及黨內多數同志的情緒吧？聽說高崗他們內部放話，今年黨中央是秦楚大戰。眞是利令智昏，愚蠢到家了。

劉少奇沙發扶手一拍：好！他們這個話放得好！今年黨中央秦楚大戰？他高崗自封秦王劉邦？把我比作楚霸王？太好了，這話應設法讓毛澤東主席知道，野子狼心，昭然若揭了。他想當劉邦？不就是要取代毛主席？

周恩來笑了笑：少奇同志，我還可以告訴你，我和陳雲、小平、彭眞、富春、陳毅諸位，已經談過了。秦楚大戰的話，也轉告了。有的是我約談的，有的是他們主動找我的。他們都對「秦楚大戰」一說很吃驚，對小冊子的出現很憂慮，很反感。陳雲、小平二位說得更直截了當：黨中央內部怎麼可以允許出現這種東西？是作反！搞分裂的人不會有好下場。我也勸了他們，請他們稍安勿躁，先冷靜觀察，到了他們可以說話的時候，再大膽陳言不遲。

劉少奇高興地抓住了周恩來的手：太好了，太好了。恩來，你比我還主動。有了黨內多數同志的支持，他們想拱倒我們兩個，不那麼容易囉。

這時，周恩來的機要秘書敲敲門，進來報告：總理，劉副主席，劉辦的密件，直接送進來？

劉少奇笑笑說：沒有什麼急事吧？你去鄧大姐那邊，請光美同志代我收下，謝謝。

辦公室的門重新關上了。周恩來給劉少奇換茶水，打火點菸。兩人都有一種輕鬆的快意。

不一會，機要秘書又敲敲門，拿著個牛皮紙大信封進來：劉副主席，光美同志讓您親自拆閱……

劉少奇接過貼了保密膠條的牛皮紙信封，等機要秘書退出後，才邊拆閱邊對周恩來說：說曹操，曹操到啦！

周恩來不知劉少奇說的什麼意思，他正在找出那份手抄的《關於劉少奇的簡歷和他在歷史上所犯的右傾錯誤》，交給劉少奇本人過目，並說明：請少奇同志就在這裡翻翻，翻過就算。

周恩來的意思是劉少奇不可以把小冊子帶走。劉少奇聽此一說，也把剛收到的那個牛皮紙信封交給周恩來：我們交換看看吧。這份一月十四日晚於東交民巷八號保密室，高饒彭林四位議論你和新稅制的「紀錄」，可說是得來全不費功夫，很有點意思呢。你也不別問起它的來處。只是讓你知道，他們正怎樣密謀對付你。隨便翻翻吧。翻過之後，兩份東西交換回來。

這回輪到周恩來暗自大吃一驚了，彷彿這才記起劉少奇長期在白區領導地下黨活動的經歷，他的耳目也是無孔不入呢。話雖不好明說，眼下確是他和劉少奇利害一致，休戚相關的局面，可稱爲劉周聯手，共對高饒，難解難分了。

劉少奇、周恩來認眞地翻閱起各自手中的「寶貴材料」來。劉少奇邊唸邊評論：

一八九九年劉少奇出身於湖南寧鄉縣一個破落地主家庭（抄檔案都抄錯了，我是一八九八年出生的，和恩來、彭總同齡，五一年土改時我家成分訂爲小土地出租）。他的祖父是一個擁有一百二十畝土地的小地主，他父親的生活水平至少在富農以上，母親娘家也很富裕（挖我五服三代，有什麼用？我自己早向組織上交代清楚了）。劉少奇排行最小，有二姐三兄，大哥當過北洋軍閥的僞營長。劉少奇十七歲去保定留法預備班上學，經費就是那個僞營長大哥所提供。所以他把僞營長大哥當恩人。劉在老家曾娶了髮妻楊氏，之後劉外出，置楊氏於不顧，另結新歡。楊氏將劉的長子帶到五歲，終因封建禮數的奴役，神經失常憂憤而死（這算他娘的什麼罪名？當年我們投身革命，提著腦袋爲黨工作，誰顧得了家小？一九二七年秋天毛主席率秋收暴動農軍上井崗山，都沒顧得上留在長沙鄉下的妻子楊開慧和三個兒子，不久與賀子貞同居，就是最好的證明嘛）！

一九二一年下半年，劉先入社會主義青年團，同年混入共產黨（放屁！誰是混入？高崗才是，延安整風時連個入黨介紹人的名字都報不出）。不久就去蘇聯留學了九個月，路上走了三、四個月。回國後在安源路煤礦活動，與李立三等人共事，打的火熱，尊李立三爲工人領袖。一九二四年，劉少奇拋棄髮妻楊氏，在安源與何寶珍結婚，第二年生下兒子劉允斌。一九二五年回長沙被湖南督軍趙恆惕捕獲下獄。怎麼出獄的？出賣了組織沒有？劉只向組織交代，是趙恆惕送了他一部《四書》驅逐出湘境了事的。他跑到廣州籌備全國勞工大會，組織中華全國總工會，任副會長。從此以全國工運領導人自居。一九二六年北伐戰爭開始，他隨北伐軍抵武漢，在湖北總工會工作，一起共事的有李立三、林育南（林彪同志之兄，後犧牲）。國民黨政府從廣州遷武漢後，他被捕過一次，汪精衛卻下令放了他。他曾經說過：汪精衛還保了我一命。把大漢奸當救命恩人。他出獄情況很可疑（一派胡言！汪精衛那時還是國民黨左派，我們黨正與他聯手反蔣，汪當漢奸是一九三八年的事，連起碼的歷史知識都沒有，這些混賬）！一九二七年，漢口、九江的市民和工人奪佔了英租界，劉少奇貪功竊譽攤爲己有。八月一日南昌起義前後，他的老婆在漢口生了女兒劉愛玲，他本人則執行陳獨秀的右傾投降主義路線，命令武漢工人糾察隊向國民黨反動派繳槍，自動解除武裝，出賣、背叛了工人階級的根本利益。他本人則爲了逃命，把妻兒棄在武漢不顧（又是一派胡言，在敵強我弱的情況下，當時武漢工人糾察隊如不繳槍，就全部人馬都被國民黨反動派殺害了！此事已有結論，栽贓不上）。一九二八年六月，劉少奇第二次去蘇聯，出席了在莫斯科召開的「六大」，當選爲中央委員。也就在這次會上，他與張聞天、周恩來等結爲至交。他還曾與一位蘇聯女同志結婚，犯有重婚罪。一九二九年回國到東北，排擠原中共滿洲地下省委書記饒漱石同志，自任書記。一九三〇年在大連被軍閥張學良的憲警捕獲，隨後即有滿洲地下省委機關四十餘人被捕。張學良卻親自下令釋放了他。他稱張作霖父子爲救命恩人，再生父母。劉的這段歷史最可疑，他亦從未向黨組織交代清楚過，他極可能是一名隱藏在黨內的大叛徒、大工賊（放屁，放屁！饒漱石有膽量出來作供、對簿公堂嗎？拿出人證物證來！有本事去台灣找張學良大人寫指證材料呀）。一九三〇年冬他從瀋陽獲釋後，回到上海地下黨中央。他的老婆何寶珍被叛徒出賣而遭殺害。一九三三年他進入江西中央蘇區，任全國總工會中央執行局委員長，在瑞金與被排擠的毛澤東主席做鄰居，但他執行的是王明、秦邦憲的左傾機會主義路線。一九三四年紅軍長征時，他僅爲一名彭德懷同志率領下的紅三軍團政治部主任，彭總是司令員，楊尚昆同志爲政委，他是彭、楊的下級。一九三五年一月召開的遵義會議上，他投機保住了中央委員銜。

一九三六年春，劉少奇任中央北方局書記，前往平、津一帶搞地下工作。他由延安出發時，公家給了他一斤多金子作爲費用。爲了攜帶方便，他打成一副金鐲子、一個金項圈、一個皮帶圈。到白區後一起存在白區銀行中。據他的第四個妻子謝飛後來揭發，他回延安時，竟把那個金皮帶圈和另外一件白區黨員黨費所打成的金鞋拔子貪汙了。劉少奇任北方局書記時的一大「功績」，就是謊報敵情，批准被關押在北平軍人反省院中的六十一名地下黨幹部塡寫「反共啓事」出獄（無恥，無恥！謝飛那個女人的胡話也作得數？營救被捕的北方局地下黨幹部出獄，是報經延安黨中央批准的！高崗早在「七大」時就嚷嚷過了，當時被毛主席制止了的）。

一九四一年一月皖南事變後，劉少奇擔任長江局書記，兼任新四軍政委，在極端艱苦的環境中，別人都吃玉米糕，劉卻每天吃一隻燉母雞。還讓副官到處爲他購買活魚、活雞，甚至要吃桂子。華東黨校的兩位同志（一位姓柳一位姓顧）因給他提意見，劉少奇把人家打成托派進行鬥爭。他在華東黨校講授《戰略和策略》時，竟說：「外國出了個馬克思，中國爲甚麼就不能出個劉克思。」從這裡可以看出劉少奇同志的司馬昭之心。同年七月二日他寫了一篇《論黨內鬥爭》的書，本來有批判柳、顧等人的一段話，後來覺得太露骨，才割愛刪去。在這期間，他休了他的第四任妻子謝飛，娶了小他二十歲的新四軍女醫務人員王前，很快玩厭了，就對王前拳打腳踢，致使王前神經失常……。

到此，劉少奇怎麼都看不下去了，將小冊子重重的朝茶几上一摔：這算什麼東西？赤裸裸的人身攻擊！無中生有，羅織罪名，無所不用其極！可我一直把他們當同事，當戰友，在公開場合，甚至一句重話也沒有講過他們。看來，我在延安整風審幹時，爲了顧全大局，對他們作了太多的寬容、讓步，比如高崗一九二九年入黨介紹人資料不全等等，當時看在主席面上，沒有挖出他的假黨員身分！

周恩來冷靜地從正在瀏覽的那份「紀錄材料」上仰起臉來，笑了笑說：少奇同志，不妨耐心點，人家那小冊子裡也寫了你主持延安審幹時的事情哪。

劉少奇心裡一愣，克制住怒氣，重又拾起那小冊子來閱讀：

……一九四三年春，黨中央、毛主席調劉少奇同志回延安，主持整風運動中至爲重要的審幹工作。他一上任，即利用黨中央毛主席委託給他的職權，一方面竭力包庇、保護並重用經他營救出獄的原華北局那批變節幹部，以結黨營私；另一方面卻把敢於反對他、批評他的原華北局組織部長柯慶施同志打成叛徒，關入窰洞兩年之久，並打算處以極刑。柯慶施的冤案幸而有時在中央軍委工作的陶鑄同志打抱不平，通過江青同志報告了毛主席，毛主席下令釋放，恢復工作，救了柯慶施同志一命。須知，柯慶施同志是我們黨唯一見過革命導師列寧的老同志啊！

……一九四七年三月，胡宗南二十四萬大軍進攻延安，彭德懷同志率西北野戰軍二萬四千人進行延安保衛戰，中共中央機關一分爲三：毛主席親率周恩來、任弼時、彭德懷、陸定一組中央前委，轉戰陝北；劉少奇、朱德爲首組成中央工委，前往河北，成立華北人民政府，爲毛主席進駐華北做準備；葉劍英、楊尚昆組成中央後委，前往山西。一九四八年五月，毛主席率中央前委抵達河北，中央工委結束，劉少奇隨後兼任華北局書記。此時華北局中有彭眞、薄一波、劉瀾濤、安子文、黃敬、劉仁、徐冰等等。在安子文、徐冰的撮合下，劉少奇同志與天津大資本家出身的王光美結婚。這是劉少奇的第六次婚姻。王光美的乾爸爸是國民黨反動派的空軍司令，軍統特務頭子之一。她本人在輔仁大學時是一位與外國神甫打得火熱的交際花。輔仁畢業後又到燕京當了幾年物理系研究生。一九四六年國共談判執行小組美方代表撤退時（王光美是英文翻譯），她還徘徊於延安與美國之間，後來經過葉劍英同志做了工作，才去延安的。她與劉少奇同志的感情是以資產階級立場爲基礎的。她的乾爸爸是特務，她本人是什麼貨色，還需要進一步的探討。劉少奇與王光美結婚後，當著很多同志的面對長子劉允斌、長女劉愛琴說：「你們又有一個新媽媽了，王光美年輕漂亮，你們以後就會喜歡她的。」陳雲同志曾問他爲什麼要結六次婚，劉公然說：「我是公開的，六次都是明媒正娶，從沒有偷偷摸摸搞不正當的男女關係。」他這話是有所指，十分惡毒的。他指向誰，不言而喻。眞正一個恬不知恥的僞君子。不久，他更唆使楊尚昆，把新婚的王光美拉入黨內，擔任中共中央辦公廳秘書……。

劉少奇越看越火，渾身都像被燒著了一般，手指敲打著茶几說：卑鄙！太卑鄙了！這哪裡是政治鬥爭？完完全全的流氓腔調，流氓手段！他們把刀子架在我脖子上，還想殺人不見血！他們比敵人更可怕，從自己的營壘裡殺出，更具殺傷力。恩來啊，他們和我們，已是水火難容，是小人和君子之爭，他們可以不擇手段，我們卻總要看在毛澤東主席的面上，處處迴避、禮讓！

周恩來已看完「紀錄材料」，不緊不慢地將其裝入牛皮紙信封，才回答：是的，妥協、退讓太多，會給對手以誤會，認我們軟弱可欺，更加肆無忌憚，猖狂挑戰。

劉少奇面對周恩來異乎尋常的冷靜，也就很快壓抑住了心中怒火，決然說：你講得對，這一段我們是太過謙讓了，以致讓他們得寸進尺，步步緊逼。恩來啊，我是實在不願在中央開啓戰端的。沒有退路，不得不考慮反擊。當然，關鍵在於要取得主席的公平對待，否則，我們就麻煩大了。你說哪？

周恩來微微搖頭：主席是一代明主，我們不要誤會了他。高崗是個毫無節制的傢伙，眼裡只認權力，其餘誰都不認。你、我和主席有所分歧，是思想上、工作方法上的分歧，不是權力之爭。你、我早已安於現在的職分。而高崗要從你、我手中爭奪的，是赤裸裸的權力。用不了多久，毛主席就會看清這一點。而不能不有所防範的。可以這麼說吧，很大程度上，主席只是用他來制衡你、我，而不是要讓他來取代你、我。所以，我們一定要讓主席認識到，高某人把你、我拱倒之後，下一個目標就是直接衝著主席本人來了！所謂「秦楚大戰」的眞正目標是對著主席的！不奪得黨、政、軍的最高權力，野心家是決不會收手的。你、我，才是主席的一道安全屏障囉……。

劉少奇巴掌一拍，敬服地對周恩來讚道：太妙了！畫龍點睛。恩來啊，眞有你的，打蛇打在七寸上了。高崗這傢伙，實際上早對毛主席下手了！毛主席至今未肯承認此一點。他派自己的情人，那個叫孟虹的女醫生，打入毛主席身邊，膿疱不是戳穿了嗎？太好了，他露出馬腳了。那個孟虹，可不要放跑了，是個重要的活證人！對了，我聽中辦的人匯報，經你批准，放孟虹回大連探親去了？

周恩來此時對放跑孟虹，有些暗自後悔了。也是太過喜歡這才貌雙絕的人兒，太過慈悲心腸了。他嘴上卻說：少奇同志，或許是我一時失誤了。我總是不忍心看到一些年輕美好的女孩子，捲進來做犧牲品。這些年，你知道我是怎樣保護龔澎和孫維世的，還有周小燕、趙燕俠她們。我不管她們高興不高興，總是勸她們不要往春藕齋那些地方湊，離得越遠越好。這次對孟虹，也是有些不忍心。不過，我跟她說清楚了，不許在瀋陽下車，只許直接回大連探望父母兩星期。我讓警衛局派了兩名女高手，暗中陪同她。還跟駐大連有關部門打了招呼，必要時協助把人從海上弄回來。

劉少奇說：恩來處事向來周全……那個孟虹，我見過兩面，的確是個絕色。光美卻對她印象很壞，說她太過狐媚，不是善類。後來傳出，她先做高的保健醫生，陪睡整一年，後做主席的……眞正的無聊加無恥，下流加下策。據說主席都說了，不衛生嘛！

第一七章 「緊急通知」逆龍鱗

由於兄長之邦偉大的導師、統帥、慈父史達林命在旦夕，經中央書記處一再敦請，毛澤東提前結束南巡，返回北京。此次他只在武漢、南京兩地牛月，原計畫到上海看看前妻賀子貞，再去杭州靜養一段時日，卻給催命一般催回來了。他越來越討厭自己被西苑裡的繁縟政務所糾纏。劉少奇、周恩來等人，黨政大事不報告，雞毛蒜皮送材料，有意和他過不去似的。當然，史達林同志一旦去見馬克思、列寧，必然引起社會主義陣營和世界共運大震盪，西方帝國主義侵略勢力也有可能趁機發難，挑起戰亂，值此敏感時刻，他不能不回來坐鎮的。

中央日常工作由劉、周、高三人輪值告一段落。在豐澤園頤年堂召開了中央書記處碰頭會。毛、劉、朱、周、高，加上鄧小平、李富春、彭眞、饒漱石。

毛澤東開門見山問：史達林同志若去世，老大哥那邊會否發生什麼我們意想不到的情況？馬林科夫原先只是部長會議一名年輕的副主席，史達林把他提拔到接班人位置上不過兩年，黨內、軍內的影響力相當有限，穩不穩得住陣腳啊？過去，他們政治局會議，多半是在史達林同志的飯桌上召開的，習慣於服從史達林，黨、政、軍、情由他一人說了算，高度集中統一。如換成馬林科夫，會不會群龍無首？還有，世界共運、社會主義陣營失去了龍頭老大，會是個什麼局面？以美國為首的西方帝國主義勢力會不會趁機發動第三次世界大戰？會不會影響到朝鮮的停戰談判？

毛澤東高瞻遠矚地環視座中同事們一眼，見一時無人答言，遂點名問：恩來，高崗，二位似是這方面的行家，先發表一點高見如何？

往常，毛澤東總是首先點名劉少奇發言的。劉少奇心裡暗自一沉，臉上卻謙恭地微笑看，點著頭，並旋開筆帽，準備在本子上記錄周、高的發言要點。

周恩來更是位謙謙君子，立即轉向高崗說：高主席跟蘇聯同志打交道多，請高主席先談。朝鮮的事，主席可以放心，我三個主力兵團六十萬精銳擺在那裡，料美李軍不敢再有大動作的。

高崗頗為滿意地看了周恩來一眼：主席和總理都讓我先談，我就先來充個數吧。不過我談問題喜歡直來直去。談到老大哥那邊的一些具體人事，若還洩漏出去，可能對兩黨關係造成不良影響。

毛澤東笑了：高崗上高崗，站得高，看得遠。嚴格紀律，保守機密。下面，我和諸位願聽端詳。

朱德也啲啲笑了，差點子就要補充一句：高崗上高崗，嚴防上得高，跌得慘……。

高崗躊躇志得，深吸一口大中華，說：史達林大元帥去世，老大哥政治局失主，權力肯定擺不平，是時間遲早的事。史達林同志是太偉大、太全面了。黨、政、軍、情、工、農、商、學，全面的天才領袖。前些年他對自己的健康很有信心，所以遲遲沒有考慮接班人問題。到前年蘇共十九大，才安排馬林科夫同志做接班人，是遲了點，資歷嫩，一直從事經濟部門的工作，沒有帶過兵，打過仗。一旦接班，的確有個服不服衆、壓不壓得住陣腳的問題。在老大哥政治局裡，比他老資格的有莫洛托夫、貝利亞、卡岡諾維奇、米高揚、伏羅希羅夫等人；和他年紀不相上下，但比他有軍隊工作、黨務工作經驗的，則有赫魯曉夫、葛洛米科、勃列涅日夫等。我們要特別注意貝利亞和赫魯曉夫二位。貝利亞是史達林同志的格魯吉亞老鄉，自三十年代起掌控著老大哥黨、政、軍機關的內衛部隊包括克里姆林宮警衛師，西方國家稱爲克格勃，對政治人物握有生殺大權。目前，在我們黨內，由於主席領導有方，尙未出現類似的人物，否則情形相當可怕。尤其是去年我們成立公安軍時，主席採納了彭總意見，公安軍不獨立建制，由中央軍委統一指揮，不搞第二武裝，實在是十分英明的！

劉少奇做著紀錄，眼皮抬了抬，心想：扯到羅瑞卿身上去了，很好。可以肯定，你吹捧彭德懷，開罪了羅瑞卿，太妙了。

高崗一口一口地吸著大中華，滔滔不絕地說：我所擔心的是，如果貝利亞同志對馬林科夫同志生二心，要在政治局內有所動作，是誰也拿他沒有辦法的。他只要對克里姆林宮警衛部隊一聲令下，政治局委員們就只有乖乖就擒的份。當然，我這裡講的只是一種可能性。貝利亞本人不學無術，是個酒桶，只配做打手，做不了領袖的。其餘莫洛托夫、卡崗諾誰奇、米高揚等，都是文官，搞外交、搞議會、管經濟、管黨務的，都是很安份的老同志。另外一位值得注意的人物是赫魯曉夫同志，我和他有過幾次接觸。頓巴斯煤礦工人出身，參加革命後沒有被捕過。從黨的基層組織一路做上來，二次世界大戰中擔任過烏克蘭方面軍的副政委，有戰功。戰後出任烏克蘭共和國黨的第一書記，參加政治局，調首都莫斯科黨委第一書記，部長會議副主席。他黨性強，工作有魄力，敢作敢為，具開拓精神。依我看，如果馬林科夫同志位置坐不住，他很可能是一位適當的接位人，而且會有一番作為的。

毛澤東吸著菸，很認眞的聽著。他並不欣賞高崗老是把蘇聯黨的人事扯到中國黨身上來做比較，但這又確是領袖人物的思考方式。如果讓劉、周二位來談，就只會就蘇聯黨談蘇聯事，輕易不敢扯到自己黨內人事來的。他忽然問：朱可夫元帥呢？他是國防部長。他在衛國戰爭中立下的功績，是其他蘇聯元帥不能比擬的。他會不會挾兵權自重，窺覷最高位置呢？

高崗說：主席對蘇聯紅軍的歷史傳統相當了解。我的看法，朱可夫元帥是位忠心心耿耿的軍人，就像我們的彭總和林總一樣，都是只想帶好部隊，搞好軍事，而對黨務、政務沒有多大興趣。蘇聯紅軍的歷史上，雖然不像我們黨明確提出「黨指揮槍的原則」，但「黨支部建在連上」，做得比我們還早。軍隊裡的政工制度，也是他們傳授給我們的。蘇聯紅軍一直比我們正規化，職業化，軍人更有榮譽感。在老大哥黨的歷史上，還沒有出現過軍人干政的事件。當然這和史達林同志鬥垮了托洛茨基，一直擔任紅軍最高統帥有關，正如我們的毛主席鬥垮了張國燾等人，一直是軍委主席的情形一樣。

毛澤東打了個手勢，示意高崗不要再說下去。接下來，他一口喝下大半缸茶水，說：高崗的分析，可以打七十分吧？大致上是四條：一是史達林同志安排馬林科夫任接班人，爲時太晚，一旦接班，可能穩不住局面；二是蘇聯紅軍忠誠可靠，絕對服從黨的指揮，而且從沒有過干政的先例；三是貝利亞同志爲危險人物，可能成爲亂政害群之馬。我們黨一定不允許出現貝利亞式人物。康生不是，羅瑞卿、謝富治、汪東興都不是，都是忠誠的好同志；四是赫魯曉夫同志大有希望。此人我也見過幾面，作風粗獷，比較魯莽，也是產業工人出身的本色吧。在我們黨的歷史上，向忠發、顧順章這些工人出身的卻都表現很不好，一被捕就成軟骨頭，大叛徒，對黨危害最大。以上是高崗同志的高見加上幾句我的評點。下面，請恩來、少奇二位補充談談？我和諸位繼續洗耳恭聽，大家以爲如何？

周恩來仍保持著謙遜禮讓，看一眼劉少奇：少奇同志先談談？

劉少奇停下筆記，連連晃手：恩來，你是外事行家，主席要聽你的，你就談談嘛。

周恩來這才說：我完全贊同高崗同志的分析，主席的點評，確是條理分明，比較全面。我想補充的是，史達林同志一旦去世，由於接班人馬林科夫同志威望不足，蘇共中央政治局可能出現集體領導的局面。這種局面的好處是群策群力，衆志成城。壞處是容易群龍無首，亂者爲王。但這種局面不可能維持太久。使政治局內大多數成員感到威脅的人物，比如貝利亞，可能被孤立。因爲誰也不願有一柄利刃懸在自己的腦門頂上。我同意高主席和毛主席剛才指出的，赫魯曉夫同志大有希望。他很可能成爲蘇聯黨和國家的新領袖。因此，我建議，我們今後應採取適當的方式，多和赫魯曉夫同志聯絡，包括個人方面的交往。高主席過去在東北跟蘇聯同志打交道多，和赫魯曉夫同志也熟識，是否可以代表我們黨，多做些這方面的工作？當然，這事，要由毛主席和高主席親自來做決定。

聽周恩來一再稱高崗爲「高主席」，且「毛主席」與「高主席」相提並論，毛澤東很不順耳，又不便發作，只得以陌生的目光默默注視了高崗兩眼，「高主席」卻神態怡然，安之若素。

坐在對面的饒漱石卻感到從腳底襲上來一股寒氣，渾身都起了雞皮疙瘩似的：周恩來這人心機太陰險，太可怕了，一口一聲「高主席」的稱呼著，毛主席已很不受用，再又做成個「裡通外國」的陷阱，要高崗去跳。是不是周恩來已探到什麼蛛絲馬跡了？自己和高崗多次密令原新四軍老下屬、現任上海市公安局局長的楊帆，利用去蘇聯療養的機會，和赫魯曉夫暗通款曲。這事相當機密……。

饒漱石緩過神來時，發覺劉少奇正在發言，並默默地打量著自己：我同意高崗、恩來二位的分析，只補充一點，我們也應同時牢牢記住列寧同志《關於黨和黨的組織》的教導。蘇聯共產黨已有五十年的革命歷史，他們經歷過兩次世界大戰的嚴酷考驗，證明黨的組織系統是成熟和堅強的，是打不倒、拖不垮的。所以從這個意義上來說，馬林科夫同志接史達林同志的班，雖然資歷淺，威望不足，但要輕易改換他的接班人地位，是不符合黨的傳統的，中央全會上也難以通過。縱然個別人物有此雄心壯志，恐怕不會爲政治局的大多數成員所接受。我覺得，在史達林同志去世後，由馬林科夫同志主持蘇共中央、部長會議工作，可望維持一段相當的時間。因此，我們應盡力尊敬、支持馬林科夫同志，以維護兩黨兩國間牢不可破的兄弟友誼。還有一點，即使史達林同志病逝，也不大可能引發新的世界大戰，甚至不大可能影響朝鮮前線的和談。我們的對手美帝國主義國內老百姓的反戰情緒高漲。

明年又是總統選舉年，現任總統杜魯門想獲連任，一定向全國選民開出他結束朝鮮戰爭、讓美國士兵回國的競選支票；而他的對手、共和黨的候選人艾遜豪威爾將軍，提出的競選綱領，第一項就是結束朝鮮戰爭，達至他們所謂的遠東地區的戰略優勢及其和平穩定。

劉少奇的話一落音，毛澤東不再徵詢別的同事的意見，而說：好了，對於老大哥那邊由馬林科夫同志接班，高主席、周總理是悲觀派，劉副主席是樂觀派。我覺得悲觀派比較務實。貝利亞也好，赫魯曉夫也好，究竟有無野心，有多大的野心，可以存疑嘛。從來此類事，寧可信其有，不可信其無。沒有最好，燒香拜佛，求之不得。更談不到誰插手誰的問題。至於劉副主席的樂觀派觀點，算是心地善良，卻失於膚淺。或者也和少奇目前的某種地位有關吧？但本主席需要申明一下，本人年紀僅及花甲，自信身體也無大毛病。小病小痛人皆有之，不算什麼。因此在中央領導成員中，並未考慮過接班人問題。「七大」粗略定了個毛、朱、劉、周、任，現在是毛、朱、劉、周、高，或者是朱、毛、高、劉、周，排名有先有後，早就是集體領導了。我從來認爲，在中央工作的同志，只有分工不同，而無座次高低。都是爲人民服務，做人民的勤務員嘛！爲什麼要分第一、第二、第三、第四、第五呢？根據工作需要，第五也可以是第二，第二也可以是第五嘛。我們共產黨是無產階級的先鋒隊，不是瓦崗寨，不搞水泊梁山排座次，不學綠林好漢那一套。主席、總理輪流做，好不好？

毛澤東這一說，劉少奇的臉一下子紅到了頸脖根。高崗卻受到了極大的鼓舞似的，先看毛主席一眼，再看饒漱石一眼。其餘人都面面相覷，不知毛主席爲什麼要說這麼一番話，給少奇同志難堪。唯周恩來敏感地察覺，毛澤東主席又因什麼事，要對劉少奇發火了。他眞盼望朱老總能適時站出來說個什麼事，把毛主席的火氣沖淡一下。

朱老總卻瞇縫起眼睛養神似的，彷彿什麼都沒聽，什麼都沒看。

果然，毛澤東主席語鋒一轉：各位老同事，有個事如刺鯁喉，本人不吐不快。在我離京期間，受我委託，中央日常工作實行劉、周、高或是高、周、劉三人輪值制。可是在南京，收到了一個「中共中央緊急通知」，「通知」範圍是省軍級，口頭傳達至地師級，內容是全黨全軍中高級幹部，在史達林同志病危期間，要百倍警惕，堅守崗位，作好準備，隨時粉碎國內外反動派的破壞，搗亂，云云。以上內容，並無大謬。問題是，你們三位受我委託主持中央日常工作的大人同志，以中共中央名義向全黨全軍發出緊急通知，爲什麼不先「通知」一下我這名黨中央主席呢？本人也沒有去到天邊外國，就在南京休息嘛，你們究竟要置本主席於何地？還是要以此爲鑑，形成慣例，由你們來發號施令，指揮全黨全軍？那好辦，中央召開一次會議，給辦一個手續，請本人下野，退隱嘛！話或許說重了，刺耳得很。好，可以說輕點，你們總該顧及本主席的顏面嘛！

毛澤東連珠炮般數落下來，與會者個個目瞪口獃，都把目光投向劉少奇、周恩來、高崗三人。

劉少奇面帶惶恐，周恩來也大不自在。高崗卻很響地了喝一口茶水，問心無愧地舉了舉手，發言說：主席，各位同事，上上個星期我向少奇、恩來二位告假，回了瀋陽一趟。我是在瀋陽看到主席所說的這份「中共中央緊急通知」的。我雖然是主席所委託的中央工作三人輪值的一分子，劉、周二位事先並未和我通氣，還有一些別的事情我也被蒙在鼓裡。因此，我認爲，少奇、恩來二位起碼應對蒙過我、越過主席，擅自發出「中央緊急通知」一事作個說明，看看毛病出在哪裡。

毛澤東本已有氣，經高崗這麼火上澆油，更是氣的臉色泛白，眼睛發綠，騰地站起身來，手指著劉少奇、周恩來斥責道：豈有此理！你們太放肆，太目空一切了！嚴重違犯黨的紀律，又一次架空黨中央權力，企圖凌駕在全黨之上，這難道不是事實嗎？

毛主席動怒，誰都不敢規勸，不好吱聲。劉少奇、周恩來二人更是腦袋都抬不起來。朱、鄧、李、彭諸位都不滿高崗乘人之危，落井下石的作派。唯高崗、饒漱石怒形於色，與毛主席同仇敵愾。

終歸是朱德年紀大，資格老，見會場氣氛太緊張了，只好也立起身子，陪毛澤東站著，以一位忠厚長者的身分說：潤芝兄息怒，不要傷了身體。都是二、三十年的老同事，老戰友了，不管誰有過失，都應受到批評，甚至紀律處分。但還是要從團結的願望出發，也叫以和爲貴吧。

毛澤東愣了愣神兒，見朱德給了他個台階，緊繃著的臉膛上也就有了些許笑容，遂轉過身來對朱德說：總司令出面，我只好收兵囉……請坐，請坐，玉階兄。我們之中，你年歲最長。從井崗山上起，朱、毛不分家。我一向讓你少管事，多保重身體。我也少管事，皆大歡喜。可是你看到了的，我才離開北京兩個多星期，把中央工作托付給他們，他們就不把我放在眼裡，自己做皇帝囉！

鄧小平這時忽地舉了舉手，發言說：主席，總司令，還有在座的各位，以中央名義發通知這件事，我也有責任。我兼做中央秘書長一職，「通知」是經我的手發下去的。

劉少奇、周恩來略略抬起眼皮，感激地望了矮個子鄧小平一眼。

毛澤東給朱德敬菸並打火，邊說：好！鄧政委有膽有識，勇於承擔責任。過去鄉下人習武功，五短身材者，樁子立得最穩。鄧政委啊，「通知」的文稿，是哪個王爺交給你的？

鄧小平毫不遲疑地回答：少奇同志交給我的，並說跟總理商量過，因內容並不涉及重大決策，就不報主席了。這件事，我看解鈴還得繫鈴人，由少奇同志現在就做個檢討，痛痛快快，如何？

朱德、李富春、彭眞都表示贊同，矮個子的提議，等於給毛、劉二人都灌了一服清涼劑。高崗面露不悅，欲說什麼，但被毛澤東以手勢止住了。

劉少奇抬起頭來，先感激地看了朱老總和鄧小平一眼，之後恭敬地望著毛主席，檢討說：是我錯了，犯下重大缺失。高崗同志的批評是中肯的。我和恩來接到張聞天從莫斯科發來的幾封電報，覺得我黨中央應立即採行幾項因應措施。高崗同志去了東北，沒有來得及和他通氣，也是我對高崗同志不夠尊重的表現，在此，我向高崗同志致歉……我和恩來覺得，中央應採行的五項措施中，有四項涉及軍事和人事，都向主席及時請示了，只一項向黨內高級幹部吹吹風，沒有請示。我違反了中央工作紀律，主要責任在我，不在恩來，更不在小平。所以，主席和中央要處分也只應處分我，而不應責及他們。另外，爲了改正錯誤，建議今後凡以中央名義發文，都應由中央主席批准，否則無效。

毛澤東釋懷地笑了。高崗還欲發言，毛澤東再次以手勢止住了：好了！這件事，可以告一段落了。給少奇、恩來二位的處分，叫做口頭批評，不作紀錄，不發通報，如此而已，可以了吧？

朱德、劉少奇、周恩來、鄧小平、李富春、彭眞都露出了輕鬆的笑容，以熱烈的掌聲表示贊同毛澤東主席的寬宏。饒漱石稍稍遲疑了一下，才拍了拍巴掌。唯高崗不願看到劉、周又一次輕鬆過關，只勉強地合了合掌，沒有拍響。

毛澤東說：好了好了，不要拍巴掌了。鄧政委，剛才少奇的建議很好，很重要。就請你這個中央秘書長大人，以中央名義起草一個文件，向全黨中、高級幹部宣佈一條紀律：今後，凡中央文件，須由黨主席核准，否則無效。

……散會後，毛澤東單獨留下周恩來問話：告訴我，你把小孟夫子弄到哪裡去了？昨天回來，身上不大舒服，想找她做做按摩、針灸什麼的，可醫務處和中辦說，是總理特批了她的探親假期？

周恩來一聽問起孟虹，頓時又捏兩手冷汗：天啊，生平憐香惜玉，這回憐到了主席身邊的人，可要惹下大麻煩了。但他口頭上卻平靜地回答：是的，主席，是我准她回大連探望父母去了。因她先是找小超哭鼻子，說父母年邁多病，有一年半沒有和女兒見面了，等等。我和小超覺得，父女、母子之情，人皆有之，她寫了請假報告，醫務處推給中辦，中辦推給醫務處，誰也不敢作主。我和小超看著她怪可憐的……想到主席去了南方，正好是個空檔，便准了她兩星期探親假。爲防備意外，還讓警衛局派出兩名女幹部，暗中陪同她回去。必要時，駐大連有關單位可由海路把她送回……。

毛澤東不願多聽周恩來的解釋，揮手轉身就走，邊走邊說：還我孟虹！若有走失，唯你是問。

第一八章　渤海驚變　孟虹失踪

大連和哈爾濱，一南一北，可說是東三省最富異國情調的美麗都市。大連瀕海，哈爾濱臨江。若論自然風光，大連更勝哈爾濱一籌。由於歷史上都曾經淪爲沙俄及日本的殖民地，因之兩座城市的俄、日式建築物鱗次櫛比，頗爲壯觀。街道佈局，尤具俄羅斯風格。市區多街心花園，街道成放射狀，石塊路面，平整淨潔。尖頂教堂四處可見。哈爾濱向有東方莫斯科之稱，大連則類似黑海岸邊的度假勝地克里米亞了。大連還是中國北方著名的天然良港，水深百尺，可停泊數十萬噸級油輪、貨輪。附近的旅順口，更是遠東地區的重要軍港。從大連走海路西去天津溏沽港二百一十八海浬（四百零三公里），南下山東煙台更是不到九十海浬，東南去日本長崎也只五百六十餘海浬，爲東北亞地區重要的貨物集散地。大連還有一個不大引人注意的特色，是出產美女，女子多明眸皓齒，膚色潔白，腿長腰細，風姿綽約。凡上海、北京國家一級舞蹈團演員，多選拔自這裡。皆因長久以來，中外血緣代代混交，具遺傳優勢所致。

孟學林老先生的中西醫診所，開設在大連海濱區黑石礁道一棟中式民居的地面一層，為下舖上居格局。夫婦二人皆信佛，日常替人診病，收費甚廉，遇手頭拮据、貧病無依者則分文不取。救人急難，有求必應。醫道醫德，為附近居民所敬重，連續數年被評選為區裡、市裡的「模範市民」、「先進醫務工作者」；所收下的「華陀再世」、「現代扁鵲」、「世代名醫」之類的獎旗、錦旗、匾額更是不計其數，但孟老先生從不在診所內張掛。他為人不務虛名，不喜張揚，只求活個沒沒無名，清清白白。家中六名女兒，人稱孟氏六金花、四名業已成人：大妹早婚，育有三男兩女，算兒女成行了；二妹財貿學校畢業，任海產公司會計，亦已生兒育女；三妹去了北京攀龍附鳳，凶吉莫測；四妹畢業於大連衛生學校，現留家中幫助父親執業；五妹、六妹都還只是荳蔻年華的中學生。

孟氏六金花中，以三妹孟虹最是聰慧俊秀，學歷高，惜乎長春醫學院畢業後不好好做一名懸壺濟世的醫生，而去做了什麼高主席的私人保健醫生，後又調去北京，進了那種不得見人的深宮大院，孟老先生最是痛心疾首！不以為榮，而以為恥，總有一種人格上的羞辱！直認做家裡出了紅顏禍水。眞是從小兒白疼了三丫頭一場，也是白培養、白寄望了。文醫同道，老先生刻意自幼讓她背誦詩文，涉獵典籍，當做男兒來栽培以繼祖業的！結果，卻是好高騖遠，誤入歧途。

為此，孟老先生說服太太，把五位尚在大連的女兒召集回家，作了訓示：三妹的事，榮辱死活，都不許和人提起！記住，我和你們母親，算沒有她這個女兒；你們五個，算沒有她這個姐妹！她是個禍胎，你們懂不懂？自古平民女子，朝那種地方鑽，多半沒有好果子吃，沒有好下場的！我做父親的，不是詛咒自己的女兒。我只求你們五個，惜身做人，平平安安過日子，老老實實討生活，不要讓她禍及全家！你們知道厲害、死活嗎？古往今來，這種事例還少了嗎？

兩、三年來，孟學林老先生禁止家人跟三妹通信。孟虹在北京所收到的家書，皆由母親瞞著父親寄出。也是可憐天下慈母心啊。日日夜夜，母親盼著三妹，念著三妹，一天數次爲三妹唸誦《般若心經》、《金剛經》、《戒消災經》。當家的說得對，三妹是去了那最不當去的地方，做了最不該做的人啊。什麼私人保健醫生？名不正、言不順的，還不成了人家大官們手裡的玩物！連寫封信都不能告訴家裡一個地址，只有一個郵箱代號；也從不敢談到她的工作、生活情況，吃的住的全算黨和國家的機密，算的哪門子革命工作啊？三妹是被虛榮心所害，禁不住榮華富貴、高官門第的誘惑，才進了火坑……母親要救女兒出火坑！自己的女兒自己救。苦苦祈禱了許多日子，冥冥之中，救苦救難、普渡衆生的觀音娘娘，終於給啓示出了一條路子，一套法子。……於是母親按三妹寄來的信箱號碼，連著寄出五封家信，告訴三妹：父母年邁患病，急盼孩兒歸家一見。

再說二月下旬某日，孟虹由西苑醫務處派車送至火車站，上了一列北京直達大連的快車。說走就走，她行前根本不可能跟東交民巷八號院取得聯繫，只好抵達大連老家後再作他計了。

列車停經天津站時，孟虹猜想到車上可能有人暗中「陪同」自己，決定轉換路線，改走溏沽港，由水路返回大連。她趁旅客上下車人流混亂之際，提上自己簡單的行李，向車門口擠去。可她尙未走到門口，即被一隻有力的手臂拉住了，一看，是位女幹部打扮的人，以那種標準好聽的北京話低聲告訴她：孟醫生，請回你的座位去，這裡是天津站，離大連還有老鼻子遠哪。

天啊，果然暗中有「陪同」！孟虹回到座位，著實慌亂了一陣。困獸猶鬥，何況一個大活人乎？你們越跟踪監視，人越要掙脫你們的樊籠！她忽然生出一股惡作劇願望似的，想跟「陪同者」鬥鬥法兒。列車停經唐山、停經秦皇島站時，她都故意上車門口去，做出欲下車的樣子。當兩位女幹部模樣的人出來阻擋時，她正氣凜然地問：別的旅客都可以下月台上去散散步，買些糖果小吃，我爲什麼不能？其中一位「陪同」只好哀求她：孟醫生，求求妳了，不要爲難我們，我們只是執行任務，負責妳平安抵家，平安返京。

孟虹這算看清了，「陪同」她的兩位女幹部，人高馬大，身手矯捷，是中央警衛局訓練出來那種身懷武功的女特警。列車停經山海關站時，已是第二天凌晨。車廂裡熄了燈，旅客們大都進入了夢鄉，鼾聲此起彼伏。孟虹又一次試圖下車，改變行程。高主席在山海關有座行館，屬東北軍區管轄，只要進入那行館，「陪同」就奈何她不得了。她盡量悄悄地向車廂門口移動。這回是已經走到了門口，都看到月台了，她的手臂卻又被人鉗子一般的鉗住了，並低聲而嚴厲地告訴她：孟醫生，妳是在夢遊吧？這裡是山海關，請回妳的座位上去休息！我們更要告訴妳，車出山海關後，妳不可再生二心，更不要企圖與中央警衛局以外的什麼人取得聯繫。否則別怪我們不尊重妳……明白了沒有？

此後，孟虹迷迷糊糊的，一路上都想哭。總算回到了老家遼寧地界。列車停經錦州、瀋陽、遼陽、鞍山等大站時，兩位女「陪同」更是緊張萬分，生怕有人衝上車來劫走她們的「保護對象」。

列車抵達終點站大連時，已是黃昏時分。孟虹事先未能將自己的歸程告訴家人，因此沒有姐妹來接站，而由兩位「陪同」一前一後的「護衛」著出了車站。她朝兩位「陪同」笑了笑，正要招手叫過一輛黃包車，卻見一輛軍用吉普車駛近，停在了她面前。女陪同上前看了車號，隨即招呼孟虹上車，並說：我們直接送妳到家。十四天假滿，再來接妳返回，車票會提前給妳辦好，一切放心。

孟虹出現在海濱區黑石礁道家門口時，昏黃的街燈下，前來開門的母親一見是三妹，竟嚇得後退一步：天啊，誰？是三妹兒？是在做夢吧？孟虹進了門，立即把門插上，才輕聲叫喊：娘！娘！不是做夢，是女兒回來探親，三妹回來看望媽媽、爸爸！

母女相擁著流淚，都不敢哭出聲。進到裡間，娘才說：觀音娘娘保佑……妳是一個人回來的？

孟虹這才哭出聲來：娘，外面有狗……他們倒是說了，不會來家裡……娘，爸爸呢？妹妹呢？

娘說：三妹，妳輕點。爸爸近來身體差了，睡得早……妳大姐、二姐成了家，另外過去了，妳是知道的；妳四妹給人送藥去了，等一會兒回來；五妹、六妹在樓上睡房裡做作業。一路上餓壞了吧？娘給妳去做蛋炒飯，妳從小兒喜歡的！

孟虹淚流滿面；娘，抱住我，不放開……我不餓，只想娘抱住，娘有好久沒有抱我了……。

娘抱住女，女抱住娘，抽抽泣泣，又哭做一團。

孟學林老先生已站立在她們身後。待她們抽泣得差不多了，老先生才移步近前，拉住了三妹的手。孟虹一見父親，不由得雙膝一軟，就跪了下去，說了句：女兒不孝……就又泣不成聲了。

老夫婦一左一右的扶起女兒，到椅子上坐下。孟老先生一臉戚容地說：都什麼朝代了？共產黨這忽兒，不興這禮兒了吧？人回來了，就比什麼都好。她娘，給三妹弄些吃的。過後，三妹不睏的話，我們先談談。好久沒有和三妹扯閒篇了。我在樓上書房裡等著。

說罷，孟老先生轉身抓住樓梯扶手，一步一停的，上樓去了。孟虹看在眼裡，父親是蒼老多了，還只是半百之年，卻有點風燭殘年的氣象了。

飯後，孟虹匆匆洗漱一回，換上家常衣服，上樓進了父親的書房。這書房占了樓上全層的一半面積，中間一條過道，另一半為四間大小不等的卧室。母親和六個女兒，都以這寬大的書房為全家人的榮耀。單是一套二十四史，就占據了整面北牆。其餘東、西、南三面牆上，以及靠西向的十來行書架，全都是一冊冊、一套套的線裝古籍，發出歲月久遠的幽香。孟虹記得，自己剛考入大學那年，母親曾要求將書房搬到樓下一層，父親不肯。母親不得不請工匠來加固了樓下的梁柱。

孟老先生已經替女兒調製好了一碗清熱潤火的玉竹蜜羹：三妹，不要怪爸爸，將近三年了，爸爸沒有給妳寫過信，也不准妳的幾個姐妹給妳寫信。但知道你媽媽一直在背著我和妳通信……爸爸實在是出於無奈，欲苟全一家子性命於亂世。對不起，我把盛世稱亂世。因為當今主持國家大政者，精於戰事，擅長鬥爭，而疏於治國，昧於經濟。抗美援朝，鎮反肅反，三反五反，都是軍政不分，以軍代政，刑典失當，亂著來呢，實在看不出有什麼高明。昔秦皇漢武，略輸文彩；唐宗宋祖，少遜風騷……據這幾年的情形看，差得遠囉，不像一代明君的作爲。好了好了，我們不談這些個犯忌的話題。還記得嗎？從前妳在家裡，可是和爸爸無話不談呢！現在，爸爸只是問妳：你先在瀋陽，後進北平，究竟做的什麼工作？替些什麼人物服務？

孟虹臉熱心跳，羞於啓齒。記得自中學年代起，父親就喜歡和自己說古道今，臧否人物，議論時政。母親還笑話過他們不像父女，倒像兩個忘年友。因之面對自己從小所敬所依，既嚴又慈的老父親，就不能不實話實說了：在瀋陽，是替高主席當私人保健醫生，……也就是爲他一個人服務。高主席是個粗豪、強悍之人，有才幹，講義氣，毛主席很器重他，把他調進北京當副手，名分地位，比周總理還高半頭呢！高主席心高志大，一心越過周總理，取代劉副主席，當上黨和國家的第二把手……

孟老先生輕輕咳了兩聲，很用心地聽著：妳進了北京後，又是在什麼地方上班？還替高崗做什麼私人保健醫生？

孟虹說：不是了，被安排進西苑高幹醫務處，替黨和國家領導人服務，包括毛、朱、劉、周這些人……爸爸，你不明白西苑是什麼地方？就是中南海呀！在故宮的西面，稱爲西苑。

孟老先生點點頭：知道，知道。明、清的西苑還包括北海和景山呢。妳看那排書架上，述及西苑的書，《燕都叢考》，《春明夢餘錄》，《國朝宮史》，《烈皇勤政記》等等，好幾十卷呢。

孟虹敬佩地望著父親，又看一眼滿屋子的古籍，老人家眞是坐擁書城了。

孟老先生問：你替毛潤芝診過病嗎？印象如何？

孟虹回答：做過針灸，周末陪他跳過舞……好古籍，通詩詞，有大學問。生活習慣卻仍是個湖南鄉下農民，嗜食辛辣肥膩，可稱爲無辣不餐，不肥不食。將紅燒豬肉當最佳美味，迷信肥豬肉能補腦子。因之身體肥碩，血壓偏高，有痛風症。聽說周總理，以及他夫人江青，都勸他少吃肥肉，少吃臘味，多吃魚鮮、蔬菜。他卻大發脾氣，命廚師以豬油炒菜，說豬油比植物油香，有營養，吃植物油眼睛烏，吃豬油眼睛亮。

孟老先生笑了：是個土皇上，像劉邦，還是像朱元璋？脾氣怎樣？

孟虹回答：像皇上又不像皇上，畢竟是新中國，新社會了。他平日有說有笑，平易近人，談吐幽默，喜好旁引博徵，上下古今無所不涉，見地獨特。還愛考人，動不動就問句出何處？典出何處之類。有時也讓人覺得，是在賣弄學問，劉、朱、周、高，無人能及他。……我也看到過他風雲變色，作雷霆之怒，當著工作人員，甚至來陪他跳舞的女文工團員們的面，就大聲喝斥、辱罵劉副主席、周總理等領導人，直罵得雞犬不如，誰也不敢相勸，直到他罵乏了爲止。這種時刻，他就像個山大王、土豪強似的，很是喜怒無常、任性胡爲哩。我看他的同事們，劉、朱、周、高、陳、彭、鄧，一個個相忍爲黨，相讓爲國，凡事都依他怕他，也是伴君如伴虎。

孟老先生問：劉少奇爲人如何？

孟虹回答：沒有單獨接觸過。聽過他作報告，爲人嚴謹，不苟言笑。他用他夫人兼做保健護士。

他夫人王光美很賢慧，相夫教子，持家有方。他們家被評為西苑的「模範之家」……這點劉家比毛家強。毛好色，江吃醋，經常後院起火，弄的秘書、衛士們很狼狽。

孟老先生又問：周恩來，人稱一代賢相，到底如何？

孟虹又答：風度儒雅，謙上讓下，任勞任怨，毛稱他為好管家。也有人私下裡議論他是大智若愚，大奸似忠，政治不倒翁式人物。

又問：高崗如何？

又答：志大才疏，權慾極重。敢作敢為，和毛有拜把之誼，是毛用以制衡劉、周的利器。

又問：高崗與劉、周如何？

又答：勢同水火，早晚會有一場火併，雙方輸贏尚在伯仲之間，都在力圖爭取毛的信任，而欲置對方於死地。此事，毛若平衡失當，很可能引發高層內訌、震盪。

孟老先生不吭聲了。女兒並不糊塗，且是聰明絕頂，悄沒聲息的，已把幾位當今主持國政的大人物看得清清楚楚。憑著一位老醫生洞察世情的本能，他不用女兒明說，也知道女兒廝混於幾位人物之中，已是不乾不淨，不尷不尬的了。所幸女兒失身失節，卻頭腦清晰，尚未迷失神志，或可自拔於糞池臭沼，另找到活路。

良久，孟老先生說：三妹，妳還是我的女兒加朋友……東漢末年，獻帝懦弱，董卓專權，指鹿為馬，無惡不作。王允、呂布、貂蟬諸人故事，妳是讀過的，可還記得？

孟虹答道：《三國》故事，不曾忘記。在西苑，就有人說女兒是現世貂蟬。可毛、周、高三位，又不全然是董卓、王允、呂布，比擬不得的。

孟老先生深深嘆息著：看來，妳這次能出來，是很僥倖的了。大約也已經想過，逃出生天，絕不返回了的。

孟虹點著頭，心裡亂糟糟的。知女莫如父。兩三年不見面，老父的心和她的心，仍是相通著。

三妹歸來，無論怎麼說，都是全家人的節日。但她家所在的黑石礁道，從此白日黑夜的有人巡邏、守護，街口、叉道，則停有軍用吉普車，士兵荷槍實彈，如臨大敵似的。

孟老先生的中西醫診所照常開業，朝八晚七，病人們照舊出出進進。彷彿什麼事都不曾發生。孟老先生也不讓三妹露面，只在後院或是樓上幫著母親做家務，拉家閒，並說過一句可圈可點的話：昔太史公有言，顧小而忘大，後必有害；狐疑猶豫，後必有悔。斷而敢行，鬼神避之。……有些事，妳聽聽妳娘的，她比我有辦法呢。

五個姐妹見了孟虹，卻高興得如同一窩喜鵲，什麼都要打聽，什麼都想知道：北京有幾個大連城大？毛主席是住在先前的皇宮裡嗎？金鑾殿是用金子珠寶蓋起來的嗎？毛主席每天吃多少道菜？毛主席的愛人像不像過去的皇后？你在北京見不見得到毛主席和他愛人？見不見得到朱總司令？高主席調進京裡，官做得比在瀋陽還大？毛主席認了高主席做乾兒子？人說高主席是毛主席在陝北養的私生子？中央領導人會到大街上溜彎子嗎？他們的警衛對人凶不凶？俺大連的解放軍對人可和氣了，去年一名四川兵強姦了一個女中學生，開了公審大會判了當場槍決……等等。

孟虹面對五個姐妹的發問，只回答了她可以回答的，且不得不撒了謊，說她只能從報紙照片上看到毛主席、朱總司令。京城很大，各種規矩也大，她連高主席也見不著了。毛主席認了高主席做乾兒子，高主席是毛主席在陝北養的私生子這話，是敵人造的謠言，千萬不要亂傳了。毛主席只比高主席大十二歲，怎麼會是私生兒？傳這話的人要是被人告發了，會被抓去坐牢殺頭的！之後，她向姐妹們介紹了北京的名勝古跡，風味小吃，街道店舖等等，大家也都聽得津津有味。畢竟，三妹是她們之中唯一見過大世面的人。其中，衛生學校畢業的四妹孟蝶長得和孟虹最相像，身條個子，眉眼神態，就像是一個模子裡給澆出來的。四妹還纏著姐姐，讓帶了她去北京住些日子呢。

五姐妹每天下班、下學之後都回家來跟孟虹相聚。那些日子監守在門外街道上的便衣軍人，倒是沒有阻礙她們的出入。只是有兩回四妹外出給病家送藥，忽然有軍人攔住她，先敬禮，後問話：孟虹同志，出去走走？四妹知人家認錯她了，連忙糾正：我是四妹孟蝶，孟虹是我三姐……那軍人才不再「護衛」她了。四妹還笑嘻嘻的回來學給孟虹聽，問三姐怎麼認得街上的那些軍人？傻丫頭也是十九歲的人兒了，卻甚事都不懂得哩。

春宵一刻值千金。過了兩日，孟虹悄悄將一封信交給在海產公司上班的二姐，請二姐立即托靠得住的人送去瀋陽北陵公園管理處交給趙處長。二姐性情溫順，沉默寡言，卻處事穩重，在姐妹中最有心計，家中每有大事，父母都是找她當高參、出主意的。從孟虹手中接過密封好的信函，二姐什麼都沒問，只說第二天正好要去省水產局出差，一定親自送達趙處長本人手裡。

當晚，母親也將已僱好漁船，送孟虹出海，到獐子島娘娘廟出家避禍的打算，向孟虹本人說了。那獐子島遠離陸地，人煙稀少，娘娘廟的住持是娘的一位遠房表姐，老家韓國漢城，法號海音大士，修行已久，最是慈悲心懷的。孟虹當即答應了，只要能避過大禍，脫出火炕，她願落髮爲尼，長修佛法。但她並沒有把自己暗託二姐送信給瀋陽東北局政保處趙處長的事告訴母親。想著三妹今後皈依佛門，長伴青燈，母親不禁悲從心來，又抱住女兒哭泣一回。

又過了兩日，二姐從瀋陽出差回來，悄悄告訴孟虹，信已送到趙處長本人手裡，只讓帶回一句話：請放心，一切會安排就緒，萬無一失。這樣，孟虹給自己的潛逃計畫多加了一份成功的保障。

在遍地疑兵、風聲鶴唳的氣氛中，不覺的過了一星期。第八天的大清早，母親從大門口的門縫裡取回來一張紙條，上面寫著：孟醫生，請預作準備，我們可能提前陪同妳返京。

母親拿著紙條，臉都嚇白了。危難當前，孟虹倒是不顯慌亂了，只是問娘：來不來得及，我中午就走？白天走比晚上走要好。娘說：好，五妹上學，讓她帶個口訊給七舅。七舅的風蓬船早就在候著。晌午飯後妳扮成重病人，診完病後，由架子車拉著，從大門口出去。……只一件事娘要問妳，妳走脫後，他們會不會來抓家裡的人？孟虹只好實話實說：娘，不會的，高主席、毛主席、周總理，他們要找的，只是我本人，決不會爲難家裡人的。如今是新社會了，到底跟過去有所不同的。

早飯後，孟學林老先生的診所裡，先後來了兩名重病號，都是捂著棉被用架子車拉來就診的。中午過後，一名重病人經過醫治，仍由架子車拉著，出了診所大門。守望在街口的便衣軍人過來，命架子車停下，之後揭開被頭看了看，病人是個老婦，便沒說什麼，就放行了。架子車穿過熙熙攘攘的人流，各式馬車、毛驢車、吉普車、自行車，走得不緊不慢，一路走到腥氣撲鼻的漁港碼頭。「重病人」被抬上一條泊在棧橋邊的風蓬船。風蓬船隨即緩緩出海。天晴氣朗，海上風平浪靜，橫無際涯，盡是魚鱗般微波熠熠閃亮。「重病人」孟虹這才揭去臉上身上的喬裝，從擔架上坐了起來，又看了一眼船頭、船尾的一老一少兩位漁民，緊張的心情才慚次舒緩下來，她想起來一句俚語：魚兒掙脫金鈎去，搖頭擺尾不再來。

可是風蓬船駛出漁港不遠，就遇上了一艘乘風破浪而來的大機帆船。起初孟虹還以為是東北局政治保衛處的人馬接應來了。當兩船靠攏，從機帆船上跳將過來的，竟是那兩位從北京一路「陪同」她來大連的女警衛！其中一位很禮貌地對她說：孟醫生，起來吧，妳裝重病號裝得可像哩，把我們的便衣都蒙過了。請跟我們上大船，什麼事也沒有，誰也不會為難妳，我們只是保護妳安全返回北京。

孟虹終歸逃不出如來佛的手掌，只好認命，乖乖的跟著上了那艘機帆船。幸而她從父親的藥房裡偷拿了一瓶安眠藥，抵達北京之前，總有機會服下去的。但聽得女警衛一聲令下：起航！去天津港！

孟虹眼睜睜地看著那條本要送她出苦海的風蓬船，在機帆船衝出的浪溝裡，上下顛簸著，一下子被拋出去老遠。

機帆船乘風破浪，馳離了海岸線。說時遲，那時快，忽地有六、七艘快艇，出現在機帆船前頭，成半月形似的迎面包抄了過來。衝在最前邊的快艇上有人以喇叭喊話，命令停船。機帆船上女幹警見來者不善，以爲遇上了水匪，於是鳴槍警告。快艇上的「匪衆」竟以衝鋒槍從四面八方向機帆船猛掃，卻只打風帆、繩索，並不傷人。緊接著，早有十多名武藝高強、身手了得的蒙面水匪，飛快地攀了上來，三下五除二的就下了兩位女警衛的槍，並逼其老老實實退到船艙去坐下。女警衛大叫：我們是中央警衛局的！是周總理親自派來執行任務的，你們是哪一部分？還有沒有王法？水匪中一位爲頭的，目光如炬地盯住女警衛，聲若洪鐘地回答：爺爺是渤海水上飛！妳們是周宰相派來的？有何憑據？請交出來！兩位女警衛因執行保密任務，自然是交不出任何「憑據」。水匪頭目遂下令：弟兄們，按行規辦事！不要傷人，只把船上吃的用的，金銀財寶，統統借他娘的去！

這時船艙裡有水匪喊道：大哥！這裡有個大美人兒，一併搶了去，給大哥做押寨夫人！

驚亂中，孟虹倒是多少看出些蹊蹺：這些上船劫財的蒙面漢子們，並不像傳說中那種殺人如麻的海上大盜……。

第一九章　峰迴路轉孟蝶來

三月五日午後，傳來了史達林同志在莫斯科克里姆林宮寓所去世的消息。蘇共中央以密電方式，在塔斯社向全世界發佈訃告之前兩小時，將噩耗通知中共中央，表示了對兄弟的中國黨的尊重。密電中並透露，將保留史達林遺體，與列寧遺體安放在一起，供蘇聯人民和各國革命者世世代代瞻仰。

密電由我駐莫斯科特命全權大使張聞天轉回。政務院總理兼外交部長周恩來接獲後，立即先掛電話將電報內容報給菊香書屋毛主席辦公室值班秘書，並問主席起床沒有？可不可以來見？

放下電話，周恩來即去臥室換了一套深色中山裝，並在右臂上佩上黑紗。黑紗是兩年半前任弼時同志去世時用過的，他一直細心地保存著。剛換好衣服，菊香書屋回電話了：主席吩咐，三點四十五分去見，有事情談。四時正在頤年堂召開政治局擴大會，研究有關事項。

周恩來提前十來分鐘到達菊香書屋秘書值班室等候。每逢主席通知見他，他都提前十來分鐘到達，隨身帶著文件，一邊等候一邊批閱。這也跟高崗形成了對比，主席每次召見，高崗總是大大咧咧地要遲到好幾分鐘，最長的一次達半小時。但主席並不在意。他本人也不是個時間觀念很強的人。

毛澤東穿著件棉毛睡袍，坐在書房藤圍椅裡吸菸，見周恩來進來，並不起身讓坐，也不問史達林去世這件舉世矚目的大事，而是一臉不快地盯住他：你把我的小孟夫子弄到哪裡去了？把人交出來！

周恩來心裡一驚：孟虹出事了？還沒有人向自己匯報過呀……，周恩來隨即說：她不是回大連探望父母去了？警衛局派了兩位女警衛陪去的。這幾天也該回來了吧？

毛澤東冷笑道：你是真不知道，還是假不知道？孟虹在大連外海被水匪劫走了！楊尚昆剛剛報告了這事，說兩位女警衛空手回來，哭鼻子請求組織處分。

周恩來面帶懊惱，腦子裡快速反應了過來，說：主席，這事是我大意了，我有責任。……有個疑點，不知道該不該說？

毛澤東不耐煩地手一揮：我就是等著你來作出解釋。

周恩來說：主席盡可放心，小孟不會出什麼情況的……，她也不會被什麼水匪擄去的。

毛澤東問：何以見得？

周恩來回答：大連外海在蘇聯海軍的嚴密管轄之下，根本不可能有什麼水匪出現。……主席呀，恕我直言，此事恐怕和東北局政保系統有關。如果不是我瞎猜想的話，是有人感到讓孟虹長留北京，諸多不便，且很尷尬……。

毛澤東目光直直的，不動聲色：好嘛！幹得好啊，真假水匪，奪人所愛。你們兩位，總有一位要替我把人交出來！

四時的政治局緊急擴大會，毛澤東主席親自主持，列席成員有彭德懷、鄧小平、彭真、饒漱石，擴大成員包括中央辦公廳主任楊尙昆、副主任田家英，中央宣傳部長陸定一，副部長陳伯達、胡喬木，中聯部長王稼祥，文化部長周揚，人民日報社長兼總編輯鄧拓，新華社社長吳冷西等。

高崗回了瀋陽，缺席。

劉少奇報告了書記處早先準備的有關史達林同志去世時要採行的一系列措施：以中共中央、中央人民政府、中央軍委、全國政協四家名義發唁電，代表全黨、全軍、全國人民對蘇聯人民的偉大領袖、世界共運的偉大導師史達林同志去世表示沉痛哀悼；全國下半旗三天致哀，三天期間，全國停止文藝演出等一切文娛活動；黨政領導人及各界知名人士於六日上午赴蘇聯駐京大使館致哀；組建黨政代表團赴莫斯科，參加悼念活動，建議毛澤東主席親自率團前往，以加強中、蘇兩黨，兩國人民之間牢不可破的兄弟情誼；全國所有報紙、刊物、電台統一刊、播出紀念史達林同志逝世的文章與圖片，以及生平事蹟、偉大功勳等；全國省、地、縣三級中蘇友好館皆可設史達林同志靈堂，供當地黨、政、軍負責人及人民群衆悼念；請中央軍委主席發佈命令，全國武裝部隊進入戰備狀態，隨時準備粉碎國內外敵人的破壞搗亂。

劉少奇報告完畢之後，周恩來即請毛主席作指示。

毛澤東苦笑笑說：官樣文章，大致上也就是這些了。在座的，各管各路，各司各職，分頭去做就是了。從今天起，我們都佩黑紗吧。恩來比我們反應得快，已經佩上了。要好好悼念史達林同志。我要在《人民日報》上發表一篇紀念文章。儘管史達林生前曾經對本人有過種種誤解，甚至把我看成東方的鐵托，但我們黨和人民永遠不會忘記，沒有史達林為首的蘇聯黨和人民長期對我國革命事業的支持和援助，我們的勝利絕不可能在一九四九年取得。……沒有蘇聯老大哥，就沒有我們中國這個小老弟。兩黨兩國人民的兄弟友誼，團結，要世世代代，堅如磐石。本人心情不好，就先講這幾句吧。

中央秘書長鄧小平邊作記錄，邊說：主席的這個指示很重要。

周恩來提醒說：主席，赴蘇代表團團長及成員，恐怕現在就要定一下，以便隨時準備出發。

朱德、劉少奇跟著點頭。

毛澤東說：這次我就不去了，總司令也不要去，悼念活動，很累人的。我看團長嘛，高崗或是少奇兩位去一位就可以了。成員包括國防部長彭德懷，中央秘書長鄧小平，政務院副總理李富春，組織部長饒漱石，中聯部長王稼祥，北京市委書記彭眞，外交部第一副部長兼駐蘇大使張聞天已在莫斯科，加上理論家陳伯達，還有工作人員等，陣容也就可以了。就這麼定了吧。還有遺漏的沒有？

劉少奇插言說：還是高崗同志率團為宜，蘇聯事務，他比我熟悉，打交道也比我多。史達林同志生前對他也最器重。

這時，周恩來、鄧小平都有話要說似地。

毛澤東卻裝作沒有看見，而對中辦主任楊尙昆說：尙昆啊，請以我的名義給瀋陽掛電話，通知高崗今天晚上務必趕回，明天上午和我一起去蘇聯大使館向史達林同志遺像致哀！

中聯部長王稼祥舉了舉手。毛澤東說：對了，稼祥，你是第一任駐蘇大使，我們黨內眞正的蘇聯通，有何高見？

王稼祥說：我有個提議，如果主席和總司令都不去的話，代表團團長我看由少奇同志或總理擔任比較合適。第一，一九四九年七、八月間，新中國成立前夕，少奇同志率黨中央代表團秘密赴蘇，與史達林同志會談，可說是打下了兩國建交的基礎；第二，少奇同志目前在我黨內位置排第二，第一不去第二去，較具權威性，莊嚴性。蘇聯老大哥那邊，一向重視排位的；第三，相信其餘的社會主義國家，都會由黨和國家第一把手率團前去……。

毛澤東揮了揮手：好了好了，不要第四，第五了……恩來，小平，你們也想作相類似的提議，不保荐高崗？可以，本人服從多數，同意由少奇或恩來率團去紅場上肅立致哀，辛苦一回。

周恩來，鄧小平，連同朱德、劉少奇、彭德懷、彭眞、陳伯達、田家英等人都笑了。只有組織部長饒漱石笑不起來：高主席這人也是，早不回瀋陽，遲不回瀋陽，偏偏這麼重要的會議缺席，把個黨政代表團團長的機會丟了不是？

劉少奇豎了豎手掌，發音說：謝謝主席和各位同志的信任。我想補充一點意見，爲了表示對史達林同志去世的沉痛悼念，我們中央機關所在地是不是也搞個靈堂，掛個史達林同志的遺像，擺些鮮花，讓各人民團體都送花圈什麼的……。

毛澤東不動聲色地環視與會者一眼，停了一會兒，才忽然問：少奇同志，你說說，把史達林的靈堂設在哪裡？是懷仁堂，還是紫光閣，還是勤政殿？

劉少奇知道毛主席話裡有話，連忙改口說：我的意思，是由北京市出面，比如設在北京市中蘇友好館內，對加強中蘇兄弟友誼，有象徵意義。

毛澤東拉下了臉，眼睛直盯住劉少奇說：我們是共產黨人，徹底的唯物主義者，爲什麼要搞那些帶迷信色彩的形式主義？在這裡，我也有兩個提議，如果大家不反對的話，可以形成文字，今後作爲黨的紀律：一是黨中央，中央人民政府的所在地中南海內，以及各級黨、政機關內，任何時候不得爲任何人擺設靈堂，包括本人和總司令日後去世了，一律喪事從簡，開個追悼會，做個蓋棺論定就可以了。況且，往往蓋棺難論定呢，弄不好還要被鞭屍呢；二是我們學習蘇聯，是學習他們的社會主義革命和社會主義建設經驗，而不是什麼都學，好歹都學。他們的政治局委員個個都是酒桶，我們能學？他們吃土豆牛肉魚子醬，我們吃米飯豬肉活魚，還是各有所好嘛。恩來告訴我，他們已經決定保存史達林遺體，和列寧遺體擺放在一起，供人瞻仰。這一條，我們絕不能學。我和總司令帶頭，死後搞火化，連土葬都不要搞。君不見，歷代皇上花多少民脂民膏，造成那些千奇百怪的巨大陵墓，陪葬些奇珍異寶，最後還不是被人一一盜墓了，挖掘了？有什麼好下場？因之最好辦法，是一把火燒掉，剩下骨灰，或者作肥料，或者學習馬克思的革命浪漫主義，撒到大海裡去，各位以爲如何？大家如果同意的話，鄧政委啊，你個中央秘書長大人，以中央政治局名義起草一個文字備忘錄，也是個決議案：黨中央政治局委員，包括大區以上負責人，死後一律火葬，器官還可以捐獻給醫學院做科學實驗，大家都來簽名，立字爲據。你們簽不簽這個名啊？

鄧小平帶頭鼓掌，叫好：我舉雙手贊成！朱德、周恩來、林伯渠、彭德懷等也立表贊成。在全體一致的熱烈掌聲中，劉少奇羞愧的滿臉通紅，頓時在毛澤東主席面前矮出一大截似的。

三月六日上午十時，毛、朱、劉、周、高一色黑色制服，臂佩黑紗，胸帶白花，率領全體政治局成員，中央人民政府委員，各部部長一百餘人，在沉悶的蘇式哀樂中緩緩進入蘇聯駐華大使館大廳，向擺放於蒼松翠柏中央的史達林遺像獻花圈，行三鞠躬禮，然後站成數列橫隊，集體默哀三分鐘。

花圈是由中央辦公廳統一訂製的，連上面的輓條也是統一的楷書。中央政治局、中央人民政府、全國政協、中央軍委四大家的主席、副主席、政務院、國家經計委主要領導人，均以個人名義送花圈。如毛澤東送的花圈，左輓條上寫著：「史達林同志千古」，右輓條上寫著：毛澤東敬輓。中央各部、辦、委、工、青、婦、人民團體，以及各民主黨派，則都以單位名義送花圈。

集體肅立默哀三分鐘後，蘇聯駐華大使尤金竟然面無戚容，上來與毛澤東、朱德、劉少奇、周恩來、高崗等老朋友一一握手，擁抱致謝。尤金是位哲學家，通中文，毛澤東稱之爲老朋友，兩人不時私下見面，討論哲學問題的。

見尤金並不悲痛，毛澤東便拉住問：尤金同志，你不像個喪了父兄的晚輩的樣子啊。尤金說：尊敬的毛主席，中國不是有句成語，叫做長江後浪推前浪，革命新人替舊人？一個新的時代要開始了啊，我對前途充滿樂觀和信心。

乘車離開蘇聯大使館時，毛澤東心裡很是鬱悶。他已經通知高崗、周恩來隨自己回菊香書屋談話。這個尤金也眞是怪，史達林生前那樣器重他，喜歡他，把他一位哲學家放到最大的兄弟國家中國來做大使；可史達林昨天才去世，他卻眼睛不曾紅一下，而且表現得那麼輕鬆！是不是史達林一生盛名，被下面稱萬歲、稱慈父、稱救星、稱導師、領袖、統帥等等，都是假的啊？實際上大家早就盼著他死了啊？或許，他一九三七年在黨內大搞肅反，殺掉了包括布哈林、李可夫、季維諾夫在內的百分之九十以上的中央委員，陰魂未散啊？聯想到自己，現在大家都是順著、捧著、吹著，除了沒有稱偉大的慈父，其他如史達林的稱謂也都統統用上了。然而在實際上，是不是劉、周、高等人，也都在盼著自己早日去見上帝或是見閻羅王啊？史達林一世英明，卻沒有禁止別人在他死後利用他的遺體，予以保存，很蠢。……世上哪有不腐爛的物質？一具僵屍，還要裝進水晶棺材裡供人觀看，還可能被人鞭屍，何苦哉？從這一點上看，史達林還不是個徹底的唯物主義者。

毛澤東回到菊香書屋，剛在辦公籐椅上坐定喝茶，高崗就搶在周恩來前頭，大大咧咧、風風火火地進來了，見面就問：主席、中央決定誰帶團去莫斯科參加喪禮？

毛澤東並未起身讓座，只是反問：你想帶團去？

高崗並未覺察到毛主席臉上的譏諷神色：主席讓我去的話，我保證圓滿完成任務。

毛澤東口吻冷淡地說：你昨天沒有出席政治局會議，又回瀋陽幹什麼去了？既已調京工作，為什麼要頻頻返回瀋陽？東北局沒有你稱王，天就會塌下來嗎？告訴你，帶團赴蘇的事，昨天政治局會議已決定了少奇或恩來，成員包括張聞天、彭德懷、李富春、鄧小平、彭眞、饒漱石、王稼祥、陳伯達等。你要去，只能做成員了。

高崗的臉膛騰地一下漲成豬肝色。凸顯出白痲粒星星點點。正在這時，周恩來進來了，見高崗站在主席面前，神情有些狼狽，便賠了小心，叫了聲：主席。

毛澤東看了周恩來一眼，慢吞吞地喝了口茶水，才說：二位先請坐吧。我這裡，菸茶皆備，服務員下去了，你們自己動手吧。

周恩來執茶壺，先給毛主席的添了茶，再給自己倒上一杯。

高崗也依往日習慣，先給毛主席敬上一枝菸，打上火，再自己叼上一枝來抽。

毛澤東氣色平靜，受用了些，才又是喝茶又是吸菸地說：請二位來，只談一個事，你們把小孟夫子弄到哪裡去了？還我孟虹！你們不要互相推諉，是誰的責任就是誰的責任。我只要人，不管其他。

高崗深望周恩來一眼，擺出一副有恃無恐的架式說：主席呀，這事得問總理。我自二月初，向主席交代過小孟在東北局時，曾做過我的保健醫生一事後，遵照主席的指示，就再沒有和她聯繫過，更沒有和她見過面。我是個遵守紀律的人，從來說話算話的。尤其是對執行主席的指示，從來說一不二的！我看關於這事，恩來同志在背後做了些什麼手腳，只有他自己能向主席講清楚。

周恩來見高崗當了毛主席的面，這樣前所未有地來逼攻他，不禁心裡十分惱火。但他只是瞪了瞪眼睛，強忍住火氣沒有發作，改而以一種異常冷靜的口吻說：很好，我同意，小孟的事，我們是應當向主席交代清楚。是的，小孟是我和穎超特准她回大連探望父母親的。中央警衛局派了兩名女警衛陪同她去。問題在於，毛主席上月底返京後，中央警衛局通知兩名女警衛陪同她返回時，發現小孟有脫隊的意向，便加強了戒備，並決定走水路把他接回來。可是，卻在大連外海，被武裝水匪劫持而去。此事我也是主席於昨天中午問起以後，才找警衛局有關同志了解了詳情。現在那兩位女警衛因沒有完成任務，走脫了服務對象，痛悔、緊張得精神都出了毛病，進了醫院。在這裡，我也要當著主席的面，問一聲高主席，大連、旅順目前都被老大哥的海軍租佔著，如果不是東北局的有關人員，怎麼可能攜帶武器，駕駛船隻在大連近海活動？請高主席冷靜，聽我把事情報告完。據報，那天前來圍捕，劫持孟虹的武裝船隻，共七、八艘之多。稍有常識的人都明白，如果不是一次事先有預謀、有組織的行動，怎麼可能同時出現七、八艘武裝船隻？這會是一次「水匪」的打劫犯罪嗎？這是第一；第二，當時在船上執行任務的兩名女警衛，也看出來對方不像是「水匪」，而鳴槍警告，並大聲告知對方：自己是中央警衛局的幹部。但對方人多勢衆，衝上來下了兩位女警衛的槍之後，並無其他無禮行爲。若是眞正的劫財越貨的「水匪」，是一定殺人滅口，沉船銷跡的；第三，也是最主要的，「水匪」們只搶走了孟虹醫生，而絲毫未動船上的財物。高主席，你今日也當著主席的面，分析分析，劫走孟虹的，可能是什麼「水匪」嗎？

高崗聽得火起，要不是毛澤東一再以眼色制止他，早就激言反駁了。現見周恩來的話告一段落，遂反唇相稽問道：依你總理大人的高見，這些「水匪」會是什麼人物呢？受誰派遣呢？

周恩來仍然平靜地說：高主席，你最近頻頻回瀋陽，其中情況，大約比誰都清楚吧。

高崗大怒，呼地站起身子，手指直指周恩來說：你放肆！你血口噴人！劫持人質，甚至殺人滅口，只有像你這種長期搞白區地下工作，指揮紅槍隊搞暗殺的人，才幹得出來！我高崗拉隊伍幹革命，從來在戰場上跟敵人決勝負，爭輸贏，贏也贏得光明正大，輸也輸得正大光明！不像那些打了敗仗就當逃兵，或是被捕之後從敵人的狗洞裡爬出來的人！

周恩來臉膛漲紅了，明白高大痲子是要在毛主席面前揭他的老底……他不能上這個當，更不能動這個氣。他看了毛澤東主席一眼。但見主席雙眼微閉，沒有任何表情。那神情就如老僧入定……不偏不倚，聽憑他們二人去爭論個水落石出。

周恩來收回目光，顯得出奇地平靜：高主席，我們在主席面前匯報工作，爭論問題，不起高腔，好不好？要尊重毛主席嘛。你剛才說的那些歷史上的事，我早在延安整風時，就向中央，向主席交代過，檢討過了。我歷史上的錯誤，早有組織結論。當然，我並不拒絕高主席的批評。但是，我們今天暫時不要扯那麼遠，也不要情緒化，還是來談孟虹失蹤的事，好不好？

高崗見周恩來並未被自己激怒，心裡也暗自一驚：這隻老狐狸，是不好對付呢！他望了毛澤東主席一眼，只見毛主席一動不動，仍在閉目養神呢。遂放緩了口氣說：行，剛才是我太過激動了。恩來同志，孟虹是你放走的，又是你派人陪同的，今天不聽主席問起，我還不知道她已經失蹤了呢！今年二月初以後的事，我是個馬大哈，被人蒙在鼓裡。主席的身體，需要孟虹照顧，治療，這個你總該知道吧？你們爲什麼要把主席的人弄走呢？這不是明明要跟主席過不去嗎？所以我說同志哥，還是把人交出來，大家團結和睦，一心一意幹革命，搞建設，有多好！

周恩來心裡打了個冷噤，千萬不要低估了這個大麻子。俗話說：十麻九怪，每粒麻點都藏有一個壞主意。……他忽然板起臉孔說：高主席，我一向像尊敬毛主席一樣尊敬你，推崇你。孟虹的事，你說說，要不是東北局政保系統的高手們，誰能在蘇聯海軍的眼毛底下，演出這齣劫人好戲？

高崗又一次被周恩來激怒，巴掌「啪」地一聲擊在茶儿上，茶杯裡的水都濺了出來：主席，他這是血口噴人！血口噴人！姓周的，你拿出證據來！你拿不出證據，老子跟你沒完！要是孟虹死在了你們手裡，老子更是和你沒完！

周恩來臉色泛白。他的確不該摔出這張底牌。沒有證據，很容易被對方咬住不放，使自己處於被動地位。

沒想到毛澤東主席這時睜了睜眼睛，對高崗發話了：東北王，你我二十幾年的交情了，看在老朋友份上……吾愛孟夫子，風流天下聞……這個難道還不明白？恩來的分析，或許有幾分道理？

高崗就像被針刺著了一般，滿臉惶恐，氣急敗壞地「噗」地一聲，單腿跪下，手臂半舉，指著頭頂發誓：老天作證！我高崗要是對主席有半點欺矇之處，天打五雷劈，不得好死！主席呀，在孟虹失蹤這件事情上,我就像被毒蛇咬了一口,你一定要主持公道,一切要有證據,有事實呀!二十多年來,我一直把自己當作主席的保鏢,從無二心……。

毛澤東瞇縫起眼睛看看高崗,聽著高崗的表白,沒有出聲。

反倒是周恩來在一旁做好人,溫容勸道:高主席,請起來吧。單腿下跪,是舊時代的封建禮節,你不要惹主席生氣啊。在主席面前,我們任何問題,任何錯誤,都可以檢討清楚嘛!

高崗悻悻地站起,狠狠地瞪了周恩來一眼。

毛澤東也瞪了周恩來一眼:恩來,你也拿不出任何證據來,是不是?除非你找到蘇聯海軍駐我大連司令部……你找不出證據來,我就要同意高崗說的了,你屬於誣告忠良,血口噴人。

這回輪到周恩來頭冒冷汗,如坐針氈了。沒想到毛主席左邊剛給了高崗一掌,右邊就給了他致命的一拳。他緩緩站起身子來,顫著聲說:主席、高主席,我認錯,這回我確是狗咬耗子,多管了閑事,千不該,萬不該特批孟虹回大連探親,以致走失。……爲這事,我願意接受中央的任何處分。但我確是出於好意。高主席,我剛才出言不遜,的確是胡亂猜疑。我可以剖開我的胸膛給兩位主席看,恩來的心是紅的,忠誠的!自一九三五年遵義會議之後,我就自認了自己不是統帥之材,只配做一名領袖的助手,辦些具體的事務。我現在是主席的助手,將來更會是高主席的助手。恩來在黨內從來甘當第四、第五把手,已很知足,絕對沒有再朝前擠的意思。我又可以起誓,恩來此心,天日可表!

高崗聽了周恩來這番表白,彷彿怒氣稍息,也覺得受用了些。

毛澤東不待周恩來說完，威嚴把手一揮，打斷了：你們二位，我算領教了，也不要聽你們表白下去，一個一觸即跳，一個謀略老道！孟虹的事，唯二位是問。反正你們之中，有一人在我面前演戲！假戲眞演？還是眞戲假演？假作眞時眞亦假，今天不要看你們表演了，本人自有分曉。好了，到此爲止，不許外傳，更不許影響了你們兩位的正常工作。聽明白了？

周恩來、高崗恭敬地看毛主席一眼，然後回道：聽明白了。之後告退。

毛澤東忽然向周恩來道：藍蘋在蘇聯養病，來信說想吃點國內的水果，你幫忙辦一下吧。

周恩來一聽，大受鼓舞似地回答：主席放心。外交部每半月有一次信使專機去莫斯科，弄些時鮮蔬菜水果去不成問題。

周、高二位剛退出，衛士長進來報告：謝政委到了，是不是……。

毛澤東瞪了瞪眼睛：哪個謝政委？

衛士長報告：就是公安部副部長謝富治。

毛澤東說：和你們說過多少回了，以後黨內一律稱同志，總也改不過來？快請！

謝富治一身戎裝，邁著軍人的步伐，見毛主席先行禮，之後摘下軍帽，才和主席握手，坐下。

毛澤東遞給謝富治一支大中華：這麼快就回來？有什麼收獲沒有？

謝富治報告：到大連待了兩個晚上，化裝成病人去過孟虹父親的診所，後又以中央衛生部工作人員的身分去過一次。是那種上居下舖式二層臨街小樓。孟老先生的診所一天也沒有停業過。她家裡的人除了有些驚惶之色，倒看不出什麼悲傷來。由此可見，孟虹應是平安無恙，主席可以放心。

毛澤東問：平安就好。我想知道，是何方神聖把人劫走了。

謝富治報告：因涉及到外事紀律，也考慮到保密的需要，我沒有去找駐大連、旅順兩市的蘇聯海軍機關。可以肯定的，人是由東北局保衛系統劫走了。對於東北局保衛系統，中央調查部、中央警衛局的人一直打不進去。人家組織嚴密，且高效率得很。說句不當說的話，東北局背靠老大哥黨和紅軍，若搞獨立王國的話，是很容易的……。

毛澤東不厭煩地揮了揮手：知道了。有的話，不可對旁人說，不利團結呢。我相信到目前爲止，還沒有人想搞獨立王國的。把一個大區經營成獨立王國是有可能的……。普天之下，莫非王土，孟虹就沒有希望找到了？

謝富治說：主席放心。哪怕是大海裡撈針，也要把她撈出來的。

毛澤東說：可以繼續密訪。這兩天我也想過了，不就一名女醫生麼，搞得神神鬼鬼，雞飛狗跳的，有哪個必要？況且據我分析，十有八九，也是她本人不想在中南海待下去了，要遠走高飛的呢。牛不喝水，還能強按頭？對了，上回你不是講過，中央警衛局的人派不進東交民巷八號院去？

謝富治不苟言笑且有些猶猶豫豫地報告：主席放心，明的進不去，暗的進去了。……另外，這次去大連，我們給主席帶回另外一位人兒來了。

毛澤東隆起了眉頭：給我帶回了人？什麼人物？

久經沙場的謝富治竟紅了紅臉：報告主席，是孟虹的妹妹，在家裡排行老四……。

毛澤東臉呈不悅，很有些惱火：我要你去找的是孟虹，把她妹妹帶回來做什麼？

謝富治陪笑道：主席不要生氣……孟三妹和孟四妹，簡直是一個模子裡給鑄出來的。身條、臉蛋、眉眼、說話的聲氣，都一模一樣……我們以中央衛生部工作人員的身分，到她家了解情況的時候，都看走了眼：這不是孟醫生嚒，誰說她失踪了？

毛澤東見說的有趣，臉上漸次有了笑意：你們帶她來北京，徵求過她本人的意見嗎？另外，她父母親同不同意？

謝富治仍是一本正經地報告：是她本人主動找到招待所來，要求到北京工作的。她也是學醫的，大連衛生學校醫士班畢業，在父親的診所裡工作，懂針灸、按摩呢。我們當然問了她，她父母親會不會同意？她說她今年二十歲，是成年人了，做夢都想到國家的醫療單位服務，奔社會主義道路。父母可能暫時不會同意，但參加革命工作，她可以慢慢來說服。……我們看她純潔可愛，又一心向上，正是主席需要的人……。

毛澤東瞇縫起眼睛，彷彿思考了一忽兒，才說：我需要的是孟虹。她妹子嚒，既是人都來了，你去通知楊尚昆一聲，安排在醫務處上班，暫頂她姐姐的缺吧！對了，這妹子叫什麼名字？

謝富治道：報告主席，小名四妹，書名孟蝶。

第二〇章　冤家路窄，巴爾維哈溫泉

江青於二月中旬赴蘇聯巴爾維哈溫泉療養院養病，轉眼間已有兩個來月。她給遠在北京的老闆寫信，說想吃點國內的新鮮蔬菜、水果，不知可否托人就便捎來，云云。這原是聰明女人的虛晃一槍，預先留下個備忘錄之類的文字，免得日後有人告她老娘的刁狀時，老闆心裡有數，不致動氣。因爲國內的新鮮蔬菜、水果之類，早有專機定期運送給她了。在唐代，是「一騎紅塵妃子笑，無人知是荔枝來」；到如今，是「一見銀鷹藍蘋笑，萬里晴空果蔬來」了。

巴爾維哈溫泉療養院位於莫斯科與列寧格勒之間的巴爾維哈海灣裡，背山面海，溫泉遍佈峽谷，終年熱氣蒸騰，因之於冰天雪地之中形成溫暖如春的小氣候。早在帝俄時代，沙皇皇室便在這裡營建起大片過冬離宮，極盡世間榮華。十月革命勝利後，這裡自然被收歸國有，成爲蘇維埃黨、政最高領導人物們的避寒療養勝地，同時也用於接待重要的兄弟黨、兄弟國家的領袖及夫人們。

江青已是第三次入住這裡。頭次是一九五〇年秋天，她覺得下體有異，很不舒服，煩請周恩來總理說服毛主席，同意她赴莫斯科克里姆林宮醫院做身體檢查。經老大哥的醫學專家會診，查出她子宮內壁長了瘤子，且疑為惡性腫瘤。江青倒是個有主見、有膽識的女人，都沒等請示北京的老闆批准，就讓老大哥外科專家替她做了子宮摘除手術。她這瘤子，都是被孫維世那妖精給氣出來的！老闆都差點兒給妖精搶了去呢，要不是她乾爸爸周總理巧為周旋、阻撓，江青可就成了「賀子貞第二」了。老闆這人，外面不知道的，光喊他萬歲了得，其實好色得很，恨不能天下美色，盡為他一人享用……孫維世，妳等著吧，只要老娘留得青山在，就會有妳的好果子吃。君子報仇，十年、二十年不晚。

老大哥專家們替江青做的子宮摘除手術非常成功。手術後需要療養觀察一段時日。於是江青被送到了巴爾維哈溫泉療養院，住進一棟政治局委員級別的別墅，天天護士扶起嬌無力，溫泉水滑洗凝脂來了。江青品嚐到了老大哥社會主義制度的無比優越性。在咱中國，南方北方，雖然都不乏溫泉勝境，但國家初建，又處於抗美援朝的艱苦歲月，還沒有營建起類似規格，專供黨和國家領導人及其親眷們使用的避寒禁地。避暑勝地倒是有一批現成的。從古至今，中國的統治者們都是避暑勝過避寒呢。

一九五一年冬，江青為檢查子宮摘除一年後腫瘤有否擴散，經周恩來總理批准並親手安排，第二次入住巴爾維哈溫泉療養院。這一回，中國駐莫斯科大使館對她的照顧，比上一回周到細緻多了，專門給派來了中菜廚師、護士。所食用的蔬菜果品，也都由大使館負責提供。不像上一回，大使館那批食皇糧的渾蟲們根本沒有理會她，讓她天天吃俄式土豆、牛排、麵包、黃油、魚子醬，吃得她實在倒胃口。幸而她懂保養，懂珍惜自己的身材，每天只用些雞蛋、麥片粥、生沙拉之類。否則兩、三個月的牛排、黃油的吃下來，成個大肥婆回到北京去，老闆更是連正眼都不肯瞧一瞧了。老闆自身體魄肥碩，喜歡女子身材苗條。楚王好細腰，老闆也是楚人，也好細腰，盈盈一握，其樂無窮。

一九五三年早春這次，江青來巴爾維哈溫泉療養院檢查身體，也是周恩來親自給聯繫安排的。周總理日理萬機，聽說忙得連上廁所的功夫都要聽人匯報工作，卻還是那麼心細，懂得體貼人，照顧人。要說嫁人，嫁給周恩來是最有福分。嫁給毛澤東只有一個名分。毛澤東需要人體貼、伺奉他，卻很少體貼人和照顧人。周恩來則連江青在蘇聯療養期間的飲食習慣都注意到了，每月兩次，命外交部的信使專機，從國內送來各式時鮮蔬菜。包括她家鄉山東的黃芽白、大葱、煙台蘋果、萊陽梨、河北大棗、廣東茭白、福建蜜柑、廣西柚子、海南波蘿蜜、太湖王八、洞庭湖甲魚等。江青一人能食用多少？一筐筐，一簍簍，都以新中國主席夫人的名義，分送給了老大哥政治局成員們的夫人們。最有趣的是太湖王八和洞庭湖甲魚，周總理還特意捎上一封信，告上藍蘋：知妳一向喜好魚鮮，惜不便保鮮，無法空運；然太湖王八、洞庭湖甲魚則爲長壽滋補之物，脫水十幾天仍能存活，因之適於空運；望按時進補，早日康復，早日回來照顧主席起居，云云。江青讀信後大爲感動，不勝唏噓：恩來啊，你待我情深義重，勝過我那偉大的老公。

江青在巴爾維哈溫泉療養，也遇有可惱的人，就是我駐蘇大使張聞天和他的婆娘。張聞天夫婦來療養院看望過她，竟然勸戒她生活上不要過分講究，以專機定期從國內空運蔬菜水果水產，太過浪費等等！只差沒有明責她江青揮霍公帑，呑食民膏了。江青當面接受了「同志式的勸告」，並特意留下張聞天夫婦吃了飯，吃的自然是俄式麵包黃油、土豆牛排。她也量張聞天不敢到老闆面前去告她的刁狀。老闆早在延安掌握兵權之後就不把他個黨中央總書記放在眼裡了。否則，四九年進城後，姓張的以中央政治局委員之尊，怎麼外放到莫斯科來當了一名區區大使！不過，江青還是多了個心眼，在給北京老闆寫信時，提到在外日久，想吃點國內的新鮮果蔬，不知可否煩請總理交辦一下……。

轉眼間到了四月上旬。政務院副總理李富春夫人蔡暢大姐，也來到巴爾維哈溫泉療養。江青多了個說說笑笑的伴兒。蔡暢大姐是個很隨和、知分寸的人。雖然革命資歷老，黨齡長，但看在毛主席的分上，在江青面前從無半點差池的。也是夫尊妻貴的老傳統。唐詩《西施詠》中，也有「君寵益嬌態，君憐無是非」之句嘛。相比之下，毛主席的前妻賀子貞，一九三七年被送到蘇聯養病，還帶著女兒嬌嬌（李敏），只因被毛澤東同志拋棄，蘇聯方面也就把接待規格降至最低，竟被關進精神病院六年之久，才被王稼祥夫婦救出，送回國內來的！眞是彼一時，此一時，一個賀子貞，一個江青，有地獄與天堂之別了。

巴爾維哈溫泉峽谷春來早。療養院花園山石向陽處一株老杏樹，綻開了花苞萬朵。江青每天中午起床後，都要由護士陪著，前來觀賞。一天中午，她正面對一片紅霞的杏花，吟誦一首宋人的七律：

世味年來薄似紗，誰令騎馬客京華？

小樓一夜聽春雨，深巷明朝賣杏花。
矮紙斜行閒作草，晴窗細乳戲分茶。
素衣莫起風塵嘆，猶及清明可到家。

忽地，從山石的另一側有人以中文答話：此情此景，好詩，好詩！是陸放翁的那首《臨安春雨初霽》吧？惜乎此樹非杏樹，此花非杏花，是爲雪醋栗樹也！

隨即轉出一位身著深灰色呢大衣的中年漢子來。江青與中年漢子四目相對，卻兩人都像被針錐了一下似的，倒抽一口冷氣，不由自主的各退了半步。畢竟是那中年漢子沉得住氣，向她伸過手來：江青同志，幸會幸會。早聽說你在這裡療養，本想約蔡暢大姐領我來拜望的……

楊帆！江青腦子反應極快，一個久違了的名字突地從記憶深處冒了出來。但她抑制住了自己，沒有喊出這個名字，也沒有伸出手去，而以一種陌生的口吻說：你是誰？我好像不認得你，你怎麼會認得我呢？眞是的……小李呀，咱回去吧，到吃藥的時間了吧？

江青喚上自己的保健護士，轉過身子，腰肢款擺著，一路遠去。

那叫楊帆的中年人，原也是位長期從事過地下黨情報工作的老革命，現任上海市公安局局長；受到江青冷落，心裡好不氣惱、懊悔：大白日見鬼了！好端端的，來這異國他鄉，偏生又遇上她？眞是冤家路窄，倒楣透頂了。

當天晚上，在巴爾維哈溫泉療養院，江青和楊帆，都在各自的小樓裡輾轉難眠。

江青苦思一晚，不能明白：他有什麼資格來這裡療養？他為什麼敢出面找自己相認？難道是老闆派來的？防止自己與老大哥方面的男醫生、男衛士有染？我可不是林彪夫人葉群，在東北時趁林彪上了前線，而在家裡和蘇聯軍事顧問上床幹仗，被自己的兒子老虎①撞見。……不可能的，老闆不會懷疑我和老毛子搞杯水主義的，何況還有蔡暢大姐作證；難道是有關部門，仍在審查自己的歷史，而派他來跟踪、監視的？太荒唐，太可笑了！有人敢來跟踪毛澤東主席夫人？老娘教他死無葬身之地！老娘想得到，做得出。這也符合老闆的政治名言：人不犯我，我不犯人。人若犯我，我必犯人。一犯到底，決不留情。……看來，巴爾維哈，世外桃源，也不是久留之地。給老闆寫封信，告上身體已無大礙，思家心切，要提前返回。

楊帆，原名石蘊華，一九一一年出生於江蘇常熟一個書香之家。一九三二年考入北京大學中文系。性情爽朗，口才雄辯，能詩能文，是位極有文學天賦的青年。像當時多數憂國憂民、立志改革社會、富強國家的年輕人那樣，楊帆很快被中共北京大學地下黨組織看中，將其培養成學生中的骨幹。一九三五年，受黨組織指派，楊帆從北大退學，轉到南京國立戲劇專科學校任國文教員。這所由民國

① 林彪之子林立果的乳名。

政府教育部主辦的學校，卻是中共地下黨組織十分活躍的場所，田漢、陽翰笙等都是該校的名教授。由於楊帆的左傾言行不愼曝光，隨時有被捕的危險，地下黨組織於一九三六年將他派往上海，化名殷揚時，以記者身分從事文化救亡活動。

那時，藍蘋已在上海影劇界闖出了名氣，常有劇照海報、電影特寫鏡頭出現在報章雜誌，以及懸掛在影院、劇院大門外。一天晚上，殷揚時在卡爾登大劇院觀看了由藍蘋主演的《大雷雨》，印象極佳。演出結束後，殷揚時到後台採訪了藍蘋。作爲一位影劇明星，藍蘋當然慣於跟新聞記者打交道，對這位年輕英俊、堂堂一表的男記者更是極表迎逢。當晚兩人一起外出吃了消夜，相談甚歡。第二天，配有藍蘋劇照的訪問記《艷色天下重》在報紙上刊出後，殷揚時又帶上剪報，登門造訪。其時正是藍蘋跟第四位同居丈夫——導演章泯分手之後。也是風氣所致，上海影劇界的男女明星們幾乎人人追求個性解放、性事自由。因之傳聞「藍蘋戀愛、寬衣解帶」之類流言，也就毫不足怪了。

一來二往的，藍蘋和殷揚時日漸親密，成爲至交，無話不談了。殷揚時這才了解到，藍蘋出身貧寒，勤奮好學，興趣廣泛，靠了美貌加上聰慧才智，從老家山東來上海闖天下，幾年內成爲明星，其身世實在令人憐愛。她一九三三年加入了地下黨，一九三四年被捕入獄，但很快在報紙上登了「自首聲明」出獄。出獄後游疑於國共兩股政治勢力之間，時而送玉照給審訊並寬容了她的國民黨大特務，甚至到南京給蔣介石演戲祝壽；時而又接近地下黨組織，上演進步劇目，並到紡紗廠去教女工識字、學文化。殷揚時是位革命責任感與歷史使命感很強的人，在與藍蘋共度良宵時，不忘對其灌輸革命思想，馬列理論，鼓勵藍蘋脫離上海這個人慾橫流、罪孽深重的大臭染缸，投奔革命勝地延安：在那裡，妳會開創出新的藝術天地，摘取革命文藝的美麗碩果的。

一九三七年，藍蘋經上海地下黨組織安排，轉道杭州、南昌、武漢、洛陽、西安，去了延安，在周揚任院長的魯迅文藝學院任戲劇教員。不久十七歲的孫維世也到了延安，當了她的學生。

翌年，殷揚時亦奉地下黨之命投筆從戎，離開上海去了皖南新四軍軍部，任政治秘書。延安，皖南，千里關山，烽火歲月，藍蘋和殷揚時，自是音訊杳茫了。新四軍軍長爲葉挺將軍，政委爲工人出身的原江西中央蘇區軍委書記項英。在新四軍軍部，殷揚時改名楊帆。因他文化水平高，筆頭來得快，又通曉俄文，故很受政委項英、政治部主任饒漱石的器重。一九三九年春天某日，項英突然把楊帆叫到自己的住處，問他在上海從事左翼文化工作期間，認不認識一個叫藍蘋的女演員？楊帆說認識，並訪問過，比較熟悉，後來鼓勵她去了延安。項英又問：聽說她被捕過，有變節行爲，你知道嗎？楊帆只得如實匯報：這事聽上海地下黨組織談起過，她是填寫了「自首聲明」登在報紙上才出獄的。出獄後一度左右搖擺，我和一些同志做了大量工作，才把她拉回到革命陣營來的。項英很不高興地遞給楊帆一張上海出版的報紙，一行刺目的標題出現在他眼前：《藍蘋棄藝從政，江青活躍延安「舞台」》。項英冷冷地說：看看吧！這個藍蘋到延安後改名江青，很快就和毛澤東同志搞到一起了，據說老毛還要和她結婚，荒唐不荒唐？危險不危險？我們這些從江西中央蘇區出來的老同志，誰不認識女紅軍賀子貞？那才是老毛的愛人！難怪老毛要把賀子貞送去蘇聯養病，喜新厭舊，休妻休到外國去，太過分了！問題還在於，女戲子歷史上是個變節分子，政治上是個可疑分子，怎麼可以鑽進中央領導人的窰洞裡去？

楊帆這才大吃一驚，這個藍蘋眞不簡單，過去在上海時還看不出有如此手腕呢。項英政委要求楊帆寫出一份有關江青的材料，以電報方式拍給延安黨中央。楊帆有些猶豫：事情既已到了毛澤東同志要和她結婚的地步，一紙材料能起多大作用？項英很不客氣地問：楊秘書，你在上海是不是和她有過一腿兩腿交情？大義滅親，爲了黨的事業，中央領導人的安全，你一定把材料寫出來，以我的名義向延安發電報，你怕什麼？楊帆只好接受任務：寫就寫，反正上海地下黨組織裡頭，還有不少人都知道藍蘋的這段不光彩的歷史。

項英在江西蘇區時，就與秦邦憲、張聞天、周恩來、朱德、陳毅等人一起整肅過毛澤東的富農路線及右傾機會主義。他心裡是一直看不起這個湖南湘潭富農出身的紅軍領導人。爲了及時防堵國民黨特工打入黨中央內部，純潔黨中央組織，項英在命令楊帆寫材料的同時，並聯絡了一批新四軍的師級以上的重要人物，集體上書黨中央，反對毛澤東同志和江青結婚。

楊帆所寫的材料，項英所搞的集體簽名信件，均以項英的名義，由新四軍軍部秘書長李一氓用絕密電報方式發往延安。楊帆的材料因發文的格式需要，註明了楊帆執筆，情報來源也是楊帆。集體簽名信送達當時的中央組織部部長任弼時手裡，交毛澤東本人過目後，即存檔了。楊帆所寫的材料，因涉及江青的政治歷史問題，則由當時的中央社會情報部部長、江青的同鄉舊好康生處理。康生是專責黨內鋤奸反特工作的活閻王爺。

毛澤東和江青已在延安窯洞裡同居，不管前方後方有多少人反對，他們日常出入形影不離。毛澤東曾經毫無修飾地對朱德總司令說：這件個人感情上的案子，你們就依了我吧！藍蘋不單是聰慧秀麗，更難得的是我從來沒有這麼快活過。她能令我快活！總司令，你是娶過七房姨太太的人，還不幫著成全我的這點子雅興？

一天黃昏，江青正要陪毛澤東去延河邊散步，社會情報部部長康生卻悄悄把她拉進自己的窯洞，將新四軍政委項英拍來的一份揭發材料，交她本人過目。她一時臉色慘白得像掉進了冰窖裡，卻仍然強裝惱怒地說：完全是這個叫楊帆的傢伙造謠汙衊！康老師，毛主席信任我，我是清白的！這件事怎麼處理？康生嗬嗬笑著，長長的馬臉上洋溢著對舊相好的愛意：這還不好對付？你看看，我就這麼替你對付了！說罷，擦亮一根火柴，將材料燒了。江青感激得一把抱住了「救命恩人」，倒是康生連忙推開了：雲鶴，如今妳成了主席的人兒了，我們再不能有肌膚之親了。

遠在皖南山區新四軍軍部的楊帆，自然不會知道延安所發生的變故。更不會知道他的名字，已經刀刻斧砍似的，嵌進了康生、江青兩人的腦子裡，再也去不掉了。

一九四一年一月六日，發生了震驚中外的「皖南事變」。葉挺、項英率領新四軍軍部一萬餘人馬在向江北轉移途中，陷入中央軍的重圍，雙方激戰七晝夜，新四軍終因寡不敵衆，傷亡六千餘人，被俘兩千餘人，軍長葉挺被俘，政委項英則在突圍的途中被自己的警衛員打死。只有兩千人馬突出重圍。楊帆僥倖突圍到了江北。項英的死，使他失去了一位重要的歷史責任的開脫人。

新四軍以陳毅爲師長的江北指揮部進行重組，黨中央從延安派來了新的政委劉少奇，陳毅升任軍長，饒漱石升任副政委。楊帆則被認爲是項英的親信，而到延安參加「整風學習」。這回可是羊入虎口，中央社會情報部長康生下令將他逮捕，嚴刑拷打，逼他交代「敵特問題」。楊帆好冤枉啊，自參加革命以來，他從未被國民黨捕獲過，哪來的「敵特問題」？他個性堅強，咬緊牙關，字字血，聲聲淚地爲自己辯護，表明自己是位忠貞的黨員。他的倔強表現，終於感動了具體負責辦他案子的社會情報部副部長、長期在華東地區從事地下工作的潘漢年。潘漢年隱隱知道楊帆的案情涉及江青和康生（康部長欲置楊帆於死地），擔心以自己一人之力相救不下，於是說服了老朋友、來延安參加會議的新四軍副政委饒漱石一起出面說項。……由於康生未能掌握到楊帆的任何歷史過節，只好勉強同意了潘漢年的審查結論：楊帆敵特嫌疑查無實據，准予恢復組織生活，著返新四軍原職工作。

許多年後，楊帆才從新四軍老上司李一氓將軍那兒，知道這次自己在延安被打成「敵特嫌疑」的眞正原因，嚇出過幾身冷汗。後來戎馬倥傯，鎮日忙於行軍作戰，也就漸次把這事給淡忘了。

一九四九年五月，楊帆隨華東野戰軍司令部進佔上海時，已是正軍級幹部，被陳毅司令員任命爲上海市公安局局長。他的直接上司則是延安整風時救過他一命的上海市委副書記兼副市長的潘漢年。舊上海黑道橫行，幫會林立，流氓猖獗，更兼國民黨撤退時留下大批特工、線民，因之共產黨政權要在這個東方大都會立住腳跟，公安局局長楊帆肩負的重擔是可想而知的了。楊帆在潘漢年的領導下，對上海社會治安採行了恩威並用，以黑吃黑、以毒治毒的方針。他出人意表的來了次「出榜招賢」：凡願意爲新政權服務、爲維護社會治安出力的有識之士，無論過去屬於何種黨派幫會，犯有何種罪行，均可到市公安局招賢處填寫自新表格，接受短期培訓，即行分配在公安戰線工作。

楊帆局長此舉，實具文韜武略之儒將風度。數月之內，上海市區即有三千三百餘名黑道分子、幫派成員以及國民黨潛伏特工，自動投效到他門下，成爲市公安局指揮下的一支維護社會治安、醫治戰亂創傷、保障居民安全的有生力量。一時間上海的社會秩序迅速好轉，犯罪率大減，城市生活運作正常。然而，在市委、市政府內部，也不乏人對楊帆的「招賢納叛」政策表示反感，甚至編了順口溜來針砭：楊帆門客三千三，盡是雞鳴狗盜幫！好在上海市市長陳毅、副市長潘漢年、中央公安部部長羅瑞卿，都對楊帆的工作成績大加讚賞。

楊帆這次來巴爾維哈溫泉療養院療養，是經過中央組織部部長饒漱石、公安部部長羅瑞卿特批的。他萬萬沒想到的是，會在這裡遇到三十年代的舊相好藍蘋。眞是尷尬人行尷尬事，有什麼辦法？難道當年奉新四軍政委項英的命令，寫的那份揭發藍蘋的材料，竟落到了藍蘋本人手裡？不可能，絕對不可能。何況那個在延安以整人爲樂事的康生，一九四六年即離開了黨中央，到山東分局去了，鬱鬱不得志，進城後一直在醫院裡養病，中央都沒給分配新的工作。……考慮再三，楊帆決定拉上蔡暢大姐，一起去拜訪一次藍蘋，然後提前結束療養，離開是非之地，回上海上班去。

第三天中午，江青起床後，那位會說中國話的蘇聯護士長上樓來報告：有兩位中國客人來看您，等了好長時間了。江青以爲又是駐莫斯科大使館的同志送東西來了，穿戴整齊後，才緩緩下樓，到客廳裡見到的卻是蔡暢同志和那個前天在雪醋栗樹下見過的中年男人。

江青顯得很高興的樣子，向蔡暢同志伸出手去：大姐，我還以爲是哪位貴客呢，爲什麼不直接上樓去，還要在客廳裡等？大姐眞是太客氣了。這裡的護士也眞是不懂事，來了客人不及時通報。老大哥的服務人員，我又不便批評她們……。

蔡暢見江青這麼熱情，也就有些過意不去似的：哎呀呀，小妹子這麼講，我擔待不起喲。看看，我今天給妳帶來了一位朋友呢，也是位年輕的老革命呢。

江青這才朝楊帆看了一眼。楊帆立即恭敬地趨前兩步，伸出手去：您好！江青同志。

江青這次卻不能當著蔡暢的面，拒絕和這個男人握手了，只好伸過手去握了握，回了聲：您好。

蔡暢見江青不認識楊帆似的，連忙從旁介紹說：這是楊帆同志，三十年代在上海參與過領導文化救亡活動的。

江青卻說：記不起了，好像沒有見過。都二、三十年過去了，那年月兵荒馬亂，東奔西走，許多人都忘記了。加上近些年病了幾場，又動過手術，記性差了許多。

楊帆聰明一世、卻糊塗一時，實爲討好、套近乎，卻無形中去揭了江青的傷疤老底：怎麼會不認得呢？一九三六年我在上海卡爾登大戲院看過您主演的《大雷雨》，很激動，到後台去採訪了您，第二天就見了報。後來我們就經常在一起，討論文藝革命、地下鬥爭等問題，我還建議去延安……。

江青卻仍然反應不過來似的：是嗎？我怎麼就記不起你這個人了？你那時叫什麼名字？

楊帆恭恭敬敬、老老實實地回答：我那時的名字叫殷揚時，寫文章也用過楊帆這名字。

江青搖著頭，纖纖玉指敲敲自己光潔如玉的額頭，又問：那麼你後來去了哪裡？舊上海那個地方，魚龍混雜，什麼人物都有。

楊帆回答：後來您去了延安，我去了新四軍軍部，給項英同志做秘書，就一直叫做楊帆了。

江青忽然變成一副沒精打彩、神不守舍的疲乏樣子：項英啊？哪個項英？這名字怪耳熟的……。

蔡暢老大姐笑了：就是新四軍的老政委呀！

江青略帶羞澀地跟著笑了：大姐，看看我這記性，讓您見笑了吧？一九四一年發生皖南事變，葉挺被捕，項英不幸犧牲的消息傳到延安，我陪主席度過了好幾個不眠之夜哩！我也是第一次看到主席在延安的抗議集會上，怒不可遏，用湘潭土話，操蔣介石的娘！背信棄義，滅絕人性，一下子吃掉我新四軍軍部近萬人馬。……主席召開軍委會議，重組新四軍軍部，派劉少奇去做政委，提陳毅做軍長的決議案，還是我記錄抄寫的呢。從一九三九年起，我就幫主席做很多案頭文字方面的工作。

蔡暢說：楊帆同志那次有幸逃脫，隨一支小部隊突圍出來，到達陳毅的江北司令部。

江青再次抬起眼皮看了一眼楊帆，不冷不熱地問：你現在在哪兒工作？

楊帆一遇江青的眼神，頭皮陣陣發麻：一九四九年五月華東野戰軍司令部進駐上海後，我任上海市公安局局長。

江青點點頭：記住了，楊帆，上海公安局長。日後我隨主席去上海，做保衛工作，放得下心囉。

語含譏諷，話不投機。告別出來，楊帆憑著公安局長的敏銳目光，洞察到這位昔年上海灘上的女戲子，今天已成爲一名時時心藏殺機的紅妖后。但楊帆胸襟坦蕩，問心無愧，自認本身沒有任何歷史汙點，一貫對黨忠心耿耿，工作兢兢業業，就算有人要想栽贓誣陷，也不是那麼容易的。更何況他身爲華東野戰軍正軍級幹部，饒漱石、陳毅、羅瑞卿、潘漢年這些頂頭上司，都是對自己十分器重和信任；周恩來總理也了解自己；高崗主席更是多次交付給自己極機密的任務。……

過了幾天，蔡暢大姐又來看望江青時，順便告訴：楊帆同志提前結束療養，回上海去了，是上海市委來電報催他回去的。

江青見又提起楊帆，遂揚了揚眉頭：這個人也怪，硬說三十年代在上海採訪過我，可我怎麼也記不起來了。既是來見面、相識了，突然回上海，又連個招呼都不打，也是神秘得很哩，……我也快回去了。蔡大姐，康生同志的近況，您了解嗎？

蔡暢不知江青爲什麼突然問起康生來，搖搖頭說：我和富春都不熟悉康生，許多老同志講他是個很可怕的人物，延安整風時他搞了個搶救運動，出了大批冤案，多起人命。後來還是毛主席出面召開大會，向大家賠禮道歉，行三鞠躬禮。……這些年康生一直住在醫院裡，沒有工作。

江青卻說：金無足赤，人無完好。既做工作，孰能無過？我了解康生同志，是位有大學問、對黨忠誠、對敵人心狠手辣的老革命。

第二一章　欲擒楊帆　借重康生

江青回到了中南海菊香書屋家裡。她給老闆帶回來的特殊禮物，一方以巴爾維哈鵝黃色大理石製成的大硯台。果然，老闆對這方硯台表示激賞，當即命她研徽墨試之，但見墨汁浸潤其間，玉液般溢香透亮。老闆來了興致，當即舖展宣紙，稍作沉吟，揮毫寫下唐人詩句：

人人盡說江南好，游人只合江南老

——藍蘋赴蘇歸來，書唐韋莊句贈之

毛澤東　一九五三年四月

江青得了老闆的墨寶，高興得像個大姑娘似的，眼波欲流，粉面生春，又紅又白，似有七分嬌艷。老闆看在眼裡，心裡也有些詫異：徐娘末老，風姿猶在？當晚，不免龍威虎猛，顛鸞倒鳳，行一番周公之禮。興奮至極處，江青哭了。盡興之後，老闆說：你也是奇怪，都做了摘除手術，卻像是不大影響房事，反倒是越來越緊了，夾得人舒服哩！江青嬌喘微微：大主席，你都快有三年沒有弄過我了，又覺得新鮮了吧？為了你，我天天游泳，練緊縮。……你看看，捏捏，我這臂、胸、腹、臀、腿，還是白嫩苗條著吧？比那些二十出頭的大姑娘，也差不到哪裡去吧？

老闆滿足地微微笑著，欲吸菸。江青輕盈地探出半個身子，伸玉臂取過雲菸和火柴來，給老闆嘴裡輕輕插上一支，點上火。老闆撫著婆娘光赤的身子，顯然溫軟細膩，光潔如玉。老闆說：謝謝你從蘇聯給我帶回來的禮物，不舖張，又大方，還實用。江青說：其實，我還有最好的禮物送給你。……老闆見她欲說還休，便問：什麼最好的禮物呀？江青說：你呀，身獲至寶不知寶呀，最好的禮物，就是我的身子呀！韋莊的《菩薩蠻》說：人人盡說江南好，游人只合江南老。春水碧如天，畫船聽雨眠。爐邊人似月，皓腕凝霜雪……。老闆說：我讓你讀《全唐詩》，看來有些收獲了。「爐邊人似月，皓腕凝霜雪」這兩句，典出何處呀？江青說：我就知道你會考人。「爐邊人似月」，是指西漢卓文君隨司馬相如私奔後，開了一家酒店謀生，文君掌爐，沽酒，她的手腕玉骨冰肌，潔白得如同霜雪一樣。老闆說：可以打九十分……身子，英語叫什麼呀？江青雖然習慣了老闆的跳躍性思維，但她對英文可說是一竅不通，請過幾回老師，也總是提不起興致來學。老闆見她愣愣的，回答不出，遂自問自答：身體，英語稱「巴的」，B、O、D、Y；腿，稱為「萊格」，L、E、G；腦袋，稱為「晦得」，H、E、A、D；這回，你是吃零蛋了。

江青見老闆提到學英語的事，立即想起來他新近的英文教員為康生的姨妹子。於是趁機進言：人家曹軼歐把妹妹推荐給你，你卻把康生忘到腦後，快有八年了。

見突然提到康生，老闆愣了愣，沒有說話。江青進而說：康生同志也是老資格了，一九二八年就當過地下黨中央常委兼組織部長。一九三二年擔任我們黨駐共產國際代表團副團長，團長是王明。一九三七年回到延安，投效到你門下反王明，功不可沒。後任中央情報部長、中央書記處書記、中央總學委副主任。延安整風時，主持鋤奸反特，幫你清算張國燾、王明兩大派系，立下過大功勞的呀！由於他愛憎分明、立場堅定、辦案子不講情面，因此得罪了不少人，包括朱總司令、少奇、恩來他們都另眼看他，開「七大」時連個政治局候補委員都沒有選上。一九四五年後派到山東分局去工作。後成立華東局，又是由饒漱石當第一書記，他只是掛了個第二書記。也算能上能下，不計個人得失了。進城後一直在杭州、北京的醫院裡住著，你可以說他是小病大養，但中央一直沒有分配他新的工作。

毛澤東抽完一支菸，有些疲累了，不願再聽江青囉嗦下去，倒也沒有像往常那樣反感而予以訓斥，只是說：知道了，知道了。康生本人前幾天也託他姨妹子帶來一封信，說他身體大有好轉，可以出來做點事了，請求我給他分配工作。下次政治局會議，提出來就是了。回中調部是不大可能了。

江青輕輕撫著老闆的額頭，心裡生出一股醋意，但又不敢發作，看來曹軼歐的妹子也不是好東西！教老闆英語是個名，說不定早教到床上去了。那個二十幾歲都嫁不出去的騷妖精，聽說早和他姐夫不清不楚，不乾不淨。看在她姐夫的份上，只有忍下這口惡氣了。

老闆被江青撫摸著，覺得受用，並相信女人在他額頭上撫摸，具催眠效用。江青問：爲什麼不可以安排他去華東局任第一把手？饒漱石早調來北京了，還佔著那茅廁？

毛澤東說：華東局我想交給老朋友柯慶施。黨內人事，你要少插嘴呢。

江青緊緊摟住了毛澤東，興奮地說：還是老闆英明！由柯慶施坐鎮，東南半壁，放得下心了。

第二天，江青去西花廳看望鄧大姐和周總理。帶上的禮物，也是一方巴爾維哈鵝黃色大理石硯台，當然比送給毛澤東的小了一號。江青很謙虛，說是來向總理和大姐匯報在蘇聯養病情況的，並感謝總理每半月派人送去國內的時鮮蔬菜，水果以及甲魚等等。鄧穎超連忙表示不敢當，消受不起呢，這硯台，恩來辦公正用得著呢。周恩來手撫硯台，把玩不已，邊說：趁外交部信使專機之便，搭送些生活必需品去，是職責份內的事，何況主席後來也吩咐了，用不到感謝。

江青說起了在蘇聯體檢及療養等情況。她說著說著，眼睛紅了，掏出手絹來捂住鼻子：總理呀，我到了老大哥那邊，冰天雪地裡，也有人跟踪，監視呢！周恩來大爲吃驚，看了鄧穎超一眼：有這種事？怎麼可能？鄧穎超見他們又要談及黨內絕密，便起身替江青茶盞裡續了茶，然後退出去了。

江青說：總理呀，有的事，人家大約把你也蒙在鼓裡了。周恩來關切地問：妳在那邊發現什麼了？江青說：上海市公安局長楊帆！周恩來又是一驚：楊帆到了巴爾維哈溫泉療養院？那是老大哥黨和國家領導人的療養地，對外只接待各社會主義國家的黨政領袖及其夫人的。他一名上海市公安局長，怎麼有資格去？這事，你放心，我會負責查清楚！江青說：這個楊帆很大膽，很猖狂。那天我和護士在溫泉公園看一樹早開的雪醋栗樹花，背誦一首陸游的詩。他突然從山石背後衝出來，把我嚇了個半死！天呀，要真遇上個刺客，我就沒命了。事後，他讓蔡暢大姐領著來看我，硬說三十年代在上海採訪過我，還想逼我承認……總理呀，我雖然生活在主席身邊，也越來越覺得自己沒有安全感。

周恩來問：這事，妳報告過主席嗎？江青說：我不敢，總理知道的，凡涉及到黨內高級幹部的事，老闆從來不准插嘴的。

對於楊帆，周恩來是熟悉的，年輕、能幹、有水平，偶爾也吟詩對賦，頗風雅的。在上海公安局長任上很稱職，表現很出色，陳老總、羅長子他們都很讚賞的。或許，江青這女人，又有些神經過敏了。誰會派楊帆去蘇聯跟蹤她呢？有這個必要嗎？不可思議。但楊帆又為什麼去了？還有蔡暢大姐可以作證。論級別，資歷，他都不夠去那裡療養……。

江青見周恩來思考什麼似的，便提醒說：總理呀，不要小看了這個楊帆，上海地下黨出身，當過項英的秘書，是老華東局饒漱石手下的紅人，聽說精通俄文，還不定到老大哥那邊幹什麼去了呢。

一聽扯到饒漱石的身上，周恩來心頭一亮：妳說得對。這次妳在那邊所遇到的情況，是可能有比較複雜的背景，涉及到某些重大人事。這樣吧，這件事，就說到這裡為止，不可外傳。你給我一點時間來了解詳情，嚴肅查處。必要時，由我來報告主席。

江青聽周總理已鬆了口，便趁熱打鐵：總理呀，你要是不見怪，我就想提及一下，現在中央政治保衛系統，全國政法戰線，缺乏一位統籌人物。羅瑞卿、謝富治二位當然不錯，但畢竟是從野戰兵團司令員、政委崗位上轉過來的，有時就覺得嫩了點，是不是？

周恩來聽這一說，不知江青口袋裡又有什麼靈丹妙藥。這個女人，總是不甘寂寞，總想插手中央的重要人事。但又得罪不得，只能順著依著。不管毛澤東主席喜不喜歡她，也是擔著夫人的名分，吹起枕邊風來，一吹一個靈。西苑裡頭，不是有六字經嗎？「事不靈，找藍蘋」。周恩來已屢試不爽。應當說，這十幾二十年來，毛澤東一直想甩掉自己這隻包袱，卻總也沒有甩脫，江青確是從中起了很大的調和緩衝作用。於是，周恩來作出認眞聆聽的樣子。

江青說：我覺得，現在主持中央日常工作的幾位負責人，把我們黨內一位老資格遺忘得太久了。說起來，人家還是你的一位老同事，老朋友呢。

周恩來問：誰？黨和國家正是用人之際，先謝謝妳及時提個醒……。

江青嫵媚地一笑：趙雲呀，自一九四六年至今，已經坐了整整八年的冷板橈。杭州、北京的，一直住在醫院小病大養。

周恩來凝神想了想，才說：你說是康生同志啊。他的病養得怎樣了？是有許多年沒有見過他了。他來過信，要求分配工作，我替他轉上去了，沒有下文。記得曾以個人名義給他回過信，讓他安心養病，耐心等待。他不是一直掛著華東局第二書記的職份？當然，可以理解，以他的資歷、才幹，做華東局第二把手，是有些委屈。是不是主席最近有什麼意向，想讓他重新出山？

江青仍是一臉嫵媚地微笑，卻沒有正面回答周恩來的問題。周恩來是想套她的「底」。她溫婉地反問：總理呀，你說說，康生同志長期不能出來工作，問題的癥結究竟在哪裡呀？

周恩來的心裡鏡子一般地清晰，江青是想讓他說出劉少奇來。這是不能夠說的。主持全黨黨務及幹部人事的劉少奇同志，的確不喜歡康生，甚至可以說有些害怕康生。但康生被中央冷落了這許多年，卻不是少奇同志一個人所決定得了的。根子在一九四二年至一九四四年的延安整風期間，毛主席委託康生主持黨內反特除奸，康生則搞了個「搶救運動」，把大批從國統區、敵佔區投奔到延安來的革命青年甚至地下黨幹部，打成「敵特」、「奸細」、「叛徒」，進行殘忍的刑訊逼供，延安的大小窟洞，先後關押了幾百名「潛伏敵人」，其中幾十人被逼得自殺身亡。好端端的一個革命聖地被搞得雞飛狗跳，人人自危。包括經周恩來親自從陪都重慶推薦來延安工作的青年幹部陳正人、李銳、王鶴壽等等，以及從華東局來的柯慶施、楊帆等人，都被關進窰洞，遭到康生發明的「車輪戰術」、「疲勞轟炸」、「飢餓療法」等方式的審訊。直到周恩來回到延安，得知李銳等人的遭遇，出面找了毛澤東主席，擔保李銳等人是忠誠的革命青年，才把人救了出來。後來，搶救運動越搞越凶，直到惹惱了在前方指揮作戰的彭德懷、林彪、賀龍等人，賀龍甚至揚言要回延安槍斃康生，替黨除害，替革命同志伸張正義……毛澤東同志才感到，自己所信任的康生，的確太過分了，打擊面寬了，擴大化了。於是召開大會，把所有被關押的人統統放了出來，賠禮道歉，致三鞠躬禮。……事後，中央政治局會議上，朱德、劉少奇、周恩來、任弼時、高崗、董必武、張聞天、林伯渠等人達成共識：康生同志不適宜繼續留在中央工作，尤其不適宜繼續從事中央社會情報系統的領導工作。毛澤東主席接受了政治局大多數成員的這項共識，只好把康生派去山東分局任書記。

上述這些，周恩來覺得沒有必要向江青作出解釋。何況江青是參加了延安整風，情況大致上也是了解的。如今江青既然提出康生出山的事，即便不是毛澤東主席的意思，也是得到老闆的認可，並讓她來透透消息，作個試探的。既然如此，周恩來就不便反對了，而且還應及時做做少奇同志的工作。對了，康生還是饒漱石的死對頭！江青又欲除掉楊帆……太妙了，康生出山，再拉上江青，來共同對付高、饒，太妙了！眞是個意想不到的收獲。正如孫子兵法所云：出其不意，攻其不備。

周恩來笑笑微微，對江青說：康生同志二十年代末在上海地下黨中央就是我的老朋友，老同事了，很有才幹的，我們一直合作得愉快的。……他的問題，不就是在延安搞「搶救運動」，有些擴大化，得罪了一些人？都八年過去了，是應該考慮給他重新分配工作了。你替我報告主席，如果主席在政治局書記處會議上提出康生的事，我會贊同和擁護的。相信其他同志，也不會反對。

見周恩來鬆了口，江青向敬愛的總理行了禮。敬愛的總理握著她的保養得極好的纖纖玉指，好一會沒有放開。

晚飯後，周恩來和鄧穎超到中海堤岸上散步。警衛員拉開一段距離，在他們後面跟著。柳絲吐芽，新綠萬點。楊樹、槐樹枝頭，也冒出一層新綠，在向晚的風中沙沙作響。湖水中有水鴨撲翅嬉戲。古都春來晚，也是一派春消息了。二人行至中海東北角上的蕉園，但見殿堂破舊，廊榭荒蕪，均有待修復。這裡原是明、清王朝小太監教習之所，現做了西苑警衛部隊的臨時兵營。

在被稱爲燕京八景之一的水雲榭，「太液秋風」石碑前，他們遇到了劉少奇、王光美夫婦，連忙上前握手致候。鄧穎超親熱地拉著「小妹子」王光美的手，繞到水雲榭的一處背風的石欖上聊家閑，詢問孩子們的情況。周恩來見自己的警衛員和劉少奇同志的警衛員也都在堤岸樹蔭下等候著，便抓住機會商量起工作來了：

少奇同志，正好有件事想向你報告，我們就便談了吧？

劉少奇很是感嘆，恩來這人，總是那麼謙遜、恭謹，請示啦、報告啦，有時讓人覺得舒服，有時卻讓人不那麼自在：恩來啊，老同事了，不要太客氣，有什麼事，你任何時候都可以找我談。

周恩來問：少奇同志，你認識上海市的楊帆同志嗎？

劉少奇笑笑說：認識，認識。新四軍出身的老同志，做過項英的秘書，饒漱石、陳毅都對他很器重。上次開中央人民政府委員會議，陳毅同志在和我談到上海市的社會治安情況時，還特別提到市公安局局長楊帆點子多，有儒將風度嘛。

周恩來遂把江青所說的，在蘇聯巴爾維哈溫泉療養院遇到楊帆，懷疑楊帆是在跟踪，監視她的種種，說了一遍。

劉少奇在一塊潔靜的大理石圓墩上坐下，掏出一支卷菸來，打上火抽著：恩來啊，我們坐下說話吧。我也有事想找你通通氣。張聞天從莫斯科寄了一份大使館黨委的思想匯報材料給我，其中有人提到江青在蘇療養期間，外交部派專機每月兩次給她運送國內的新鮮蔬菜、水果，還有什麼太湖王八、洞庭湖甲魚等等，太過浪費，太過特殊化了。這事，你該知道吧？人家還說，唐明皇時候是通過驛站驛馬，數千里日夜兼程，把廣東產的鮮荔枝送到長安，供楊貴妃食用；現在科技進步了，可以用專機上萬里的把國內的新鮮蔬果送到蘇聯，供江青食用……。

周恩來心裡不禁一陣無名火起。但他的面部表情卻絲毫不顯露出來。這個張聞天，也太多事了，還嫌他自己的麻煩不夠？竟麻煩找到主席夫人身上去了。……當然，屬於黨內風紀問題，張聞天把材料寄給少奇同志而不寄給自己，那倒沒有什麼。遂說：這事我知道。張聞天同志他們反映的情況，也不是毫無根據。問題是，外交部沒有派專機給江青送過東西。少奇同志你知道，目前，北京和莫斯科之間，還沒有定期航班，因之兩國政府商定，由各自的外交部，每月兩次，向對方派出信使專機，運送重要文件及人員來往。至於給江青送蔬菜水果，是主席親自吩咐過的，說江青在蘇養病，吃不慣老大哥那邊的土豆牛肉，麵包黃油，想吃點國內的新鮮蔬果，請我關照一下。我才吩咐信使專機，就便每半月給江青送去一筐兩筐什麼的。整個情況就是這樣。

劉少奇點點頭：原來是這樣。既是主席吩咐的，就不要再提起了。……這個藍蘋啊，北京、上海、杭州、廣州，我們自己也有很不錯的醫院，療養院嘛，溫泉也有，廣東從化溫泉就不比那個巴爾維哈差嘛，為什麼每年都要跑到老遠的外國去呢？是有些特殊化呢。對了，你剛才提到上海市公安局長楊帆，他也到巴爾維哈療養去了？這就不大正常了。倒不一定會去跟踪江青吧？因為沒有這個必要，很無聊的嘛。會不會和高、饒有關？他是饒漱石的老部下，俄文又好……。

周恩來說：少奇同志，我們想到一起了。還記得嗎？一九四九年十二月，主席率團訪問蘇聯，與史達林同志會談那次的事？史達林交給主席一個大信封，裡面裝的是蘇聯駐東北局專家謝瓦廖夫寫給史達林的密件，分析我黨中央領導人員的所謂親蘇派、親美派問題。當時主席就懷疑，肯定是東北局裡有人向謝瓦廖夫提供了材料。爲了顧及中、蘇兩黨的關係，也是爲了保護高崗，主席才一直把這件事按下不表了。這次楊帆去蘇聯，會不會又是高、饒派他去執行什麼秘密任務的？

劉少奇聽到這裡，興奮得臉上發光：太好了！我們要抓緊落實。高、饒要是背著中央裡通外國，哪怕是老大哥之國，他們就垮定了。這事一定抓住不放，就先拿楊帆開刀！打開缺口，就好辦了。

周恩來目光清晰，心裡也很興奮：落實他們裡通外國問題……只是眼下，我們兩個都不宜出面過問，以免打草驚蛇，反被蛇咬。江青今天中午找了我，提出了一個意向：欲擒楊帆，借重康生。

劉少奇一聽康生的名字，忽然身子朝後一仰，彷彿要躲閃什麼迎面而來的危險似的。良久，方說：康生噯，一九四五年「七大」後，政治局有過一個共識的，此人今後不宜留在中央工作，尤其不能再負責政法部門的工作，才把他派去山東的。……在華東局又跟饒漱石鬧得很僵。恩來啊，我不能不告訴你我心裡的某種隱憂，要是再讓康生、藍蘋兩人聯手，或許對解決高、饒問題確是股不可忽視的力量，但從長遠的角度來看，卻是前門拒虎，後門揖狼囉。

周恩來心裡承認，自己著眼於解決近患，劉少奇卻慮及了遠憂。但從目前情形看，要戰勝高、饒，非借重江青、康生不可。只要江青爲了除掉楊帆，而站到自己一方，就是爭取到了三分之一個毛主席；康生則如一頭落寞已久的餓狼，一旦放出來咬人，準定一咬一個死。況且，如果毛主席在政治局會議上提出來，康生休息得太久，要給分配工作，就誰也阻擋不了。還不如做個順水人情……。

周恩來很含蓄，委婉地把自己的想法說了出來，劉少奇不吭聲了。為除高，饒，借重江、康，雖屬下策，也只好默認了。

這時，鄧穎超和王光美手拉手，從亭廊的另一方繞回來了。鄧穎超說：就知道你們兩個一見面，要談黨、政大事，我們只好躲過一邊去，現在該談得差不多了吧？王光美說：少奇，風涼了，我們送總理和大姐回去吧？周恩來忙說：不敢當，謝謝光美。少奇同志，我們就此別過吧。

第三天，江青到東單協和醫院高幹病室探望自己的同鄉、師長康生同志。康生是個嗜書如命的人，直把病房當書房，也不知從哪兒弄來那麼些古籍，四個大書架擺了整整一面牆壁。還有一張大寫字枱，擺有文房四寶，康生多才多藝，書、畫、金石，都不凡俗，內行看了都敬服的。

江青進來時，康生正躺在床上讀《國朝宮史》，忽見江青，頓時誠惶誠恐，受寵若驚：哎呀呀，雲鶴呀，妳眞是從天下掉下來的呀？聽說去蘇聯療養了？氣色很好，風姿綽約囉！這幾年，我是門庭冷落車馬稀，鬼都不大上門了。

江青伸出雙手，將康老師輕輕按在病榻上，不讓起來：早就想來看你的。我也是前兩天才回國。……我回來就給老闆說了，人家趙雲同志那麼老的資歷，那麼大的功勞，又那麼廣博的學問，被涼在一邊好多年了，為什麼還不安排他工作？

康生的眼睛躲在厚厚的鏡片後，急不可待地問：雲鶴，主席說什麼了？前些日子我還托姨妹子蘇玫給主席帶去一封信，主席讀過了？

江青不正面回答康生的問題，而是有意激他一激：老闆倒是問我了，你的病養得怎樣了？如果還沒有完全康復，就安心養著。來日方長，想工作，還不多的是？現在劉、周、高等人都忙得恨不能長出三頭六臂來呢。

康生一聽急眼了，竟一個鯉魚打挺，坐直了身子，抓住江青的右臂說：雲鶴，請替我報告主席，我身體已經康復，完全康復，只要主席批准，我隨時都可以出來工作。

江青因手臂被親暱地捏住，紅了紅臉，掙開了：你呀，也是一把年紀的人，……若是叫護士看見了，影響多不好。

康生戴好眼鏡，嘿嘿笑著掩飾道：放心，我對妳，早就玉潔冰清了。尤其在妳有了娘娘身分之後……對了，說點正經的，昨天中央組織部副部長郭鋒說是代表饒漱石來看望我，問候我的病養得怎樣了？多少年了，中央組織部總算有人來看過我了。郭鋒算哪門子首長？我參加革命的時候，他大約還穿開襠褲哪，我過的橋比他小子走的路還長！饒漱石本人為什麼不出面？來看看我就會掉他的斤兩？當年我任莫斯科共產國際執行局中國代表團副團長的時候，他還只是一名普通工作人員呢。後來可好了，回國幾年一路躥升，就做到了新四軍副政委、政委，三野政委，華東局第一把手去了。

江青無意聽康生擺譜、發牢騷，便抓住饒漱石和華東局這一話題，將自己在蘇聯巴爾維哈溫泉療養院遇到楊帆，楊帆逼她相認的事一一道了出來。這才是她今天來看望康生的主要目的。

康生眼睛都睜大了:楊帆?不就是當年寫你黑材料,告你黑狀的那個殷楊時嗎?他怎麼跑到巴爾維哈溫泉療養去了?以我在黨內的資歷,想去那裡休養,都沒去得成呢。

江青說:此事我已報告總理了,總理答應查一查。

康生說:雲鶴呀,如今中組部是小人當道,全無規矩了。你可能還不知道,自楊帆當上上海市公安局長之後,在公安系統排擠工農幹部,大搞招降納叛,結黨營私,收羅了幾千名舊上海的黑道分子,地痞流氓,國民黨潛伏人員,來負責管理社會治安。還美其名曰以黑治黑,以毒攻毒!上海黨政系統早就流傳著一句順口溜:楊帆門客三千三,儘是雞鳴狗盜幫!還有,你聽我說完,一九五〇年上海發電廠被國民黨飛機轟炸,造成重大停電事故,死傷員工百餘人,中央公安部和華東局公安部不是一直破不了案嗎?我也是最近才了解到,就是楊帆在一九四九年夏天當上上海公安局局長不久,破獲了一座國民黨的潛伏電台,他竟讓該座電台秘密存在,保持與台灣國民黨保密局的聯繫!相信敵機轟炸電廠案,就是那座電台招引來的……。

這回是輪著江青張大嘴巴,睜大眼睛了:康老師,你可沒有白躺在床上休息呀!有這麼重大的發現,為什麼不及時報告中央?

康生老謀深算地笑著:我也是在等待適當的時機。……雲鶴呀,這事關係重大,涉及到整個華東局和上海市的公安系統,包括饒漱石、潘漢年、楊帆這些人物。這樣吧,還是由妳先把這事透給主席,吹吹枕邊風,主席就會找我談話了……到時候我替妳收拾個把楊帆,還不是小菜一碟?

二人正說著，就見康生的太太曹軼歐敲了敲病房門，進來了。曹軼歐身後還隨了一位二十大幾、面目清秀的女子。那女子提一隻暖籠，裡邊大約裝著食品。高級幹部住醫院，一般都家裡供奉餐飲，而不吃醫院食堂的伙食。曹軼歐一見江青，忙不迭地上前握手，說東說西，親熱得不行。那女子卻一屁股坐在江青方才坐過的地方——那褥子被江青坐暖和了的，任什麼話都沒說，就一口一口地餵起「病人」飯食來。

曹軼歐見江青不住地朝那餵丈夫飲食的女子打望，便介紹說：對了，忘了介紹了，她是我妹子蘇玟，在大學裡工作，三月份兼做毛主席的英文助理……。

這曹軼歐倒是會說話兒，敎毛主席英文就敎毛主席英文，偏偏要說成什麼英文助理。……江青這時注意到了一個動作，當那女子起身向江青致候時，康生竟從側面捏住了女子的手。

江青告辭出來，坐上臥車，心裡卻倒了罐子山西陳醋似的：好個姨妹子！看模樣早和姐夫私通了！曹軼歐只能睜隻眼，閉隻眼。想想自己呢，又何嘗不是這樣？這騷貨肯定敎英文敎到老闆床上去了。老闆呀老闆，你也眞是的，總是嚼人家嚼過的饃呢！在我和這個蘇玟身上，康生都先你一腳呢。

第二二章　「向高崗同志學習！」

自出了「孟虹卧底事件」，毛澤東已兩個多月沒有單獨召見過高崗了。高崗本人也有些底氣不足，不像先時，一月總有三次四次去求見或者被召見，向潤芝兄個別匯報工作，相談甚歡，直至通宵達旦。近兩月他一直忙於籌備全國財經會議，每天都要約談各省市自治區財經委員會的負責人，了解情況，聽取意見，審批會議的重要文件。因之，在全國財經會議召開前夕，高崗接到菊香書屋值班秘書的電話，通知他來見毛主席時，他頓覺雲開霧散、春光明媚，一切不愉快之事都已成爲過去似的。毛主席做爲一國之尊，一黨之主，六億人口①的英明領袖，怎麼會爲了一名小女子而跟他的親密戰友、結拜兄弟過不去呢？普天之下，莫非王土，要幾名有才有貌的美人兒還不容易？

① 一九五三年六月一日，中國進行了有史以來的首次人口普查，全國人口破六億大關。

毛澤東仍是那麼隨隨便便，穿了寬鬆的睡衣在書房兼辦公室裡和高崗見面。照例有面目姣好的女服務員進來上茶上菸。高崗搶著替潤芝兄點火。毛澤東倒是開門見山，先把話挑明了：高大麻子！孟虹那件事，算過去了，我不再當回事，你也不再當回事，都不往心裡去，好不好？你兩個月不來見我，我可是記掛著你囉！

一時，高崗如醍醐灌頂，激動得喉嚨發酸，眼睛都紅了。毛澤東說：孟虹，十有八、九也是她本人不想回來了。我已經告訴謝富治他們，停止查找。就是找回來，也意思不大了。我的脾性，你是曉得的，許多事情，一點都不要勉強人的。還影響了你、我二十年的生死之誼，何苦呢？天空任鳥飛，海闊憑魚躍，人各有志，隨她去。對於我，還是你高大麻子重要，就是拿十個孟虹來換，我都不願。得一保健醫師易，求一治國賢能難。你和我，還是要搞革命，搞社會主義建設，對不對？

高崗感動得眼淚都快要出來了，身上又陡漲了那股子二桿子豪氣：主席，老師！自三五年在咱陝北瓦窰堡見到你的那天起，我高崗就提上腦袋跟你走，做你的保鏢，追隨你打天下，效革命之勞！

毛澤東嗬嗬笑了：高大麻子，總算不是效犬馬之勞……當然，我也要提醒你一句，你這二、三十年來不是在跟著某個人走，而是在跟著黨中央走，黨的正確路線走。要擺正黨和領袖的關係呢。

高崗說：跟著主席走就是跟對了路線嘛！當年中央紅軍初到陝北，總書記是張聞天，軍委書記是周恩來，總司令是朱德，總政委是張國燾掛名。主席那時還不是最高領導人呢。可我高崗識英主，一眼就看準了你！只有你才是我黨我軍的眞正領袖。應當說，我陝北土包子一個，還是有點眼力的。

毛澤東說：好了好了，不要王婆賣瓜，自賣自誇了。要在封建時代，識主於微時，不見得就是好事。……今天找你來，想問問你財經會議籌備得怎樣了？《第一個五年計畫草案》的修改稿爲什麼還沒有報上來？你的那個《關於編制五年計畫幾個問題的意見》，修改得怎樣了？會議的另一項重要內容，就是由周恩來、薄一波作檢討，檢討他們多年來在財政工作上的錯誤，交由會議討論、批評。給他們做個什麼結論？要不要給紀律處分？我們先商議一下，心裡有個譜，但絕對不要傳出去。

高崗見毛澤東一如既往地信任、器重自己，也就把自己對會議的通盤考慮，無保留地說了出來：兩項主要內容，前期解決薄一波的問題，後期討論第一個五年計畫建設草案。批判薄一波，主要爲了統一全國財經政策，理順中央與地方的工作關係，堵塞各類財經漏洞，健全制度，嚴格紀律，確保國家的財政收入，做到收支平衡。對於周恩來、薄一波二位的錯誤，還是要貫徹主席一貫提倡的思想批判從嚴，組織處理從寬的原則，懲前毖後，治病救人。再有，周、薄二人也要區別對待。周近兩年來雖然對我個人搞了不少小動作，不大正派，但我仍然認爲，周抓工作還是兢兢業業的，他這次的問題，是工作紀律上的錯誤，犯有嚴重的官僚主義加分散主義；薄一波就不同了，我一直懷疑這個人是政治品質問題。他是要頑固地維護私營工商業者、資本家階級的利益。現已查明，今年元旦《人民日報》發表的關於推行新稅制的社論中，「公、私稅制一律平等」那句資產階級口號，就是他加上去的。他擔任中央財政部長以來，推行的就是一條向資產階級妥協投降的右傾路線。所以，經過這次會議對他的批評、幫助後，他不適宜再擔任中央財政部長和繼續兼任華北局第一書記了。在主席面前，我還要斗膽說上一句，關於保護私有經濟、保護資產階級利益的右傾思想、路線問題，薄一波只是個在前台表演的。在後台掛帥的，實際上是少奇同志。

毛澤東認眞地聽著高崗的意見。他欣賞高崗以高姿態對待周恩來。一個多月前，高、周二人還爲了孟虹失踪的事，在他面前爭鬥得面紅耳赤嚒。高崗小事愛弄個小聰明，大事卻也有大聰明，處事端正，不夾帶個人意氣，乃大將風範耳。

毛澤東說：對於周恩來，藍蘋的看法倒是和你很相近。……當然，我是禁止她在外亂說話，議論黨內人事的。會議，還是由你和恩來共同主持吧。不計前嫌，大局爲重。薄一波要在會議末期，宣佈撤銷他的財政部長、華北局第一書記職務，我現在很討厭他！可以聯繫他的思想路線問題來批判。他和劉少奇的問題是三條：一是確立新民主主義社會秩序，二是由新民主主義走向社會主義，三是確保私有財產。這三條，我可以在下次政治局會議上給他點出來，也算是助你一臂之力吧！

高崗騰地一下站直了身子，兩腳後跟一碰，行了個軍禮：主席！這三條正是他們的要害，我可以在會議上不點名地提出來批判，社會主義一定戰勝他媽的資本主義。

毛澤東有些不耐煩地揮揮手：坐下坐下。你如今主要是個文官而不是武將了嘛。東北軍區司令員兼政委，你只是掛了個名嚒。還有事情要和你談啊！

高崗平日大大咧咧，接人待物不大注意禮儀小節。唯在毛澤東面前，畢恭畢敬如同一名小學生：主席，對於你，我永遠是一名士兵。

毛澤東說：不要盡撿好聽的，灌我的耳朵了。告訴你吧，史達林同志去世，對我是個刺激。我相信他是累死的，腦溢血嚒。黨、政、軍、情，工、農、商、學一把抓。他的工作方法不好，一言堂，大家長，政治局會議開在他的飯桌上，邊吃喝邊決定國家大事，重要決議由他親自口授，結果給累死了。我不能學習他的這種工作方式。我想日常事務中解脫出來，退居二線，集中精力研究一些理論問題。社會主義革命和社會主義建設，是個全新的課題。這是我們黨也可以說是整個共產主義運動在理論上的薄弱環節。黨和國家第一線的工作，就由你們年輕同志多負擔一些。你是一九〇五年出生的，比我整整小了一輪囉！比少奇，恩來也小了七歲。你看看，我的這個想法怎樣？

高崗腦子好使，思路很快跟了上去：我擁護。主席是應集中精力，對世界共運作出更大的理論貢獻。並且保重身體，注意休息。至於第一線，第二線，我的意見，你可以處在第一線和第二線之間，平日少管政務黨務，遇有大事，或是黨內出了紛爭，還是需要你來掌舵、裁決的！要做到這一點，最重要的是及早安排革命接班人。史達林同志一生光榮偉大，在指定接班人一事上卻太晚了，以至馬林科夫接任後，威望不足，他們政治局群龍無首，顯得青黃不接了。

毛澤東很有興趣地聽著，高大麻子談問題，總是有他的獨到見解的。這也是十幾二十年來，他願意和高大麻子單獨討論問題的原因之一：嗬嗬，我說要退出一線，安居二線；你卻要我居於一線與二線之間，進可攻，退可守？還是你帶兵打仗那一套啊。你提出的「革命接班人」這個名詞很重要。對，是要及早安排接班人。我今年已過花甲，醫生查出我有多種疾病，要我少管事，多休息。「革命接班人」提得好，只是人數可以多幾個，也可以是整個的書記處、政治局，領導集體嘛！

高崗心裡有些失望，潤芝兄待自己雖然情同手足，但又不肯許諾自己做他的政治接班人，便開了句玩笑說：過去封建帝王立東宮，也是為了解決接班人問題……。

毛澤東也會意地笑了：高大麻子，是不是想立你為東宮太子啊？對不起，你我同黨不同姓。不搞父子相傳、皇位世襲那一套。接班人應在長期的革命鬥爭實踐中，經過鍛鍊和考驗來形成。

高崗的臉膛紅了紅，接過了話題說：主席提出的革命接班人的形成，以及接班人是一個年輕的工作班子，是有長遠戰略眼光的設想。但像薄一波這種人，年紀很輕，比我還小三歲，是決不能安排做接班人的。這裡，我還想匯報一下他一九三六年出獄的問題……。

毛澤東卻打斷了他的話：今天不談歷史問題。他們的那團麻紗一時也扯不清，留待以後審幹運動去解決吧。我當前要考慮的是領導班子的調整問題。政治局和書記處都要擴充，增加一些新面孔。康生同志養病多年，一直沒有工作。他是老資格，有功勞、有水平的，我看可以讓他出來工作了。你和饒漱石同志接觸多，他又是經你推薦做了中央組織部長的，我委託你找他談談，要他顧全大局，主動和康生同志搞好關係。過去封建時代的王公大臣，都倡行有容乃大，和衷濟事，何況我們共產黨人，革命同志之間，為什麼要搞得勢不兩立？

高崗見潤芝主席對饒哥有責備之意，便忍不住替饒哥辯解說：主席呀，饒漱石這人是有不少缺點，原則性雖強，卻不大能團結人。在華東局任一把手，和陳毅、譚震林都鬧得不大融洽。我也多次批評過他，要他相忍爲黨，注意團結。但是，他和康生關係不好，我看主要矛盾在康生同志身上。起因不就是一九四六年他爭當華東局第一書記，結下的樑子嚒。後來中央任命饒第一，康第二，康就一直消極怠工。其實，他們兩人同是上海大學的同學，又是同一年入黨，本是校友加同志來的。康生同志卻自認資格比饒漱石老，功勞比饒漱石大。康生在王明手下當我黨駐共產國際的代表團副團長時，饒只是一名普通工作人員。一九三七年從莫斯科回到延安，康又被任命爲中央黨校副校長，中央社會情報部部長。可人家饒漱石的華東局第一書記，是他任新四軍副政委、政委時，和項英、陳毅他們一路打仗打拚出來的！康生就是不服氣，常在華東局會議上給饒難堪。不久饒爲了顧全大局，滿足他的權力慾，特別提請中央批准，將原魯中、魯南、濱海、泰西等地區合併爲魯中南大區，亦即後來的山東分局，讓康生去當了第一書記，兼任山東省人民政府主席。康生卻仍不滿足，到山東報到畫押，敷衍一下，就告了病假。山東分局的實際工作就由向明同志擔負起來了。他於一九四九年六月至一九五〇年五月，在青島海濱道四號別墅養了一年病。接著於一九五〇年六月至八月，去杭州保養兩個多月。一九五〇年八月到現在，一直住在北京協和醫院，將近四年時間了。他有什麼病？純粹是嫌烏紗帽太小的病！還老埋怨中央對他不信任，中央對他政治上有懷疑。記得一九五〇年七月，饒漱石給主席拍過一封電報。電報上說：「我偕陳毅同志於六月華東局會議結束後，即趕往杭州看望康生病情。他卻反復向我講，他工作上或許有錯誤，但決不會是特務奸細，現在中央不信任他，他想不通什麼原因，等等。今天，康生同志離滬赴京，我又在他處停留一小時，爲他送行。他又一再要求我向主席說明，他決不是特務奸細，請組織上不要誤會他。……」所以，從饒漱石同志的這封電報看，康生的腦子是有些怪怪的，心裡沒冷病，本身過得硬，爲什麼一再聲明自己不是特務奸細？

毛澤東看了高崗一眼，聲音有點發硬地問：你的記性這麼好？電報原文都背得下來？你又是怎麼知道饒漱石給我拍過這封電報的？

高崗仍是大大咧咧地說：是饒漱石本人告訴我的。饒漱石是位忠誠的共產黨人，他沒有被捕過，歷史過得硬。他說他在中央負責同志的檔案中發現，少奇同志的履歷有可疑點，薄一波的履歷有可疑點，周恩來的履歷有可疑點，康生的也有可疑點，都有尚未交代清楚的地方。比如少奇同志二十年代下半期曾三次被捕，怎麼出獄的？好了，先不說這些了。饒漱石說，他不會計較康生同志的態度，不管怎麼樣，都是老同志了，不應當因一些個人意氣好惡影響了工作，或是放棄了組織原則。

毛澤東的眉頭聳了起來，面露不悅之色，很久沒有吭氣。連自己身邊的這些老同事、老戰友的履歷都尙有疑點，都有問題未向黨組織交代淸楚，看來重新進行一次縝密的審幹肅反運動，事在必行。過去戰爭年代，也搞過審幹運動，但環境所迫，許多人事來不及內查外調，掌握到確鑿證據，漏網之魚必定不少。……康生正是這方面的行家裡手，稱得上執法如山，鐵面無情。甚爲蹊蹺的是，昨天康生來見，談了整整一個下午。康生說饒漱石是劉少奇的人，劉對饒最信任，饒才升任爲新四軍政委、華東局第一書記的。劉少奇多年來支持饒漱石排擠他、打擊他。他說劉和饒在歷史上都有過叛變嫌疑。康生還說，據楊獻珍反映，劉少奇在一九三六年八月對薄一波、安子文等人下達的叛變指示，讓共產黨員塡寫「反共啓事」出獄，繼續爲黨工作，奉行的是一種叛徒哲學，給黨的歷史留下大汙點。……康生建議中央調整機構時，一併考慮一下少奇同志和薄一波、安子文等同志的這些問題。

眞是一團亂麻！康生說饒漱石是劉少奇的親信，饒漱石卻明明是高崗的親信；康生說饒漱石有叛變嫌疑，饒漱石說康生有歷史問題；康生懷疑劉少奇、薄一波、安子文；高崗也懷疑劉少奇、薄一波、安子文，卻又包括康生也被懷疑上了。楊獻珍是位哲學家，也是一九三六年和薄一波、安子文等人一起塡寫了「反共啓事」出獄的，卻又在康生面前攻擊劉少奇。他們在下面這樣你攻我，我攻你，攻擊來，攻擊去，又都拿不出多少眞憑實據，成什麼體統？助長了一種什麼風氣？從好的一方面講，他們在下面明爭暗鬥，猜忌防範，也就很難抱團，結黨，有利於最高領袖居間平衡，駕馭全局；不好的方面是革命同志之間離心離德，各懷鬼胎，相互拆台，不利於團結一致，共同奮鬥。

高崗見潤芝兄只顧抽菸、喝茶，好一會沒有說說話了，便試探地問：主席，是不是我講錯什麼了？請指出來，好讓我檢討、改正。

毛澤東默默地注視高崗一眼，才說：對待歷史問題要愼重。在中央沒有作出新的結論以前，我們仍要一如既往的信任、使用這些同志。你要集中精力，和恩來一起主持好這次的財經會議。要嚴肅批一批劉少奇、薄一波的思想路線方面的問題。其餘的，來日方長，以後再說吧！

高崗從菊香書屋回到東交民巷八號院家中，立即請饒漱石來吃晚飯，談工作。餐室裡，高崗讓服務人員退下之後，向饒哥通報了主席談話的內容：即將開幕的財經會議的兩大議題之一，不批周恩來，而批劉少奇、薄一波的思想路線，薄一渡要被撤掉中央財政部長和華北局第一書記的職務。

饒漱石說：還是主席英明！下了決心要解決劉少奇、薄一波的問題了。只是便宜了周恩來，又讓這隻狐狸溜過關去了。

高崗說：饒哥，擒賊先擒王嘛。劉少奇是有理論有實踐，周恩來是有實踐無理論，你說哪個厲害？這次，主席是接受了我的意見，放過了周恩來的。主席還對我不計前嫌，寬待周恩來的高姿態表示讚賞。我認爲，周恩來畢竟是位忙忙碌碌的事務主義者，在黨內處於第四把手的地位，不是我們的主要對手。我們的主要對手是佔據黨內第二把手地位的劉少奇。更妙的是，這回連康生也出面攻擊劉少奇了。主席有意安排康生出山，特意讓我轉告你，要胸懷寬大，不計個人恩怨。饒哥，我看你個中央組織部長大人，就再擺個高姿態吧，趁康生還住在醫院裡，去看他一次。我從主席的口風裡聽出來，康生這次能復出，是走了夫人路線。不要忘記了，康生和江青是山東諸城鄉親。江青剛到延安時，和康生的關係就不同尋常。……康、江二位，這次正是我們可以借助的力量。

饒漱石說：江青這婆娘，是不可小看。主席對她，時好時壞，也不想拋棄她。……可我和她不熟悉，搭不上話。

高崗說：我們有向明呀，江青不是稱向明爲家鄉父母官嗎？向明和這婆娘，可以無話不談的。

饒漱石連連點頭：高主席一語點破，親近江青，借助向明。向明和康生的關係也不錯。好好，我明天就去醫院看望康生這個王八蛋。……高主席，這是黨內一條毒蛇，一旦出洞，是又要咬人的。

你、我今後不可不防。另外，雖然毛主席明確指示這次全國財經會議主要批劉、薄，但恕我直言，你和主席都看輕了周恩來了。此人外表溫良恭儉，和氣禮讓，卻最是居心叵測，詭計多端。這次放過了他，他就又可能和你來爭奪部長會議主席的職位！稱部長會議主席也好，國務院總理也好，黨內排名第四，可在國家行政上，國家主席之下，他就是第二位了，而且是實權。通過處理國家大事，周恩來這些年來的實際權力，不往往超過了黨內二把手劉少奇嗎？

高崗摸著下頷上那一天不刮就有些扎手的鬍鬚茬兒，敬佩地看了看饒漱石：饒哥，眞是沒有白讓你當組織部長了，看問題一針見血。但這次，兩害相權，只好先去劉少奇了。周恩來放到下一回合去擺平。還有一個事，財經會議撤銷薄一波的財政部長之後，誰來接手好？政府機構中，財政部可是個大頭，頂著半邊天的。組織部長大人，你先替我醞釀一個名單，日後主席若問起，我心裡有個數。

饒漱石先不說話，而以筷子沾了酒，在桌上劃下一個「馬」字，再劃下一個「鄧」字。

高崗認眞地問：饒哥，「馬」是馬洪，「鄧」是鄧子恢，還是鄧小平？

饒漱石笑笑：若能安排馬洪做財政部長，對高主席來說，當然是一次到位。但目前難於辦到，連毛主席都會認爲高主席安插親信，培植個人勢力；「鄧」是矮的那一位。矮個子不也被毛主席看作有統馭全局能力的人物？也是你的潛在對手呢。提議他做財政部長，主席肯定批准。把財政部長的重擔朝他頭上一壓，矮個子會忙得暈頭轉向，幾年都直不起身子。高主席不就少了一個競爭者了？

高崗哈哈大笑，連連舉杯：饒哥，眞有你的！來來，我再敬你一杯。……好好，你抿一口，我乾一杯。饒哥啊，你眞是我的智多星，參謀總長囉。

饒漱石說：高主席謬獎了。馬洪是你手下經濟幹將，給安排個財政部副部長，放長線，怎麼樣？

高崗豎起了右手拇指；饒哥用兵如神，我聽了。怪不得康生、陳毅、譚震林都鬥你不贏！

六月十二日，全國財經會議在西苑懷仁堂舉行。由於各省、市、自治區的黨政第一把手大都兼任著當地的財經委員會主席，所以實際上是一次全國各路諸侯的重要會議。毛、朱、劉、周、高率領政治局成員及各部部長出席。休息多年的康生在台下第一排座位上露面。高崗代表黨中央致開幕詞，周恩來代表政務院作財經工作匯報。

六月十五日，毛澤東主席在政治局擴大會議上嚴厲批評劉少奇、薄一波「保護私有經濟、保護資本家財產」的右傾機會主義思想路線錯誤，並從理論上概括出劉少奇同志右傾思想的主要表現爲：一是提出「確立新民主主義社會秩序」，什麼叫確立？「秩序」一經確立，就不能打破了，新民主主義就壓倒了一切了；二是「由新民主主義走向社會主義」，劉少奇同志提出至少要搞二十年甚至三十年的新民主主義，也就是全面發展資本主義經濟，再「走向社會主義」，資本主義經濟一旦全面壯大了，會甘心情願走向社會主義嗎？再來一場革命？或者說，我們這一代共產黨人都老了死了，再搞社會主義？司馬昭之心，路人皆知。劉克思之心，也是路人皆知；三是劉少奇同志提出「確保私有財產」，實際上就是從經濟基礎上否定了我們的革命性質。共產共產，我們就是共資本家之產，共一切剝削階級之產嘛。當然，要講策略、分步驟，有的甚至可以實行贖買政策。但絕不是要確保私有財產。私有財產爲一切剝削制度的經濟基礎，封建階級和資產階級的命脈所在，爲萬惡之源，我們非但不予保護，而是要以革命的手段，分期分批，完全徹底剷除之！

劉少奇作爲黨的第二把手，受到毛澤東如此嚴厲而系統的批評，其狀之狼狽與艱難，其地位之岌岌可危，可想而知了。

兩天後，高崗在全國財經會議上，傳達了毛澤東主席對劉少奇、薄一波的嚴厲批評。他的這項傳達，事先並未獲得政治局或書記處的授權。周恩來、朱德、林伯渠、鄧小平、彭眞等人都覺得高崗對劉少奇落井下石，違犯了工作紀律，不利黨中央的團結統一；彭德懷、林彪、饒漱石、康生、柯慶施、陶鑄等人則認爲，既然毛主席是在政治局擴大會議上公開批評了劉、薄的思想路線錯誤，高崗的傳達，可說是本次財經會議的思想指針。兩種截然相反的意見反應到了毛澤東耳裡。毛澤東說：話是我講的，講了就負責任，高崗只是做了傳聲筒，有什麼了不起？

有了毛澤東主席授予的「尙方寶劍」，高崗在大會、小會上批起薄一波來，就更是摧枯拉朽，氣勢如虹。按他原來設想的步驟，周恩來只作了一次檢討，就被暫時放過：薄一波連作三次檢討，卻招來一波接一波的連番批判。高崗礙於政治局的工作紀律，也爲避免引起多數人的反感，而不便像毛澤東那樣指名道姓的批評劉少奇。他採取了「明批薄、暗射劉」的方式，把劉少奇的一系列右傾錯誤言論，統統加到薄一波頭上來深揭狠批。

周恩來以他的機警、圓熟的政治手腕，避開了鬥爭的鋒芒，鬆懈了高崗對他的忌恨。他讓高崗先去挑戰劉少奇，自己置身外圍，以贏得空間，再與高崗巧作周旋。爲此，他在財經會議前期，向高崗作了種種示好、退讓，甘拜下風，心悅臣服。

六月二十八日，周恩來在細讀了高崗的《關於編制五年計畫幾個問題的意見》的報告後，給毛澤東主席寫了一封信：

主席閱轉高崗同志：

高崗同志《關於編制五年計劃幾個問題的意見》的報告稿修改得很好，我提不出什麼新的意見。只是在開頭一段，我仍認爲初稿寫得恰當全面，較修改稿上「在今後一個相當的時期內，我們的目標就是要穩步地實現社會主義的工業化。這對我們國家來說，是一個新的歷史時期，即過渡到社會主義的新時期。……」我認爲，只提「實現社會主義工業化」，而沒有包括農業集體化及利用和改造資本主義工業，是不完全的。不如仍依初稿將第一段改寫爲：

「中國人民在毛主席和黨中央的英明領導下，已經取得了新民主主義的徹底勝利和三年多在經濟恢復和改造上的巨大成功。我國從新民主主義革命勝利後，已經進入了一個新的歷史時期，即逐步過渡到社會主義的新時期。在今後一個長時期內，黨的基本任務就是穩步地實現國家的工業化，有步驟地促進農業的集體化，使我們由落後的農業國變爲先進的工業國，同時在發展經濟的過程中不斷地擴大社會主義的經濟基礎，以實現我國逐步地過渡到社會主義社會。」

我這樣看法和改法，不知是否妥當，請主席和高崗同志予以酌定。……

周恩來的這封信，眞可謂他的神來之筆。他提出「在毛主席和黨中央的英明領導下」，第一次把「毛主席」擺到了「黨中央」的前面。對此，毛澤東主席雖然甚爲受用，但說了句：我知道他葫蘆裡賣的什麼藥；信中把高崗和毛主席並列，又顯示他已承認、肯定了高崗作爲主席第一助手的地位，高崗自然十分歡心。但高崗比毛澤東淺薄多了，不知道他的葫蘆裡賣的是什麼藥；而周在信的具體內容上，卻符合了劉少奇和周恩來本人的經濟建設方針，一個「長時期」，一個「穩步地」、「有步驟地」，正是劉少奇要堅持的政策和策略。

周恩來的這封信，第二天就由毛澤東主席批轉給了高崗。高崗閱後十分欣慰，得意地對饒漱石說：看來周恩來確是個聰明的人，已經服輸、服氣，不會再朝前擠，成爲我們的絆腳石。他抓工作還是有一套。誰當了一、二把手都得使用他。今後我們的主攻方向就是薄一波、劉少奇。

周恩來的另一次「推崇高主席」活動，更是在衆目睽睽的會議上公開進行。七月十三日上午九時，出席全國財經會議的一百三十一位正式代表和中直機關的部辦首長，準時在西苑懷仁堂會議廳就坐。朱德、劉少奇、周恩來、高崗、董必武、林伯渠等政治局成員出現在主席台上。會議開始前，山東省人民政府主席向明走到中央組織部部長饒漱石跟前，低聲說：目標已經瞄準，炮彈已經上膛，就看他識趣不識趣，投不投降了。饒漱石咬了咬牙說：除非毛主席改變主意，否則，從今天起，他和他的同夥就開始走麥城了。

會議仍由高崗、周恩來兩人主持，宣佈薄一波做大會檢討。

這已是薄一波的第五次檢討。薄一波承認自己在新稅制等問題上向民族資產階級讓了步，混淆了公私企業間的主從關係，歡迎同志們的嚴肅批評，自己願深刻認識，堅決改正，以不辜負黨中央、毛主席對自己的教育、培養，云云。

薄一波的檢討一完，高崗即敲了敲桌子，站起來疾言厲色地說：薄一波！你至今死不承認自己犯的是什麼性質的錯誤，是向資產階級投降！認資本家做岳父老子，走資本主義道路！同志們，今年五月份，毛主席在意識形態領域裡發動了關於批判電影《武訓傳》的討論，其目的就是爲了從思想上糾正我們黨內一部分人，我這裡指的是一些身居高位的大人物，而不是指一般的同志向資產階級投降的錯誤。說穿了，他們是右傾機會主義的錯誤，是反黨，是背離黨的七屆二中全會的路線！

經高崗這麼登高一呼，整個會場氣氛頓時緊張起來。與會者都知道他的矛頭不只是指向薄一波，更是直接指向劉少奇。朱德、周恩來、董必武、林伯渠等人面面相覷，感到情況不妙。台下的饒漱石、向明、張明遠、馬洪、郭鋒等人，更是以劍一般的目光射向台上的劉少奇。劉少奇臉孔漲的通紅，顯然已經老羞成怒。周恩來最擔心劉少奇同志沉不住氣，受不住辱，起而跟高崗爭辯。那一來就糟糕了，等於把中央的矛盾公開化了，局面將不可收拾。……幸而劉少奇只是臉孔紅了白，白了紅，眼睛不看咄咄逼人的高崗，只死盯住自己的手掌，並不接受挑戰。

高崗見劉少奇不上鈎，不應戰，就進一步說：同志們，這一段我們的毛主席非常不滿意中央個別人的右傾錯誤，已經好幾次提出了嚴重警告。比如當面指出某大人物「不懂馬克思主義的常識」，甚至說了：黨在過渡時期的許多方針政策，在一九四九年三月黨的七屆二中全會的決議裡就已提出，你究竟是頭腦糊塗，還是政治品德出了問題，爲什麼不願遵照二中全會的規定去工作？而是喜歡在某些問題上另鬧一套，甚至公然違反二中全會的原則。你們這樣幹，弄得我幾乎沒有辦法再率領全黨走社會主義道路，再不改，我只好另起爐灶了。……同志們，千眞萬確，這是毛主席的原話，我們英明領袖的革命義憤！這就是說，在我們黨內，個別身居高位的人物執意要推行自己的右傾機會主義路線，並且堅持不改。最後，只好逼得我們毛主席採取組織措施，在人事安排上作出必要的調整！

高崗的話，無異於在會上投下一顆重磅炸彈。幾乎所有的與會者都把目光投向了劉少奇。周恩來看得很清楚，少奇同志的額頭上的青筋都凸顯出來了，快要控制不住自己的情緒，暴怒起來了。高崗有什麼權利在黨的會議上公開黨的一把手對黨的二把手的批評？眞是猖狂到了無法無天的地步……。

整個會場一片嗡嗡嚶嚶的議論聲，咳嗽聲，跺腳聲。如同一鍋臨近沸點的滾燙之水，即將沸揚開來。周恩來警覺地注視著會場的動靜，並以哀告的眼神向劉少奇示意冷靜。他發覺台下，多數人以敬佩、崇敬的目光望著高崗；少數人以同情、不平的目光望著劉少奇。他最擔心擁戴高崗的人和替劉少奇抱不平的人在會場上發生公開對抗。果然，他看到台下一下子舉起來十幾條手臂，都是要求上台發言的。十幾名要求發言的人中，贊成高崗觀點的有饒漱石、康生、柯慶施、向明、郭鋒、張明遠、馬洪等；支持與同情劉少奇的，則有李富春、鄧子恢、鄧小平、安子文、李先念等。

兩軍對壘，陣線分明。高崗猶疑不定，也擔心局面失控。周恩來決定不給任何一邊的人馬發言的機會，以避免公開分裂，打亂仗。這時，他看到少奇同志的臉色平靜下來了。少奇同志畢竟是歷經黨內外鬥爭考驗的老同志了，緊要關頭，從容應對。於是他抓住時機，與少奇同志交換了一個眼神，即宣佈：下面，同志們安靜下來，請少奇同志發言。

整個會場立時鴉雀無聲。劉少奇站直了瘦高的身子，異常平靜，出人意表地說：同志們，正像高崗同志剛才所講的那樣，我在黨的過渡時期的總路線和其他許多問題上，是有錯誤的。我承認自己的錯誤，不能欠賬欠到棺材去，生前不還死後還。我歡迎同志們繼續對我的錯誤，繼續進行毫不留情的批評。我過去就覺得我們應當從理論上作好準備。所謂的理論準備，是包括對於馬列主義的原理與方法以及對於中國社會歷史發展之規律的統一的把握。這在中國黨的大多數同志們不論對那一方面都還有極大的不夠。偉大的著作還沒有出來。這還是中國黨的一個極大的工作……。

周恩來聽會場上又出現了嗡嗡嚶嚶的議論聲。這個少奇同志也是，總是在談理論問題時把自己擺得那麼高，一派大理論家的口氣，「偉大的著作還沒有出來」這話，高崗肯定會鸚鵡學舌去學給毛主席聽，毛主席一定又會生氣斥罵「劉克思」的。因此，他有意地看了多次手錶，並指著手錶跟言猶未盡的高崗交換了兩句什麼，待劉少奇的發言一結束，即不留間隙地站起來說：同志們，會議開得很熱烈，很好。只是現在已經下午兩點多了，我簡單講幾句，大家先解決肚皮問題，下午再分組討論。剛才少奇同志也作了自我批評，承認有錯誤，這很好，我和高崗同志都是同意的。薄一波同志所犯的錯誤則更是包含了我本人的錯誤，性質是嚴重的，不能令人容忍的。年初新稅制的出台，既沒有經過毛主席批准，也沒有向高崗同志請示，更沒有徵求在座的地方同志們的意見，匆匆忙忙號令全國執行，造成物價上漲，生產停滯，嚴重地破壞了我們的經濟建設和財政收入。這次錯誤，我我……

周恩來說到這裡，彷彿動了眞情，眼睛濕潤了，喉嗓發啞了，一副痛不欲生的神色：同志們，在黨的歷史上，我這個人左的錯誤、右的錯誤都犯過。犯錯誤的原因在於自己的資產階級思想沒有得到很好的改造，沒有很好地學習馬列主義、毛主席著作。所以跟不上毛主席的正確領導。但是我願意認眞地總結經驗和教訓，願意認眞地反省自己的錯誤。這一點，高崗同志比我強。他領會主席的思想比我們要深、要快。所以在我們都犯錯誤的時候，他卻保持了正確的方向。在此，我認爲我們大家都應該向高崗同志學習，向高崗同志致敬，向高崗同志看齊！

這時，會場上不知由誰帶頭鼓掌，掌聲由小而大，而熱烈，經久不息。還有人激動地振臂領呼口號：向高崗同志學習，緊跟領袖毛主席！向高崗同志致敬，沿著社會主義道路前進！

高崗本人沒想到周恩來會給他來這麼一個激奮人心的高潮。散會時，高崗拉住了周恩來的手：總理，我今天才算認識了你，服了你！

高崗自信，他在黨內的權威已達一個嶄新的高度。

第二三章　毛澤東不讓任何一方獲勝

毛澤東審閱《財經會議簡報》。當讀到高崗「明批薄、暗射劉」的言論，並將自己去年某日怒斥劉少奇的話不點名地公之於衆時，毛澤東忽又轉了念頭：誰授權他這麼做了？眞是全無規矩，目空一切，不請示，不報告，妄自作主，到了妄傳聖旨的地步；接下來是劉少奇的自我批評。劉少奇面對惡言相攻，未老羞成怒，而作自我批評，著實高明。可劉的自我批評露出了馬腳，什麼全黨社會主義的理論準備不夠，偉大的著作還沒有出來，是對毛澤東思想的公然輕蔑。什麼叫偉大的著作？《矛盾論》、《實踐論》不算，劉克思的《論共產黨員的修養》算不算？會議上爲什麼沒有人起來與劉少奇辯論？高崗喊打喊殺的，爲什麼不立即抓住這一漏洞窮追猛打，擴大戰果？貽誤戰機，當不得大任……還是周恩來反應敏捷，圓滑到家，作了幾句「沉痛」檢討，承認自己犯錯誤的根源是學習馬列、毛著不夠，資產階級思想沒有改造好之後，忽然呼風喚雨，號召大家向高崗同志學習、致敬，引發全場向高崗致敬的掌聲、向高崗學習的口號聲！高大麻子被灌了迷魂湯，一定是越加自我膨漲、老子天下第一了。高、劉、周，三人都有精彩的表演。以高最爲淺薄，劉最爲老到，周最爲圓滑，把高大麻子當猴耍，置於危險境地，放到火爐上去烤，他還洋洋得意，死活不知。換了別的人，在黨中央的會堂上被熱烈歡呼，口號致敬，早嚇得面無人色。國無二君，黨無二主，這點簡單的從政之道都不懂？當然，周宰相此舉，完全爲著離間他毛澤東和高崗的關係。

毛澤東邊閱讀邊思索評點，以鉛筆在《簡報》上做著各種驚嘆號、問號、著重號。這些記號只有他本人懂。衛士長小黎進來了，輕聲報告：主席，鄧政委到了，可不可以請他進來？

鄧小平是昨天晚上打電話，要求來匯報情況的。毛澤東放下《簡報》，站起身子，踱步到門口去迎候。當矮個子進來問好、握手時，毛澤東感到矮個子渾身都透出一股精悍的力量。

落座後，毛澤東說：鄧政委啊，你是無事不登三寶殿，難得你要求單獨談談，有何見教啊？

鄧小平平日說話不多，人稱他爲人行事六個字：三快三多三少。三快是閱讀材料快，了解情況快，處理問題快；三多是聽得多，看得多，想得多；三少是說得少，寫得少，喝得少。他此次要求向毛澤東單獨匯報情況，是經過了深思熟慮的：主席，我覺得財經會議，不能照眼下的樣子開下去了！

毛澤東佯作不知：會議由高崗、恩來二位主持，不是開得好好的嗎？出了什麼新情況？

鄧小平不相信毛主席毫不知情：兩位會議主持者貌合神離，各有算盤。最令人意外的，是高崗同志的表現。我沒有和高崗同志共過事，過去只聽說他是位很能幹的人物，是抓全面工作的帥才。但這次會議上，他起碼有兩次嚴重的違紀行爲。

毛澤東微露驚訝之色：有這麼嚴重？我只知道他爲人粗線條，幹工作大刀闊斧。他怎麼違紀了？

鄧小平覺得毛主席明知故問，只好直話直說了：第一次在會議之初，他未經政治局、書記處授權，擅自傳達主席六月十五日政治局會議上批評少奇同志的三句話。他雖然只點了薄一波同志的名，但所有出席會議的人，都知道那是主席批評劉少奇的。更有高崗手下的一批人，包括饒漱石、向明、張明遠、郭鋒、馬洪等同志在內，到處議論有關中央人事調整的小道消息；第二次是前天，高崗同志主持會議時，又一次借批薄一波同志，把主席去年某次批評少奇同志的話，全盤端出來了。少奇同志在台上滿臉通紅坐不住，我看他幾次想反擊，又終未反擊，反而心平氣和地作了一番檢討，眞是修養功夫做到家。當然少奇同志在理論上自視甚高，說我們黨在理論上「偉大的著作還沒有出來」，這話很不妥當。李富春同志就私下裡同我說：少奇口頭上接受批評，實際上並不肯認輸……。

毛澤東不動聲色地聽著，對鄧小平反映的問題不加評論，而忽然問道：恩來呢？他不也是會議主持人嚒？最能和稀泥者這回不和了？

鄧小平笑了笑：總理當然不同凡響。他在前天的會議上弄出一個高潮，把高崗給算計了。

毛澤東饒有興味地問：周總理怎麼算計高主席的？

鄧小平說：高崗同志明批薄、暗射劉之後，逼得少奇同志做檢討。當時台下有好些人舉手要求發言，替少奇同志抱不平；也有另一些人舉手，很明顯是要支持高崗同志。眼看兩派對峙，要出現分裂局面。高崗同志是樂觀其成，而穩坐泰山；周總理則不讓任何一方的人有發言機會，而自己檢討開來，並在散會前一刻，突然號召大家向高崗同志學習，稱高崗同志跟毛主席跟得最快最緊，對毛主席著作理論學習最勤，體會最深。於是台下出現了經久不息的掌聲、口號聲。整個情況就像在演出大型話劇，而不像在舉行共產黨的會議。

毛澤東不吭聲了。他心裡是讚成鄧小平的。良久，方問：鄧政委啊，也說說你自己吧，究竟是個擁高派，還是個保劉派？

鄧小平從毛澤東的口氣上聽出來，主席對自己的匯報有好感：主席啊，我哪一派都不是，只想做一名正正派派的共產黨人，很不習慣黨內一些離開思想原則、奮鬥理想的人事紛爭。這次會議，要論錯誤，高第一，周第二，劉第三，薄第四。

毛澤東眉頭抬了抬，兩隻放在沙發扶手上的拳頭輕輕敲了敲：你算匠心獨運，弄出個有趣的次序排列。可是現在黨內上上下下，對「薄第四」的意見最大，不處理不足以平息黨憤。你看呢？

鄧小平說：要處理，但應放到會議後期。也不要把人一棒子打死。要給他改正錯誤的機會。不然，誰也不敢當這個中央財政部長了。

毛澤東終於點了點頭：看來，你算個穩健派。……這次會議後，「薄第四」的財政部長，還有他那個華北局第一書記等職務，是要被拿掉了。誰來接手呢？鄧政委，你也先替我想一想，提出個具體人選來。這事，算我託付給你的。另外，你這兩天跑一趟北戴河，代表我去看望一下陳雲同志。如他的健康情況可能的話，就請他個中央財委主任回來參加會議，使會議降降溫，批完薄、周、劉，該集中精力討論高崗他們提出的那個《經濟建設五年計畫草案》了吧？好了，這次我們就暫時談到這裡。以後歡迎你常來常往。你的腦子好使，反應快，也準確，早就大名鼎鼎了嘛。

鄧小平離開菊香書屋，在豐澤園門外遇到高崗。高崗夾著個大皮包，看來也是應約進去向主席匯報工作。兩人熱烈握手，互致問候。高請鄧政委和夫人卓琳去東交民巷八號院做客，出席舞會，也可以請幾位高手陪他打橋牌。鄧小平高興地一一答應了。

高崗進到毛澤東的書房時，毛澤東並未起身，只是抬起手來示意他坐下，點菸，喝茶。毛澤東一字不問財政會議的情況，而另外找了個話題說：今天讓你來，是想聽你談談老大哥那邊的事。在中央負責人中，數你和他們接觸多一些。史達林同志生前，不是也最看重你嘛？來點眞知灼見，如何？

高崗見潤芝兄扯出這麼個話題來，大感意外。但想和潤芝兄交談，就非得順著他的意願、思路不可。看來，潤芝兄對會議的情況是了解、放心的，無須他多做匯報。潤芝兄歷來願意和自己縱論國內外、黨內外大事，已經是多少年來形成的習慣了。於是，他也就毫不客套謙遜地說：自三月五日史達林同志去世後，接班人馬林科夫太嫩，威儀不足，政治局群龍無首，貝利亞張牙舞爪，莫洛托夫袖手旁觀，赫魯曉夫蓄勢待發。他們只好提出一套妥協辦法，政治局和部長會議，實行集體領導，發揮團隊精神，強調集體決策，政治局委員一人一票，少數服從多數。……其實，這也早已是我們黨的組織原則了：少數服從多數，局部服從整體，下級服從上級，全黨服從中央。

毛澤東說：馬林科夫馬首不瞻，壓不住陣腳。……政治局集體領導、集體決策的提法好！比史達林的一言堂、一人決策高明。我很有興趣。向老大哥學習，我們也來實行集體領導，你看怎麼樣？

高崗沒想到潤芝兄會對「集體領導」一事有這麼大的興趣，並準備在黨內推行。他想了想，立即領會了，潤芝兄欲推行的「集體領導」，還是爲了打破劉少奇把持黨務、周恩來把持政務的局面啊，於是說：好！只要主席下決心，我舉雙手贊成，並身體力行。關於此事，我過去領會不深。現在想起來，主席去年調六大區負責人進京，就是爲了加強中央工作的集體領導、集體決策能力。

毛澤東慢條斯理地吸著菸卷，品著茶：大麻子，你也不要光撿我喜歡聽的來說。我要你說說具體的，怎樣才能有效實施集體領導？不然很容易流於形式，變成一句沒有內容的空口號。

高崗拍了拍腦門，口不擇言地說：恕我斗膽建議，爲了實施集體領導，主席和中央應當採取一些組織上、行政上的措施，當下的下，當上的上，開創一個新局面！

毛澤東說：知我者，高崗也。你又和我想到一起了。告訴你吧，這件事，我已經考慮有大半年了。今年，看來「八大」是開不成了。可以考慮先開一次中央全會，爲「八大」做一些組織人事上的準備。也是上一次和你說過的，中央工作分一線、二線。擴大中央書記處，設立總書記，作爲一線班子，主持日常工作；調整、擴充中央政治局，設幾名副主席，也就是政治局常委，作爲二線，側重黨、政、軍戰略理論、建設規劃方面的研究。你上次說的，中央主席應處於一線、二線之間的位置上，以協調一、二線之間的關係。我現在還沒有考慮成熟。其餘的，你看怎麼樣？

高崗興奮得胸口砰砰發跳，增設一位中央總書記，增設幾位黨的副主席，太好了，太好了。但如今，在潤芝兄面前，他也老練多了，應盡量表現得成熟、穩重，像一位社會主義的政治家。不管怎麼說，只要中央設立總書記、副主席職位，自己是十拿九穩，要坐上潤芝兄身邊的一把交椅了。

毛澤東見他一時未有話說，彷彿看清楚了他心裡的曲折，便又以幽默的口氣問：大麻子，我一向認爲高崗高崗，站得高看得遠。你對我這個實行集體領導的打算——肯定有你一杯羹的，有何高見？

高崗臉上一熱，說：擁護，堅決擁護。我想提出一點補充意見，我黨中央推行的集體領導，集體決策，是黨內民主，還必須加上一個集中，才能成其民主集中制吧？這就是說，對於黨、政、軍重大決策，仍要保持中央主席有最後的裁決之權，也叫一票否決之權。非如此，不能保障我們黨和國家的社會主義革命、社會主義建設，沿著正確的方向、正確的路線前進。

在維護毛澤東的最高領袖權威一事上，高崗歷來立場堅定，旗幟鮮明。毛澤東最滿意的，也正是此一點。不管怎麼說，高崗大節是好的。小節有虧，大節無過吧。毛澤東高興了，話匣子也就打開了，於是天文地理，古今中外地和高崗漫談開來。兩人談得興起，以致把晚餐時間都推遲了。衛士長已來催過兩次。毛澤東要求高崗把他今天談到的「組織人事調整設想」，先在黨內高層透透氣，聽聽反映。不可明說是他的話，而只說是中央的新意向。高崗見潤芝兄一如既往地信任自己，把如此重大、機密、敏感的任務交自己去辦，當即答應下了，並問：可否指示一下「透氣」的範圍？毛澤東笑說：我不給你名單了，你自己看情形而定吧。

之後，毛澤東留下高崗共進晚餐，以湖南臘肉、紅燒肘子、紅燜豬蹄、火焙魚炒辣子等佐紹興狀元紅酒。席間，高崗見一名身材高挑、細腰豐乳的美人兒進來，聲音款款軟軟地對潤芝兄說：主席，您今天學英語的時間還擠不擠得出來啊？正在埋頭啃一塊豬蹄的潤芝兄，仰起臉來看那美人兒時，眼睛、額頭都放亮：啊，妳吃過沒有？來來，陪我喝一杯狀元紅？美人兒嬌媚地一笑：不哩，人家早吃過了，沾酒臉紅，怎麼教您英文？

毛澤東沒有向高崗介紹，這是自己現在的英語教師，康生同志的小姨子蘇玟。在這方面，毛澤東已不看好高崗這個好色之徒。二十年的生死之交，卻因他派孟虹來臥底而創下一道傷口。孟虹失踪，肯定是高大麻子一手操縱，更在這創口上撒了一把胡椒粉。

高崗酒足飯飽、興高彩烈地走後，毛澤東回到大書房裡面的一間小書室。一直候在小書室的英文老師蘇玟才交上一封康生的信。毛澤東抽出信箋來賞閱，康生的一筆瘦金體，是寫得風骨俊逸，出神入化，堪稱當今一絕了。信的內容，一是說出院後參加了一個多月的財經會議，尚不知是高崗對，還是劉、周、薄值得同情，恭請主席於百忙中撥冗指點迷津；二是請主席和中央考慮，能否給分配一個具體的工作，云云。

毛澤東把信箋裝回信封裡，坐下來吸菸，想了想才說：你帶個口信給老康吧，就說他是位老共產黨人了，一切是非曲折，由他本人在實際鬥爭中去觀察、判斷，不要妄圖來套我的底。說句實在話，目前爲止，我心裡也無底；關於他的工作，先列席政治局會議吧。具體的工作，還是希望他來抓抓政法戰線，中央準備在政治局下面增設個新機構，叫中央政法委員會，他任第一副主任，名字放在羅瑞卿的前面。這件事，政治局還要開會通過一下，先給老康通個氣，不可以傳出去。

接下來，毛澤東在蘇玟老師溫存親切的教授下，以粗鉛筆書寫每日必要默寫的十個單詞。這天的十個單詞是：愛——Love，恨——Hate，驚——Frightened，恐——Fear，喜——Happy，怒——Angry，憂——Worried，悲——Grief，善——Kind，惡——Evil。

蘇玟見毛主席以中文行草方式書寫出來的十個英文單詞，個個鐵畫銀鉤，伸胳膊撂腿的，煞是好看，忍不住讚道：主席眞是筆走龍蛇，把英文書寫得有咱中國風格，中國氣派！

毛澤東嗬嗬笑了：名師出高徒嘛。不過學外語，我可是個笨學生囉。老師，Make，是做，製造的意思，Make Love，中文的意思就是「做愛」了？

蘇玟的臉蛋登時羞的緋紅，像隻熟透了的水蜜桃似的，埋下了脈脈含情的大眼睛：主席呀，在這方面，你眞是個不太好的學生哩……。

毛澤東捂住了蘇玟的兩隻柔若無骨的玉掌，摩挲著：妳是老師，我不懂就問。昔孔夫子有大學問，還提出「每事問」呢。「做愛」當然是個翻譯過來的短語，但比我們漢語文雅多了。

蘇玟喝醉了似地有些癡迷，問：怎麼就比咱漢語還文雅了？

毛澤東忽而嚴肅地說：是個語言學方面的問題呢。對於這個動詞短語，漢語裡沒有統一的規範。古代稱夫妻房事爲「周公之禮」、「陰陽交合」、「二儀交泰」、「男女交媾」、「雌雄交頸」等等；話本小說稱「入港」、「採花心」、「探玉戶」，已很粗俗。現代方言中，以北京話、吳越語較斯文。北京話稱爲「玩」，吳越語稱爲「弄」。當然都是反映了大男子主義心態，對婦女不夠尊重。其餘的，就更無禮貌，簡直是侵犯女權了。在你們山東老家，稱爲「搗」，河北人稱爲「幹」，陝西人稱爲「日」，東北人稱爲「操」，廣東人稱爲「丟」，我們湖南人稱爲「搞」。其中以搗、幹、操、搞最具力度和氣勢，是不是？

蘇玟羞得一頭栽進了毛澤東懷裡，雙拳輕輕擂著他寬厚的胸膛：你壞，你壞！你浪說。……人家英文一個 Love，引出你一大篇中文的粗話，還說是什麼語言學、方言學問題呢。

毛澤東順勢讓蘇玟跨在自己的腿上，坐正了，之後雙手捧住了蘇玟粉紅粉嫩、吹彈得破的臉龐兒，說：妳也是個小小的道學先生呢，幹得說不得，彈得唱不得？好了好了，你老是看著那扇門做什麼？我這內書房，不經允許，沒有人進來的……等一會，妳隨我去春藕齋跳舞。……你擔心藍蘋？她跑到北戴河拍照去了，閑得無聊，玩物喪志。……今晚上，出席財經會議的各路諸侯，都會去春藕齋跳舞。過去是大炮一響，黃金萬兩；如今是樂曲一響，舞步翩躚。春藕齋成了增進團結、和諧氣氛又鍛練身體的好地方……。

晚上十一時，毛澤東由劉少奇陪著，從春藕齋步行回豐澤園菊香書屋。身後有毛澤東的秘書、醫生、護士、衛士們加上劉少奇的一名警衛員拉開一段距離隨著。路不遠，又正是春暖花開時節，沿亭榭曲廊，花蹊柳徑，踏著月色樹影，聽著水邊的蛙聲蟲鳴，一路行來，兩人都感到神清氣爽。劉少奇說有幾件要緊的事須向主席匯報、請示，毛澤東也正好欲找劉少奇談談蘇式集體領導、集體決策，加強黨內民主集中制等問題。

進到菊香書屋大書房，立即有服務人員進來幫兩位領導人寬衣，並上茶。毛澤東請少奇同志抽雲南玉溪煙廠爲他特製的「雲菸」：是雲南省委的貢品，很不錯，不過請放心，已經要田家英從我的著作稿費裡付錢給他們，我不能帶頭刮共產風。

劉少奇恭敬地笑著，拿起一支「雲菸」放到鼻頭下聞了兩聞，果然是菸中極品，讚了聲好菸，卻將菸卷敬給主席，並替其打上火。接下來才從自己口袋裡掏出一包大前門來，燃上一支吸著。毛澤東頗有感觸地說：倒是難得你進城後一直堅持抽大前門。進城那年我也抽過幾條，很一般，大衆化嘛，缺些勁道。劉少奇笑出來滿臉皺紋：不是不想抽好菸，是怕自己上癮，上去容易下來難，家裡有十幾口人吃飯，虧了光美勤儉持家，才維持住了。我吸菸是個額外開銷，幾次想戒掉，可是一熬夜趕材料、文件，就靠它來提神，欲罷不能了。

毛澤東忽然覺得，少奇同志雖然在理論上不知天高地厚，總想搞出自己的一套來分庭抗禮，或者叫做並駕齊驅吧；但在生活作風方面，還算艱苦樸素，節儉有度。拖著個十幾口人的大家庭過日子，大約他腦後難於長上反骨。……於是說道：少奇呀，我想起一個事情來了，尙昆、家英都向我匯報過，你的幾個孩子都穿補丁衣服，大冬天上學也穿著單布褲，生活著實困難哩。中直機關每年都評給你家裡幾百元錢福利金，但你和王光美拒絕領取，堅持自力更生，說什麼家裡的困難，家裡能解決？

劉少奇說：謝謝主席關心。有困難，我們自己能克服。倒是難爲了光美，她是大門戶出身，過去自然是養尊處優慣了的。但自從和我結婚後，就每月數著我們兩人的生活費當家主事，把生活安排得有條有理，老小和和睦睦。所以吃福利補助之類，我們是一定不能接受的。中直機關裡，許多同志級別比我們低，還有家眷在鄉下，負擔比我們更重呢。

毛澤東說：光美年輕，資歷也淺，卻有賢名。在許多方面，都比藍蘋強。……今天你要求來談談，是不是財經會議有什麼情況？

劉少奇本欲反映一下高崗同志連月來借批薄一波，對自己發起粗暴攻擊，嚴重違反黨紀一事告上一狀，這時卻變了主意，決定保持高姿態，以大局爲重，暫不涉及個人的榮辱遭遇，以期得到毛主席的同情與好感。於是說：財經會議已開了一個多月，我和總理都作了自我批評。薄一波已作過五次檢討，仍過不了關。我的意見，對薄的批判可以告一段落了。政治局可以開次擴大會，對薄的錯誤，包括對我、對總理的工作錯誤，作出黨紀處分。下一段，會議應轉入對國民經濟五年計畫的討論了。這應是本次全國財經會議的主旨，事關工業、農業、商業、財貿、科學、文化、教育衛生的全面規劃，事關國家的全局和前途，不能再延誤下去了……。

毛澤東明白劉少奇採取的是迂迴戰術，飽受委屈，恨煞了高崗，卻隻字不提高崗，也眞是難爲他了：是啊，大約你和總理，還有小平他們，都想結束批薄，轉入五年經濟建設的討論。可是也有部分同志要對薄一波的錯誤窮追猛打，鬥志正昂，不肯罷手。一方要和，一方要戰，如何是好？上午小平同志來談過，比你談得坦率，反映的情況也實際。我已要求他近兩天跑一趟北戴河，看看能不能把陳雲同志接回來。陳雲養病多時，雖然掛著中央財委主任的頭銜，對近兩年的經濟工作，實際上算個局外人。旁觀者淸嘛，他若出來講講話，或許有利平息雙方的爭議。你覺得怎樣？

劉少奇釋懷了：主席英明決斷，陳雲回京，太好了。他可算得上我們黨內數一數二的經濟專家，理財能手。記得當年在江西，就是由他指揮搭了間茅屋，辦起了蘇區第一家銀行。長征抵陝北後，又是他主持了陝甘寧邊區的邊幣改革，穩定了邊區市場，繁榮了邊區經濟。陝甘寧成爲模範邊區，他功不可沒。一九四五年冬，他隨彭眞、林彪、高崗去東北，也是由他主持東北解放區的經濟大計，使東北地區恢復生產，成爲全國解放戰爭的戰略物質大後方，更是立下了大功勞。他在黨內的資歷比高、林、彭都要老。這個同志的長處是能上能下，從不計較名位，只顧埋頭實幹。在東北解放區，出了名的是林彪、高崗，實際上他作爲經濟主帥，卻很少有人知道。

毛澤東點點頭，一時又覺得由劉少奇分管組織人事，確是了解黨內高級幹部孰優孰劣的。不過，今天他不想和劉少奇多談這些，而是要談談學習蘇聯老大哥，在中國黨內也實行「集體領導」、「集體決策」的問題。

劉少奇聽毛主席欲在黨內推行「集體領導」，中央工作分一線、二線；擴充書記處，增設總書記一職；擴大政治局，增設幾位黨中央副主席時，立即表示了不同的意見：涉及「七大」通過的黨章，需要先修改章程呢，黨內重大的人事調整，是不是放到「八大」時去統籌解決？

毛澤東卻不容置疑地說：形勢在發展，情況在變化，黨章是死的，人是活的，活人還能叫尿憋死？麻煩一大堆，「八大」今年是開不成了。明年開不開得成？我看也沒有把握。我們可以在「八大」之前，開一次中央全會，先做一些人事上的準備。總的原則，政治局和書記處，除了已經去世的（如任弼時）和犯有嚴重錯誤堅持不改的（如王明），只進不出。我們也暫不提具體人選，先徵求一下意見，聽聽反映。書記處是第一線，政治局是第二線。中央主席、副主席要少管事，多做一些戰略理論方面的研究。這事，你可以代表中央，去找一些人談談，透透氣，如何？但不要說是我的什麼意向。具體找哪些人物談，怎麼談，由你自己定。我只是提醒你，不要忘記去徵求一下高崗、饒漱石二位的意見，包括聽聽他們對你的批評幫助，以利團結嘛。

劉少奇見毛澤東仍將如此重大的機密事項交付自己，這足以證明，主席還是信任自己的，而決無拋棄之意。找哪些人談？什麼事可談，什麼事不可談？談到什麼程度？談過之後，主席若變了主意，不肯認賬了，又怎麼辦？總之要留有餘地，慎之又慎。

劉少奇未能知曉的是，僅在數個小時之前，毛澤東主席已把同樣的任務，交付給了高崗同志。

第二四章　高崗游說　與虎謀皮

不能說高崗有勇無謀，進退失據。其實，戰爭年代，他智勇雙全，幾無敗績，戰功赫赫，聲震海內。史達林和毛澤東，都認他爲中國黨內最有前途的權力接班者。只是進了和平建設時期，他一路晉升，躋身中央權力核心，日漸妄自尊大了。他敬重的是跟他一樣拉隊伍，打天下的英雄，如彭德懷、林彪、劉伯承、羅榮桓、徐向前、徐海東等等。他有自己一套獨特的理論，認爲中國共產黨是由「軍隊的黨」與「白區的黨」兩大部分所組成。江山主要是由「軍隊的黨」率領革命軍隊打下來的，「白區的黨」只是一個輔助力量，且成員出身複雜，歷史可疑。因之，江山既得，亦應由「軍隊的黨」的代表性人物擔任黨和國家的主要領導職務。論功行賞，天經地義。共產黨鬧革命，焉有打江山者不坐江山之理？他覺得，毛澤東和他，正是這「軍隊的黨」的代表者；劉少奇，周恩來則是「白區的黨」的代表者。他們無資格佔據黨和國家的重要領導崗位。

那天傍晚，高崗從毛澤東主席處領命，回到東交民卷八號院家中，當即電話召來中央組織部長饒潄石和副部長安子文，向他們口頭傳達了毛主席一個小時前的談話指示：在黨「八大」之前，擬先開中央全會，進行組織人事上的調整，中央工作分一線、二線，一線是擴大後的中央書記處，設總書記一名，書記若干名，主持中央日常工作；二線是擴大後的中央政治局，原則上只進不出，以研究黨和國家的前景戰略爲主，並考慮增設幾位黨的副主席，加上主席，組成中央政治局常委會。

高崗把饒潄石，安子文二人一起找來聽傳達，爲的是表明自己這次是出以公心，不分彼此，來完成毛澤東主席交付給自己的重任。傳達完毛澤東的指示，高崗說：主席委託我找一些老同志談話，徵求對調整中央領導機構和人選的意見，我第一批就找了你們兩位，因爲你們是中央組織部的主要負責人，必須先和你們通氣，以便你們有個思想方面的準備。此事關係重大，也相當敏感，你們知道就是了。至於具體要做些什麼樣的準備，你們先看著辦吧。

饒潄石在高崗面前，向來唯唯諾諾，一副洗耳恭聽的樣子。心裡卻直犯嘀咕：這麼機密的事，高主席爲什麼不先和自己打招呼？而把安子文一起叫來聽傳達？會不會高主席的什麼錦囊妙計？回到中組部辦公室，一向智多謀足的饒潄石，也沒有能吃透高主席的意圖。且看安子文怎麼動作。

果然，安子文第二天一上班，就來找饒部長商量：昨晚聽了高崗同志的傳達，回家老是想著人事調整的事。我想，我們是不是先拉下一個名單，以備上邊問下來時，送上去供參考？

饒潄石一聽安子文想拉出一個名單，心頭豁然開朗：還是高主席站得高，望得遠，誘安子文上鈎，醉翁之意在這裡。……遂不動聲色地對安子文說：你是老中組部的人，高級幹部的人事檔案比我熟悉，我心裡也沒個底，這事，你就先作些準備吧。

安子文，一九〇九年出生於陝北子洲縣，十七歲加入中共，化名徐子文，長期從事地下工作，先後四次被捕。最後一次是一九三六年經劉少奇營救出獄，並成爲劉少奇手下的得力幹將。他與高崗本爲陝北同鄉，但高崗一直懷疑他四次被捕都能活命，一定有過什麼變節行爲，加上又痛恨他投效在劉少奇門下，是劉少奇安插在組織部門的一條忠狗，因之從來看不上眼。

安子文是個工作積極性很高，責任感很強的人。這次高崗同志一改過去對自己的冷漠疏遠，把自己和饒漱石部長一起叫到家裡去，傳達毛主席的絕密指示並交代任務，可見高主席對自己還是很重視的。不然，高主席爲什麼不叫那位從東北局調來的親信副部長郭鋒去呢？

於是安子文自認重任在肩，得到饒漱石部長的默許後，便調來中央領導人員的檔案，關起辦公室房門細細閱讀。有五位領導人的檔案是不須他來閱讀的，先寫了下來：毛澤東、朱德、劉少奇、周恩來、高崗。任弼時已經去世，王明堅持錯誤不改，張聞天派去蘇聯任大使……陳雲養病多年，但經濟工作上貢獻很大，還應保留。陳雲之後，彭德懷必不可少，國防部長，全軍副總司令，功高望重，名滿天下。彭總之後，彭眞應該上。主席很器重這山西大漢，把他擺在首善之區的北京任市委書記兼市長，非同小可。林伯渠，董必武是原七屆政治局委員，應保留。擴充進來的，應包括各中央局負責人：鄧小平、饒漱石、鄧子恢、康生、李富春、習仲勛。對於寫不寫上薄一波，安子文遲疑了很久。薄一波因新稅制問題尚未過關，正在接受批判。但人家還掛著華北局第一書記，先寫上再說吧，反正只供中央作參考。高崗、饒漱石二位肯定要大發雷霆，但最後的決定之權在毛主席手裡……。

再說高崗召見過饒漱石、安子文之後，又列出了一個需要登門拜訪的人物名單：彭德懷、林彪、陳雲、鄧小平，加上一個正在北京出席財經會議的陶鑄。彭老總又去了朝鮮開城，坐鎮處理與美方在停戰協議上簽字等事宜。高崗拜訪的首位人物改成了老戰友林彪。

林彪自一九五〇年秋天，以養病爲由，拒絕掛帥出兵朝鮮後，即被毛澤東冷置起來了。既然要養病，就好好地養吧！林彪一家住在北京西城區毛家灣，一座高崗曾經入住過的四合院裡。人不得志，又不在其位，自然門前冷落車馬稀。眞是的，一場抗美援朝戰爭未掛印，弄得他灰頭土臉，顏面盡失，而成就了彭德懷這個大英雄。……林彪每日早餐後，即在大客廳裡踱步，繞圈子，算鍛煉身體，活動筋骨。之後，看看送來的各類文件。他很知趣，從不批示什麼，看後只劃一個圈，寫上一個「林」字，即令秘書轉走，例行公事。有時來了會議通知，或者什麼慶祝宴會的請柬，他也照例讓秘書向中央辦公廳告病假，不出席。人貴有自知之明，免得毛主席看到刺眼，不舒服。有時，外地的老部屬們來京公幹，要求登門拜望，他也叫妻子葉群婉謝，一概不見，以避嫌疑。否則被人反映上去，林某人名爲在家養病，實際上呼朋引類，門庭若市，情況不太正常，云云。

這次登門拜訪的卻是中央人民政府副主席，國家經計委主席高崗同志，又是東北解放戰爭時的老戰友，林彪朝葉群一揮手，半文不白地說出三個字：開中門！

說起林彪與高崗的親密關係，也是頗爲複雜和微妙的。在一九四五的黨的「七大」上，高崗進入了只有十一位成員的中央政治局，林彪則是一名普通的中央委員。該年初冬，中央實施「背靠蘇聯，獨霸關東」計畫，從延安派出十萬幹部赴東北，毛澤東打破常規，任命中央委員彭眞爲東北局書記，中央委員林彪爲東北民主聯軍司令員兼政委，而任命政治局委員陳雲任東北局副書記，政治局委員高崗爲東北民主聯軍副司令員兼第一副政委。正是東北三年解放戰爭，林彪、高崗配合默契，合作愉快，結下情誼。一九四九年新中國成立之時，林彪只被任命爲中南局書記及中南軍政委員會主任，高崗卻被提升爲中央人民政府副主席兼東北人民政府主席，一躍而成爲黨和國家的領導人。不過林彪看得出來，毛澤東重用高崗，不單是看重他的功績，更主要的是借重高崗來制衡劉少奇、周恩來。

林總，身體大好了吧？葉群同志，有你照顧我們的林總，大家都放心囉。高崗在林彪面前，從不托大，一如既往地恭敬和尊重，連帶對葉群，都十分客氣熱情。

林彪與高崗緊緊握手，蒼白瘦削的臉膛上也微微泛紅：謝謝高主席。我這身體，說大毛病不算大毛病，說小毛病也不是小毛病。……在家靜養，樂得輕鬆。

入座後，服務員來上茶。高崗說：中央近一段卻不大輕鬆，甚至可以說，有點形勢緊張囉。

林彪眉頭擰了擰，微露驚訝地說：我是閉門索居，外面的事所知不多，只是看看報紙，聽聽廣播。有時中辦給個會議通知，也要加上一句：如林總身體不適，可以不出席。不就是叫我不露面嗎？不露面就不露面，反正天下都給打下來了，不讓開會，有啥子了不起？中央出什麼事了？薄一波那個王八蛋，從敵人狗洞裡出來的傢伙，他仗著誰做後台，還沒有挨處分？

高崗只顧喝茶，故意憋了憋林彪，才答道：劉少奇啊，全黨的組織人事大權在他手裡啊。他和周恩來聯手，重用大批白區地下黨出來的人物，很多人歷史不乾淨，有叛特嫌疑。他們排擠的是像林總這樣的紅區軍事大將，要把開國功臣們都壓在底下。

林彪本有一肚子怨氣，被高崗這一激將，拍著藤椅扶手罵道：劉少奇什麼玩藝？打過什麼像樣的戰役？常敗將軍嘛。誰不知道他是靠吹捧毛主席，稱思想，喊萬歲，耍嘴皮子，坐上黨的二把手位置上的？大家只是看在毛主席的顏面上，沒有跟他翻臉。他要是太過分了，老子就不尿他這一壺！

高崗朝林彪挪了挪藤椅：林總不要生氣，傷了身體。這幾年，毛主席被劉少奇、周恩來、薄一波、安子文一班子人包圍著，大唱讚歌。近年來，才逐漸看出些問題來了。大前天，主席找我去談了整整一下午。主席有個打算，在「八大」之前先調整一次中央領導人事，擴大政治局和中央書記處並委託我先向一些老同志徵求意見。我首先想到的就是林總，還有彭總！這回，我們這些軍隊出身，為打天下出生入死的功臣，一定要在政治局裡佔下大多數，否則太不公平。絕不能讓那些沒有寸功，只會要嘴皮、個人歷史都不乾淨的白區地下黨的人物們騎到我們頭上去。林總，你看怎麼樣？

林彪畢竟是位身經百戰的野戰軍司令員，大事臨頭，倒是冷靜下來：他們是不是有什麼動作了？

高崗說：有動向。劉、周、薄，加上安子文這些人，抱團抱得很緊。其實，他們的動向不說自明，就是要阻止像林總這樣的大功臣進入政治局，企圖仍讓你當個普通的中央委員。理由就是你五〇年拒絕掛帥出兵朝鮮，後又一直養病，沒有工作。

林彪到底按捺不住了：哪個王八蛋口出狂言？

高崗點點頭：千眞萬確。不信，林總你等著瞧，相信不日就有分曉。

林彪登時雙目圓瞪，怒不可遏地站起身子，破口大罵：狼心狗肺的傢伙！老子提著腦袋指揮作戰的時候，他們在哪個狗洞裡爬著？打江山貪生怕死，一個個草包熊包，如今摘果子啦，倒成英雄了。高崗同志，這回，老子也要豁出去了，不惜跟他們在會議辯論，看看誰來和我比資歷，比功績！

高崗心裡暗暗叫好，口頭上卻說：林總身體要緊。公道自在人心。只要回顧一下我軍歷史，像林總這樣生平打了大小幾百個勝仗，率領我東北野戰軍百萬雄師，從黑龍江一路打到海南島的大英雄，能有幾個？不是我當面誇林總，劉少奇、薄一波之流和你的功績相比，連個腳趾頭都不及！這話我已當著毛主席的面說過，不管他喜不喜歡聽，一個林總，一個彭總，二位的戰功，無人能及！

當晚，林彪留下高崗晚餐。葉群早已吩咐備辦下豐盛的宴席。這在林府是很少有的。林彪因病不能喝酒，這晚上卻破例陪高崗連乾數杯。酒至半酣，林彪甚至說：高主席，人生難得幾回搏，我來扶助你和他們較量！主席不主持公道，我們就約上一批將領，集體進諫，看他能拿我們怎麼樣？

高崗興匆匆地走後，葉群把喝得酩酊大醉的林彪扶回臥室，半躺半靠在床上，又弄來一碗醒酒湯，掩上房門，邊餵邊說：老總呀，你今天晚上喝了酒，都說了些什麼呀？我的魂都要被嚇掉了！你摸摸我的胸口，還在呯呯跳哪！

林彪酒醉心淸，喝下幾口醒酒湯，問：我說什麼了？

葉群說：有的話，若被人傳出去，是要掉腦袋的呀……什麼要扶助高崗來和人較量，毛主席不主持公道，就要約上一批將領集體向毛主席進諫，請願！人家會告你謀反呀！

林彪一聽，額頭上頓時冒出黃豆大一粒粒的汗珠子來，忙問：一言既出，駟馬難追，怎麼辦？搶在高崗的前面，主動向毛主席報告？

葉群溫存地點點頭：人家高崗同志倒是不大可能……但你主動向毛主席報告一下，卻是上策。兵貴神速。林彪當即叫通了西苑菊香書屋的電話。不一會，毛主席就親自來接電話了，那是一口林彪非常熟悉的湘潭官話：育容啊，好久沒見到你了。身體怎樣了？大有好轉，很好很好！你是很少打電話的，有什麼消息或是困難嗎？

林彪把高崗來找他談擴充政治局成員的問題，以及對紅區、白區幹部的看法，如實匯報了一遍，並說明自己並不完全同意高崗的觀點，只是提請主席參考。總的說來，要以團結爲重，以大局爲重，一切在黨內爭座次，爭權利之事，都不可爲，應予以警惕。

毛澤東很認眞地聽著林彪的匯報，一直沒有表態。直到末了，才說：育容啊，知道了，很好，你還是忠於我的嘛。我給你的任務，仍是暫時安心養好身體，以後才好擔負更重要的工作嘛。

林彪搶先向毛澤東報告，以表明自己的忠貞。高崗卻把林彪當知己、心腹，始終未把林彪的類似謀反的話傳出去。

高崗的下一個談話目標是鄧小平。要不要找小個子談話，高崗頗費思量，並找饒漱石商量。饒哥說：矮個子自視甚高、內心裡是很難得瞧得起別人的。而且，他進中央後，獨尊主席，對其他領導人則不偏不倚，處中立觀望態勢。這是他聰明過人的地方。要說他對我們有利的一點，是他尊重彭總，在太行山八路軍總部時，兩人很對脾味合得來。以後可以請彭總出面拉他一把。高崗聽了饒哥的看法，決定還是找矮個子談談，反正是主席委託自己找人談的嘛。再說自己的職位、名望也高過他許多，他總不至於不買帳吧。只要他繼續保持中立，不倒向劉、周一邊，也就少一個消極因素了。

鄧小平對於高崗的來訪，表面上熱情歡迎，實際上不卑不亢。譬如說，門口握手寒暄後，並不請客人先行，而是自己轉身領步，到會客室坐下。兩人同是老菸槍，鄧小平也是自己先哈上一支，第二支才讓給高崗同志。高崗平日大大咧咧，倒是不大注意這些細微的心機，禮節。對上火抽起來之後，高崗開門見山地說：鄧政委啊，你來中央工作也有大半年了吧，看出些什麼名堂來了吧？

鄧小平抬抬眉頭，笑瞇瞇地問：高主席指的是哪一方面？

高崗坦誠地說：毛主席年初以來，幾次在政治局會議上發表講話，嚴厲批評少奇、恩來等人的右傾錯誤。最近又特別強調學習蘇聯老大哥，中央工作實行集體領導，並準備擴大中央書記處，增設一名總書記，主持黨中央的日常工作。我眞心擁護毛主席的英明決策。其實，早在去年八月，主席調我們六大區第一把手進京，就是下了實施中央集體領導的決心。鄧政委啊，你知道這是爲什麼嗎？

鄧小平一副茫然無知的樣子，笑著說：我和主席接觸不多，不像你常去見主席，知道的情況多，領會主席的思想也深，願聽高主席的指敎囉。

高崗倒是快人快語：鄧政委的高明，黨內誰人不知，誰人不曉？當然，你暫時還沒有入政治局，許多情況不是很清楚。……一句話，是主席對少奇同志不放心呀！四九年一進城，少奇同志就跑到天津去找民族資本家們座談，鼓吹「剝削有功」，說「工人階級需要資本家的剝削」，「剝削越多，功勞越大」；一九五〇年，批判我們東北局反富農經濟，搞集體化試點，是左傾盲動主義；一九五一年鼓吹確立新民主主義秩序，批山西省委的農業合作社，互助組運動，提出農村現在仍以個體單幹經濟爲主體；一九五二年，他更是主張保護私有經濟，保護民族資本家利益。毛主席對他忍了又忍，忍了好幾年了，他卻不肯回頭，一意要幹資本主義，阻擋我們實行社會主義，當然還加上周恩來、薄一波等同志。所以主席下了決心，要在「八大」召開之前，先採取一些組織上的措施。

鄧小平心裡早就厭透了這個來說是非的人，臉上卻只是微顯驚訝地問：有這麼嚴重？我怎麼沒有看出來？主席對少奇同志批評歸批評，但還是讓他主持中央工作嘛。你倒是說說，主席在「八大」之前，準備採取哪些組織上的措施？

高崗仍是口無遮攔地與之交心：鄧政委，中央日常工作，在主席離京期間，早就實施三人輪值制了。平常只是各有側重，劉重黨務，周重外交，我重經濟。中央現在的問題是，少奇把持黨務，恩來把持政務，把主席給架空了。尤其是少奇同志，他重用的是一大批白區地下黨出身的幹部，其中有的人還有變節問題。他排擠的是我們這些紅區軍隊裡打拚出來的人。打天下靠我們，坐天下卻是他們，這很不公平。這次採取組織措施，正好可以把有戰功政績的擺上去，在政治局席位上佔大多數。

鄧小平微微笑著點頭。但他這微笑與點頭，並不表示他同意或是默認，而僅是一種鼓勵誘導，讓高崗把心裡的話全部說出來：高主席啊，你說的情況，起碼不適用於你我。……少奇同志在黨內的地位，是歷史形成的。你還是給我傳達一下，主席要採取的組織措施，主要包括什麼內容？

高崗卻沒有直接回答鄧小平的問題，而繼續自顧自說，力圖說服對方：鄧政委，你看問題過於認眞了。少奇同志的地位，還不是毛主席幾句話決定的？他有什麼了不起？軍無軍功，政無政績。再說，這次我們也應在下面配合主席。到時候我老高為了毛主席，捨得一身剮，在會議上把少奇的一系列嚴重右傾機會主義路線錯誤列數出來，大家一聲吼，不就把他給拱下來了？鄧政委，我和你說句掏心話，我很尊重你，已多次向毛主席提出，你是中央書記處總書記的合適人選。主席講了，除了擴大書記處，設立總書記，同時還要增加幾位副主席，組成政治局常委會。你、我都應該進常委會。是時候了，我們要互相扶助，互相提攜。

鄧小平邊聽心裡邊冷笑：眞是十麻九怪！封官許願，拉人入夥……直到高崗發完「高論」，他才哈哈大笑：高主席啊，都說你快人快語，名不虛傳！謝謝你看得起我。我卻還是有點自知之明，知道自己這點斤兩，絕不是做書記處總書記的料子，更不要提什麼中央常委了。不過你可以放心，到時候，若中央召開會議，該我講什麼話，我會配合，講講自己的觀點的。

高崗和鄧小平談了近兩個小時，抽了兩包中華牌。高崗告辭時，鄧小平堅持送高主席至院門外，才熱烈握手相別。回到院子裡，鄧小平對著一株老槐樹，深深吐了幾口惡濁之氣，轉進書房，閉上門窗，叫通了菊香書屋毛主席辦公室的電話。不一會，毛澤東主席來接電話：是鄧政委啊，我也正想著要給你電話，你把陳雲同志請回來了，很好嘛。請他參加主持財政會議，講講話，降降溫。現在火藥味太重了，批判薄一波，還是要治病救人，……什麼？高崗找你談話了？他都給你談了些什麼？

鄧小平在電話裡，簡明扼要地向毛主席匯報了高崗同志談話的內容。並說出了自己的看法：高崗同志地位那麼高，資格也很老，但言行不像個成熟的政治家，甚至可以說不像個正派的共產黨人。對他的封官許願，拉人入夥，我感到一種人格上的羞辱。他總是嫌自己的地位還不夠高，一心往前面擠，這很不正常。主席呀，此風不可漲，不利中央的團結、全黨的統一。

毛澤東很認眞地聽著，沒有吭聲。毛澤東明白矮個子對高崗很反感，只差沒罵高崗爲陰謀家、分裂者了。高崗這傢伙，與虎謀皮，不知死活。……直到鄧小平匯報完畢之後，才說：鄧政委，我知道了。現在情況很複雜。你說過，人人都在演出嘛。你、我冷眼觀螃蟹，看他們橫行到幾時，如何？

再說高崗從鄧府告辭出來，已明白這次與鄧小平套近乎，說了許多機密話，並沒有打動矮個子。饒漱石看得很準，矮個子平日沉默寡言，卻心氣很高，個性沉穩，深藏不露，是位厲害的人物。但高崗心裡也頗爲坦然，自己和矮個子向無淵源，沒有好感，也沒有私怨；在他把準風向之前，還不至於放冷槍，射暗箭……看起來，還是先找原東北局，第四野戰軍的老同事，老部屬談談，比較靠得住。一個陳雲，也是應當爭取或中立的人物；另一個是陶鑄，可就算是自己人了。

陶鑄，湖南祁陽人，一九〇八年生，小高崗三歲。一九二六年入黃埔軍校三期學習，是林彪的同學。後參加南昌起義和廣州起義，轉閩西山區打游擊，任福建地下省委書記。抗戰後調到延安，擔任過軍委秘書長。在陝北，陶鑄與高崗結拜兄弟，稱高爲大哥，情同手足，正如毛澤東曾與高崗結義，高崗稱毛澤東爲大哥一樣。一九四五年冬陶鑄隨林彪、高崗入東北，任東北野戰軍第七縱隊政委，四野政治部副主任。對林、高很敬重，從來尊爲上司、首長，言聽計從的。陶鑄與江青的關係也較好。對劉少奇則一向有看法，不親不疏，保持距離。

高崗在家宴請陶鑄義弟。兄弟相聚，分外親熱。陶鑄愛喝茅台，高崗更有海量。來回乾了幾小盅，高崗就更是交心交底，無話不談了：有件事，過去在電話、電報裡不便說。去年八月中央決定我出任國家經濟計畫委員會主席，我就向主席提出，調華南局書記陶鑄來做個副手，以陶鑄的資歷，才幹，怎麼也強過薄一波嘛。主席點了頭，說了陶鑄聰明能幹，可以考慮。讓我去找管組織的劉少奇、饒漱石二位商量。饒漱石同志很痛快，說由中組部送報告，請書記處劉少奇批一下，因爲調上來當國家經計委副主席，就與政務院副總理平級了，所以非經過書記處不可。可是到了劉少奇手裡，老弟，你猜他怎麼說來著？他讓他的親信安子文給饒漱石回話：經計委與政務院平級，目前由高崗任主席，鄧子恢任副主席，陳雲、彭眞、彭德懷、林彪、鄧小平、饒漱石、薄一波、李富春等同志都是委員，如調陶鑄上來出任副主席，屬於連越三級，恐怕反映不好，請中組部愼重考慮。老弟，您聽聽，這個劉克思是不是在放屁？薄一波、安子文算什麼東西？不就是從敵人的狗洞裡爬出來的傢伙？卻成了劉少奇的寶貝！拉幫結派，任人爲親，劉克思不倒，難有我們弟兄的出頭之日。馬上就要開「八大」

了，如果放任他們幹下去，你老弟恐怕連中央委員都當不上！

陶鑄聽著義兄的慷慨陳詞，心中也是五味雜陳。對於劉少奇，他向來敬而遠之。且他對進京做官，意願不大。京官人事複雜，上下相夾，有什麼好？他眼下的華南局書記一職，下轄兩廣，人口五千萬，地盤也不小，一如過去的封疆大吏，百事可以作主，說話算數。憑什麼不讓自己當中央委員？劉少奇可以一手遮天？想到這裡，陶鑄問：我並沒有得罪過少奇同志，他為什麼這樣為難我？

高崗說：不是他圈子裡的人嘛？北京現在是劉少奇一個圈子，周恩來一個圈子，只有主席和我沒有圈子，堅持削山頭，搞五湖四海。

陶鑄臉上燥熱，取過一塊小毛巾，抹了一把：聞所未聞！難道毛主席和黨中央沒有看出少奇同志的這些問題？

高崗氣憤地以手指嗒嗒地敲著桌沿：早看出來了！只是膿疱尚未戳破。不是說劉少奇靠吹捧毛主席，稱思想，喊萬歲爬上來的嗎？最近有人給我看了一份密件，揭出了劉克思反毛主席的老底：一九三九年七月，劉克思在〈組織上和紀律上的修養〉一文中說：現在我們的許多領袖還只是紀律上的領袖，還沒有成為真正的民眾領袖。他拒絕承認毛主席是人民領袖！一九四七年七月二日，劉少奇在〈論黨內鬥爭〉一文中宣稱：全黨的領袖與中心很久沒有實際地形成，黨在各個地方的領袖與中心則至今還很少實際地形成！他這是拒不尊重，承認毛主席在全黨的領導地位！還有哪，你聽著，一九四七年九月一日，劉克思對晉、察、冀代表團談話時，仍公然放毒：你們反對中央局，我們可以撤回來，由你們另選一個！如能保證對一千二百萬人民有利，爲什麼不可以這樣做？不只是中央局，毛主席也可以反，如果他錯了，如果有人比他強的話！這次的談話，完全暴露出劉克思的狂妄野心！你知道，一九四七年，我們在東北戰場還在一路撤退，勝負未卜；黨中央在陝北面對胡宗南二十四萬大軍的追剿，毛主席、彭總手下只有兩萬多軍隊，在跟敵人作殊死周旋。劉少奇到晉察冀根據地講這種話，不正是暴露了他的狼子野心嗎？他後來把自己打扮成毛主席的親密戰友，是欺騙了全黨同志！進城後，他一而再，再而三地要保護私有制，保護資產階級，阻止主席和我實行社會主義。毛主席對他忍了再忍，最近才下了決心，要把他弄下來，安排他去搞議會。兄弟呀，大哥今晚上給你交這個底。「八大」之前，中央要作出重大的人事調整，你一定要看清形勢，跟著大哥走！

陶鑄酒醉心清，對高大哥這次的話，不知爲什麼，總有些半信半疑。但告辭時，還是拍了胸口：大哥放心！我陶鑄一不愛錢，二不愛權，只想爲黨多做工作，到時候一定緊跟中央，跟大哥走！

來京出席財經會議的各路諸侯，都住在東交民巷西口的六國飯店。從高崗家出來，只需步行數百步。陶鑄回到六國飯店住處，越想越覺得高大哥今晚上的許多話不對勁兒，對黨中央的團結不利，有鬧分裂的嫌疑，以後萬一被傳出去，自己也擔著大關係……應該報告中央，當然不能找劉少奇，也不能找周恩來，二位如今也成了是非人物，只能找毛主席。……但自己的職務、級別，又不宜直接給菊香書屋掛電話，對了，還是找藍蘋。正好自己的夫人曾志還有一盆君子蘭要送藍蘋。通過藍蘋把今晚的談話轉告毛主席，萬無一失。

另說高崗聽說陳雲已從北戴河回來好些天了，在家裡靜養，便沒經電話聯繫，而逕自前去探望。對於高崗的突然來訪，躺在床上的陳雲很感意外。准予見面嘛，這位是非之人，一心向上，要權要名，貪得無厭，實在令人討厭；稱病不見嘛，人家過去在東北，也算是自己的同事，上級，現在又是堂堂的中央人民政府副主席兼國家經濟計畫委員會主席，於情於理都說不大過去，……遂吩咐秘書說：請高崗同志進來，但要告訴他，醫生有規定，不能講話，每次見人不得超過三十分鐘。

高崗進入陳雲的臥室兼病室時，嗅到一屋子的中藥和西藥的混合氣味。又見陳雲躺在潔白的床單上，雙目緊閉，臉色蠟黃，果然是病得不輕。秘書走到床頭，俯身在陳雲耳邊輕輕報告：高主席到了，……陳雲這才睜開眼來，一眼見到高大麻子，連忙掙扎著，十分艱難似地，力圖坐將起來。高崗見狀，立即趨步向前，將陳雲輕輕按住了：不必，不必，老同事，老戰友了，你還是躺著好，我就坐在這床邊，……早就應該來看你，也是儘瞎忙。過去在陝北，後來在東北，你都是我們的經濟主帥。我向毛主席說過多次，在我們黨內，真正的經濟專家，只有陳雲同志一位……。

陳雲瞪著眼，望著天花板，眼神冷淡，毫無熱忱，彷彿害怕高崗滔滔不絕地一路說下去，忽然插話道：謬獎，謬獎，陝北，東北，你才是大主帥。醫生不讓我多說話，也不准我見人。你是例外。有什麼要緊的事啊，請竹筒倒豆子，直話直說，這也是你一貫的好作風啊！

面對一臉病容，眼神冷峻的陳雲，高崗一時竟亂了方寸似的：知道，知道，我只坐幾分鐘，揀最重要的話說說。……是主席委託我找一些同志談談，就是主席想在「八大」之前開一次全會，作出人事調整，一是擴大書記處，增設總書記；二是增設幾位黨中央副主席，組成政治局常委會，……你是老資格了，在延安就做過中央組織部長，後來被少奇、弼時接手過去。我認爲，你最有資格進入政治局常委會。可是，少奇同志他們，最近傳出話來，說黨內有三大病號，一位陳雲，一位康生，一位林彪，長期不能工作，這次就不一定進入政治局了，起碼也要等他們病好了再說……。

陳雲又雙目緊緊閉上了，好一刻才說：我病人一個，現在就去見馬克思也無所謂。高崗同志，你年輕幹練，又身壯如牛，正是做事的好時候。你這回考慮了沒有？是適合做總書記，還是做副主席？

高崗見陳雲非但不領情，還閉著眼睛說瞎話，便急了：陳雲同志，你誤會我的意思了。我來找你，絕不是替自己打算。中央現在是劉一個圈圈，周一個圈圈，我在中央是沒有圈圈的，可以說是兵無一個，房無一間，地無一垧，是單幹戶，我只跟毛主席走，尊重像你，像彭總、林總這樣的對黨的事業立下過大功勞的老同志，開國元勛。

這時，秘書、護士們在門外探頭探腦，大約是在提醒，見客時間快到了。陳雲朝他們揮了揮手，待他們閉上房門後，才又有氣無力地說：我不行，起碼身體吃不消，不宜再擔任黨內的重要職務。你的情況不同。董必武同志去年就說過：五馬進京，一馬當先。你是那個「一馬當先」者。這次你一定有自己的想法。他們已在催了。如有話，不妨直說了吧！

高崗只得站起身子，像平日所習慣的那樣，一邊在房間裡走動著，一邊說話：好！我就直說了。這次中央調整，論功行賞，劉、周只配做政治局常委。林總也該做常委。副主席嘛，總司令一個，彭總一個，你一個，加上我也一個。

陳雲很少見有笑意的臉，竟笑了：你一個，我一個？很好嘛。還有總書記哪？

高崗說：我向主席推荐鄧小平。但只是個人意見，一切由主席和政治局決定。

告辭時，高崗沒讓陳雲起來相送。可是高崗一走，陳雲卻並沒有需要人扶持，就自己爬起來，叫通了西花廳的電話：是總理嗎？有件重要的事報告。剛才高崗同志來談，說中央增設副主席，他一個，我一個。還給別人也封了官官。這算怎麼回事？還像個黨的高級幹部嗎？連一點共產黨員的氣味都沒有！太不正常了！我慎重提醒黨中央留心他的言行。害群之馬，野心勃勃！

陳雲從來言簡意賅。周恩來敬重地在電話裡聆聽著：陳雲同志，謝謝你。這位人物的事，冰凍三尺，非一日之寒啊。你讓我給主席反映？陳雲同志，還是你直接向主席報告的好。主席最近常問起你的病情，特別關心的。這件事，你一定要親自報告毛主席！

第二五章　你攤牌　我摸底

雖然劉少奇也從毛澤東處接獲了任務，但並沒有匆匆忙忙找人談話。覺得有關擴充中央書記處，增設總書記，增設幾名中央副主席一事，太過機密、太過敏感了。時值多事之秋，自己不宜輕舉妄動，須三思而後行。那麼，如何執行毛主席的委託？什麼問題可談？什麼不可談？找哪些人物談？

劉少奇向來擅長理論思辨，且邏輯縝密清晰。平日作起報告來，總是馬克思說、列寧說、他自己也說。大道理套小道理，正理歪理，渾然一體。有時也就難於分清哪是馬克思的「理」，哪是他劉少奇的「理」了。毛澤東曾笑曰：外國有個馬克思，中國有個牛克思。牛克思即指的劉少奇。

劉少奇經過通晚的思考推敲，決定找人談話時，避談增設總書記、增設副主席這一容易引人聯想翩翩的內容，只說中央工作準備分一線、二線，擴充書記處，作爲一線班子；擴充政治局，作爲二線班子。毛主席將帶頭退居二線，以主要精力來研究國家的整體戰略。對了，就這麼談，誰也撈不著。

這天傍晚，劉少奇和王光美飯後散步，在中海西岸的迎春亭遇到了周恩來和鄧穎超。這倒好，一些不便在電話裡商量的事，可以在黃昏夕照、楊柳拂岸的海子邊交談。迎春亭亦是清王朝留下來的古建築，漢白玉為柱琉璃瓦覆頂，雕欄玉砌，立於水中，與東岸邊的水雲榭遙相對望，有詩云：隔岸遠山分翠黛，繞堤垂柳學纖腰，風流未覺穠華歇，一望煙波醉不消。……過去宮女、太監划起畫船，踏碎清波，迎送皇上嬪妃往來其間，如在仙鄉的。

鄧穎超、王光美知道男同志見面，又要商談大事，便手拉手地繞到另一邊去聊家閒。警衛員也留在不遠的岸上，等候著首長的傳喚。劉少奇這才對周恩來說：恩來，有個事，正好要和你通通氣。前天主席委託我找一些人談話，徵求關於調整、擴充中央人事的意見，我思考了兩天，覺得很不好辦。

周恩來見他神色機警詭秘，彷彿已猜中他要說什麼了，便笑問：是不是擴充書記處，增設總書記，擴充政治局，增設副主席，組成政治局常委會？

劉少奇點點頭：主席也找你談過了？

周恩來說：沒有。是高崗同志把事情嚷嚷得大約半座北京城都知道了。人家可是急不可待，四出活動，到處伸手，拉人入夥。不像你如履薄冰，沉得住氣。

劉少奇咬了咬牙，聲音像是從縫隙裡擠出來的：權慾薰心，利令智昏。他要是得逞，天道不公。恩來，你是怎麼知道高麻子四出活動，拉人入夥的？

周恩來笑笑說：告訴你也沒有關係，但不可外傳。高崗首先找了林彪，許諾推薦林彪進入政治局常委會，林彪已答應協同作戰；高崗準備拉上彭德懷，只是彭德懷尚未從朝鮮前線返回；高崗又找了鄧小平，許諾推薦小平同志出任總書記一職。小平同志很惱火，哪有這麼封官許願的？認是人格羞辱，當即報告了主席。小平也給我來了電話，告知此事。他說得很明確，要是經高崗推薦進中央書記處，他會堅決拒絕，連中央委員都不想做，更不用提其他了。他只想做個正正派派的共產黨員！

劉少奇的牙關放鬆了，心裡也釋然了：鄧政委原則性強，作風正派，是位難得的人才。

周恩來繼續說：高崗同志也不避嫌疑，不知厲害，還去找了陳雲同志。眞是糊塗油蒙了心，以爲陳雲同志和他在東北共過事，認陳老闆是他的下級，會跟了他走。陳老闆躺在病床上，聽了他一通雄心壯志，竟然說，中央設副主席，你一個，我一個！哈哈哈！

說著，周恩來大笑了起來。

劉少奇一時沒有反應過來：中央副主席，誰說你一個、我一個？

周恩來揮了揮手：高崗呀！他拉陳老闆入夥，許諾中央副主席，陳雲算一個，他高崗算一個！

劉少奇也忍不住冷笑了：林彪是爲了治傷，吸鴉片上癮；高麻子是爲撈取最高權力，吸精神海洛英上癮！陳雲同志是怎麼應付他的？

周恩來說：高崗走後，陳老闆很生氣，立即給我電話，告知此事，要求我報告主席。我想了想，覺得還是由他本人報告主席比較好。陳老闆怕引起主席的誤解，當然也深知主席和高崗在陝北時有過結拜之誼，因此很猶豫，睡不著覺。直到深夜兩點鐘，實在忍不住了，才給主席掛了電話。主席一聽是陳雲的聲音，又是這麼晚來電話，一定有重要的事情報告。陳老闆很冷靜、很坦率地說了自己的看法：主席，有件事很反常，我不得不打擾你的休息。昨天上午高崗同志來看我，找我談話，說是受你委託。他說了很多少奇和恩來的壞話。並向我許諾，中央設副主席，我一個，他一個。還讓我向主席建議，由他來擔任中央第一副主席和部長會議主席。這太不像話，太不成樣子了。據我自己的觀察，這段時間他已經做了大量的工作，找了很多人談話，拉人入夥，爲推倒劉、周而後自己上台做準備。我擔心在主席毫無察覺的情況下，他突然發動一班子人鬧事，給中央和主席一個措手不及，那就會使全黨處於被動地位，並損失一大批幹部，上當受欺騙掉進臭水坑裡去，使黨蒙受損失……。

劉少奇屏聲住息地聽著：主席怎麼說的？

周恩來說：主席聽了小平同志的匯報，只說知道了，謝謝鄧政委；聽了陳雲同志的電話，倒是態度明確：很好，你的反映很及時，中肯……當年，孫中山曾經勸告他手下的人，不要想著做大官而想著做大事。而我們有些人的腦殼裡一心想做大官，而不大想給人民做大事。這些人遲早要跌跤子，難爲你一片好心，請保重身體。如身體可以，財經會議需要你講講話，好收場囉。……以上，都是陳雲同志告訴我的。他還要我轉告你，要我們提高警惕，不要再讓高大麻子他們鑽空子了。

劉少奇點著頭，一時心裡熱乎乎的：恩來啊，板蕩識忠貞，風浪見人心，也叫做得道多助，失道寡助。有陳雲、小平他們相助，心裡踏實多了。應當繼續提供機會、場所，讓高麻子他們表演下去，越徹底、越精采、越好。我明天開始找人談。只談中央工作分一線、二線，不談其他。主席特別要求我找高崗、饒漱石二位，交換意見，包括批評的意見。我必須硬著頭皮去。另外，則想找兩鄧談，一個小平，一個子恢，都是正直忠耿之士。陳雲同志在病中，就不去打擾他了，反正彼此的心相通。說句沒有原則的話，以陳雲同志在黨內的資歷、功績和威望，當個副主席，這回是肯定的了。小平嘛，進政治局常委沒問題。放心，我不會對任何人封官許願，只是和你說。

不入虎穴，安得虎子。第二天上午，劉少奇撥通了東交民巷八號院的電話，報上自己的姓名，請高崗同志通話。等了一會，才有工作人員來接電話：對不起，劉副主席，高主席出去開會了，有什麼事，可以讓我們轉告嗎？或者，你下午三點以後再來電話？劉少奇想了想，即說：那好，請轉告高崗同志，我下午三點半來拜訪他，有重要事情和他商量。

劉少奇放下電話，心裡估摸著，高崗應是在家裡，卻不肯接他的電話。忌恨之深，連起碼的同事禮貌都不要了。高大麻子，何苦哉？眞是什麼路線分歧、政見不同，你要搞社會主義公有制，我要保護資本主義私有制嗎？鬼相信！最根本的是你相中了我這第二把手的交椅吧。放心，我前些日子和光美一起去看望了毛主席，已主動提出，讓位於高崗同志，也不再進書記處和政治局了；如高崗同志看得起，可以給他當副手，或者到地方去工作……可是毛主席不答應，說黨的幹部職位，怎麼可以私相授受？要團結，要顧全大局。即使有什麼一時消除不了的歧見，也要擺到黨的會議上去解決。

劉少奇來電話時，高崗確是在家裡，由張明遠、張秀山、馬洪、郭鋒、趙德俊幾位陪著打牌。秘書進到煙霧騰騰的牌室裡報告，劉少奇會於下午三時半登門拜訪時，高崗將手中的牌狠狠一摔：劉克思放下身段，甘拜下風了？還要看我願不願見！他想和我講好聽的，甚至握手言歡？沒門！這次一定執行毛主席的指示，把他轟下台，讓他和他要保護的私有制一齊完蛋！

高崗手下的「五虎將」中，馬洪最年輕，亦最有文化、智謀。他見高主席雄心萬丈，根本不把劉少奇放在眼裡，不禁暗暗擔心，遂建議說：高主席，劉克思是善者不來，來者不善，我們還是要有所準備，認眞接待才好……

張秀山是東北局代高崗主事的副書記，這時也說：高總，劉克思是隻老狐狸，何況他身邊還有朱德、周恩來、陳雲、薄一波、鄧小平一大班人物呢，我們不可輕敵。

高崗卻不以爲然，也不直接回答馬洪、張秀山二人的提醒，而再一次向眼前的親密戰友路線交底：劉克思這回是輸定了！要對他採取組織措施這話，是毛主席在政治局會議上說的，而且不只說過一次。你們沒有參加會，沒有見到劉克思的龜孫子樣，恨不能鑽進地縫去！毛主席的氣魄，大家是知道的，要幹什麼事，誰也阻擋不了。就算劉、朱、周、陳等人聯合行動，毛主席也擁有最後的否決之權。劉克思自不量力，想阻擋毛主席實行社會主義，提出保護包括他岳父老子在內的資產階級及其私有財產，犯下嚴重的政治路線錯誤。要害就在這裡。他是個常敗將軍，一輩子沒有打過一次像樣子的勝仗，這次更會一敗到底。毛主席爲甚中意咱？提出由我來擔任部長會議主席？就是我堅決走蘇聯老大哥的路，搞社會主義不回頭。所以你們放心，有毛主席撐腰，我就什麼都不用怕。就拿你馬洪來說吧，饒部長報了你做政務院人事部部長，報告送到書記處劉少奇那裡，就沒了下文。張明遠也是，我報了你為東北局第一副書記，也在劉少奇手上卡了殼！郭鋒的中組部副部長，要不是我在毛主席面前提出來，能通得過劉少奇一關？所以，不除掉這隻攔路虎，你們誰都甭想再有晉升的機會！

高崗說得口沫四濺，「五虎將」聽得血脈僨張。

馬洪嗒嗒地敲著桌沿：秦楚大戰！我早說過，高主席代表秦，劉克思代表楚，打一場秦楚之戰！

張秀山說：劉克思若代表他的岳父老子家族利益，就是和咱工農出身的革命同志有階級仇恨。

郭鋒說：姥姥的，咱回組織部找饒部長，先打掉劉克思的那條忠狗安子文再說。

張明遠說：高主席，幹！我們齊心協力跟了您幹。跟了您就是跟了毛主席，跟了黨的正確路線。

趙德俊說的最乾脆：只要高主席下命令，我就敢給他狗日的一梭子！革命的叛徒，死毬拉倒。

下午三時半，劉少奇帶了夫人王光美，準時來到東交民巷八號院。吉姆牌座車停靠在院門外。劉少奇拜訪高崗，王光美拜望高崗夫人李力群。只有李力群一人在院門口迎接。高崗則是等客人進到第二重院門時，才從裡邊匆匆趕出，與劉少奇、王光美握手：光美啊，做了副主席的當家秘書，更是才貌出衆了囉……剛才是彭總來了電話，所以遲出一步。

劉少奇緊緊拉住高崗的手，老朋友似的邊往裡走邊問：彭總回來了？不是說好了，等他從朝鮮完成停戰協定回來，在京的政治局委員都去火車站迎接，還要搞個歡迎儀式？

高崗見劉少奇拉住自己的手做親熱狀，伸手不打笑臉人，也就沒法顯得過分冷淡了，何況人家還是帶了夫人來的，遂吩咐說：力群呀，你陪光美看看園子，不是有幾盆山茶花開得正好，回頭任光美挑一盆回去；還有，叫服務員替我們泡兩杯山參茶來，少奇同志要和我商量事情……對了，彭老總啊，剛回到丹東。馬上有兩個兵團的人馬要撤回東北境內，來電話和我商量二十幾萬人馬宿營的事。

劉少奇笑笑說：那是軍事機密，我不過問。

高崗也笑笑說：我了解，你在這方面，很守紀律。

兩人進到一間幽靜的會客室，立即有服務員來奉上兩大杯透出甘甜清香的長白山特產山參茶。高崗請劉少奇抽罐裝雲煙，劉少奇卻堅持抽自己隨身帶著的簡裝大前門。劉少奇一望而知，那罐裝雲煙是雲南玉溪煙廠專爲毛主席精製，說摻入有少量鴉片，是毛主席轉送給高崗的了。

沉默了一小會，兩人都決心敞開心扉來談。還是劉少奇先開了口：高崗同志，我們也不說客套話了。是主席要求我來找你，聽聽你對我的意見，特別是批評的意見。所以我是帶著虛心討教、接受批評的心情來的。你知道，我於一九三五年隨中央紅軍抵陝北不久，就被派到華北，去抓華北局地下黨的工作，後又陸續去組建了華中局，又叫長江局，以及隨後的中原局、東南局，也就是後來的華東局和中南局。四一年出了「皖南事變」，我又去新四軍工作了一段，和陳毅等重組新四軍，直到一九四二年底才回到延安中直機關的。我和你相識，則是更早一些，大約是一九三八年前後吧。由於長期在白區工作，紅區的同志接觸得少一些。軍事工作則只在長征時任過紅三軍團政治部主任，加上四一年重組新四軍時擔任過兩年多的政治委員。我的這些經歷，你都是了解的。我確是屬於大錯誤不斷、小錯誤常犯式幹部，大小錯誤加起來起碼好幾噸，要用卡車裝。但每經中央和主席批評指出，我總是深刻檢討，認眞改正的。四九年進城後，我的錯誤更多了，主席常常批評我，有時批評得很嚴厲，我自己都覺得無地自容。建設新國家，開創新事業，的確有個認識新形勢、跟上新形勢、重新學習、從頭做起的問題……在這方面，你比我做得好，比黨內大多數同志更能吃透毛主席的思想，領會毛主席的意圖。所以上次財經大會上，周總理號召向你學習，向你致敬時，我和全體同志一起鼓了掌，呼了口號。那掌聲和口號，至今常常響在耳邊……當然，事物也還有另一面。最近，西苑機關裡，有人在背後散佈什麼高劉矛盾、劉高紛爭，甚至秦楚大戰，我都認爲是無稽之談，不值一提。怎麼是秦楚大戰呢？誰秦誰楚？統一天下的秦是劉邦呢？除了毛主席，還有誰能自喻劉邦？如此生硬地搬用歷史掌故，很不妥當呢。話說回來，我也願意坦率承認，我們兩人之間，對某些事物的看法不大一致，甚至距離頗遠，是客觀存在的。不承認此一點，不是眞正的馬克思主義。所以今天我是專來討教的，這絕不是客氣話。就是來聽取你的批評意見，交流心得，消除隔閡……

劉克思說起話來絲絲入扣，密不透風，卻又就虛避實，文過飾非。高崗本不願深談，自知談理論、耍嘴皮不是劉少奇的對手，只想應付一番了事。但劉少奇一副誠誠懇懇、虛懷若谷的樣子，又是毛主席親自吩咐他來聽取意見的，這次談話的內容，他肯定要回去向毛主席匯報……也好，在財經會議上不便直接點名，現在正可面對面地攤開來談。至於劉克思知不知趣，識不識相，就任由他了。

高崗神色肅穆，一口一口地吸著菸，彷彿費了好大的心力，才說：那好，我們就來做一次坦率的交談。我從來不隱瞞自己的政治觀點，不搞喪失原則的一團和氣。首先要說明一下，你、我之間的分歧，不是什麼個人的意氣之爭，也不是某些人所說的什麼權力之爭。少奇同志，我說話一向直來直去，不繞彎子。你、我之爭，說白了就是路線之爭，道路之爭，左右之爭；而且歷時已久。一九四九年冬天，我在東北境內肅清土匪，完成土改，恢復工業生產，讓工人階級當家作主；你卻跑到天津去召集資本家們座談，提倡「剝削有功」、「資本家剝削得越多，功勞越大」；一九五〇年我在東北提出限制農村富農經濟，不准許共產黨員成爲新富農；你在北京提出現階段要允許、鼓勵發展富農經濟；一九五一年我在東北農村推行農業集體化試點，辦了幾十個集體農莊；你卻在北京發出簡報，批我的什麼左傾盲動，左派幼稚病，說我們東北局犯了方向性錯誤，幸而被毛主席及時發現，肯定了我的做法，你的講話被迫收回；一九五二年，我主張加快對私營工商業者的社會主義改造，加快國家工業化，農業集體化的步伐；你卻提出要保護私營工商業者（也就是大小資本家階級）的積極性，保護私有財產，要確立新民主主義秩序至少二十年不變。你還阻止山西省委發展農業合作社的方針……這些，我和黨內的絕大多數都是不能同意、沒法接受的。試想，我們這些提了腦袋打天下的共產黨員，現在大多數人已是五十出頭、六十挨邊年紀了，如果讓你再幹上二十年的資本主義，不都成了七、八十歲的老者了，還有強大的資本主義經濟基礎，你怎麼推翻它、改變它？又來一次暴力革命？少奇同志，你不用分辯。你聽我把話說完。毛主席對你的上面的這些右傾機會主義表演，已經觀察很久、忍耐很久了。近年來才開始對你進行了接二連三的嚴厲批評。所以說，政治路線問題，才是你與毛主席和我之間的最根本的分歧。毛主席也在政治局會議上警告過你，再不改，只有採取組織手段了。

高崗喝了一大口山參茶，朝劉少奇晃晃手掌，不由分說地繼續說開下去：我對你還有另外一個方面的意見，今天也一併講了吧。「七大」以來，毛主席、黨中央委託你分管組織人事。你不是搞五湖四海，而是搞你的白區地下黨山頭主義。我們黨本來由紅區黨和白區黨兩大部分組成。紅區黨就是革命根據地的黨，軍隊的黨。槍桿子裡面出政權、出黨組織，武裝鬥爭壯大了黨，健全了黨。我們的天下主要靠軍隊的黨打下來的。可是四九年進城之後，你大量起用你那個白區黨的骨幹，許多人歷史可疑、背景複雜，卻占據了中央機關的多數要害部門，而排擠了大批打天下的英雄。這沒有什麼奇怪，少奇同志，你是以你的右傾組織路線來保障、推行你的右傾政治路線。對不起，這次「八大」之前調整中央領導班子，我要代表紅區黨組織，軍隊黨組織，把席位從你的白區黨組織手中奪過來！

高崗咄咄逼人地說了一個鐘頭，義正詞嚴，語氣激烈。有好一刻，劉少奇覺得自己是被擊中了，還手乏力了。他幾次想爭辯、論戰，都被高崗以手勢所制止，後來也就放棄了與之論戰的念頭。自己不是來聽取意見的嚒？很好，高大麻子總算摔出了底牌，一覽無餘。高大麻子的「理論」，已露出了太多的馬腳：怎麼可以把一個團結統一的黨，劃分成什麼紅區黨、白區黨？「軍隊的黨」是個什麼概念？紅區黨組織是軍隊創造的？武裝鬥爭出黨組織？槍指揮黨、造就黨？這不是典型的「軍黨論」又是什麼？置毛主席的「黨指揮槍」的原則於何地？還有，你公然要做軍隊的黨代表，公然要替軍事將領在中央爭席次，這正是毛主席最忌諱，最要防範的！只有黨內的野心家，篡位者，才會出此愚蠢到家的狂言！高大麻子，不是我劉少奇看輕你，你肚子裡的那點子七上八下的「理論」，只能哄哄你東北局下面的幹部群衆，你卻搬到中央來賣弄，來玩火，你不行，不行，不行……

面對高崗訓斥式談話，劉少奇後來就只顧埋頭作記錄，並做出虛心聆聽的樣子。告別時，劉少奇還是與高崗緊緊握手，表示深受教益；對所談的問題，要待回去之後才能慢慢消化，加深理解，並對照自己的錯誤，進行反省和檢討，到時候書面的東西出來了，一定先請高崗同志過目……高崗則認爲劉少奇被自己批中了要害，態度開始老實一些了。他由自己的夫人李力群陪著，把劉少奇和王光美連同一盆紅艷艷的山茶花直送到院門外，看著他們上了車，揚了手，才返回。

經過了與高崗的談話，劉少奇徹底灰了心，決定不去找饒漱石作個別交談了。高、饒稱兄道弟，沆瀣一氣，在西苑內已是有目共睹的事實。劉少奇怎麼也想不通，饒漱石爲什麼要背叛自己這位老上級，而死心踏地的去追隨高崗？高崗果能成大業嘛？果眞是什麼正確路線的代表？換句話說，毛澤東對這位雄心勃勃的結拜兄弟，就眞那麼放心，眞想把權力交付嘛？未必。尤其是出了「孟虹卧底案」之後，以毛澤東同志多疑、記恨的脾氣，頂多，只是借重他高崗，以形成劉—周—高三角平衡，來相互督察，彼此制約，便於全面掌控。

回到西苑，劉少奇囑咐王光美先回家，自己則還要去找鄧小平同志。時間是原先約定下的，鄧小平已在家中恭候。矮個子本是十八歲赴法國勤工儉學，加入了周恩來旗下的中共旅歐支部，卻在江西蘇區追隨毛澤東，受過排擠打擊。長征抵達陝北不久，當上了軍委主席的毛澤東即派他前往山西太行山八路軍總部，任政治部副主任，再又派往一二九師任政治委員，與師長劉伯承成爲最佳軍事搭檔。

一九四七年，國共內戰打得難解難分之際，毛澤東命劉伯承、鄧小平率十萬人馬組成中原野戰軍，東渡黃河，強闖中原，挺進大別山，如一柄利刃插入國民黨政權的心臟地帶，揭開了中共戰略大反攻的序幕。一九四八年秋，由鄧小平任前委書記，與劉伯承、陳毅、粟裕一起，統籌指揮中原野戰軍、華東野戰軍及東北野戰軍的一部，進行淮海大決戰，以六十萬軍隊戰勝了八十萬中央軍，隨後三支野戰軍一百多萬人馬橫渡長江，使得國軍在南方再組織不起有效的抵抗。千里躍進大別山，淮海決戰定乾坤，使得矮個子鄧政委具有了統帥三軍的威望。

劉少奇與鄧小平在歷史上沒有共過事，更談不到什麼親密關係。鄧小平只是比較敬重劉少奇在黨務和理論方面的貢獻。劉少奇則知道鄧小平平日沉默寡言，言行果決，文武兼備。因之兩人的談話不帶個人色彩，純屬公事公辦。

劉少奇說：受主席委託，來徵求鄧政委對中央機構人事安排的意見。中央打算分一線、二線，書記處爲一線，政治局爲二線。主席本人想退到二線，側重黨和國家整體戰略理論方面的研究。

鄧小平說：主席身體不大好，又是年過花甲的人了，退至二線工作應是可以考慮的。但我們要堅持一樣東西，就是他對黨和國家重大事務的一票否決之權。

劉少奇問：鄧政委是不是可以說得詳細些？關於毛澤東同志的一票否決之權……

鄧小平說：可以。我這也是有感而發。家不可一日無主，國不可一日無君。我敢說，我們的黨和國家要不是有毛主席坐鎮，講不定早鬧出類似太平天國進南京之後的「天京之變」了。有些人物的所作所爲，很像那時的北王韋昌輝……當然，我不是說我們也有什麼東王楊秀清，翼王石達開。少奇同志，記得一九四三年在延安，中央政治局就作出了決議，賦予毛澤東同志對黨和軍隊的大事，擁有最後決策的權力，他可以改變政治局和書記處的決定。我認爲，此一決議今天仍然有效。

劉少奇心裡一陣暗喜，矮個子看來確是討厭「東北王」高崗。但他不動聲色地答道：我完全同意你的看法。一九四三年的政治局決議，雖然是在革命戰爭年代的特殊環境裡形成的，現在看來，持續一段確有必要。下次政治局擴大會議上，或許可以請你重新提提？

鄧小平警覺地搖了搖頭：少奇同志，不可以。我不是政治局委員，怎麼可以重提政治局的決議？

劉少奇笑了：鄧政委，你年初即兼任了中央秘書長，列席政治局會議了。何況中央機構、人員正做大調整嘛，準備擴充書記處，增設總書記，擴充政治局，增設幾名副主席，組成政治局常委會……

鄧小平說：我擁護中央和主席的決定。意見只有兩點：一是我本人不進政治局，不是客氣，一定不進，以便中央安排一些更適合的人；二是我主張維持黨的「七大」以來的領導順序，尊重歷史，不要輕易改變。就此兩點，別無建言。

劉少奇起身告辭時，感到渾身輕鬆。眞沒想到平日沉默如金的鄧政委，在對付高饒一事上，如此決絕，而成爲他劉少奇和周恩來的一位強有力的同盟者。

第二六章　害群之馬，豈只一匹

安子文將擬好的兩份名單交給饒漱石部長：一份為中共中央政治局委員名單，一份為中央各部、委、辦主要負責人名單。

政治局委員名單分為兩組，一組寫著毛澤東、朱德、劉少奇、周恩來、陳雲（以上為書記處成員），高崗、彭德懷、鄧小平、饒漱石、薄一波、鄧子恢（以上為各中央局書記）；另一組寫有董必武、林伯渠、彭眞、張聞天、康生、李富春、習仲勳、劉瀾濤。

按照安子文的構想，新一屆的黨中央主席、副主席、總書記、書記處書記，都應由上述政治局成員十九人名單中產生。名單上沒有林彪，沒有羅榮桓，沒有陳毅、賀龍、劉伯承、聶榮臻這些野戰軍級的主帥。軍事將領只有高崗、彭德懷二位做代表，其餘皆為黨務工作者及軍隊中的政工人員。

饒漱石接到這份名單後，如獲至寶。他按捺住心裡的竊喜，當即把郭鋒、馬洪傳進辦公室來，關上房門，自己先不表態，而把名單交給郭、馬二人傳閱。

郭鋒一見名單，登時急眼了：饒部長，哪裡來的？

饒漱石平靜地說：安子文同志擬下的，說是供中央領導做參考。

馬洪更是敏感：誰叫他擬的？不知道？屬於他私擬？天爺，這算咋回事？安子文有幾顆腦袋？

郭鋒拳頭朝名單上一砸：就憑了這一條，就可以把他安子文扣起來！再挖他娘的幕後指揮。

馬洪眼睛賊亮：只怕是，從此天下多事了。

饒漱石珍惜地收起名單：別弄破了。這可是件寶貝。二位先不要氣憤，冷靜分析一下，如何？

郭鋒說：饒部長英明。且不說安子文私擬黨中央領導人員名單，可定死罪；就這名單本身，他首先惡毒地貶低我們高主席，高主席進城後就當上了中央人民政府副主席，去年又任國家經計委主席，地位已在周恩來之上，爲什麼還要把他擺在大區領導人一級？爲什麼沒有林總、羅總、陳總、劉總、賀總這些野戰軍級的領導人？而竟然有正在接受會議批判的薄一波？這是一份什麼樣的狗屁名單？這回，我們總算抓住了他們的罪證，白紙黑字，貨眞價實，再不能輕放過了。

馬洪說：依我來看，這份私擬的名單確是大有玄機。十九人中，屬於劉少奇圈圈的，有薄一波、彭眞、劉瀾濤、鄧子恢、習仲勳；屬於周恩來圈圈的有陳雲、董必武、林伯渠、李富春、鄧小平、張聞天、康生。兩個圈圈共圈去了十四人！而在毛主席、高主席這邊的，只剩下了彭總和饒部長，加上一位老好人朱總司令。實際上是要由劉、周二人瓜分政治局！

饒漱石向來看重馬洪的才智，連連點頭：二位所分析的，都很有道理。他們企圖瓜分政治局，架空毛主席，孤立高主席，確是這份名單的要害。要害中的要害，卻是安子文背後的那位主謀者。劉少奇不是共犯，而是主謀，一定要把他串上去，挖出來。不然，安子文吃了豹子膽，長了三頭六臂？現在要合計合計，我們怎麼來善待這份名單？是不是應該直接報送毛主席？

郭鋒說：我建議將這份名單先照相存底，留下證據，再考慮其他。

饒漱石高興地說：好主意，我們幹組織工作的，就是要重證據，重事實。小馬駒，你說呢？

馬洪小饒漱石十八歲，私下裡稱饒漱石爲饒伯，稱高崗爲高叔。小馬駒則是饒、高二人對他的愛稱。馬洪說：我斗膽說上一句，這份名單照相存證之後，也不宜直接報送毛主席，而宜找一位德高望重的人物去轉交，以便把這事件適當擴散出去，以免被人以保守機密爲名，使它銷聲匿跡……。

饒漱石滿意地眨眨眼睛，鼓勵說：小馬駒，說下去呀。

馬洪看郭鋒一眼：名單如果直接報送毛主席，毛主席必定命令劉少奇負責查處。劉少奇爲了包庇安子文，還能不大事化小，小事化了？所以宜將名單先捅出去，把林總、羅總、陳總、劉總、聶總幾位惹怒了再說。到時候看他劉少奇如何收場……這麼著，名單先交高主席，高主席自有辦法的。

饒漱石讚賞地說：好，還是小馬駒人小鬼大。郭副部長，我採納你們二位的建議，去弄照相機來，拍下安子文的手跡存證，再由小馬駒將這原件送高主席處理。

安子文私擬的中央政治局委員名單由馬洪送到高崗手裡時，高崗笑得咧開了嘴：安子文替我們立下大功、幫下大忙了。就憑這，給劉少奇雪上加霜，火上澆油，不垮也得垮了。小馬駒，你的主意很對，先把事情鬧大。林總、羅總、陳總、劉總，還有徐向前、徐海東諸位，有哪幾位你能說得上話？

馬洪說：林總、羅總、徐向前、徐海東四位，我比較熟悉，在他們手下做過社會情報工作。陳毅、劉伯承二位我接觸不多。

高崗說：那好。你馬上去毛家灣，把名單的事報告林總，聽聽他的反應。

馬洪問：要不要把名單也帶去，交林總過目？

高崗說：不用了，你抄下一份就行了。你就說，名單原件我要帶去東北。財經會議休會三天，代表們都去北戴河休息，我趁便回東北一趟。彭總已從朝鮮返回，等我去商量第一批回國部隊的營地問題。我把名單交給彭總，再由彭總去上交主席。彭總現在是民族大英雄，功勳蓋世，在主席面前講話有份量，主席不會不認眞考慮的。

馬洪讚道：高叔，你這腳高棋，饒伯都走不出。要注意一下郭鋒同志，他最近去過西花廳兩次。

高崗詫意地瞪了瞪眼睛：有這事？不對，是饒部長讓他送材料給政務院吧？在陝甘寧邊區，他只是一名小幹事。我把他帶到東北，一路提拔成東北局組織部部長。我進京，又把他提成中組部副部長。他不可能對我生二心的。當然，我們也要嚴防窩裡反。畢竟，他知道的事太多了。

馬洪趕到毛家灣林彪府上時，林彪正在書房裡閱讀俄文軍事雜誌。馬洪先向林總行禮，再將一份他手抄的政治局成員名單呈上，之後恭恭敬敬坐下來，靜靜地守候林彪的怒火爆發。

林彪手執名單，幾眼掃過，隨即重重地將其拍在茶几上，怒容滿面地問：水泊梁山排座次，這是誰搞的？送來給我做什麼？叫我畫圈圈？

馬洪小心翼翼地說：林總，您先別生氣。是高主席特意派我抄下送來給您過目，和您通氣。名單是中組部安子文私擬的。但肯定背後有人授意，不然他安子文算個什麼東西？

林彪以手指摳著名單上那「劉少奇」三個字：老子恨死了這個白區頭子了！又是他在搞鬼？他們敢搞這種名單，還有黨紀國法？

馬洪仍是輕輕地說：名單上大部分是他們的人，白區路線的骨幹們。高主席說，中央政治局名單上有薄無林，傷天害理，天理難容！

林彪經馬洪這一火上澆油，更是一拳擊在名單上：狗日的！依了老子帶兵的脾氣，像薄一波、安子文這類從敵人狗洞裡爬出來的傢伙，早一人賞給一粒花生米了！還輪到他們狐假虎威，擾亂綱紀？

馬洪繼續說：高主席經常提到，像林總這樣的大英雄，黨內、軍內能找得出幾位？二十歲參加南昌起義上井崗山，二十二歲當紅軍師長，二十五歲當紅一方面軍司令員。長征到陝北，抗戰爆發帶部隊到山西，平型關一役，名震中外。抗戰勝利後開闢東北解放區，殲滅國民黨精銳。解放戰爭三大戰役，林總就指揮了遼瀋、平津兩大戰役，後率百萬雄師一路南下打到海南島。林總功績，誰能相比？

林彪從沙發上站起，揮著手：不講了！不講了！老子要氣炸了。進城後，我一直養病，不問政事。現在好了，小人當道，瞞上欺下，我不能不表示一個態度了。高主席現在哪裡？我要見他！

馬洪說：報告林總，高主席也被這份名單氣壞了，差點吐血。他請假回東北去休息幾天。彭總已從朝鮮返回，他們會在那裡見面。行前，他特意囑咐我來拜望您，要您保重身體。有了好的身體，才能和劉少奇他們作鬥爭，把黨中央的事情整清楚，才能捍衛黨，捍衛毛主席。

林彪夫人葉群這時端了一小碗中藥進來，跟馬洪打了個招呼，服侍林彪喝下湯藥：老總，高主席派小馬來看望你，怎麼生這麼大的氣啊？劉少奇頭上還有毛主席嘛，他們幾個總不能一手遮天啊。

林彪喝了藥，情緒稍稍平靜了些。馬洪說：葉主任講的對，根子就在劉少奇。據我所知，劉少奇多次對毛主席說，林彪身體不行，又不聽醫生的話，好好休養，還吸鴉片上癮，今後怎麼出來工作？

葉群聽了，也火了：他劉少奇有什麼資格講這個話？他是昧了良心，瞎了眼睛！林總身上的三、四十處傷口，哪一處不都是戰場上落下的？至今腰椎上還留有閻錫山部下的子彈頭，幾次赴蘇聯請專家會診，都取不出來嘛！吃點鎮痛藥，都要掛在他們嘴上？劉少奇、薄一波這些人物，身上有過槍傷嘛？打天下不見他們出現在戰場，如今和平日子，爭權奪利，他們倒是勇敢得很，都上了前線！

林彪聽任自己的夫人痛斥劉克思。

馬洪走後，林彪越想越氣，親自要通了西苑劉少奇辦公室的電話。一向勸丈夫息事寧人的葉群，這次沒有反對丈夫向劉少奇興師問罪：少奇同志嗎？我是林彪。你們還記得有一個叫林彪的人嗎？謝天謝地！虧你日理萬機，還記得有個林彪同志。你記得的是另外一批人，一批從敵人狗洞裡爬出來的傢伙，不是我這種為革命出生入死身經百戰身負重傷的人。對不起，我要求你聽我講完，聽我介紹自己。我十八歲進黃埔三期，一九二六年參加葉挺團北伐，一九二七年參加南昌起義，一九二八年上井崗山，隨後我開闢過贛南、閩西蘇區根據地。一九三四年長征時我是紅一軍團司令員兼政委，紅軍大學校長。那時，你只是紅三軍團的政治部主任，司令員是彭德懷，政委是楊尚昆！到達陝北後，我率部隊到山西抗敵前線，打了平型關一役……一九四五年秋我從延安率十萬幹部去東北，高崗、陳雲、張聞天、王稼祥、李立三、楊尚昆這些人物都是副手……一九四六年打四平，一九四七年圍長春，一九四八年打錦州，一九四九年春包圍北平，強取天津……五月渡長江，七月佔領廣州……。

林彪在電話裡，一邊向劉少奇列數自己的戰績，一邊怒斥白區黨那批鑽過敵人狗洞的軟骨頭，壞傢伙。足足罵了兩個小時，直到劉少奇在電話的另一頭委屈得哭出了聲音，才住口。林彪知道，劉少奇一放下電話就會去菊香書屋向毛主席匯報。林彪不怕。許多話，就是要讓毛澤東聽到、知道。主一國之政，必須分良莠、辨忠奸，不能只重視那些叫得好聽的狗。

在西苑西北角上的西花廳，政務院總理周恩來也接二連三地收到了好幾起聲討安子文私擬中央政治局委員名單的電話。原第四野戰軍政委、現解放軍總政治部主任兼總幹部管理部部長，最高人民檢察院檢察長羅榮桓，來電話問周恩來：安子文的名單是誰授意的？要置第四野戰軍於何種地位？一野有彭德懷、習仲勳，二野有鄧小平，三野有饒漱石，連那個被取消了番號的原華北野戰軍都有個薄一波！獨獨第四野戰軍的司令員林彪榜上無名！這說得過去嗎？全軍四支野戰軍，當年只有四野兵員超過一百萬，從黑龍江一直打到海南島！

羅榮桓平日溫文爾雅，淡泊名位，具儒將風範。周恩來被他一頓連珠炮般的發問，無言可對，只是求告說：羅總長，對於名單的事，我確是一無所知。你給我一點時間去了解情況，再回答你好不好？或者，你也可以直接給少奇那裡掛電話，問問事情的來龍去脈，再來冷靜對待，行不行？

長期養病的徐海東則從醫院病室給周恩來掛來電話：總理啊，怎麼會出這種神神鬼鬼的事情？聽講安子文四次被捕過，受過刑。他是個瘋子？應該送瘋人院，怎麼可以當中央組織部的副部長？

徐海東將軍是毛澤東及中央紅軍的大恩人，這是全黨皆知的史實。一九三五年夏天毛澤東、彭德懷等率領中央紅軍抵陝北，只剩下一支數千人的殘兵疲將，破衣爛衫，沒錢沒糧沒彈藥，隨時可能被國民黨軍隊圍殲。當時陝北還有另一支兵力較強的紅軍部隊，即劉志丹、高崗、徐海東的紅二十五軍。毛澤東對劉志丹、高崗二人不摸底，徐海東卻也是率部隊從南方轉戰北上的，於是秘密派人與徐海東聯絡，求借五千大洋以救中央紅軍斷炊之急。徐海東一聽中央紅軍斷糧斷炊，立即將軍部所有的八千大洋一個不留地交給來人：拿去，都拿去，都是紅軍部隊，自家兄弟，活命要緊！說是當時面黃肌瘦的毛澤東等人接到八千大洋救命錢，感動得流了眼淚，發誓不忘徐海東的革命恩情。

三野司令員陳毅從上海給周恩來掛來保密電話：總理同志哥！京城出了啥子事？是不是也要鬧「天京之變」了？共產黨聚義紫禁城，不要重蹈李自成、洪秀全之流的舊轍囉！

周恩來問陳老總何出此言？是不是聽到什麼風聲了？陳毅說：不是風聲，而是朋友告下一個名單。安子文算何方神聖？子係中山狼，得志便猖狂。聽說此人是少奇同志的親信。少奇同志怎麼重用這種幹部？康生同志和我說過多次，安子文就是徐子文，歷史上四次被捕，寫過「反共啓事」。少奇同志作爲黨的二把手，看來還是不夠成熟囉。

陳毅一向尊周恩來爲兄長。周恩來勸戒陳老總：值此敏感時刻，在中央沒有弄清情況、明確態度之前，不要亂放炮，更不要跟什麼人跑。也不要再跟別的中央負責同志打電話了。最好暫時置身事外，以免惹事上身。至於太平天國的「天京之變」，絕不會在今日的北京重演，老總盡可放心。

周恩來放下電話，立即通知辦公室工作人員：除了主席、少奇、總司令三位的電話，以及前線軍情，其餘的電話都不要轉進來，就說我外出了。吩咐罷了，他撥通紅機子，要了菊香書屋值班室：主席還在休息嗎？我可不可以來見？有重要情況報告。不一會，對方回了話：主席請總理立即來談。

周恩來沒有叫車，而騎上一輛上海自行車廠新出產的永久牌車，過紫光閣下小樹林，沿中海西岸馬路踩的風快，三分鐘後即到了菊香書屋北便門，停下車。見劉少奇同志眼睛紅紅的，正從夾道裡出來。周恩來迎上前去，沒顧上握手就問：少奇同志，安子文也年紀不小了，怎麼回事啊？劉少奇說：屋漏偏逢連夜雨，安子文把我害苦了。主席剛才發脾氣，要懲辦我和安子文。可他私擬政治局和中央機關領導人員名單，我確是毫不知情。他罪應處死！周恩來說：要冷靜，先了解情況。倒是要安撫、保護一下安子文，萬一他自殺，事情就永遠說不清楚了。我們不多談了，主席正在等著。

周恩來進到毛澤東的書房兼辦公室時，見毛主席仍是一臉怒容，便不敢先提羅榮桓、徐海東、陳毅等人給他打電話的事，而說：主席，是我在下面沒有把事情管理好，惹你生這麼大的氣。安子文的事，不那麼簡單，可能有比較複雜的背景。

毛澤東瞪了周恩來一眼：你一開口就搞調和……這回我唯劉少奇是問！要不是他授意，或者是默許，安子文有這麼大的狗膽？可劉少奇跑來我這裡流眼淚，發誓，以他的腦袋和全家老小的性命擔保，安子文私擬名單，他絕不知情！你相信、不相信？

周恩來說：我相信百分之八十。以少奇處事愼謹的習慣，這種名單，只可能由他本人草擬，而不大可能交由安子文辦理，這件事可能有相當的背景。剛才我在北便門遇到少奇，已建議他不要去逼安子文，提防安子文畏罪自殺，事情就永遠弄不清了。

毛澤東恨恨地說：死了拉倒。你說不是少奇授意的，又會是誰呢？我心裡也正奇怪，名單好像很快就被傳出去了。少奇說，昨天下午林彪在電話裡罵了他整整兩個鐘頭，什麼難聽的話都罵出來了。說他自參加革命以來，還從沒有被黨內高級幹部這麼辱罵過。哪麼，又是誰把名單交給林彪的呢？

周恩來說：主席已經看得很淸楚了，是有人在背後大做手腳。我要向主席報告的是，我也已經接了好些個電話，一個羅榮桓同志，一個徐海東同志，一個陳毅同志。他們說的都是同一件事……。

毛澤東問：他們都提要求了？是不是問安子文的政治局委員名單上爲什麼沒有自己？

周恩來恭敬地笑了：哪倒不是。羅榮桓、徐海東、陳毅三位都是很守紀律的好同志，他們不會爲自己爭什麼名利的。羅榮桓是替四野司令員林彪爭，說其他三支野戰軍都有領導人上了名單，爲什麼獨獨四野沒有？不公平；徐海東在醫院裡來電話問：安子文是不是個精神病？是瘋子就進瘋人院，而不能做中組部副部長；陳老總從上海掛來保密電話，問中央出了什麼情況？會不會鬧出太平天國式「天京之變」？我已告誡他不要亂放炮，要相信中央，相信主席會把事情查清楚，處理好。

毛澤東面色嚴峻：陳毅所慮極是，有覺悟，有全局觀念。我要感謝他。「天京之變」嘛，暫時還不會由共產黨重演吧？起碼我進城後沒有替自己修宮室，做洪秀全；劉少奇也還不是東王楊秀清，高崗也還不是北王韋昌煇，恩來你也不會做翼王石達開嘛。但要引起警惕，把事情消除在萌芽階段。

正說著，值班衛士進來請示：劉少奇同志來電話，說有事要報告主席，要不要轉進來？

毛澤東擰了擰眉頭：他剛走，又有什麼事？轉進來吧。跟著，毛澤東拿起了書桌上的電話，嗯嗯啊啊地聽了好一刻，才開口：請轉告安子文，包括少奇你本人，情況我已知道一些了。你們各有各的賬，我決不姑息。要深刻檢討，立地成佛，否則中央很難給你們改正錯誤的機會。

接過電話，毛澤東對周恩來說：你估計得對，是有人在背後大做手腳。少奇說，安子文剛剛向他交代了，是四天前，高崗把他和饒漱石找到家裡去，傳達了我的什麼指示，並要求中組部及早做些準備，云云。饒漱石也同意他預作準備。這個愚蠢的安子文，雞毛當令箭，就眞的準備下了兩個名單……當然，這倘是一面之辭，不可不聽，也不可全聽。一個巴掌拍不響，至少是安子文提供了炮彈嘛。少奇說，安子文向他保證了，天大的壓力，也不會自殺，會忠於黨，忠於人民。好了，不說這個事了。財經會議還在扯皮？薄一波還被揪住不放？有沒有轉到討論五年經濟建設計畫上來？

周恩來心裡輕鬆清朗了許多，知道劉少奇、安子文的麻煩已經有了轉圜的餘地：根據主席上次的指示，會議已經轉到討論五年計畫這個重頭戲來了。近三天會議放假，代表們去北戴河休息，明天回來繼續開會。對於薄一波和我的錯誤，建議中央給個結論和處分。陳雲同志回來了，請他到會上去講講，擺擺平。再有個幾天，也就可以散會了。

七月三十日，中國人民解放軍副總司令、國防部長彭德懷，在高崗的陪同下，乘專列火車從東北回到北京。隨同彭德懷回京的，還有援朝志願軍司令部的負責人鄧華、楊得志、韓先楚、洪學智等。這是一次英雄式凱旋。在京的中央政治局委員、中央各部委主要負責人、解放軍五總部負責人①，陸、海、空三軍司令員及政委，聚集在北京火車站廣場，舉行盛大的歡迎儀式，慶祝中朝兩國同志加兄弟，取得了抗美援朝戰爭的偉大勝利。歡迎儀式由北京市委第一書記兼市長彭眞主持。政務院總理周恩來在鼓樂鞭炮聲中，代表黨中央、毛主席，代表首都人民，給彭德懷、鄧華、楊得志、韓先楚、洪學智等英雄披掛紅綬帶，佩大紅花。周恩來還特意給一直立於彭德懷身邊的高崗也披掛上紅綬帶和大紅花，並有一個簡單的說明：三年零九個月的抗美援朝戰爭中，高崗同志作為中央人民政府副主席、東北局第一書記、東北軍區司令員兼政委，為這場偉大的保家衛國戰爭，在後勤供應、人員調配

---

① 五十年代上葉，中央軍委屬下五總部：總參謀部、總政治部、總幹部管理部、訓練總監部、總後勤部。

方面，作出了傑出的貢獻。也就是說，抗美援朝，前方總指揮是彭老總，後勤總調度是高主席，都是我們民族的大英雄，立下了不可磨滅的功勳。所有英雄人物的名字，都將載入史冊，永誌不忘。

七月三十一日晚，在西苑懷仁堂，舉行了八一建軍節三十六周年慶祝酒會，宴開近百席。毛澤東、朱德、宋慶齡、李濟深、彭德懷、高崗、聶榮臻、徐向前等在幾位志願軍文工團女演員的陪同下，繞大主桌入座。劉少奇、周恩來、陳雲、董必武、林伯渠、彭眞、李富春、鄧子恢、鄧小平、饒漱石、羅榮桓、康生、習仲勳等，則作爲主人，分別陪同鄧華、楊得志、韓先楚、洪學智及一批戰鬥英雄，在其他的席次上入座。席間，由中國人民志願軍軍樂團演奏《志願軍軍歌》、《解放軍進行曲》、《祖國頌》等樂曲。毛澤東主席祝酒時，全體起立，樂團停止奏樂。毛澤東首先向彭德懷、高崗二位祝酒，稱讚他們是指揮打贏抗美援朝戰爭的國際大英雄，中華民族的大英雄。全場熱烈鼓掌。彭德懷舉杯致答：功勞歸於黨中央，功勞歸於全國人民！高崗則領頭高呼口號：共產黨萬歲！毛主席萬歲，萬萬歲！毛澤東回敬以：志願軍英雄萬歲！中朝人民的兄弟友誼萬歲。

隨後，毛澤東在朱德、宋慶齡、彭德懷、高崗等人的陪同下，逐桌去向志願軍模範英雄人物敬酒，以示表彰慰勞。劉少奇、周恩來、陳雲、董必武、林伯渠等十幾位領導人也都尾隨其後，加入了敬酒的行列。還是周恩來看出來敬酒的隊伍過長，行動不便，在敬過了鄧華、楊得志、韓先楚、洪學智等人後，遂提議：彭總、高總，你們還是陪毛主席、總司令和宋副主席回座吧，剩下的英雄們，由我和少奇領大家去敬酒。毛澤東點點頭：好啊，恩來，你們就代勞吧。毛澤東剛欲轉身，忽又叫住羅榮桓：羅政委，林彪又沒來？他是參加過南昌起義的大將軍，你要代我去致意啊。羅榮桓連忙應承：一定一定，他一向不大出席熱鬧場合……這時，劉少奇舉杯過來，要向彭德懷、高崗二位敬酒。高崗卻視而不見，扭頭轉身陪毛主席、總司令回席去了。倒是彭德懷爲人厚道，平日雖也不大看得慣劉少奇，但衆目睽睽之下，總是情面難卻，而熱情地與劉少奇碰了杯、握了手。

宴會之後，是觀賞志願軍文工團的文藝匯報演出，快板書、對口相聲、梆子清唱、京韻大鼓、東北二人轉等節目一齊上，內容活潑，形式多樣，表現志願軍戰士英勇殺敵，美李軍隊狼狽潰敗的種種情狀，引起台下觀衆一陣陣熱烈的掌聲、喝采聲。毛澤東、朱德、劉少奇、宋慶齡、李濟深、董必武、林伯渠等坐在第一排正中央的位置上，高崗則離開自己的座位，到第二排和彭德懷、羅榮桓、聶榮臻、徐向前、徐海東、劉亞樓、鄧華、楊得志等將領們一起，邊觀看演出邊說說笑笑，甚爲矚目。周恩來也沒有陪坐在毛澤東身邊，而到第三排的邊座上找總政治部副主任蕭華將軍談話、聲音壓得很低：志願軍文工團回來後，可以維持建制，人員作適當精簡，改爲中南海歌舞團，以年輕女演員爲主，加上樂隊，政治可靠，一百來人就可以了。這樣，主席和總司令等領導人周末跳跳舞，或看看歌舞演出，就不要到外邊去請舞伴和樂隊了。當然這事還得和彭總通氣，請主席批准。

毛澤東觀看了一會演出，趁著落幕換節目，他回轉頭來朝高崗、彭德懷等人點了點頭，就起身離去。隨即有位青年衛士繞到彭德懷的身後，俯身報告了幾句什麼。

二十分鐘之後，彭德懷來到菊香書屋主席辦公室時，毛澤東已半坐半躺在沙發上等候他了。毛澤東並未起身，指著旁邊的藤椅說：坐，坐，你我都免了俗套。你不吸煙，就喝茶吧。老彭啊，你如今是國際大英雄加民族大英雄了，功勳蓋世，我作爲你的老鄉，與有榮焉囉！

彭德懷嘀嘀笑著坐下來。忽然他的眼睛像被針刺了一下似的，看到毛澤東的大書桌上，放有一幀書本大小的毛岸英烈士的遺照！

毛澤東並不在意彭德懷的表情反應，自顧自說：這一仗還是打的划算，死傷了六十幾萬？可打出了中國人民的志氣，中國人民的威風。西方列強欺壓了我們一百年，如今嚐到了「東亞病夫」的鐵拳頭！當然我們也付出了大代價，把解放台灣的事給耽誤了。這個代價，大約還要過些年，才會顯示出來……對了，你昨天來電話，有要事和我談談，什麼好事呀？

彭德懷卻一直在想著毛岸英的事。四年前的那個冬天，毛澤東也是在這間屋子裡，把長子毛岸英交給自己，並擺酒送行啊。是老毛硬要把岸英塞給自己……戰爭結束了，岸英卻長眠在朝鮮土地上了……彭德懷好一會才緩過神來：啊，是的，是有個事，有個材料要交你過目……。

毛澤東問：什麼材料？是不是金日成托你帶信了？

彭德懷交上的都是安子文私擬的那份中央政治局委員名單，和一份刊有當年安子文出獄的「反共啓事」的舊報紙。

毛澤東的臉色陡地陰沉了下來，把兩份材料丟在茶几上，閉上眼睛，半天沒有吭聲。那張已經發黃的舊報紙爲一九三六年八月三十一日的《華北日報》，但上面刊登的《徐子文反共啓事》標題醒目，字跡清晰：

子文等前因思想簡單，觀察力薄弱，交遊不愼，言行不檢致被拘禁於北平軍人反省院反省自新。

當茲困難時期凡屬中國青年均須確定方針，爲祖國利益而奮鬥。余等幸蒙政府寬大爲懷，不咎既往，准予反省自新，現已誠心悔悟，願在政府領導之下堅決反共，做一忠實國民，以後決不參加共產組織及其他任何反動組織及其他任何反動行爲，並望有爲青年俟後莫再受其煽惑。

特此登報聲明。

簽署人：徐子文、劉華甫、楊仲甫、周斌、董旭天、夏維勳、馮俊齋、張永璞、徐立仁

中華民國二十五年八月三十日

彭德懷見毛澤東閉上雙眼，不理睬他交上的材料，一時也有些懊惱，悔不該替高大麻子來轉交這兩份東西，惹這團麻紗。沈默了一會，毛澤東睁開眼睛，掃一眼那發黃的《華北日報》，問：徐子文，是不是安子文？劉華甫就是劉瀾濤？楊仲甫就是楊獻珍？張永璞就是薄一波？徐立仁就是徐冰？

彭德懷一時回答不上。

毛澤東緩緩地嘆了口氣：老彭啊，你是帶兵的，自然搞不清人家白區地下黨這些人物的化名。這件事，記得你和高崗、林彪、徐海東等同志，在黨的「七大」期間就提出過。但當時是在日寇侵佔北平的前夕，國民黨方面提出只要辦一個手續，即可讓關在北平軍人反省院的那批原華北局地下黨幹部

出獄，後經劉少奇報張聞天同意的。張聞天是總書記，當然是代表了黨中央的。因涉及一大批幹部的政治生命，不能不愼重，「七大」時我沒有支持你們。現在籌備「八大」，你們又舊案重提……還有那份名單，你剛回來，怎麼這樣快就到了你手裡？是那位王爺讓你來轉交的？

彭德懷襟懷坦蕩，問心無愧：高崗同志……老毛啊，我不能不說一句，你是一家之主，當這個家不容易。一粒老鼠屎搞壞一鍋湯。安子文這種害群之馬，確是不宜重用，而應嚴加查辦！

毛澤東嗞嗞地吸起煙來了：知道了。現在情況比較複雜，不像你想的那麼簡單呢。這幾年，你的精力主要放在了朝鮮戰場上，對北京的情況了解有限。作爲老同志、老同事加老鄉，我也要奉勸你一句，你作爲國防部長，解放軍副總司令，主持中央軍委日常工作的副主席，又是國際英雄和民族英雄的，要戒驕戒躁、愼言愼行呢，不要光是和一些武人搞在一起，也要多和文官們交交朋友呢。好了，這件事就暫時談到這裡了。中央的老鼠屎，不止一粒。害群之馬，也不止一匹。我還要再看一段，總會有個態度的。你就且聽下回分解吧。

第二七章　曹營的事不好辦

八月十二日，歷時兩月的全國財經會議閉幕。會議閉幕之前，中央政治局對薄一波作出了組織處理：撤銷他的中央財政部長、華北局第一書記兩項職務，僅保留中央財經委員會副主任一職。任命鄧小平兼任中央人民政府財政部部長。

在這期間，江青取代師哲，獲任為中央書記處政治秘書室主任。

師哲，陝西韓城人，一九〇五年生，與高崗同齡。一九二五年進入馮玉祥國民軍校。一九二六年派往蘇聯基輔軍校學習，並加入中共旅俄支部。一九二九年入蘇聯內務部工作，直到一九三八年轉莫斯科共產國際執行局，任中共代表團團長任弼時的政治秘書。一九四〇年隨任弼時回到延安，任毛澤東的俄文秘書，成為毛澤東的五大秘書之一。其間兼任過陝甘寧邊區政治保衛處一局局長，為高崗的直接下屬。一九四九年進京任中央書記處政治秘書室主任。已在毛澤東身邊工作了整十四年。

師哲去職，表面上是爲讓他集中精力做好國家文教委員會俄語人才的培訓工作，實際上是主持中央書記處日常工作的劉少奇，忌諱他是高崗的同鄉，周末常去東交民巷八號院跳舞，往來密切。加以他曾經在蘇聯內務部保衛局工作過長達十年的時間，如果替高崗做內應，就猶如在中央書記處埋下一顆定時炸彈。況且已經有了這方面的蛛絲馬迹，如中央書記處關於陶鑄、馬洪等人的工作安排意見，怎麼很快就傳到了高崗耳朵裡，是誰走漏的消息？

因師哲是毛主席身邊的人，劉少奇不便出面將其調動，腦筋便動到了毛澤東的另一名年輕政治秘書田家英身上。意欲由田家英取代師哲。小田爲人正派，背景乾淨。學問文章都是毛澤東所看重的。

又是一天傍晚，劉少奇在中海岸邊散步時，碰到了也是出來散步的周恩來。兩人又坐在岸邊石墩上扯了一會兒工作。劉少奇向周恩來建議，鑑於蘇聯援建的一百三十六項大型工程進入設計勘測階段，大批蘇聯專家來華指導工作，國家急需一批俄語人才，師哲是這方面的專家，應讓他發揮所長，全責這方面的工作。至於毛主席需要俄文翻譯，可以隨時召回，他的組織關係仍可留在書記處。

周恩來從劉少奇的話裡聽出了弦外之音。他明白少奇同志現在遇到陝西籍的幹部就有過敏反應。但安子文也是陝西人，少奇同志卻又那樣信任。遂問：那麼，誰來接任書記處政治秘書室主任？

劉少奇搔了搔花白了的頭髮；田家英怎樣？小田也是主席所器重的人才。

周恩來若有所思地點了點頭：小田是個不錯的人選。但要調動師哲，恐怕難於說服主席……若要主席首肯，我倒是想到一個合適的人，而且我們目前很需要這個人發揮發揮作用。

劉少奇彷彿摸準了周恩來的心思：你是說藍蘋？她一直是主席的生活秘書，而且一九三九年政治局有過約法三章，她不能介入黨內政治生活的。

周恩來微微搖了搖頭：都十四、五年過去了，情況發生了很大的變化，政治局的那個決定，早已不適應新的情況了。譬如藍蘋不能介入黨內政治生活這一條，早在一九四七年黨中央轉戰陝北、河北時就突破了。那時中央的許多指示、電文，包括一些作戰命令，都是由藍蘋起草、發出的。當然四九年進城後，她一直在養病，工作做得少些了。更主要的是，對付高、饒，非借重藍蘋不可。

劉少奇不得不同意周恩來的看法，兩害相權取其輕。對付高、饒是當務之急。至於藍蘋可能成爲潛在的威脅，以後的事只能留待以後去應付了。遂問：起用藍蘋，需要有人出面，先去找主席疏通。你、我顯然都不適宜。那一來，主席會感到突然，甚至生疑的。

周恩來笑了：現成的人物，藍蘋一向尊爲師長的康生啊。

劉少奇每次聽人提到康生，總是不由自主地感到一陣襲人的寒意：合適合適，由康生去找主席。恩來，這事就要勞動你了。你一向和藍蘋、康生的關係都不錯……康生這人啊，既恨饒漱石，又忌恨師哲。他忌恨師哲那個在蘇聯內務部工作過十年的資歷。我們的內保系統，也是一山容不得二虎囉。

幾天後，中央書記處在菊香書屋毛澤東辦公室開碰頭會。朱德總司令青島療養去了，高崗請假回了瀋陽，只有毛澤東、劉少奇、周恩來三人與會，加上一位列席的中央秘書長鄧小平。會上，周恩來先匯報了蘇聯援建的一百五十六項工程的勘測設計已全面鋪開，兩千多名蘇聯各行各業的技術專家已分期分批來華指導工作……。

毛澤東忽然插話問道：老大哥的援建項目不是一百五十七個嘛？怎麼變成一百五十六個了？這是高崗的國家經計委管的事，他又回瀋陽幹什麼去了？

劉少奇回答：高崗同志前天給書記處值班室留話，他要去安排第二批志願軍回國部隊的營地問題。恩來，還是你繼續發言。

周恩來恭敬地笑道：好。我們對外宣佈是一百五十六個，我一時說順了口……有一個項目是不對外公開的，老大哥專家幫助我們公安部建造一座高級政治犯監獄，主要用於關押少將以上的國民黨戰犯和僞滿洲國罪犯，加上外國重要間諜。前些天羅瑞卿、謝富治曾經報告過，他們初步選定在昌平縣的小湯山下，一個叫秦城的地方，一塊山谷平地，屬公安部農場範圍，不用向地方政府徵收土地。

毛澤東笑了：秦城，好名字。百代都行秦政制，以後就叫秦城監獄吧。

周恩來說：好得很，主席定下的名字。小平同志，請你記錄下來，回頭告訴羅瑞卿他們。爲適應大批蘇聯專家來華援助工作，我們急需培訓一批俄語翻譯人才。現在政務部各部委一開會，就爭先向我伸手，要俄語翻譯。個個火燒屁股似，心急等不得豆子爛。在中央機構的負責人中，只有師哲同志稱得上是個俄語專家。好鋼用在刀刃上，最好的辦法是把師哲調來專責俄語人才的緊急培訓工作。只是他目前擔任的書記處政治秘書室主任一職也很重要。如同意調出師哲，又由誰來頂替他呢？

毛澤東打了個下決心的手勢：量才適用，需要調師哲，就調動一下吧，我不反對。而且可以隨時把他召回。誰來接任呢？

周恩來知道事情已經康生在毛澤東面前疏通過了，便把個順水人情交予劉少奇去做：少奇是打理書記處日常工作的，或許可以提個適當人選？

劉少奇心領神會，認眞地思考了一會，才說：我提藍蘋。她是主席的生活秘書，兼任書記處政治秘書室主任，合適。

毛澤東表示反對：那怎麼行？我做書記處主席，堂客做書記處辦公室主任？要避嫌疑呢。

周恩來說：我看合適，舉賢不避親嘛。當年我是和藍蘋一起跟隨主席，從陝北轉戰出來的，知道她是位才華出衆的女同志。國家正是用人之際，不用藍蘋，也是一大浪費嘛。

列席會議的中央秘書長鄧小平也點頭附議：藍蘋行。秘書室主任，不就是管個文件收收發發，材料匯編，上傳下達嘛。

毛澤東臉上有了一種模稜兩可的苦笑：我眞拿你們幾位沒辦法。藍蘋的事，還是要顧及影響囉。

周恩來抓住時機，對劉少奇說：少奇同志，這件事，就算定下了。是不是請鄧小平秘書長記錄下來，交中組部發個任命通知？

劉少奇說：好，我同意。師哲調任政務院文化教育委員會副主任，正部級，專職全國俄語人才培訓，可由中組部發文任命。藍蘋屬中央書記處工作人員的內部調整，由書記處發個通知就行。我們還是要尊重主席的意願，照顧到影響問題。

周恩來見毛主席並無任何表示，知道事情就算通過了。他心裡不禁暗暗佩服劉少奇，既調走了師哲，又不給藍蘋以名正言順的職務待遇。職務的升遷不經中央組織部辦理手續，也就不存在級別的界定了。毛主席本人呢，又從來不把自己婆娘的級別高低放在眼裡。

果然，毛澤東說話了：好好，師哲去，藍蘋留，都不是什麼大事。下面，商量一下，開第二次全國組織工作會議的事。會議由誰主持？書記處拿出個意見來，好提交政治局會議去議決。

周恩來說：我看，財經會議是我和高崗同志兩人主持的，組工會議，輪到少奇辛苦一回了。工作報告，倒不一定由少奇親自作，專業性會議嘛，由中組部的負責人去作，就可以了。

毛澤東問：少奇，你說呢？

劉少奇說：要論中組部的幾位負責人，饒漱石、郭鋒二位調來不到一年，情況恐怕還不完全熟悉。有反映，漱石同志連許多省委組織部部長的名字都叫不出，更不用提副部長了。若作工作報告，恐怕有些困難。要論對情況的全面了解，熟悉程度，還是要數安子文同志……。

毛澤東主席今天似乎心情比較好，聽到「安子文」三個字，也沒有像前些日子那麼反感，只是說：安子文嘛，他還有個私擬中央政治局委員名單的事沒有做處理，由他作報告，能服眾？

劉少奇說：現在已經查明，是有人做成一個圈套，讓他鑽了進去。其實他還算個老實人，多次向書記處調查組表示，雖然是有人設了圈套，但錯誤到底是他犯下的，請求中央只處分他一人，而不要追查下去了。由他一人承擔問題的全部責任，有利團結。不然說過的話也無錄音，沒有依據，咬來咬去，只會把水越攪越渾，給中央和主席添亂，不值。

毛澤東沉默一刻，才說：對於安子文的錯誤，還是要展開嚴肅的批評，教育，讓他汲取教訓。可以考慮由他作會議的工作報告。報告也可以寫成上半部是反省檢查、下半部是工作總結嘛。

毛澤東又病了，是輕度中風。衛生部保健局的醫學專家們向中央書記處呈交了一份會診報告，建議主席離開北京，外出休息一段時間，配合治療，輔以適當的體育鍛鍊，譬如每天堅持散步，游泳等。中央書記處決定，時值炎夏，要求主席赴北戴河療養，並配合醫療小組專家們的治療。

毛澤東原本想上江西廬山度夏的。但負責安全保衛工作的公安部部長羅瑞卿堅決反對：專列長時間奔駛，廬山又尚未修成盤山公路，要坐滑杆才能上去，沒病的人都會折騰得很辛苦的。還是按書記處的決定，去北戴河吧！那裡離北京近，氣候又涼爽，還可以下海游水，鍛鍊身體。

周恩來在與中辦主任楊尙昆商議隨主席出行的醫護組人員名單時，想起了孟虹的妹妹孟蝶。孟蝶入西苑醫務處工作已經四個來月了，據楊尙昆反映，是一名很稱職的護士，長相不亞於她姐姐不說，尤其是性情溫存，善解人意，工作上任勞任怨，技術上精益求精。剛出生幾個月的嬰兒，需要打靜脈注射時，一般老醫護人員都很難找到的靜脈，她卻一扎一個準，成了醫務處的一絕。加上她懂中醫針灸、推拿，就更是個難得的人才了。中辦許多上了年紀的人都說，誰家孩子要找了孟護士做媳婦兒，眞是全家的福氣了。

周恩來一聽大喜，決定將孟蝶列入主席醫護組人員名單中。楊尙昆卻沒頭沒腦地問了一句：這合適嗎？周恩來明白他的潛台辭：不要把一個乖女孩，又弄得和她姐姐一樣……。

周恩來說：怎麼會？孟虹就是孟虹，孟蝶就是孟蝶，兩回事嘛。當然，我們要盡量保護她，譬如，根本不要讓她和東交民巷八號院那邊有接觸的機會。但主席的健康，是全黨首要的重大問題。爲了這，是必須作出一些適當安排，包括某些方面的人員奉獻。

楊尙昆忽然拍拍腦門，想起另外一件事：對了，差點子給忘記了，前天總政部蕭華同志報來一個「西苑歌舞團」名單，連樂隊共一百二十人，其中女演員六十人，男演員二十人，說人員都經過了嚴格的政治審查，原來志願軍歌舞團的班底，說是總理吩咐辦的……我還不知道是啥子回事呢？

周恩來點點頭：是我讓辦的，沒有來得及和你打招呼，也還沒有和彭總通氣。春藕齋不是每逢周末、節假日都要舉行舞會嗎？主席、總司令、少奇同志、董老、林老他們，都喜歡跳舞，通過跳舞來活動筋骨和鍛鍊身體。這幾年，每次都要到各文工團去弄舞伴和樂隊，不但手續麻煩，而且涉及人員過多，也有安全及影響等問題。所以「八一」建軍節懷仁堂舉行晚會，看了志願軍歌舞團的演出，我就和蕭華商量，保留建制，精簡人員，可以考慮改名爲「西苑歌舞團」或「八三四一部隊文工團」，歸總政和中辦共同管理……一百二十人？太多了。告訴蕭華，樂隊三十人，女演員四十人，男演員十人，搞個八十人的隊伍，足夠了。男演員年齡不要超過二十二歲，女演員年齡不超過二十一歲。三年一輪換。樂隊年齡不受限制。所有成員，除了嚴格政審，還要重新檢查身體，不能有狐臭、口臭，或者身體有異味。女演員體檢包括婦科……。

楊尙昆記錄著周恩來總理的指示，並問：這事主席批准過了吧？還有彭德懷同志一關。

周恩來點點頭：當然經過主席同意了的。主席說可以，人員相對穩定好。八三四一部隊一萬多人馬，名義上仍是中央警衛團，實際上是個軍的架子，配置一個歌舞團，歌唱些好人好事，英雄模範，鼓舞士氣。也免得春藕齋老是出現些新面孔，良莠不齊，換來換去，名字都叫不出。

楊尙昆笑了：我們中辦，今後還得管理這些娃娃兵了。首先規定一條，人員嚴禁搞對象，談戀愛。三年一輪換很好，讓他們轉業了，再去考慮個人問題不遲。

正說著，值班秘書敲敲門，進來報告：江青同志來了，大姐在前院接著。她說是有要緊的事找總理匯報。大姐沒有提楊主任在這裡。

楊尙昆立即起身告辭。周恩來送到辦公室門外，握住楊尙昆的手：急什麼呢？還有個事，你替我安排孟蝶明天中午上西山四號院。我這條胳膊啊，最近老是發痳，請她做做針灸，也是試試她的技術……這邊走吧，我明白你的意思，能不碰面的，盡量避免碰面。

楊尙昆剛從後院側門出去，鄧穎超即拉著江青的手從正門進來了。周恩來在辦公室門口迎著，鄧穎超對江青說：好了，我把妳交給他了。周恩來握了握江青的手，感到江青身上散發出熱氣：什麼事啊，大熱天地跑了來，打個電話，或是叫我去一趟菊香書屋，不更好些？

江青搖著手裡的摺扇：我是騎自行車來的，天津自行車廠送了一輛飛鴿牌試騎，還挨了老閪的批，說是不正之風呢。

周恩來邊把江青往裡讓，邊對鄧穎超說：小超，還有沙河西瓜嗎？叫小鄭切一盤來，解解暑氣。

不一會兒一位胖胖乎乎的女護士模樣的人兒，端來一大盤紅沙瓤西瓜，及一疊白淨的小毛巾。江青先以毛巾擦了手，再換毛巾輕輕貼了貼臉，才取過一片西瓜咬了一小口，讚道：好瓜，又甜又涼。你們西花廳，怎麼有冰鎮西瓜啊？爲了節約用電，西苑人家都不准用冰箱的啊。

周恩來說：土法上馬囉。我們前院裡不是有一口水井嗎，十多米深，水很涼，平日總是蓋了井口的。我們廚房的同志動腦筋，他們每逢要做涼拌菜，就先把材料封好，吊下去浸上幾個小時。來了西瓜也吊下去冷鎮，所以如同冰鎮。對了，菊香書屋院子裡是沒有水井。如果你和主席喜歡吃冰鎮的，以後由我這邊冷鎮了，再送過去。少奇院子裡也沒有水井，光美帶瓜來試過幾回，效果很好哩。

江青見提到劉少奇，明亮的眼睛裡忽然閃出了幾絲絲火星子似的：總理啊，我是有個事要找你，主持公道，也是替我出出氣……。

周恩來已經明白她要說的大概是什麼事了，而故作輕鬆地開玩笑：藍蘋啊，先吃瓜，先吃瓜！什麼大不了的事？朝鮮停戰了，第三次世界大戰暫時打不起來了。

江青嬌嗔地瞪了周恩來一眼：你也是個大男子主義者……這件事，我不吐不快。昨兒個在書記處看到兩份通知，一份是中央組織部的，免去師哲中央書記處政治秘書室主任一職，轉任國家文化教育委員會副主任，正部級；一份是書記處自己弄的，任命我兼書記處政治秘書室主任，根本不提級別。

這不是欺負人嗎？同樣的職務，師哲做算正部級，我做，則沒有級別。師哲的任免通知，由中央組織部下，我的任命，卻由書記處內部通知！我知道是誰在搗鬼。當然我可以遵守紀律，不說是哪位大王爺搗了我的鬼！但不平則鳴，不公則爭，我不是要爭個什麼正部級，但要論論這事的理兒！

周恩來細心地挑剔著瓜上的一粒粒瓜籽兒，做著悉心恭聽的樣子。

江青繼續說：師哲除了比我年長十歲，入黨早我七年，其餘的，他比我強在哪裡？他是主席的俄文秘書，我是主席的生活秘書，同是中央五大秘書之一嘛。我一九三八年就做了主席的助手，他是一九四〇年才從蘇聯回來的。而且康生同志說過多次，師哲自稱一九二六年在蘇聯參加了中共旅俄支部，但介紹人是誰都交代不清楚！他在蘇聯住了十年，參沒參加托派，很可疑。好了，不要隨便議論他了，就論論勞績吧，總理你是清楚的，我幫主席起草過多少電報，文稿？爲解放戰爭出過多少主意？圍長春，打錦州，最初還不是由我提出來的？我從來沒有在黨內爭過什麼名位，也從來看不起什麼名位。但這次的事，辦得也太欺負人了：同樣的職位，師哲算正部級，我卻算個副處級！

周恩來抬起眼睛來，嘆了口氣問：藍蘋，妳怎麼算個副處級？我怎麼一直不知道這個事？

江青眼睛紅了：總理，你是太忙了，不了解的事太多了。我在政務院屬下的文化教育委員會裡的電影藝術委員會掛名副主任，不是副處級是什麼？王光美參加革命才幾天？入黨才幾天？如今算中央辦公廳機要科科長，正處級！少奇同志分管組織，有這麼欺負人的？

周恩來聽江青越扯越寬，除了師哲，還扯到了劉少奇、王光美，簡直是打亂仗了，不得不委婉地勸道：藍蘋啊，妳的級別問題，我是犯了官僚主義。但千萬不要和別的同志去攀比，萬一傳到主席耳朵裡，惹他發怒，就不好了。其實，以妳和主席的關係，見官大三級哩。哪位野戰軍司令員、政委，包括中央的哪位領導同志，見了妳，不是客客氣氣，恭恭敬敬的？我可以負責任地告訴妳，正是少奇同志提議妳接任師哲的，主席開始不同意，怕黨內影響不好。是我和少奇同志堅持舉賢不避親的。少奇和我，不能在主席面前提到妳的級別，若提了，他根本不可能同意，並會嚴厲批評。由書記處發通知，還是少奇同志的通融辦法呢。不信，妳可以選個適當時機，試一下主席的意向……。

江青聽了，漸次心平氣靜了下來，並沮喪地承認，她已經向老闆提過，受到了嚴厲喝斥，問孫中山在世時，宋慶齡有級別沒有？再敢鬧級別，就滾，搬出去住，什麼絕情、難聽的話，都罵出來了。

說著說著，江青已是淚眼婆娑，一付求告無門的可憐模樣。

周恩來繼續勸解道：藍蘋啊，妳是位聰明人。剛才這些話，在我這裡說過就算，不要再對人提起，注意影響。主席在氣頭子上的話，妳不要太在意。事情一過，也就沒事了。主席一向立黨爲公，內嚴外寬，上嚴下寬，越是親近的人，他要求越嚴格，批評起來越厲害。妳親眼看到過，他是怎麼批評我的？還有少奇同志，幾次被主席批評得哭鼻子。我能理解主席，爲了黨、國家、軍隊，方方面面的工作，他有很大的壓力。

江青接過周恩來遞上的小毛巾，眼眶、臉蛋的四處貼了貼，感激地點了點頭：知道了，我聽總理的。還有兩件事，我也想說說……。

周恩來掃一眼牆上的掛鐘，再看一眼辦公桌上的兩大疊文件，之後又挑一片西瓜放在碟子上，推在江青面前：說吧。我是喜歡妳有空來聊聊天的，也是多一些信息，多一些教益嘛。

江青知道周總理很忙，也就直接了當地說：上海的楊帆怎麼辦？總不能幹了那麼多壞事，仍當著上海市公安局局長。就因爲他擋在那裡，上海電廠被國民黨飛機轟炸一案，一直破不了嘛。

周恩來心裡一沉，明白上海的楊帆是注定要倒霉了：康生同志那邊最近有什麼進展嗎？

江青卻說：康老師倒是要我來問問，總理這邊有什麼進展哩。

周恩來想了想，才放低了聲音說：我先後在不同的場合，和上海市長陳毅同志，公安部長羅瑞卿同志，上海副市長潘漢年同志，了解過楊帆的情況。他們三位都肯定楊帆是位忠誠的同志，工作很有成績。潘漢年同志甚至打了包票，說他以黨性保證，楊帆是好人……至於你上次提到的，饒漱石同志曾派他到蘇聯去從事有關活動，我是囑咐謝富治同志去內部調查的，謝富治同志沒有拿到憑據。我想知道康生同志最近有什麼看法？

周恩來明白，康生恢復工作以後，仍負責抓黨內情報系統的工作，並直接向毛澤東主席負責。許多事，連公安部長羅瑞卿、調查部長李克農都插不上嘴。

江青一小口一小口地咬著西瓜瓤，一滴甜汁也不見流到紅唇外邊來：康老師說，潘漢年本身就不大乾淨，他一九四〇年私自跑到南京去見汪精衛，與汪僞政權秘密勾結，至今沒有向黨組織交代！他和楊帆是一路貨色。

周恩來心裡更是大吃一驚，暗自叫苦了：這件事怎麼也叫康生給挖出來了？那是一九三九年，史達林為了延緩希特勒的東進計畫，把戰禍引向西歐、南歐的資本主義國家，而與納粹德國秘密簽訂了互不侵犯條約。中共中央根據莫斯科共產國際執行局的指示，也派潘漢年赴上海、南京，秘密與汪偽政權和駐華日軍總司令部接頭，試探聯日反蔣的可能性……但這件事，當時只有毛澤東、周恩來兩人知道。現在被康生挖出來，那麼，就是主席有意……想到這裡，周恩來不寒而慄，渾身打個冷噤。如果真是這樣，潘漢年——我們黨內一位最出色又資深的情報工作者，可就要死無葬身之地了。

江青見周總理好一會沒有做聲，知道他在另想心事，便又說：還有一件事，總理啊，你知道嗎？老闆要去北戴河療養，孫維世要跟了去……。

周恩來見提到乾女兒孫維世，便臉上有些掛不住了：有這回事？妳是怎麼知道的？

江青要笑不笑地說：我本來不可以告訴你……但維世是你的女兒嘛，我也就說了，是一名小衛士透給了我消息。

周恩來心裡苦笑，菊香書屋的事，也是太複雜了，情報工作，做到主席身邊去了。不過，對乾女兒的事，周恩來果斷地說：藍蘋啊，你是知道我這人的。潘漢年、楊帆過去都算在我手下工作過，涉及到黨內高級幹部的政治生命，我是很慎重的。除非主席有明確的指示，我會堅決執行；至於孫維世去北戴河，放心，我可以出面阻止！不像話，她還有自己的丈夫金山同志嘛。

第二八章　玉泉山禁地

周恩來送走了江青，即囑咐鄧穎超，讓乾女兒回來吃晚飯，問問她近來創作大型話劇的情況。

下午七時半，孫維世乘坐鄧媽媽派去的車子，來到了西苑西花廳。爸爸、媽媽已經在餐桌等著了。她按著從蘇聯留學期間養成的禮節習慣，先摟住媽媽貼了貼臉，又摟住爸爸貼了貼臉。入座後，再以小毛巾擦了擦手，見桌上已擺下了幾碟她一向喜歡的精緻冷盤：糖醋水晶蒿頭、麻辣魷魚絲、香酥海蜇皮、凌花雲腿片，禁不住說：嘻，爸爸媽媽果然是叫咱回家改善一次生活哩。我們實驗話劇院那食堂大師傅，什麼菜都是一鍋燴，煮得爛糟糟、油糊糊的，還不能提意見，一提意見就撂勺，如今工人階級可是惹不起哩。

鄧媽媽笑道：得了，你們劇院那班公主、王子樣的青年演員，怕也是嬌氣得很，難得伺候呢。

周恩來放下手頭的一份簡報，摘下眼鏡說：工人階級過去吃夠了苦頭，如今當家做主人，有點脾氣也是可以理解的。但幹一行，愛一行，技術上應該精益求精，工作應當兢兢業業。

孫維世聽著，咬住嘴唇才沒笑出來，心想爸爸說話，總是面面俱倒，誰也抓不住茬兒。

一位頭戴白帽的廚師助理模樣的小伙子，在餐室門口探了探頭。鄧穎超的座位是對著那扇門的，她點了點頭。原來西花廳廚房有個規矩，每當總理夫婦在家裡招待客人，每道炒菜上席前，祇給三、四分鐘的製作時間，力求鮮、嫩、香、脆。每隔五分鐘上一道。因是女兒回家，這天晚上的主菜只上三葷兩素一湯：椒鹽北洋淀大閘蟹，乾燒永定河鯽魚、薑葱蒙古牛柳、韭黃拌豆腐、清炒茭白、清燉里脊湯。甜點是一人一小碗清暑綠豆羹。

飯後，周恩來朝餐室角落的一隻潔白的大痰盂缸漱了口，孫維世也跟著漱了漱口。

周恩來對鄧穎超說：小超，我要和維維談談工作。就在這裡談，你去廚房裡替我謝謝三位大師傅，敬他們一杯酒，並要他們慢點進來收拾。

周恩來找人談工作，包括找乾女兒談工作，鄧穎超是從來不參加的。鄧媽媽退出後，周恩來拉住女兒的手，到南頭的沙發上坐下。當女兒美麗的腦袋要朝他肩頭靠攏的時候，他卻閃開了：維維，你今年三十二歲了吧？我記得你是一九三七年十六歲時，第一次到武漢八路軍辦事處找到我和你媽媽的。好快啊，一晃眼十六、七年過去了。

孫維世不知道父親爲什麼要發這一通感嘆，只是睜著溫順而嫵媚的大眼睛，文靜地點點下頷。

總理爸爸問：媽媽近來怎樣？我是指任銳同志。

任銳是孫維世的生母。周恩來於一九三七年將她們母女送去延安的，後一直在組織部門工作。

孫維世說：媽媽很好，常在家裡唸叨著她的總理和大姐。仍在中組部機要局，分管高幹檔案。

周恩來眼睛一亮，心想今後可以讓任銳報告一下高幹檔案被調閱的情況。一般來說，某某人的檔案被調閱，往往是該名高級幹部或者被整肅或者被升遷的前期動作。還有某些人物利用檔案搞陰謀。他嘴裡卻說：許久沒有見到任銳同志了，帶個話回去，請她有空來西花廳做客。她有我辦公室的電話吧？另外，你們文藝界有什麼新情況嗎？我主要是指你們戲劇界。

孫維世先是搖搖頭，忽又眼睛波光一閃：對了，有個新鮮事兒哩！是海軍文工團一位獨唱演員告訴我的，她們文工團到遼東半島去作巡迴慰問演出，也去了大連，旅順的蘇軍基地。蘇聯同志為了表示感激，專門派出了一艘小客輪，送她們出海觀光。她們到了一個叫做獐子島的地方，一座姑子廟裡，發現了一位貌若天仙的人兒，帶髮修行。大家都很納悶呢。這獐子島離大連很遠，客輪都要走三、四個小時，祗有十幾戶漁家住著。那麼荒涼的地方，卻有絕代佳人出家為尼。男女演員都想跟她搭話，聊天。但人家姑子卻神色高傲而又面帶寂容，就是不開口。男演員們開玩笑，說簡直就是大觀園櫳翠庵的妙玉呢，只有賈寶玉式多情種子來挑動她的芳心，她才會心猿意馬，夜不成寢……爸爸，你知道，我聽了這事，心裡在想什麼嗎？西苑裡頭，幾個月前不是悄悄傳出小道消息，高幹醫務處的女醫生孟虹，主席喜歡過的，回大連探親後失踪了嗎？沒準兒，沒準兒就是這一位呢。

周恩來心頭一亮，在茶几上的一片白紙上寫下：大連外海獐子島，姑子廟。擲下鉛筆，才說：注意了，這件沒頭沒尾的事，先不要傳到主席耳朵裡去。你最近還常去主席那裡嗎？和爸爸說實話。

孫維世噘噘嘴，低下頭去：你又管我了！說就說，去過幾次，他要的嘛！孟虹走了，他對蘇玫也不盡滿意嘛！嫌蘇玫太浪，要就不幹，一幹就連要兩回，他吃不消嘛。還有，還有，還有……

周恩來臉孔黑虎了下來：你住嘴！這麼庸俗、難聽的話，也好給我來說！還有，還有什麼？

孫維世不服地瞋上一眼：不是讓住嘴嗎？又不讓住嘴……還有主席說了，他要和藍蘋分居。屋子都看好了，就是豐澤園右邊的靜園，原先住過光緒皇上的珍妃的。和菊香書屋只隔了一條巷子。還說藍蘋可以回菊香書屋來就餐，管理家務，但不能再住到一起，只准她保持一個名分而已。

這卻是周恩來從乾女兒口中得到的一個更爲重要的信息。主席到底要和藍蘋分居了，儘管對外嚴守秘密。這算怎麼回事啊，前些天才剛剛任命江青爲書記處政治秘書室主任。而且中午江青也來過，只是鬧級別，卻隻字不提分居的事……。

周恩來問：妳知道事情是怎麼鬧出來的嗎？

孫維世說：我也是聽他自己斷斷續續說了幾句，大概是這樣的，一次藍蘋發現老闆正和蘇玫親熱，就破口大罵小母狗，騷妖精，騷了家裡的姐夫還不夠……再敢進菊香書屋，甭想走著出去……說是後來，蘇玫果然不敢來了。主席派車去接，也不敢上。康生同志也很生氣……。

周恩來沉思良久，才說：維維，這事就到這裡爲止。傳出去了，是要被殺頭的！我不是嚇唬妳。另外，我再次苦口婆心地勸告你，再也不要往裡頭摻和了。妳賠不起的。專心妳的戲劇藝術吧！我可以告訴妳的是，主席離不開藍蘋，藍蘋也離不開主席。這是事實。前幾天，剛剛同意任命藍蘋爲書記處政治秘書室主任。那是個很要害的職務，主席如不在政治上信任她，能同意這項任命？

孫維世很不以爲然地撇了撇嘴：不過一種交換嘛。作爲女人，她在老闆面前是完蛋了，政治上給她個補償。你信不信？老闆同意這項任命，只是讓她掛個名，不會讓她管很多事的。

周恩來又氣憤又驚訝地看著乾女兒，明裡暗裡地投懷送抱，耳濡目染，倒也摸出些門道來了。他忽然問：聽說妳最近也準備去北戴河？

乾女兒身子猛地朝後縮了縮：是去修改劇本，北京天氣太熱了，連你們這些黨和國家領導人一級的住處，都沒有冷氣，更甭提我們這些人住的地方，悶得像蒸籠了。

周恩來卻尖銳地說：到北戴河海濱療養院去修改劇本？太特殊化了吧？妳是有夫之婦。妳丈夫金山同志下去體驗生活了，他現在人在哪兒？

乾女兒回答：在上海閔行重型機械廠，準備創作一齣反映工人生活的大型話劇。

周恩來說：那好，你就帶上自己的劇本，到上海去找你丈夫金山，一起討論，修改，不是更好？

乾女兒急了：那哪成？我已經答應老闆了，到北戴河陪他一段……。

周恩來眼睛瞪起來：哪個老闆？你也敢稱爲老闆了？眞是不知死活！我現在通知你，我會告訴你們劇院黨委，你明天就去上海，不准留在北京。

孫維世也氣急了：好！好！我執行你的命令。但我要給他掛個電話，告訴他你不讓我去北戴河！

周恩來「啪」地一聲，手掌擊在茶几上，站起身來，怒斥道：走！走！去我辦公桌，妳去用紅機子報告！我讓妳用紅機子！

孫維世見爸爸大怒，一時嚇住了，珍珠般的淚滴，從豐腴的臉蛋上滴落下來：爸爸！總要給他一個交代呀？不能不辭而行呀？

周恩來不容辯解地說：妳不要管了，祗管明天去上海。剩下的事，我會作出安排……維維呀，剛才是爸爸態度不好。爸爸是替妳著急呀，妳卻總是不知厲害，往裡頭攪和。過去妳單身女子一個，那些事就算了；現在妳和金山，是有孩子家室的人了，起碼也要守守婦道呀。爸爸是怕有那麼一天，想救妳，都伸不出援手。

北京西北郊，頤和園公園以西數里處有一片崗巒疊翠，碧水瀅迴，樓台錯落的風景勝地，面積比城內的北海公園還大些，對外稱爲玉泉山，對內稱爲西山會議廳的，自一九四九年以來，就從未曾向北京市民開放過，軍事禁地是也。在北京普通市民心目中，西郊玉泉山，已是個日漸陌生了的名字，只依稀記得，那裡古稱燕京八景之一。有一眼泉水，更被大清康熙皇帝譽爲「天下第一泉」，歷代達官貴胄文人墨客多有詩文石刻留於山石之上；再有，就是人們遊頤和園時，可在佛香閣上望到西邊的萬綠叢中，白色浮屠，一塔如柱，風姿綽約地聳立在那兒，那就是玉泉山白塔了。至於玉泉山禁地圍牆東邊不遠處的一大片建築物——中共中央高級黨校，則是另一處樞機重地，爲培訓省、軍級以上高級幹部的神秘場所。

朝鮮戰爭激烈進行的那歲月，爲防止美、蔣飛機偷襲北京，尤其是偷襲西苑，中央軍委屬下的工程兵部隊，在玉泉山中日夜開工，爲黨和國家的最高領導人建造了十幾座半隱蔽式的西式小洋樓。每座小洋樓雖然錯落在山林各處，但皆有地下道通往地表深處一座巨大的人防工程——中央軍委戰時指揮中心。後又仿照西苑懷仁堂的規模，修建了一座「西山會議廳」，內有十來個大小型會議室。

朝鮮戰爭期間，美、蔣的飛機並沒有偷襲過北京，西苑安然無恙，玉泉山禁地沒有派上軍事用途，祇成爲黨和國家領導人在京郊的避暑場所罷了。十幾座西式洋樓，亦像萬壽路的新六所那樣，以阿拉伯數字編號，依毛、朱、劉、周、高、陳（雲）、董（必武）、林（伯渠）順序排列。但毛澤東對「玉泉山」印象並不怎麼好，祇入住過一次，且留下兩句至理名言，一句是：遠離市區，脫離群衆，像被幽囚一樣，誰喜歡做張學良，誰就去住吧；另一句爲：把黨的主要領導人集中在那孤零零的地方，前不巴村，後不著店的，不怕被人一網打盡？

由於毛澤東主席看不上「玉泉山禁地」，劉少奇、高崗等領導人也就很少光顧了。祇是朱總司令不大在乎，反正閒來無事，喜歡這裡滿目青山，可以打獵散心。後來，這裡就漸次變爲將、帥級的軍事領導人的休閒地了。先後入住過的除朱德外，還有劉伯承、賀龍、羅榮桓、陳毅、徐向前、聶榮臻、葉劍英、李先念、粟裕、蕭勁光、許光達、張雲逸等。軍事領袖們大都喜歡玩槍、打獵，於是附近的山林中又放養了一些野兔、山豬、獐麂之類，玉泉山禁地成爲遊獵禁苑，越發沒有規矩了。到了文化大革命初期，這裡更做過一些上將級人物的避難所，住過王震、宋任窮、楊成武、王平、楊勇、楊得志等人。至於文化大革命中、晚期，就連毛澤東所親手提拔的那位上海造反派司令、黨中央副主席王洪文，也鍾愛這裡的秀山麗水，經常呼朋引類，來這裡打獵，很有一點「錦帽貂裘，千騎卷平崗」的氣勢。當然，這些都是後話。

且說這天，周恩來祇帶了一名秘書，一名警衛，乘一輛蘇式高級吉姆車，悄悄出了西苑北門，由文津街折向西，在西四商場右拐，上西四北大街，過護國寺，在新街口左拐，折向西直門內大街，過西直門，上西直門外大街，過北京動物園南門，在路口右拐向北，沿白石橋路北行至中關村口左拐，沿海淀路過北京大學南門，在海淀路口右拐，沿海淀西路，過北京大學西門，在圓明園南口左拐，上頤和園東路，在騷子營路口再左拐，上頤和園北路，過北宮門，再連續兩次左拐，即上了玉泉山路，過中央高級黨校南門，再前行數百米，即是「玉泉山禁地」東門了。

當周恩來的座車進入警衛森嚴的東門時，當值的中央警衛團士兵一看車號，立即立正，行舉手禮。座車也祇是稍稍減速，即沿著碧水瀅迴的園中馬路緩緩連拐幾次，在四號樓門前停下。

周恩來一直在車的後座上批閱一疊文件。下車時，他看了看手錶：路上走了一小時二十分鐘。從西苑到這裡，一路上走走停停，說遠不遠，說近不近，是有點煩人。但下了車，滿目青翠，空氣清新，蟬鳴山幽，頓時神清氣爽。

樓前還有另一輛小卧車停著。管理員小李笑迎了出來：總理，您有老長一段沒有來過了。同志們都很想念您。周恩來倒毫無架子，親熱地與管理員握手：我這不是來了嗎？大家都好吧？在這裡工作有沒有感到寂寞？有沒有人鬧調動啊？我的小客人到了？

管理員小李忙說：報告總理，沒有沒有。比跟您在延安的時候，這裡已是天堂了。就是同志們大都年輕，有時感到閒得慌。但爲革命工作，爲首長服務，大家毫無怨言。樓裡樓外都收拾得乾乾淨淨……啊啊，總理的小客人也是剛到一會兒。我祇是納悶，原先的女醫生孟虹，怎麼從二十出頭回到了十七、八歲？越發水靈的不行，但又是一身護士打扮……。

周恩來鬆開了小李的手：小鬼，怎麼這麼貧嘴？忘記工作紀律了？「三個不」，是怎麼規定的？小李連忙重又立正站好：報告總理，「三個不」是：不該看的不看，不該聽的不聽，不該說的不說，嚴守機密，守口如瓶。周恩來拍了拍小李的頭：好了好了，你十四歲就跟了我，我還不了解你？最近給你提了正營級，是不是？

四號樓沿山坡而建，爲地上一層半，地下一層半式別墅。上五級花崗石台階，進樓門，門廳鋪著大理石，即便穿著皮鞋踩上去，也有一種清涼感。門廳右側是會客廳，南牆整面都是大玻璃，窗外新綠疊舊綠，幾樹花枝招展；遠處是碧水如帶，峰巒起伏。會客廳後是餐室，有闊窗朝東，也是風光入畫。餐室右邊是廚房、工作人員宿舍。樓上一層爲總理辦公室、臥室、保健醫生值班室、保健護士值班室。辦公室面南，臥室面北，都很闊大，但陳設簡樸。書房中央靠南牆一側有一張單人床大小的書案，靠西牆一排書架，擺滿了各類《辭源》、《辭海》、《馬恩全集》、《列寧全集》、《斯大林文選》、《毛澤東選集》、《魯迅全集》，以及《漢英大辭典》、《大英百科全書》等等。書案的北側，有一圓形茶几，圍有幾張藤椅。茶几上已擺有一盤切得齊齊整整的西瓜，一盤透著清香的白蘭瓜，一杯茶水。東牆上則是兩扇落地門窗，其中一扇已經打開了，乳白色的紗簾飄飛著。窗外是個大陽台，亦是一座可觀一百八十度風景的觀景台。

因樓上一層舖著純羊毛地毯，小李陪著總理上來時是悄無聲息的。小李幾間屋子找了找，回到辦公室來煞是奇怪：明明領她上來了，還擺著西瓜，白蘭瓜的，人呢？

周恩來甩了甩右胳膊，囑咐說：我們要邊談工作邊做治療，你去廚房通知一聲劉師傅，加幾道客菜，算在我的伙食開銷裡。說罷，快步朝半開著的陽台落地窗門走去。

一位身著素色衣裙、體態婀娜，長髮披肩的女子，正俯身欄杆上，眺望著四圍的湖光山色。聽到背後有腳步聲，嫣然回首：總理，是您……

周恩來也有些眼睛發花：天哪，這不是孟虹嗎？活脫脫又一個孟虹，粉面含春，眼波欲流，祇是比孟虹更年輕，更水靈，天設地造，天設地造，可惜沒有叫上攝影師，不然拍上幾幀「玉泉山仙子」之類，刊在《人民畫報》上，不知要愉悅多少讀者。

女子見總理癡望著自己，不禁羞的滿臉通紅，兩隻長胳膊無處可放似地垂著，可腰肢挺拔，亭亭玉立，一雙會說話的眼睛像在說：總理，俺眞的不知道是您，他們什麼都沒有告訴，只說來西山，替一位首長針灸……俺也不知道這西山是在哪兒，像是在畫圖裡……。

周恩來已經緩過神來，他親切地朝女子走近，像個慈祥的長輩，拉起了女子的手：孟蝶同志，我們見過面的。那是幾個月前，你剛進西苑醫務處的時候，楊主任領著你到紫光閣參加過一次舞會，但你說你不會跳舞，不肯下舞池……也是儘忙著，一直沒有顧上關心你……你好像也沒有提出過要見我啊？可見大有大官僚主義，小也有小官僚主義……。

孟蝶輕鬆地笑了起來，仍帶著些羞澀，卻是又燦爛又嫵媚。周恩來忽又砰然心動，難怪白樂天的詩裡有「回眸一笑百媚生」一說啊。進到辦公室內，周恩來才鬆開手，讓孟蝶在圓茶几對面坐下：來來來，大熱天的，先吃幾片瓜吧！說罷，便親自動手，以小銀匙將一大片西瓜瓤上的瓜籽兒一粒粒剔下，之後放進一隻小青花碟子裡，再遞過去：嚐嚐，解解暑氣。今天你是我的小客人呢。

孟蝶激動得眼睛裡水光閃動，嗓子眼堵得慌，胸口也砰砰跳著，連忙接過了，只是點著頭，連聲謝謝都說不出。

周恩來自己則拿起一片西瓜，沒顧上剔瓜籽粒了，大口吃了起來：好瓜！孟蝶啊，你們大連有好西瓜嗎？我是南方人，過去在廣州、江西、武漢、重慶、南京，都沒有吃到好西瓜。眞正的好瓜，是這北京郊區的，又甜又沙。前些時候鄧立群同志從新疆回來，說新疆的西瓜，甜得跟吃砂糖似的，吃多了，嘴皮都會起泡，是因爲那裡的沙漠氣候，太乾燥……怎麼，你還不動手？

孟蝶仍是臉蛋兒粉嫩嫣紅的，忽然柔聲說：俺聽您講話啦。難怪咱醫務處的醫生大姐們都講，總理說話的聲音眞好聽。

周恩來高興地嘀嘀笑了：我倒是覺得你笑起來的樣子最好看，正如那句成語說的，光彩照人。好好，又紅臉了，不說這個了。你到西苑工作已四個多月了吧？怎麼樣啊？遠離家鄉，親人，想家沒有？習慣不習慣？

孟蝶先是點點頭，接著又搖搖頭：報告總理，俺自上初中起，就在學校寄宿，習慣了在外生活的。何況，西苑這麼好，這麼重要的地方，許多人做夢也進不來的。首長們也和藹可親……。

周恩來以慈愛、誇獎的目光注視著小客人：我聽你們醫務處的負責人說了，你的注射、針灸技術很過硬，尤其是靜脈注射，你算一絕。工作任勞任怨，服務態度優秀。還說你周末也不跳舞，關在宿舍裡鑽業務書……是不是想考醫科大學啊？或許我能幫你一點忙呢。

孟蝶受了總理的表揚，一時又羞的滿臉飛紅：報告總理，俺不想考大學，俺祇想通過自學，充實自己……俺怕上了大學，國家統一分配，就回不了西苑了，不是？

周恩來又笑了：傻丫頭，果眞對西苑有了感情了。你去過菊香書屋，給毛主席做過針灸什麼嗎？

孟蝶埋下了腦袋，露出那潔白細嫩的後頸脖，好一會，才抬起頭來說：報告總理，祇去過一次。毛主席一見了我，就叫孟虹，孟虹，小孟夫子……俺報告主席，俺不是孟虹，俺是她妹子，名叫孟蝶……不知咋地，毛主席一聽我不是孟虹，而是孟蝶，就沒有興趣似的，讓我走了。我回到宿舍，哭了鼻子。俺知道俺不如俺姐姐，是大學生，有學問，懂詩詞。

周恩來見她簡單純潔，簡直是白璧無瑕，就更喜愛了：不要這麼說。我看你們姊妹是各有長處嘛。說心裡話，我是更喜歡你一些。起碼，你不像姐姐那麼思想複雜……隨便問一句，你知不知道你三姐去了哪兒啊？聽說出了家？年紀輕輕，才貌雙全的，何苦去與經書木魚爲伴？太可惜了。我的問題，你可以不回答。

孟蝶見總理說的這麼誠懇、眞摯，一時感動得眼含淚花：俺三姐什麼都好，就是這一次，俺不大看得上她。也眞是想不通，她一個心氣那麼高的人，怎地就要出家呢。俺不知道是不是眞的出了家，去了哪兒？好像有個什麼獐子島，獐子島……是俺胡亂記下的地名，沒個準性兒的……。

周恩來心中喜歡，臉上卻一絲絲也不見流露出來：好了，好了，不說你三姐了……今天，你是我的白衣天使哩。我的右胳膊啊，抗戰時期在延安騎馬摔傷的，去蘇聯治過，後來就直不起來了，倒也無大妨礙。祇是近些日子，總是木木的，有時拿份厚點的文件都費力。也吃過些舒筋活血藥的中藥，不見大效用。想到你是扁鵲、華佗的後人，給做做推拿，艾葉針灸……。

孟蝶見總理稱自己爲扁鵲、華佗後人，忍俊不住又笑了。當下，她請總理就坐在藤圈椅上，幫助總理脫去襯衣，脫去汗背心，光赤了上半身，開始做雙肩及頸部按摩，並說：您不要怕疼啊！這兒是個疼點，對不對？這兒又是一個，這兒還有一個……共是十幾個疼點。您要是疼了，就哼哼啊，不然俺就不管。做推拿，最要緊的是捏疼點。有時會捏得人出冷汗。但疼過之後就舒服，對不對？疼嗎？好，再疼一點，再疼一點……怎麼樣？俺沒騙您吧？是不是疼過了，就舒服？

周恩來額頭上冒出一層細細的汗珠，自己拿過一塊小毛巾抹了抹。小扁鵲說的不錯，疼過就舒服。這丫頭，好手法，在按摩推拿上，似乎比她三姐更勝一籌。還不停地給你說話，唱歌似的好聽。難怪楊尙昆說，誰家孩子要找了她做媳婦，全家有福。

這時，孟蝶繞到總理身前來。周恩來趕忙扯過襯衫掩了自己的腹肚。倒是孟蝶笑了：您呀，比俺還害臊？俺是衛生學校出來的，最初看到病人光了上半身子，也是臊得不行。後來就見怪不怪了。您身子很磁實呀……來來，把這條胳膊擱這兒，好推拿……

周恩來閉上了眼睛，他的發木的右胳膊擱到了孟蝶的腿上。他感到了那腿的溫軟彈性。孟蝶不說話了，一手握住他的手腕，另一隻手在他的胳膊來來回回地捏、拿、抻、搡、砍、抓、搖。不一會，整條胳膊就被做了熱敷似的，無數穴位，也像被針刺似的有了痲辣感。孟蝶在喘氣，一粒涼涼的東西滴在他胳膊上。他的手指，一下一下，觸到了什麼？孟蝶出汗了。

大約過了十幾分鐘，周恩來覺得整條胳膊都發熱了，活泛了，舒服了，睜開眼來，見孟蝶還在輕撫他，一雙會說話的眼睛癡癡地望著他，那近在眼前的粉嫩而飽滿的酥胸，在起伏著，甚至像在召喚著。唉，又一個情種。

孟蝶，好閨女……。

俺在這……。

傻孩子，你怎麼了？

第二九章　寧為雞首　不做鳳尾

毛澤東去北戴河療養，中央工作恢復劉少奇、周恩來、高崗三人輪值制。一人一星期的輪值主事。離京前夕，高崗獲准去菊香書屋匯報情況。高崗將兩封告狀信呈毛澤東審閱，都是告劉少奇的：一封是劉少奇的前妻王前從廣州寫來的，反映一九三七年劉少奇在天津主持地下黨北方局工作期間，曾將黨的一筆經費變換成金鐲子、金戒子等貴重物品，回延安後並沒有上繳黨中央，而佔爲己有，且至今也沒有向組織交代淸楚，是一項嚴重的貪污行爲。王前的信是經由華南局書記陶鑄以絕密件轉上來的，因怕落到劉少奇本人手裡，而特地委託高崗面呈毛澤東主席；另一封來自浙江省委，反映劉少奇近幾年在保護私營工商業、保護私有制方面的一些講話、指示，使省、地、縣三級幹部感到迷惑，摸不準中央究竟是要實行社會主義還是要發展資本主義。信中還提到，隔鄰的江西省委書記陳正人也對劉少奇同志的某些講話持保留看法，質疑少奇同志進城後屁股坐到資本家一邊去了。

毛澤東沒有把兩封告狀信看完，便還給高崗：信既是到了你的手裡，就還是由你去調查研究，跑一跑廣州、杭州如何？多掌握些第一手的材料總是有好處。影不影響你值班啊？

高崗說：頭一星期是劉少奇，第二星期是周恩來，第三星期才輪到我。眼下正好是個空檔。

毛澤東說：只能給你一星期。我不在北京，你也不宜離開太久。許多事情，要盯緊些，馬虎大意，害死人呢。

高崗見毛主席一臉病容，仍是這麼信任自己，不禁感動得渾身都發熱：是！我的主席。你一定要養好身體，健康長壽，黨、國家、軍隊、工人、農民，都不能沒有你！我這是掏心掏肺的話。我爲什麼和他們鬥？我個人和他們沒有任何私怨，歷史上也從沒和他們共過事。是路不平，要人剷，理不順，要人扳。不能眼睜睜看著他們搞右傾機會主義，保護、發展資本主義。不然，我們的革命就是柳條筐打水，白幹了……我保證一星期來回。只怕坐火車跑了華南跑華東，時間來不及。

毛澤東笑了：你如今也大有進步，學了恩來的一套，說的比唱的還好聽……搞社會主義，你倒是一直立場堅定，旗幟鮮明。時間來不及？我曉得你喜歡坐飛機。瀋陽這麼近，也是飛來飛去。朝鮮戰爭期間，中央特許你有一架專機，還沒有交回空軍去？你就乾脆孔雀東南飛，七天一來回嘛。到了廣州，替我問候曾志，陶鑄的愛人，在江西蘇區，她和賀子貞是好朋友。到了杭州，見到浙江省委的江華，也替我問候。順帶替我去看一個叫徐莊的園子，就在西湖邊上。江華幾次帶信來，想請我去那裡休息一段，說那園子寬大，游泳池、小戲台、小舞廳都是現成的。你告訴他，如果眞想我去住，就一定不要再花錢整修，一切保持原樣，一花一木都不准動。否則我不會去。

高崗掏出筆記一一記下。毛澤東問他，這麼點事情還要記在本子裡？高崗說，好記性不如爛筆頭，也是記下主席指示的原話，好下去原原本本地傳達。

高崗回到東交民巷八號院家中，當即把饒漱石找來，告訴饒哥，主席要去北戴河，他則要去南方調查有關劉少奇的事情。你們中組部不能按兵不動啊，安子文私擬了中央領導人員名單，就沒事了？你們先開部務會議，責令他檢查！一定要先打掉劉少奇的這條忠狗，聯繫他的歷史問題來審查。

饒漱石卻有些沮喪：高主席，有新的動向了，我正要向你報告……書記處已決定九月份召開第二次全國組織工作會議，由安子文代表中組部作工作報告。劉少奇神通廣大哩，他不說服主席，能有這項安排？中央的許多事，搖來擺去的，不可思議……。

高崗沒等饒漱石說完，就像屁股下安有彈簧似的，一下子蹦了起來，怒不可遏地問：有這種事？千眞萬確？姥姥的，簡直沒有黨法、王法了，組織工作會議，中組部部長不作報告，倒由他個剛犯下天大錯誤的王八蛋來作……亂套了，全亂套了！

高崗嚷著，忽又洩了氣的皮球似的，跌坐回沙發去，抽出支大中華塞在嘴裡，點上火，狠狠吸上兩口，才說：我剛去看過主席，是病得不輕呢。看來，他對付劉少奇一夥，也顯得力不從心……也怪我，上次書記處開會，我請假回了瀋陽，朱總司令去了廣州，劉、周趁機一唱一和，大動手腳。

饒漱石說：高主席，我方才的話還沒有講完……上次書記處會議，劉少奇還做成一件事，就是把你的老鄉師哲同志調離中央書記處政治秘書室，讓中組部發文，改任政務院文化教育委員會副主任，屬正部級；命藍蘋接任，卻不讓中組部發文，不定級別……劉少奇和藍蘋，向來不大咬弦呢。

高崗的眼神由怒火中燒漸次轉爲喜上眉梢：好，很好。你替我找找向明。他剛回了濟南？派個可靠的人去一趟。讓向明來藍蘋跟前燒一把火，同樣的職務，師哲做算正部級，輪到她藍蘋來做，卻無級別……只要把藍蘋的妒火調動起來，他劉少奇就多了一名死敵，有苦頭吃的。別看主席平日並不喜歡自己的婆姨，一旦覺得受了欺負，就總是站在一邊的。

饒漱石連連點頭：好！好！好！電影明星可不是盞省油的燈，一旦張口咬人，肯定比蛇毒。

高崗說：還有，這一段，我們要抓緊了。萬一主席身體不行了，中央權力落到了劉少奇、周恩來手裡，我們束手待擒？還是重新拉隊伍上山？前幾天我回瀋陽，就和張明遠、張秀山說了，一旦聽到毛主席病危的消息，他們要立即帶一支精悍的人馬進京。人數不要多，目標不要太大。要精悍，武藝高強，一人能頂十人用。到時候我們聯絡彭總、林總、羅總、徐總，還有江蘇的柯慶施，廣東的陶鑄，江西的陳正人等等，文的不行來武的，一個晚上解決問題，把叛徒、變節分子一網打盡。

饒漱石說：高主席慮事周全，到時候給他們個迅雷不及掩耳……當然，不到萬不得已，能不走這一步，還是盡量避免爲好。

高崗帶著張秀山、馬洪、趙德俊等人，乘專機去了南方。饒漱石、郭鋒則在中央組織部召開部務會議，緊鑼密鼓地對安子文展開批判鬥爭。部務會議形勢一邊倒，同仇敵愾對準安子文，既批他的現行錯誤，也揭他的歷史問題。會議並作出臨時決定：在安子文徹底交代、深刻認識自己的嚴重問題之前，必須吃住都在中組部機關大院裡，不得回家，不得見客，不得向外打電話。安子文面對來勢洶洶的整肅，一時不知道如何招架。他首先想到的是自己的老領導少奇同志是不是也倒楣了？上下一起整？但開了幾天會，饒漱石和郭鋒他們始終沒有提到劉少奇的名字，報紙上也仍在報導有關少奇同志的活動消息，他才稍稍安下心來。從來路線路線，上聯下串。只要少奇同志不倒，他安子文就不可能一敗塗地……而且，依照慣例，開會整他這一級別的高幹，必須事先在會上宣佈中央的有關批件。但連開幾天會，饒漱石和郭鋒都沒有出示過中央的批件，算怎麼回事？久經敵我鬥爭和黨內鬥爭磨難的安子文，終於漸次揣摸出來其中的蹊蹺。起初兩天，他還對自己私擬中央兩個名單的事認錯、作檢討，面對一聲聲嚴詞喝問，還有問必答；後來他就開始以沈默來抗爭了。但也不能總是這麼硬著頭皮抵抗下去。唯有老領導少奇同志能對他施以援手。因爲一旦自己被整倒，扯出許多人所不知的情節來，少奇同志是怎麼也脫不掉關係的……。

一天晚飯後，安子文正獨自一人在機關院子裡散步，暗中監視他的人不知去向，忽見自己的專車司機小勇在司機值班室值日，便匆匆回自己的辦公室兼臨時住處取了幾份材料，再返回院子裡，看看左近無人，便悄悄走進司機值班室，問正在翻報紙的小勇：你敢不敢開車送我去西苑少奇同志家裡？小勇是個復員軍人，已替安子文開了兩年的專車，見問，手裡報紙一放：有啥不敢？你的專車又沒有被上級收走，也沒有被撤銷職務，走！咱送你去。

車子開出機關後門時，站崗的士兵見是首長的專車，也沒看裡邊坐的是誰，便舉手行禮，放行了。十幾分鐘後，車子已經進了西苑北門，驗了證，直駛到中海西岸上劉少奇副主席的院牆外。

劉少奇見是安子文忽然找來了，竟是吃了一驚：你這幾天到哪裡去了？你家裡說你外出開會去了，你辦公室的電話卻總也打不通，出了什麼情況？

安子文報告：正在組織部機關裡接受部務會議的批判鬥爭，並被限制了行動自由。

劉少奇問：饒漱石有這樣大的膽子？不經請示中央，就擅自召開會議，批判黨的高級幹部？

安子文隨即交上幾天來他所作的會議記錄，以及饒漱石、郭鋒等人迫令他交代的十幾個問題。

劉少奇邊翻閱材料，邊說：你繼續講講，他們怎樣整你的？

安子文眼睛一紅，掉下淚來：老領導啊，人家是吃了秤砣鐵了心，要把我們斬草除根啊。我安子文算老幾？打狗欺主，人家是妄圖從我身上打開缺口，而把矛頭對準你。我算你的外圍，肅清了外圍，你就是他們的直接目標了。不把你拱下台，他們是不會罷休的囉。

樹欲靜而風不止。劉少奇見對方又在發起新一輪的攻擊，反倒冷靜下來：好吧！我來和他們周旋。我爲了大局，看在毛澤東主席的面上，忍讓得夠久的啦。他們既然不肯休兵，我倒要領教領教他們的手段。這樣吧，你還是回中組部機關去，不要讓他們知道你來過我這裡。以後他們批判你，你可以一問三不知。我會抽時間去一趟中組部，看看饒漱石如今變成了怎樣的三頭六臂！他們私設公堂，肯定是嚴重違反黨紀。我可以告訴你，中央的多數負責同志，不會同意他們胡作非爲的。

老領導給吃了定心丸，安子文回到中央組織部機關，態度越發強硬了。第二天，部務會議繼續開會時，安子文發現又有五位新來的人出席。安子文認識他們，都是各大區的組織部副部長，便主動上前去一一打招呼。那五位同志卻只是冷淡的朝他點點頭，而不肯和他握手。很顯然，是饒漱石以組織的名義，把他們召進京來提供炮彈，以加強火力的。這還叫什麼部務會議？

果然，會議一開始，郭鋒就亮出了一張發黃的一九三六年八月三十一日的《華北日報》，上面刊有〈徐子文等人反共聲明〉。一時間，群情激憤，紛紛大聲喝斥，甚至當場怒罵安子文爲無恥敗類，叛變分子，國民黨走狗。主持會議的饒漱石要求他交代歷史上的變節投敵問題。

安子文卻不動聲色，只是隨隨便便地看一眼那〈聲明〉，若無其事地說：這事黨中央知道，我們出獄是執行黨組織的決定，是光明正大的，不是叛變行爲。

饒漱石見安子文一副死豬不怕開水燙的樣子，登時大怒，拍著桌子說：白紙黑字的反共聲明，登在敵僞報紙上，你還公然賴賬？今天是黨的會議，我命令你把一九三六年出獄的詳細情況交代出來！

郭鋒等人也插言：對！交代出來！你口口聲聲說你們出獄是執行組織的決定，那你交代，是哪一級組織的決定？當時的負責人是誰？是誰指使你們集體叛變的？

安子文頭一昂，毫不示弱地說：我今天本來不準備開口的。看在各大區新來的五位同志的面上，我只得說，我們當時出獄，的確是組織的安排，爲了保存一批幹部力量。詳細情形，是黨的機密。中央書記處知道，毛主席知道。涉及大批黨的高級幹部的政治生命，我不能向你們解釋什麼了。你饒漱石同志當時不在中央工作，今天沒有必要、也沒有權力過問這件事。

郭鋒幾位氣得不可，離開座位，衝到安子文面前，要揍他狗日的叛徒特務！

安子文大叫：你們敢動我一指頭！你們私設公堂，這是在哪裡？是在堂堂的中組部機關！

安子文的大叫聲，倒是把郭鋒幾位震住了。饒漱石示意他們回到各自的座位上去，並對安子文冷笑著說：誰要碰你了？髒了大家的手！你要什麼死狗？簡直就是塊滾刀肉！還敢誣賴我們私設公堂？組織部的部務會議是私設公堂？老實交代你的問題！你想賴、想滑，沒有那麼容易！

安子文面對與會者的憤怒目光，面對饒漱石咄咄逼人的喝斥，反倒放低了聲音：饒部長，在黨中央的眼皮底下，量你也不敢私刑逼供信。要批評我私擬兩份中央工作人員名單，我承認錯誤，並且不會拉扯上你。我一人做事一人擔。要說別的，我無可奉告。

饒漱石本是一個較有素養、風度儒雅的人，這時卻眼睛發紅，恨不能一掌擊倒這名頑固分子。但他的拳頭只能擊在硬木茶几上：安子文！就憑你私擬兩份中央領導人員名單，妄圖私自組閣這件事，我就可以處理你，開除你的黨籍！你要頑固到底，拒不接受組織對你的挽救，你一定完蛋！完蛋！

郭鋒這時領頭喊開了口號：坦白從寬！抗拒從嚴！頑固到底，死路一條！安子文不投降，就叫他滅亡！打倒變節投敵分子！爲純潔黨的組織而鬥爭！

高昂、激烈的口號聲在小會議室內迴旋、震盪，穿透牆壁到了走廊外面。

這時，一位秘書模樣的人推門進來，在饒漱石耳邊說了句什麼。饒漱石盡量克制住自己的驚訝，並故意拖延了一下，才交代會議由郭鋒同志主持，繼續揭、批安子文。之後極不情願地起身離去。

饒漱石回到自己的大辦公室時，見劉少奇已經坐在他的辦公枱上翻閱當天的報紙。劉少奇見饒漱石進來，也沒有起身，倒像個主人似的，和靄地問：忙什麼啦？又在開會？開什麼會？

饒漱石見劉少奇大大咧咧，佔著自己的辦公桌椅不動，擺出一副老上級的樣子，只得拉過一把椅子對面坐下，而冷冷地回答：開部務會議，每月的例會。

劉少奇眼睛看住他，話裡帶話地說：你們的例會開得好熱鬧啊，走廊上都聽得到口號聲，是不是批鬥會？你們又在批鬥哪一位？

饒漱石毫無懼色，眼睛也直盯住這位新四軍時期的老上級：部務會議開展批評與自我批評，有什麼不可以？安子文犯了那麼大的錯誤，還不能批評？批評他就是開鬥爭會？

劉少奇並不計較饒漱石的頂撞，繼續平和地說：沒那麼輕鬆吧？我連你們的會議紀錄以及你們命令安子文交代的十幾個問題都看到了！而且，你還從各大區抽調了人來參加批鬥會，這算怎麼回事？你請示了中央嗎？報告了主席和書記處嗎？你是組織部長，你的組織觀念、組織紀律跑到哪裡去了？

生薑老的辣，饒漱石不能不掂量掂量劉少奇話中帶出的分量，於是反駁說：安子文的錯誤是嚴重的，不可饒恕的！我們開會幫助他，正是爲了讓他增強組織觀念，遵守黨的紀律。而且也是警告他，不要狗仗人勢，既是中組部的一名副部長，就應當尊重領導，不要妄圖獨攬大權。作爲組織紀律，他首先要對部領導負責，而不是越過部領導，直接對上面的某個人負責，搞小圈子！

劉少奇說：很好，你好像對我窩了一肚子氣，不過不要緊，我現在就坐在你面前，你有氣，有意見，就統統放出來，如何？

饒漱石豁出去了，再也不能忍受劉少奇居高臨下、老謀深算的大官僚架式：放就放！我不怕。幸虧中央還有個毛主席。你們在黨的組織系統內左一個圈圈、右一個圈圈，使用幹部，不看歷史，不看貢獻，而只是重視你們的那張關係網！你們所親信、重用的人當中，包括安子文在內，有多少人歷史上乾淨過？爲什麼要把他們的問題長期掩蓋起來？爲什麼要重用本身歷史有問題的安子文，來掌控組織部的人事大權？我是組織部長，他是副部長，爲什麼許多事情，都是由他個副部長說了算？中央要召開第二次組織工作會議，爲什麼部長不能作工作報告，而要由安子文這個副部長來作？就說這次的部務會議，我作爲部長，難道連在機關內部批評錯誤的權力都沒有了嗎？

劉少奇見饒漱石越說越激動，所涉及的問題也很尖銳，一時難於正面回應，便做出十足誠懇、謙虛的樣子，和顏悅色地說：漱石同志，謝謝你的批評，謝謝你把心裡的話掏出來。我相信你的話還沒有完，我還應當虛心聽取。只是今天時間不夠。我們另約一次，做一次長談，彼此心平氣和、與人爲善地交換一次意見。對你今天所提出的，我一定回去認眞思考，檢查自己，好麼？你總要給我機會、給我一點時間嘛！至於你們對安子文同志錯誤的批判，我懇望你們要實事求是，不擴大，也不縮小，堅持團結同志，治病救人的方針吧。有關他私擬名單的事，一定不要再向外擴散了。現在是兩筆賬，一筆是他私擬中央領導人名單；另一筆是有人故意擴散名單，已在黨內造成惡劣的影響。總之，要顧全大局，維護黨的團結統一。千條萬條，這是最重要的一條。我的這個意見，你能不能接受啊？

既然問題已經上升到顧全大局、維護黨的團結統一的高度，劉少奇今天的態度又一直這麼誠誠懇懇，甚至有些低三下四，饒漱石一時也就說不出別的，只好答應：可以，那就按你的意思辦吧！

劉少奇高興了，站起身來，有力地握住饒漱石的手說：漱石同志，我們到底還是新四軍的老同事、老戰友啊。四一年發生皖南事變，項英犧牲，葉挺被俘，黨中央派我到蘇北重組新四軍軍部，我是政委兼華東局書記，陳毅是司令員，你是政治部主任。不久我就報了你副政委兼華東局副書記。四三年年初我回延安之前，又一力向毛主席和中央推薦你任新四軍政委兼華東局書記。那時，我們合作得很愉快嘛。為了推薦你，我還得罪過別的同志嘛，具體的名字我就不提了。為什麼四九年進城之後，你、我反而越來越隔膜，甚至要分道揚鑣了呢？我們起碼也應保持同志間的正常往來嘛。

饒漱石知道劉少奇是隻政治老狐狸，詭計多端，是在對他施行攻心戰術。他心裡有數，只在嘴上說：我願加強團結，建立在黨性原則基礎上的團結。希望少奇同志不要偏聽偏信，讓小人鑽了空子。坦率地說，小人就在你、我身旁，最會兩面三刀，造謠中傷，挑撥離間。

劉少奇知道指的又是安子文，便未予分辨，而說：哪好，我們一言為定！不要讓小人鑽了空子，不論這小人的地位多高，職務多大！

饒漱石知道指的是高主席，但未指名道姓，不便反駁。儘管一百個不情願，饒漱石的手一直被劉少奇拉著，出辦公室，過走廊，下樓梯。他不得不一直送劉少奇到樓下後院停車坪，看著劉少奇上了車，車開走，才返回樓上會議室。他越想越覺得窩囊，氣憤，進到會議室就衝著安子文喝斥道：好嘛！把你的主子請來了，又能怎麼樣？老實告訴你，誰也救不了你！你只能老老實實交代問題，檢舉揭發你上頭的大人物，爭取將功贖罪！

另說高崗率領陶鑄、張秀山、馬洪、趙德俊一行人，乘專機從廣州抵達杭州。高崗在廣州只住了三晚，受到義弟陶鑄的熱烈歡迎與款待。除了聽取華南局黨政工作匯報，高崗還找住在廣州養病的王前同志長談了兩次，掌握了一批有關劉少奇道德敗壞、生活腐化的新材料。相信這批新材料回京後呈報主席和中央政治局，對於處理劉少奇的問題會很有用處的。

高崗一行人沒想到美麗的杭州竟然比南邊的廣州還炎熱，簡直就是隻大蒸籠。只說重慶、武漢、南昌、南京是長江中下游的四座大火爐，杭州的炎熱卻一點也不比那四座火爐遜色。

浙江省委書記江華等人到機場迎接，並陪送到下榻的西湖賓館吃西瓜、喝綠豆羹消暑氣。由於高崗和江華不很熟悉，見面只是客氣地寒暄問候一番。高崗及時地向江華等人傳達了毛主席的指示，徐莊不准花錢修繕，一草一木都不要動，一切保持原樣，否則他不會來入住等等。

由於在廣州時，高崗和陶鑄、張秀山、馬洪、趙德俊等人日夜長談，分析局勢、商議對策，加上長途飛行，大家都顯得十分疲憊。陶鑄是被高崗硬拉來杭州的。陶鑄已經做慣了有職有權的封疆大吏，下轄廣東、廣西加上一個海南島，因之對義兄高崗許諾提拔他進京做官事，一直興趣不大。且京城乃藏龍臥虎之地，功名利祿高度集中，必然是非叢生，福禍莫測，還是離得遠些的好呢。古人云，不爲福先，不爲禍始，就是這個道理。但對於義兄高崗的一片至誠，又不能無動於衷。義兄和毛主席也是結拜過的，以義兄和毛主席特殊情誼，在黨的「八大」上取代劉少奇，是完全可能的。這次陪義兄來杭州，陶鑄到底還是給自己留了一手：預先給在北京的中央辦公廳主任、也是過去在延安中央軍委一起工作了多年的老友楊尙昆掛了個保密電話。楊尙昆說：這事你就算向中央報備過了，陪陪就陪陪嘛。回頭我向主席報告一下，讓主席知道你的行踪，就萬無一失了。

晚飯後，專程從南昌趕來的江西省委書記陳正人到了。高崗見到自己的老下級，興奮之情，洋溢於表，跟中午見到江華時大不相同。陳正人，一九〇七年生，江西遂川人，十八歲加入共產黨，曾任江西省蘇維埃政府副主席。抗日戰爭時期，在高崗手下任陝甘寧邊區黨委組織部長。一九四五年冬隨高崗赴東北，任東北民主聯軍總政治部主任（陶鑄是副主任），中共吉林省委書記兼省軍區政委。因之，陳正人見到高崗，就一口一聲老首長、老大哥的叫得異常親熱。

陳正人和陶鑄、張秀山、馬洪、趙德俊等人也都是老同事。當年東北軍區的老哥們，能在杭州見面，確是機會難得。高崗命人切了個大西瓜來，大家邊吃邊聊。當陳正人問起北京的情況時，高崗立即沉下臉來，神秘地說：情況不大妙呢。我和陶鑄老弟在廣州談了好幾個通宵呢。毛主席被他們氣病了，去了北戴河休息，派我到南方來，向各位交交底，讓認認中央某些大人物的眞面目。

陳正人一臉驚訝：有這麼嚴重？我們在下面，看上去一切都還正常嘛！

高崗說：你問問他們，正常嗎？很不正常，弄不好有大禍臨頭。我這不是嚇唬你。今年年初，周恩來、薄一波背著毛主席黨中央頒發新稅制，引起全國經濟混亂；上個月，劉少奇授意安子文私擬了中央領導人員的兩個名單，妄圖組閣。你們知道嗎？他們私擬的那個中央政治局委員十九人名單裡，劉少奇圈子的佔去六人，周恩來圈子的佔去七人，他們形成多數，而且大部分是地下黨出身。像薄一波、劉瀾濤、彭眞這些人都被捕過，塡寫了「反共啓事」出獄的，政治歷史都不乾淨！在中央，主席和我沒有圈圈，是搞五湖四海的，可竟然成了少數。眞正爲打江山、奪天下，立下過汗馬功勞的，除了彭總和我，其餘連林總、羅總、陳總、劉總、賀總、徐總、聶總，統統榜上無名。在他們的中央委員名單裡，也肯定不會有你們四位：陶鑄、陳正人、張秀山、馬洪。小趙是我的保衛局局長，就更沒份了。這公平嗎？正常嗎？那中國共產黨，就可以改名爲中國地下黨，中國白區黨了！

張秀山說：操姥姥的！是太不成個事理了，打天下流血犧牲，不見他們的人影兒；坐江山爭權奪利，他們一個個大顯其能！

一向不大說話的趙德俊，這時也凶巴巴地插言：幹革命他們鑽敵人的狗洞，今兒個他們倒成了英雄好漢，這些狗娘養的，什麼玩藝？

馬洪見趙德俊動粗口，忙說：喂喂，還是聽高主席繼續講吧！

高崗講話，一向口若懸河，雄辯滔滔，卻又總是那老一套：請問天下是誰個打出來的？毛主席在江西時期就指出來了，槍桿子裡面出政權。我要補充一點，就是槍桿子裡面出黨組織，武裝鬥爭出黨的領袖。我們黨的組成，從來分為紅區黨、白區黨兩部分。也就是根據地的黨和白區的地下黨。問題是，哪一部分是為主的？哪一部分是為次的？誰是取得革命勝利的主要力量？當然是紅區的黨，根據地的黨。可是四九年進城後，劉少奇利用中央分工他管黨務、幹部之便，大量安插他的白區地下黨親信，主持中央黨、政要害部門的工作。現在籌備召開黨的「八大」，進行人事調整，他和周恩來的人馬又妄圖佔據政治局的大多數席位。你們知道嗎？主席提出設中央總書記一職，他劉少奇又想出任。要置我們毛主席於何地？在黨的歷史上，黨總書記從陳獨秀、向忠發、瞿秋白、李立三、王明、張聞天，都幹了些什麼？都是錯誤路線的頭子！向忠發更是個大流氓加大叛徒……今天就是要重設此一職務，也應由毛主席信得過的人來擔任，而輪不到他劉少奇！

陳正人聽得渾身火起，氣憤地問：劉少奇他們這麼瞎胡鬧，難道我們毛主席就沒有察覺嗎？

高崗說：老弟同志啊，政治局裡的許多不正常的情況，我怎麼好和你們說？毛主席早對劉少奇、周恩來發出警告，甚至連要對他們採取組織措施這種話都講了！可是，一開起政治局擴大會議來，他們就佔了多數。朱總司令是老好人，劉、周一唱一和，主席和我往往孤掌難鳴！

陶鑄見義兄在省級幹部面前這樣議論中央政治局的內部情況，覺得很不妥當，便說：高大哥，這不是鬧著玩的！我們都是自陝北起，就情同手足，跟了大哥走的！

張秀山見陶鑄的話裡帶有某種懷疑的成分，便說：路線路線，一扯一大串，當然不是鬧著玩兒的。高主席這次就是按照毛主席的指示，來南方聯絡各路諸侯，準備立馬大幹的！在北京，饒漱石同志已經揪住劉少奇的親信安子文，開展整風了。聽說劉少奇本人沉不住氣、親自跑到中央組織部大院，向饒部長表示接受批評，甘拜下風，請求增強團結了！

陳正人問：哪我們該怎麼辦？中央什麼時候召開會議？

高崗說：主席臨去北戴河前夕，確實向我交了底，才要我到南方來了解有關情況並和各位打招呼的。中央不久就會召開一次擴大會議，各省市的第一把手都會請去出席。主要議題就是調整中央領導班子，擴大政治局和書記處，增設幾位副主席。這次，我們都要豁出去，捨得一身剮，敢把二皇帝劉少奇拉下馬！我們一定要讓林總、羅總、劉總、陳總、賀總這些打天下的大英雄進入政治局，林總還應當進政治局常委會，彭總應當做副主席。

一直邊啃西瓜邊做紀錄的馬洪，這時插上一句：按毛主席的意向，高主席應當是黨中央第一副主席兼部長會議主席，取代現在的劉少奇和周恩來！

陶鑄和陳正人，既興奮又有點兒疑慮：劉少奇、周恩來怎麼辦？往哪裡擺？

高崗說：甭擔心，我們毛主席早有安排了。劉少奇去搞議會，做全國人大委員長；周恩來去做全國政協主席，管統一戰線。我做了部長會議主席的話，還是要發揮周恩來的專長，請他兼任外交部長，把國內、國際的統戰工作交他去管。

第三〇章　郭毛唱和：文字革命

從北京東行三百餘公里，即可抵達中國北方著名的海濱避暑勝地北戴河。北戴河海濱區的金色沙灘長達十幾公里，海岸山坵低矮，坡度平緩，植滿了四時青翠的松樹柏樹。數百棟紅瓦白牆或是藍瓦黃牆的西式別墅，錯落有致地隱現於綠蔭叢中，正是家家面海，戶戶觀潮了。大約海風長年勁吹的緣故，松柏皆不高大，卻如一道綠色屏風，傍海綿延，不見首尾。海上碧波，岸上綠浪，相偎相映，是為渤海海灣內一顆秀麗的風景明珠。

過去，這裡是達官貴人、富商巨賈及外國使節的度假樂園，升斗小民嚴禁入內。一九四九年後，這裡的所有房產——官僚買辦、資本家資產，悉數沒收為人民政府所有，變做中共中央黨政軍機關領導人的度假療養地。平民百姓同樣被嚴禁入內。海濱區景觀最為明媚的一段，稱為燕子窩，更是禁區中的禁區。燕子窩的綠色山坡上，一色的西式別墅群裡，有座古色古香的宮院式建築物鶴立雞群似的，甚是醒目。黃琉璃瓦覆頂，金碧輝煌；暗紅色宮牆，莊嚴肅穆。院內雕樑畫棟，亭台華美，游廊曲迴。朱漆大門外一對青石獅子坐鎮，威風凜凜。其實該座宮院建築，只有外殼是中式的，內裡的設備裝修，如牆紙、窗櫥、地毯沙發、抽水馬桶、浴缸泳池、自來水籠頭，無一不是舶來品。據傳此一宮院最初爲清末民初竊國大盜袁世凱所有，後爲東北軍閥張作霖父子佔用。張作霖之後，做了南京政府北平行轅的一處行館，由何應欽、李宗仁先後入住過。抗戰時期，日本華北佔領軍總司令岡村寧次大將也曾佔用過。區區一座海濱宮院，五十年間八易其主，實在算不得什麼福祿之居，吉祥之物。

毛澤東主席膽識過人，從來想大事，幹大事，井崗山上住過茅棚，延安城外住過窰洞，在住房一事上，一向不計較原主人是誰，下場如何的。而且越是舊時大官的房子越是要住。今次來到北戴河海濱，即入住在這座袁大總統的宮院式行館中。他的輕度中風，口眼不斜，頭腦不暈，原不是什麼大病。經過醫療保健組的專家們的精心調理，加以日日下海游泳，他肥碩的身體很快曬成了古銅色。

一天下午，政務院副總理兼文化教育委員會主任郭沫若前來拜望他。兩人談起了文字改革的事。這在他們之間已是個多年的老話題。毛澤東問沫若兄，我們中國的漢字究竟有多少個？

郭沫若有備而來，當即掏出筆記本，列數出有關典籍中的漢字數目：《說文解字》，收字九千三百五十三個；《字林》，收字一萬二千八百二十四個；《玉篇》（今本），收字兩萬二千七百多個；《類篇》，收字三萬一千三百九十一個；《正字通》，收字三萬三千多個；《字匯》，收字三萬三千一百七十九個；《康熙字典》，收字四萬七千零三十五個；《中華大字典》，收字四萬七千二百個。

毛澤東聽罷讚嘆道：沫若兄眞是做學問的人。請把這個資料抄下一份給我。馬叙倫先生也給我一份資料，和你列舉的漢字數目大同小異。

郭沫若謙遜地說：主席才是眞正做大學問的人，看問題高瞻遠矚，談問題點石成金。今年春天，我學習了你對中國文字改革研究會議的四項指示，特別是其中的第二項和第三項，直令我茅塞頓開：對呀！旣是文字改革，就要大破大立，拼音字母爲什麼還要搞成方塊字筆畫形式？主席提出要便於沿一個方向書寫，就一定要打破方塊，丟掉一、丨、ノ、フ、レ、コ、亅、乚、く等傳統筆畫。方塊字基本上是個框框，幾萬個大大小小的框框，束縛了我中華文化數千年……。

話一投機，毛澤東高興了：沫若兄，還是你的腦子好使！和我想得到一起，我們同是異想天開派。不像我那幾個老同事，腦筋不用在正事上。所謂色盛者驕，力盛者奮，未可以語道也。

談著談著，毛澤東忽又對劉少奇、周恩來大不滿意：劉是懷疑派，認爲漢字已經沿用了四、五千年，每個字都成方塊，已經根深柢固了，只可以簡化，而不可能從根本上改變它。後來受到我的批評，世界上沒有不能改變的事物，包括方塊字。他才勉強同意了；周一向處事圓通，我無論講任何話，他都會表示擁護，很少唱反調。但實際上做起來就是另一回事了。你知道的，一九五一年我就提出成立一個專管文字改革的機構，叫做「中國文字改革委員會」，並提議馬叙倫先生做主任。這下子好了，由於馬先生是中央政府委員兼教育部部長，周就把「中國文字改革委員會」加進了「研究」二字，叫做「文字改革研究委員會」，安排成教育部下面的一個附屬機構，研究研究去了。一個「拖」

字術，好生了得！兩年來，他們研究了多少？到何年月？我看只是弄了批人吃皇糧，虛應差事而已。

郭沫若對於涉及中共高層領導人的話題，向來小心翼翼。他字斟句酌地說：這「研究」二字，我也以爲還是去掉爲好，名正言順稱爲「中國文字改革委員會」嘛。主任可以另委他人，也可以仍由馬叙倫先生做。他的《說文解字六書疏證》、《說文解字研究方法》等著作，在文字學上是很具權威性的。另外，爲愼重其事，可否把「中國文字改革委員會」從教育部獨立出來，提升爲部級機構？

毛澤東撫掌道：沫若兄，我們又想到一起了。「中國文字改革委員會」獨立建制，級別可以比教育部更高些，與文化教育委員會平級。務使有職有權，有錢有人馬。多請些學者、教授、專家參加，包括符定一、周有光、丁聲樹、王瑤等人。我的秘書胡喬木也去掛個委員，做我的聯絡員。

郭沫若忙說：潤芝主席，我還是那句話，秦始皇統一中國文字，書同文，車同轍，是他的千秋偉業。不管後世怎麼罵他，他也是千古一帝；新中國在你領導下，如果成功改革了文字，走上了漢字拼音化加治一個方向書寫化，就更是造福我中華民族，創萬世不朽基業了。

郭沫若，一八九二年生，四川樂山人。長毛澤東一歲。一九一四年赴日本學醫，後攻讀文學。一九一九年發表詩作〈女神〉，後被譽爲中國新詩的開山之作。一九二一年在上海創建左傾文藝團體創造社。一九二四年後接受馬克思主義，倡導革命文學。爲人風流倜儻，被魯迅斥爲「流氓才子」。一九二六年在廣州任國民革命軍總政治部副主任。正是這一年的三月二十三日，毛澤東和郭沫若第一次見面，相談甚為融洽。那時，毛澤東尙屬革命陣營內小有名氣之輩，郭沫若則是大有文名的了。初次見面，郭沫若卻對毛澤東有了深刻印象。他在《創造十年續編》一書中寫道：在祖涵①房內，遇見了毛澤東。太史公對於留侯張良的讚語說，余以為其人必魁梧奇偉，至見其圖，狀貌婦人好女。吾於毛澤東亦云然。人字形的短髮，分披為鬢，目光謙抑而潛沉，臉皮嫩黃而細緻，說話聲音很低而娓娓……可見在當時，郭沫若並沒有把毛澤東看作劉邦、項羽式爭雄天下的王者，而只是視作張良式謀臣，男人女相，臉皮嫩黃細緻，狀貌婦人好女而已。那時，毛澤東在廣州主持農民運動講習所，培養農運骨幹，邀請郭沫若去講授過「革命文學」。不久郭沫若隨軍北伐到了武漢，毛澤東也隨後趕到，兩人再度見面。一九二七年三月，郭沫若寫了討蔣檄文〈請看今日之蔣介石〉，揭露蔣「背叛革命屠殺共黨之行徑」，深受周恩來、毛澤東等人的讚賞。郭沫若因此受到南京政府通緝，隨周恩來參加南昌起義，秘密加入中共。起義失敗後，周恩來逃亡香港，後轉上海地下黨中央。郭沫若則流亡日本。毛澤東未參加南昌起義，回到湖南發動秋收暴動，率領農軍上井崗山效法梁山水泊割據造反去了。

自一九二八年起，郭沫若旅居日本十年，潛心研究中國先秦上古文化，先後出版《中國古代社會研究》、《甲骨文字研究》、《卜辭通纂》、《兩周金文辭大系考釋》、《奴隸制社會》等著作，轟

① 即林伯渠。

動中外歷史學界，成爲著名歷史學家、古文字學家。一九三八年抗戰爆發，蔣委員長頒令撤銷了對他的通緝，並敦請他回到南京，任國民政府軍委會政治部第三廳廳長。南京撤退之前，中共代表周恩來到南京向蔣委員長匯報國共兩黨合作抗戰事，再又與郭沫若恢復了聯繫。

爲了與國民黨爭奪文化名人郭沫若，一九三八年夏，經毛澤東提議，延安的中共中央決定，尊郭沫若爲魯迅之後的中國文化領袖，中國新詩的奠基者，新文化運動的又一面旗幟。一九三九年七月，郭沫若的父親病故，由重慶回樂山老家奔喪。毛澤東聞訊後，特委託中共駐重慶辦事處敬上輓聯：

先生爲有道後身，衡門潛隱，克享遐齡，朋德通玄超往古；
哲嗣乃文壇宗匠，戎幕奮飛，共驅日寇，豐功勒石勵來茲。

毛澤東的這副輓聯匠心獨運，借追悼其父，而盛讚其子。郭沫若自然心領神會，感佩萬分。抗戰時期，他陸續創作了歷史劇《棠棣之花》、《屈原》、《虎符》、《孔雀膽》，在陪都重慶上演，引起轟動。身居延安的毛澤東聽到消息，也大表讚揚。郭沫若爲表示感念之情，特將《虎符》的劇本託人送給毛澤東，請予教正。

一九四四年三月十九日的重慶《新華日報》上，發表了郭沫若的歷史論著《甲申三百年祭》。文章總結了明末陝北農民領袖李自成起義成功進入北京後，因勝利而驕傲，而腐敗，很快陷於失敗的「慘痛歷史教訓」。這是郭沫若作爲一位歷史學家，苦心孤詣地爲共產黨寫下的一份內容獨特的勸進表。文章由周恩來帶回延安，呈交毛澤東。毛澤東閱後擊節叫好，大讚及時雨，警世名篇！當即列爲延安整風文件，印發全黨學習討論。當郭沫若在重慶得知自己的《甲申三百年祭》受到毛澤東的如此激賞、重視時，便給毛澤東寫上一信，盛讚毛的文韜武略，豐功偉績，預言新的時代，新的領袖，非毛一人莫屬。毛澤東接讀郭沫若的信，也很高興，於一九四四年十一月二十一日寫下回信：

大示讀悉。獎飾過分，十分不敢當。但當努力學習，以副故人期望。武昌分手後，成天在工作堆裡，沒有讀書鑽研機會，故對於你的成就，覺得羨慕。你的《甲申三百年祭》，我們把它當作整風文件看待。小勝即驕傲，大勝更驕傲，一次又一次吃虧，如何避免此種毛病，實在值得注意。倘能經過大手筆寫一篇太平軍經驗，會是很有益的；但不敢作正式提議，恐怕太累你。最近看了《反正前後》，和我那時在湖南經歷的，幾乎一模一樣，不成熟的資產階級革命，那樣的結局是不可避免的。此次抗日戰爭，應該是成熟了罷，國際條件是很好的，國內靠我們努力。我雖然兢兢業業，生怕出岔子，但說不定岔子從什麼地方跑來；你看到了什麼錯誤缺點，希望隨時示知。你的史論、史劇有大益於中國人民，只嫌其少，不嫌其多，精神決不會白費，希望繼續努力。恩來同志到後，此間近情當已獲悉，茲不一一。我們大家都想和你見面，不知有此機會不？

重慶延安，鴻雁往還。郭沫若不再把毛澤東當作「狀貌婦人好女」的謀臣張良式人物，而是尊爲爭雄天下的劉邦式英明領袖了。毛澤東本人呢，似乎更樂於把自己喻爲李自成、洪秀全式農民首領，但又力圖避免重蹈李自成、洪秀全們「小勝即驕傲，大勝更驕傲，一次又一次吃虧」的舊轍。

一九四五年八月二十八日，毛澤東應蔣介石的邀請，赴重慶談判和平建國大計，入住黨國元老張治中的公館桂園。郭沫若與毛澤東武昌一別十八載，重慶相逢五十天。第一次到桂園拜會時，他見毛澤東身帶一隻懷錶，不時掏出來看時間，當即脫下自己手腕上的瑞士名錶相贈，毛澤東愉快收下，十分寶惜。此後郭沫若數度赴桂園，與毛澤東交談建國綱略。「驅逐帝國主義」、「沒收官僚資本」、「實行土地改革」是共產黨鬧革命的老路數，輪不到郭沫若說三道四，班門弄斧；郭沫若為之獻計籌謀者，係文化教育、科學技術、文明建設。他們海闊天空，縱論古今，其間談到了統一中國方言，簡化漢字書寫，直至徹底的文字改革。

郭沫若的浪漫詩人式狂想與同是詩人氣質的毛澤東一拍即合。毛澤東說：中國科學文化落後，除了政治方面的原因，漢字也實在是隻攔路虎！你想想，我們中國人唸書，從初小到高中，整整十二年教育，不基本上是在認字寫字？直到讀完大學，也只認得下一萬多個方塊字。方塊字一筆一劃，每個字都是獨立結構，自成一體，基本上保存著象形文字的特徵。學了字還要學詞和詞組，簡直就是個大迷魂陣，千溝萬壑，支離散漫，把我中華民族炎黃子孫的大半精力都消耗掉了！再看看人家英文、法文、俄文、德文，都只有二十幾個簡簡單單的字母，加上各自的語法拼寫，就變化無窮，豐富無比。美國記者斯諾和史沫特萊到延安採訪我，一人手拎個小打字機，半張報紙那麼大，就可以走遍天下。可我們的中文打字機喲，除了機子本身，還有加上八千字到一萬字的字盤，你說笨不笨？一看就知其落後不行。沫若兄，西方國家科學昌明，新技術突飛猛進，實在是得力於他們的簡單的二十幾個字母所演化出來的教育文化呀！

郭沫若沒想到毛澤東把文字問題看得這麼透，想的這麼深，對漢字文化之弊病如此大悟大徹，乃是一代明君、萬世英主才有的大智慧、大韜略。郭沫若興奮地說：潤芝兄，文韜武略，英才蓋世，只要你今後得了天下，我願在文字革命上，一盡綿薄之力。

毛澤東也興奮地說：沫若兄，本黨勝利之日，我當聘你為國師，如何？

郭沫若說：國師不敢，作一幕僚或可。秦始皇統一中國文字，傳下千秋不朽基業；毛主席改革中國文字，更要造福我華夏子孫萬萬世。

一九四六年春，國共內戰爆發，郭沫若受中共黨組織派遣，先後到南京、上海、香港等地領導文化界的反蔣活動。一九四八年十一月，乘輪船離開香港赴東北解放區。翌年二月二十五日，郭沫若一行從瀋陽抵達北平。三月二十五日，毛澤東率中共中央機關進入北平，郭沫若前往西苑機場迎接，二人熱烈握手，毛澤東高興地說：沫若兄，從此我們要在一個鍋裡舀飯吃了！當晚，毛澤東設宴招待郭沫若等，郭沫若向毛澤東表示，慶幸自己今後能做一名小學生，在毛主席的直接領導下為國家服務。六月，新政協籌委會上，郭沫若被尊為新政協副主席。七月，郭沫若在全國文代會上當選為全國文聯主席，作大會講話時，表示今後要努力學習，努力改造，老老實實，恭恭敬敬地做一名毛主席的學生。

有新中國文化泰斗之稱的郭沫若，低三下四地把自己定位為毛主席的學生，毛澤東自然是十分受用的了。一九五〇年八月，郭沫若看了電影《武訓傳》之後，大表讚揚，並為《武訓畫冊》題詞，盛讚武訓「斂金興學，捨己為人，千古難得」。不久，毛澤東寫了〈應當重視電影《武訓傳》的討論〉一文，把武訓斥為地主階級的走狗，封建主義的奴才。郭沫若立即向毛澤東寫信，檢討自己政治思想上的錯誤。一九五二年六月十一日，郭沫若在《人民日報》上發表了一首名為〈毛澤東的旗幟迎風飄揚〉的歌詞，唱道：毛澤東的旗幟迎風飄揚，人民的歡呼聲來自四面八方；來自帕米爾高原，來自太平洋，來自珠穆朗瑪峰，來自鴨綠江。萬歲中國共產黨！萬歲領袖毛澤東！

號稱現代文化碩儒，史學巨擘，縱使才高八斗，學富五車，一旦落入吹牛拍馬、斯文掃地的哈巴狗窠臼，必然字拙詞窮，儒術糜爛，文章腐朽，眞可謂人無人格，文無文格了。

自一九四九年進京後，郭沫若為毛澤東開創新的文化教育事業，的確竭盡心智，不遺餘力。毛澤東也經常私下召見他，重敘舊誼，並與之詩詞唱和。他曾多次主動請纓，要求由他組織人馬，來主持文字改革工作。毛澤東卻一直未予首肯，而讓著名的教育家馬叙倫先生領軍，主持該項革命大計。

一九五三年三月，毛澤東命他的秘書胡喬木，在中國文字改革研究委員會第二次全體會議上，傳達了他的四點意見：

一、文字改革工作關係到幾萬萬人，不可操切從事，要繼續深入研究，多方徵求意見；

二、去年擬出的拼音字母，在拼音方法上雖然簡單了，但筆畫上還是太繁，有些地方比注音字母更難寫。拼音文字不必搞成複雜的方塊形式，那樣的體勢不便於書寫，尤其不便於速寫。漢字就因爲筆畫方向亂，所以產生了草書，草字就是打破了方塊體勢的；

三、拼音文字無論如何要簡單，要利用原有漢字的簡單筆畫和草體。筆勢基本上要盡量向著一個方向（一邊倒），不要複雜。方案要多多徵求意見加以改進，必須眞正做到簡單容易，才能推行；

四、過去擬出的七百個簡體字還不夠簡。作基本字要多利用草體，找出簡化規律，作成基本形體，有規律地進行簡化，才算得上眞正的簡化。

毛澤東的四點意見，實爲對文字改革的四項指示，在與會的學者、專家們中間引起熱烈的討論。有人認爲是毛主席爲文字改革工作指出了方向、道路，也有人感到不知所云而無所適從。主持會議的政務院教育部部長兼文字改革研究委員會主任馬叙倫老先生，卻獨具慧眼地感覺到毛主席的四項指示中，最重要的是第二項和第三項。拼音字母的形式，不是方塊形式，哪能是什麼呢？沿一個方向書寫（一邊倒）？就只能像英文哪樣，自左往右書寫……難道拼音字母可以搞成拉丁字母形式？

這次毛澤東和郭沫若同在北戴河避暑休養。郭沫若來見毛澤東，談及文字改革工作時，即提出了一個全新的具體方案，叫做先簡化後拼音，先語言後文字。具體做法是分三步走，也可以三步同時走：第一步是在全國範圍內推廣普通話（又稱國語），以統一全國各地那成千上萬種奇奇怪怪的方言。普通話以北京話爲基礎，加以適當的提煉及規範；第二步是分期分批簡化漢字，簡化字以傳統的草書、行書爲依憑，首先簡化一千五至三千個常用字，最後把漢字簡化到七千字左右，每一字的筆劃盡量減少到十畫以內；第三步是漢字拉丁文拼音化，就利用現成的二十六個拉丁文字母來組合，根據漢字的四聲分成聲母、韻母兩大部份。即如英文字母的A、B、C、D……我們可以唸成啊（A）、玻（B）、雌（C）、得（D）……；聲母二十一個：b（玻ㄅ）、p（坡ㄆ）、m（摸ㄇ）、f（佛ㄈ）、d（得ㄉ）、t（特ㄊ）、n（訥ㄋ）、l（勒ㄌ）、g（哥ㄍ）、k（科ㄎ）、h（喝ㄏ）、j（基ㄐ）、q（欺ㄑ）、x（希ㄒ）、zh（知ㄓ）、ch（蚩ㄔ）、sh（詩ㄕ）、r（日ㄖ）、z（資ㄗ）、c（雌ㄘ）、s（思ㄙ）；韻母三十六個，比如：i（衣ㄧ）、u（烏ㄨ）、ü（迂ㄩ）、a（啊ㄚ）、ia（呀ㄧㄚ）、ua（蛙ㄨㄚ）、o（喔ㄛ）、uo（窩ㄨㄛ）、e（鵝ㄜ）……最後達到以上述聲母、韻母拼寫單詞句子的終極目的。

毛澤東認眞聽取郭沫若的新設想，十分興奮：太好了！聲母、韻母相加，共是五十七個，太好了！這就找到了我想要的東西了，徹底破除方塊形式，沿一個方向書寫，形體上和英文大同小異……。

興奮之餘，毛澤東又不無惋惜地問郭沫若：那一來，盛行了五千餘年的方塊字，最終就要消失了？有那麼一天，我們的書籍、報紙，印刷出來，大約也就跟英文、俄文的書報相類似了？

郭沫若說：還需要一段相當長的過渡時期。拉丁文拼音方案由中央人民政府審訂通過後，以法律文件頒行全國，從幼兒園開始教授拼音文字，所有學校課文，均在方塊字附上拉丁文拼音，即一行方塊字附一行拼音字母，以後再從學校擴展到社會，擴展到成人書報，最後達成方塊字被拼音文字所取代。到那時，在普及使用這個層次上，方塊字是消失了。但我們的子孫後代學習科學文化知識，就比現在要容易、快速多了。不像現在許多人讀了大學，仍是白字先生。就是到了那時候，我們的方塊字作爲一種古老、高雅的文字，也不會完全消失，可以由書法藝術保存下來呀！大專院校可以專門設立一個中國漢字書法藝術系，由少數書法藝術家代代相傳，仍可以有隸書、正楷、小楷、魏碑、顏體、柳體、瘦金體、行書、草書，乃至張顛、懷素式狂草……。

毛澤東表示完全贊同，並高興得站了起來，在客廳裡邊踱步邊說：沫若兄！這回我們兩個算珠聯璧合了！我想了個方向、路子，你卻把它技術化、具體化了。

郭沫若連忙站起身子，陪毛澤東邊踱步邊謙恭地說：主席是位偉大的戰略家，我至多算一名戰術家而已。或者說，主席是將將的統帥，沫若只是一名將兵的師、團級幹部……。

毛澤東哈哈大笑：劉邦將將，韓信將兵？沫若兄，不對不對，你是文壇領袖，史學巨擘嘛！

郭沫若說：過獎，過獎了。我上面簡單匯報的以二十六個拉丁文字母重新組合，變爲我們的五十七個拼音字母，我已找馬叙倫先生討教過多次，正好他和一些研究委員也想到這上頭來了。這是群策群力、集思廣益的結果，還須不斷補充、完善。不過，也有的研究委員認爲漢字拼音拉丁文化是異想天開，神經錯亂，是瘋子的狂想；還有人罵文字改革是文化叛亂，出賣祖先，貽害後人。

毛澤東說：那些故步自封、頭腦僵化的人才是精神病患者。我們做前無古人的事業，有阻力是正常的。有人冷嘲熱諷也好，背後罵娘也好，只會鞭策我們搞好工作，努力進步。

郭沫若說：文字改革工作，確是在主席親自領導下進行的一項前無古人的偉大工程。拉丁字母拼音、拼寫方案研究成功了，也就爲我中華民族的歷史翻開了新的篇章，爲我中華民族科學文化的重新起飛，繁榮昌盛，打下了全新的基礎。因此，我和馬叙倫先生都有個想法，要求把中文的拉丁字母拼音拼寫法，命名爲「毛澤東中文拼音拼寫法」。

毛澤東站住了，好一刻沒有吭聲。

郭沫若回到茶几旁，躬身拉過一張便箋，把「毛澤東中文拼音拼寫法」這一名稱，以拉丁字母拼寫下來，給毛主席看，並唸道：Mao Ze Dong Zhong Wen Pin Yin Pin Xie Fa.

毛澤東大喜：太好了！和英文書寫一個樣。此事成功了，沫若兄和馬先生功垂史冊！至於用什麼命名，並不重要。我是歷來反對以領導人的名字去做什麼城名、地名的。前年，我湖南老家的省委書記省主席都來說項，要求把長沙、湘潭、株洲三座城市連成一片，建成中國第一大城市，命名爲「毛澤東城」，我就不准他們搞。湖南可以搞「毛澤東城」，別的省要求搞「毛澤東縣」、「毛澤東廠」怎麼辦？此例不可開。城市搞得太大，只方便美帝國主義扔原子彈。當然，也不是說「毛澤東」三個字就做不得它用，去年鐵道部要求把一個火車頭命名爲「毛澤東號」，我就同意了。

毛澤東留下郭沫若共進晚餐。他知道郭氏有海量，命人取來貴州茅台，自己則只喝紹興狀元紅。

第三一章　書記處生活會

毛澤東主席在北戴河休養一個半月，惹下兩宗生活失於檢點、不夠嚴肅的岔曲兒。其中一宗還甚有危險性。幸而負責他安全警衛工作的公安部長羅瑞卿及時發覺，才沒有鬧出車禍事件來。

事情出在專車司機張勇的妻子小梁身上。張勇河北阜平人，原是華北軍區司令員聶榮臻的司機。一九四八年四月底，毛澤東、周恩來、任弼時等率領中央軍委直屬支隊從陝北、山西轉戰到華北軍區所在地——河北省阜平縣城南莊，聶榮臻司令員爲了表示對毛主席的忠誠與敬意，而把自己的座車——一輛繳獲來的美式高級吉普車，連同司機張勇一起送給毛主席代步。毛澤東高興地接受了，並說，我和恩來、弼時是從馬背上下到了汽車上，標誌著革命戰爭的順利進展。華北軍區的另外兩位領導人薄一波、蕭克，也效法聶榮臻，把各自的座車連同司機分送給了周恩來和任弼時。

張師傅三十出頭年紀，貧苦出身，十七歲參加八路軍，十八歲入黨，二十一歲給聶司令員當專車司機，二十四歲起轉任毛澤東主席的司機，已在毛主席身邊工作、生活了近六個年頭。一九五〇年國慶前夕，經毛主席親自批准，張勇與北京協和醫院一位漂亮的護理員小梁結婚。小梁名豔玲，北京人，城市貧民出身，爲人熱情大方，明眸皓齒膚色白嫩，是爲豐乳臀肥卻又腰細腿長一類性感型女子。她日常在協和醫院伺候病人，只在周末或節假日才能獲准進入西苑菊香書屋南院，與小張相聚。她每次都要求見見毛主席。毛主席倒也很喜歡這個北京普通市民的女兒。只要小張來報告，家屬來了，想看看主席；毛主席總是放下案頭的工作，趁便休息休息。兩三年下來，梁豔玲在毛主席面前，也就如同家人一樣，有說有笑，親密無間了。毛主席還常常拉住她的小手，問些協和醫院及北京市民生活的情況，也算察訪民情了。還請她和小張吃過飯，主席家鄉風味菜，又香又辣，直辣得她個北京小媳婦肚臍眼兒都疼了。每想及此，梁豔玲就要幸福到心裡發抖，不知如何來報答偉大領袖的恩情。你想想，毛主席是個比過去的皇上還位高權重的偉人，她一名普通市民人家的孩子，能常去看望，並拉住手兒話家閒，問寒暖，留茶飯，不是新中國，新社會，新時代，能有這種天大幸運的事兒？

張勇和梁豔玲結婚三年沒有孩子。起初他們本人倒也不大在意。周總理、彭老總不都也沒有孩子？張勇老家阜平鄉下的父母大人卻急眼了，張家三代單傳，豈有兒子結婚三年，媳婦不見有喜之理？連帶豔玲的父母，雖是京城裡的居民，也是沒有知識文化的老一輩人的見識，一直嚷著催著要抱外孫。無形中給小兩口造成了心理壓力。有時小梁也抱怨丈夫幹那活兒本錢不足又不肯賣大力氣，總是匆匆忙忙，敷衍了事；張勇的自尊心自信心受到影響，就更是顯得心有餘而力不足，覺得不能滿足妻子的慾求。一次小兩口鬥嘴時，張勇無意中說道：在俺阜平鄉下，從前還興借胎呢！啥叫借胎？就是年輕夫婦多年生不下娃兒，做丈夫的就允許婆姨到外邊去打幾回野食，種下籽粒兒回家來。你嫌俺沒本事，也可以到外面去借個胎，只要生下娃兒姓張就成！梁豔玲聽丈夫這麼沒出息，先是紅頭脹臉的惱了一陣，後卻喜上眉梢地嬌嗔道：這可是你個大老爺們提出來的啊？我要借胎，也不借你我這樣的平頭百姓，要借就借個大人物的籽兒。到時候種回籽粒兒來了，你可不許吃醋生事啊？

夫妻說笑鬥嘴，過後也就丟在腦後了。這次張勇要隨毛主席來北戴河養病，梁豔玲在醫院請了一個月的事假，也到北戴河休息來了。並經毛主席本人指名，要小梁做他的臨時護理員。對於這項特殊安排，負責安全警衛工作的羅瑞卿部長是不同意的，認爲有違中央領導人的警衛制度。毛澤東主席卻讓張勇自己去找羅部長傳話：制度是死的，人是活的，死的要服從活的，還是活的要服從死的？話到這份上，公安部長還有什麼好說的？護理護理，無非是替主席換換衣服被褥，洗洗內衣內褲，剪個手指甲、腳指甲，繫個皮帶、鞋帶，或是脫個鞋子、襪子、褲子，擦個身子什麼的。先時這些事情由幾名男衛士輪流來做，粗手笨腳的，還常常惹得毛主席生氣呢。

於是長相嫵媚、豐乳肥臀、腰細腿長的梁豔玲，在毛主席身邊做了二十來天的特殊護理。毛主席習慣夜間工作，白天休息。每天凌晨三、四時上床，下午三時才起床用早餐，因之工作人員都要跟隨這種晨昏顛倒的作息時間轉。不過每日凌晨一時，主席用過消夜後，沒有特殊情況，只留下一兩名醫護人員值班，其餘工作人員就都可以去休息了。小梁每天都工作到凌晨五時或六時才回到丈夫身邊來。進到丈夫的被窩前，倒也都要先去沖一個澡，做一番漱洗工夫的。一天，小梁忽然提出想吃醃製的酸白菜，並悄悄告訴丈夫，在北戴河玩了這麼久，想回北京協和醫院去上班了。張勇隱隱覺得妻子的身子出了情況，也就悄悄問：妳是不是有了啊？是誰給老子種下的？小梁紅著臉蛋不肯說。在丈夫的連番追問下，只得反問：你不是許我借胎嗎？還說只要娃兒姓張，你就保證不吃醋生事嗎？

梁艷玲要回北京，毛澤東主席特意請他們夫婦去吃了一頓飯，喝了紹興狀元紅酒，以示送行。張勇在主席面前，照樣恭恭敬敬，有說有笑，表現得毫無醋意似的。過了幾天，他的好朋友、衛士小趙向羅部長匯報了一個異常情況，說是梁艷玲回北京後，張勇搬回集體房間來住，晚上老是聽他磨牙講夢話，咕嘟什麼偉大的人物，原來也亂搞女人，佔人的妻子，老子下回出車，就要撞了去……。

羅瑞卿部長聽了匯報，嚇出一身冷汗！這還了得，主席的專車司機，講這種夢話，有這種念頭？太危險了！萬一眞的出了車禍，自己怎麼向中央交代？怎麼向全黨全軍全國人民作出解釋？但羅部長不動聲色，第二天一早，就叫上專車司機張勇同志，立即開車送自己回北京參加一次緊急會議。回到北京，羅部長即把張勇同志交給了中央軍委辦公廳。過了一會兒，即有軍委辦公廳的負責人向張勇頒佈了調職命令，命他去福建前線某部汽車營任營長，立即動身，家屬亦可隨後調去。

羅瑞卿採取果斷措施，及時替毛主席排除了一大隱患，應當說，算是立了一次新功。他在返回北北戴河之前，分頭向朱總司令、周總理匯報了情況，交代了那個名叫梁艷玲的「特殊護理員」的來龍去脈。他並檢討了自己工作失職，沒有堅持黨性原則，只顧了主席的面子，而違反了中央保衛工作條例。他也提出了要求：如果中央書記處不作出決定，勸戒主席注意自身的安全，避免再出類似的情況，他這個公安部長就沒法子當下去了，只好請中央仍調他回野戰部隊去工作。

朱德總司令德高望重，日常以休息爲主，甚少過問黨和國家的日常事務。聽了羅瑞卿的匯報，他給周恩來掛了電話：恩來啊，潤芝到北戴河養病，藍蘋爲什麼沒有陪去？出了點小情況，已經被羅長子他們排除了，你知道這事嗎？周恩來回答：羅部長已來過我這裡，也提到了藍蘋爲什麼沒有去陪主席的問題。我都沒法子解釋，主席和藍蘋早就不行周公之禮了……主席詩人氣質，感情豐富浪漫，喜歡漂亮的人兒。這事怎麼說呢？總司令，是不是麻煩你先和少奇同志通個氣？一切以主席的安全爲重。羅長子的擔憂很有道理，主席的安全，主席本人也要注意，防止類似的情況再發生。

朱德給劉少奇掛了電話。劉少奇因不分管軍事、公安兩大戰線的工作，而沒有聽到羅瑞卿的匯報。劉少奇未便在電話裡說什麼。兩人相約晚飯後到南海瀛台上散步。在迎薰亭的石櫈上，劉少奇倒是向朱老總說了幾句心裡話：潤芝兄近幾年個人生活方面比較放任，影響不好。女孩子就像換衣服似的，我都數得出一些名字來，什麼孫維世、龔澎、孟虹、蘇玫、孟蝶，現在又鬧出個梁艷玲。連自己專車司機的老婆都搞。眞是韓信帶兵，多多益善了。

朱總司令嘀嘀笑了：少奇啊，看來你是了解情況的囉。不過，龔澎沒有那檔子事。潤芝幾次想找她做英文老師，她都推辭掉了。是恩來在暗中保護她。她和孫維世不同，維維是自己往上靠的，蘇玫、孟蝶是誰？我怎麼沒聽說過？

劉少奇說：蘇玫是康生的姨妹子，人民大學教員。聽說和她姐丈也不大乾淨。孟虹出走後，經康生的愛人曹軼歐的介紹，她進菊香書屋當了主席的英文老師。說是一次被藍蘋撞見了尷尬事，臭罵了一頓，後來嚇得再不敢進菊香書屋了。孟蝶是孟虹的親妹子。主席命謝富治去東北尋找孟虹，結果把她妹妹給找回來了。光美告訴我，姐妹倆是一個模子給澆出的來的，只是妹妹比姐姐更好看，而且心靈手巧，尤其是給嬰兒做靜脈注射，有絕招……總司令啊，上面這些女孩子中，孟蝶和梁艷玲二位，對主席的安全最具危險性囉。這次的情況，總算是羅長子及時處置好了，今後怎麼辦？

朱德點點頭，說：是要幫助、勸戒一下潤芝。雖然屬於他個人的生活小節，但安全問題是中央的大事。想想看，如何來提醒、勸戒他？

劉少奇問：周恩來不知道這事？他有什麼想法？

朱德說：正是恩來要我來和你商量、商量的，他提的原則是，對潤芝要既尊重，又幫助。

劉少奇以手指撥敲著自己的額頭想了想，才說：現在由書記處召開生活會，時機並不成熟。因爲我們要保護一下羅長子，不能說出是他向書記處反映了情況。如果由藍蘋出面來吵，在書記處內部鬧，我們就好講話了……目前的辦法，是盡量縮小範圍，由他們一中隊①黨支部第一黨小組召開生活

① 毛澤東的衛隊爲中央警衛局第一中隊，屬營級單位。

會，就那麼四、五名黨員，連秘書們都不參加，給毛主席提意見，生活上應注意的事項，等等。

朱德先是笑著點點頭，後又搖搖頭：只怕行不通囉。讓他身邊的幾名衛士給他提意見？都是二十出頭的青年戰士，沒有成家的青皮後生，去談男女關係的事，有這個可能嗎？

劉少奇也苦笑了：也是的。總司令，這事我們暫時放一放吧。要有適當時機，才能在書記處碰頭會上提出來議議。不然，讓潤芝誤會我們幾個對他搞小動作，就麻煩了。既要尊重潤芝，又要愛護潤芝，一切從全黨的利益出發，也是從潤芝的安全出發，來採取些相關的措施。

朱德、劉少奇迎薰亭談話之後不久，北戴河那邊又出了新情況。事情由彭德懷、江青兩人鬧開來。原志願軍歌舞團改建制爲八三四一部隊文工團（亦稱中南海文工團）後，來到北戴河中央警衛團駐地作慰問演出。一天傍晚，毛澤東在一批醫護人員的陪同下，於習習海風中，與警衛戰士們一起觀看文工團的露天演出。其中，有一曲名叫《洗衣歌》的藏族舞蹈，表現一群天眞美麗的藏族姑娘相互爭逐著爲進藏解放軍戰士洗衣裳，反映軍民魚水情內容的，引起了毛澤東的興趣。每位女演員都麗若天人，舞姿妙嫚，歌喉淸純。演出結束後，毛主席上台與文工團團員們一一握手，並照相留念，再又指名邀請跳《洗衣歌》的九名女演員到他的住處聊天，也是了解些軍隊文藝工作情況。女演員們受寵若驚，沒想到偉大領袖這樣喜歡她們表演的節目。這些在朝鮮戰場上受過炮火洗禮的女兵，回到祖國的懷抱，沐浴在毛澤東思想的陽光雨露裡了。她們被接到一座燈火通明的宮院式建築物裡，在毛主席身邊坐成一個半圓形。毛主席談笑風生一一問了她們的姓名、年齡、籍貫，親切和藹有如父兄。很快地，這些生性活潑、熱情開朗的女演員們也就在毛主席面前無拘無束，一個個爭艷鬥麗似地笑鬧開來。她們每人都給毛主席表演了一個小節目，或是一曲民間小調，或是一支獨舞，或是一個笑話，或是一段相聲、快板書、地方戲不等，直鬧到凌晨四時吃了消夜，方返回營房宿舍。

第二天中午，演員們集合點名、練功吊嗓時，發現少了一位名叫林燕嬌的女孩。她是舞蹈《洗衣歌》的領舞，廣東潮汕人，人稱潮汕美女的，昨晚上明明和其他八名女演員一起去了毛主席的住處，還以甜潤迷人的歌喉給毛主席清唱了一支纏纏綿綿的客家山歌，毛主席還誇讚了「南音繞樑、三日不絕」的，怎麼沒有回來？她是被單獨留下來了還是怎麼著？

文工團的領導知道事有蹊蹺，隨即嚴令演員們遵守紀律，不許議論，不許猜測，更不許打聽。當然，文工團領導也不敢以組織的名義去找人要人，只是小心翼翼地去請示毛主席辦公室的機要秘書。機要秘書倒是坦率地告下實情：小林是暫時留在主席身邊了。主席來北戴河養病，需要一位年輕女同志照顧，小林本人也願意。情況就是這樣。你回文工團後要嚴守黨的紀律，不要再來打聽。在團內，如有必要可以向演員們簡報一下，小林被臨時抽調執行新的政治任務去了。其餘就不要說什麼了。此事，你們必須以自己的黨性作保證。

中南海文工團結束了對北戴河警衛部隊的慰問演出，回到北京。還是有女演員把林燕嬌在北戴河「失踪」的事，告訴了她們的志願軍老首長、國防部長彭德懷。彭總生活作風嚴謹，生平不好女色，又無兒女後代，而深受文工團演員們的崇敬愛戴。有幾位女演員認了他做義父，林燕嬌便是其中之一。彭總聽了「密報」，瞪著眼睛好一刻，才說了句：知道了，要注意影響，以黨的利益爲重，不要再議論這件事了。誰議論誰受處分，直至開除黨籍、軍籍，決不是鬧著玩的。

其時，正値總政治部的一份請示文件——關於將原志願軍歌舞團縮編爲八三四一部隊文工團的報告，放在彭懷德的辦公桌上好些日子了，尙未批覆。他知道這份請示文件大有來頭，是經周恩來總理授意，並得到毛澤東主席首肯的。但他作爲全軍副總司令、主持中央軍委日常工作的軍委副主席，心裡壓根兒就不同意原志願軍歌舞團改制爲什麼中南海文工團，弄一批年輕女孩子每逢周末、節假日就去陪中央領導人跳交誼舞！什麼交誼舞？明明是交頸舞，交歡舞！周恩來也是軍委副主席，更是中南海的大管家，爲什麼要投老毛所好，出這種餿主意？在黨中央機關裡唱唱跳跳，摟摟抱抱，這是提倡一種什麼風氣？把戰爭年代我黨我軍艱苦樸素、艱苦奮鬥的傳統作風，扔到哪裡去了。

好傢伙，總政治部蕭華這小子如今也成了馬屁精，對我老彭搞先斬後奏，我這裡文件還沒有批下，他那裡已經既成事實，八三四一部隊文工團已經到北戴河駐軍去慰問演出了！而且，老毛竟然把文工團最漂亮的女演員林燕嬌留下來糟蹋，這和過去的皇帝老子的作爲，有什麼區別？不行不行不行，林燕嬌還算我的乾女兒，她想改行學醫，我還要保送她進醫學院完成學業，日後做一名白求恩式的好醫生，爲人民服務呢！不行不行不行，我老彭爲了共產黨，爲了解放軍，不能看著他們在光天化日之下演這種敗壞黨風、軍紀的醜劇。得罪人就得罪人。就算爲此事得罪了老毛和周恩來，也沒有什麼了不起。出生入死打天下，保衛國家，今天不能把頭上的烏紗帽看得過重。

當晚，彭德懷正氣凜然，一不做，二不休，在總政治部的請示報告的封頁上寫道——

中央書記處、軍委主席：

送上總政的報告一份，請審閱。我認爲，關於把原志願軍歌舞團縮編並改建制爲八三四一部隊文工團（又稱中南海文工團）一事不好。我的理由兩條，一是中南海是黨中央機關重地，不好養文工團，除非有人想變著法子設置后宮；二是八三四一部隊爲北京衛戍區下師級單位，按中央軍委有關編制條例，只在大軍區一級設置文工團（包括話劇團、歌舞團、雜技團），兵團和軍級單位則只在戰時設置文工隊。八三四一部隊作爲一個師級單位，怎麼可以違反條例設置文工團呢？

據此，我命令不合建制、違反條例的八三四一部隊文工團即行解散，單位撤銷，人員由總政治部分配到下面的文藝單位工作。

說是劉少奇接到國防部長彭德懷轉上來的報告，微笑了許久。這個彭老總，雖然一貫不大把自己這個黨的二把手放在眼裡，而且是高崗、饒漱石圈子裡的大人物，但這次關於中南海文工團的處理意見，卻著實痛快，「變相後宮」這種犯上的話，也只有他彭老總才說得出，並且敢於寫在文件上。劉少奇在文件上批示道：基本上同意彭總意見，請總司令、恩來、高崗閱示後，報主席；文件轉到朱德手上。朱德批示：同意老彭的決定，黨內、軍內的不正之風應引起我們的警惕；文件轉到周恩來手上。周恩來批示：已閱，請高主席、毛主席審批；文件轉到高崗手上。高崗批示：同意德懷、少奇和總司令意見，撤銷八三四一部隊文工團。另外，周恩來同志近年來一直在黨內會議及文件上稱我爲高主席，並常和毛主席並列，不知是何意思？可否在一定範圍內給予說明，以正視聽？

文件最後由中央軍委辦公廳派專人送去北戴河，到了毛澤東手上。毛澤東苦笑良久：彭大英雄是想學魏徵，還是要做郭子儀？「變相后宮」？好得很，是個角子，只有他言必行，行必果，一個單位說撤就撤，還逼我簽字……毛澤東順手給彭德懷改了幾處文字上的不當：第三行的「一事不好」改爲「一事不妥」，第四行的「不好養文工團」改爲「不宜養文工團」，衛戌區的戌少了一點，應是「戍」。之後，毛澤東簽下兩個大字：同意。那筆勢，那形狀，明顯帶有一股難以掩飾的衝衝怒氣。

另說江青是以中央書記處政治秘書室主任的身分，看過彭德懷寫給書記處及軍委主席的那段文字，以及劉、朱、周、高、毛的批示的。她並通過自己的特殊渠道，了解到老闆在北戴河連犯兩樁男女作風問題。頭一個名叫梁艷玲，竟是老闆專車司機的漂亮老婆！你說老闆這人荒唐不荒唐？色字頭上一把刀，連老命都不要了？幸而羅長子處理果斷，不然鬧出人爲車禍來，怎麼辦？第二個名叫林燕嬌，志願軍歌舞團的舞蹈演員，至今留在老闆身邊！近兩年，老闆和孫維世那騷妖精一直有地下活動，看在她乾爹乾媽的份上，沒再大吵大鬧；老闆和蘇玫那小妖精以教英語爲名，在小書房裡幹那些見不得人的事兒，有一回還是自己親眼撞見，她也看在康老師份上，沒有公開撕破面皮。她江青是咬落牙齒和血呑。老闆這回在北戴河快活風流，一個是汽車司機的妻子，一個是文工團舞蹈演員，老娘還怕什麼？不管怎麼樣，現在全黨都承認江青算他毛澤東的老婆！彭總說得對，共產黨的領袖，不能變相設後宮！老闆就是在把一些年輕美貌、頭腦簡單的女孩子，當作嬪妃來玩弄……。

江青越想越氣。她決定出一口惡氣。當然，她也權衡了利弊：她出氣的範圍要小，要讓毛、劉、朱、周等人知道，她江青既有作為毛澤東妻子的權利和尊嚴，還有作為一名共產黨女戰士的權利和尊嚴。再者，她這麼鬧鬧，也只是給老闆一個顏色、一個警告，而不會影響到老闆的領袖地位和政治威望。於是，江青字斟句酌，給書記處和政治局寫下一封短信：

書記處暨政治局諸位領導同志，我以一名普通共產黨員和毛澤東同志妻子的名義，要求中央書記處召開一次黨組織生活會，檢討一下本黨特殊黨員毛澤東同志最近在北戴河所犯下的男女作風問題。此次生活會是否允許我參加，我服從組織決定。並望此次檢討，不應影響兩名年輕女子梁艷玲、林燕嬌今後的學習、工作與生活。當否？請批評指正。

對於江青的信，劉少奇沒有作任何批語，心裡卻好一陣竊喜：好了，說曹操，曹操到了。這下子召開書記處生活會，有了名目了。潤芝兄近些年來不但個人生活上極不檢點，政治生活上也越來越驕傲自滿，不把中央領導集體放在眼裡，而熱中於搞家長制、一言堂。怎麼來幫助？範圍搞多大？江青參不參加？等周、朱二位看過江青的告狀信，再和他們商量吧。但事情的結果，則劉少奇比較樂觀了：潤芝兄的鋒芒會有所收斂，對高、饒的支持會有所顧忌，不得不擺個中間姿態，搞搞平衡了；江青呢？則會因此次告狀，丟掉書記處政治秘書室主任職務。咎由自取，正是劉少奇求之不得的。

劉少奇將江青的信裝入保密文件袋中，親自以膠條貼牢，在封口上蓋上印鑑，才讓機要秘書送給周恩來。周恩來拆閱後，亦未作批示，而依少奇同志的做法，將信裝回保密袋中，以膠條貼牢，在封口上蓋上印鑑，派機要秘書送朱總司令拆閱。

朱總司令看過江青的告狀信，立即將其鎖入保險櫃中。保險櫃鎖匙由他本人親自掌管。此類事，他從來不讓自己的夫人康克清與聞。他請少奇、恩來到他的海宴堂家中來商量一次，三人很快達成共識：江青的信，暫由朱德保存，待毛潤芝從北戴河回來，再交給他本人；擬開一次書記處組織生活會，對潤芝兄進行同志式的提醒、勸戒，一切以黨的利益為重；書記處組織生活會只在毛、朱、劉、周四人範圍內進行，為避免毛、江當面爭吵，江青不宜列席；高崗同志因涉及女醫生孟虹等尷尬情節，亦不宜出席，中央秘書長鄧小平亦沒有必要出席。

九月五日，毛澤東由北戴河療養地返回北京。當晚，在菊香書屋辦公室，召開書記處碰頭會。毛澤東見只到了朱德、劉少奇、周恩來三人，便問：還有高崗、陳雲二位呢？鄧政委也應來列席嘛。劉少奇回答：高崗同志又到南方去了，可能轉回瀋陽了，沒有聯繫上；陳雲同志仍在休病假，如無特別通知，醫生仍不同意他出來開會；小平同志今晚上請假，大約明、後天會來向主席匯報一次工作。

經過北戴河一個半月的休養，毛澤東曬黑了皮膚，強健了體魄。在聽取劉少奇、周恩來的工作簡報後，毛澤東忽然說：你們在北京堅持工作，我躲在海濱養病，卻是出了一點岔子的。趁這個機會，向你們三位作個交代。我的那個專車司機的愛人小梁，在協和醫院做看護的，到北戴河幫我做了二十來天的護理，沒想到她男人還是個醋罐子，講了些很不妥當的夢話。夢話當然作不得依據。羅長子對這件事處理得當，我已表揚了他。聽說各位十分關心我的安全。這裡，我也要向各位表示感謝。

劉少奇、周恩來兩人唯唯諾諾，似乎不便另說什麼。但見朱德鶴髮童顏，慈祥地微笑著說：潤芝兄，你那專車司機和他愛人的事，就算過去了。我和少奇、恩來確是爲你的安全十分擔心過。所以也想有個機會來交換一下意見。還有前些天彭德懷同志在總政請示文件上所寫的那段話，我是抱贊成態度的。黨中央機關重地，可以開舞會，但的確不宜設置專門的文工團。當然彭老總的個別詞句不妥當。他就是那個炮筒子脾氣，我們都習慣了，不計較他的態度……這裡，我想說一下恢復書記處組織生活制度的事，很有必要。我們都不是聖人，難免都有錯誤缺點，需要相互提醒、幫助……。

毛澤東見朱老總環顧左右而言它，繞著彎子說不清楚，便臉上有些不耐煩，而問劉少奇：少奇同志，總司令的意思是要我們開展批評與自我批評？

劉少奇點了點頭，說：戰爭年代，書記處生活會是一個月一次，形成制度，歷史上起過很好的作用。四九年進城後，工作更忙了，這項制度就被忽略了。現在總司令提出來，我也覺得確有必要。主席常說，一個籬笆三個樁，一個好漢三個幫；三個臭皮匠，湊成一個諸葛亮，就是這個意思嘛。

毛澤東這才察覺到，朱、劉、周三位今天是有備而來的了。他還是眼睛望住周恩來，問了一句：恩來，你也是諸葛亮，你的高見呢？

周恩來謙恭地笑笑，機巧地回答：我同意主席、總司令、少奇的意見，恢復書記處組織生活會制度，經常對我本人展開同志式的批評、教育、幫助。

毛澤東倒是心胸開闊地朝三位老同事、老戰友說：明白你們的意思了。很好，很好，現在就開一次書記處生活會，對我近段在北戴河養病期間的生活行爲，進行批評、幫助？是不是要這樣呀？

朱德一臉忠厚的微笑，默默地將江青的告狀信，交毛澤東過目。毛澤東登時眼睛長了刺似的：好嘛，我的婆娘稱我爲「特殊黨員」，我的國防部長稱我要搞「變相后宮」，有名有姓的告在你們手裡，我只有請求處分囉！是開除黨籍，還是開除國籍？我可是娶了個好女人，死纏爛打，不是東西！

劉少奇連忙解釋說：主席不要生氣。彭德懷同志撤銷八三四一部隊文工團的事，已經過去了。藍蘋的這封信，只在我、總司令、恩來三人之間傳閱，每次都以保密膠條封口，封口上加蓋印鑑的。所以再無別的人知道此事。所以沒有請高崗、小平二位出席今天的碰頭會，也是爲了盡量縮小範圍。

毛澤東彷彿有些感激似地看了劉少奇一眼：謝謝。你們三位，都是和我出生入死共事二、三十年的老朋友、老同志，今天接受你們的批評、勸告，給個處分也行。但我要先提出來，解除藍蘋的書記處政治秘書室主任一職。兩個月前，我反對給她這項任命，是你們三位加上一個鄧政委，強迫我接受的。今天，你們不要再強迫我。少奇，你代表書記處起草一個罷免通知，我來簽字。

周恩來張張嘴，彷彿要說什麼。毛澤東知他又欲替江青說情，打馬虎眼，把事情掩飾過去，索性點穿了他：恩來呀，是不是又想替藍蘋討饒呀？我的婆娘的爲人，我不比你了解些？現在，我倒是要來重申一下一九三九年政治局的約法三章呢。這個女人，頂多，給她保住一個毛澤東老婆的名份，做點文化藝術方面的工作。本人當了這個中央主席，又要顧全黨的影響，又要注意領袖形象，也是婚姻不自主呢，中央主席打不得離婚官司呢！

沒想到周恩來卻接過話頭說：我不是想說藍蘋，不是……我是說，這次書記處組織生活會，沒有請高崗同志參加，是怕扯出孟虹的事來，大家尷尬……。

毛澤東臉膛漲紅了，眼睛瞪大了，一時怒氣衝衝，情緒有些失控：高崗有什麼了不起，算什麼大人物？他有缺點錯誤，政治局可以開他的生活會！同樣的，你周恩來犯了那麼多錯誤，書記處、政治局早就應該開你的生活會了！

劉少奇臉現佯怒，看周恩來一眼，心裡卻暗暗叫好，此時刻重提孟虹和高崗的事，正可觸觸潤芝兄的霉頭……嘴上卻說：主席不要生氣。恩來確是出於好意，特別向我提出本次碰頭會不宜請高崗出席。總司令也是這個意思。我們四人之中，總司令年齡居長，主席次之，我和周恩來同齡，從來視主席和總司令爲兄長、師長的。二、三十年來，我們四人生死與共，同舟共濟，不分彼此……。

毛澤東聽了劉少奇一番話，臉色漸次平靜了下來：好了，好了。恩來，剛才我又差點發了你的脾氣。子曰：子路人告之有過則喜，禹聞善言則拜。現在，歡迎你們三位老同事給我提意見，如何？

第三二章　康生、江青聯手出擊

書記處生活會後，劉少奇即起草了關於免去江青的書記處政治秘書室主任一職的通知。劉少奇在通知上附了一段話：此事請主席慎重考慮。若核准，則建議在主席現有的三位政治秘書（田家英、胡喬木、陳伯達）中，指定一人繼任爲宜。藍蘋則仍任主席的生活秘書。

這也是劉少奇處事愼密之處。經過幾年的反反復復，劉少奇總算捏拿準了毛澤東夫婦間的微妙關係。在男女情份上，毛對江早已厭倦了，毫無興致了，只是勉強維持著一個夫婦名份；但在政治上，毛還是相當信任江青的，黨內許多機密要務，毛都親自交予江青和康生去辦理，就是很好的證明。江對毛，則是既愛又怨又忠心，也不時耍點小手腕，比如給書記處寫寫告狀信之類，以通過書記處領導集體來制約一下毛的風流品性。

幸而劉少奇辦事預留了餘地。毛澤東果然遲遲沒有批回那份關於免去江青職務的通知。大約過了十多天後的一個下午，正在辦公室修改第二次組工會議報告的劉少奇，忽見江青風度翩翩地登門拜訪來了。江青是由王光美陪著上樓的。她們大約已經在樓下客廳裡聊過一會兒家閒了。劉少奇起身相迎，並囑咐王光美：快去弄兩碗綠豆羹來待客！江青說：少奇同志，不用忙了，方才在樓下，光美已請我嚐過你們家的清涼美味了。劉少奇說：那就看看還有沒有西瓜、香瓜之類，藍蘋是喜愛水果的。

王光美退出辦公室後，江青遞上一封毛澤東主席批給劉少奇的函件。劉少奇從中抽出的，正是十多天前書記處報上去的那份江青免職通知。在通知的天頭，毛澤東寫了一段話：少奇同志，有關藍蘋的去留，恩來代表總司令來我處談過兩次。他們堅持認為，藍蘋就任現職不及三月，匆匆免去，擔心在一定範圍內形成影響。看來和你的想法一致。我不得不再次服從你們意見，藍蘋現職暫不變動。我已責令她多讀書，多做調查研究，少管具體事務。由你提名一個政治秘書室副主任，如何？

劉少奇看過毛主席的批件，立即高興地站起來，再次與江青握手：太好了，太好了！我原先也是這麼想的。主席氣頭上的話，往往作不得數。但他責成書記處起草一個通知，又不得不照辦……現在好了，副主任的事，再考慮吧。藍蘋啊，我一直認為，無論主席把妳擺在哪兒，妳也是中央五大秘書之一嘛。今後，還得請妳在主席和我之間多做些溝通、協調。妳知道的，我常常淪為一名忙忙碌碌的事務主義者，對主席的思想、意向，往往摸不準，吃不透，因此也常常受主席的批評、教育……。

江青看著劉少奇，感到這個男人是很有力量，和小他二十三歲的王光美結婚五年，讓光美生了三胎，聽說中間還做掉過一次，大約每炮必中，力大生猛……從這一點看，劉的生命力比毛、周都強。王光美這大小姐，是有她娘的福氣囉，劉寶刀未老，老當益壯；不像自己被冷置，形同守活寡。

正這麼說著，想著，王光美端著一大盤切成如一彎彎新月的白蘭瓜進來，放在茶几上，又隨即遞給江青、少奇各一塊擦手的小毛巾，便吃將起來。因王光美在場，江青便繞開方才的話題，談起白蘭瓜的品種優劣來。江青說，她的印象中，白蘭瓜優於哈蜜瓜。哈蜜瓜甜得發膩，粘糊糊的一不小心就會弄髒了衣服；白蘭瓜卻是甜得發脆，爽口。單就白蘭瓜而言，河北的味淡，新疆的又太甜，而以甘肅出產的最爲適度。她已和中央辦公廳打了招呼，以後黨和國家領導人舉行宴會，夏季瓜果以甘肅白蘭瓜爲主，搭配新疆早熟的馬奶子葡萄，都是那種淡淡的綠顏色，顏色上就能給人一種清涼感……。

劉少奇、王光美夫婦饒有興味地聽著江青的一本「瓜經」。王光美知道江青還另外有話要說，陪用了兩片白蘭瓜後，就說要到樓下值班室等一個電話，而退出了。

果然王光美一走，江青就以自己隨身帶著的紙巾貼了貼嘴唇，再又換紙巾貼了貼臉蛋，忽然問道：少奇同志，華東局的楊帆、潘漢年這兩位人物，你很熟悉吧？

劉少奇心裡一愣，不知江青爲什麼要問起這兩位黨的老牌地下工作者：當然認識，但談不到很熟悉。他們二位有什麼新情況嗎？

江青神秘地笑笑：你是中央分管組織，分管幹部的，所以我覺得應及時向你通報一下。這一段主席委託康生和我調查幾起案子，其中一起是一九四〇年潘漢年背著中央，潛往南京和大漢奸汪精衛見面密談案；另一起是一九五〇年上海電廠被國民黨飛機轟炸案，查到了潘漢年、楊帆兩人身上。

劉少奇暗暗吃了一驚，看來黨內兩位功績卓著的地下工作者，即將面臨厄運。但在他的印象裡，潘漢年、楊帆二位，都是長期在周恩來手下工作，爲周恩來所重用的幹部。而且有一種預感，毛澤東主席讓康生、江青兩人越過中央調查部，直接插手內部保衛工作，黨內可能又要出冤案了。於是問道：潘漢年和楊帆的新情況，康生同志和周總理通過氣嗎？

江青詭秘地笑笑：劉副主席呀，你就放心吧，總理是大管家，這些事還能瞞著他？就是總理讓我來報告你的……而且你還會有興趣的是，潘、楊二位都是饒漱石的人，受饒漱石指揮、控制，說不定還牽涉到中央的另一位大人物，三足鼎立中的一足呢。

聽江青這麼一說，劉少奇心裡倒是生出快意。康生把饒漱石當政敵，還拉上高崗墊背，太妙了。

江青告辭時，劉少奇破例地一直把客人送下樓，和王光美一起送到院門外，看著江青上了那輛烏黑鋥亮的飛鴿牌自行車，飄逸而去，消失在綠蔭深處。返回到樓上辦公室，劉少奇讓王光美掩上門，愣愣地想了想，才說：對這位人物，我們要十分小心了。主席雖然在生活上討嫌她，但在政治上卻很重用她，常派她做一些連書記處都不知道的極秘密的事。她和康生攪在一起，又是受到主席的直接指揮，能量會大得驚人囉。王光美說：放心，我一直把她當大姐來尊重，凡事都請教她，相讓她的。只是你自己，對她有看法，千萬不要放在臉上。其實她做爲女人，也有她可憐、值得同情的一面。她男人花心，她本身又做了子宮摘除手術，弄得男不男，女不女，正常的感情得不到發洩，生理需求也得不到滿足，心理不變態、脾氣不變壞才是怪事呢。所以她表面上光光鮮鮮，心裡是很苦的。

九月二十四日，籌備已久的全國第二次組織工作會議在西苑懷仁堂開幕。會議由劉少奇、饒漱石兩人主持，安子文代表中央組織部作工作報告，與會者爲各中央局組織部部長、各省市分管組織工作的書記，加上中央各部、委、辦的負責人，共是一百五十來人。

分組討論安子文的工作報告時，中央直屬機關組在饒漱石、馬洪、郭鋒等人的主導、帶動下，很快轉爲對安子文錯誤的揭發批判。中直機關組帶了頭，其他幾個大組紛紛跟進。尤以東北組、華東組、中南組、西北組對安子文的意見大，批判激烈。只有華北組和西南組對安子文的意見較少，甚至有人替安子文辯護，肯定他的工作成績爲主，問題爲次。起初，劉少奇以爲這些年來，各地對中央的組織人事工作有意見，有怨氣，乘機發洩一下，過兩天就會平息下來，轉入會議的正題——黨的組織人事工作如何配合、保證黨在社會主義過渡時期路線方針的執行。但吵吵嚷嚷很快到了九月底。

接下來是國慶節三天假日。十月一日，會議領導小組成員都隨黨和國家領導人上了天安門城樓，檢閱陸、海、空三軍的精彩操演，以及近百萬首都群衆載歌載舞的慶祝遊行。晚上則再次隨毛、朱、劉、周、高等領導人上天安門城樓，繞席而坐，觀看廣場上施放烟花焰火。烟花七彩繽紛，火樹銀花，光輝燦爛。接下來是首都文藝團體與大專院校師生在廣場上舉行的盛大文藝聯歡演出。使得外地來京出席國慶觀禮的黨政官員及各條戰線的英雄模範們大飽眼福的，卻是當晚中央領導人都是帶了夫人來。他們看到了毛主席夫人江青，朱總司令夫人康克清，劉副主席夫人王光美，周總理夫人鄧穎超，高主席夫人李力群，彭總夫人浦安修，鄧小平夫人卓琳，李富春夫人蔡暢，彭眞夫人張潔清，賀龍夫人薛明，陳毅夫人張茜，羅榮桓夫人林月琴，聶榮臻夫人張瑞華……要說這些夫人們的像貌，又數毛主席夫人江青、劉副主席夫人王光美、陳毅夫人張茜三位最顯年輕漂亮了。她們亭亭玉立、婀娜多姿的模樣兒，眞不像毛、劉、陳們的妻子，倒像是他們的女兒輩，每位都小出他們二、三十歲呢。

國慶三天假日過後，組織工作會議繼續進行。使劉少奇極爲棘手的是，無論大會、小會，都有郭鋒、馬洪、張明遠、張秀山、向明、陳正人等一班子人爭先恐後熱烈發言，批判安子文在政治路線和組織路線上所犯的嚴重錯誤，而左右了會議局面。並多次不點名地批判劉少奇本人。爲了打破僵局，劉少奇找了許多人個別談話，要求不要再打橫炮，干擾了會議的主要議題。但無濟於事。

劉少奇明白，像上次全國財經會議一樣，他在本次組織工作會議上，又受到了高崗、饒漱石陣營的嚴重挑戰，並已經被高、饒手下的一批人馬控制了局面。他作爲中央分管組織人事工作的領導人，要是連一次組織工作會議都開不下去，開成個分裂的會議，龍爭虎鬥的會議，把事情搞得一團糟，他怎麼向政治局和黨主席作出交代？不孚衆望，領導無方，一個十足的廢窩囊？那時，他豈不要引咎辭職，捲舖蓋走人？那一來，倒是趁了高、饒們的心願，或許也是趁了毛潤芝不便公開表述的心願了。

會議吵吵嚷嚷，一直拖到十月中旬。劉少奇遲疑著，下不了決心敦請毛主席出面收拾局面。正在他進退唯谷之時，鬼使神差的發生了他意料不到的情況：政治盟友周恩來悄悄地假江青、康生二人之手，在毛澤東主席面前對高、饒實施重拳出擊。

十月中旬的一天晚上十時，康生由江青陪同，來到菊香書屋主席辦公室時，毛主席已跳過舞、洗過淋浴回來，心情頗爲愉快。毛主席半仰在沙發上，隨便地朝二人擺了擺手，示意坐下，才問康生：

近來你的內查外調，有了收獲？恩來和藍蘋都說，你有許多話要直接報告我？

康生笑出來滿臉皺紋，朝毛主席欠了欠身子，再從江青手裡接過一杯茶水：是的，關於饒漱石同志，我發現了一些新材料……。

毛澤東望著康生：你們在華東局一直配合得不愉快，我早有所聞，只怕也是一個巴掌拍不響吧？

康生扶了扶眼鏡，辨白說：我接受主席的批評教育。但我和饒漱石並無個人恩怨。說起來，在一九二一年，我和他還算上海大學的同窗呢。但我一直覺得他爲人不正派，喜歡拉幫結夥，玩弄政客手段。我這不是事後諸葛亮。我和陳毅、譚震林、李富春、粟裕、藍蘋都交換過意見，他們也都有同感。饒漱石的歷史也有問題。他一九二五年入黨，手續不全，他說的兩位入黨介紹人都犧牲了，死無對證。一九三一年在上海任中華全國總工會黨團書記時被捕過，是自首出獄的叛變分子……。

毛澤東擰了擰眉頭：饒漱石也被捕過？而且是自首出獄的？我們的中央組織部部長啊，他可是成天在叫嚷著要清查別人的自首變節問題，豈不成了作賊又喊捉賊了？好，你繼續講下去。

康生見自己的匯報已經有了些效用，更有信心地說開來；饒漱石原在黨內藉藉無名，是劉少奇同志把他一手提拔重用起來的。可他以怨報德，如今攻劉少奇同志攻得那樣厲害，不共戴天似的，許多老同志都看不過去，但敢怒不敢言。一九四〇年少奇同志提名他爲東南局副書記，一九四一年皖南事變後，少奇同志代表中央到蘇北重組新四軍，把他提拔成新四軍副政委。一九四二年底少奇同志回延安，又提他爲新四軍政委，華東局書記。不是少奇同志一路提拔，他戰無戰功，政無政績，能在黨內躥升得這樣快？所以他今天這樣對待少奇同志，知情人都感到寒心，認他爲得志便猖狂的負義小人。全國解放後，他主持華東局工作，一再違抗中央鎭壓反革命分子的方針政策，竭力包庇、保護一些罪行極大的壞人……。

毛澤東拍了拍腦門，彷彿想起什麼來了：饒漱石和潘漢年、楊帆等人的關係如何？

康生回答：我可以負責任地向主席報告，潘、楊二位都是饒漱石的親信，哼哈二將，控制了上海的公安政法系統。他們是一丘之貉，情況很不正常……我正是看到了他們一夥的危險性，前幾年在華東局掛名第二書記時，才覺得不應和他們共事，正好我身體有病，就告假養病了。

毛澤東笑了：藍蘋告訴過我，你是三分身體的病，七分人事的病嘛。現在好了，重出江湖囉。你是我們黨內的肅反專家，美、蔣電台稱你爲「紅色劊子手」。我看我們黨還需要你這種被敵人視爲恐怖勢力的人物。我們的同志要是受到敵人的讚揚，不就和敵人沆瀣一氣了？所以我說過，凡是敵人反對的，我們就要擁護；凡是敵人擁護的，我們就要反對。反其道而行之，就是這個道理。

這時，江青在旁插話道：康老長期以來和饒漱石他們作鬥爭，收集到了許多材料。有些重要材料，涉及到我們黨的一位重要人物高崗同志……。

康生見毛主席臉上沒有任何表示，知道高崗在毛主席心中還有相當的份量，怕引起誤會，甚至反感，連忙解釋說：請主席放心，我是遵守紀律的，藍蘋也是這樣。不管我對他們有何種看法，掌握了他們的何種材料，我都從沒有背後議論過。因爲那樣不利於黨的團結，而是削弱黨的戰鬥力。昨天，總理找我談話時，也談到了有關的問題……。

毛澤東忽然警覺地問：恩來找你談了些什麼？他和少奇都對高、饒有成見嘛。

康生稍稍猶豫了一下，堅持說了下去：總理問了最近高崗同志視察南方，一路上所發表的不當言論，說我們黨是軍隊創造的……其實是個老話題。相當長一個時期以來，高崗同志就到處散佈「黨是軍隊創造的」這種謬論，還把黨分爲紅區黨，白區黨，並把自己封爲紅區黨的代表，也就是自封爲根據地武裝鬥爭的代表人物。據我所知，除饒漱石外，在軍隊的高級將領中，甚至包括彭德懷、林彪、羅榮桓、徐向前、聶榮臻、陶鑄、陳正人這樣層級的人物，都不同程度的認同他的這種謬論。對於黨中央來說，這具有相當的危險性，隱伏著大危機。我決不是危言聳聽。

毛澤東閉上了眼睛，繃緊了臉塊。可以說，康生的這段話，觸中了毛澤東的內心禁地。作爲黨、政、軍最高領袖，他最擔心、也是最要防範的，是握有兵權的高級將領們在某種非黨性的理念下糾集在一起，抱成一團。那一來，可就要了他這個中央主席的老命了。

江青忽然故作驚訝地問：有這種事嗎？我們怎麼從來沒有聽說過？這還了得！康老，你可要把情況詳細報告主席啊。

毛澤東睜開眼睛，示意康生繼續講下去。

康生從隨身帶來的文件袋裡拿出兩本發黃的小冊子來，邊說邊翻閱：其實，高崗同志的「軍黨論」，由來已久，不是進城之後才有的，早在紅軍長征抵達陝北的一九三五年，他就開始鼓吹「陝北救中央，中央靠陝北」那一套了。現在，我要向中央揭發的是：一九四二年春夏之交，高崗同志主持召開的陝甘寧邊區高級幹部會議。會前，高崗為了突出陝北，貶低中央，親自組織了一個二十九人的編委會，編寫《陝甘革命史》。高崗等人藉總結歷史為名，大肆吹捧自己，矢口不提毛主席是我們全黨正確路線的代表，反而胡說在大革命失敗後，是高崗首先提出了「黨的方向應以鄉村與武裝鬥爭為主」的方針，說什麼就是他們這一正確的方針，使黨首創了革命武裝和革命根據地。這本所謂的革命史書裡，把高崗奉為正確路線的代表、紅軍的領導者、蘇區的創造者。現在看來，這完全是為高崗日後上台作輿論準備的。還有另一本是高崗本人的大會報告，叫做《邊區兩條路線鬥爭》。我這不是馬後炮。看，這是我在一九四二年六月讀過這兩本小冊子後，寫在扉頁上的一句話：這是為自己樹碑立傳，這樣做勢必會造成多中心，不利於加強以毛主席為首的黨中央領導。

說罷，康生恭敬地將兩本發黃的小冊子呈上給毛澤東，做為自己揭發高、饒問題的憑證。

毛澤東隨手翻了翻兩本小冊子，對江青說：康生同志多年不鳴，一鳴驚人。好了，這兩本東西留下來，我要好好拜讀。我們今天的談話，很敏感，不能外傳。你們只管繼續工作。要慎之又慎。目前需要強調全黨團結一致，強調一切服從大局。其他的，都是次要的。你們明白我的意思嗎？

康生、江青連連點頭，表示明白了。起身告辭時出來，卻連做為毛夫人的江青也是一頭霧水，不知老闆的葫蘆裡賣的是什麼藥。只有一點可以肯定，康生的揭發，老闆聽得很仔細，並往心裡去了。

第二天下午，毛澤東起床後，劉少奇獲准前去匯報會議情況。劉少奇是硬著頭皮進入菊香書屋的。不知爲什麼，這次毛澤東對劉少奇親切了許多，起身相迎、握手不說，還和藹地遞煙遞火柴，很有一點回復到當年在延安窰洞裡稱兄道弟的隨和氣氛。

劉少奇受到如此禮遇，緊張的心情登時鬆弛了許多。

不待劉少奇開口，毛澤東主動問起：怎麼樣啊？你一向以組織能力出色著稱黨內外，怎麼連一次組織工作會議都四處觸礁，風浪重重啊？

劉少奇像個飽受委屈的弟弟遇到了兄長似的，忽地眼睛都紅了：我被我的老下級饒漱石同志要了。他發動手下一批人馬，會議一開始就對安子文展開批判鬥爭，還把沒有出席會議的薄一波也扯在一起批判。上次財經會議是「明批薄、暗射劉」，這次組工會議是「明批安、暗射劉」。我找了許多人個別談話，要求他們把會議引到中央原訂的議題上來。可是肯幫忙的人不多。饒漱石他們掌握了多數，左右了方向。這次會議開成這樣，我要向中央作檢討，承認工作無能，請求中央給我處分。

毛澤東深知劉少奇非等閒之輩，請求處分不過是種以退爲進的策略。思考了片刻，終於說：現在不談處分。饒漱石怎麼搞的？新官上任，上台即鬥，財經會議上鬥，部務會議上鬥，現在又到組工會議上鬥，他有不有個完？劉少奇見毛主席露出了對饒漱石不滿的口風，便進而匯報說：饒漱石同志視安子文爲眼中釘。搞掉了安子文，中組部就成了他的一統天下。那一來，我這個中央分管組織、幹部的人，包括主席在一些幹部人事上的安排，就都要借重他來辦，甚至看他的臉色行事了。

毛澤東的巴掌拍在了茶几上的一本中文版的《蘇聯共產黨（布）歷史簡明教程》上：他做夢！他

算幾斤幾兩？隨後，毛澤東沉默了。他的目光落在了書的封頁上。這本書，他在北戴河養病期間，又重讀了一遍。史達林在列寧去世後，一次次淸除黨內反對派，從黨的副總書記加米涅夫，到紅軍創始人托洛斯基，到老資格的政治局委員李可夫、布哈林、季維諾夫……這些人物中，任何一位的資歷、聲望、才幹，都足以與他史大林抗衡，卻一位位都敗在了他手下，從而總結出了這本《蘇聯共產黨（布）歷史簡明教程》。當然，史達林對付他的黨內同事，手段也太辣了些，大都給予槍決，是不可取的。列寧、史達林槍殺了沙皇全家大小。我們連僞滿洲國皇帝溥儀和被俘的國民黨戰犯都一個不殺，都養起來，更何況黨內的不安定分子呢？

劉少奇見毛主席好一會兒沒有出聲，估不透他心裡是怎樣想的，便小心地試探著問：主席，你看，這組織工作會議……。

毛澤東卻慢條斯理地反問：你是受中央委託，主持本次會議的，你打算怎麼辦？

劉少奇只好說出了想法：全體會議越開越亂套，是不是暫時停一停，先開領導小組會議，解決中組部內部的團結問題。

毛澤東又閉上眼睛想了想，才說：也好，就按你的意見辦，大會暫停，先開領導小組會。讓大家學習聯共黨史的六條結束語，對照我們黨的歷史，有借鑑作用的。你、饒漱石、安子文三人在領導小組會議上的發言稿，要先交我看過。我同意之後，你們再發言。

第三三章　饒哥大意失荆州

根據毛澤東的指示，中央辦公廳印發的《蘇聯共產黨（布）簡明歷史教程》一書的六條結束語，送達全國組織會議的代表們手裡。包括劉少奇、饒漱石在內，誰也摸不透毛主席師法史達林，讓學習這六條結束語的眞正用意。六條結束語的中譯原文爲：

㈠黨史首先教導說，無產階級革命的勝利，無產階級專政的勝利，若沒有革命的無產階級的政黨，若沒有這樣一個不受機會主義沾染，對妥協者採取毫不調和態度，對資產階級及其國家政權持徹底革命決心的政黨，這種勝利是不可能達成的；

㈡其次，黨史教導說，工人階級的黨不精通工人運動的先進理論，不精通馬克思列寧主義理論，便不能實現其爲本階級領導者的作用，更不能實現其爲無產階級革命的組織者和領導者的作用；

㈢其次，黨史教導我們，假如不把那些在工人階級隊伍中間活動，想將工人階級中的落後階層推入資產階級的懷抱，因而破壞工人階級統一的小資產階級政黨粉碎，那麼無產階級革命就不能獲得勝利；

㈣再次，黨史教導說，工人階級政黨不與自己隊伍中的機會主義者作不調和的鬥爭，不把自己隊伍中的投降主義者粉碎，就不能保存自己隊伍的統一和紀律，就不能實現其爲無產階級革命的組織者和領導者的使命，就不能實現其爲社會主義新社會建設者的使命；

㈤復次，黨史又教導我們說，如果黨竟因迷戀於勝利而驕傲起來，如果黨已看不見自己工作的缺點，如果黨竟害怕承認自己的錯誤，害怕及時來公開誠懇改正這些錯誤，那它就不能實現其爲工人階級領導者的使命；

㈥最後，黨史教導我們說，工人階級黨不與群眾發生廣泛的聯繫，不經常鞏固這種聯繫，不善於傾聽群眾的呼聲和了解他們的迫切需要，沒有不僅教育群眾，而且向群眾學習的決心，那它就不能成爲眞正群眾的黨，就不能成爲能領導千百萬工人階級群眾和全體勞動群眾的黨。

中央辦公廳屬下的馬列主義著作編譯局的秀才們，在翻譯《聯共黨史簡明教程》一書時，作爲理論家的劉少奇曾經給予了許多指導，並親自作過文字上的修改審訂。因此，對於上述六條結束語，劉少奇是耳熟能詳了。自史達林去世後，有關史達林於二次大戰爆發前，在蘇聯黨內進行多次血腥清洗的各種議論，小道消息，已陸陸續續傳到中共高層領導人耳中來。劉少奇對史達林以「殘酷鬥爭，肉體消滅」方式來解決黨內矛盾的做法，已經有了新的認識。問題在於，毛主席為什麼要在此時此地，指示印發上述充滿左傾觀念的六條結束語？不是要強調團結統一嗎？可上述六條，條條都是強調要向黨內的所謂資產階級，小資產階級傾向，所謂的黨內機會主義作不調和的鬥爭！

可見，在毛主席的思維骨子裡，仍然要把他劉少奇（當然也包括周恩來）當作黨內右傾思想，機會主義的代表者來批判、教育。不管高、饒們的胡作非為如何在黨內的高層受到抵制，引起反感，毛主席仍要維持他的權力格局：劉、周、高三足鼎立，利用高來制衡劉、周，必要時取代劉、周。

每想到此，劉少奇就暗自感到寒心，也就咬住牙關，下了決心，一定要和周恩來、陳雲、李富春、鄧小平、康生、陳毅、江青等人聯手，或許還要加上朱總司令、董必武、譚震林等，來打破劉、周、高三足鼎立格局，進而拔掉高崗、饒漱石這兩顆眼中釘。事到如今，看來一切妥協退讓，委屈求全全無用處了。黨內鬥爭也是你死我活。劉少奇已經被逼得一退再退，都退到了懸崖邊上，背後就是萬丈深淵了。不是自己被高崗除掉，就是高崗被自己除掉，二者必居其一。

另說饒漱石吩囑自己的得力助手郭鋒、馬洪二人，將中央辦公廳印發的《聯共黨史簡明教程》六條結束語，作為會議學習文件一一分發給組織工作會議的與會者們，他還估不透毛主席此舉的眞正用意。他甚至有點感到風馬牛不相及。至於要他和劉少奇，安子文三人都寫出各自在領導小組會議上的發言稿，並上交給毛主席去親自審閱一事，饒漱石則理解為：毛主席又想在他們三人之間搞搞平衡了，既批劉，又用劉；既討厭周恩來，又使用周恩來。總是在劉、周、高之間猶猶豫豫，搖搖擺擺。

聽任下邊去龍爭虎鬥，他好在上邊調控。長此以往，非壞事不可。

還是郭鋒、馬洪二位腦筋靈活，一讀《聯共黨史》的六條結束語，立即明白了毛主席此舉的「深意」，並向饒部長匯報：這下子可以放心了，主席讓大家學習六條，實際上是支持我們繼續「批安射劉」，會議的大方向沒錯！饒部長，你看看這六條，條條都是強調要向黨內資產階級，小資產階級，右傾機會主義作不調和的鬥爭，否則就不能純潔黨的組織，不能取得革命的勝利。劉少奇假傳聖旨，說毛主席現在強調團結統一，完全是他個人的捏造。毛主席發下這六條來，就是要擦亮我們的眼睛，戳穿劉少奇的謊言，堅定我們批判劉少奇，安子文一夥的右傾機會主義的路線錯誤！

饒漱石聽過郭鋒、馬洪二人的匯報，心裡豁然開朗了起來。是啊，我也正在犯嘀咕呢。現在總算明白了。主席指示大家學習六條結束語，就是給了我們最有力的支持。我們黨的歷史，和蘇聯黨的歷史密不可分。他們清除過布哈林、李可夫之類的叛徒，我們也應清除劉少奇、薄一波、安子文這些右傾機會主義分子，歷史變節分子，社會主義革命和建設才能勝利前進。

馬洪說：毛主席給了我們理論武器，有了這六條結束語，劉、安們更是在劫難逃了。

郭鋒說：饒部長，現在領導小組會議更好開了。對照聯共黨史六條結束語，繼續對劉少奇、安子文進行揭發批判。要把他們的現實問題和歷史問題結合起來深揭狠批。

饒漱石忽然問：高主席還沒有回來？他要是在北京，我們就更有力量了。連劉、周都承認，高主席跟得上主席的步伐，懂得毛澤東思想。的確是這樣，高主席預料的每一步棋，果然都兌現了。

馬洪悄悄說：這次高主席結束了對南方數省的視察，就直接坐專機回瀋陽去了。有人想掏我們的老窩，說高主席要在東北搞獨立王國，告到毛主席那裡，毛主席不相信，認作是無稽之談。

饒漱石聽得渾身一楞，搞政治鬥爭也眞是不擇手段，無所不用其極囉。遂咬了咬牙，對郭鋒、馬洪二位說：戰鬥已經打響，關鍵時刻，任何動搖、妥協的念頭，都會引致災難性的後果。戰爭是流血的政治，政治是不流血的戰爭。我們跟隨高主席，堅決捍衛毛主席。過河卒子，只有奮勇向前了！

郭鋒說：幹！一幹到底。義無反顧。至多，北京鬥不贏，退回東北去。跟著高主席，像當年林總那樣，再來一次揮師進關。

馬洪在旁提醒：郭副部長，聲音小一些，慎防隔牆有耳。

饒漱石也告誡道：那是一步萬不得已的險棋。我們還是要立足於北京，依靠毛主席的思想，利用理論批判的武器，把他們批倒，逐出中央領導層。最後也還是要保留他們的黨籍，給他們安排一個地方上的黨、政職務。當然，這是要在查清了他們確無叛徒、變節問題之後。

郭鋒在心裡嘀咕著：就憑這，饒部長就比高主席矮了一大截，政治家行婦人之仁，最沒出息。

果然不出饒漱石及其手下幹將郭鋒、馬洪等人所料，當饒漱石在領導小組會議上，以會議主持人之一的身分，捏著《聯共黨史》的六條結束語，疾言厲色地說：同志們都讀過毛主席發給我們的這份文件了吧？這是理論的投槍和匕首！蘇共黨史和我們黨的歷史，都是同黨內形形色色的右傾機會主義分子作絕不調和的鬥爭的歷史。果然有人一聽到右傾機會主義這個名詞，就如喪考妣，甚至暴跳如雷。對照我們黨今天的現狀，毛主席近年來一再強調，右傾機會主義是我們建設社會主義的最大絆腳石，不清除掉這些絆腳石，我們的事業就無法前進！

饒漱石的開場白有如點了一把火，未等劉少奇、安子文兩人開口，參加領導小組會議的二十幾個成員就同仇敵愾，把鬥爭的矛頭對準了他們，把他們置於被審判的境地，遭到連珠炮一般質問：

請問安子文、少奇同志！我們黨內究竟存不存在右傾機會主義？是不是有人提出向資產階級妥協讓步的政策？是誰提出要保護私有財產，保護資本家利益？

對照聯共黨史的六條結束語，安子文是個老牌的機會主義者！

就是安子文的頂頭上司嘛！娶了大資產階級小姐做太太，屁股坐到大資產階級一邊去了嘛。

歷史上的變節投降，和現行政治上的變節投降，有其思想上的連續性和一貫性！

安子文比薄一波壞得多！中央不處理安子文，這會議怎麼開得下去？

劉少奇面對著這來勢洶洶的批判場面，他面無表情，心裡卻有一種欲哭無聲的苦痛。參加革命三十幾年，他第一次這樣被自己陣營內部的人叫罵、羞辱，把他逼上絕境，不給他迴旋的餘地。他最為寒心的，不是饒漱石、郭鋒、張秀山、張明遠、馬洪這幾位興風作浪的主將，而是那些各大區來的組織部部長，中央幾大部、委、辦的負責人，也都跟著他們起鬨，站在他們一邊又叫又嚷。他們之中的許多人，還是自己提拔過，重用過的人啊。難道今天，他劉少奇眞要樹倒猢猻散了？

劉少奇又陷入到一個新的巨大困境：不但全國組織工作會議的全體會議開不下去，現在連領導小組會議也開不下去。劉少奇向來以黨內出色的理論家、組織者著稱，自一九三五年起，經他一手重建的大區中央局就有華北局、華中局、中原局、長江局、東南局、華東局等。可以說，除陝北根據地以外，絕大部份黨組織，都是他代表中央去組建起來的。這也是他在黨內得以上升到第二把交椅的資本。可是今天，他卻要在自己一手創建起來的組織系統內部，唱一齣關雲長走麥城了。

險惡的鬥爭局勢卻再度出現了劉少奇意想不到的轉機。

康生的內務系統派在饒漱石家中的「眼線」，報上來一份有關饒漱石近段與他的親信郭鋒、馬洪、張秀山、張明遠等人，密謀拱倒劉少奇、周恩來的談話記錄，呈達毛澤東手中。毛澤東原本就對饒漱石沒有多少好感，終於決定親自主持一次組織工作會議領導小組會，對饒漱石予以批評教育。同時規定了，此次會議只是針對饒漱石一人，意即不要涉及高崗，他對高崗還是要保護並繼續重用的。

卻說那天晚上，勞累了一天的饒漱石，剛服過安眠藥睡下，門鈴響了。饒漱石一家所住的四合院離毛家灣一號很近，同屬於中央警衛重地，況且他的臥室又是在四合院的後院北房裡，怎麼會有人直接到後院來按門鈴呢？他的夫人先披衣起來，開門一看，即有一位英俊的青年軍人邁步進來，徑向躺在床上的饒漱石行禮報告：饒部長！毛主席派我來接您去參加政治局擴大會，車子在院門外等著。

饒漱石昏昏糊糊的，不明白政治局開會爲什麼不像過去那樣提前通知他，好讓他有所準備。他在夫人及青年軍人的幫助下，穿好了衣服，拖著雙布拖鞋走到門口，才又被換上了皮鞋，並被左右兩邊扶著跌跌蹌蹌走到前院，坐進了車子裡。直到車子駛進西苑豐澤園，他才開始清醒過來。他進到會場時，發現會議已開始好一會了。會場被布置成長方形，毛澤東、朱德、劉少奇、周恩來、陳雲、董必武、林伯渠、彭眞坐在北側，南側則坐著鄧小平、李富春、鄧子恢、康生、習仲勳、薄一波、劉瀾濤、安子文、郭鋒等。他沒有看到高崗，沒有看到彭德懷，沒有看到林彪。郭鋒不敢抬起眼睛來看他，而劉少奇、周恩來、康生等人的目光卻像錐子一樣盯住他，他立即感到氣氛不對，大事不好。

要不是南側早給他預留著一個座位，有服務員來領著他入座，他便會愣愣地站在那兒。該死！這座位左邊是康生，右邊是鄧小平，對面是劉少奇、周恩來，今晚上是走夜路碰到鬼了。

燈光下，毛澤東臉色發黃，頭髮散亂，一幅睡眠不足的疲憊樣子，看來又生病了，卻目光銳利地看了饒漱石一眼，再又輕咳了兩聲，才說：饒漱石同志！你犯了衆怒，知道嗎？外沽淸正之名，內結虎狼之勢，你肯不肯承認？

饒漱石頓時遭了雷劈似的，目光散亂，神情獃呆，不知如何回答。

坐在對面的周恩來，氣憤地問：主席問你話，爲什麼不回答？

饒漱石身子移動了一下，結結巴巴地說：主席，我不明白您的意思……。

毛澤東並未生氣，呷了一口茶水，說：好，你不明白不要緊，我背一首唐代孟郊的〈古意贈梁肅補闕〉給你聽：曲木忌日影，饞人畏賢明。自然照燭間，不受邪佞輕。不有百煉火。孰知寸金精？金鉛正同爐，顧分精與粗……這首五言詩的意思，你也不明白？

會場上各式各樣的目光，冷嘲熱諷的，幸災樂禍的，等著看下場的……如針如刺，一齊扎向饒漱石。饒漱石這時反而鎮靜些了，站起身子來回答：報告主席，本人淺陋，確是不明白您的深意。

毛澤東費力地揮了揮手：賜坐，有話坐下來講。一行書不讀，身封萬戶侯。你個中央組織部長原來不讀書啊。外沽清正之名，內結虎狼之勢，句出《紅樓夢》第二回，是罵賈雨村的。賈雨村何許人也？他是林黛玉的教席，受林妹妹尊翁林如海之托，送林妹妹到京城賈府外婆家的。後來賈府替賈雨村捐了個州官，相當於今天的地委書記吧，他卻貪贓枉法，被革了職，屬於儒林敗類。至於唐代孟郊的五言詩，就更是淺顯不過了。我祇取起首的兩句：曲木忌日影，饞人畏賢明。你饒漱石是不是曲木？算不算饞人？最好還是由你自己來回答。好了，閒話打住。中央委託你和少奇主持全國第二次組織工作會議，你不按中央原先訂下的方針開會，而妄自作主，政出旁門，呼朋引類，搞什麼「批安射劉」，吵吵鬧鬧，批批鬥鬥，已經過去了一個多月，直鬧得會議開不下去。我祇得同意了少奇的意見，先開領導小組會議，學習《聯共黨史》的六條結束語，解決中組部內部的團結問題。可你和你的朋友們好大的能耐啊，一個星期的領導小組會議開下來，又是你們在喊批喊鬥，左右局面，以致領導小組會議也開不下去。安子文，劉少奇果眞就是那麼罪大惡極，非打倒不可嗎？這裡，我不是說安子文沒有犯嚴重的錯誤，包括少奇在內，有錯誤，是要批評，甚至處理。但你饒漱石作爲組織部長，上台即鬥，外善內惡，巧言令色，顏之厚矣！你饒漱石是不是這樣？

坐在饒漱石旁邊的康生，這時側過身來，惡狠狠地說：饒漱石不但一貫正確，而且老虎屁股摸不得！在華東局，他是老子天下第一。陳毅、譚震林，加上本人，他也是動輒即批即鬥，何曾放在眼裡？

饒漱石沒有理會康生，祇是癡癡地望著毛主席，自己一向奉爲神明，並竭盡心力效忠的領袖，都不問問是非曲直，就一面倒了，他感到不寒而慄。有一刻，他眞想大叫一聲：主席啊，幾年來，你不是一再表揚我饒漱石，在對待資產階級私有制問題上旗幟鮮明，立場堅定嗎？爲此，你還向全黨發出過文件，藉以批判黨內以劉少奇、周恩來爲代表的，向資產階級妥協、投降的右傾機會主義嗎？你今晚上爲什麼突然變卦，站到劉少奇一邊，來批判你最忠誠、可靠的戰士了？

會場上沉默了一小會。仍是周恩來嚴厲地衝著饒漱石問：主席的指示你聽見了嗎？爲什麼裝聾賣傻，充耳不聞？

毛澤東手指輕輕地敲著桌沿：裝聾賣傻，充耳不聞也不要緊。饒漱石口口聲聲說人家有小圈子，指薄一波爲某某圈子的人，安子文又是某某圈子的人，你饒漱石有不有小圈子啊？你和你手下的幾員幹將都商量了一些什麼見不得人的事啊？敢不敢向中央交代一、二？我在黨的「七大」時就講過，共產黨不學國民黨，一不准搞派系，二不准立山頭。共產黨要搞五湖四海。由於歷史的原因，我們黨的高級幹部，南方人多一些，中級幹部北方人多一些。高級幹部嘛，江西南昌起義一大批，湖南秋收起義一大批，湖北黃安暴動一大批。我、少奇、弼時、立三、德懷、富春、賀龍、維漢、榮桓、粟裕、陳賡、蕭勁光、楊得志、宋任窮、楊勇、陶鑄、蕭克、王震等等，都是湖南人。能講我們是一派嗎？是什麼湖南幫嗎？我和我的老鄉們幾十年來，還不是在鬥來鬥去，有分有合？我可以負責任地說，目前，在黨內，少奇、恩來、薄一波、安子文他們是沒有圈圈的！他們有各種各樣的錯誤，有的還相當嚴重，但他們工作努力，願意接受中央的監察，接受中央的批評、教育。硬要有什麼小圈子嘛，不是別人，正是你饒漱石同志和你的幾員幹將。

毛澤東的話，一字一句都像一根根鞭子，抽打在饒漱石身上。會堂上卻是好一陣熱烈的掌聲。坐在毛澤東身邊的劉少奇，鼓掌的動作很大，大約把巴掌都拍紅了。

衆目睽睽，饒漱石成了過街老鼠。周恩來這時倒也遇事留有餘地似的，願意做好人，對饒漱石說：主席苦口婆心批評了這麼久，你爲什麼不檢討一下，認個錯？你作爲中央組織部部長，在全國組織工作會議上領頭鬧事，整整一個多月，大會鬧了小會鬧，硬想把少奇、子文同志或許還加上我拉下馬。我們拿你沒辦法，祇好報告給主席。主席見你們這樣胡鬧，氣得兩天晚上沒有睡覺。你們把主席氣成這個樣子，於心可忍？你也是一九二五年入黨的老同志了，倘若再把中央的指示和主席的教導當成耳邊風，堅持你們鬧分裂的一套，不認錯，不改正，最後祇能採取組織措施來處理！

饒漱石聽了周恩來這番軟硬兼施的話，感到這是他向毛主席當面陳訴的最後機會，便硬著頭皮豁出去了，聲音沈穩地說：主席、各位同志，我承認犯了嚴重的錯誤。我承認，我名義上鬥爭安子文同志，實際上是針對劉少奇多年來向資產階段妥協投降的右傾機會主義路線，這也是主席多次嚴肅批評過的。我說安子文在財經會議上一語不發、沈默對抗，包庇薄一波，也是衝著劉少奇的。

劉少奇見饒漱石已經成了落水狗，還妄圖跳上岸來咬自己一口，登時氣得臉色發白。但他很快穩住了自己，而說：你對我有意見，完全可以進行批評、幫助。我又不是聖人，怎麼可能沒有過錯，不犯錯誤呢？我早就在財經會議，這次又在組工會議上對同志們講過，我的錯誤不是論斤論噸，而是論車皮，用火車來拉。可我願意檢討，願意改正。你、我是老同事了，還有人說我重用過、提拔過你，算我的老下級，但你對我卻不是同志式的批評、幫助、教育，而是借了批薄一波、安子文的機會，要把我拱倒，不拱倒我，你絕不收兵。你爲什麼要這樣呢？一點老同志、老上下級的情份都沒有了。你們在大會小會上鬧了一個多月，我一直想你回頭，可你們堅持自己的一套，不肯回頭嘛！

毛澤東再次敲了敲桌沿說：你饒漱石錯誤估計了形勢，自以爲得計，不以爲愚蠢。財政會議批評薄一波，本來是正確的，但你們趁機背後大做手腳，你以爲中央沒有察覺？安子文私擬兩份中央領導人員名單，錯誤嚴重，但你們有意擴散名單，肆意擴大影響，錯誤更爲嚴重。我歷來勸誡大家，要注意一種傾向掩蓋著另一種傾向。要搞陽謀，不搞陰謀。你們的這些背後動作，我絕不能允許。

饒漱石見毛澤東對他窮追不捨，再抗辯下去無益，祇好低頭認錯：主席，我願意檢討，願意改正，接受主席和大家的教育批評。

毛澤東環視了與會者一眼，說：饒漱石願意認錯，我們無任歡迎。那麼問你一個問題，請當著大家的面回答，你們在組織會議上的活動，是自發的？還是有組織的？

饒漱石說：主席，大家是自發的。我看了薄一波、安子文的檔案，有很多歷史疑點。我承認是我在會議上提了出來，大家也有同感，就形成了一致的局面。

一直沉默不語的郭鋒，這時出面作證道：我們確是不約而同，事先並沒有商量過……。

周恩來厲聲喝斥道：主席是問你話嗎？爲什麼要由你替饒漱石回答？想搞攻守同盟嗎？一些奇奇怪怪的事都發生在你們中組部。擅自在會議上公布高級幹部的檔案，你們還有不有黨紀國法？

饒漱石又一次癡癡地望著毛澤東主席：主席，關於薄一波、安子文他們一九三六年出獄的事，我有許多話要說。你能不能允許我個別向您匯報一次？

毛澤東沉下臉來，生氣地問：在座都是中央負責同志，你有話，爲什麼不光明正大，當著大家的面說出來，而要和我個別談？

劉少奇這時站起來，指著饒漱石的鼻子說：我已和你說過多次，薄一波、安子文等人一九三六年出獄事，黨中央知道，毛主席知道，黨的「七大」已有定論，是特殊歷史環境下的特殊事情，涉及一大批黨的高級幹部的政治生命，你爲什麼不肯聽？而要一次次揪住不放？你眼睛裡還有沒有黨的紀律？我再說一次，此事今後不要再提了，這是對中央的態度問題，對毛主席的態度問題。

毛澤東看了看手錶，一臉不耐煩地說：組織工作會議，大會開不下去，領導小組會議也開不下去，怎麼收場？恩來、陳雲、富春、康生、小平，你們統統去出席，把局面扭轉過來。康生同志不是說饒漱石的老虎屁股摸不得嗎？大家去摸摸。看看他究竟是哪門哪派？功夫如何？

高崗從瀋陽回到北京東交民巷八號院，連掛了幾次電話給饒漱石，電話裡傳來的都是盲音，無人接。緊接著，他就聽到了消息，饒漱石把組織工作會議開砸了，翻了船，現在天天流眼淚，接受批判，規定不准見客，不准接電話，連行動自由都被限制了。原先在會上跟著饒漱石「批安射劉」的一批人物，現在一個個覺悟了，回過頭來揭發，批判饒漱石，比先時「批安射劉」，炮火更猛烈。

在高崗的心目中，饒哥是位處世清正，辦事老成的人，這次怎麼會陰溝裡翻船呢？是不是內部裡出了叛徒、告密者？向劉少奇、周恩來他們提供了什麼誣陷材料，以致潤芝兄誤以爲眞，轉而支持劉、周們……若是這樣，事情就大不妙了。誰會充當叛徒、告密者呢？郭鋒？馬洪？張秀山？張明遠？陳正人？向明？陶鑄？不可能是這些與自己生死與共過的老兄弟們。一定是周恩來手下中調部的人馬，已經打入到饒哥的府上，甚至是自己的家裡來了。姥姥的，秘書、司機、保母、廚師、醫生、護士、服務員、通訊員，在饒哥府上和自己家裡，都各有一大班，誰知道誰？自己曾經命令趙德俊嚴密注意家裡一切工作人員的舉動，但這些鑽進鐵扇公主肚子裡的小孫悟空們，也眞叫人防不勝防。

由於不了解西苑近段發生的情況，高崗沒有急於出面找人。晚上十時，衛隊隊長趙德俊在後院花園巡查時，發現院門外塞進來的一封信。趙德俊立即把信呈送高主席親閱：

敬愛的高主席，告訴你一個令人震驚的消息，鄧小平、陳雲已經向主席報告了你的一些言行，他們向主席揭發你是「十足的野心家和陰謀家」。一股不利於你的陰風正颳向你，他們想從饒漱石身上打開缺口，下一個靶子就輪到你了。

我非常希望你能寫一個反擊鄧、陳的材料直接報毛主席。現在衹有毛主席能幫助你和饒漱石解脫困境。注意，材料不要留任何副本，也不要由秘書代筆。寫成之後，你可以給毛主席辦公室打個電話，或是你直接面見他，千萬不要讓任何人去轉。在你的朋友中，郭鋒同志是最可靠的。

我希望你獲得成功。

你最好的朋友

信的末尾雖然沒有署名，但高崗一看就知道是饒漱石的筆跡。饒哥在四面楚歌之時，冒了多大的風險，才給自己送來這封信啊。想起饒哥平日爲人的精明幹練，足智多謀、和對自己的一片至誠，高崗不禁眼睛發辣。一股仗義執言，要與饒哥有難同當、生死與共的豪情，襲上心頭。他決定不計利害、不避嫌疑，也先不寫什麼鄧、陳的材料，而直接去找毛潤芝大哥，幫助饒哥解脫困境。

第二天下午，高崗試著給菊香書屋主席辦公室掛了電話，說有急事要向主席匯報。接電話的值班衛士讓他稍等片刻，不一會就回話：主席同意立即來見。這個意想不到的回答，直令高崗心花怒放了，說明主席仍然信任他。

二十分鐘後，高崗來到西苑菊香書屋潤芝兄的書房時，見潤芝兄半臥半仰在長沙發上，一臉病容，便眼睛都紅了，忍不住叫了聲：大哥，怎麼又像是生病了?你可要保重身體啊。

毛澤東衹在長沙發上動了動身子，算是打了個招呼，開口就糾正道：高崗同志，要注意囉，黨內一律稱同志，不能有其他稱呼喲。在陝北，你我有過兄弟之誼，但衹能記在心裡，不能搬進北京城來。不然共產黨鬧革命，和古代的農民起義，有什麼區別？好，不說這個了。聽說你又回東北去了？身在曹營心在漢，你老往東北跑什麼？

高崗在毛澤東對面的藤椅上坐下：志願軍好幾個兵團，三、四十萬人馬從鴨綠江對岸撤了回來，中央軍委又暫時不讓他們開入關內，而留駐東北。爲了解決大部隊的營地問題，我連著開了幾天幾晚的會議，和黑龍江、吉林、遼寧的黨、政、軍負責人爭來吵去的，硬是把幾十萬人馬暫時安排妥當了。不是訴苦，主席，我已經是整整一星期沒有睡過落心覺了。不像有的人，黨、政大事不好好幹，祇想把屎盆子往人家頭上扣！

毛澤東倒笑了：高大麻子幹工作，從來拚命三郎嘛，辛苦辛苦。你和我說句心裡話，這次到東北，你去找了孟虹沒有？

高崗剛剛輕鬆了一下的心情，立即又綳緊了，紅著臉膛說：我向主席起誓！我早已把她忘記了。當初把她介紹給主席，確是爲主席的身體著想，爲了治療方便。我是好心辦了錯事，引起誤會，至今後悔死了。我個陝北的二桿子，確是上不得大台盤，做不得京官。

毛澤東說：好了好了，你是美人常新囉。這事我沒有怪你。祇是給人留下口實，你、我有些尷尬。是她自己要離開我們的。就是把她找回來，我也不願見她了。你知道嗎？有人把她四妹叫什麼孟蝶的，帶到北京來了，也會針灸按摩的，介紹給我。我一次也沒有試過。

高崗從茶几上取出兩支煙，先敬主席一支，點上火，才自己也吸上一支：主席英明，有警惕性。

我自那以後，再沒有見過孟家的人，牢記教訓，嚴肅生活作風。

毛澤東嘶嘶地吸著煙，眼睛望著天花板上的日光燈，好一會沒有作聲。高崗試探著說：主席，我上回到杭州，替你看了徐莊，是西湖邊上的一座大園子，圍進了西湖的一角，湖光山色，美景天成，亭台樓榭齊全，還有小戲院，可以演戲和放電影……因趕著去東北，才沒有向你及時匯報。

毛澤東忽然眼睛冷冷地看著高崗，彷彿在看一個陌生人似的。高崗不禁渾身打了個冷噤。又過了一小會兒，毛澤東才開口說：你到南方，聽說發表了不少高論啊？什麼紅區黨、白區黨、根據地黨、軍隊黨，槍桿子裡面出黨組織。人家說你這是提倡「軍黨論」。對這件事，你怎麼解釋？

高崗見有人背後向他捅刀子，一時急眼了，大聲辯駁說：主席啊，你千萬不要聽信，這是一些小人的背後流言。我高崗能有什麼理論？我的原話根本不是這樣的意思。我是站在擁護毛主席領導我們軍隊打得江山這種前提下講了一些話。你知道，我平常講話不用稿子，哪能提出什麼「軍黨論」？我知道，事出有因。我索性向主席說了吧！是陳雲、鄧小平二位眼紅我，嫉妒我受主席器重、地位排在他們之上，不服氣，因此千方百計搞挑撥離間。主席，你知道嗎？陳雲的嘴巴一年四季緊閉著，一開口就咬人。記得在延安的時候，劉志丹就說過，陳雲的嘴像女人的陰戶……。

毛澤東厭煩地揮了一下手，制止了高崗的粗俗言語。過了一會，見高崗還有話說似的，就又示意他繼續說下去。於是高崗說：我還要報告主席的是，有人現在張開了一張網，要整人了。要是主席不看清這些人的圖謀，放任他們，一批跟著你打天下的同志，就要遭殃……。

毛澤東甚爲懷疑地問：是不是有人要整你？又是誰要整你？

高崗說：劉少奇爲了整我，而先整饒漱石。

毛澤東又問：那麼你是來替饒漱石求情的囉？是饒漱石要你出面的，還是出自你的本意？你了解他嗎？或是稱兄道弟了？

高崗說：主席呀，我和饒漱石都是堅定執行了你的思想路線，公開抵制了劉少奇他們保護資產階級、保護私有財產的右傾機會主義，才得罪了劉少奇的。我與饒漱石，和劉少奇並無私人成見。饒漱石還是劉少奇的老下級。我們祇是忠於毛主席，才和他展開了尖銳的思想鬥爭！

毛澤東聽高崗說得振振有詞，便又問：我在北京，饒漱石也在北京，他自己有腳，爲什麼不來直接找我？人不來，還可以打電話、拍電報嘛！

高崗說：主席呀，你以爲我們要見你那麼容易嗎？下面的事……饒漱石同志現在已失去了人身自由，不准他接電話，見客人，除了開會，不准他出門……他、他怎麼能來見你？

毛澤東沉默了。對饒漱石暫時採行保護性措施，是由周恩來提出，經他同意了的。

高崗面見毛澤東的第二天，針對饒漱石的「保護性措施」被撤銷，恢復了正常的生活作息。

第三四章　西苑貂嬋成啞女

孟虹是周恩來派專人從遼東半島外海的獐子島上接回北京的，被安置在西郊玉泉山四號院。由於毛主席一再表示過已對孟虹毫無興趣，周恩來也就沒有把孟虹回來的事呈報上去。之所以要把孟虹接回，一是因爲獐子島孤懸海外，臨近西朝鮮灣，附近水域常有南朝鮮甚至日本的漁船出沒。萬一有國際反動勢力把孟虹劫去了南朝鮮或是日本，甚至轉送給台灣，將其在中共兩位領導人之間的尷尬事抖落開來，做了「共產共妻」的活證據，那就給黨造成惡劣影響了；二是爲了從孟虹的口裡掏材料，檢舉揭發高崗同志。孟虹是位特殊的知情人。欲要毛主席拋棄高崗，至少不再強力保護高崗，就須使用孟虹這粒可以擊中高崗要害的達姆子彈，彈孔雖小，但會在體內爆炸，使其內臟開花。

周恩來指示玉泉山四號院的工作人員，一定要細心照料好孟虹同志，讓她吃好睡好休息好，滿足她生活上的一切要求，包括她要閱讀的各類佛家經書。可以在清晨或黃昏人跡罕至時，陪她在山道水畔散散步。但絕對不可與四號院以外的人員有任何的接觸。可以告訴她：是總理接她回來的，讓她養好身子，平靜心情，以便重回醫療戰線，繼續爲人民服務。總理從來關心、愛護青年人，尤其是青年知識分子。魯迅先生說過，用秕谷來養青年，是決不會壯大的，將來的成就，且要更渺小。我們是新社會、新時代，一定要用健康的富於營養的精神食糧和物質糧食養育青年，務使青年一代茁壯成長。

可是玉泉山四號院工作人員所給予孟虹的關懷、愛護，似乎沒有起到任何作用。一星期後，工作人員不得不向總理報告：孟虹自被接來那天起，就沒有說過一句話，除了喝水，也沒有吃過一口食物。成天只是躺在床上讀佛經。護士長不時去問她想不想吃點什麼，或者是否到陽台上去曬曬太陽，她也只有一個簡單的動作：搖頭。她倒是不哭不笑，十分平靜。她已瘦成一把骨頭。現由醫護人員每天替她打點滴，注射葡萄糖水以維持生命。但醫護人員一離開，她就會拔下針頭……。

周恩來總理聽了匯報，正是又心疼又氣憤。這個孟虹也太不識好歹了。學林黛玉慢性自殺？以死相抗？莫名其妙！就算高大麻子利用過妳，玩弄過妳，得罪了妳；我周恩來總是對妳關心愛護，仁至義盡的呀？妳這作派，不明擺著對我們大家都懷有仇恨了？妳這樣做，能對誰有好處？

本來，周恩來是想讓孟虹靜養個半月二十天之後，再來看望、談話的。如今卻不得不丟下紛繁的國家大事，提前趕來玉泉山四號院，勸導勸導這誤入歧途又執迷不悟的人兒了。

周恩來上回到這裡還是夏天，由孟蝶替他做針灸按摩，治療肩周炎。今次來到玉泉山，已是寒冬時節，水面上結了冰甲，路旁積滿落葉。樹木光禿了枝杈，在寒風中抖索似的。就連那些四時常青的松樹、柏樹，也是灰濛濛的，了無生趣。四號院裡卻暖氣燒得很足，進門不但要脫下大衣，甚至薄毛衣都穿不住。男工作人員都穿著襯衫，女醫護人士則白大褂下露出兩條光腿，倒像在過夏天哩。

周恩來先在樓下小客廳裡，邊喝茶邊聽護士長報告情況：整整一星期了，沒有聽到樓上那位人兒說過一句話，哪怕是像「好、不、對、行、是」這樣的單音字都沒有說過，因此懷疑她是否已失去了語言能力。另外，像患有嚴重的厭食症，每次端食物上去，哪怕只是一碗蛋花湯，一碟炒素麵，她見了就嘔，坐在床上乾嘔。實際上她肚裡空空的，只是乾嘔。看著那模樣兒，真叫人難受。

周恩來問：你們沒有給她服過藥物嗎？比如養生劑之類。

護士長說：沒有。她禁不住任何藥物治療。給她餵兩回生津益氣的黃杞、枸杞湯，都吐了。後來就只好給她輸液，注射葡萄糖。奇怪的是，她還可以生活自理，自己穿戴，自己起床，去洗手間，並不需要人扶持。還有，她曾經背著我們寫東西。遵照總理的吩咐，我們沒有過問。

周恩來問：你們知道她寫些什麼嗎？給什麼人看過嗎？

護士長說：不知她寫的什麼，絕對沒有人看過。男工作人員都不許上樓的。沒有得到指示，我們不便讓她交出。我個人懷疑，可能是絕命書之類。

周恩來沒想到情況會是這麼嚴重。如此看來，孟虹豈不成了廢物一個？連話都不會說了？失去了語言能力？這事也太過蹊蹺了。難道有人搶在前面，到獐子島上那姑子廟裡，對她下過手？使她變成啞女……周恩來心裡打了個激凌，身上升起一股寒氣。若真是這樣，只有高大痳子手下的那班子人幹得出來，太冷血，太殘忍了。高大廝子可眞是無毒不丈夫啊。

護士長陪著，周恩來上樓，進到孟虹所住的房間時，看到的是一位半躺半歪在床頭枕墊上的醜婦人。床頭櫃上放著幾卷佛經。婦人頭髮灰白，滿臉絲瓜筋般的皺紋，蒼老得泛青。兩隻放在被子外面的手掌，枯瘦得如同雞爪……周恩來閉上眼睛。慘不忍睹。這婦人就是昔日那個花容月貌、顧盼生輝、人見人愛的女醫生孟虹嗎？有一忽兒，周恩來眞想轉身就走，掉頭離去。他不願看到美和醜、生和死這麼殘酷地出現在同一個女子身上。

護士長已經輕輕喚醒孟虹：孟醫生，看看，是誰來了？周總理看望妳來了！對，是總理來看妳。

孟虹睜開眼睛，甚至有了些許笑意。只有這雙曾經勾人魂魄的眼睛，還閃動著幾絲昔日明媚的光彩。她顯然已經認出了周總理，便掙扎著欲坐起來。

周恩來朝她搖搖手，忽然有些動情似地說：三妹，對不起，是我沒有能夠保護好妳，妳吃了許多苦頭……妳要愛護自己，聽醫生護士的話，爭取每天吃些東西，慢慢把身體恢復過來。妳才二十三歲，妳還會像以前一樣漂亮，富於生命力。我講這個，妳聽明白了嗎？

孟虹又笑了一下，看一眼周總理，眼眶裡好似有水光閃動，但很快消失了。她枯瘦如爪的雙掌合十，但唸不出「阿彌陀佛」。

周恩來要探個究竟地問：三妹，告訴我，妳眞的說不出話來？過去，妳的笑聲像春天的百靈鳥，妳說話的聲音唱歌似的好聽。

這時，孟虹的臉抽搐了一下，極不情願地指了指自己的喉嚨，之後閉上了眼睛。

周恩來示意護士長迴避，他要與孟虹單獨談談。

護士長離開後，周恩來拉過一張椅子，靠近孟虹的床頭坐下，像個父兄輩，慈祥而親切地說：三妹，我想我們應該好好談談……我不是要責備妳。到目前爲止，我一直想幫助妳、愛護妳。可妳爲什麼要把自己的生活、自己的身體弄成這個樣子呢？妳知道，爲了妳沒有回來，我和妳鄧大姐都差點兒挨了中央的處分……好了好了，我們不說這個了。現在最重要的是妳的健康。妳需要治療，要配合醫生、護士來治療。妳自己是學醫出身，妳該明白，沒有病人的配合，縱然是扁鵲轉生，華佗再世，治療也是難有效用的。妳爲什麼不出聲？難道任何聲音都發不出來了嗎？

孟虹眼角滲出來一粒小小的水珠。她又以雞爪子般的手指了指自己的喉頭。

周恩來輕聲問：是誰弄啞了妳？能不能告訴我？我可以安排協和醫院的喉科專家來替妳會診。

孟虹蒼白如枯槁的頭顱搖了搖，表示不願意，或是沒有必要。

周恩來忽然靈機一動，苦笑一下，起身快步走向靠窗的書桌，取了紙和筆回來，和靄地說：三妹，我們來做一次筆談，如何？我問，妳以筆答。

孟虹倒是並不抗拒他的這一請求，接下了紙和筆。

周恩來問：是誰弄啞了妳的？不管是誰，妳都可以把他的名字寫下來。

孟虹以筆作答，她的鋼筆字仍如過往的那麼有款有形：是我自己。因爲我不想再開口說話。

周恩來問：前一段，並沒有人去那海島上打擾妳，找妳談什麼事的啊？

孟虹筆答：現在不是被找回來了嗎？

周恩來心裡有些窩火，臉上卻依舊和顏悅色：很好，很好，妳還像從前一樣反應敏捷。不過我還是想了解一下，是用什麼法子把自己弄啞的？如果我派協和醫院的專家來會診，相信還有可能康復的。

孟虹筆答：謝謝。不用費心了。我是吃了一種秘方，把聲帶弄壞了，沒有恢復的可能了。

周恩來這時一臉苦笑：三妹啊，我看妳是沒有說實話。我懷疑你是受了外力的強制迫害，才弄成今天的這副樣子！

孟虹剛寫下兩個字：不，不……忽然紙筆一丟，被褥裡那骨瘦如柴的身子蜷縮了起來，劇烈地抖索，兩手則拉上被頭，蓋住了面部。

周恩來做了個出其不意的動作，陡地一下揭開了孟虹蒙臉的被頭，吃驚地看到，孟虹細長的頸項上，留有一圈被掐過的傷印，並留有針頭扎過的黑點……。

觸目驚心的暴力摧殘。周恩來氣憤得兩手攥拳，聲音都有些發顫：眞是禽獸所爲，禽獸所爲哪！是誰？三妹，妳寫下他的名字來！

孟虹拉上被頭，掩住了自己的頸部，但沒有拾起紙筆。

周恩來拾起紙筆交還給她：三妹，是不是高主席手下的人幹的！說不定高主席本人並不知道這事，是他底下的人胡作非爲！

孟虹極不情願地、也是萬分艱難地以筆作答：不是。和高無關。總理，您是眞的不知內情？

周恩來坦誠地說：三妹，如果我早知道了妳的現況，還會派人千里迢迢的接回來嗎？

孟虹愣愣地望著周總理，彷彿相信總理說的是眞話。她蜷縮在被褥裡的身子不再抖索。

周恩來鼓勵地說：三妹，勇敢些！寫下他們可能是誰，我來替妳懲辦這些沒有人性的東西！

這回是孟虹苦笑，以筆作答：可能嗎？況且，有這個必要嗎？

周恩來說：三妹，妳要相信黨組織，相信人民政府，相信我們的黨紀國法。任何人的違法亂紀行爲，都應受到法紀的制裁，決不寬貸。

孟虹臉上的表情出現明顯的不信任，甚至帶有幾絲譏諷之色。

周恩來有些急眼了：孟虹同志！我是政務院總理，黨和國家的領導人之一，一天到晚要處理多少國內外大事？難道我說的話，也作不得數，妳都不肯相信了嗎？哪妳在這世界上，還能相信誰！

孟虹閉上眼睛，彷彿需要認眞想一想：這世界上，還可以相信誰？

周恩來知她在遲疑猶豫，在作思想鬥爭，也就不再催促，而甚有耐心地等待著。他還自取過床頭櫃上的小暖壺，本想倒出一杯開水來。倒出來的卻是熱牛奶。於是試著以湯匙餵了孟虹一小勺。孟虹沒有拒絕，張嘴呑下了，竟也沒有嘔吐！

周恩來陡漲了信心：有救！這女子還有救。於是更細心地一小勺一小勺地餵著。孟虹都接受了，吞下了，如同一隻病得半死的鳥。好，她終於願意吞吃食物了，可見事情有了轉圜的餘地。這丫頭也是，醫生、護士長餵她食物都不肯吃，非得自己這個國家總理來動手伺候，才肯吃……周恩來高興地誇道：三妹！這就好了，這就好了！我要表揚妳，也是替妳高興哩。人非草木，心非鐵石，看著妳今日的這副病容，我能不心疼？不難受？妳先時大約也聽人說過，我和妳鄧大姐雖然沒有親生子女，但我們有三十幾名乾女兒，還有收養的十來名烈士遺孤。我熱愛年輕美好的生命，盡力教育他們，幫助他們，看著他們健康成長，成爲國家的人才，就比什麼都高興……三妹，我過去沒有來得及告訴妳，我對妳，也有著同樣的感情。看到妳那樣美好，我是眞心地喜愛。我心裡充滿了對於美麗生命的愛意。妳知道嗎？今天看到妳的這副病容，形銷骨立，我心疼，心疼得緊。我覺得沒有盡到保護的責任。三妹，我一點都沒有騙妳。我爲什麼騙妳這樣一個人兒，有那個必要嗎？

周總理親手一小勺一小勺的餵給牛奶，加上一番溫存言語的撫慰，終於使孟虹感到了一種父兄般的溫暖愛意。她眼睛濕潤了，嘴唇哆嗦著，強掙著坐起，從枕頭下面摸出一疊信紙來給面前這位如父兄的總理過目。周恩來立即想到，這就是先前護士長說的那個「絕命書」之類的文字？顯然不是。

一行醒目的標題躍入周恩來的眼簾：獐子島上的交代。好了，太好了，不管怎麼說，孟虹總算對自己的事情有個說法了。字跡潦草，但文字還算簡約流暢。

獐子島上的交代

十個月之前，我在大連外海的一條機帆船上被劫走。我本要乘那機帆船從天津港上岸返回北京的。劫走我的人自稱是什麼「渤海水上飛」的水匪。但十幾條漢子個個精壯，年紀也都在二、三十歲之間，操關外口音。他們沒有蒙上我的眼睛，只以一條毛巾捂了我的嘴，以防止我叫喊救命。他們對我沒有任何非禮行爲，哪怕是輕薄舉動都沒有。而我只是一名沒有任何反抗能力的弱女子。我不相信他們是什麼水匪，而相信他們是訓練有素的軍人。在漁船上，我被人注射了某種針劑。後來我就睡著了。不知睡了多少小時，或是多少個日夜，去過些什麼地方。醒來時，我已經到了海島上的一座娘娘廟裡。廟裡只有一個七十多歲（我猜想）的老尼姑。老尼姑一口一口的餵我小米粥。她很慈祥，只是望著我，痴痴呆呆的。她臉上少有表情，也不說話。她敲木魚，誦經，但從不出聲。過了些日子，我才發現她既聾又啞。這倒是好，今後我與之朝夕相伴的老師傅，什麼也不會問我，什麼都不會知道。又過了些日子，我才從前來進香的當地漁民口中，知道這個海島的名字叫做獐子島，離大連有好半天水路。島上沒有固定居民，只在夏秋漁汛季節有漁民來島上歇息。島上倒是駐有一個連的解放軍部隊，守衛海疆的。但士兵從不到娘娘廟來。部隊紀律嚴明。只是一早一晚有武裝巡邏小組從附近路過。

我從娘娘廟前院的碑文石刻上慢慢了解到，自己棲身的這座娘娘廟，香火承傳已有上千年的歷史。最初是由高麗人修造，供奉的是地藏王，保佑高麗漁民海上平安的。後被倭寇燒毀。現存的娘娘廟是明朝萬曆年由遼東半島漁户捐款修建，不再供奉地藏王，而供奉苦海慈航觀世音，保佑的是我遼東漁民海上平安、漁產豐盛了。我每天除了誦經，打掃廟院，就是一個人停留在前院的柏樹下，讀那些碑刻文字。眞沒想到，地老天荒的海島上的一座娘娘廟，竟有上百方碑刻，最早的一方竟是大唐天寶年間的。遼東漁民對娘娘廟的供奉甚爲充裕，柴米油監都是成包成擔的進奉。也有前來求醫求子的。我試著給漁民們治病，還托人從大連買回來針灸用品。很快的，我受到漁夫漁婦們的歡迎。娘娘廟的香火也更見旺盛。有的漁婦開始尊我爲海神娘娘……我也開始喜歡這個地方、這些信衆。自己的醫學知識，在這荒島上也能派上用場。

大約是七月裡的一天，島上來了一群身著軍服的年輕演員，個個京片子，俊男美女，笑笑嚷嚷。他們來到娘娘廟抽籤遊玩。我退避不及。女演員們吱吱喳喳，低聲議論我的長相如何如何。她們還問我話，哪裡人氏啦，爲什麼出家啦，都新社會了，年紀輕輕的，還以木魚青燈相伴？我只是低頭誦經，沒有答話。不知爲什麼，她們離開後，我有些想念大連，想念瀋陽，想念北京。也想念父母親人，想念城市生活。整個晚上都睡不成覺。我做夢，風雨交加，來了一群海盜，把我擄了去……我就像大觀園翠櫳庵裡那個帶髮修行的姑蘇女子妙玉，欲潔何曾潔，云空未必空，可憐金玉質，終陷淖泥中……我不如妙玉，也不是什麼金玉質，從不曾潔、不曾空過，早就陷在淖泥中了。

又平靜地過了三個來月。也是從求醫問病的香客口中，知道駐島部隊換防，另來了一支人馬。一如既往，部隊紀律嚴明，沒有士兵光顧娘娘廟。一早一晚仍有巡邏小組從附近經過。我也聽說了，朝鮮停戰了，中國人民志願軍硬是打得美帝國主義趴在地下求和了。很快到了十月初，島上已是一派深秋景色，草枯了，樹葉落了，早晚下霜，當地人稱爲狗牙霜，凍得地上的土塊都開裂。娘娘廟裡晚上不生火，只能穿上厚重的棉襖加上被褥禦寒。

一個刮大風的深夜，我被院牆外的打鬥聲驚醒。是什麼人會來這院牆外打鬥？我嚇得大氣都不敢出。我本能地感到，這打鬥可能跟我有關，有人要保護我，另一些人則要加害於我……過了不久，院牆外的打鬥聲停息了，我正在被褥裡發抖，就見幾條黑影闖了進來，沒等我叫喊救命，來人就堵了我的嘴，矇了我的眼睛，一雙鐵鉗子似的大手卡住了我的頸脖，跟著就有針管在我的喉管聲帶部位注射了藥物，動作乾淨俐落，相信是打著手電筒做完一切的。他們顯然受過專門訓練。住在我對面禪房裡的又啞又聾的老尼毫無察覺。我昏迷到第二天下午才被凍醒過來，只覺得喉嚨火燒火燎地刺痛。我喝下一碗冰冷的水，刺痛才減輕了些。我的聾啞師傅發覺我的身體有了變化，就趕前趕後的照顧我。我拚著力氣、忍著疼痛喊了兩聲師傅！可我聽不到自己的聲音。又喊了幾聲，還是什麼都聽不到……我總算明白了過來，自己的喉嚨已經發不出任何聲了。這是爲的什麼啊？他們爲什麼要這樣對付一名弱女子？又爲什麼不一下子把我掐死？只是把我弄啞！把我掐死了，才能落得個白茫茫大地眞乾淨啊。

我的頸部的刺痛持續了兩個多月才漸次緩解。被掐的印痕至今沒有完全消失。我相信掐我脖子的那雙大手本可以擰雞脖子、鴨脖子樣的一下子擰斷了的，卻又手下留情，沒給擰斷。顯然是遵照什麼人的指令，掌握著分寸。上個星期，忽然有人到島上來接我，說是接我到北京養病。我就乖乖的隨來了。我不知道是誰要我來的，來幹什麼。我已經是個廢人，行屍走肉，對誰都沒有用處了。難道還有人不肯放過我？實在是，我的罪孽已滿，只求早下地獄……。

周恩來讀完孟虹的這份交代，不禁眼睛發辣，臉孔發白。他把「材料」交還給孟虹，以表示對孟虹的同情與尊重。他仍然氣憤地問：三妹，妳可以肯定，不是高主席的部下對妳施以毒手？

孟虹搖搖頭，以筆作答：不是，肯定不是。總理，您不要再問了。再問下去，可能對您也不利。

周恩來腦子裡轟的一響，身上頓時出了冷汗：胡鬧台！是謝富治？還是康生？原來任何一個系統，都揪住她不放。哪麼，娘娘廟院牆外的那場打鬥，雙方人馬又都是誰和誰？是東北局警衛系統的人一直在暗中保衛孟虹？最終也沒有鬥贏謝富治手下的武林高手？此舉高明，此舉高明，勝過殺人滅口……自己是不宜再過問此事。甚至此次秘密把孟虹弄來北京，都是大大的失策，多此一舉。且事情千萬不能洩露了出去。此女已是多餘之人，已經對誰都沒有了用處。

周恩來沉默了一會兒，心裡仍有些許憐惜之意：一位絕代佳人似的人兒，就這麼活生生的給毀掉了，毀掉了，罪過，眞是罪過。他忍不住說：小孟，好了，我答應妳的要求，不再問妳什麼了。也許，妳也眞是啞了的好……妳還有什麼要求嗎？我盡可能的來幫助妳，哪怕是最後幫妳一次。

孟虹筆答：總理，謝謝您。我知道我會立即離開這裡。您能幫忙安排一家願意收留我的寺庵嗎？

周恩來點點頭：可以。我來成全妳的心願，回到佛門靜地。佛家有句偈語：自來處來，往去處去。今晚上就送妳走。妳要治病，不要萬念俱灰。就是在寺廟裡，一樣有機會爲人民服務的。

孟虹筆答：總理，您的好心，我永誌不忘。代我致鄧媽媽吉祥如意。

周恩來站起身來，費力地微笑著，和孟虹握了握手，並指著床上的紙頁提醒她，把她所寫的筆答處理掉，比如可以從抽水馬桶裡沖走。最後，還替孟虹掖了掖被角。

周恩來回到樓下，在客廳沙發上一屁股坐下，頓時渾身疲乏得說話的力氣都沒有了。保健醫生和護士長立時趕了過來，見他臉色發白，眼眶發烏。醫生替他拿了拿脈：總理，哪兒不舒服？您是太累了，大約又是連軸轉了一天一夜……護士長，給總理弄碗參湯來。

周恩來搖搖頭，吩咐說：不要緊張兮兮的！我只是有些累，稍微休息一會兒就緩過來的。我一上汽車就可以入睡。這屋裡的暖氣燒得太足，太燥熱，你們就不怕上火，流鼻血？眞是的！你們不當家，不知油鹽柴米貴……是位聰明絕頂的人兒，絲毫不肯涉及到自己的父母、姐妹……小宋呀，告訴老李，安排一輛車子，把樓上的客人送到山西五台山去。她枕頭底下有份材料，你們應當設法取到手，不要看其中的內容，由小宋、老李、醫生三位在場，共同監看著燒毀。我只可以告訴你們，留下那種文字，對黨不利，對國家民族無益。其他的，你們不要再問。這是工作紀律。好了，立即去安排，今晚上就走，派兩名醫護人員陪同，不要在路上出事……。

第三五章　楊帆從實招來

上海市公安局局長楊帆，奉中央政法委員會之命，前來北京匯報工作。離滬前夕，他去請示了他的直接上司——上海市委第三書記兼上海市副市長潘漢年，並提出了自己的疑問：過去都是公安部羅部長找他赴京匯報工作，這次怎麼改成了中央政法委員會？而且通知他不要帶秘書或其他隨行助手？潘漢年說他對這次的事一無所知，就是陳毅市長，大約也不知底細。現在中央政法委員會由康生同志當家，凡事注意一些就是了。或許，中央要調動你的工作，事先徵求一下你本人的意見呢。

楊帆抵北京後，入住外地高級幹部常住的東交民巷六國飯店。這裡距高崗同志的住所不遠。前一段組織工作會議上的鬥爭情況陸續傳到了上海，所以楊帆決定先不忙找老首長高崗、饒漱石，而先去拜會公安部部長羅瑞卿。羅部長眼下是毛主席最信賴的幹部，全責黨中央保衛工作的，既不屬於劉、周派，也不屬於高、饒派。羅部長一向看重楊帆，當晚就讓去見。羅瑞卿一家住在天安門廣場東側、天安門城樓斜對過的公安部大院內。公安部大院原爲滿清王朝的翰林院。封建時代的最高文史機構，文臣薈萃之所，一九四九年後竟成爲執掌人命殺、關、管大權的紅色專政機關。羅瑞卿見到楊帆，說起這次奉中央政法委員會之命進京之事，也頗感意外，羅本人還是政法委員會副主任呢。羅部長倒是吩咐他：政法委員會由康生同志抓總，直接對毛主席負責。藍蘋做主席的聯絡員。所以你既然來了，就要相信中央，相信主席。同時也要注意自己的言行，尤其不要隨便去拜望什麼老首長。北京的情況比上海要複雜得多，連毛主席這樣英明的人，都常常感嘆曹營的事不好辦。

楊帆祇在六國飯店住了一晚。第二天即由中央政法委員會派車，送他到了遠離市區的西郊玉泉山一棟別墅裡，讓他交代關於他一九四九年五月進上海，擔任上海市公安局局長後，對原上海國民黨留守人員，流氓幫會的頭目採行招降納叛政策，亦即所謂「楊帆門客三千三，都是雞鳴狗盜幫」的情況，包括收容國民黨在上海的潛伏電台，並允許該潛伏電台繼續向台北發報，引致一九五〇年上海發電廠遭國民黨飛機轟炸，造成上海市區停電、死傷職工一百餘人的事件。

楊帆並不知道他入住的玉泉山別墅是爲周恩來總理的四號院，並於一個星期前住過原西苑貂蟬孟虹。中央政法委員會的工作人員告訴他，根據首長指示，住在這裡，他暫時不能給外面打電話，不能見客人，甚至不能給上海家中寫信。見自己無緣無故被軟禁了，隔離了，楊帆沒有抗議，沒有大吵大鬧。那樣祇會把事情弄得更糟糕。他等著惡魔康生找他談話，或是口噴毒焰似地訊問他。

花了整三天時間，楊帆寫出了一份長達十餘頁的「情況說明」，並特別強調，他在上海公安局任上所做的一切，都是在華東局和上海市委的直接領導下進行的，重大問題都是直接向市委領導陳毅、潘漢年等同志請示匯報了並得到過批准的。中央公安部羅瑞卿部長，謝富治副部長對上海市的治安保衛工作歷年來都給予了肯定和表彰。字裡行間，楊帆顯得問心無愧，正氣凜然。再怎麼著，他楊帆也是華東局的正軍級高幹；現在這樣不明不白地把他軟禁在北京西郊，算怎麼回事？你中央政法委員會還要不要尊重大區中央局的領導人？到時候，華東局和上海市委會向中央政法委員會要人的。

果然不出楊帆所料。由於楊帆赴京後四、五天沒有消息，上海市委便有人打電話報告了仍掛名華東局第一書記的饒漱石。饒漱石聞訊後大驚：他們選擇楊帆來做突破口？太毒辣，太可怕了。饒漱石立即以保密電話報告了高主席。高崗也大感意外，在電話裡沈默了一會兒，隨後明確指示，饒哥呀，肯定是周恩來、康生軟禁了楊帆。你、我都不便出面找人。但要想辦法保護楊帆。這樣吧，由你捎話給上海市委潘漢年，讓潘漢年去找陳毅同志，請陳老總出面，向康生、周恩來要人。陳老總和周、康兩人的關係一向不錯。這就名正言順了。陳毅既是華東局第二書記，又是上海市委第一書記兼市長，市公安局長楊帆是他手下的得力幹部，怎麼招進北京就被政法委員會軟禁？共產黨的保安系統比國民黨的中統、軍統還要黑暗不成？饒漱石見高主席在電話裡口不擇言，便插斷道：高主席，其實潘漢年也可以直接向周恩來要人，他是周的地下黨老下級……高崗不容分辨地說：不可以。潘、楊二人關係太密切，潘出面容易讓人生疑，分量也不夠重；陳毅出面最合適。

果不其然，高崗、饒漱石電話商議後的次日，陳毅從上海拍絕密電報給中央政法委員會負責人康生：

康生同志，多時不見，身體可好？甚念。前段欣聞你出掌中央政法委，英雄又回用武之地，誠可祝賀。今有一事相托，我市公安局長楊帆，奉政法委之命進京匯報工作，整整一星期未給機關和家裡通電話，他家人很著急。找我問情況，我亦一無所知。恭請看在老戰友份上，讓其給家裡通電話，以使釋念。有何新情況，亦請告下華東局及上海市委。專此頓首。

康生接獲陳毅電報，見老友行文綿裡藏針，知其怠慢不得。其實，在華東局，他們共同的對手是饒漱石。過去在新四軍裡和後來在華東野戰軍裡，政委饒漱石整司令員陳毅，在黨內高層是人盡皆知的事。但陳毅性情豪爽，從容大度，次次都檢討過關。不像康生對饒漱石那樣懷恨在心，錙銖必較。

康生將陳毅的電報送周恩來過目。周恩來與康生商議後，請康生回一個電報：

陳毅同志，謝謝你問起我的身體。休息多年，總算有了好轉，遵照主席指示，在政法委掛名，也是半工作半休息性質。楊帆同志來京談工作一事，未及向華東局和上海市委說明情況，是我的疏忽，應該致歉。因主席過問五〇年上海電廠被蔣幫飛機轟炸案，至今未破，多次批評有關部門辦案不力，是否禍起蕭牆？楊帆同志作為上海公安局長，應是最能了解案情。此次，他來京，即談此案，別無其他。可告慰他家人，一切正常勿念。我們亦會通知楊帆同志本人，立即給上海家中電話，報告平安。相信他不日即可返回工作崗位。專此敬復。

當天晚上，住在北京西郊玉泉山別墅裡的楊帆，被允許給上海家中通了電話，報了平安。翌日，更允許他給上海市委潘漢年副書記通了電話，告上此次來京，專爲向中央政法委匯報五〇年上海電廠被敵機轟炸一案數年未予偵破的詳情，並請代向陳毅市長報告。

如此一來，周恩來、康生穩住了華東局和上海市委的陳毅、潘漢年，也痲痺了北京的高崗、饒漱石。周、康明白不能將楊帆長時間留置北京。原計畫由康生出面找楊帆攤牌。但康生向周總理提出，自己在延安整風時整肅過楊帆，後由潘漢年一力保護過了關。現在若由他找楊帆攤牌，楊帆很可能頂牛，什麼都不肯交代，久拖不決，造成被動局面。快刀斬亂痲，還是請總理出面，找楊帆談話，曉以利害，政策攻心，易收事半功倍之效。況且楊帆向來敬重愛戴總理，總理親自出面讓他交代問題，也就打掉了他對高、饒的幻想。失去了後台，他自然就會從實招供了。

周恩來同意了康生的提議。從楊帆身上取得突破口，揭發出高崗、饒漱石「裡通外國」，出賣黨和國家最高機密的鐵證，到時候，就算毛澤東主席想保高崗過關，也無從說起了。好，一不做，二不休，就這麼幹。對付楊帆這類老下級，只消兩個回合，他就會乖乖地俯首歸順。

周恩來駕輕就熟，將他與楊帆的談話，分兩階段進行。

頭一次是一天深夜，楊帆已經睡下，突然有工作人員來敲房門，通告他立即起床，並整理一下房間，有中央首長前來探望。

楊帆穿戴整齊，疊好被褥，收拾好牙具、毛巾、換洗的內衣內褲。他想到可能馬上被祕密逮捕。

過了一小會兒，答答兩下敲門聲，門被推開了，進來的竟是敬愛的老首長周總理！且總理是一個人進來的，身後並沒有跟著隨從。他差點就要像個孩子似地撲上去，投在總理那寬厚而溫暖的懷抱裡。他當然沒有這樣做，祇是激動地喊了一聲：總理！是您……

周恩來隨手掩了房門，之後與楊帆緊緊握手：楊帆同志！委屈了吧？你來了一星期，我實在忙得脫不開身，直到今晚上開完會，才能趕來看看你。

楊帆握住周恩來的手不放：您是中央領導人中最忙、最辛苦的，這麼晚還來看我！

周恩來拉著楊帆到臨窗的兩張藤圍椅上坐下，並留心看了一眼厚重的紫紅色呢絨窗簾已經將窗戶遮得嚴嚴實實，才說：楊帆啊，你知道你現在住的是什麼地方嗎？是誰的房子？

楊帆答不上來。但總理的親切、隨和，已使他渾身都暖融融的，一時間把滿腹的委屈忘到腦後。

周恩來以父兄般充滿關懷的眼神望著楊帆說：大約是我們工作人員粗心，忘記告訴你了，這裡是玉泉山四號院，我周末休息的地方。這間房嘛，是我的午休室，所以比較寬大，窗外景色很好。

楊帆眼睛熱辣辣的，沒想到這些天被囚禁似地住著的地方，竟是周總理的郊外別墅，睡的更是總理午休的房間。

這時，又是嗒嗒地兩下敲門，一個女子叫了聲報告。周總理衝門口回了一句：小鄭嗎？請進。門口站著一位面容清秀、身段苗條的女子。她推著一張小餐桌進來，一直推到總理和楊帆之間。小餐桌上是兩套餐具，中間是四樣點心加一大碗餛飩湯，還有一壺開水。叫小鄭的女服務員笑得挺甜，給總理與楊帆各盛上一小碗餛飩湯，祇說一句首長請用，就退下去了，掩上了房門。楊帆看清了四樣點心是：一小籠蒸餃、一小盤小饅頭、一碟小葱拌豆腐、一碟清煮芥蘭菜。

周恩來招呼說：來來來，老熟人了，一起吃吃消夜。開了一天一夜的馬拉松會議，趕到這裡時，才覺得肚子空空。沒想到他們這麼快就給弄出來了。說罷，周恩來埋頭喝起餛飩湯來。他確是餓了。

楊帆卻沒有胃口，只是應個景兒。況且對他來說，能陪總理吃消夜，是不同尋常的禮遇。

周總理吃的不多，速度也快。看得出來他很注意節食保養。楊帆給總理倒了一杯白開水。周恩來試了試開水並不很燙，便漱了漱口，才說：楊帆啊，你我是什麼時候認識的？有多少年了？

楊帆不知總理爲什麼要問起這個：總理……記得是一九三九年春天，您以國民政府軍委會政治部副主任的身分，陪葉挺同志返回安徽涇縣雲嶺新四軍軍部，那時我是政委項英同志的秘書。葉、項長期不和，互不賣賬，弄得我們這些軍部工作人員很爲難。

周恩來讚許地點點頭：看來你的記性不錯，腦子好使。葉挺是位好同志，項英也是位好同志，可惜他們去世了，不然都是我們的開國元勳。好了，不說這個了。現在我另問你一個問題，你是黨的高級幹部，一九四九年進城之後，從中央到華東局，上海市委，組織上對你是信任，還是不信任？

楊帆腦子裡頓時一片混亂，摸不準總理問話的用意，只能回答：信任，絕對的信任。上海市是全國最大的工商業城市和進出口碼頭，也可以說是全國的經濟中心；如果組織上不信任和重用我，不可能讓我做上海市公安局局長，負責安全保衛、社會治理工作的。

周恩來再又點了點頭，犀利的目光直射過來，彷彿要透視楊帆的五臟六腑似的：楊帆同志！現在我要告訴你，這次通知你來北京匯報工作，是毛主席的指示。因爲根據中央有關部門所掌握的情況，自一九四九年進城以來，你還執行了一系列上海市公安局局長以外的任務。比如說，有人背著中央書記處和政治局，秘密派你去莫斯科，與蘇方有關人員交換黨內機密情報！這是什麼性質的問題？它的嚴重性，你應當清楚。你不要著急，不要驚慌嘛。我爲什麼不讓康生同志他們找你談？而要擠出時間來親自找你談？因爲我把你當作自己的老下級、老同事，想拉你一把，把問題弄清楚，不致陷進某種沼澤去不能自拔。那樣會滅頂的！當然，我也能夠理解你，你當初所以願意接受某些人的指派，秘密去蘇聯活動，是當作中央分派給你的任務來執行的。但我現在可以負責任地告訴你，那個所謂的中央是假的，是冒牌貨。毛主席不知道，朱總司令不知道，少奇同志不知道，我也不知道，這叫哪門子中央？楊帆同志，可要頭腦清醒呀！不然腦袋掉了，還不知是怎麼掉的！我還可以進一步告訴你，早在一九五〇年年初主席在莫斯科訪問期間，史達林同志就把有關的材料轉交給主席了，史達林同志建議毛主席留意一下中國黨內的這種不正常情況。在那份材料裡，有人把我中央領導班子分成什麼親蘇派和親美派……是不是這樣的？

面對周恩來步步緊逼的質問，楊帆遭了雷劈似的，臉色發灰，目光呆滯，額頭上冒出黃豆大一粒的汗珠子，登時變成一頭落入陷阱的困獸。混蛋，自己眞是個混蛋啊！幾年來，自己是被人秘密派往蘇聯，與蘇方人員交換情報。還在巴爾維哈溫泉療養院遇到過藍蘋，那個一九三六年在上海和自己親密過的藍蘋，藍蘋大熱天也從不穿涼鞋，有一回被自己捉住了，原來她右腳掌上有六個腳趾……該死！幾次去蘇聯，自己確是把它當作中央分派的特殊任務去執行的。高主席和饒政委，也都向他交代了，是毛主席授意的……現在如何是好？在黨中央，劉、周與高、饒不和，連上海市委領導層都風聞了，兩派鬥得水火不容，都欲利用毛主席……千不該，萬不該，自己成了他們相互鬥爭的工具。工具，是很可悲的，誰使用過了，都可以丟棄，甚至是替罪羊……。

周恩來像站在籠子外面的一名觀光者，觀賞著籠子裡的楊帆的表情，滿是驚恐、沮喪、徬徨、絕望等各種複雜的成分。

楊帆張了張嘴，欲說什麼。

周恩來卻看了看手腕上的錶：凌晨一時半，時間很晚了。我辦公室還有一批急件等著處理。早上九時還要主持政務院會議，討論糧食統購統銷政策。這樣吧，我再給你三天時間來考慮，回憶自己的有關問題。所以你現在不要急於回答我。我建議你先把幾次秘密赴蘇的經過寫出來，不管涉及到誰，都要向組織交代清楚。我可以替你擔保，只要你把問題完全、徹底、乾淨地交代清楚了，中央仍會信任你和重用你，你可以立即回上海，回你的工作崗位。因爲責任不在你。你只是被人利用，但沒有向中央報告。而且我會替你保密，不將事情透給華東局和上海市委。事情就在主席和我這裡了結。好了，給你三天時間，把事情想清楚。想好了，你可以直接打電話給我，我們再來痛痛快快談一次。把事情做個了斷，不留尾巴，不給處分，不記檔案。如果過了三天，你還不願意交代問題，或是還對什麼人抱有不切實際的幻想，性質就變了。我就只好把你交給康生同志他們去處置了。到那時，我就是想幫你的忙，也幫不上了。今天就談到這裡，我還要趕回城裡去。

說罷，周恩來站起身來，跟神思恍惚的楊帆點了點頭，沒有握手，就離去。

楊帆在玉泉山四號院樓上度過了輾轉不眠的三天三晚。頭兩天，他還希冀著奇蹟出現，忽然有人來通知他：楊帆同志，你沒事了，組織上批准你回上海……他來北京已八天。高主席和饒政委不可能不知道自己的行踪。他們哪怕是爲了自身的安危，也會出手救助的，讓他擺脫軟禁，返回上海。

進入第三天，楊帆才完全絕望了。他相信，高主席和饒政委，不是不想解救他，是因無能爲力了。難道他們也是泥菩薩過河，自身難保了？不會不會，那一來就出了大事，中央出現分裂，高、饒不會束手待擒的。而且，毛澤東作爲全黨的主席、英明領袖，不會允許這種情況發生的。

他想過自殺。一了百了，落得乾淨輕鬆。又保住了高主席和饒政委。只要他楊帆一死，就死無對證，中央也可避免一次內鬨、分裂。但上海的家室怎麼辦？妻子怎麼辦？還有兩個孩子，那麼天眞，那麼純潔。難道可以讓孩子的心靈蒙上永遠的政治陰影？不行，不行，無論如何也不能連累妻子、孩子。她們是無辜的。她們不應被株連。

他想過逃出這四號院，逃出玉泉山。四號院樓上一層只住了他一人。警衛人員和工作人員都住在樓下一層，唯一的一部電話機也在樓下那二十四小時都有人值班的警衛辦公室。他一次又一次的去到每個房間、每扇窗口朝外探望。發現院內院外都有士兵值勤，根本不可能從窗口爬下去。就算爬下去了，沒有交通工具，怎麼離開這迷魂陣一般的玉泉山？就算僥倖逃出了玉泉山，下一步呢？又能逃到哪兒去？作為一名高級公安幹部，他明白中國有史以來從沒有像今天這樣統治得有效、嚴密過。更沒有聽說過，有人落到了中央警衛局手裡而能逃脫。從無這類先例。

他也設想過充硬漢，一問三不知，拒不交代，什麼都不認賬。那一來周恩來總理就會把他移交給中央政法委員會的康生去處理。想起康生這迫害狂、惡魔，楊帆卻要不寒而慄。相信黨內的中高級幹部都要不寒而慄。楊帆早在當年的延安窯洞黑牢裡領教過。康生見你不回答訊問，便會立即命人對你動刑！一點不假，不管你資格多老，功勞多大，地位多高，一旦落到了康生手裡，康生就可以對你動刑。連當年北方局的組織部部長柯慶施那樣的人物都被動過刑。最常見的一種刑罰叫做「挾筷子」，把八根竹筷插進你的十指之間，擺正了，再用木板從兩邊朝中間挾！十指連心，受刑人立即會痛徹肺腑，被宰的牲口一般慘叫！交代不交代？沒有可交代的？再挾！仍不交代？再挾，再挾！在延安整風的黑牢裡，就有不少革命同志的雙手十指，被康生同志的竹筷挾得皮連著碎骨，成為殘廢……是誰授予康生同志對黨內幹部施肉刑的權力？不言自明了。

延安整風中的搶救運動，是毛主席全權委托康生幹的。後來受刑的人苦熬不過，自殺的不少，亂供亂咬的太多，搞得革命聖地延安上上下下人人自危，朱德、彭德懷、高崗、賀龍、任弼時、周恩來等領導人都出來反對，毛主席才下令停止，出面召開了一次大會，向受到非人對待的同志們行三鞠躬禮，表示道歉。但毛主席並沒有處分康生，甚至都沒有批評康生，只是不久後把康生調離延安，去山東分局任書記……沒想到今年春天，毛主席、黨中央又重新把康生招回，又出任為中央政法委員會第一副書記。毛主席並重新肯定了康生是共產黨內的恐怖力量，讓國內外敵人發抖的恐怖力量。

楊帆絕不願落到康生手中去受肉體刑處。如受刑，不如先死去。問題是他既不願受刑，也不願死去，就只有接受敬愛的周總理的勸告，完全、徹底、乾淨地把事情交代出來，做個了解，然後盡快返回上海家中，與妻兒團聚，並繼續工作。周總理從來說一不二，講話算數。

想到這一步楊帆心裡一陣輕鬆。他下樓來到警衛值班室，向值班軍官提出跟周總理通電話。值班軍官大約事先接到過命令，立即替他叫通了城裡的總理辦公室。楊帆報了自己的姓名、職務。總理的秘書讓他稍候。不一會，秘書回話說，已經報告了總理，總理正在和人談話，不接電話了，請楊局長先準備一個匯報提綱，晚上十一時以後，再來聽楊局長詳談。

晚十一時，忙碌了一整天的周恩來總理準時來到西郊玉泉山四號院。楊帆見到周總理，就像見到救命恩人似的。周總理隨身帶來一隻只有中文版聖經大小的半導體錄音機。並先邀楊帆吃了個簡便的宵夜，才聽楊帆交代問題。

楊帆說：我是一九三七年冬天受上海地下黨派遣，抵達安徽新四軍軍部任項英政委的秘書。那時，饒漱石同志是新四軍政治部主任。一九四〇年十二月項英同志在皖南事變中犧牲後，饒升任副政委，我轉任他的秘書。我在他身邊一直工作到一九四七年，後下了野戰部隊。一九四九年四月二十三日，我軍攻佔南京。五月二十七日，我軍解放上海。二野政委鄧小平任上海軍管會主任，二野四兵團司令員陳賡任上海市公安局局長，我是三野的，任公安局副局長。不久，二野奉命進軍大西南，改由我們三野司令員陳毅任上海軍管會主任。陳賡同志率四兵團走後，上海公安局即由我負全責了。這裡要提到的一個情況是，我軍佔領南京的前夕，國民黨政府撤退到了廣州，那些外國駐華使館也都跟隨遷去了廣州，只有美國駐南京的大使館沒有走，準備留下來和我們共產黨的新政權打交道。但那時部隊上的中下級官兵對美帝國主義十分痛恨，去查抄了他們，並限制了他們的行動自由。後來經鄧政委、陳司令等人請示中央，下令制止了對美使館人員的粗暴干涉。

周恩來插話：是的，國民黨政府從南京跑去廣州時，包括蘇聯駐華使館都跟著遷去了，只有美國大使館留在南京不動。說明那時美國的杜魯門總統，打算拋棄國民黨政權，轉而承認我們。他們不願看到我們在外交上向蘇聯一邊倒，而想留下來分一杯羹。美國在瀋陽和北平也都保留了總領事館未撤走。當時毛主席和其他中央領導人都覺察到了美國政府的這一對我示好的動作。你繼續講。

楊帆說：記得是一九四九年八月底的一天，東北人民政府主席兼東北軍區司令員高崗同志到了上海，與華東局第一書記兼三野政委饒漱石同志談了些什麼。就是這一次，饒把我推薦給了高，說我的俄語好，政治上可靠。高提出調我去東北局工作，他那裡急需俄語好的人才。饒不放，我本人也不想離開上海，答應如有需要，可以臨時去東北局服務。一九四九年十月中旬，饒通知我去一趟瀋陽。到瀋陽後，高對我很信任，讓我把一份材料口譯給蘇聯駐大連的專家組組長柯瓦廖夫同志，之後由柯瓦廖夫以書信形式向史達林同志報告。高崗同志告訴我，這是外交工作上的需要，促成蘇聯老大哥加快加大對我們的各種援助，是黨中央佈置下來的一項重要策略。在東北局一位保衛處處長的陪同下，我去了大連，向柯瓦廖夫同志口譯了那份材料。材料把黨中央領導人分爲親蘇派和親美派。親蘇派的代表人物是高崗、任弼時、陳雲、彭德懷、饒漱石、林彪、羅榮桓、張聞天、王明、李立三、徐向前、王稼祥等；親美派的代表人物是周恩來、朱德、李富春、陳毅、聶榮臻、鄧小平、賀龍、鄧子恢等。劉少奇同志本來也可算是一位親蘇派，但因娶了天津大資產階級的漂亮小姐做妻子，受其影響，態度上已有所轉變。劉少奇同志甚至提出，爲了解放新中國的領土台灣省，應當對美國政府的示好行動予以適當的回應，比如給予美國留在南京、上海、北平、瀋陽的使領館以外交禮遇，保障他們的安全，允許他們與我外交部門接觸，以促使美方徹底拋棄逃到台灣的國民黨政權，爲我解放台灣創造條件。劉少奇同志並強調，如果台灣失去了美國的支持，我第三野戰軍的第九兵團、第十兵團一九五〇年內即可登陸並佔領台灣……然而，在我中央領導人中，高崗同志是最堅定的親蘇派，他反對周、劉在外交上的騎牆姿態，在毛主席面前力主一邊倒，新中國的外交工作向蘇聯老大哥一邊倒……。

周恩來暗自竊喜，終於得到了需要的東西了，卻又臉呈惱怒：楊帆呀，你也眞是頭腦太簡單，太簡單了！中央怎麼可能授意東北局弄這種材料？還說成是外交策略上的需要！你知道嗎？毛主席從史達林同志手中得到柯瓦廖夫寫的材料後，很生氣，認爲是分裂黨中央的行爲！但主席爲了顧全黨的團結，顧全中蘇間的兄弟友誼，沒有下令追查這件事。你講得很好，我會建議中央給你記一大功。請繼續講下去。

楊帆說：高崗同志和饒漱石同志，當時對黨內所謂的親美派勢力非常憤慨，認作是忘恩負義、背叛蘇聯老大哥的行徑，沒有老大哥的一手扶植，哪來的中國黨，哪來的中國黨的今天？我聽他們說過，如果親美派在北京得了勢，他們就要想辦法把毛主席接到東北去，背靠蘇聯老大哥，建立一個百分之百的社會主義政權！他們是這麼說，也是這麼做的。一九五〇年二月，在瀋陽，一批所謂的人民群衆舉行反美大示威，衝進美國駐瀋陽總領事館，搗毀辦公室，對美方人員進行圍攻、羞辱。隨即東北人民政府下令關閉美國領事館，驅逐美外交人員，以間諜罪逮捕美國在東北地區的傳教士，率先實施外交一邊倒。所以史達林同志一再稱讚，高崗同志是中國黨內最年輕、最有希望的政治領袖，是新中國的驕傲……。

周恩來全神貫注、一字不漏地聆聽著楊帆的交代。他的眼睛一眨不眨地盯住楊帆，彷彿一名老練的獵人盯著自己的獵獲物。他總算抓住了高、饒一夥的要害，捏住了高、饒的「七寸」：裡通外國，分裂中央，陰謀在東北地區建立高氏獨立王國。……這半導體錄音機是誰發明的？眞神奇，有妙用。

第三六章　堵不住的決口

周恩來親自動手，將楊帆的談話錄音做了技術性處理，删除了他本人的幾處插話，之後通知康生、藍蘋來會商問題。剪輯錄音帶這類手頭活兒，是他於二十年代末、三十年代初在上海地下黨中央主持特科工作時就熟悉了的，至今無須他人協助。

他本欲將錄音帶先交少奇同志和朱總司令二位聽聽，讓他們知道有如此重大收穫，也高興高興。但考慮到毛澤東主席事後生疑，誤解爲串謀活動，遂決定不顯山，不露水，盡量縮小範圍，轉由康生、藍蘋兩人去報告毛主席。畢竟，在黨內情報系統核心內，康生、藍蘋是毛主席最信賴的人。

康生、藍蘋來到西花廳後院總理辦公室。服務員奉茶之後，周恩來沒有多話，掩上房門，即啓動半導體錄音機，放楊帆的談話錄音帶給他們聽。只聽到三分之一，康生、藍蘋兩人就掩飾不住歡喜雀躍之情了。康生還坐得住，藍蘋已亭亭玉立，嘴角眉梢都帶笑了。康生想到的是：好了！饒漱石犯下裡通外國的大罪，這回徹底完蛋了！藍蘋想到的是：楊帆這個不知死活的冤家，這回死定了！總算挖掉了老娘心上的一粒毒瘤，一顆政治地雷……。

錄音長達一個半小時。聽畢，周恩來按動鍵鈕倒了帶，問康生：這卷東西，有不有用處啊？對我算個意外的收穫。我們名義上是通知楊帆來匯報一九五〇年上海發電廠挨敵機轟炸的案子，醉翁之意卻是在這裡。他遲疑徬徨、思想鬥爭了三天三晚，結果就談出這麼一卷寶貝東西來。

康生喜形於色：太妙了，這正是我和藍蘋想要的東西。鐵案如山，也是鐵證如山。銅澆鐵鑄，我敢說他們誰都逃脫不了。

藍蘋喜孜孜地望著周恩來：總理，還是你神通廣大啦。應當把這盒錄音帶複製幾份，並整理成文字材料，要一字不易，包括語氣、感嘆，原汁原味，讓熟悉的人一聽就知道是楊帆的口氣。

周恩來點點頭：建議很好，會動腦筋。這樣吧，因爲涉及到敏感的黨內高層人事，除了你們二位，我沒有再讓另外的人知道。錄音帶就交你們二位去複製和整理成文字材料吧，亦由你們二位去向主席匯報。如主席問是哪裡來的？你們可以說是楊帆主動向中央政法委員會檢舉揭發的。也可以說是我找楊帆個別談話，楊帆主動交代的。主席知道我找楊帆談話的事。正是主席委託我過問五〇年上海電廠被炸案久拖未破這件事的。

藍蘋忽然問：楊帆現在哪裡？是個雙料間諜，既替老大哥搞我們的情報，又做台灣國民黨的線民，應當立即逮捕法辦！

周恩來微笑著問康生：老康啊，你是黨內的反特專家，情報主管，有什麼高見啊？

康生和藹地看看藍蘋，又尊重地望著周總理：案情重大。可以說，這是我們黨有史以來最大的一樁間諜案。還是要先報告主席，由主席來下決心，發命令，採行一些防範性措施。至於楊帆嘛，甕中之鱉，插翅難逃的。倒是先不要打草驚蛇，而要穩住他，保護他。總理的考慮是十分周密的。事情若透到了高、饒那裡，楊帆就可能被暗殺滅口，或逼他自殺滅口。當然，有了這盒錄音帶，我們也就不怕楊帆被滅口了。不過楊帆留作活證據最好。

周恩來讚許地點點頭：還是康生同志精於此道囉。楊帆我已放他回上海。我向他擔了保，他的黨籍、級別、上海市公安局局長的職務都不會動，他又算立了一次新功。他也不要向華東局、上海市委領導人匯報這次在北京所談及的這些事。一切由主席和中央來冷靜處理；楊帆也以他的黨籍、性命向我作了保證，一定服從中央，配合中央的辦案步驟，做好保密工作。藍蘋啊，一口吃不成個胖子，事情要一步一步來做，太性急了，往往壞事的。

且說周恩來將楊帆錄音帶交給康生、藍蘋處置的第二日，毛澤東與主持中央軍委日常工作的彭德懷在電話裡通了通氣，即頒下中央軍委主席令：

一、鑑於中央人民政府副主席兼東北人民政府主席、中央東北局第一書記、東北軍區司令員暨政治委員高崗同志，已調京出任國家經濟計畫委員會主席，爲免兼職過多，負擔過重，特任命十三兵團司令員、中國人民志願軍代司令鄧華同志爲東北軍區第一副司令員兼第一副政委，並代高崗同志主持東北軍區日常工作；

二、命令十三兵團第三十八軍，即日起開赴錦州、山海關一線，設立永久性營地，作爲拱衛關內京津唐地區之軍事屏障。

韓信杯酒失兵權。高崗杯酒未飲，也失去了兵權。中央高層明眼人不難看出，毛澤東主席的上述命令，確是對東北王高崗所採行的防範性措施。任命湖南老鄉鄧華將軍主持東北軍區工作，實際上是奪了高崗的兵符，使其一兵一卒都調動不了；命令三十八軍駐防錦州、山海關一線，則是卡住了東北通往關內的大門。須知三十八軍名爲一個軍級單位，卻擁有十萬官兵，且全套繳獲來的美式武器裝備，爲一支高度機械化的鋼鐵部隊，其戰鬥力和機動性一向赫赫有名，被譽爲「王牌軍」和「萬歲軍」。由它來拱衛京津唐地區的東北方向，眞可謂一堵銅牆鐵壁了。

毛澤東主席頒下軍令的當天晚上，在菊香書屋辦公室召開書記處碰頭會，擴大鄧小平、康生、彭眞三人列席，卻沒有通知高崗同志出席。

毛澤東神色肅穆地說：今天請各位老同事來聽一盒錄音。是康生交上來的，我已洗耳恭聽過一回了，大受教益。你們也先洗耳恭聽吧，不要中斷，不要提問，不要作紀錄，耐心聽完，再發表各自的高見。相信各位會聽得興味無窮，津津樂道的。康生啊，拿出你的法器來，把聲音調大點。子曰：吾恐季孫之憂，不在顓臾，而在蕭牆之內。開始吧！

朱德、劉少奇、陳雲、鄧小平、彭眞，都你看看我，我看看你，一個個丈八和尚摸不著頭腦似的。但見康生從公文包裡拿出一隻三十二開中華字典那麼大的黑匣子來，往會議桌中央一放，幾個鍵子幾擰幾按，裡面便有人滔滔不絕的說起話來。陳雲是位老上海，首先聽出來是誰的聲音了，輕聲告訴左右：上海市公安局局長楊帆嚒！

毛澤東主席閉目養神。周恩來、康生各執一份文字紀錄稿，邊聽邊校正。朱德、劉少奇、陳雲、鄧小平、彭眞則越聽越吃驚，越聽越坐不住，一個個横目豎眼，義憤塡膺。由於毛主席有言在先，不中斷、不提問，大家只好耐著性子，聽了整整一個半小時，才完。

毛澤東睁開眼睛，很響地喝了一口茶水：各位興味無窮吧？振聾發聵吧？好，知道你們各人都憋了話要講。下面，就請各位擇其要點，發表高見。少奇，你先講講？

劉少奇一臉氣憤，頗爲不滿地問康生：出了這麼大的事，他們陰謀活動了這麼長的時間，中央書記處卻一直被蒙在了鼓裡，這算怎麼回事？爲什麼不及早報中央，而一直拖到今天？

康生先望望毛主席，再看看周總理，才說：少奇同志，請不要忘記，我是今年四月間才離開醫院，到中央政法委上班的。是的，出了這麼大的事，涉及到黨的這麼高層級的領導幹部，只能由主席來下決心，採取行動囉。

毛澤東做了個手勢，止住了康生的話：不要把責任推給我一人，好不好？每人都有一個腦袋，兩隻肩膀不是？不是要反對一言堂、家長作風嗎？現在我就請各位來個群言堂。總司令，你說呢？

朱德倒是冷靜下來了，一如既往地微笑著說：要嚴肅黨紀國法，此例開不得也。高崗同志和饒漱石同志在黨內這麼高的地位，這麼老的資格，竟然派楊帆做秘密信使，背著中央去老大哥那邊幹這種見不得人的活動，我是聽了錄音，都覺得難以置信。

周恩來接話道：的確匪夷所思！是一種喪失黨格人格的背叛、出賣行爲。打個不十分恰當的比方，我們黨內是出了類似石敬塘式的敗類了，墮落到願意做人家的兒皇帝，稱人家爲父皇了。

毛澤東有些吃驚地望望周恩來：啃喲，恩來一向愛當和事佬，很少這樣言詞尖刻過呢！不過，老大哥那邊不是契丹國，而是兄弟邦交。高、饒二位性質嚴重，卻也還不是石敬塘。東北並未獨立，他們也沒有對老大哥自稱兒皇帝。當然，採取些預防性措施還是有必要的。今天早上，我是發了兩道軍令才睡覺的囉。上床也沒能睡得著，吃了兩次安眠藥。陳老闆，你的意見呢？

陳雲鐵青著臉，緊抿住嘴。毛澤東看著他的這副表情，忽然想起高崗的那句粗話：在陝北，劉志丹說過，陳雲的嘴巴就像女人的陰戶……這比喩太過低俗。陳雲張了張嘴，說：高、饒的性質是分裂中央，裡通外國，特務行徑。楊帆我原先對他印象不錯，老新四軍出身，通俄文，很能幹的；沒想到一個上海市公安局局長，卻給人當了這麼些年的走卒！

接下來是鄧小平發言：中央不可掉以輕心，一旦時機成熟，是會有人在東北擁兵自重，鬧獨立王國的。他當然要投靠蘇聯老大哥囉。現成的後台老闆，又來一次滿洲共和。想想一張東北地圖，東邊是烏蘇里江，北邊是黑龍江，西邊是額爾古納河加上外蒙古，老大哥和東北地區的邊界，三倍於和我關內地界的長度囉。加上老大哥的海軍租用著遼東半島的戰略要地大連港與旅順港，東北鐵路系統又由中蘇共管，這地理形勢和當前的軍事局面，都使得在東北地區鬧獨立，非常便利囉。

毛澤東向來欣賞矮個子有統馭全局的才幹，笑笑說：鄧政委有戰略眼光，有地理概念。我爲什麼把朝鮮前線撤回來的三個兵團擺在東三省？一是爲防備朝鮮戰火再起，二也是以防有人在那裡另搞一套，與中央分庭抗禮。不怕一萬，只怕萬一。恩來啊，跟老大哥那邊的外交談判要抓緊，既然朝鮮戰事已結束，蘇方應實踐他們的諾言，盡早把紅軍部隊撤出大連、旅順，把港口交還給我們。還有中長鐵路也應結束兩國共管，由我們獨立自主，經營管理。事關主權，我們不能作太多的讓步。

周恩來邊在本子上記錄著毛主席的指示，邊說：好好，外交部會抓緊辦理此事，爭取明年內蘇聯紅軍全部撤離遼東半島。

毛澤東注意到列席會議的彭眞尙未發言：彭鬍子啊，還剩下你和康生二位呢，也講幾句？

彭眞腦門很寬，恭謹地點了點頭，說：我完全同意總司令、陳老闆、鄧政委的意見，對裡通外國、分裂中央的害群之馬，不論他地位多高，功勞多大，中央都應當採取果決措施，防患於未然。

康生已經把半導體錄音機和文字整理稿放回他的黑色公文包：我個人沒有什麼意見，所幸的是本人過去在華東局和饒漱石同志的紛爭，現在快有結論了。

毛澤東又很響地喝了一口茶水，並從罐裝雲煙裡抽出一支來。劉少奇熟練地替他點上火。毛澤東深深吸上兩口，煙霧全吸進肚裡去，過後也不見有一絲絲吐出來：好了，你們都說過了，也該輪到我了。康生昨把錄音帶放給我聽，不瞞各位，我吃了兩次安眠藥也沒睡得著覺。中央內部出了這種神神鬼鬼的事，我心裡輕鬆不了。經過通盤的思考，我對此事的處理意見，可能和你們願意看到的處理意見，會有一些不同。首先，我要坦承，一九四八年和一九四九年，我們進城之前，爲了革命戰爭的需要，我曾吩咐過高崗，他可以利用在東北工作之便，多和蘇方人員接觸，並可結交一些私人性質的朋友，加強相互的溝通和了解。有些重大問題，我也曾授權他代表中央，直接向史達林同志報告……但新中國成立之後，特別是我五〇年春天從蘇聯訪問回來之後，他仍然和蘇方人員保持這種密切的接觸，還派出一位上海市公安局局座大人做秘密特使，四年來六次密訪蘇聯，我就不得而知了。

康生插話說：請主席不要把責任往自己身上攬。主席嚴於律己的結果，是替犯案的人解脫……。

毛澤東瞪了康生一眼：你急什麼？中央派你管政法，辦案子要客觀冷靜，實事求是呢。《呂氏春秋》裡有言：治國無法則亂，守法而弗變則悖，悖亂不可以持國。下面我繼續講，主要有四點。第一，前面說過，一九四八、四九年高崗與蘇方私下接觸的事，是受我委託，不能算錯，有錯也應由我來負責任；第二，楊帆爲特使，背著中央六次密訪老大哥，由高、饒負責任；第三，中央處理此事，一定要冷靜，愼之又愼。直接影響到中、蘇兩黨兩國之間的關係。我們現在的經濟建設，科學技術，軍事裝備，國際交往，都基本上依靠老大哥的無私援助。這是大頭，其餘的都是小頭。恩來說的什麼契丹國、石敬塘兒皇帝之類，很不妥當，不倫不類，不像個外交家的口氣，希望注意。

周恩來登時紅了臉，連忙檢討：我認錯，向在座的各位致歉意。我收回自己的言論，那確是對蘇聯老大哥的不敬。幸而有主席指正，否則要犯更嚴重的錯誤。

毛澤東說：知錯就好，願意改正更好。第四，對楊帆要處理。對饒漱石可以考慮給他黨紀處分。高崗呢？我傾向於手下留情。這個人比較複雜，有他能幹、獨當一面開創新局面、對革命事業基本上忠誠、幹社會主義旗幟鮮明的一面，也有他農民氣習、江湖意氣、狂妄自大、好鬥好勝、老子天下第一、只能團結和自己意見一致的人一道工作的另一面。我們也不能講他已在東北搞了獨立王國，那不是事實。東北有幹部群衆喊「高主席萬歲」也沒有什麼了不起，說明老百姓擁護他嘛。還有志願軍官兵裡有人喊「彭總萬歲」，四野有人喊「林總萬歲」，重慶左派人士中也有人喊過「周副主席萬歲」等等，我從來不爭風，不吃醋。萬歲越多越好，興旺發達嘛。爲什麼光喊我萬歲？一句口號，一句形容詞，有什麼了不起？人生在世，哪能萬歲？能夠長命百歲，已是難得。縱是長命百歲，如果只是個植物人，屎尿都拉在床上，就不如早去見馬克思的好，還有列寧、史達林。

劉少奇插話：主席是很謙虛、很寬闊的。但一個政黨，一個國家，還是只有一個中心、一個萬歲的好，便於統一集中，一切地方主義、分散主義是我們政權的大敵。高崗同志在東北搞的一套，起碼也是多中心，起到削弱中央集權的作用。

毛澤東說：少奇同志是畫龍點睛了。說起來，各位可能不太理解我，就是我對延安、對陝北根據地的一份特殊感情。我總也忘不掉一九三五年夏天，我和恩來、德懷帶著一千五百人的中央先遣支隊抵達陝北的情形。那是一支什麼樣的隊伍啊，身上破衣爛衫，腳下草鞋都不齊全，每三個人共一枝步槍，每枝槍平均不到十發子彈，眞正的馬無一匹，房無一間，地無一壠，人生地不熟，沒有後勤，沒有給養。每天開兩頓飯，都靠打土豪來臨時解決……。

周恩來插話：那是抵達瓦窰堡之前。抵達瓦窰堡後，拿下幾座地主土圍子，情況有了好轉。

毛澤東說：是誰救了中央先遣支隊的命？是陝北紅軍，是劉志丹、高崗、徐海東。他們倒是糧草充足，兵強馬壯，有一支兩萬多人的裝備齊全的隊伍。他們不像張國燾，仗著紅四方面軍有五萬人馬，想一口吃掉中央紅軍。朱總司令、葉劍英、劉伯承等人被留在紅四方面軍，做了人質。

朱德插話：那時我名爲紅軍總司令，什麼總司令？連衛兵都是張國燾、陳浩派的。爲顧全大局，不得不忍辱負重。不過徐向前的表現還是好的，有正義感。

毛澤東說：劉、高、徐不同，他們一聽是江西中央紅軍到了，就不管你剩下多少人馬，多少槍枝，張開雙手來歡迎，給錢給糧給裝備。陝北漢子熱情、忠厚。說陝北紅軍、江西紅軍本是一家人。我見到高崗的第一面，他就喊大哥，說陝北紅軍歸中央紅軍統一指揮，陝北根據地歸黨中央統一領導！那時他是條血性漢子，英雄戰士。我和他喝了雞血酒，結拜爲兄弟，可以稱爲瓦窰堡結義吧。我至今不能忘這個恩，負這個義。一九三五年夏季，周恩來可以作證，如果陝北紅軍不接受我們，我們一千多號人馬就只好繼續北上，穿過內蒙沙漠，外蒙草原，跑到蘇聯境內去，組織流亡政府。

周恩來插話：那是李德的主意，秦邦憲、洛甫也附議。

毛澤東說：如果眞是那樣，大家想想，後來的中國革命會如何發展？只怕至今還被分割在幾小塊根據地上，被國民黨軍隊一次次圍剿……我們在陝北一住十二年，經營全國各地根據地，指揮武裝鬥爭。中央從陝甘寧邊區走向全國，走向全面勝利。劉志丹一九三八年就犧牲了，陝北根據地的代表就剩下一位高崗。當然還有習仲勳也算一個。徐海東是南方上去的，只算得半個。高崗在陝甘寧邊區的功績，在東北解放區的功績，我就不說了，傳出去他的尾巴就更要翹到天上去了。

陳雲插話：陝甘寧邊區，東北解放區，我都工作過，高崗做主席，領導得不錯，但事情總不是他一個人做的。

毛澤東說：回到楊帆錄音帶的案子上來。對高崗同志，我主張網開一面。只要他承認錯誤，願意改正，就既往不究。我知道你們各位心裡有氣，不服，不同意我和這攤子稀泥。但我不得不和。少奇有錯誤，而且不算不嚴重，我只是給批評，不給處分；恩來的某些錯誤更嚴重，我也只給批評，至多發脾氣罵幾句。但罵過就算，只要願意改正，就不給處分。這次對高崗也是這樣，你們可以對他進行批評、教育以至思想鬥爭，但要懲前毖後，治病救人。你們既然把我擺到了今天的位置上，或者說，黨的歷史把我推到了今天的位置上，共產黨的主席，就不能學越王句踐，不能學漢高祖劉邦，不能學明太祖朱元璋，甚至也不能學史達林大元帥，天下到手，江山坐定，就開始清除大臣。要割掉幾顆人頭，還愁沒有藉口？無產階段和封建階級的區別在哪裡？新中國和舊中國的區別在哪裡？就在這裡，大家都是革命同志，一個屋簷下睏覺，一個鍋裡舀飯吃。朱、劉、周、高、陳，加上小平、康生、彭眞，包括饒漱石等等，要鬧團結，不要鬧分裂。除非殺人，陰謀叛亂，犯了錯誤不開除，不監禁。中央不能開這個先例。總而言之，統而言之，手背手心都是肉！各位以爲如何？

毛澤東一番用心良苦的和稀泥，在書記處碰頭會上，卻反應冷淡，沒人鼓掌。毛澤東見自己的講話並未打動各位，知道大家思想未通，心裡不服，彷彿不除掉高、饒，就不肯罷休。他並不著急，而改以一種輕鬆的語氣，問朱德：總司令啊，我們這些人中間，你居長，一向德高望重，講話有分量。你可要幫我一個忙啊，對高、饒這次的錯誤，同不同意我的冷處理方案啊？

朱德心地寬厚，但也作難地笑了笑，才說：潤芝兄苦口婆心，語重心長。從黨的歷史著想，從我們事業的長遠利益著想，加上從中蘇兩黨兩國的兄弟友誼著想，我贊同潤芝兄的冷處理方案。冷處理總比熱處理好，可避免重犯黨的歷史上多次出現過的「殘酷鬥爭、無情打擊」的左的錯誤。說起來也是，都是二、三十年甚至三、四十年一起出死入生奮鬥過來的人，今天有了江山，坐了天下，爲什麼不能和衷共濟，而要分道揚鑣呢？非要弄到不是你垮就是我敗的田地？我一直認爲，在黨內的不團結問題上，少奇、恩來或許有缺點，有責任，但主要的責任和毛病在高、饒身上。他們的心過大、手過長，總想把別人拱下去，好讓自己鑽上來。所以我贊同潤芝兄的冷處理方案，是指錄音帶問題，直接影響到中蘇兄弟關係，範圍不要再擴大了，就到今天在座的人爲止。幫助、批評、教育高崗同志和饒漱石同志，可以著眼於他們的目空一切，打擊別人，抬高自己，妄圖在黨內建立自己的體系，進行宗派活動，也可以稱爲小集團活動。劃下這麼個框框，各位認爲如何？

劉少奇見毛澤東主席幾次盯著他看，不表態不行了，於是說：我贊同主席和總司令的處理意見。高、饒派楊帆秘密活動，屬間諜性質。看在中蘇兄弟關係的分上，不宜公開處理。但高、饒在黨內進行派別活動，形成小團體，到處伸手，到處許願，拉幹部下水，是不能容忍的，中央要有清醒的認識。應當對他們進行及時的教育、挽救，以免給黨和國家的事業帶來重大的損失。

周恩來暗暗讚許少奇同志，這回一定抓住高、饒的致命問題不放鬆：主席的指示，總司令的框框，少奇同志內外有別的策略，都很正確，我贊同。對高、饒二位，中央是不能放任下去了。當然，對他們的批評、鬥爭，還是要本著主席歷來提倡的既要弄清思想、又要團結同志的方針。

陳雲緊閉著的嘴，這時張開了：我建議主席在政治局會議上有一個講話，表示個態度。如果由少奇或是恩來去批評、幫助高崗，他準保跳得比誰都高，什麼意想不到的情況都可能發生。

鄧小平接著說：對高、饒不能再放任了。由主席講一講，定個調子，比較妥當。中央一再強調以大局爲重，要團結一致。但他們不團結，不一致，要搞小宗派團體，搞分裂嘛！還是主席的延安整風經驗，通過積極的政治思想鬥爭，對犯錯誤的人進行教育、挽救，以在新的基礎上，達成新的團結。

毛澤東一一打量著周圍的老同事，莫可奈何地苦笑了：很好，今天大家是一邊倒，要求我在政治局會議上有一個批高、饒的講話。康生同志，你不要舉手了，我知道你想講些什麼。提醒一句，你過去在華東局和饒漱石合作得不愉快，要避嫌疑呢。還剩下我們首都的父母官彭市長，你講幾句？

彭眞係毛主席的愛將，被揶揄了兩句，紅了紅臉，說：同意同意，我都同意……一九四六年上半年在東北局，我和高崗同志共過事，覺得他能力強，有魄力，幹工作是拚命三郎；不足之處是爲人跋扈，霸道專橫，生活作風很不檢點，黨性很不成熟。與其說他是共產黨高幹，不如說他是農民起義首領，山大王。他還有個大毛病，凡事喜歡打主席旗號，動不動就毛主席說這，毛主席說那。據我了解，毛主席並沒有說他那些，完全是他在假傳聖旨。對不起，不是聖旨，是他瞎說八道。我嚒，列席政治局會議也這些年了，還眞沒有聽到毛主席嚴厲批評過他哩！我不是說主席有啥。主席是眞心喜愛我們這些年輕一輩的幹部。不單是高崗，包括我和鄧政委在內，主席總是表揚鼓勵多，嚴厲批評少。

毛澤東俯過身子，和劉少奇商量了幾句什麼，又向康生要了一份〈楊帆講話錄音〉的文字整理稿，才站起來說了幾句本次碰頭會的結束語：本人服從多數。這次不動用本主席的一票否決之權。明天下午在頤年堂開政治局擴大會，我來講一次黨內團結問題。請大家信守諾言，不提及楊帆錄音問題，這是紀律。鄧政委啊，你個中央秘書長，請你記一下，通知下面的同志列席會議：彭德懷、鄧子恢、李富春、林彪、羅榮桓、聶榮臻、康生、彭眞、陳毅、習仲勳、鄧小平。

鄧小平快速地記下名單，並站起來重複一遍：明天列席政治局會議的同志於下，彭老總、鄧副總理、李副總理、林總、羅總、聶總、康生、彭眞、陳總、習政委，加上本人。陳毅同志在上海，要通知他坐專機來。還有過去饒漱石同志也是列席政治局會議的，這次是不是也該有他？

毛澤東主席的醫生護士工作人員們已在門外迎著他了，他一邊離席一邊揮手：饒漱石不參加，留在家裡反省錯誤，交代問題。康生同志，你高興了吧？

第三七章　政治局是衆議院

下午三時，高崗挾著公文包，氣宇軒昂地進入頤年堂時，發現朱德、劉少奇、周恩來、陳雲、董必武、林伯渠、彭德懷、李富春、鄧子恢、鄧小平、彭眞、陳毅、康生、習仲勳等人已經圍著長方形會議桌，各就各位了。氣氛有些嚴肅，不像往常那樣相互說說笑笑、打打招呼。也沒有見到饒漱石列席。高崗的座位照例被安排在周恩來和陳雲之間，算第五把交椅吧。坐下後，他習慣地朝左右兩邊看看，周恩來和陳雲都板著臉孔，竟不理睬他。今兒個怎麼啦？要在往常，周恩來早就俯過身子來，沒話也要找話的聊上幾句呢。連坐在斜對面的老朋友彭德懷、習仲勳也都埋下眼皮，沒有看他。

三時零五分，毛澤東主席在一群衛士、護士的簇擁下出現在會議室門口。全體起立——不是立正，也不用鼓掌，只是從各人的座位上站起來，以一種較爲隨意的方式表示對黨主席的禮貌和敬重。

毛澤東笑著招了招手，示意同事們坐下。同事們則堅持著等他坐下之後，再一一落座。包括年長的朱德、董必武、林伯渠三人在內，都是一八八六年的，長毛澤東七歲。政治場合，只認權力，不論長幼了。工作人員退出後，毛澤東手執一份名單，宣布開會：本次政治局擴大會，十一名政治局委員實到八人，張聞天出使蘇聯缺席，王明請病假，任弼時去世已三年。擴大彭德懷等九位同志參加，林彪請病假。陳老總從上海趕來了，很好。鄧秘書長，是不是這樣啊？

毛澤東不問左邊的劉少奇，不問右邊的周恩來，而問列席會議的鄧小平。鄧小平恭敬地回答：是的，出席本次會議的同志到齊。

高崗不識時務地探出身子，朝毛主席笑笑，大約想問問爲什麼沒有中組部部長饒漱石？毛澤東主席冷漠地看了他一眼，卻又像什麼也沒有看到似的。高崗觸了霉頭，不便開口，只好坐直了身子。

毛澤東很響地喝了一口茶，說：今天是一九五三年十二月二十四日。李後主曰，如花美眷，似水流年。一晃眼又到了年關。本次政治局會議是今年的最後一次會議。多位同事建議我來總結一下一九五三年，著重談談黨內存在的幾個問題。不過，本人也有個建議，就是反對一言堂，提倡群言堂，要把本次政治局擴大會開成衆議院，七嘴八舌院，有話大家講，有屁大家放，好不好？

與會者發出了輕鬆的笑聲。朱德、周恩來笑微微，劉少奇、陳雲只是咧了咧嘴，高崗心不在焉，陳毅哈哈笑得最響。毛澤東講話一向幽默風趣，最能顯示他作爲全黨最高領袖的魅力：好了，你們同意了。這裡，我有個具體辦法。就是由我主講，大家插言，包括唱反調唱順調，都可以插言。而且時間不限，三、五分鐘，半個鐘頭，甚至更長一些都可以，只要言之成理。《列子．天端》上有言，天地無全功，聖人無全能，萬物無全用。故天職生覆，地職形載，聖職教化，物職所宜。然而天有所短，地有所長，聖有所否，物有所通。我們老祖先的這段話，充滿了辯證法。所謂眞理既是絕對的，又是相對的。天地萬物，十全十美的東西是不存在的。連天都有所短嘛。我不是聖人，相信各位也都不是，都是吃五穀雜糧紅燒肉的凡夫俗子，各有所長，也都各有所短。所以我今天講話，歡迎各位插言。你們插言越多，我越高興。下面，付個表決：反對插言者，請舉手！陳老總，你不舉手？彭老總、鄧政委也沒有舉手，大家都不高抬貴手，本人的提議，就算獲得一致通過。

劉少奇、周恩來帶頭鼓掌。會議室響起一派掌聲。高崗鼓掌的動作大，不經意碰了身邊的陳雲一下。陳雲面無表情地停止了鼓掌。

毛澤東說：記得今年元旦那天，新年團拜之後，我在菊香書屋開了次茶話會，在座的同志大都參加了的。中央書記處提出來，一九五三年要辦幾件大事。少奇同志，還記不記得是哪幾件？

劉少奇回答：四件大事吧，一是籌備召開黨的八大，二是籌備第一屆全國人大，三是結束朝鮮戰爭，四是開始國民經濟建設第一個五年計畫。

周恩來插話：還有起草憲法，由毛主席親任起草委員會主席；以及調整中央黨政機構。

彭德懷插話：還有個新稅制，引起國家經濟混亂，栽了跟頭嘛！

高崗看了周恩來一眼。周恩來面無表情。

毛澤東說：還是少奇說的比較準確，起草新憲法，調整領導機構，都屬於兩個大會的內容。現在看來，兩次大會是泡湯了，只有放到明後年去開了。做成了的只有朝鮮停戰，開始「一五計畫」建設兩項。彭德懷、高崗有功勞。

高崗插話：是主席的決策和領導。「一五計畫」蘇聯老大哥援建的重點項目一百三十七項，其中七十七項已開工上馬，剩下的六十項也已進入勘測設計階段。依靠我們國家自己的財力物力，中央和地方興建的大中型工程有三千多項，已全面鋪開。各省市自治區的熱情高，決心大，都爭著向中央要項目，要資金，要原材料。國家經計委的方針是萬馬奔騰，一馬當先。一馬當先就是動力和原材料當先，煤炭、電力、水泥、鋼材當先。

毛澤東說：經濟建設，萬馬奔騰，一馬當先，方針不錯。能不能萬馬奔騰，萬馬爭先啊？高崗不吭聲了？恩來也搖頭？陳老闆肯定也是個搖頭派。好，我們先不說這個。一九五三年四件大事，我們總算辦成了兩件，成功率百分之五十，英文叫做「哈佛哈佛」，一半對一半。聊以自慰。在我看來，一九五三年的工作，只能打五十分，不及格哩！有些部門，有些會議，簡直鬧得像紐約的聯合國，正不壓邪，烏烟瘴氣呢。恩來你是政務院總理，是不是這樣啊？

周恩來回答：是的，我要深刻檢討，我們在下面的，沒有把工作做好，事務主義，分散主義，犯了不少錯誤，出了不少問題。

劉少奇插話：我也有很大的責任。錯誤也有我一份。

毛澤東忽然偏過頭來問：高崗同志，你是主持經濟計劃的，出了問題，有不有責任啊？

高崗回答：有責任。可我往往孤掌難鳴……比如今年元旦頒行新稅制，我雖然是中央分工主持經濟計畫的，卻只是從報紙上看到的文件，事前一無所知。

毛澤東說：高崗同志認爲自己一貫正確，暫時不予置評。新稅制一事，鬧得很大，影響了國家經濟，已經處分了薄一波，改組了財政部，恩來也作了檢討，此事算告一段落，本次會議，就不翻這個舊賬了。錯誤和問題，人人皆有，包括本人在內。所謂尺有所短，寸有所長嘛。那麼，做爲中央主席，本人在一九五三年的主要問題是什麼呢？是害了兩次病，輕度中風，前後休息了五個月。我的保健醫生說，中風有生命危險，容易變成植物人。醫生的話，我從來只信三分之一，至多信一半。按照他們的醫學觀點，我們的雙手沾滿了細菌，我們的用具上、食物上都沾有細菌。我們的腸胃裡更是生長著數不清的細菌微生物。你看看這人，多麼髒，不衛生！要是按照醫生的話，不能吃紅燒肉、扣肉肘子、臘腸臘肉、臘八豆、火焙魚，不能吸菸，不能這，不能那。清規戒律一大堆，限制生活自由，飲食自由。我才不聽他們一套。不但不聽，還要進攻。我就請我的保健醫生吃晚飯，嚐紅燒肉、臭豆腐、臘肉、火焙魚。我問他好不好吃？他吃得滿頭是汗，津津有味，說只是太辣了。我說在江西蘇區的時候，秦邦憲不吃辣子，我對他講，吃辣子的人革命性最強。秦邦憲講，吃辣子的人好鬥，你們湖南人還有句俗語，辣椒不補，兩頭受苦……什麼意思？彭老總，你是我的小同鄉，給大家講講？

彭德懷甕聲甕氣地說：辣椒不補，兩頭受苦，是指上面辣得嘴巴痛，下面辣得屁眼痛……。

會議室裡爆發出一陣哈哈大笑。連一向不苟言笑的陳雲都笑得咧開了嘴。

毛澤東待大家笑過之後，才又嚴肅地說：我的問題，病了兩場，管事少，聽匯報少，看文件少，調查研究少。比如年初大家推舉我當憲法起草委員會主席。這是新中國的第一部根本大法，要取代四九年恩來主持起草的那個全國政協《共同綱領》呢。時間過了一年，現在我手頭只有陳伯達的一部稿子，很不成熟。你想想，一部像樣的憲法草案都拿不出來討論，徵求意見，怎麼談得到召開第一屆全國人大會議？所以我有責任。還有中央委託少奇同志主持起草黨章修改草案，也遲遲沒有交卷。看樣子也是起步艱難。

劉少奇插話：是我沒有抓緊。我至今沒有像主席在延安就指出過的，要學會用十個指頭彈鋼琴。

朱德插話：中國人學英文打字，往往只用一根手指頭，叫做一指通神。

毛澤東說：生薑老的辣，總司令的一指通神很生動。

周恩來插話：主席身體欠安，多休息，是中央的決定。主席的健康，符合黨和國家的最高利益，是全黨同志的衷心祝願。

毛澤東說：我看沒有那麼重要。少了我，少了我們中間的任何一位，地球照樣轉動，革命事業照樣前進。據老大哥那邊傳出來的消息，史達林同志生前搞家長制、一言堂搞得很凶。一個經驗教訓是，不能過分強調領袖的個人作用，更不能搞什麼個人崇拜和迷信。我之所以提出自己要退到第二線，研究些理論問題，讓年輕一些的同志上到第一線上來主持工作，就是這個意思。現在看來阻力很大，一時還行不通。一九五三年，我們的工作不很順利，問題出在那裡？我說問題出在黨內，出在中央。陳老闆，你也是個以休息為主，多數時候是在養病的人，算旁觀者清吧？是不是這樣啊？

陳雲虎著臉，點點頭：問題在黨內，在中央。

毛澤東說：好了，陳老闆都同意了，我的看法也就八九不離十了。中央的問題是兩個，一個是思想路線，一個是組織路線。先講思想路線。思想路線的代表是少奇同志。自年初以來，我多次嚴肅批評少奇的右傾觀點，也可以稱為機會主義。我這不是扣帽子。少奇同志的右傾表現主要有三點，一是提出保護私有財產，保護資本主義工商業；二是提出確立新民主主義秩序；三是由新民主主義走向社會主義。少奇同志的思想觀點其實很簡單，就是主張先發展資本主義，後發展社會主義。資本主義發展起來了，還能不能發展社會主義，天曉得！和平過渡？恐怕是跑到第二國際考茨基那裡去了。對於他的這種錯誤觀點，我是針鋒相對的，黨內高級幹部中已傳達過文件，這裡我就不重述了。

劉少奇滿臉通紅地插話：我已承認錯誤，做了檢討，今後還要繼續檢討，吸取深刻的教訓。

毛澤東說：少奇的態度是好的。有時是我的態度不好，得理不讓人，動輒訓人，甚至罵人。少奇和恩來都沒有計較過我的態度。這個我心裡有數。我為什麼要嚴厲批評少奇同志的錯誤觀點呢？是因他的錯誤觀點已發展成黨內的錯誤行動。譬如說，去年少奇同志通過華北局，下令山西省委解散全省一百多萬個條件不成熟的互助組、初級社。山西省委賴若愚他們頂著不辦，華北局就下文件批判。好你個華北局喂，什麼叫條件成熟？什麼叫不成熟？鄉下農民自願組織起來有罪？搞半社會主義的互助組、初級社都有罪，將來實行百分之百的社會主義，不更是罪大惡極了？所以路線路線，一扯一大片。還有今年元旦，周恩來、薄一波兩位，不請示中央，不廣泛徵求各地同志的意見，就擅自決定在《人民日報》上公布了所謂的新稅制，實行所謂的「公私稅制一律平等」，一時間引起全國經濟混亂，發生搶購風潮，導致物價飛漲，各省市紛紛向中央告急，喊停。造成財政損失多少個億？恩來、一波犯錯誤的思想根源在哪裡？就是少奇同志的那個「保護私有財產、保護資本主義工商業」在興妖作怪嘛，在做指導思想嘛。也叫做一唱一和，你那邊出理論，我這邊出實踐。相得益彰，配合默契。

周恩來臉色發白，點頭認錯：我的錯誤和少奇的錯誤雖然沒有組織上的聯繫，但正如主席所指出的，與保護私有經濟的右傾思想是一唱一和的。為此，薄一波同志受到黨內處分，我做了檢討，中央沒有給處分。這次的錯誤，對我教訓深刻。改正的方法，是改造自己的非無產階級思想，學習馬列理論和主席著作，全力跟上主席的步伐。

劉少奇掏出手絹，抹著額頭上的汗珠。高崗面露得色，在走社會主義道路一事上，他確是堅定不移，有目共睹的。不過他今天態度慎重，不像往常那樣在毛主席講話時大膽插言，直呈己見。

毛澤東說：我這裡是先批評，後表揚。少奇、恩來的態度是好的，知錯就檢討，就表示願意改正。所以少奇仍然主持書記處，恩來仍然打理政務院。我們要在黨內形成這樣一種風氣，在社會主義革命和建設進程中，既要允許幹部犯錯誤，更要允許幹部改正錯誤。換句話說，我們既要團結和自己意見相同的人一道工作，也要善於團結那些和自己意見不同的，並被實踐證明是錯了的人一道工作。

鄧小平插話：主席就是這方面的典範，值得全黨同志學習。

劉少奇插話：是馬克思主義認識論和方法論的一項重要發展。

周恩來插話：主席的這個思想，應當寫進《人民日報》五四年元旦社論中去。

高崗更是敬佩地望著毛澤東，一時竟找不出詞句來讚揚。今天毛澤東卻不肯正眼瞧他，而且對劉、周的右傾機會主義錯誤搞折衷，和稀泥。他不禁感到背脊骨隱隱生出一股寒意。

毛澤東說：請鄧政委、少奇、恩來諸位不要給我戴高帽子。高帽子有時使人雲裡霧裡，不知天高地厚；有時就變成齊天大聖頭上的緊箍咒。在座的，就有某位平日被戴高帽戴得太多的同志，尾巴翹得如勤政殿門外的那根旗杆，不知中海、南海的深淺，唯我獨尊，呼朋引類，自吹自擂，老子天下第一！不是第一，至少也是第二！我今天就來學學玄奘法師，唸一回緊箍咒，看看能否讓功夫了得的齊天大聖痛幾痛，在地上滾幾滾。

與會者幾乎不約而同地把目光投向高崗。會議氣氛頓時緊張了起來。高崗這才明白了，毛澤東主席今天的主要矛頭原來是指向自己的。這可是自一九三五年夏天在陝北瓦窰堡結拜以來的第一回……潤芝兄難道眞要拿自己這個義弟開刀了？

毛澤東故意停頓了一下，又從罐裝煙盒裡抽出一支雲煙來。身邊的劉少奇習慣地擦亮火柴，準備湊上去。但毛澤東沒有理會，自己摁亮打火機點著煙，吸上一口，繼續說：下面談談組織路線方面的問題。今年，中央原先打算開的兩個大會沒有開得成，只開成了兩個中型的全國性會議，一個叫做全國財經工作會，一個叫做全國組織工作會。兩個會議開得怎樣啊？成績爲主還是問題爲主？一百分爲滿分，可以打五十分、六十分，還是只有四十分，三十分？

對於毛澤東這一連串問話，沒有人回答。

毛澤東說：財經會議從六月中旬開到八月中旬。中央委託恩來、高崗二位主持，開了整整兩個月。主要的議題本來是討論財政收支和第一個五年計畫建設。結果被一夥稱爲同志的人揪住薄一波、周恩來在新稅制問題上所犯的錯誤不放，搞什麼「批薄射劉」，擴大戰果，鬧得烏烟瘴氣。我這裡不是說薄、周的錯誤不要批評、教育，我指的是有人借批薄、周另有所圖，要搶地盤，擴大山頭！到了八月上旬，我只好派鄧政委去北戴河，把養病的陳老闆請回北京來，到財經會議上講話，起定音鼓作用，才使會議收場。各位同志，有目共睹，我講的情況，是不是屬實啊？

劉少奇、周恩來欲插話，毛澤東揮手制止：你們二位是受批判的，先不要插話。我要問陳雲、高崗、鄧小平三位，我有沒有打妄語？

陳雲昂起臉來說：當事人都在嘛，不要裝聾子。

高崗如坐針氈，漲得滿臉上的白痲粒星星點點：我不是聾子……主席講的是實際情況。會議處分了薄一波，討論了「一五計畫」在各省區上項目的初步方案。

鄧小平插話：高崗同志蜻蜓點水，文過飾非。

毛澤東捏拿著分寸、火候，繼續說：到了九月中旬，中央又開了全國組織工作會議。這次是由劉少奇、饒漱石二位主持。會議主旨本要研討黨的組織工作如何適應社會主義經濟建設。可是，又基本上是大鬧財經會議那夥稱為同志的人，揪住中組部的蠢貨安子文私擬兩份中央機構人員名單的錯誤，群起攻之，比上回更有氣勢，更為勇猛。這回搞的是「批安射劉」。聲明一下，我這裡不是說安子文的錯誤批不得，處理不得。我要指出的是，他們一夥要借批判安子文，把劉少奇拱下台。少奇同志被稱為我們黨的建黨專家，組織活動家，算得上洞庭湖的老麻雀，太湖的老麻雀，久經風浪了吧？不是了，在組織工作會議上天天受炮轟，小河裡要翻船。直鬧得大會開不下去了，來請示我。我說，大會開不下去，可以暫停，先開領導小組會，解決團結問題。可是小組會議上，饒漱石同志帶領那批蝦兵蟹將，同仇敵愾，繼續批安射劉，炮火更猛烈，更集中，劉少奇不繳械，他們決不收兵。沒有辦法，我只好充當一回如來佛，把在京的老同事、老朋友們找來幫忙，開了一次會，責令饒漱石檢討錯誤，懸崖勒馬。可是，緊接著就出了怪事，人家的主帥出面了，來替饒漱石求情，討饒……。

高崗急眼了，不顧一切地插話道：主席，組織工作會議，我沒有出席。那段時間我去了南方，後又趕回東北去安置志願軍歸國部隊。

毛澤東做了個不屑的手勢：你急什麼？馬上說到你了。饒漱石被責令寫檢查，高崗同志跑到菊香書屋找我，替饒漱石說好話。我說饒漱石在北京，他有腳，為什麼他自己不來找我？就是在外地，還可以掛電話，拍電報嘛！一年多來，特別是兩次全國性會議上出現的奇奇怪怪的狀況，難道還能不令人省思，還能在那裡睡大覺嗎？昨天我就對公安部羅瑞卿說，睡覺有兩種情況，一是睡在床上，一是睡在鼓裡，你個公安部長，可不要睡在鼓裡囉！我請問在座的，有多少人是睡在鼓裡？

陳毅插話：報告主席，我陳毅就是睡在鼓裡。

李富春插話：我也是睡在鼓裡。

彭眞插話更幽默：我是腦袋睡在鼓裡，兩腳伸在鼓外。

鄧子恢插話：我也是。

高崗舉了舉手：主席，我可不可以講幾句？解釋一下……。

毛澤東說：我相信在座的多數同志是睡在鼓裡。高崗同志，請你慢點作解釋。我要求你今天一定要放下身段，低姿態，聽聽大家的。至於聽過大家的批評之後，接受還是不接受，你有選擇的自由。我下面要說的是，現在北京有兩個司令部：一個以我爲首，設在豐澤園菊香書屋，就是刮陽風，燒陽火；一個以他爲首，設在東交民巷八號院，叫做刮陰風，燒陰火，一股地下水。一年來，這兩個司令部各唱各調，各吹各號。我這裡唱的是黨的團結，幹部隊伍的團結，以蘇聯爲首的社會主義陣營的大團結；人家那邊唱的是黨的分裂，幹部隊伍的分裂，所謂紅區的黨和白區的黨的分裂。我這樣講，分量是否恰當？高崗同志，你坐下吧，要沉得住氣呢。你先聽大家的，再申訴不遲。你主張分裂，我和在座的多數同志還是要對你搞團結呢。良藥苦口利於病。《禮記·大學》上有言：十目所視，十手所指，其嚴乎！高崗同志需要的是大家的監督、批評、幫助、教育。下面，在座的，每位都講幾句？對高崗之症，下治病之藥。陳老闆，你先來兩句？

陳雲這才側過身子來，冷冷地瞪高崗一眼：高、饒錯誤的性質，是在黨內搞宗派，組織小團體，反黨。

鄧小平跟著說：是有一個反黨性質的小團體在活動。

陳毅說：高崗同志我沒有共過事，饒漱石同志那一套我是領教了十幾年。他整了我十幾年。他們實行的一套是順我者昌，逆我者亡。但我不計較個人恩怨，希望他們能改正，回到黨的正確路線上來。

劉少奇說：高、饒的要害，是自我膨脹，貪得無厭，個人野心，陰謀手段，篡權奪權。

鄧子恢說：在東北和高崗同志共事多年，有佩服他工作才幹、魄力的一面，也有他妄自尊大、特殊化、土皇帝、生活作風極不檢點的一面。領袖人物的生活作風不是小節，應是大節。

習仲勳說：我也是老陝北，都是出生入死過來的，熬到今天不容易，要珍惜。希望高崗同志認識錯誤的嚴重性，徹底改過來，而不是在錯誤的道路上越走越遠。

康生說：搞分裂的人沒有好下場。高、饒搞分裂，也不能例外。

朱德說：送高崗同志一句古訓，富貴不能淫，貧賤不能移，威武不能屈。問題出在第一句，革命勝利了，當了大人物了，就政治上、思想上、生活上都腐化起來了，成了黨內一個典型。

周恩來說：同意總司令的，高崗確是腐化了，政治、思想、生活上全面腐化，是反面教員。

董必武說：苦言藥也，甘言疾也。望高崗同志痛改前非，丟掉包袱，繼續前進。

彭眞說：高級幹部要自重、自愛，要謙虛、謹愼。功勞越大，地位越高，越要接受黨和人民的監督。高崗同志是一面鏡子，可怕的鏡子。

林伯渠說：在陝甘寧邊區，我和高崗共事十多年。我比他年長十九歲呢。那時，他確是位很優秀的領導者，很傑出的。我從未在黨的會議上，聽到有人批評過他。都是表揚他、獎勵他呢。高崗同志是不是一路太順利了，被中央提拔得太高了，高出其他大區領導人一大截，所以驕傲了，忘乎所以了。驕傲必然導致腐化。樹大招風也是有的。希望高崗能從歷史上失敗了的農民領袖身上吸取教訓。

毛澤東見高崗被大家一頓冰雹般數落、指責、批評，已經抬不起頭了，肩膀已經抖動起來了，不禁動了惻隱之心。有人無限上綱，有人矯枉過正。畢竟，高崗曾是自己最信賴、也最器重的同志加弟兄。只剩下彭德懷沒有吭聲了。毛澤東知道，彭德懷是同情高崗，站在高崗一邊的。或許，這個炮筒子會力排眾議，唱唱反調？這樣，他毛澤東就好平衡平衡，不使局面太過一邊倒了：彭老總，你是最後一位了，尾巴結大瓜，說上幾句？

彭德懷身板筆挺，一臉正氣，誰都不看地說：這幾年主要精力放在朝鮮前線，後方的情況知道不多。北京也是後方嘛。高大麻子這人是有一身的毛病，我也常常和他吵，和他爭，拍過桌子罵過娘，但他沒有和我翻臉，冷靜下來還是好同志。講他有野心，我相信。他這個人一門心事想著做大官，幹大事業。講他搞陰謀，要分析。黨內鬥爭，他不大高明。和我一樣，基本上是個粗人，大大咧咧，城府不如人。腐敗也是有的，搞了一些女人，應受處分。我，陳雲，小平，子恢，富春，董老，林老，還有饒漱石、林彪等是不亂搞女人的。其他同志搞不搞，各人心裡有數。看人看一貫，看大節。功歸功，過歸過。高崗還是功大於過。有錯誤，嚴重錯誤，還不是十惡不赦。不要一棍子把人打死。勝利來得不容易，江山來得不容易。革命同志要相容，要團結。不要互相整，搞內鬨。我講話，很多人不喜歡聽。但士兵喜歡聽，連、排長喜歡聽，團以上就靠軍令條例了。我的意見，還是毛澤東在延安提出的那幾條：批評與自我批評，懲前毖後，治病救人，通過積極的思想鬥爭，達到新的團結。今天康生同志也在座，新中國不要再搞搶救運動了，不知道行不行？

毛澤東點著頭，心裡卻不是滋味。這個彭老總，講話愛帶刺，眞是拿他沒辦法：彭老總講完了？可圈可點，別有一番滋味在心頭。好的，在座的每一位同志，都批評了高崗。都認爲高崗同志有錯誤，且是嚴重的。但還是要批評、教育、團結。對饒漱石也是這樣。剛才老彭提到我在延安的幾條，其實歸納爲一個公式：團結——批評（包括自我批評）——團結。高崗同志，你是不是也表示個態度？是抗拒同志們的批評？還是接受同志們的教育挽救？

高崗抬起頭來，滿臉沮喪。他沒有掉淚，仍是一條硬漢：今天的事情太突然，我毫無思想準備。平日友愛、客氣的同志，一下子對我提了這麼多意見，很寶貴，很尖銳。請大家允許我好好想一想，清理一下腦子。我這樣說，是我接受大家的批評、教育。我願意反省、檢查，並在今後的工作中努力改正。我錯了的，一定改，徹底改。主席啊，是不是就先講這幾句？還是要我現在就做檢討？

毛澤東溫和地笑了笑，說：很好嘛！承認錯誤，願意檢討，是個進步，我歡迎，相信在座的多數同志也都歡迎。宗派主義，小團體，立山頭，害死人也。要認識它對黨的危害性，是個毒瘤，要割掉。大家幫忙，你自己也動手，忍痛割掉。擴散了，就沒得藥醫了。對於高崗同志的批評，今天就告一段落。得理也讓人，不要揪住不放了。高崗要邊工作邊檢討。不然大家不會讓你過關的。等你認識深刻了，檢討徹底了，由我出面，請大家高抬貴手。過去，少奇作檢討，恩來作檢討，薄一波作檢討，不是都經大家高抬貴手，過來了嗎？你也會過來的。這裏，我引一段漢代王符《潛夫論·務本》中的話，送給高崗同志，也是送給在座每位同志：教訓者，以道義爲本，以巧辯爲末；辭語者，以信順爲本，以詭麗爲末；列士者，以孝悌爲本，以交游爲末；孝悌者，以致養爲本，以華觀爲末；人臣者，以忠正爲本，以媚愛爲末；五者守本離末則仁義興，離本守末則道德崩。

會議室裡一派吵吵吵的筆記聲音。毛澤東估計多數人都記錄不全，便接著說：不要記了，回頭我交中辦去打印幾十份，分送各位。今天是一九五三年十二月二十四日。我要告訴各位的是，開完會吃過飯之後，我上火車去杭州。我的幾位秘書陳伯達、胡喬木、田家英，加上幾位法學家都會隨去。我們到那裡去起草新中國的第一部憲法。憲法草案出來了，我們就可以召開第一屆全國人大了。羅瑞卿、楊尚昆也隨去，兩頭跑。朱總司令身體欠安，也要到廣州去休息，那裡天氣暖和些。中央日常事務交給你們打理。還搞不搞那個三人輪值制啊？

周恩來插話：主席還是委託少奇同志抓總吧，我們來協助他。

劉少奇插話：恩來、陳雲、小平都可以抓總。

鄧小平晃手：我不行，頭上的帽子已經有七、八頂。

彭德懷插話：還是維持原來的規矩吧，三人輪值，體現集體領導嘛。毛澤東剛才講了，高崗是邊工作邊檢查。過去少奇、恩來犯錯誤，也是邊工作邊檢查，照樣輪值主持中央日常工作嘛。

毛澤東等了一等，不見再有人插話，才說：好，今天是彭大人以忠正爲本，一言九鼎。那就還是繼續三人輪值吧。總而言之，要團結，不要分裂，要友愛，不要內訌。不准高崗同志鬧不團結，也就不允許黨內的任何人鬧分裂。明年一月份開一次中央全會，七屆四中全會，立即著手準備，要作出一個增強黨內團結的決議。我可能回不來，會議請少奇同志主持，大事由我定。爲方便工作，考慮增補幾名政治局成員，初步想到有彭德懷、彭眞、康生、林彪、鄧小平。

第三八章　保鏢們先幹了起來

中央警衛局屬下，擔負五位最高領導人安全保衛任務的部隊，毛澤東名下的稱爲一中隊，朱德名下的稱爲二中隊，劉少奇名下的稱爲三中隊，周恩來名下的稱爲四中隊，高崗名下的稱爲五中隊。在軍隊編制裡，中隊屬營級單位。但上述中隊實爲一個加強連，兩百來號人馬，都是萬裡挑一的精猛之士，個個出身貧苦，政治可靠，槍法奇準，身手非凡。

日常，中隊官兵只是在領導人的住宅圍牆門外值勤，站崗巡邏，四小時一輪換，每輪一個班，且是有槍無彈。負責住宅內部勤務的是衛士小組，組長即是衛士長，每組六人，照管領袖人物生活起居，包括端茶送水、傳呼電話、遞送文件、打掃衛生、迎送客人等一任事項。衛士值勤一律不佩武器。萬一遇上危險，靠拳腳功夫了。在中隊成員中，最重要的角色要數首長的貼身警衛員了，此人是佩槍的，武功也高強，級別與中隊長相若，有的還早就具正團甚至正師級別。

一九五〇年代，毛澤東的貼身警衛員叫孫勇，朱德的貼身警衛員叫孫進武，劉少奇的貼身警衛員叫李泰禾，周恩來的貼身警衛員叫程功元，高崗的貼身警衛員則仍由原東北局警衛處處長趙德俊兼任。此五人皆爲龍精虎猛、身懷絕技。有時，五位領袖在菊香書屋裡舉行會議，他們在屋院外守候，也相互比試一下南拳北腿，擒拿點打，但從來友好過招，點到爲止，不論輸贏，不傷和氣的。因之，他們被譽爲「警衛五虎」。

按照中央警衛局的操練計畫，五個中隊的人馬除值勤者外，每星期都要拉到郊外兵營實彈射擊，摸爬滾打的。不然一名名大內高手，在西苑養得身寬體胖，像日本相撲力士就不像話、不雅觀了。

一九五三年底，北京地區寒風刺骨，滴水成冰。在北京衛戍區靶場，舉行一年一度的警衛部隊武功大賽。因一中隊隨毛主席去了杭州，二中隊隨朱總司令去了廣州，當天參賽的只有三中隊、四中隊和五中隊。先集體後個人，班與班比，排與排比，連與連比。數九寒冬的露天靶場上，武士們一個個立如松，行如風，撲如鷹。一時間龍騰虎躍，吼聲震天，黃塵滾滾。從拚刺刀，比雙刀，到比棍棒，比拳腳，個個如豹子下山，人人似蛟龍出海，刀光劍影，險象環生，銳不可當。也令觀者眼花繚亂，驚訝不已。比賽結果，三個中隊被評爲優勝集體。

年度大賽的壓軸節目，照例是「警衛五虎」之間的對手賽。今年只在李泰禾、程功元、趙德俊之間進行。不知爲什麼，今年的這場高手過招，李、程、趙三人臉色鐵青，豹眼圓睜，彷彿都憋著氣，帶著怨恨。唯明瞭內情的人，才知三人所警衛的首長，一年來明爭暗鬥，勢同水火，也早就感染了他們，彼此關係，日趨緊張。且是李泰禾與程功元聯手，趙德俊單打獨鬥。主持比賽的中央警衛部隊軍官，卻沒有察覺到此一異常情況。

對手賽的第一項爲手槍射靶。靶在三十公尺之外。每人十發子彈。賽規極爲嚴苛：不給瞄準時間，立姿兩發，蹲姿兩發，仰卧兩發，俯卧兩發，騰躍兩發。全套動作順序可以顚倒，但必須在兩分鐘內完成。超出兩分鐘，即使十槍射中一百環，成績無效。

首先由劉少奇的貼身警衛員李泰禾上。李泰禾身高一米八五，老家安徽淮北，放牛娃出身，從小習武，十四歲參加新四軍。劉少奇任新四軍政委時把他帶回延安。曾在延安警衛團武術擂台賽上獲全能第一，此後武功在軍中赫赫有名。但見他跨步向前，舉槍迅射兩發，均中靶心，二十環！靶場上一片歡呼聲。呼聲未落，李泰禾以蹲姿連射兩發，又中靶心！以俯姿連射兩發，皆中靶心！翻身一滾，以仰卧姿連射兩發，十七環！一個鯉魚打挺，以騰躍姿連射兩發，十六環！在全場掌聲、歡呼聲中，主賽軍官宣布：李泰禾，五姿十發，中九十三環，完成時間爲一分五十秒，均打破上年大賽紀錄！

接下來是周恩來的貼身警衛員程功元上場。程功元湖北武當山人，因家貧，七歲即上武當山眞武觀當小道士，破柴擔水，燒火習武。後參加賀龍的紅二方面軍，成爲紅小鬼，並被賀龍看中，帶在身邊的。武當功夫，威鎭江湖。賀鬍子把他送給老上級周副主席，做了貼身警衛。程功元雖然身高只有一米七〇，但他的鷹爪拳、神龍掌、斷魂腿、鐵頭功，堪稱絕門功夫。有人見他練演斷魂腿，疾如閃電，竟可踢上二米八高的假人腦袋。他的鐵頭功則是以前額或後腦勺襲人。碰豬羊腦袋如同碰西瓜一樣。他每日清早起來練功，住處的一株老槐樹，被他的額頭磕出來一個深洞。

閒話少說。但見程功元大步向前，舉槍就射，兩槍均中靶心，二十環！靶場上一片喝采聲。蹲姿兩槍，又二十環；俯臥兩槍，又二十環；仰臥兩槍，十六環；騰躍兩槍，十四環！總計九十環。少李泰禾三環。但完成全套動作，只花了一分四十五秒，比李泰禾快了五秒，打破歷年紀錄。

第三名輪到高崗的貼身警衛員趙德俊上。趙德俊五短身材，陝北橫山人，高崗小同鄉，人稱趙捶子、趙斷掌。因十三歲那年爲報父仇殺了人，投奔到劉志丹、高崗的紅軍隊伍。是高崗把他從一名士兵、班長、排長、連長、營長、團長的一路提拔上來，直到東北局保衛處處長，屬正師級幹部。在「中央警衛五虎」中，數他資歷完整級別高。他自稱是高主席門下一頭忠實的豹狗子，高主席叫咬誰，他就咬誰。他雖然年近三十，卻身手矯捷，勇猛無比，力大無窮。東交民巷八號院門前有一對青石獅子，每隻起碼五、六百斤，他曾雙手一摟摟將起來，離地兩尺，再輕輕放下，竟臉不紅，氣不喘。每天早起，他必在後院練捶子功和斷掌功。捶子功是以拳頭擊磚頭，可一拳將兩塊疊在一起的老城磚捶的粉碎；斷掌功則是以掌作刀，一掌可將三塊老城磚一劈兩半，且斷口如斬。警衛部隊練武用的柞木棍，堅硬如鐵，他也可以揮掌斷爲兩節、三節。

且說趙德俊上場，竟是騰躍而起，連射兩發，十八環！打靶場上歡聲四起。李泰禾、程功元二位卻有些臉色發白。說話間趙德俊匍伏在地，俯臥兩發，皆中紅心，二十環！一個翻滾，仰臥兩發，又中紅心，二十環！輕巧跳起，蹲姿兩發，中紅心，二十環！呼地起立，站姿兩發，中紅心，二十環！

總計九十八環，時間一分四十秒！

全場歡聲雷動。官兵們一遍又一遍的呼喊：趙捶子！好樣的！趙斷掌！好樣的……歡叫聲持續了兩分鐘才平息下來。主持比賽的軍官宣布：五種姿勢手槍連續射靶，五中隊趙德俊獲第一名，成績是九十八環，一分四十秒！三中隊李泰禾、四中隊程功元並列第二，成績分別是……。

末等主賽軍官宣布完畢兩位並列第二名的高手的成績，全場又是一片熱烈的掌聲、歡呼聲。顯然，在現場官兵們的心目中，趙德俊是今天的大英雄。

對手賽的第二項爲飛車雙槍打活動靶。參賽者兩手各操一柄快慢機，乘坐時速六、七十公里的敞蓬吉普車，在五分鐘內，連擊道路兩旁突然冒出的紙牌人——模擬伏擊首長車隊的敵方突襲部隊，以擊中數目分勝負。這本是警衛部隊官兵的基本操練課目。他們三人的比賽，也就帶有示範性質了。

仍由李泰禾第一個登車上陣。擔負舉靶任務的士兵們早已進入車道兩旁二十餘米遠的濠溝掩體。但見吉普車自靶場深處疾馳而來，李泰禾雙手持雙槍站立車上。突然，車道兩旁，伴隨著嗷嗷的叫喊聲，冒出來五十面高高低低、來回晃動的各色靶牌。李泰禾穩如泰山，左右開弓，彈不虛發的一路點射過去，靶牌紛紛中彈倒下。

對於李泰禾的精彩表演，全場官兵報以熱烈的掌聲。主賽軍官宣佈：李泰禾飛車雙槍打活動靶，五十靶位全部命中！

程功元第二個登車出賽。他與李泰禾稍稍不同的是，他矮下身子蹲在敞蓬吉普車上，也是左右開弓，一路飛車的點射過來，也是五十靶全部命中。靶場上又一次歡聲雷動。

趙德俊第三個登車出賽。他上車時左腋下挾了個大小與眞人相若的布袋人。上車後，他身子伏在那布袋人上。大家這才看明白了，那布袋人模擬的是「中央首長」，他是要一邊護著「中央首長」一邊飛車雙槍打活動靶。他這姿勢當然難度最大了。但見他乘飛車而來，身子匍匐在布袋人上面，也是雙槍並出，一路點打，也打出了五十靶位全中的優異成績！

全場熱烈鼓掌、歡呼：趙捶子第一！趙斷掌第一！趙捶子第一……主賽軍官卻不偏不倚，以中靶數目爲依據，宣布三人皆各中五十靶，李泰禾、程功元、趙德俊並列第一！

接下來是對手賽的第三項，也是最爲精彩、最令人情緒激昂、熱血賁張的項目：徒手格鬥。主賽軍官宣布格鬥比賽順序爲：李泰禾對程功元、程功元對趙德俊、趙德俊對李泰禾。每場十分鐘。並重申比賽紀律：示範性質，安全第一，不許傷人、不許點穴、不鬧意氣、不論輸贏。

爲防萬一，三位武士都穿上護胸，更顯威風凜凜。

李秦禾與程功元的頭一場徒手格鬥，典型的君子交手，點到爲止。況且他二人平日同志加兄弟，私交甚好，於是拳來腿去，一招一式，中規中矩。行內人一眼就能看出，花拳綉腿，只爲討彩，使的不是眞功夫。很快鬥滿十分鐘，兩人收手，相互抱拳行禮，退下。

第二場爲程功元對趙德俊。一上場，兩人就彷彿仇人見面，分外眼紅，凶猛如兩頭豹狗，張開了獠牙利爪。程功元的眼神裡，分明在說：咱這一拳，是打給你主子看的！趙德俊的眼神裡，更像在說：俺這一掌，劈的是你主子的命門！眼神交會間，程功元縱身躍起，使出斷魂腿，直踢趙德俊的左太陽穴。趙德俊一驚，使絕招了？好小子！連忙腦袋一晃，程功元那銳利如錐的腳尖即從他左太陽穴寸許遠的地方呼地擦過。趙德俊趁程功元下盤空虛，欺前一步，左掌刷地劈出，使的是他的斷掌功。此掌劈出，等閑之輩那虛在空中的腿即會皮連骨頭，斷爲兩截。豈知程功元身手了得，瞬間身子凌空一縮，一個連環滾，已在丈餘外的泥地上立穩了樁子。趙德俊見程功元竟躲過了他的鐵掌，更不給他喘息的時機，立即雙拳如鐵錘，餓鷹撲毒蛇似地呼呼猛襲過來。沒想到程功元並不退避，只是閃開鐵掌，忽地將鐵頭朝趙德俊的右臂撞去。趙德俊知程功元鐵頭功厲害之極，任是磚頭碰上，也會被碰得粉碎。於是倏忽變招，一個下手勾拳，朝程功元的下頷擊去！程功元見趙德俊此一招數變換之疾，來勢之猛，暗暗叫好的同時，身子登時一縮一矮，雙足如跳鼠，將鐵頭朝趙德俊下檔撞去。趙德俊叫聲不好，騰空躍起丈來高，從程功元的頭頂翻了過去……。

好一場虎狼之爭，靶場上數百官兵看得目瞪口呆，驚心動魄。主賽台上的幾位軍官彷彿已看出其中兇險，相互交換了意見：這哪裡是在演練？明明是在各使絕招殺手，以傷害對方爲目的，以性命相搏的惡鬥。值日軍官吹哨命停！

軍令如山倒。程功元、趙德俊畢竟是革命軍人出身，以服從命令爲天職，聽到哨聲叫停，兩人立即收手。但趙德俊於滾滾濁塵中多了半個動作，右手中指一點，程功元的左手腕脫了臼，才一個箭步躍出丈許遠……程功元一條鐵骨錚錚的硬漢，右手腕雖遭暗算，痛得鑽心。他沒有還手，還咬住牙關，拱手行禮，只恨恨地罵了聲「土匪」！趙德俊知他這聲「土匪」不單單罵他本人，也就於拱手行禮時，回罵一聲「奸賊」！此一聲「奸賊」，又豈止是罵的程功元？

主持比賽的幾位軍官都聽到了他們在下面彼此惡狠狠的咒罵，當即作出決定並宣布：今天賽事，到此爲止。趙德俊、程功元違反練武紀律，成績取消，著令各自寫出檢討，報告首長，再議處分。

且說趙德俊從郊外靶場返回東交民巷八號院，未及換下蒙滿塵土的軍服，即到後院高主席辦公室，向高崗匯報：今兒個，俺替首長出了口氣！

高崗自兩天前的那晚上，被毛澤東主席當著政治局成員的面嚴厲批評後，待在家裡沒有出門，神情懊惱又沮喪。如今見趙德俊興匆匆的跑來報告，說替他出了口氣，什麼氣？趙德俊很少見高主席這樣心不在焉，便把自己在演武場上，如何把程功元那小子給算計了一下，令他左手腕脫臼的事報告了。沒想到高主席一臉苦笑：小趙啊，打狗欺主，只怕人家更不肯善罷甘休了囉。你知道，在這京城裡，咱們畢竟勢單力孤。主席去了南方，一時半刻回不來。劉少奇、周恩來、陳雲、鄧小平、康生、薄一波他們抱團抱得很緊。他們肯定會利用主席不在北京這段時間生事……你今天也和劉少奇的那個警衛員叫什麼名字來著，過招了？

趙德俊見高主席問起過招的事，不禁又臉有得色：那小子名叫李泰禾，大塊頭。手槍五種姿勢射靶，共十發子彈，我中九十八環，李泰禾九十三環，程功元九十環，我拿第一。我知道，我們都是在替自己的首長爭面子，長志氣。飛車雙槍打活動靶，我也比他們高了一招，但被評爲三個並列第一。

最後是徒手格鬥，我本來也要教訓教訓李泰禾那小子，給他的主子一個顏色看，但主賽軍官見我和程功元鬥得凶狠，犯了紀律，下令停賽，還叫寫檢查，再給處分……。

高崗冷冷一笑：連我的警衛處長也寫檢查？不寫！你先拖著，不行了，讓中央警衛團的頭頭來找我。他們哪一位不是吃咱陝北小米過來的？三五年一群花子樣的逃到咱陝北來……都是些忘恩負義的東西！小趙啊，瀋陽的那個特種營訓練得怎樣了？

趙德俊身子一挺，立正報告：上月我回去看過，都是一等一的關東好漢。五百多號人馬中，我隨便挑出幾名來和我試了試身手，不賴，還眞不賴！可怪的是，張明遠副司令員卻有點擔心，說特種營沒有向中央軍委報備……我說呀，高總，養兵千日，用在一朝。既然中央形勢這麼吃緊，要不要密令特種營開拔進京？

高崗說：小趙呀，你也想得太簡單了。五百猛士進京是個大目標哩。來了住哪兒？營地都成問題。原先總後勤部有兩個大倉房可以借用，以志願軍歸國人員暫住的名義。現在人家變了主意，說要先看中央軍委的公文。這樣吧，再過三天就是一九五四年元旦。這三天之中，若通知我進西苑開會，你可要緊盯著點，以防萬一。

趙德俊說：是！俺把那支無聲傢伙帶身上。若有人敢對高主席無禮，俺先崩掉他幾個再說。老子現在見到那幾個奸臣，拳腳就癢癢。

高崗說：記住，是要你有備無患，但不可魯莽。沒有我的命令，你不准出手……這樣吧，過了元旦，你回瀋陽一趟，命令特種營在一個月之內，以各種名義化整爲零，送文件啦，送東北土產啦，探訪親友啦等等，弄一個排的人馬住到這後院來，以防萬一。後院還有幾間空屋子，擠擠能住下。明白我的意思嗎？對了，自我二十四號晚上挨了批，郭鋒、馬洪一個個都不來露面了。還有，我掛電話去瀋陽找張明遠、張秀山二位，也找不到人，都說他們下部隊了。你說這事奇怪不奇怪？

趙德俊咬了咬牙說：高總，看樣子人家是要對咱下手了。

高崗說：小趙，你知道，老子是拉桿子出身，刀擱在脖子上不眨眼睛的。我諒他們也還不敢對我下手。不是不想，而是不敢。他們沒法子向毛主席交代，向全黨交代。咱主動來它一傢伙，弄個魚死網破呢？又怕激成「天京之變」，給黨給國家造成損失。咱是共產黨員，不是石達開呀……至於張明遠、張秀山、郭鋒、馬洪他們，都是跟了我從陝北出來，也是我一路提拔上來的，他們不可能對我生二心。用人不疑，疑人不用，咱有這個自信。

另說程功元左手吊著綳帶回到西花廳，周恩來見了問：你這是怎麼了？練功失手？程功元回答：報告總理，咱這叫被狗咬了！周恩來又問：哪來的狗咬得了你程鐵頭？程功元回答：陝北跑到東北，東北跑來北京，狗名趙德俊，狗窩東交民巷八號院！周恩來板起了面孔，批評說：胡鬧台！不可以隨便稱自己的同志爲狗什麼的……告訴我，究竟發生了什麼事？

程功元把警衛部隊年終比武，遭趙德俊暗算的事，以及指桑罵槐呼「奸賊」那話，一並報告了。

周恩來面無表情地問：少奇同志的警衛員李泰禾呢，他說了什麼沒有？他沒有遭暗算吧？

程功元回答：李大哥沒有和趙德俊交手。他讓我報告總理，他也會報告劉副主席，看樣子人家是起了殺機了，我們不能不有所準備。

周恩來望著這位跟隨了自己十幾年的警衛員，凝神想了好一刻，才說：不要緊，膿疤很快就會戳穿的。我會找警衛團打招呼，採取些防範性措施。今後中央開會，你和李泰禾要盯著點，防止有人狗急跳牆……醫生說你這手傷，什麼時候可以康復？

程功元回答：十天半月吧。放心，五尺之內，不用動手，咱一頭撓過去，那傢伙準一命嗚呼。

周恩來說：程鐵頭，不到緊要關頭，你不可使絕招……黨內鬥爭，要克制，要理性，比對敵鬥爭要複雜得多，難弄得多呢。

原來毛澤東離京南下的第二日，周恩來徵得劉少奇、陳雲等人的贊同，讓康生以中央政法委員會和中央軍委監察部的名義，將東北軍區副司令員張明遠、副政委張秀山二人秘密召進北京，神不知、鬼不覺地住進玉泉山四號院。當晚，劉少奇、周恩來、康生、鄧小平，代表黨中央和中央軍委，向二張傳達了毛主席二十四日晚在政治局會議上的那段講話，即「北京現在有兩個司令部，一個設在豐澤園菊香書屋，一個設在東交民巷八號院……」之後，要求二張和高崗劃清界線，並向中央揭發高崗的嚴重問題。周恩來並語重心長地告誡、提醒他們：作爲大軍區一級的高級將領，一定要跟黨中央走，跟毛主席走，而不要跟著高崗的錯誤路線走，成爲犧牲品。黨中央正在籌備召開黨的「八大」，中央人民政府和中央軍委正在研究方案給全軍幹部授勳和授予軍銜。大軍區的副職至少可以授予中將，或者上將。只要二位向中央交代、揭發了高崗同志的錯誤和罪行，就一不影響二位做黨的「八大」代表，二不影響二位應得的勳章及軍銜。中央從來說話算數，令必行，行必果，絕不含糊。

張明遠、張秀山不愧陝北老紅軍出身，關鍵時刻，身家性命，軍銜前程，當然要跟黨中央走，跟毛主席走，而不要做老上司高崗的殉葬品。既然毛主席有命令，他們堅決服從。況且對高主席主政東北以來的爲人行事，比如經常出言不遜，隨便議論中央領導人，比如亂搞女人和小戰士，比如在東北軍區司令部內秘密訓練特種營等等，他們原先也是保留著看法的。經過整晚上的反省思考，二人於翌日即揭發交代出他們所知道、所參與過的高崗同志的一系列嚴重問題。

根據張明遠、張秀山二人的揭發，經秘書長鄧小平整理歸納，高崗的問題主要有七個方面：

一、高崗同志多次在東北局的重要會議上說，毛主席打仗行，搞政治行，搞經濟不行，搞工業更不行。只有他高崗既懂軍事，又懂政治，懂經濟，懂工業，比較全面；

二、高崗同志多次對身邊的人說，劉少奇、周恩來等人對外是親美親西方派，對內是親資本家派，主張實行資本主義，保護資產階級利益。毛主席是個中間派，不想親蘇，也不想親美。只有他高崗是個堅決的親蘇派，親社會主義派；

三、高崗同志多次對自己信得過的人說，小馬駒（馬洪）把現在黨中央的矛盾比作歷史上的劉、項之爭，秦楚大戰，很生動。決定中國前途命運。秦的代表是他高崗，楚的代表是劉少奇；

四、高崗同志利用主持東北局和東北人民政府工作的機會，曾多次私自向蘇聯老大哥透露我黨中央重大機密，建立個人聯繫。並多次說，如果在北京搞不下去，他就準備退回東北去，必要時把毛主席也接過去，哪怕成爲老大哥的一個加盟共和國，也要在東北地區全面實行社會主義。他實際上是妄圖在東北建立獨立王國；

五、高崗同志密令東北軍區司令部保衛局，秘密成立了一支五百兵員的特種部隊，武器從蘇聯內務部（克格博）獲得，官兵每人配備無聲手槍。成立這支特種部隊，高崗沒讓向中央軍委報備；

六、高崗同志個人生活極爲腐爛，在東北各地都奸淫過不少女子，包括女戰士。奸淫得最多的是白俄姑娘，以黃金做交易，由他的衛隊隊長趙德俊接送。女子的數目大約有三、四百人；

七、高崗同志個人生活腐爛的另一個方面，除了長期喝野參湯、鹿鞭酒、雪蚧精，還聽信了長白山老道士的長生不老之術，從青年衛士身上吸取精液，致使多名衛士受到嚴重的身心摧殘……

十二月二十八日，康生代表劉、周、陳、鄧，以絕密電報方式，將張明遠、張秀山二人所揭發的高崗同志七大惡行，拍發給了杭州的毛澤東主席。康生並四兩撥千金，把「秦楚大戰」一條，楚的代表劉少奇改爲毛澤東。

毛澤東在杭州西子湖畔美景天成的徐莊園林，接獲劉少奇、周恩來、陳雲、鄧小平、康生五人的聯名密電，拍著桌子大怒：秦楚大戰！他想打倒我？做夢！他做劉邦，我做項羽，好！看看這回，是劉邦吃掉項羽，還是項羽吃掉劉邦！江湖小人一個……不過，發過雷霆之怒，毛澤東冷靜下來，才給北京的劉少奇和書記處發回一封電報，同意由劉少奇主持，召開政治局擴大會（彭德懷、習仲勳、林彪可以不出席），幫助高崗同志，方針仍然是：一要批判，二要教育，三要挽救，四要團結。另外，抓緊準備明年一月召開四中全會，解決黨內團結問題。

劉少奇、周恩來終於爭取到了毛澤東主席的認可。人證物證俱在，毛澤東主席不認可也不行了。且這次二張所揭發出來的高崗同志的罪行，比上次楊帆交代的更可怕也更具危險性。紙是包不住火的。劉少奇立即以書記處的名義，通知周恩來、陳雲、鄧小平、康生、李富春、彭眞開碰頭會。劉少奇傳達了毛澤東主席的電話指示，並當機立斷地作出四項決定：

一、中央調查部派出一個行動小組，在東交民巷八號院四周設置觀察點，每天二十四小時嚴密監視其進出人員；

二、授權中央警衛局在西苑內部，適時採取某些強制性手段，制止任何人物的非理性行爲，以維護黨中央領導集體的尊嚴；

三、遵照毛澤東主席的提議，由劉少奇同志主持政治局擴大會議，解決高崗問題；

四、書記處委託中組部副部長安子文同志，會同中組部司局以上負責幹部，以集體談話方式向饒漱石攤牌，爭取饒漱石起義，交代、揭發高崗的問題，回到黨中央、毛主席的正確路線上來。

第三九章　高崗痛失左右臂

十二月二十九日下午三時，中央高層同時舉行兩個重要會議：一是由劉少奇主持的政治局擴大會議，解決高崗問題；二是由安子文主持的中組部黨委集體談話會議，勸說饒漱石同志陣前倒戈，火線起義。用劉少奇同志的話來說，抓住戰機，解決高、饒過元旦；除舊布新，迎接一九五四年。

饒漱石已經病了十來天。他的確病得不輕，是由警衛員、護士攙扶著，進入組織部部務會議室的。三個月前，饒漱石在這裡主持過解決安子文問題的會議；現在，卻輪到安子文主持會議，來解決饒漱石問題了。長方形會議桌的東頭，原先饒漱石那象徵性的紫紅色高背皮椅上，此刻已經坐上了安子文。饒漱石想發火，但喘得厲害，發火都沒有氣力。他望著一張張熟悉的面孔，副部長、司局長們，氣衰力竭地問了一聲：這、這算個什麼會議？我我還是組織部長呢？怎怎麼事前一無所知？

安子文雖然坐上了那會議主席的紫紅色高背皮椅，聲音卻一如往常那樣謙和：漱石同志，你病了十多天，情況發生了很大的變化。今天我是受中央委託，和部黨委同志們一起，對你集體談話。希望你認清局勢，端正態度，懸崖勒馬，接受中央對你的教育、挽救。

饒漱石眼睛放亮了，蒼白的臉上也有了些紅潤，也不哮喘了，挺直腰板冷冷地問：毛主席說過與人奮鬥，其樂無窮！毛主席去了杭州，你說的是哪個中央啊？你代表部黨委找我集體談話，有中央文件嗎？有電話紀錄嗎？什麼時候撤了我的部長職務？我還兼著華東局第一書記、華東軍區政治委員哪。你安子文算什麼？你又叫徐子文對不對？你一九三六年八月寫了反共啓事，從國民黨北平軍人反省院的狗洞裡爬出來的對不對？

饒漱石不愧爲一名久經沙場的大軍區政委及大區中央局第一書記，大難臨頭，仍毫無懼色。他說話聲音不高，仍是病病懨懨的，卻每一句都如同一面小小刀刃，襲向安子文。好些位部黨委成員暗自向他投以敬佩的目光。

安子文也不是等閒之輩。饒漱石當著二十幾名部裡高級幹部的面，罵他是從敵人狗洞裡爬出來的，他竟然臉都不曾紅一下或是白一下，眞是黨性修煉到家了。他仍以平靜、謙和的口氣說：漱石同志，古人說，木秀於林，風必摧之；堆出於岸，流必湍之；行高於人，衆必非之。我不會計較你的人身攻擊。你還是自格兒保重吧。我不得不告訴你的是：高崗犯大錯誤了，今天，現刻，少奇同志正在主持政治局擴大會議，解決他的問題。

猶如青天霹靂，饒漱石身子晃了一下。但他立即穩住了自己，斷然搖了搖頭：我不相信！豈有此理！高崗同志是中央人民政府副主席，國家經計委主席，中央三人輪值制成員之一，他還兼著東北局第一書記，東北人民政府主席，東北軍區司令員、政委！毛主席最信任的幹部，黨和國家的傑出領導人之一，誰說要解決他的問題？你們是不是翻天了？

安子文翻動著手頭的筆記本，依然沉穩地說：漱石同志，請冷靜些，寧安毋躁嘛。你要是不相信，我給你念一下毛主席本月二十四日在政治局會議上的一段講話。請在座的不要作記錄。毛主席說，現在北京有兩個司令部……漱石同志，怎麼樣？你還懷疑嗎？你能否認這是毛主席的指示嗎？

饒漱石臉色頓成死灰色，眼前更是一片昏黃……不能，不能，我不能倒在這會議室裡，倒在劉少奇的忠狗安子文面前……中央是出了大奸臣了，不是一兩個，而是一小批，蒙騙了毛主席，致使毛主席良莠不分，忠奸不辨……郭鋒、馬洪都是部黨委委員，郭鋒還是副書記，今天怎麼都不見？饒漱石鎮靜下來，睜開眼睛問：郭鋒同志、馬洪同志在哪裡？他們怎麼不來參加你安子文這個集體談話會？

安子文不再謙恭，口氣漸次強硬起來：漱石同志！我奉勸你不要再對任何人存有幻想。我可以告訴你，郭鋒、馬洪兩人，長期跟著高崗同志胡作非爲，參加許多活動，中央政法委員會已勒令他們停職反省，交代揭發，將功贖罪！

饒漱石不吭聲了。安子文繼續說：漱石同志，你認識高崗同志多少年了？對他很了解、很知心對不對？他一九二六年入黨，一九二九年隨劉志丹同志組建陝北紅軍。他並不是個眞正的馬克思主義者，而是帶著隊伍來入夥的農民起義領袖。所以他一直特別注重自己在黨內的座次，毫無節制地向黨要權力，要地位。一九三五年中央紅軍抵達陝北後，他以中央紅軍的救命恩人自居，提出過「陝北救中央」之類的狂妄口號。抗戰時期，他擔任西北局書記，拚命擴充個人勢力，妄圖經營起自己的幹部體系。黨中央、毛主席放手讓他工作，他卻把建設陝甘模範邊區的功績歸於自己。其實陝甘寧邊區主席是林伯渠，邊區的經濟工作更是陳雲同志一手抓起來的。一九四五年十月延安十萬幹部赴東北，他參加開闢東北根據地，幹了許多見不得人的勾當。一九四八年冬林彪、羅榮桓同志率第四野戰軍入關作戰後，他把東北變成了自己的獨立王國，縱容、唆使幹部群衆呼喊他萬歲、萬萬歲，與中央和毛主席搞分庭抗禮；他調進北京工作後，更是野心勃勃，拉幫結夥，封官許願，進行陰謀活動，妄圖篡奪黨和國家的最高權力。中央已掌握了充分證據，你饒漱石同志是高崗篡權活動的重要合夥人。當然是他為正，你為副。現在，中央願意給你最後一次機會，交代、揭發問題，將功補過，重新回到黨和毛主席正確路線上來。這是今天我和部黨委找你集體談話的主題。

饒漱石眯縫著眼睛，一直緊盯住安子文，聽他把話講完，共產黨眞是亂了套，全無規矩了！區區一名自己屁股都擦不乾淨的中組部副部長，在黨中央尙無決議的時候，竟然滔滔不絕地宣布起黨和國家最高領導人之一的高主席的罪狀來了！這些話，大約他的主子劉少奇也只能暫時悶在心裡，說不出口來呢。眞是不知人間有羞恥二字。而且，安子文所謂的「集體談話」，是個幌子，在座的部黨委成員無一人答話，都嘴巴緊閉，實際上是以沉默來對抗，看著安子文一人唱獨腳戲。倒楣的是，他饒漱石遲不病、早不病，偏偏在這節骨眼上鬧下大病……。

安子文見饒漱石不吭聲，參加「集體談話」的其他二十幾人也都不吭聲，出現了可怕的冷場，便清了清喉嚨，提高了音調問：漱石同志！你爲什麼不談談你的想法？向中央表示一個態度嘛！

饒漱石實在忍無可忍，拚了全身的力氣，才拿起面前的茶杯，重重一摔，上氣不接下氣地說：你、你、你什麼東西？卑鄙小人，從敵人狗洞裡爬、爬出……你沒有資格代表中央！更不夠格談高主席，他一根腳趾頭的功勞，也比你安子文的腦袋還大……，高主席和我打天下的時候，高主席在東北，我在華東，我們都是野戰軍的第一把手，你安子文在哪裡？算什麼東西？無恥之尤！我饒漱石不像你這種軟骨頭，賊骨頭，賤骨頭！我決不賣友求榮，苟且偷生！決不趁人之危，落井下石……，我要求見毛主席，見毛主席，我有話要說，有話要說……。

安子文勝券在握，並不計較饒漱石的侮罵，仍是臉都不曾紅一下或是白一下，繼續和顏悅色地說：漱石同志，咒罵不是戰鬥。你應當冷靜下來，認清局勢，不要拒絕中央對你的教育挽救。你是不是覺得應當由一位級別比我更高些的負責人找你談談？我可以向中央書記處匯報、轉達你的要求。

饒漱石毫不妥協地回答：你不夠格，不正派，你只是一條狗……我要見毛主席，我有話要說……和平時期，黨內鬥爭，不能再開壞了頭，殘酷鬥爭，無情打擊，後患無窮，後患無窮呀……。

饒漱石淚流滿面，癱倒在坐椅上。畢竟是個重病號，他尿褲子了，滿會議室都聞得到尿臊氣。

安子文見會議開不下去了，便問其他的部黨委成員們，要不要發表意見？包括批評教育、檢舉揭發饒漱石同志的，或是擁護饒漱石同志，替他抱不平的，都可以發表。

等了一、兩分鐘，也沒有人吭聲。安子文溫和的目光從二十幾位「集體談話成員」身上掃過去，但見人人低下腦袋，盯著各自手裡的筆記本。安子文心裡冷笑一聲，看來饒漱石也眞不簡單，到中組部當部長不到一年，就經營起了饒氏天下。饒漱石垮台後，中央組織部非動大手術、人事大換班不可。

安子文溫和中帶著威風，宣布：散會！送饒漱石同志回家休息，趕快給他換褲子。有病治病，打針吃藥，明天繼續開集體談話會，一直開到他轉變態度，願意配合我們對他的挽救爲止。

高崗是臨開會之前一小時才接獲中央辦公廳電話通知，下午三時在頤年堂開政治局擴大會，請按時出席。高崗不知道爲什麼這麼晚才通知他，也不知道會議要討論研究什麼議題。自毛主席南下杭州後，中央工作三人輪值制已名存實亡，劉少奇、周恩來兩人包攬一切，控制一切，根本不找他高崗商議事情。他本欲向劉、周提意見，把他排斥於三人輪值制之外；但又怕引起毛澤東主席的誤會，以爲又是他高崗要權爭權。如今潤芝大哥對他這名義弟，也是有理三扁擔，無理扁擔三了。

高崗的座車依往常的慣例，從南長街十八號門進入西苑。十八號門內，左邊的大四合院是中央警衛局辦公室和值班室，右邊的大四合院則是值勤軍人的宿舍。往常，門崗一見高主席的座車駛來，便會立正行禮，並伸臂放行。今天門崗手執一面小黃旗，請停車，之後跑近來敬禮、報告：首長，裡面車子已經停滿了，請下車步行吧。隨員到警衛局值班室休息，大夥兒都在那兒玩撲克牌，下象棋。

自一九四九年新中國成立以來，高崗的黑色吉姆座車都是駛抵南海北岸上的豐澤園門口才停下，從沒有人敢要求他的車子停在警衛局門外通道旁邊的。他本想發作，予以喝斥；卻見通道上，院牆內，已經三步一崗，五步一哨的警衛森嚴，整個氣氛大不同如往常。只好挾起公文包下了車，對趙德俊說：你就去值班室候著吧，靈醒點，等著我出來，回家……

好在從十八號門到頤年堂會議室，步行也只有三、四分鐘。高崗一路快步走來，裡面並未見到停滿了車子嘛。倒是崗哨林立，如臨大敵似的。今兒個怎麼了？要出什麼事？有人搞宮廷政變嚒？高崗心裡既驚訝又警覺。姥姥的！咱姓高的提著腦袋幹了半輩子革命，死人堆裡闖蕩過來的，還怕這？潤芝兄才離開幾天？他們就把西苑搞得神神鬼鬼，殺機四伏……防人之心不可無，他的公文包裡有個肥皂盒那麼大的半透明匣子，裡面躺了支袖珍手槍，是旅順口蘇聯海軍一位將軍送給他的防身之物。那麼小的手槍，卻裝有十六發鐵釘式子彈，殺傷範圍二十公尺。那年上長白山打獵，他試用過，「鐵釘」在野豬腦袋裡爆炸，很具威力呢。這件寶貝，他連趙德俊都沒有告訴。不是性命攸關、萬不得已的時刻，自然不會取出來使用。

進了豐澤園，高崗在頤年堂前院也見有五、六條彪形大漢在值勤。步入會議室，他才發現與會人員已到齊，原先毛澤東主席的座位上，現在坐著劉少奇。二十幾張熟悉的面孔，沒有人向他點頭、打招呼，彷彿他是個陌生的闖入者。更令他奇怪的是，應當出席會議的彭德懷、林彪、羅榮桓、習仲勳、饒漱石沒有到會，而遠從華東局來的陳毅、譚震林卻在座。

劉少奇鐵青著臉，也學著毛主席的習慣，開始點名。點到名的人都要回應一聲「到」。高崗遲遲沒有聽到自己的名字。直到最後，點過列席會議的華東局第三書記譚震林的名，劉少奇才說了一聲：還有高崗同志。

高崗心裡的火苗直朝上竄！他早漲紅了臉，差點就要站起來大聲斥問劉少奇同志：我高崗是黨的七屆一中全會選出來的十一個政治局委員之一，中央人民政府副主席，國家經計委主席，中央工作三人輪值制之一人！憑什麼把我的名字排到最後一位？你劉少奇同志還遵不遵守黨的紀律？尊不尊重黨的歷史？終歸，高崗還是強忍下了這口惡氣，沒有發作出來。虎落平陽被犬欺。今天氣氛不對。

劉少奇環視了與會者一圈，之後不緊不慢地說：同志們，我受毛澤東主席的委託，主持本次異常重要的政治局擴大會議。會議的主要目的，是要解決高崗問題，解決一九四九年以來，特別是黨中央提出近期召開黨的八大和第一屆全國人大以來，我們和高崗同志在一系列重大問題上的分歧……。

高崗簡直不相信自己的耳朵，環顧左右：什麼什麼？劉少奇在說些什麼？

坐在劉少奇身邊的周恩來嚴厲地對他說：你要冷靜，好好聽嘛！

高崗再也按捺不住，怒不可遏地把公文包摔在會議桌上，拍案而起：憑什麼解決我的問題？你劉少奇、周恩來沒有問題？誰讓你們幹的？難怪我一進西苑，到處崗哨林立！你們要在黨中央機關裡幹什麼，毛主席離開北京才四、五天，你們就對我搞突然襲擊！我抗議！老子抗議！操——！

劉少奇「啪」的一掌擊在會議桌上，厲聲喝道：高崗你坐下！這是黨的會議，不許你撒野操娘！

我已經講明，本次會議是毛澤東主席委托我主持，書記處一致決定，解決有關問題。毛主席不但支持，而且要求我們一定把會開好。高崗我警告你，你再敢破壞黨的紀律、組織上有權對你採取強制性措施，中央警衛局已經做好了相應的準備。

在場的人從沒見少奇同志發過這麼大的火，也從沒見少奇同志這麼威嚴、威風過。在以往的印象裡，少奇同志修養最好，嚴謹和藹，不苟言笑，平易謙遜。

一時，高崗也被鎮住了。他落了坐，一口一口地喘著粗氣。日姥姥的，這個白區黨的頭子，要吃人，要動殺機。

劉少奇喝了口水，平靜了一下，才說：恩來同志，你先發言吧。

周恩來倒是笑了笑，翻動著手裡的一份材料，顯然是有備而來。他保持著一貫的和顏悅色，以和風細雨、娓娓動聽的口吻，道出最爲驚心動魄的內容：好的，受書記處委託，首先由我來講一講大家十分關切的問題。希望高崗同志冷靜下來，在本次會議上抱合作的態度，而不是抱牴觸、甚至是對抗的態度。那樣是很不明智的，會把問題越搞越嚴重，直至不可收拾。我這樣說，完全是爲了高崗同志好，而不是什麼趁人之危，落井下石。我想，包括主持會議的少奇同志在內，所有出席本次政治局擴大會議的同志，都和我是同樣心情，不願看到高崗同志在錯誤的道路上越走越遠，在臭水坑裡越陷越深。所以我誠懇地希望高崗同志端正態度，放下身段，聽聽別人的意見。旁觀者清呢。高崗啊，我看你自一九二六年入黨以來，在革命道路上沒有受過大的挫折，一路風順呢。在與你同樣資歷的高級幹部中，你也是上升得最快的一位，找不出另外的人與你相比呢。在我的印象裡，你在黨內沒有受過嚴厲批評，毛主席也很少批評你。二十四日晚上那次，是毛主席第一次嚴厲批評你，對不對？我和少奇同志，在座的各位同志，誰沒有在黨內受過批評，甚至處分？所以，你不要一觸就跳，就鬧。參加革命二、三十年了，老虎屁股摸不得？在黨內稱王稱霸，爲所欲爲？

周恩來心平氣和一席話，有如一服清涼劑，使得暴跳如雷的高崗坐得住了，掏出了筆記本和鋼筆，表示願意接受大家的批評、教育了。周恩來這一手，與會者人人佩服。善於化解黨內外的各種大小危機，除了周恩來，黨內眞還找不出第二人。

周恩來繼續說：下面，我把高崗同志的問題一個一個攤開來談。當然，任何同志都可以隨時補充，糾正我所疏忽了的問題。這裡提醒一句，凡是涉及黨的核心機密、與兄弟黨的友好關係的事，爲顧全大局，顧全黨和國家的整體利益，我們要迴避。這是黨的紀律，誰違反處分誰，包括我和少奇同志在內。第一個問題，高崗同志道德敗壞，生活腐爛。特別是在東北局主持工作的七年時間，花公家的金條、銀圓，姦淫了多少白俄女子？還有我們的女戰士，女護士！據有關部門的估計，多達三、四百人，一個女兵營的人數。高崗同志本人就向他的親信吹噓過，一晚上幹過五名白俄女子！有沒有這個事？這是高崗同志的那位親信交代、揭發出來的。還有更爲不堪入耳的哪！高崗同志聽信了什麼長白山老道士的長生不老之術，曾長時間從多名年輕衛士身上吸取精液，滋補身體……高崗同志不要急於回答，你可以慢慢向組織作出檢查。

會議室裡一片嗡嗡嚶嚶的議論聲。二十幾雙眼睛如同一支支利箭，齊刷刷射向高崗。有人目瞪口獃，有人將信將疑，有人義憤填膺，有人低聲咒罵：畜牲不如！披著人皮的色魔……原東北人民政府副主席、現任政務院副總理的李富春，更是憤怒得站起來喊：打倒敗類！不處理高崗，決不罷休！一向嫉惡如仇的陳毅也忍不住低聲吼道：臭不可聞，難以置信！一時間，康生、譚震林等人也紛紛站起，欲喝罵高崗。

這回倒是主持會議的劉少奇顯得很冷靜，一邊以讚許的目光望著周恩來，一邊要求大家坐下來，不打岔，繼續聽周恩來同志介紹情況。高崗則耷拉下了腦袋，被人掐住了七寸似的，失去了自衛能力。但他不一會兒即昂起頭來，目光凶狠地望著劉少奇，又望望周恩來，像要隨時撲上去拚命似的：你們誣蔑！誣陷！我搞了一個營的女人，拿出事實來，拿出憑證來！

周恩來仍是和顏悅色地說：好了，證人已經到了中央警衛局，高崗同志要不要見見面，對對質？當然我們也可以暫時放下高崗同志的這些難以啓齒的腐敗行徑，談談他政治方面的問題。高崗同志，我問你，八月中旬財經會議之後，你以休假和視察的名義，跑到中南和華東兩大地區，一路上對各省市的同志發表了一些什麼高論？聯絡了哪些人？搞了哪些活動？你總可以向大家作個交代說明吧？

見高崗沒有反應，劉少奇嗒嗒地敲響桌沿：高崗啊，看在你幹了二、三十年革命的分上，不讓你當衆交代那些醜惡腐爛的東西，但要求你交代一下你破壞團結，踐踏黨紀的言行，總是可以的吧？

高崗眼睛發紅，緊閉住嘴巴沉默了一會兒，終於聲音低沉地說：我請求同志們對我實事求是，我錯了的，會認賬。腐敗也是有的，我願意檢討。但決不承認哪些誇大了好多倍或是捕風捉影的事情。八月財經會議之後，去中南、華東調查研究，了解工業生產情況，是主席讓去的，專機也是主席讓派的。我的一切活動都是公開的。北京隨去的有郭鋒、馬洪、張秀山、張明遠，先到廣州看了陶鑄，聽了兩廣的情況匯報。後陶鑄隨我到了杭州，江西省委書記陳正人到杭州看望我，也是爲了匯報工作。華東局柯慶施也到杭州談了工作，都是老同事、老戰友，除了談工作，喝酒吹牛，說了一些出格的話也是有的，但並沒有想到破壞黨的團結，踐踏黨的紀律。

高崗的話一落音，陳毅即粗著嗓門說：高崗啊，我還可以喊你一聲同志哥哥，你講得好輕鬆喲！你和你手下的親信，以及你對陶鑄、柯慶施、陳正人等同志講了些什麼，我不敢擔保；你和我陳老總、還有譚老闆講了些什麼，可是三人對六面，撒不得當面謊的喲！你講毛主席要你當黨中央第一副主席兼部長會議主席，你還假惺惺的表示推辭之意，今天譚老闆也在你面前，你承認不承認？

高崗頭一偏，眼睛不看陳毅、譚震林二位：那晚上華東局和上海市委請客，席上多喝了幾杯，你們盡地主之誼嘛。至於毛主席是否讓我擔負什麼新職務，因涉及黨的核心機密，我不能回答。

陳雲一隻眼睜著，一隻眼閉著，說：高崗，放老實一點吧。你和我也講過類似的話呢。你爲了把少奇同志拱下來，讓自己爬上去，進行了一系列有預謀、有組織的宗派活動。以你爲首，以饒漱石爲副，有一個小組織，到處封官許願，假傳毛主席指示，拉了不少幹部下水。我親自問過毛主席，他從未對你提個什麼黨中央第一副主席、部長會議主席的事。你爲什麼要當面撒謊？爲什麼不敢承認？

高崗脖子一硬，頭一昂，頂撞道：陳老闆，你要睜開兩隻眼睛來說話呢！我和饒政委有什麼小組織？你是個老病號，長期住醫院，近年來見過幾次主席？我可是每星期都要見上兩、三次呢。三五年在瓦窰堡，我和主席結拜過！主席關心我，愛護我，器重我，你們吃什麼醋？紅什麼眼？他和我兩人之間說了些什麼話，你怎麼知道？我也沒有必要告訴你。這是黨的核心機密。

劉少奇、周恩來見高崗如此厚顏無恥，竟然拉出毛澤東主席來做擋箭牌，公然說起毛主席和他結拜的事！一時兩人都氣得臉孔發白，喉嚨冒煙。一直在作著會議紀錄的中央秘書長鄧小平實在看不下去了，站起來說：鑑於高崗的頑固態度，我提議對他採取適當的組織手段，讓他老老實實交代問題。

高崗「騰」地站起來，豹眼圓睜，拍著胸膛叫道：朝這兒開槍吧！五花大綁吧！老子十九歲拉隊伍出身，一沒有當過逃兵，二沒有當過叛徒，爲革命流血汗打江山，老子不尿你們這一壺！

劉少奇再次桌子「嘭」地一捶，厲聲喝道：無恥！敗類！對抗中央，頑固到底，你沒有好下場！

高崗像一頭鬥紅了眼睛的公牛：誰無恥？誰敗類？今天算個什麼鳥擴大會？不當來的，從華東都請了來！應當來的，彭總、林總、羅政委、饒政委、習政委，人都在北京，爲什麼不敢請來開會？

劉少奇怒斥道：高崗坐下！不准你在黨的會議上撒野放刁！本次政治局擴大會議的人員名單，是報毛主席批准的……。

康生站起來揭發：姓高的，不要什麼彭總、彭總的了，他是你身後的大人物囉。我手頭有材料，彭德懷同志在江西蘇區時期執行過王明的左傾機會主義路線，抗戰期間又執行過王明的右傾機會主義路線。你和他是同聲相應，同志相求。正當你最近雄心勃勃，爭當黨的第一副主席和部長會議主席之時，他居然在中央軍委擴大會議上大肆吹捧你，說你年輕有爲，才幹全面，是最適合的人選。

高崗哈哈大笑：睜開眼睛看看這個康生吧！當年在莫斯科長期擔任王明的副手，回到延安成了反王明的英雄！延安整風搞搶救運動，你害死了多少革命同志？你也配來評論彭德懷同志？難怪你們不敢讓彭總來開會。朝鮮戰爭結束不到四個月，你們就這樣排斥、打擊我們黨和國家的大英雄，民族的大英雄！當初，除了彭總，你們爲什麼不敢上朝鮮去打美帝國主義？國難當頭，一個個縮頭烏龜；國家和平，你們一個個成了內鬥英雄！

高崗擅長實幹，也擅長舌戰，他的話像刀子，刺中了在座袞袞諸公的痛癢，眞叫一個個汗顏……正鬧的不可開交，中央警衛局局長匆匆忙推門進來，在周恩來的身邊報告了幾句什麼。周恩來眼睛一瞪，轉身伏在劉少奇身邊說了幾句什麼，隨即起身跟著警衛局長離去。劉少奇當即宣布：現在休息一刻鐘。但請大家都不要離開會場，事關大家的安全。等周總理回來，繼續開會。有消息在後頭哪。

整整二十分鐘，高崗沒有離開座位，只是悶頭吸煙。表面上，他誰都不看，也誰都不怕。但心裡一陣陣發虛，總有一種不祥的預感，出了什麼情況？

二十分鐘後，周恩來返回了會議室。又先和劉少奇低聲交換了幾句什麼之後，周恩來宣布了一件突發事件：我們在這裡開會，各位的警衛員在警衛局值班室玩撲克牌，等我們散會。也是二十幾人嘛。爲了安全，警衛局值日軍官要求每位警衛員臨時交出各自的槍枝，統一保管。高崗同志的警衛員趙德俊，也是從東北局帶來的那位保衛處處長吧，號稱高崗同志的「五虎將」之一，功夫了得的，他交出了一把快慢機，卻在身上還藏有一把無聲手槍，被金屬探測器探出來了。為什麼要帶秘密武器進西苑？幾名警衛員和他論理，發生爭執，他竟然撒野動武，連傷四人厲不厲害？後來還是少奇同志的警衛員李泰禾與我的警衛員程功元兩人把他制服的。當然，相罵無好言，相打無好手，趙捶子碰上了程鐵頭，被程鐵頭碰了一腦殼，已送去協和醫院搶救。事情就是這樣，其他的還要繼續調查。高崗同志，你知不知道你的貼身警衛員暗藏無聲手槍進西苑，他想幹什麼？

大家嘩然。高崗一聽趙德俊被程功元以鐵頭功撞了，必定凶多吉少，沒等周恩來說完，站起來就往外走：我要去看小趙！看小趙！天爺，有人謀殺了他，謀殺了他……

周恩來雙目炯炯，仍然聲音平淡地說：高崗同志，請你留下來！我可以明確地通知你，你這樣子是走不出會議室的！我還要向你轉達中央辦公廳和中央警衛局的決定，給你新派兩名警衛員，負責你的安全！還有，原駐東交民巷八號院的中央警衛團第五中隊即刻起換防，另派一支中隊駐防。

會議室裡竟響起了一片掌聲，甚至有人大聲叫好。掌聲中，唯陝北鐵漢高崗，為中共奪得全面勝利，創建過陝甘寧模範邊區的高崗，以及創造了戰略大後方東北解放區的高崗，與彭德懷一起決策了朝鮮戰爭打敗美帝野心狼的高崗，頓時被人抽掉了脊梁骨似的，癱在了座椅上。

第四〇章　毛澤東失控紫禁城

趙德俊死了，死於腦震盪、顱骨粉碎、顱腔大面積淤血。本來還要給他個開除黨籍、軍籍處分的，但中央辦公廳考慮到可能對警衛人員造成某些影響，決定不予深究了。

東交民巷八號院警衛中隊換成了全新的人馬。警衛局新派給高崗的兩名貼身警衛非常盡職，一天二十四小時形影不離地「護衛」著他。高崗的感覺，他是在自己家裡遭到了百分之百的軟禁。針對他的政治局擴大會除元旦日休會一天，每日繼續舉行。他的態度有所軟化。面對大量的檢舉揭發，他表示願意接受同志們的批評教育，願意反省檢查。他已無力在會議上孤軍作戰。但他死守自己最後的防線：不承認搞了什麼反黨小集團，不承認和饒漱石有什麼勾結，並堅稱饒漱石忠於黨，忠於領袖。兩人對某些人和事有共同的看法，完全是不謀而合，等等。

經過一星期的批判鬥爭，高崗總算鬧清楚了，不是自己真的犯有多大的錯誤，幹了幾個女人算毬？當年東北人民野戰軍，正軍級以上幹部每逢打了勝戰，從前線返回哈爾濱整休，誰他媽的不幹幾名白俄女子？黃永勝、蕭華、李作鵬、蘇振華、皮定鈞等人幹的白俄女子還數得過數來嗎？誰批評了？處分了？屁！不找茬兒算生活小節，要找茬兒就成了腐敗犯罪。……自己這次遭人暗算的眞正原因，是和毛澤東主席的關係太過親切，自己的政績太過突出，自己一路升遷得太快，成了中央的核心人物，「二皇帝」，不單是劉少奇、周恩來感到威脅，還引發了幾乎整個文官領導層的妒忌、記恨，必欲除之而後快了。槍打出頭鳥，他高崗成了中共中央的出頭鳥……唯一的盼望，潤芝大哥能出面救他。雖然監視森嚴，還是有工作人員偷偷告訴他，林總向中央告了假，也到杭州休息去了。這一信息，使高崗在黑暗中見到了一線光明。林總肯定會在潤芝大哥面前替他說話的。他都猜得出來林總的謀略，會勸毛主席注意北京的權力平衡，不能一邊倒。一派掌權，絕非領袖之福。

果如高崗所料，幾天後事情出現了轉機。一九五四年一月七日，毛澤東派機要秘書乘專機送回一信給劉少奇及中央書記處：

少奇和書記處各同志：

決議草案（《關於加強黨內團結的決議》）已作了修改，使之有根據些和更明確些。參加修改的，有在這裡的幾位同志，林彪同志也表示同意。①

---

① 指跟隨毛澤東在杭州起草憲法的陳伯達、胡喬木、田家英等。

此決議案似宜召開一次中央全會通過，以示愼重。中委大多數在京，不在京的是少數，召集甚易，加上若干負重要工作責任的同志參加。此議是否可行，請你們考慮。如召開全會，時間以在一月下旬爲宜。議程可有三個：㈠批准三中全會以來中央政治局的工作；㈡決定於本年內召開黨的全國代表會議討論第一個五年計畫綱要；㈢通過關於加強黨的團結的決議。報告請劉少奇同志做，事先寫好，有四五千字就夠了。報告可分爲三段：第一段，略敘抗美援朝，土地改革，鎭反，恢復經濟，過渡時期總路線及第一個五年計畫第一年的成績等事；第二段，爲了討論和通過第一個五年計畫的綱要，有必要於本年內召開一次黨的全國代表會議，並述代表已經選出，只待文件準備好，即可召開；第三段，將關於加強黨的團結的決議草案的要點加以敘述，請求全會討論和批准這個決議。此報告有三五天功夫即可寫成，如時間許可，請用有線電發給我一看，如定於一月二十五日開會，則時間完全來得及……。

毛澤東眞是位大家長，教師爺。他委託劉少奇在北京召開中央全會，把參加的人員，開會時間，會議議程，劉少奇做報告的內容，多少字數，都規定得清清楚楚！把劉少奇、周恩來們當小學生來指教了。毛澤東還特別交代：

全會應發一簡單公報，將三項議程公布就可以了，其他都可以不公布。關於第三項議程，就應盡可能做到只作正面說明，會議亦不對任何同志展開批評，以便等犯錯誤同志的覺悟。你們對高崗同志的幫助，亦應適可而止。

劉少奇是七日中午接讀到毛澤東這封信的，立即把信轉給周恩來、陳雲、鄧小平三人傳閱。一時間大家都傻了眼，像挨了一記突如其來的悶棍。毛澤東主席的指示十分明確：立即停開政治局擴大會，中止對高崗、饒漱石二同志的批判鬥爭；劉少奇在電話裡和周、陳、鄧通了氣，表示堅決執行毛主席的指示，下午的政治局擴大會不開了，解除對高崗、饒漱石二同志的「警衛監視」，恢復他們的行動自由。前段批鬥他們是執行毛主席的指示，現在放下他們、團結他們也是執行毛主席指示。周、陳、鄧三人在電話裡表示同意少奇同志當機立斷，處理得宜。只有周恩來提出：把郭鋒、馬洪二人弄到外地去，繼續審查，盡可能從他們口裡多掏些東西。

更令劉少奇狼狽的是，當天傍晚時分，毛澤東又派專機信使給他個人一封信。信中寫到：

如各同志同意開會，於你的報告稿宣讀完畢後，似宜接著宣讀你已有準備的自我批評稿，兩稿各有一小時左右即夠。自我批評稿宜扼要，有三四千字即可，內容要適當，不可承認並非錯誤者爲錯誤。如可能，請一併電告我一聲。

劉少奇捧讀完毛主席給他個人的信，就像被毛主席抽了兩個大嘴巴，整個臉孔都痲辣痲辣，不，是火燒火燎……毛潤芝啊毛潤芝，你比我年長五歲，你一九二一年入黨，我一九二二年入黨；你是黨的一把手，我是黨的二把手；你卻動輒訓斥、侮罵，多次命令我收回在黨內會議上的講話，長時間玩我於股掌之上，讓我左右不是人，簡直鬼不是鬼，人不是人！過去的事就不說它了，這次對高崗，委託我召開政治局擴大會對他進行教育挽救的是你，下令停止批判教育的也是你！而且規定，不許在即將召開的中央全會上對任何同志展開批評！也就是說，今後對高、饒的嚴重問題，連碰都不許碰、提都不許提了。事情還不止如此，你還要求我在中央全會上做長達一小時的自我批評，檢討錯誤！眞是鮮明對比啊，你對你的結拜兄弟，犯了那麼大的錯誤，犯下那麼多令人髮指的罪行，卻命令適可而止，不許再批評；反倒要我在全會上作公開檢討！黨和國家，都是你一手遮天，翻手爲雲，覆手爲雨……這工作，這位置，我沒法做下去，呆下去了。我劉少奇也該躺到療養院去，休息個三年五載了。

劉少奇把自己關在樓上書房裡生悶氣。秘書、護士都不讓進。夫人王光美不知他出了什麼事，敲了好一陣門，也不見開。這是王光美和劉少奇結婚七年來，從沒出現過的情況。王光美有些急了，連忙打電話報告周總理，請求總理立即來看望一下少奇同志。

周恩來不敢耽擱，立即坐車來了。王光美陪著上樓，欲再次敲門。周恩來示意她讓開一邊，自己動手敲門：少奇同志，我是恩來呀，有個緊急情況和你商量……。

門開了，劉少奇滿面通紅地把周恩來迎了進去，復又掩上門：什麼緊急情況啊？

周恩來笑笑說：緊急情況就在你這邊吧？

劉少奇又尷尬又沮喪地把毛澤東主席寫給他個人的信，交周恩來過目：恩來，看樣子，我只好請假休息一段時間囉。

一向遇事不驚的周恩來，看信看得目光發直：怎麼會這樣，怎麼會這樣……不可思議，難以理解。應當受批判的不讓批評，不應做檢討的又偏偏下令檢討，還有什麼是非可言？要在黨內加強團結，也不能把是非顛倒了，總該分個對、錯嘛！

劉少奇見周恩來也是一肚子怨氣，心情稍稍好了些：恩來，你看這事，該怎麼辦？

王光美敲了敲門，以托盤送來兩杯熱麥乳精。因見他們有重要事情正商議著，轉身退出去了。

周恩來細細地品著麥乳精，直品下大半杯，才抬起眼睛來看著少奇同志：我的意見，先服從吧。至於這封信，雖然主席是寫給你個人的，但要你在全會上做檢討卻是公開的。所以我想啊，你不妨把這封信的內容，徵求一下幾位同志的看法，好準備寫自我批評稿嘛。高、饒的賬，是一定要算的。可以考慮四中全會開過之後，另開政治局生活會嘛，兵分兩組，一組解決高崗，一組對付饒漱石。

劉少奇遲疑地問：行得通嗎？主席會批准嗎？

周恩來笑笑說：路要一步一步走。對高、饒的問題不做個結論，就這麼不了了之，人心難服，黨心難平。這樣吧，我先回去和陳雲、小平、富春、子恢、彭眞、康生幾位通通氣，說不定今晚上大家就來你這裡碰個頭，也是群策群力嘛。

劉少奇點點頭：好，你先和大家通通氣。也不要那麼急，不一定今晚上就碰頭。康生就不要上我家來了，換上安子文吧。陳毅同志回上海了嗎？我估計，這次是林彪和柯慶施，在毛主席那裡起了作用。林、柯不一定是死保高、饒，他們會挑撥毛主席，不願見到中央權力向你、我一邊倒……。

當天晚上十二時，劉少奇夫婦已經睡下。臥室外間的門鈴響了。王光美身著睡衣去開了門，值班衛士報告：周總理和好幾位副總理已經到了樓下，說有重要事情找劉副主席。是請他們上樓來？

王光美正欲返回臥室，劉少奇已經在裡間聽到了，趕忙吩囑：去請去請，請他們上樓，我這就起來……光美，給我點支煙……。

說話間，周恩來、陳雲、鄧小平、李富春、鄧子恢、彭眞、安子文一行人，已經直接進到劉少奇夫婦的臥室裡來了。見劉少奇穿著睡衣坐在床頭，周恩來忙說：少奇同志，你就不用起來了，我們站著談幾句，談過就走。大家心裡著急，都想看看主席給你的那封信。

王光美按鈴，要叫工作人員搬幾把椅子進來。周恩來勸止住了：我們只談個十幾分鐘，這麼晚了，又不是開會。

劉少奇囑王光美從保密櫃裡取出毛主席的那封信來，交大家過目。並說，光美，你去萍萍的房間看一下，被子蓋好沒有。

毛主席的信不長，很快在大家手裡傳了一遍，都覺得不是滋味，這樣擺佈少奇同志，欠公平。

周恩來說：傍晚我來看望少奇同志，他有些灰心，覺得工作很難做下去，想請假休息一個時期……你們看看這事怎麼辦？萬一少奇同志離開中央，會產生什麼後果？鄧政委，說說你的高見？

鄧小平左手扠在腰上，一手夾著煙捲兒：我的看法，中央離不開少奇同志，主席也離不開少奇同志，書記處、政治局都不能沒有少奇同志。至於這封信，還有主席中午的那一封信，我倒都是同意的，主席是要防止在中央全會上，出現財經會議和組織工作會議出現過的兩派對峙的局面。

陳雲說：對高、饒的問題不能搞調和主義，不能搞喪失原則的一團和氣。也應當讓主席知道一下我們這些人的看法，感受。

李富春說：高崗問題不解決，黨無寧日，國無寧日！他是喪心病狂了，想我們這些人服從了毛主席，還要伺候他這個二皇帝！

鄧子恢說；主席不是經常講，不搞家長制、一言堂嗎？黨內缺的是群言談。民主生活，中央工作集體決策，應當制度化，程式化。特別是涉及國計民生的重大問題，不能由一兩個人說了算。

彭眞說：我和鄧政委一樣，能理解主席的良苦用心。他是在盡力避免中央全會上出現對峙、分裂的局面。但高、饒既然幹了那麼多壞事，也應當有個結論，不然會在黨內造成大的思想混亂，致使更多的幹部糊里糊塗跟著他們跑，局面就更難於收拾了

周恩來點著頭，只剩下安子文沒有開口了，便問：子文，你的看法呢？

安子文在這裡是敬陪末席的，見總理點了名，便恭恭敬敬地說：我向少奇同志提個意見，爲大局，不要打退堂鼓，不要有請假休息的念頭。你走了，我們怎麼辦？那是迴避矛盾，向高、饒之流的惡勢力低頭。當然，我們也要體諒毛主席的苦衷，他想一碗水端平，維護黨的團結。但我個人有個不成熟的想法，高、饒一夥，是反黨聯盟，小集團性質，是長在黨的肌體上的毒瘤，非挖掉不可。

鄧小平說：子文同志看問題深刻，反黨聯盟性質，長痛不如短痛，要挖掉，以保障黨的純潔。

周恩來說：很好，很好。陳老闆啊，你看中央全會，怎麼個開法好？

陳雲說；按主席的指示那樣開吧！時間、議案、報告內容、篇幅，不對任何同志展開批評，由少奇同志主持會議並做一個小時左右的自我批評，不都規定好了嗎？高崗、饒漱石二位該不該做個檢查啊？主席沒有說，就免了吧，推後一步去解決。

鄧子恢說：哪算什麼全會？和一通稀泥？黨的團結是要靠黨的紀律來做保障的。

李富春說：高崗的那些罪行要是放在另一個人身上，夠槍斃十次了。他卻還在爭當黨中央第一副主席兼部長會議主席！

彭眞說：共產黨還是要像共產黨，不要弄到連國民黨都不如。人家蔣經國還是比較乾淨的。

周恩來不願意大家繼續發牢騷，看了看手腕上的表，說：喲，都一點了。少奇同志，我所以這麼晚了還把他們幾位請了來，就是讓你聽聽大家的想法，以便打消你請假休息的念頭。如果你眞的提出來，相信高、饒及別的一些人，會額手稱慶、拍手稱快呢。我看這樣吧，主席雖然要你在全會上作個自我批評，但還是委託你主持這次中央全會嘛，可見他對你還是很信任的。剛才陳老闆、鄧政委諸位都說了，全會按主席要求的那樣開，和稀泥就和稀泥。全會之後，是不是麻煩陳老闆、鄧政委跑一趟杭州，向主席匯報全會的情況，同時代表大家反映一下對高、饒問題的看法，紙包不住火嘛。相信主席會鬆口，同意政治局繼續對高、饒進行批判，教育，挽救。這是我的想法。少奇同志，你看呢？

一直悶聲抽煙的劉少奇，這才苦著眉眼說：好吧好吧，顧全大局，我也犟不過你們……恩來的想法很好，很周到。針對高、饒的政治局擴大會和中組部領導班子集體談話會，都暫停了，但內查外調要抓緊，一刻也不要放鬆。請恩來去告訴政法委的康生，還有藍蘋，要深入挖材料，找人證物證……子文，饒漱石的病好了沒有？通知醫療保健局，好好給他治，防止他裝病進醫院，妄圖躲風頭，逃避鬥爭……到時候我要看他的病歷，看他是眞病還是假病。

在劉少奇的臥室床邊，大家就這麼站著，你一言我一語，本欲談個十來分鐘就走的，結果談了整整三個小時。離去時，李富春、鄧子恢、彭眞都說，腿都麻木了。周恩來、陳雲、鄧小平的腿沒有痳，他們一直坐在劉少奇同志的床沿上來著。

一月十八日，毛澤東爲了在中央全會上營造一個團結、和諧的氣氛，而致電北京的劉少奇和書記處各同志，要求開會之前，先把《關於加強黨的團結的決議》，分送到中央各部委及各省市的中央委員手中，去徵求意見。

毛澤東主席可謂苦心孤詣，步步爲營，以維護中央現存的權力格局——劉、周、高三人輪值制，防止內訌分裂或是權力向某一方傾斜。病號林彪說得好，權力一邊倒，決非領袖之福啊。

另說高崗、饒漱石被解除「警衛監視」後，又開始了頻繁的接觸。他們知道，是林彪、彭德懷、羅榮桓、柯慶施、陳正人、陶鑄等人以各種方式說了話，表達了對高、饒命運的關切，毛澤東主席才發出了停止鬥爭的指令，他們才沒有一輸到底。經過了這次的折騰，高崗有了一定程度的清醒。他覺得，潤芝大哥對他這名結拜兄弟，已不像過往那樣肝膽相照、鼎力相助了。只是把他當一枚棋子來制衡劉、周們。劉、周們所以欲置他於死地，非除掉他這枚棋子不可，爲的反制衡，而與毛澤東暗中較量……可悲的是，潤芝兄對誰都留有一手，不肯百分之百的信任，對他高崗和一批武將們關係密切（包括彭總、林總、羅政委、習政委、饒政委、賀總、徐總、聶總等），也心存疑懼和戒備，樂於借助劉、周等人來予以教訓。誰叫他高崗文武兼備，長於實幹而疏於工計呢。高崗有一種被義兄賣過一次的感覺。如果再被義兄賣一次，他恐怕就連薛平貴的寒窰都住不成了。

高崗對饒漱石說：饒哥，咱在北京的這場爛戰，再打下去，沒有多大意思了。抓工業農業，國民經濟，人不如咱；搞黨內鬥爭、城府心計，咱不如人。我們主動撤了吧。四中全會上，我會主動要求做檢討，承認犯了錯誤，願意改正。狂妄自大，居功驕傲，要官要權，玩了女人，生活腐敗等等，都是有的。但決不會承認有什麼小集團、反黨聯盟之類，不能坑害別人，株連無辜。砍我的頭也不會承認。反正北京是待不下去了，也不想待在這京城裡。現在我一進西苑就噁心，不是姥姥的滋味。回東北，回陝北，我都願意。只要他們肯放我一馬。繼續留在北京這種鬼地方，我怕死無葬身之地。

農民起義領袖確有他的不堅定性，有的易被招安，有的留戀江湖，無拘無束。饒漱石畢竟去過蘇俄多年，回國後又一直在新四軍、華東野戰軍中從事政治工作，馬列的書比高崗讀得多，讀得熟，也就比高崗更具革命堅定性：高主席，我和你的想法不同。一個眞正的革命者，要經得起挫折、打擊。砍頭不要緊，只要主義眞，殺了我一個，自有後來人。對形勢的估計，不可太悲觀。我相信到了一定的時候，毛主席又會回過頭來支持我們的。我對我們取得最後勝利，仍然深具信心。高主席啊，我多次向你報告過，中央組織部有他們全部的檔案資料，敵僞黨案、敵僞報紙可以佐證，包括劉少奇本人在內，周恩來、鄧小平、彭眞、康生、薄一波、劉瀾濤、楊獻珍、藍蘋、陳伯達、安子文、劉仁、徐冰等等，歷史上都不乾淨，都有大疑點嘛！被捕的被捕，寫反共聲明的寫反共聲明，當逃兵的當逃兵，走黑道的走黑道，鑽狗洞的鑽狗洞！都是事實嘛。劉少奇歷史上三次被捕，都怎麼出獄的？比如一九二九年冬在奉天被捕那次，他入獄的第四天，滿洲地下省委就有四十幾人被捕，是誰招供的？他出獄後爲什麼給張學良寫信，稱張學良爲再生父母？都登在奉天日報上哪；周恩來一九二八年率南昌起義部隊到廣東汕頭，打了敗仗，結果他丟下部隊，和葉挺七個人買通一條漁船，逃到香港去了。這還不算逃兵？一九三一年四月顧順章叛變那次，周恩來的檔案履歷上有整整三個月的空白，他從沒有交代清楚這三個月幹什麼去了？有資料證明他是投入了上海青紅幫頭子黃金榮、杜月笙的懷抱；鄧小平一九二九年從廣西率紅七軍轉戰到江西，剩下幾百人馬，他沒有上井崗山，而是丟下部隊，隻身逃去香港，後轉上海，不是逃兵是什麼？加上薄一波、安子文等六十一人於一九三六年八月塡寫反共啓事出獄案……我們這個黨，這個黨中央，爲什麼要由這麼一批歷史有嚴重問題的人物來把持？高主席啊，我饒漱石不是軟骨頭，眞金不怕火煉，爲了黨的純潔，粉身碎骨，在所不惜。

高崗面對饒哥的一身正氣，不禁肅然起敬，又充滿苦澀：好你個中央組織部部長，挖叛徒竟要挖到主席的床上去，能行得通？哪壺不開提哪壺？算毬啦，算毬啦，禁宮裡的這碗飯，不是咱陝北漢子能吃的。過去，帶部隊上前線，和敵人眞刀眞槍的幹，咱殺人不眨眼，總是打勝仗；如今在這紫禁城，敵不敵、友不友，人不人、鬼不鬼的明爭暗鬥，死纏爛打，耍盡機關，咱服輸，不是人的對手啦。

高崗仍是一身江湖游擊的散漫習氣：此處不留爺，自有留爺處，北京不留爺，老子東北去！東北不留爺，老子回陝北？陝北信天游，老子吼幾吼……一退到底，總可以了吧？

一天深夜，高崗前去拜訪了對他知根知底的國防部長彭德懷。彭老總吃了一驚：這麼晚了，你還跑來，別人匯報上去，又說你在搞小集團活動，封官許願，拉人下水了。我看人家對你是外鬆內緊，肯定有人在注意你的一舉一動。講不定跟踪你的「尾巴」就在這屋牆外。

高崗說：彭總！你是中央一條硬漢，我一向敬服你剛直不阿，天不怕、地不怕。我是要來告訴你，我準備作檢討，認錯，要求降級處分，回東北或陝北去。我這種粗人，不適合京城裡做事。京城是屬於劉少奇、周恩來那些細人的。

彭德懷冷笑道：還好，你只說他們是細人，不是小人……回東北或陝北很好。該退的時候就退，免得被他們硬湊出個什麼聯盟、集團之類的案子來，那樣就要害了大批幹部了。革命沒勝利時盼勝利，勝利了又搞成這種局面。我眞懷念戰爭年代那相對單純的人際關係，誰會打勝仗誰英雄。哪像現在，誰會耍心計、玩權術誰成功。

高崗說：彭總，我還有更重要的事要告訴你，你要留心康生那條惡狗。上回在政治局擴大會上整我時，他竟說你是我背後的大人物，說你在江西蘇區執行的是王明的左傾路線，抗戰時期又執行過王明的右傾路線。這個王八蛋，早在一九四四年就該一粒花生米放倒了他，免得給黨留下個禍患。

彭德懷說：那是老毛的活寶貝嘛！我不會怕他，趙高、秦檜式人物，眼角都不會掃他一下。有種當了我的面來講，老子肯定搧他兩嘴巴，揍他狗日的給老毛看。打天下沒有寸功寸德，專在黨內陷害忠良，眞正的奸賊敗類。可老毛還偏偏要重用他，離不開他，稱他爲黨內的恐怖力量。老毛是讀古書讀多了，帝王之術，走火入魔……你想到退路，很好。我冷眼看了一段，心裡也明白一些奧妙了。現在的中央，是他們抱成一團，莫說你和饒漱石不是他們的對手，連老毛都要讓他們三分。不要再給人家當棋子使用了，你算醒過來了，大進步，大進步。

高崗恢復上班，可以自由出入西苑中央書記處西樓他的辦公室。他給遠在杭州的毛澤東主席寫了封信，向義兄認錯，願在中央全會上作檢討，並接受中央的處分，並要求到杭州一見，請義兄批改自己的檢討書及商談離開北京回東北或陝北工作等事情。高崗委託中央辦公廳主任楊尙昆把他的信帶去杭州，面呈毛主席。楊尙昆算個厚道人，往日高崗趾高氣昂，咋咋呼呼，他也有些看不慣；現在高崗挨了整，背了霉，他倒是有些同情、體諒，滿口答應，一定親手把信交給毛主席本人。有的信是不宜轉交的，一轉兩轉，轉出些痲煩也不定。北京不比延安，西苑不比楊家嶺。那時，天下未定，大家一門心事的打江山，消滅敵人，人事關係，同志相處，要簡單、乾淨、親熱得多囉。

一月二十二日，毛澤東主席就四中全會的開會方針致電劉少奇和書記處各同志。電文說道：

> 楊尚昆同志到此，收到所需文件，並收到高崗同志一信。高崗同志在信裡說完全擁護和贊成增強黨的團結的決議草案，並說他犯了錯誤，擬在四中全會上作自我批評，想於會前來這裡和我

商量這件事。我認爲全會開會在即，高崗同志不宜來此，他所要商量的問題，請你和恩來同志或再加小平同志和他商量就可以了。關於四中全會開會的方針，除文件表示者外，對任何同志的自我批評均表歡迎，但應盡可能避免對任何同志展開批評，以便等候犯錯誤同志的覺悟。這後一點我在一月七日致你和書記處各同志的信中已說到了。如你們同意這個方針，就請你們據此和到會同志事先商量，並和高崗同志商談他所要商談的問題。尚昆留此幾天即回北京。此電請送高崗同志一閱，我就不另復信了。

毛澤東苦口婆心和稀泥，雙方都給足了面子。滿以爲他的聖旨雷霆萬鈞，春風化雨，能夠平息、起碼是暫時平息劉少奇、周恩來們和義弟高崗之間的水火之爭。毛澤東太大意了。他並未意識到，北京紫禁城裡的情勢，已經失控了。

第四一章　頤年堂風雲變色

一九五四年二月六日至十日，劉少奇受毛澤東主席之委託，主持了七屆四中全會。出席全會的中央委員三十五人，候補中央委員二十六人，列席全會的黨、政、軍重要負責人六十二人。全會通過了劉少奇所作的工作報告，批准了黨在過渡時期的總路線，批准了政治局關於在年內召開全國代表會議的提議，討論了國民經濟建設第一個五年計畫綱要，通過了《關於加強黨的團結的決議》。

一切遵照沒有出席會議、遠在杭州起草憲法的毛澤東主席的指示進行，像是履行手續，通過如儀。會上，也是遵從毛澤東的指示，劉少奇作了一個小時的態度誠懇、語調謙恭的自我批評。稿子事先經毛主席審核過，因而不存在深刻不深刻的問題。劉少奇的自我批評分為四個部分，也都是黨內同志意見最大、議論最多的問題：一、關於農業生產合作化問題，劉少奇承認犯了右傾錯誤，打擊了地方同志幹社會主義的積極性，表示要向山西省委、河北省委以及黑龍江省委的同志致歉並學習。是毛主席及時指出了他的錯誤，並得到及時的糾正；二、一九四七年晉察冀解放區土地改革形左實右錯誤問題，劉少奇承認自己當時思想也很左，對工作中出現的問題負有責任，而且糾正不力。實際的情形是，當時主持晉、察、冀解放區土改運動的是「中央後方委員會書記」楊尚昆。其時楊尚昆左得要命，不管地主、富農、中農，凡農村中有吃有穿的都當作土改鬥爭對象，叫做「村村放火，戶戶冒煙」，「地主不分田，中農分賴田，貧農僱農甜又甜」。如此一來，地痞流氓二流子成了土改的「依靠對象」，「勇敢分子」，在村裡專殺有錢人，大肆搶擄財產。後來打擊面越來越大，許多地方的中農被逼得走投無路，聯合地主富農舉行反共暴動。問題反映到毛澤東那兒，命劉少奇去收拾局面，糾正楊尚昆等人的左傾盲動。毛澤東並指示：楊尚昆此人永不重用。劉少奇在晉察冀解放區主持了全國各根據地的土改工作會議，制定了《土地法大綱》，規定了「依靠貧僱農、團結中農、中立富農、打擊地主」的土改方針。之後劉少奇在毛澤東面前替楊尚昆開脫，並把楊尚昆留在中共中央辦公廳，負責後勤服務。楊尚昆對劉少奇感激涕零。後來黨內有人把晉察冀解放區土改工作中的左傾錯誤算到了劉少奇頭上，劉少奇也未作澄清，不就多殺了一批地富分子嘛；三、關於一九四六年二月舊政協會議後，提出「和平民主新階段」問題；四、關於一九四九年四月天津講話問題。

劉少奇既主持中央全會，又在會上作自我批評，自然獲得了大多數中央委員的好評。中央秘書長鄧小平則爲少奇同志說了「一席公道話」，也很令人感動。

畢竟，毛澤東主席在全黨上下威望崇高，一言九鼎，他說了不准幹的事，就誰也不會冒犯。因而中央全會上，針對高崗、饒漱石的點名批判，也就沒有發生。另一方面，高崗、饒漱石手下的人馬，也就沒有對劉少奇、周恩來們發起反擊。相反的，高崗作了自我批評，饒漱石也作了自我批評。高崗承認自己狂妄自大，居功驕傲，生活不檢點，有腐化行爲等；饒漱石則檢討自己不注意團結人、不注意聽取不同意見、主觀主義和官僚主義嚴重等等。兩人都絕口不承認有什麼小集團問題。對於高、饒二位的自我批評，大家也熱烈鼓掌，表示了同志式的歡迎。尤其是饒漱石同志，生平不愛女色，生活簡樸，作風淸廉，私生活方面眞還挑不出大毛病來呢。當然，對中央近期人事紛爭心中有數的人，就敏感地留意到了：對高、饒的自我批評，中央的一批關鍵性人物：劉少奇、周恩來、陳雲、鄧小平、李富春、陳毅、彭眞、康生等，反應相當冷淡，只是禮貌性的拍了一兩下手掌。

四中全會最後一天會議的一個重要議程，是補選中央政治局委員。劉少奇代表中央書記處，根據毛澤東主席的意見，提出增補彭德懷、彭眞、鄧小平、康生、林彪五同志。表決之前，鄧小平發表了他的個人意見。他表明，自己不適宜擔任政治局委員，增補是爲了工作的需要，比如兩彭加一康，就有這個需要。目前他本人的工作並無這個需要。而且從全局來考慮，我鄧小平是西南局出來的，做了政治局委員，其他中央局的負責人怎麼辦？比如陳毅、賀龍、榮桓、榮臻、子恢、富春等等，不公平嘛。所以，我堅決要求中央書記處撤銷對我的提名。同志們看得起我，硬要給安個政治局委員的話，我也請求，放到黨的「八大」去作通盤的考慮。對其他四位同志，我沒有意見，表示同意。

鄧小平同志不爲名、不爲利，謙虛愼謹，一切以黨的大局爲重的高尙風格，贏得了大多數中央委員的由衷敬佩。只有劉少奇、周恩來以及高崗、饒漱石等人心裡有數，矮個子此舉，硬要把病號林彪給拉下來了。果不其然，表決下來：彭德懷、彭眞、康生三人增補爲中央政治局委員。

四天的會議，和和氣氣，平平靜靜，什麼風浪都沒有發生。毛澤東主席神機妙算，維護了黨的團結，也就維護住了中央權力核心不戰不和、相互掣肘、一切由他說了算的格局。高崗、饒漱石則忘乎所以、甚至不知死活地認爲：打了個平手，劉少奇、周恩來們也就是那麼幾下子，只要毛主席一發話，他們就會乖乖的搖尾巴。高、饒等人確是志大才疏，失於心計了。其實，在《關於加強黨的團結的決議》中的一段文字，人家早就對他們設下殺機了：

> 全黨高級幹部的重要的政治活動和政治意見，應該經常向所屬的黨的組織報告和反映，其關係特別重大者則應直接向黨中央的政治局、書記處或中央主席報告和反映；如果避開黨組織和避開中央來進行個人的或小集團的政治活動，避開黨組織和避開中央來散布個人的或小集團的政治意見，這在黨內就是一種非法活動，就是違反黨的紀律、破壞黨的團結的活動，就必須加以反對和禁止。

四中全會順利結束，劉少奇去電杭州的毛澤東主席，要求到杭州來匯報會議情況和請示下一段的工作。毛澤東回電說：你不是提出過讓陳雲、小平二位來嗎？他們也可以代表書記處嘛，你和恩來還有高崗，都留在北京看家吧。

毛澤東仍然極力維持中央工作三人輪值制架構。

陳雲、鄧小平乘中央專機到了杭州。毛澤東對鄧小平這次在全會上的表現特別滿意。矮個子有全局觀念，以黨的利益爲重，主動提出自己不增補政治局委員，帶了個好頭，開了謙虛禮讓的先例。可惜在黨內，像矮個子這樣明白事理的人不是很多。不少人熱中於爭官爭位，爭名爭利。向中央伸手的，又何止高、饒兩個？

陳雲代表書記處和政治局，向毛主席匯報了七屆四中全會的情況，無非是聽取了什麼報告，通過了什麼決議，批准了什麼方案，誰誰作了重點發言，誰誰作了自我批評，受到歡迎和肯定；最後增補了誰誰爲政治局成員。在毛澤東思想的指引下，開成一次團結的會，勝利的會……。

毛澤東嗬嗬笑了：陳老闆，你也會來官樣文章了，盡是光明面，還有不有黑暗面？整個宇宙都是黑暗的呢，共產黨就沒有黑暗一面了？鄧政委，你的看法呢？

鄧小平已經把筆記本攤在了膝蓋上：好，陳雲同志和我是有分工的，下面我來匯報一下黑暗面。經主席批准，去年十二月二十九日到今年一月六日，除去元旦一天，政治局擴大會議共開八天，集中揭發批判、教育挽救高崗同志。根據高崗同志的親信幹部張明遠、張秀山、郭鋒、馬洪等人的檢舉揭發，高崗同志可以稱得上嚴重罪行的問題，包括以下幾個方面：一、高崗同志主持東北局工作期間，私生活腐爛到了難以想像的地步。據不完全統計，他花公家的金條、銀圓，淫亂的白俄姑娘，以及利用職權姦汙的女戰士、女護士，人數夠編成一個女兵營。高崗同志生活腐爛的另一個表現，是聽信了什麼長白山老道士的長生不老之術，從青年衛士身上吸取精液，滋補身體，共有七名衛士身心受到過傷害，是活的人證；二、高崗同志把東北地區經營成了他的獨立王國，縱容幹部群衆呼喊「高主席萬歲」，並多次在東北地區黨的會議上說毛主席只懂打仗，不懂經濟，不懂工業。而他高崗既懂軍事，又懂經濟，懂工業農業；三、高崗多次對自己的親信說，現在中央的矛盾，好比秦朝末年的劉、項之爭，秦楚大戰，他自譬秦王劉邦，把主席比作項羽；四、已經查明，高崗同志密令東北軍區保衛部，成立了一支五百來人的特種部隊，成員全是武林高手，配備無聲手槍和微型機槍——從蘇聯克格博那裡弄來的。特種部隊並未向中央軍委報備，只對高崗個人效忠。如果不是準備圖謀不軌，他搞這種私人武裝幹什麼？五、初步查明，高崗同志和饒漱石同志近些年來相互勾結、彼此利用，用各種手段拉幹部下水，形成了一個反黨性質的團體，主要成員有張明遠、張秀山、向明、郭鋒、馬洪、趙德俊等。康生同志還要加上廣東的陶鑄、江西的陳正人、江蘇的柯慶施等人。總理不同意，能挽救的幹部一定要盡量挽救，絕對不要擴大化，包括對高、饒都要挽救。另外，少奇同志認爲，高、饒的很多問題，涉及到了彭總和林總，但要保護兩位老總，包括對東北軍區的張明遠、張秀山，問題交代清楚了，也要保護。但處理問題時，彭德懷、林彪二同志要迴避一下……。

在聽取鄧小平的匯報過程中，毛澤東閉上眼睛，仰靠在藤沙發上，臉色很難看；先是脹得通紅，後再發白，發青。可以看得出來他內心的震怒、失望、猶疑、悲苦。直到鄧小平匯報完畢，他才睜開眼睛，吁了一口長氣，移過煙罐，抽出一支來含在嘴裡。鄧小平替他打上火，才自己也吸上一支。陳雲身體不好，醫生已要求戒了煙癮。

毛澤東吸了幾口煙，心情平靜了些，才問：陳老闆啊，鄧政委剛才談的這些，除了高、饒是否形成小集團一條，其他都不是什麼新鮮東西。講他搞了一個女兵營？主持東北局工作五年，每年一百多名？高崗還抓了東北地區的工作嘛，成績也有目共睹嘛，每年還到中央開了多次會議嘛，我看有些誇大其詞吧？至多，一個連而已。依二位看來，高崗是百分之百的黑暗了？

陳雲一臉肅穆：黑暗面佔了百分之七十五以上。

鄧小平說：上個月七號，少奇同志接到主席的電文，遵照主席關於在四中全會上不要針對任何同志進行點名批評的指示，立即停開了政治局擴大會。也是根據主席的指示，開會之前，少奇和恩來加上我，找高崗同志談了次話。高崗同志表示願意認錯，做檢查，但對少奇和恩來仍抱有敵意，說什麼北京是呆不下去了，回東北或是陝北種地去算了。四中全會上，他的自我批評很不像話，浮皮潦草，文過飾非，還好像受了很多委屈、冤枉似的。大家意見很大，連董必武、林伯渠兩位老前輩都說：高崗要放聰明些，不要逼得大家沒有退路呢。陳毅同志心直口爽：高崗過去有功勞，現在是害群之馬！彭眞同志說：犯了那麼嚴重的問題不鬧清楚，就想開溜？不行！李富春同志是個出了名的老實人，也提出：高、饒的事，中央不作個結論，處理，這樣不了了之，人心難服，黨心難服。

毛澤東眉頭擰了擰：人心難服，黨心難服？少奇、恩來說了些什麼？近年來，他們兩位也有一些動作呢，不像高、饒那麼明火執杖就是了。

鄧小平說：少奇同志講，對高、饒的事，他不便表態，再講什麼了。因爲高、饒對他的攻訐最多，他相忍為黨，可以不予計較。至多，請假休息一段，累了這些年，眞想有機會輕鬆一下，把位置讓出來也好……總理的態度比較明確，聽主席的，主席叫怎麽辦就怎麽辦。要挽救幹部，包括對高、饒兩人都要挽救，要有耐心，不要放棄任何一個同志。當然，替主席著想，主席若對高、饒問題再講幾句話，對於問題的解決，對於眞正實現黨內的團結，是有決定性意義的。

毛澤東咝咝地吸著煙，大口喝著茶水，沉思良久，才說：高崗想回老家，少奇要撂挑子……陳老闆啊，你臉色還不大好呢。莫回北京去管那些煩心事了，留在杭州住段時間，聽聽評彈。聽說你最喜歡評彈？我還是喜歡看戲。有一齣昆劇《十五貫》，講平冤獄的，官僚主義害死人，你可以看看。另外也歡迎你來參加起草憲法。至於高崗、饒漱石之間，存不存在反黨集團，要愼重，不要輕易做結論，能不涉及的人盡量不要涉及。柯慶施等人怎麽可能和高、饒搞到一起？請轉告康生同志，一定要實事求是。還是恩來比較穩重，懂得分寸。你們知道，我和高崗一九三五年在瓦窯堡結拜過，那是革命鬥爭的需要，中央紅軍到達陝北需要站穩腳跟。不是循什麽私情，我不願看到他今天一敗塗地。看幹部要看他的全部工作、全部歷史，一貫表現，叫做兩全一貫。若按這個標準來衡量，高崗的黑暗面也還不是百分之百，甚至不是百分之七十、八十，高抬貴手，百分之五十吧！一半對一半。大家認為他不適合在北京工作，可以同意他回陝西去嘛，當然問題可以作個結論。鄧政委啊，請你把我的意見帶回去，少奇不要鬧情緒，不要想請假休息。幹革命，哪能不受點委屈？我在江西蘇區，受過多少委屈？幾起幾落，還開除黨籍、留黨察看過嘛。秦邦憲、洛甫、項英、恩來、陳毅等人都整過我嘛。你鄧政委也受我牽連，和我老弟毛澤覃一起被打成鄧、毛、謝、古小集團，受過些委屈的嘛。對高、饒可以繼續批評、教育，包括檢舉、揭發。也不要開什麼政治局擴大會了，開小組生活會，可以分兩邊開，軍隊的同志迴避一下。由恩來主持高崗的小組會，鄧政委你就主持饒漱石的小組會，教育挽救，讓有怨氣的人把氣都吐乾淨。搞個十天來就夠了，作個結論，提出處理意見交中央審定。高崗才四十九歲，饒漱石也只五十出頭，再嚴重的問題，也還要給他們機會改正。要念舊情嘛。總之，還是延安整風的那個公式：團結—批評—團結，那個方針：批判從嚴，處理從寬，懲前毖後，治病救人。

鄧小平回北京傳達毛澤東主席關於高、饒問題的最新指示。陳雲被留在杭州休息。毛澤東對幹部心態，洞若觀火。陳老闆計多謀足，歷史上和高崗共事最久，又都是在高崗手下擔任副職；受過氣，有心結，過去是忍而不發。若回北京，必定成爲整治高崗的軍師式人物……還要讓藍蘋也跟康生打個招呼，中央政法委插手高、饒問題，不要重蹈延安整風搶救運動的覆轍。

另說在北京，中央書記處根據鄧小平帶回的毛主席解決高、饒問題的指示，隨即成立了兩個工作小組，實際上是兩個不具名稱的專案審查小組：一個以周恩來爲組長，康生、李富春爲副組長，專責審查高崗；一個以鄧小平爲組長、譚震林、安子文爲副組長、專責審查饒漱石。兩個小組的成員從中央調查部、中央警衛局、中央政法委員會三單位抽調幹部組成。

對於兩個工作小組的辦公地點，劉少奇、周恩來、鄧小平、康生四人也作了周詳的考慮。第一次會議之後，高崗、饒漱石兩人就暫時不宜回家居住了。他們家裡的秘書、司機、保母、醫生、護士、廚師、管理員等等，都是跟隨了他們多年的，加上老婆孩子，親戚朋友，若每天仍讓他們回家，必定容易洩密出事，不易監護管理。爲此選定了兩個會議地址：高崗在西郊玉泉山禁地有座別墅，稱爲五號院，他嫌遠，太冷僻，從沒入住過，已經空置了三年，正好這次請他住進去，不說是軟禁他，是便於隔離保護他；饒漱石則安排到萬壽路新六所去，原書記處書記任弼時同志的住所，也稱爲五號院，任弼時去世後，那院子也一直空置著。這樣安排的好處是，高、饒兩人相互隔離，不可能見面聯絡，搞攻守同盟，玩陰謀詭計。亦易於對外封鎖消息，高度保密。

給高、饒兩人開生活會，遵照毛澤東主席的要求，時間十天。十天之內，兩個會議小組必須把問題挖深挖透，使他們低頭認罪，提出結論稿及處理意見，報政治局討論，最後請中央主席審定。

一九五四年二月十七日，農曆正月十五，元宵節。北京市民家家掛起大紅燈籠，孩子們在院子裡、胡同口放鞭炮。東城的日壇公園和西城的月壇公園，則正在舉行一年一度的元宵燈市，火樹銀花，燈海無涯，燦爛輝煌。

高崗在東交民巷八號院家中吃了元宵飯，事先未獲任何通知，突然來了中央警衛局的一輛蘇式卧車，說是接他去頤年堂出席緊急會議。高崗覺得前來接他的高大軍人好生面熟，卻怎麼也想不起是劉少奇同志的衛隊隊長李泰禾。高崗問是不是主席從南方回來了?李泰禾笑而不答，催著他立即上車，說會議已經開始了，一刻也不能耽擱了。雖然疑慮重重，高崗只得上了車。車子一路風馳電掣般快捷，確是開進了西苑，直到豐澤園門口才停下。頤年堂裡燈火通明。

高崗進入會議室時，沒有見到義兄毛澤東主席。那主席位置上坐著的還是劉少奇。只見周恩來、董必武、林伯渠、鄧子恢、鄧小平、李富春、彭眞、康生、楊尙昆、李克農、王稼祥、謝富治、安子文一大班人早已經坐下了，都以冷漠的目光瞪著他。而他一向敬重的彭總、林總、羅總、賀總、徐總、聶總、饒政委、習政委等人卻一個都不見露面，頓時覺得陷入重圍似的，脊梁骨陣陣生寒。

劉少奇威嚴地環顧了一圈與會的高級幹部們，之後盯住高崗宣布：主角到了，現在開會！

高崗十分警覺，見劉少奇盯住自己稱爲主角，忍不住大聲問：請問這是什麼會？政治局委員沒有來齊，中調部、中聯部、公安部、政法委的人卻來了，這算個什麼會？

劉少奇桌子一拍，厲聲喝道：高崗你住嘴！有你講話的時候！下面，由鄧小平同志傳達毛澤東主席二月十四的重要談話。

高崗被鎭住了，腦子裡一片轟轟嗡嗡的亂響，就像有無數小飛機在他四周盤旋。大約過了幾分鐘，他才聽到鄧矮個說：遵照毛澤東同志的指示，中央決定成立兩個會議小組，分頭解決高崗、饒漱石的問題，對他們進行最後的鬥爭挽救……。

高崗畢竟是個出生入死闖蕩過來的陝北硬漢，哪裡肯吃這一套？一時來了天不怕、地不怕的二桿子脾氣，呼地站起來，抓起皮包邊怒吼著邊往外走：老子不開你們這個鳥會！鄧矮個假傳聖旨，我要去杭州見主席！四中全會剛開過，主席明明指示不公開批評人，強調黨內團結，你們又搞突然襲擊！當年沒有陝北紅軍，你們今天能坐在這裡開會？統統一夥忘恩負義、恩將仇報的東西……。

說話間，高崗已經衝到了會議室門口。可是，剛才去接他的那兩名高大軍人（其中一名叫李泰禾），舉著兩枝黑洞洞的槍口對准了他，堵住了他的出路，彷佛只要他敢跨出門檻一步，就會毫不猶豫地朝他開槍。高崗更是怒不可遏了，拍著胸口吼道：打呀！老子是中央人民政府副主席，國家經計委主席！有種的打呀！老子和劉志丹在陝北拉紅軍隊伍的時候，你們在哪兒？你們朝我這個東北軍區司令員兼政委身上開槍呀！

兩名警衛員沒有開槍，可也兩尊門神似地堵在門口，沒讓高崗走出半步。

除了高崗，其餘人都坐在各自的位置上一動不動，彷佛在欣賞他的表演。只見周恩來說：高崗同志，冷靜一點吧！警衛幹部是在執行任務嘛。參加革命都三十年了，你怎麼還這樣不成熟呢？

劉少奇卻鐵面無情地說：只要高崗走出頤年堂門檻一步，他就永遠回不來了！

董必武畢竟年紀大了一輩，勸解說：高崗啊，回來回來，中央開會，不要動肝火，要心平氣和囉。前年八月幾大區負責人調北京工作，我講過「五馬進京，一馬當先」，現在看來出毛病囉。

林伯渠也說：坐下來講，坐下來講，都是開國功臣，要和衷共濟嘛。潤芝不在北京，開會也要有個規矩，像個樣子。高崗啊，我叫你呢，坐回來！

高崗大步走回坐位，把公文包重重地摔在會議桌上，毫無畏懼地指著劉少奇說：我告訴你個白區路線的頭子！我和劉志丹一九二九年拉隊伍開闢陝北根據地的時候，你還不知道在哪個狗洞裡蹲著！你爲什麼派你的貼身警衛李泰禾用槍口指住我？我認出來了，他是你貼身警衛！老子過去沒有死在戰場上，今天也不會死在你手裡！老子就是死，也要高呼共產黨萬歲，毛主席萬歲！不挖出黨內的叛徒、逃兵集團，老子死不瞑目！

劉少奇氣得臉色蒼白，嘴角冒出白沫沫。

這回是鄧小平氣憤得拍了桌子：高崗同志，你太不像話了！你信口雌黃，誣衊大批領導幹部，大家怎麼和你共事？我們還稱你為同志呢！在黨的會議上這樣撒野，沒有先例呢。

正說著，一個令人目瞪口獃的恐怖現象出現了：由於高崗摔公文包摔得太重，公文包的拉口震開了，從中蹦出一隻比肥皂盒稍大的半透明匣子。中央調查部部長李克農不愧是老特工出身，眼睛盯住了那匣子，叫道：快看！那是什麼？那是什麼？

李克農眼快，高崗手快，一把抓過了盒子，要取出那把珍藏多年不為人知的袖珍手槍來！坐在高崗近旁的公安部第一副部長謝富治、中央辦公廳主任楊尙昆當機立斷，一齊下手按住了高崗的手臂。中聯部部長王稼祥大叫：高主席不要動粗！高主席不要動粗！

劉少奇倒是臨危不驚，已經起身向門口發出命令：來人！把高崗帶下去！他的行凶武器留下來，搞反黨叛亂的鐵證！

說話間早有幾名彪形大漢衝了進來，扭住了高崗的兩隻胳膊，使其動彈不得。李泰禾並取出一副手銬，要給高崗戴上。

倒是周恩來善於控制局面，冷靜地走了過來說：手銬就不用了吧！高崗同志還沒有被免職，還算領導人之一嘛。今天的意外情況，請小平同志立即報告主席，我們不得不對高崗同志採取一些監護措施，以避免他繼續胡鬧。泰禾同志，按原來的計畫，由你多帶幾個人員，負責送高崗同志去休息。上車前，你們可以看看他身上還有不有別的危險品，一切以安全爲重。

高崗被警衛人員扭住了，彷彿這才明白產生了什麼後果：這算怎麼回事？你們就這樣逮捕一位中央人民政府副主席？你們非法！我抗議！老子抗議！毛澤東！毛主席！大哥！你在哪裡？你在哪裡？

劉少奇還想斥責什麼。周恩來朝少奇同志搖了搖手，表示無須少奇同志再講什麼了，轉而異常冷靜地對高崗說：高崗同志，你也安靜安靜了。冷靜下來，接受中央對你的教育，挽救！中央並沒有要逮捕你，只要對你採行一些組織措施。你再這麼撒野和蠻幹下去，很難收場，沒有好果子吃呢。我還要告訴你，你對誰都不要抱不切實際的幻想，誰也救不了你，你只能自己救自己。怎麼自我獲救？規規矩矩、老老實實、恭恭敬敬地把你所有的錯誤，罪行交代清楚，要完全、乾淨、徹底！爭取中央對你從寬處理！走吧，帶他去休息吧！

高崗被帶走了。頤年堂內，人人都聽見他叫喊了一路：你們帶我去哪裡？帶我去哪裡？主席、大哥！二十年前，你、我喝了雞血酒，對天起了誓，瓦窰堡作證！瓦窰堡作證……。

第四二章　高崗魂斷玉泉山

高崗甦醒過來時，發現自己和衣躺在床上。地板上擺著他的皮鞋。他不知道自己到了什麼地方，也不知道昨晚上在車上被「陪護人員」注射了鎮靜劑，登時像被抽掉了脊梁骨似的，渾身軟塌塌，再叫喊不了，蹦跳不起……他下了床，覺得腳下有些虛飄，頭重腳輕哩。立即有一名陌生的年輕警衛員上來行禮報告：首長，請洗臉漱口，已替您準備好了早餐。

早餐有高崗一向喜愛的小米粥、蒸餃、皮蛋、朝鮮泡菜等。但這早上他味口不好。他問那名陌生的警衛員：我到了哪兒？這屋子像來過似的。警衛員回答：這裡是玉泉山五號，您的別墅呀！

早餐後，高崗把樓上的每個房間看了看，一切陳設依舊，只是所有的窗戶都下了鎖。這別墅是朝鮮戰爭期間建造的，政治局委員一人一棟。但高崗和毛澤東一樣，嫌遠，只來過兩次，所以印象不深。記得原先樓上的辦公室、主臥室裡都有電話機，如今一部都不見了。通往大陽台的落地玻璃門也下了鎖，出不去。那陽台三面有景，寬大得可以舉行小型露天舞會。陌生警衛員則他走到哪就跟到哪。高崗順著走廊到樓口，樓口新加了一堵牆，一道門，門緊閉住。有兩名軍人在門邊值班。

高崗眉頭擰了起來，以悶雷般的口氣下令：開門！我要到樓下看看！兩名軍人立即身子一晃，像兩尊鐵塔般堵在了門口：首長，您的活動範圍，暫時只在樓上一層了。

高崗怒目圓睜，喝道：放屁！我要下樓去打電話！給毛主席電話！滾開——。兩名軍人堵住門，紋絲不動，其中一人說：首長，我們只是執行上級命令，我們不爲難您，您也別爲難我們⋯⋯

雙方正僵持不下，門開了，出現了一位大個子軍人。高崗一眼看出來，就是昨晚上在頤年堂會場上想給自己戴手銬的李泰禾。高崗氣不打一處來：你們執行誰的命令？什麼樣的命令？我是中央人民政府副主席，國家經計委主席，中央三人輪值制中的一人！我拉隊伍幹革命的時候，這個世界上還沒有你們哪！你，李泰禾，劉少奇的貼身警衛，你替誰報仇來了？

李泰禾雙腳一併，舉手行禮：報告首長，在下李泰禾是中央警衛局副局長，奉政治局和書記處的命令，對您執行暫時的陪護，別無其它。等您的問題鬧清楚了，中央的命令撤銷了，那時，您就仍然是我們所尊敬的黨和國家的領導人了。

高崗逼前一步問：我不能下樓去用電話？我要給毛主席掛電話，向他報告我目前的處境！

李泰禾不卑不亢地回答：報告首長，不行，您目前只能在樓上一層活動，也不能向外掛電話。今天下午，黨中央領導人會來找您集體談話。請您還是回到房間休息吧。

高崗彷彿這才明白自己已被軟禁、隔離。回到房間，他的拳頭一次又一次地捶在寫字檯上，震得整座樓房都在砰砰作響。他成了一頭不肯就範、不肯低頭的困獸。

下午三點鐘，中央領導人的座車一輛接一輛地駛進了玉泉山禁地。劉少奇的座車來了，周恩來的座車來了，李富春的座車來了，鄧小平的座車來了，還有鄧子恢、康生、彭眞、陳毅、薄一波、楊尙昆、李克農等人。但仍然不見彭德懷、林彪、羅瑞卿、羅榮桓、習仲勳、賀龍、聶榮臻等人露面。

三點半鐘，在五號院一樓會議室，舉行中央領導人對高崗的「集體談話會」。劉少奇代表政治局、書記處宣布：即日起，中央專案審查高崗同志，組長由周總理兼，副組長由李富春、康生二同志擔任，希望高崗同志端正態度，坦白交代罪行，配合專案組的工作，以求得黨和人民的寬大處理。

不等劉少奇宣布完畢，高崗即站起來高聲抗辯：我不承認你們的專案審查，除非你們拿得出毛澤東主席親筆批示的文件！我是黨的七大選舉出來的中央政治局委員，一九四九十月一日新中國成立，我又當選爲中央人民政府副主席！今天你們宣布對我進行專案審查，旣違反了黨紀，又違反了國法！依照黨章，依照中央人民政府組織法，只有召開黨的中央全會，召開中央人民政府全體委員會議，才能討論對我的組織處理。

劉少奇勝券在握，這次沒有拍桌子，沒有大聲喝斥，只是語帶譏諷地說：高崗，也眞有你的，到了黃河心不死，見到棺材不落淚啊。你坐下來吧！我要告訴你的是，若繼續對抗中央，你絕無好結果。不管你肯不肯認賬，你的要害問題是組織了一個反黨集團！以你爲首，饒漱石爲副，組成反黨集團，陰謀奪取黨和國家的最高權力。

周恩來插話：中央和主席已經注意你們很久了，你們還自以爲隱蔽，進行各種陰謀活動。

李富春插話：高崗，你也有今天！你做夢都想當二皇帝，對我們這些人作威作福，發號施令。

康生插話：高崗！你放老實點！現在就交代你那個反黨集團成員名單，還有你們的反黨綱領！

彭眞、鄧小平、陳毅、薄一波等人也齊聲喝斥，形成痛打落水狗之勢。

高崗一時有點亂了方寸，不再堅稱對他的專案審查違反了黨紀國法，而辯駁說：根本沒有你們說的那個集團，也不存在什麼預謀、綱領！沒有就是沒有！除非你們進行捏造。財經會議和組工會議上，大家對劉少奇、周恩來有意見，向中央反映情況，是每個黨員的權利，怎麼是陰謀活動？假如我們背著毛主席和中央開了會，或是選了領導班子，那才反黨組織。可是我們沒有。你們硬要說有，請擺出事實、時間、地點、文件、成員。

周恩來打斷高崗的反駁，質問：你找陳雲同志談話，說什麼黨中央設副主席，你一個，我一個，是不是事實？你還說要由你擔任黨的第一副主席兼部長會議主席，是不是事實？

高崗駁斥：我承認去找過陳雲、鄧小平等人談話，但那是受毛主席委託。你們不信可以去問毛主席，毛主席應當替我解釋這些。

劉少奇說：高崗你無恥，眞正的無恥。到了這個時候，你還要扯上毛主席，是不是還想扯出孟虹來啊，主席差點就中了你的美人計啊。

周恩來附在劉少奇耳邊說了句什麼，劉少奇住了口。薄一波這時拍著桌子厲聲喝道：你高崗和饒漱石私整少奇同志的黑材料，私整周總理的黑材料，並且到處散佈，還不算有組織的陰謀活動？

高崗反駁：姓薄的，你算什麼東西？那些材料是下面報上來的，還有你和安子文一批人的叛徒問題，我接受了，並報告給了毛主席，有錯嗎？

劉少奇一時又兩眼冒火：高崗！我正告你！中央已經下了決心，一定要把以你爲首的反黨集團一鍋端！你繼續猖狂對抗，只有死路一條！

李富春咬牙切齒地說：高崗，你不但政治上是個大流氓，生活上更是大流氓！你在東北奸污了多少女孩子？你吸了多少青年衛士的精液？人家都告到中央來了，你還有臉活在這世界上？

鄧小平的短胳膊短指頭直戮了過來：高崗你是害群之馬，衆矢之的，你還不知趣，還不識相？

康生也站起來說：你想抵賴，負隅頑抗？休想：我老康是幹什麼吃的？能讓你輕易過關？倒是要看看，是你高崗硬，還是黨的鐵拳硬！依照你的罪行，槍斃你一百回都不爲過分！

高崗沉默了，住口了。他直愣愣地瞪著發紅的眼睛，望著這些昔日的戰友們，同事們，同志們。這像在開黨的會議嗎？像是些黨的最高層的人物嗎？高崗怎麼一下子成爲十惡不赦的敵人？高崗怎麼一下子與你們有了殺父之仇、不共天日了？過去，高崗或許對你們有不恭敬、不周到之處；但那都是在黨的會議上，爲了黨的工作，爭論方針政策，和你們有過分歧。可是會議下來，並沒有往心裡去呀，還是把你們當老戰友、老同事呀。至於劉少奇、周恩來二位，自己或許有所冒犯，但執行的是毛主席的指示，事關路線，開展批評教育。就算我高崗想取代你們，也從沒有把你們當敵人，往死裡頭整，還是把你們當同志對待。劉少奇去搞議會，周恩來去管政協，是毛主席提出的，而且是在政治局擴大會議上公開說了的……你們今天，卻要把我高崗當敵人，十惡不赦的敵人，往死裡頭整。不整死我，就不會收手。高崗呀高崗，二、三十年來，你還是陝北那個拉杆子的農民領袖，江湖義氣，疏於工計，對敵鬥爭你英勇無比，黨內鬥爭卻一敗塗地。你不行，不行，不行……

面對昔日的同事、戰友，一個個紅眼狼似的要撕掉他、吃掉他，高崗怎麼也想不通、悟不透，這也叫共產黨，馬列主義？高崗從未挨過整，只是參加整過人，但從未要置自己的同志於死地。如今他嚐到挨整的滋味了，叫做殘酷鬥爭，無情打擊。連過去的綠林好漢都不如，聚義強人都不如。匪夥還講個異姓兄弟，同甘共苦，有財大家分，有酒大家喝，有飯大家吃。

這天的「集體談話會」，一直開到凌晨一點。高崗起初還據理力爭，逐條反駁，後來看到只是徒勞，便以沉默相抗，一問三不知。最後劉少奇不得不宣布，今後由中央專案組進行審訊，周恩來、李富春、康生三同志具體負責，一定要打掉高崗的反動威風、氣焰，高崗不低頭認罪，決不收兵。劉少奇並宣布，在這同時，另一個由鄧小平、陳毅、譚震林三同志負責的中央專案組，對饒漱石進行審查。一定要挖出高饒反黨集團，除掉這顆長在黨的核心裡的毒瘤。

整人，特別是整黨內的中高級幹部，一向是被毛澤東稱爲「黨內正義恐怖力量的代表者」康生的拿手好戲，職業嗜好。少奇同志說得對，要先打掉高崗的反動氣焰，摧毀他的頑抗心理。康生搬出了看家本領：車輪戰術，三班倒，每班六小時，每天十八小時連續不停地對高崗進行密集訊問，疲勞轟炸；剩下的六小時，讓高崗吃飯、睡覺。康生、李富春、李泰禾各領一班，每天向周總理匯報一次。拖也把高崗拖垮，直到他認輸、投降。

高崗偏偏不吃康生、李富春們這一套。任憑專案人員拍桌打椅，揮舞拳頭，高崗就那麼高昂著頭，閉住眼睛，抿緊嘴巴，不答腔，不理睬。實在被喝問得急了，也回答一句：你們去問毛主席！他是我拜把大哥，那些事都是他叫辦的，他能替我說清楚。

毛澤東主席遠在杭州，沒有出面替義弟高崗說清楚。潤芝大哥不願撒謊，不便替義弟說清楚什麼。潤芝大哥大約還以爲，北京的同事們正遵照他的指示，在對高、饒進行同志式的批評、教育、幫助，在執行他的「團結—批評—團結」、「懲前毖後、治病救人」的方針。而且毛澤東還明確指示了，政治局、書記處對高饒二位的「集體談話」，進行一星期左右就可以了，再視他們的認錯程度，做出組織結論，另行分配工作。

高崗經過幾天幾晚的連續折騰，原本強壯的身體日漸虛弱了下來。每天只給他三、四個小時睡眠時間，房間裡還不許關燈，加上陌生的警衛員站在床頭看守。他頭痛欲裂，嘴唇潰爛，臉膛浮腫。每天只能借助強效安眠片才能睡上一、兩個小時。專案組配有醫生護士，倒是每晚上發給他四粒安眠藥，但要求他每次最多服三粒，加一大杯開水。他每天只服下一粒，而攢下了三粒。他已經把一些人物、世事、功名利祿看開了、看透了、也看輕了。自己雖然才四十九歲，但作爲一名陝北橫山縣鄉下的窮苦子弟，指揮過千軍萬馬，開闢過陝甘寧邊區和東北解放區，當上過中央政治局委員、中央人民政府副主席、中央三人輪值工作之一人，在東北還被人民群眾呼喊過萬歲、萬萬歲，尊也尊了，榮也榮了，夠本了、知足了。英雄半世，沒有敗在敵人手上，死在戰場，而是栽在黨內的叛徒們手中，也就認了。劉少奇、周恩來？狗屁！歷史自有後人評說。老子再和他們瞎鬧騰下去，不值。

第六天下午，日理萬機的周恩來總理來到玉泉山四號院。四號院就在五號院的隔鄰山坡上。周恩來先召集專案組三位負責人康生、李富春、李泰禾開會，提醒大家：明天就是第七天了，根據毛主席從杭州發來的指示，對高、饒的「集體談話」，只進行七天就夠了。所以如果今天還不能取得決定性的突破，讓高崗的沉默對抗取得成功，我們就前功盡棄了。如讓高崗恢復了工作，繼續騙取了毛主席的信任和重用，今後我們怎麼面對他？

康生、李富春、李泰禾都已經熬紅了眼睛，顯得焦頭爛額，精疲力竭，對於高崗這條陝北硬漢已無計可施。康生抱怨說：政治局又規定不許動刑，不然我早命人挾他的筷子，讓他老實招供了。周恩來想了想說：動刑不可以，今後沒法向主席交代，延安整風有教訓。不過，若是專案人員出於革命義憤，忍不住動了動手，是可以理解的……但最好不要發生此類事情。

康生、李富春、李泰禾心領神會。當天晚上，專案人員三組合爲一組，周恩來親自主持，三十幾人一起對高崗展開「集體談話」。談了半個多小時，高崗仍是閉著眼，抿住嘴，卻高昂著頭，以沉默來表示對抗與藐視。這時，專案人員中的一位武林高手，實在忍無可忍，一個箭步衝上去，對準高崗高揚著的臉孔，迅雷不及掩耳地左右開弓，叭叭叭叭連續摑了四大巴掌！高崗登時口吐鮮血，身子晃了兩晃，像倒一截木頭似的倒了下去……

周恩來生氣了，喝道：住手！怎麼可以打人呢？胡鬧台！又不是小孩子，再氣憤也不可以動手……快叫醫生護士來，給高崗同志治治，給他止血、驗傷。

一時人出人進，場面有些混亂。打人者趁機溜了出去。

醫護人員馬上趕到了，就地給高崗同志處理傷口。但見倒在地上的高崗同志，滿臉青紫，滿嘴是血，牙齒被打落了好幾顆。

周恩來看著醫護人員工作，氣得嘴皮直哆嗦：不像話，竟然當著我這個總理的面動手……

高崗口中的汙血被吸出，脫牙被取出，共是三顆。給他注射了止血、消炎藥物。高崗被重新扶坐在椅子上。他個陜北硬漢到底硬不過武林高手的鐵掌，淚流滿面，卻再也叫喊不出任何聲音來了。所幸他的左右臉頰雖然青腫得像兩個大圓饅頭，但眼睛並未受傷，仍然如錐如箭般盯住周恩來不放。

周恩來苦口婆心地說：高崗啊，你何苦來？那位同志打人不對，我會批評他，甚至給他紀律處分。但你七天七夜了，不向專案組交代任何問題，把大家也折騰得夠苦、夠嗆了。他們的憤怒心情也是可以理解的。高崗同志！我仍稱你為同志。我最後一次通知你，也是要求你，交代問題吧。只要你交代了，不就解脫了嗎？我和少奇同志才好向主席交差呀。主席才好重新分配你的工作呀。參加革命以來，我們誰沒有被組織審查過？你不是第一個，也不會是最後一個。你有什麼想不通，要頂牛的？

你知道我有多忙，你的一攤子工作也加到了我身上，我不可能天天守在這裡。明天再有人對你動手，怎麼辦？所以你回房間去好好想一想，希望你明天有個像樣子的交代……好了，今天的談話就到這裡。醫護人員來扶高崗同志回去休息，要細心護理他的臉傷和口傷。

據醫護人員事後私下裡憶及：高崗當晚經過治療，口腔沒有再出血，幾小時後臉上的青腫也有所消退。給他注射了鎮靜劑，睡得也較安穩。只是整個晚上都在夢囈中哼哼一支大家都熟習的曲子。由於牙齒被打落了三顆，口齒有些含混，聽了多遍出來，唱的是：

東方白，太陽亮，陝北出了個劉志丹，劉志丹，和高崗，領導窮人把身翻！嗚呼嗨喲，領導窮人把身翻……

稍具中共革命歷史知識的人都知道，《東方紅》這支陝北民歌，最初是唱陝北紅軍領袖劉志丹和高崗的，後來還是經高崗提議改了歌詞，改唱「東方紅，太陽升，中國出了個毛澤東」的。

一九五四年二月二十五日，高崗賴在床上，不肯起來。他草草給中央專案組寫了個簡短「交代」：我活膩了，如你們所說有罪，我是想拱倒劉少奇，爬上黨內二把手的位置，今後接替毛主席，自己做領袖。我的問題，毛主席最清楚，他應在黨內有個說法。

當天下午，周恩來代表中央專案組，在政治局和書記處擴大會議上，對高崗問題作了結論，列出九大罪狀，訂爲高饒反黨集團的主謀。但如前所述，處理高崗的會議，沒有通知彭德懷、林彪、羅榮桓、習仲勳等人出席。

當天晚上，高崗乘監護人員打瞌睡的空隙，悄悄給遠在杭州不問他生死的義兄毛澤東主席寫下一封遺書：潤芝大哥，你大概想不到，我追隨你二十多年會走上這樣的結局。我很喜歡生活，但我不得不選擇這樣的歸宿。因爲我們黨內，沒有能容我生活的空間了。我一名陝北窮人的子弟，上不得京城的大檯盤，只能任人宰割。和信仰、主義無關。外鬥的英雄，內鬥的狗熊。也辜負了大哥的厚望，沒能完成任務。我只求中央善待我的兩名未成年的孩子，以及體弱多病的妻子李力群同志，並允許在我的墓碑上刻上：陝北共產黨員高崗。

天亮時分，高崗寫完絕命書，當即服下一星期以來所攢下來的二十一粒強效安眠藥片，之後睡去。幸而半個小時之後，醫生、護士來查房，發現了高崗的絕命書，立即報告了專案組值班副組長李泰禾。李泰禾知道關係重大，沒顧上先請示康生、李富春，而火速派車送城內協和醫院搶救，甚至說了句頗具感情色彩的話：人命關天，老革命啦，前天孫豹子下手也忒狠啦……

高崗的絕命書交到了周恩來手裡，周恩來未動聲色，立即轉報劉少奇同志。劉少奇卻說：這是威脅中央，他天天泡人參湯喝，保養得比誰都好，才捨不得死哪！他是假自殺，眞叛黨！

周恩來見少奇同志態度堅定，轉而對專案組人員說：你們給他一枝槍試試看，他如果敢朝自己的腦袋扣，我就承認他是一條好漢！他不是好漢，而是膽小鬼，熊蛋！

話雖這樣說，周恩來還是趕到協和醫院急救室探望。高崗已被搶救過來。高崗臉塊青腫淤血，緊閉著眼睛，誰都不予理睬。主持搶救的醫生認得周總理，把總理請到一邊，滿臉疑惑地輕聲報告：高主席被人重毆過，兩顴骨骨裂，算怎麼回事?周恩來黑下臉吩咐：給他精心醫治吧，情況很複雜，你們不要亂猜測，亂傳話!注意保密，嚴守紀律。

劉少奇以電報方式將高崗的絕命書拍發給杭州的毛主席，並附上一句話：經及時搶救，高崗同志已無大礙，請主席放心。

毛澤東在杭州讀了高崗的絕命書，並知其已被搶救了過來，氣得拍了桌子：你們告訴他，不要用這種法子來威脅我，想以此逼迫我替他說明情況，辦不到!我不希望他走這條路。也要告訴少奇和恩來，你們各有各的賬，不要以一種傾向來掩蓋另一種傾向。我還是要保住高崗的黨籍，保留他的中央委員，北京容不得他，可以安排他回陝西去做書記，管農業。

毛澤東的指示傳回北京，劉少奇、周恩來不敢掉以輕心，派人一天二十四小時對高崗實行全方位監護，以防止他再次自殺。而且只讓高崗本人聽到了毛主席指示的上半部分，下半部分則暫時未予傳達，以免他據以繼續頑抗，拒絕作出進一步的交代。

另說鄧小平、陳毅、譚震林三人主持的中央專案二組，也是日夜三班倒地找饒漱石同志「集體談話」。饒漱石不像高崗那樣態度死硬，交代了自己的一些問題，但絕不承認和高崗組織了什麼反黨集團，沒有就是沒有，砍了腦袋也是沒有。饒漱石非但不肯揭發高崗，連涉及到張明遠、張秀山、向明、郭鋒、馬洪等人的事，都一律迴避。鄧小平拿了張明遠、張秀山、馬洪等人所寫的揭發材料給他看，他也只是笑笑：他們怎麼揭發的，我管不著，他們是下級，我是上級，上級不能揭發下級。這是我的原則。

鄧小平對饒漱石的爲人，暗暗感到欽佩。在審訊饒漱石的過程中，只有唇槍舌戰，無人動手動腳。陳毅、譚震林氣憤儘管氣憤，還是嚴守了紀律。而且查來查去，發現饒漱石這人不好吃，不好喝，不貪財，不貪色，日常生活簡樸，夠清廉的了，簡直抓不到他什麼把柄。鄧小平有心放他一馬，能挽救還是挽救吧。矮個子鬼聰明，把人情送給毛澤東主席去做。

四月上旬，毛澤東從杭州回到北京。在書記處碰頭會上，毛澤東問，高、饒眞有組織反黨集團？要慎重，至多只是一個臭味相投的小圈子，小聯盟吧？還是那句話，能不涉及的人，儘量不涉及，不要擴大戰果。包括高饒在內，還是要立足於教育挽救。我已經和習仲勳談過了，到時候由他出面，找高崗談話，也是轉達我的意見，保留他的黨籍，中央委員，回陝西工作，以觀後效。當然他現在態度不好，鬧自殺，和中央頂牛，此事先放一放吧。

朱德、鄧小平讚同毛澤東的意見，劉少奇、周恩來、康生、李富春心裡嘀咕，口頭上卻都表示擁護。周恩來並表示，高崗在歷史上爲革命立過相當功勞，不可一筆抹殺，爭取不要搞到生離死別的地步，除非他本人堅持不改，拒絕中央和主席的挽救。

書記處碰頭會後的第二天，毛澤東約上劉少奇，找饒漱石個別談話。毛澤東開門見山地說：我們歡迎你遠離錯誤，漱石同志，錯誤是一種毒素，尤其是重大錯誤，要鬧肚子，要死人的。我還是勸你遠離，和你的朋友畫清界線，作徹底的決裂。

饒漱石明知這是自己最後的機會了，卻仍然認死理，不肯轉彎子：主席，我知道你出以公心，想一碗水端平，愛護幹部……我只是不懂，我要和誰畫清界線，徹底決裂？

劉少奇在旁沒好氣地說：主席是要求你和高崗畫清界線，作徹底決裂。

饒漱石仍不把劉少奇放在眼裡，只是無所懼地望著毛主席，說了一番出自肺腑的話：主席啊，你說高崗到底犯了多大的錯誤？他無非是誤解了你的意圖，向一些同志作了傳達，向中央提出了一些建議嘛。提建議，即便是提錯了，也不值得如此興師動衆的進行批鬥嘛。對我和高崗進行這種人身攻擊式批鬥，隔離審查，究竟是我和高崗在搞分裂，還是別人在搞分裂？毛主席，我眞是搞不懂，我才要置個人的安危於不顧，想告訴你，高崗同志對你忠心耿耿，到了死心塌地的地步！他尊你爲師長、兄長。當初中央紅軍抵達陝北，他和你結拜兄弟，他爲了保衛你，得罪了地方勢力，險些被人暗殺，你不要忘了他的這些好處呀！

毛澤東沒想到饒漱石大禍臨頭，仍敢於揭他的痛癢，頓時氣得臉色發白：你、你是講我忘恩負義？我領著大家幹革命，忘誰的恩？負誰的義？

劉少奇在插言：主席不要生氣。任何人過去的功勞都不能抵消今天的錯誤。

毛澤東越想越氣，翻了臉，變了色：你們要打倒這個，打倒那個，還不是分裂黨，分裂中央？

饒漱石豁出去了：我們只是針對劉、周的右傾機會主義問題，在黨的會議上發了言，從沒有想過要軟禁他們，隔離審查他們！今天，他們監禁了我和高崗，對我們搞隔離審查，難道就不是分裂黨？

毛澤東冷笑著說：要打倒別人的人，最後只能被人打倒，這是歷史的辨證法！不談了，不談了，他要堅持到底，任由他去①。

這一年的五一勞動節，天安門廣場依例舉行首都軍民的慶祝大會，高崗、饒漱石的名字依然列入登上天安門城樓的黨和國家領導人名單中。他們本人自然沒有出席。八月十七日，高崗第二次自殺於北京西北郊的玉泉山禁區五號院，仍是吞服大量的強效安眠藥片。當監護人員發現時，他身體已經冰涼，還魂乏術了。這次他沒有留下遺書。大約他覺得上次的遺書依舊有效。

毛澤東是在北戴河避暑行宮獲悉義弟高崗死訊的。高崗寧折不彎，是條漢子。毛澤東欲哭無聲，覺得高崗不該走這條路，過去打仗鬧革命，英雄了得；到了和平時期，卻一點委屈都受不起，以死相抗，倒底算個沒出息。他後悔自己遲遲沒有和高崗見面，也沒有敦促習仲勳去談話，讓他回陝西去做省委書記。都是被劉少奇、周恩來他們做了手腳拖住了、延誤了。劉、周巴不得高崗死。高崗的死是他們一手促成。毛澤東只好吞下這顆苦果了。他下令警衛局和衛生部對高崗遺體進行解剖查驗，證實確是自殺而非他殺。這回，輪到他毛澤東主席要和黨中央保持一致、統一口徑了，以中央政治局名義，通告全黨中高級幹部，通報老大哥蘇共中央政治局，高崗因勾結饒漱石組成反黨聯盟，圖謀篡奪

---

① 後饒漱石知高崗死訊，痛哭整日。後被關押，直到一九六五年八月，才以莫須有的「包屁壞人罪」判十四年徒刑，一九七五年死於獄中。

黨和國家的最高權力，事敗而畏罪自殺。

毛澤東內心裡，認劉少奇、周恩來在他面前打了一場勝仗。劉、周在黨內的影響力已不可輕看。也是自己大意失荆州，讓他們耍贏了……而在政治局和書記處，他又不得不讚同劉、周，號召全黨團結，全軍團結，全國團結。

彭德懷於政治局專案審查高、饒數月之後，才獲知他的兩位老友被軟禁的事。高崗死後，毛澤東、劉少奇找他談心。毛澤東先講了幾段三國故事。劉少奇談到高、饒組織了反黨聯盟。彭德懷仍在天眞地說：有什麼聯盟？我不相信，只不過和一些同志交換了一些意見，頂多算自由主義，希望中央不要看得過於嚴重。

毛澤東不得不略帶感傷地告訴彭老總：高崗沒了，拒絕挽救，自殺身亡。中央有條紀律，黨員自殺就是叛黨。

彭德懷眼睛發烏、發花：活生生一個同志，幾個月不見面，就死了？老毛啊，你是當家的，你是當家的啊！

劉少奇平靜地說；人死不能復生。主席和大家心裡都不好受。現在是全黨要統一，團結在毛主席周圍，儘量縮小事件的影響，高級幹部尤其要汲取教訓，穩定黨心軍心。

彭德懷瞪了劉少奇一眼。這位身經百戰、名滿天下的解放軍統帥，沉默良久，才說了一句：我服從中央……

毛澤東說：高崗算我義弟，他的做法不可取。他有兩個孩子，我負擔他們的生活費到十八歲。也和恩來交代了，安排李力群同志做個政協委員，享受副部級待遇。

一九五四年九月十五日至二十八日，籌備了近兩年的第一屆全國人民代表大會第一次會議在北京西苑懷仁堂舉行，大會通過了《中華人民共和國憲法》，選舉毛澤東爲國家主席，朱德爲副主席，劉少奇爲人大常委會委員長，任命周恩來爲國務院總理，陳雲、林彪、彭德懷、鄧小平、鄧子恢、賀龍、烏蘭夫、李富春、李先念、陳毅爲副總理。

劉少奇、周恩來如願以償，清除了高崗，柄握了大權。毛澤東失去了義弟，如同斷了臂，此後不得不親自出馬，施展他至高無上的權術以制衡周恩來和劉少奇，也常常感到力有不濟……直到十二年之後的一九六六年夏秋之交，毛澤東調兵遣將發動文化大革命打倒劉少奇，已有勝算的把握，才吐出一口積存已久的惡濁之氣：高崗不應該自殺，不應該死，若活到今天多好，他能幫我說清楚許多劉少奇的事……

京華風雲錄（卷二）：西苑風月

1998年12月初版
2011年12月初版第十一刷

定價：新臺幣380元

著者　京夫子
發行人　林載爵

出版者　聯經出版事業股份有限公司
地址　台北市基隆路一段180號4樓
台北忠孝門市　台北市忠孝東路四段561號1樓
電話　(02)27683708
台北新生門市　台北市新生南路三段94號
電話　(02)23620308
台中分公司　台中市健行路321號
暨門市電話　(04)22371234 ext.5
郵政劃撥帳戶第0100559-3號
郵撥電話　27683708
印刷者　世和印製企業有限公司
總經銷　聯合發行股份有限公司
發行所　台北縣新店市寶橋路235巷6弄6號2F
電話　(02)29178022

責任編輯　鄭天凱

行政院新聞局出版事業登記證局版臺業字第0130號

本書如有缺頁，破損，倒裝請寄回聯經忠孝門市更換。　ISBN 978-957-08-1874-1 (平裝)
聯經網址 http://www.linkingbooks.com.tw
電子信箱 e-mail:linking@udngroup.com

國家圖書館出版品預行編目資料

京華風雲錄(卷二)：西苑風月 /
京夫子著．--初版．--臺北市：
聯經，1998年
652面；14.8×21公分．
ISBN 978-957-08-1874-1(平裝)
〔2011年12月初版第十一刷〕

1.周恩來-傳記

782.886　　87015061